MMPI-2와
로르샤하
잉크반점을 활용한

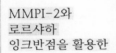

심리치료 장면에서의
심리평가

| 우상우 저 |

학지사

　우리가 누군가의 심리를 평가한다는 것은 도대체 무슨 작업을 한다는 것일까? 과연 개인의 심리적인 것을 평가할 수는 있을까? 주위에서 이러한 질문을 받을 때면 어느 순간 내가 하는 평가 수행에 회의감이 들기도 한다. 나는 이 질문에 대한 답을 찾기 위해 심리평가를 접하게 된 이래 지금까지 심리평가에 대한 근원적 고민을 하고 있다. 지금 이 순간 나의 답은 그 처음 시점에서 달라진 것 없이 '모르겠다' 또는 '불가능한 것 같다'이다. 이러한 질문을 받은 순간, 나는 내가 은연중에 갖고 있는 오만함이 투사된 사고가 작동되었음을 깨달았다. 무지막지하게도 나는 개인의 심리를 선명히 평가할 수 있다는 망상을 하고 있었던 것이다. 다행히도 이를 알아차린 순간에 나와 함께 평가적 · 치료적 관계를 맺은 이들에게 작게나마 죄책감 비슷한 무언가를 조금은 내려놓을 수 있었다. 원초적으로 누군가를 있는 그대로 평가하는 것 자체가 불가능에 가깝고, 이러한 한계를 받아들이는 순간 우리가 할 수 있는 것이 무엇인지 좀 더 명확해짐을 알게 되었기 때문이다. 이때부터 나는 정확한 평가보다도 평가 과정의 한계에 더 관심을 갖게 되었으며, 이러한 한계를 활용할 방법을 계속 고민해 왔다. 너무나 당연한 것이었지만 고민에 고민을 거듭하면서 알게 된 것은 평가하고자 한 그 무엇만큼이나 평가 과정의 한계에서 나타난 또 다른 그 무엇에도 그들의 진정한 모습이 담겨 있다는 사실이다. 그렇기에 한계는 더 이상 한계가 아니라 평가하고자 한 그 자체다. 여태껏 검사(testing) 결과 자체에 몰두하여 수행해 온 그 숱한 작업은 더 이상 내담자들과 나에게 만족감을 줄 수 없었지만, 그 검사 과정에서 한계로 치부한 그들의 진솔한 모습에 관심을 두고 바라본다면 그들의 내면에 좀 더 가깝게 다가설 수 있다는 희망을 가지게 되었다. 이 책에서 전달하고자 한 내용은 지금도 진행되고 있는 현재 이 순간까지의 고민의 결과이며 지금까지도 지속되는 고민의 과정에서 추려진 것들이다.

　이 책의 구성은 상담 및 심리치료 장면에서의 활용을 전제로 하면서 우선 심리평가의 개념을 점검하는 것에서 시작한다. 보다 명확한 개념화를 위해 우리가 사용하는 언어가 심리평가 수행에서 어떤 의미를 갖고 있으며 어떠한 관련을 갖고 있는지 논의한다. 불가피하게도 우리는 언어를 통해 소통하고 나아가 심리평가를 한다. 그렇기 때문에 언어를 사용하는 것으로부터 심리평가 상황에서 발생할 수 있는 문제를 깊이 있게 검토하고자 했으며 이와 함께 심리평가의 개념을 강조하였다.

다음으로 단순한 검사를 넘어 전체 평가 수행에서의 모형을 제안하였다. 심리평가를 총체적인 수행으로 보고 평가 목적을 달성하기 위해 평가 단계마다 수행해야 할 구체적인 작업을 소개한 것이다. 이를 통해 심리평가 학습자들은 각 단계에 적합한 체계적인 평가 능력을 기를 수 있을 것이며 이들을 지도하는 선생님들은 체계적인 교육 및 점검을 할 수 있을 것으로 기대한다.

여기서는 우선적으로 심리검사(test/testing), 즉 측정(measurement) 수행을 구분하여 심리평가와 심리검사 수행을 분명히 구분하고자 하였다. 이는 교육과정에서 상당히 강조하는 내용이긴 하지만 실제 장면에서의 수행을 살펴보면 이 구분이 모호해지는 경우가 적지 않다는 것 때문에 더욱더 강조하였다. 또한 해당 모형에서 강조하는 것 중 하나가 평가를 위한 이론적 틀이며, 이는 실재하는 내담자와 내담자에게서 얻은 가상적 결과들을 연결하는 경첩 역할을 하고 있음을 전달하고자 하였다. 평가 과정에서 한 가지 이론이 유일하거나 가장 유용한 것이라고는 할 수 없지만 이 책에서는 그중에서도 MMPI-2와 로르샤하 잉크반점 검사를 활용하는 데에 유용하다고 생각되는 자아심리학적 이론에 대한 설명을 추가하였다.

이 책은 심리평가의 원론적인 이해를 기본으로 살펴본 후 MMPI-2와 로르샤하 잉크반점 검사를 통해 실제 수행에서 심리평가가 어떻게 진행되는지를 심도 있게 다루며, 이는 이 책에서 제안한 심리평가 수행에 대한 모형에 따라 설명하였다. 그리고 심리평가 본 단계 중 마지막 평가 단계에서는 완전히 가상적이거나 실제 사례를 각색한 사례를 통해 보다 구체적인 평가 수행의 예를 소개하였다. 하지만 해당 과정의 특성상 심리평가 후 단계의 피드백에 대한 내용에서 구체적인 설명은 생략하였다. 이 내용을 충분히 다루지 못한 점을 가장 안타깝게 생각하며, 그리 멀지 않은 시기에 피드백 과정과 관련된 내용을 소개할 수 있길 기대한다.

이 책을 활용할 독자에게 부탁과 양해를 구하고자 하는 것이 있다. 지금부터 접하게 될 내용을 바탕으로 상담 및 심리치료 장면에서 심리평가를 수행할 때 천편일률적인 해석에서 벗어나 한 개인으로서의 내담자에게 보다 적합한 이해를 하고 그들에게 도움을 줄 수 있는 아이디어를 얻길 바란다는 것이다. 나는 이 책의 전체적이거나 구체적인 내용에 대한 가감 없는 비판과 조언에 항상 귀를 기울이고 있으며, 선후배, 동료 선생님들과의 소통을 통해 추후 좀 더 성장할 기회를 얻을 수 있길 바란다.

학창 시절 과학실에서의 기억 어디 즈음에 나는 크로마토그래피(chromatography) 실험을 하고 있었다. 당시 그것이 아무 때고 떨어진 한 덩어리의 잉크에 불과한 것이 아님을 눈으로 확인한 순간 내가 믿던 세상에 대한 의심이 시작되었다. 우리는 내담자의 심리 속 무언가를 측정하고 있으며 그 결과는 항상 특정 결과물로 나타난다. 심리검사에서 나타난 결과 역시 이 시커먼 잉크와 같이 우리에게는 그저 분명한 수치로만 다가온다. 하지만 그 수치들 속에 숨어 있는 그들만의 것이 번져 나오는 모습을 발견한다면, 아마 우리는 엄청난 감동과 충격, 죄책감, 심지어 공포를 느끼게 될 것이다. 그들이 조심스럽게 평가자에게 보여 준 한 방울의 잉크 덩어리에 따뜻하고 건전한 그리고 끈기 있고 세심한 물방울을 떨어뜨려 줄 때에야 비로소 그들의 속도에 따라 그 속에서 아름다운 빛깔들이 조금씩, 아주 조금씩 번져 나오게 된다. 적어도 그들만의 색이 충분히 스며들 때를 기다린 후에야 우리는 겨우 그들만의 존엄한 고유성에 감동할 수 있고, 그 후에야 그들을 이해할 준비가 될 것임을 명심해야 한다.

2017년의 시작에서
우상우

차례

 제1부 ▶ 심리평가의 기초

제1장 심리평가의 개념

1. 언어화와 심리평가

> 우리는 언어와 더불어 비로소 생각할 수 있다.
>
> —Karl Theodor Jaspers—

> 단어의 의미를 안다는 것은 그 단어를 사용할 줄 아는 것이다.
>
> —Ludwig Wittgenstein—

> 말은 생각의 통로이며 생각은 마치 언어가 마련하는 수로를 따라 흘러들어 가는 물과 같다.
>
> —Otto Friedrich Bollnow—

> 사고가 언어를 지배하는 것이 아니라 언어가 사고를 결정한다.
>
> — Edward Sapir & Benjamin Lee Whorf—

> 언어란 세상의 사물이나 사실들을 피동적으로 표현하는 정적인 것에 불과한 것이 아니라 인간의 사고를 형성하는 동적인(energeia) 것이며, 한 언어와 그것을 사용하는 국민의 의식 구조의 특성, 특히 세계관은 밀접히 연관되어 있다.
>
> —Wilhelm von Humboldt—

인간이 말을 할 수 있다는 것은 세상에 존재하는 모든 것이 가진 능력 중에서도 단연 으뜸이라 할 만하다. 지금 이렇게 이 글을 읽고 쓸 수 있다는 것도 언어가 있기에 가능한 것이며 언어가 있기에 현상들을 비교적 일목요연하게 구조화할 수도 있다. 존재하는 모든 것이 존재한다고 말할 수 있는 이유는 언어를 사용함으로써 그것을 구체화할 수 있기 때문이다. 책이든 구름이든 다양한 존재는 어떠한 방식으로든 그들만의 양태를 갖고 있으며 그 양태는 인간에게 감각되기도 하고 감각되지 않을 수도 있다. 아직 반증의 여지가 없는 것 중 하나는 존재하는 것은 특정 현상으로서 존재한다는 사실이다. '존재'는 '있다'와 동의어에 가까운 유사어이며 그 누구도 '있는 것'을 '없는 것'이라 부정할 수 없다. 지금 눈앞에 있는 모든 것에 대해 우리는 자동적으로 그것이 '있음'을 알아차리고, 더욱이 그것에 대해 언어화, 즉 말할 수 있다. 그런데 많은 사람이 겪게 되는 실수는 자신이 언어화할 수 없는 것은 '없다'라고 말하며 심지어 진정 없는 것이라고 의심 없이 받아들인다는 것이다. 이유인즉, 말 그대로 '말'을 할 수 없다는 것이 유일한 이유일 것이다. 존재하고 있음은 현상하고 있다는 것이고 현상하는 것을 언어화하여 그 존재를 인식한다는 논리는 심리평가 영역뿐만 아니라 어떤 영역에서도 적용할 수 있는 것이다.

그렇다면 현상하고 있는 것에 대해 우리는 어떻게 언어화를 하고 있는가? 누구나 볼 수 있고 들을 수 있는, 즉 감각할 수 있는 것들에 대해서는 언어화의 시작이 어떠했든 간에 명백하거나 암묵적인 약속을 통해 이견 없이 수용하고 자연스럽게 받아들인다. 하지만 감각 가능한 속성이 없는 현상들에 대해서 언어화를 한다는 것은 지금보다 곤란한 작업이기에 언어화 역사의 초기에는 그 현상들을 언어화하기 위해 기존에 사용되고 있던 언어들을 활용하여 상당히 복잡하고 경제적이지 못한 방법을 사용하였을 것이다. 시간이 흐르면서 존재하는 현상들의 유사성 및 관련성이 증가하고 변별됨에 따라 분명히 감각되지 않았거나 모호하던 현상들을 기존 언어 사용해 복합적인 한 덩어리로 인식하게 되었을 것이다. 이렇게 언어화하기 위한 노력이 누적되면서 다른 현상들과 구별할 수 있는 현상들의 꾸러미들이 생기고 그 꾸러미에 속하지 못한 현상들도 존재한다는 것을 자각하게 된 것이라 할 수 있다. 어느 시점에 닿아서 특정 현상과 관련이 있고 유사하다고 인식되는 것들을 특정 언어 꾸러미와 그렇지 않은 꾸러미들로 구분할 수 있는 언어가 약속되었다고 볼 수 있다. 소위 기술 중심적인 언어라 할 수 있는 영어에서 'tell'은 '말하다'와 함께 '구별하다' 또는 '식별하다'라는 의미를 갖고 있다는 것에서도 예상해 볼 수 있다. 근본적으로, 말을 하는 것은 말하고자 하는 현상과 말하지 않으려고 하는 현상을 구별하는 속성을 가지게 된다.

우리가 공부를 하는 것은 세상의 천태만상 유·무형의 존재들, 즉 현상을 있는 그대로 언어화하는 방법을 알아 가는 것이다. 누군가는 세상의 상당한 종류의 현상을 아주 세부적으로 분명하게 언어화할 수 있으며 이들을 소위 전문가라고 부르곤 한다. 감각 가능한 현상들에 대해 언어화를 할 수 있는 전문가들의 경우, 감각 불가능한, 적어도 지금까지는 감각 불가능한 현상들을 분명하게 언어화할 능력이 있기에 그 능력을 전문성이라 인정해 주는 것이다. 다양한 전문 영역이 있지만, 특히 심리학 영역의 전문가는 인간의 깊은 내면에 현상하는 내적 세상에 대해 누구보다도 언어화를 잘할 수 있는 사람이라 할 수 있을 것이다. 그 이유 중 하나는 과학자로서의 심리학자들이 측정자로서의 정체성을 갖고 있다는 것이며, 감각할 수 없지만 실제 현상하는 것들을 누구보다 더 잘 측정할 수 있는 사람이기 때문이다. 심리평가를 다루는 임상심리학자들은 심리적 현상들을 언어화할 수 있도록 체계적인 수련 절차를 밟게 된다. 이 과정을 '심리평가' 수행이라 할 수 있으며, 심리평가자들은 한 개인이 경험하고 있고 그 개인에게 현상되고 있는 것들에 대해 누구보다도 분명하고 적절한 언어화가 가능해야 한다는 것을 잊어서는 안 된다. 결국 심리평가의 목적은 실제 현상들을 얼마나 그에 근접하게 그리고 정확하게 언어화할 것인가의 문제로 남게 된다. 르네 마그리트(René Magritte)의 작품 〈이미지의 배반[Ceci n'est pas une pipe(This is not a pipe)]〉을 떠올려 보면서 우리가 심리평가에서 말하려는 것이 무엇인지 생각해 보길 바란다.

2. 심리평가에 대한 일반적 의문들

1) 심리검사는 필요악인가

심리검사에 대해 가장 극단적으로 부정적인 태도를 가진 사람들의 오해라고 할 수 있다. 이에 대한 답은 '아니다'다. 하지만 잘못 사용되는 경우가 드물지 않다는 것 또한 부정할 수는 없다. 우선 심리검사는 '측정'하는 수행의 의미를 포함하고 있으며 측정을 위해 활용되는 도구를 의미한다. 즉, '현상' 그 자체의 속성을 특정 도구를 사용하여 측정하는 것이다. 지방간을 측정하여 그 현상을 수치로 바꾸는 도구 또는 그 도구를 사용하여 지방간을 측정하는 과정 자체가 바로 측정이며, 변환된 수치들은 현상과 직접적인 관련을 맺고 있다. 예를 들어, 지능을 측정하는 도구가 지능검사이며 이를 통해 지능을 수치로 변환한 결과가 지능지수다. 여기에서 측정된 정보들은 가치적 의미를 갖지 않는다. 단지 현상에 대한 또 다른 방식의 표현에 불과하다. 이렇듯 심리검사 자체는 만병통치약이라거나 쓰레기라는 등의 가치를 갖지 않는다. 측정된 간 수치와 지능지수가 한 개인에게 어떠한 의미가 있는지 의미를 부여할 때 그 측정치는 비로소 의미를 담을 수 있게 되는 것이다. 그렇기 때문에 심리검사 자체가 쓰레기라거나 필요악이라는 말은 틀린 것이며, 검사도구나 측정하는 수행 자체는 아무런 잘못이 없는 것이다. 다만, 특정 개인에게 필요한 도구를 잘못 선정하거나, 적절한 도구를 사용하였을지라도 적절한 측정 수행을 하지 못한 경우라면 심리검사는 유용하지 않은 것이 되며 심지어 내담자에게 해로운 것이 될 수도 있다. 모두가 그런 것은 아니지만, 만약 무조건 심리검사를 비난하거나 회의적으로 생각하는 사람이 있다면 심리검사에 대해 개인적 혐오가 있거나 심리검사를 다룰 능력이 없는 사람이 자신의 무능력을 방어하기 위해 보이는 합리화의 모습일지도 모를 일이다.

2) 심리평가 결과를 믿어도 되는가

심리평가로부터 도출된 결과를 믿고 말고의 문제는 사실 주요 논점은 아니다. 이러한 질문은 심리평가를 '믿음'을 가져야 할 만큼 아주 신성한 것으로 인식하고 있다는 것을 방증하는 일례이기도 하다. 심리평가 결과는 전문적인 수행으로 얻은 그나마 괜찮은 가설에 불과하다. 그렇기에 믿고 말고의 문제가 아니며 굳이 답을 해야 한다면 '아니다'라고 할 수 있다. 심리평가 결과를 개인의 안녕에 도움이 되는 방식으로 활용하는 것이 더 중요하다. 평가자가 환자 및 내담자에게 심리평가 결과를 믿도록 강압적으로 종용하는 것은 그들의 존엄성을 고려하지 못한 태도이며, 평가자 스스로가 자신의 전문적 평가 수행의 결과라 할지라도 그 결과를 가설적인 것으로 받아들여야 한다. 도출된 심리평가 결과를 활용하여 그들에게 어떻게 긍정적인 도움을 줄 수 있을지를 고민하는 자세가 더욱더 강조되어야 할 것이다.

3) 심리평가 기술을 익힌다면 누구나 심리평가를 할 수 있는가

이에 대한 답은 '아니요'다. 심리평가는 전문적 기술이 필요한 고도의 전문적 작업이다. 가족과 함께 휴가를 떠나기 위해 운전을 해야 하는 운전자는 반드시 안전한 운행을 저해하지 않을 수준의 운전 기술을 갖추어야 하겠지만, 운전을 잘한다고 해서 편안한 운행과 행복한 휴가 시간이 보장되진 않는다. 이처럼 심리평가자는 기술적인 능력을 기본으로 하여 또 다른 능력을 갖추어야만 한다. 운전자의 경우 출발 시각, 차량의 흐름 및 구성원들의 피로도에 따른 적절한 휴식, 돌발 상황에 대처하는 능숙함 등의 능력이 발휘되어야 만족스러운 운행이 될 수 있듯이, 심리평가자의 경우 내담자와 신뢰로운 관계를 유지할 능력과 태도, 마음가짐, 민감성, 힘겨워하는 내담자를 격려하여 그들이 잠재력을 발휘하도록 이끌어 갈 수 있는 끈기와 책임감 등이 성공적인 심리평가를 가능하게 한다. 그렇기에 심리평가자가 되고자 하는 사람은 기술적인 능력 향상에 몰두하는 것을 넘어서 평가자로서의 정체성과 태도를 갖추기 위한 노력을 게을리하지 않아야 한다.

4) 심리평가를 받으면 정신과적 진단을 받게 되는 것인가

필요에 따라 다르다. 누군가는 자신이 '정신병자'로 낙인이 찍히지 않을까 두려워 심리검사를 받는 것을 상당히 두려워한다. 이는 심리평가의 목적에 대한 이해의 부족에 기인한 막연한 두려움이라 볼 수 있다. 특정 장면에서는 심리평가가 진행된 이후 환자의 치료 방법 및 방향을 적절하게 결정하기 위해서 진단을 하기도 한다. 진단이 필수적인 것은 아니지만 내담자 또는 환자에게 적절한 진단이 필요할 경우가 있다. 진단에 따라 보다 효율적이고 적절한 약물치료나 심리치료 방법을 적용할 수 있기 때문에 진단 자체에 대한 거부감으로 환자가 적절한 치료를 받을 권리를 잃도록 하는 일은 없어야 한다. 하지만 심리평가가 이루어지는 모든 영역에서 진단이 필요한 것은 아니며, 실제 진단될 수 없는 상태이지만 안타깝게도 두드러지는 몇몇 증상만으로 진단을 남발하는 일이 벌어지기도 한다. 또한 신체적 질환도 마찬가지겠지만 특히 심리적 문제와 관련된 진단적 가설을 내담자 및 환자 본인에게 직접적으로 보고할 수 없는 경우도 종종 있다. 실제로 상담 및 심리치료 장면에서는 내담자가 명백하게 진단을 받을 만한 수준이 아닐 때가 많고, 그들의 상태에 대한 전반적인 이해가 우선시되어야 하는 경우가 흔하다. 결국 진단은 내담자 및 환자 또는 치료자의 필요 등을 종합적으로 고려한 뒤 이루어지는 것이 바람직할 것이다.

5) 심리평가는 임상심리를 전공한 사람만 할 수 있는 것인가

아니다. 심리평가는 정신건강 영역의 전문가라면 누구나 수행할 수 있으며 실제로 이루어지고 있다. 이 말은 심리평가 영역의 관련 전문가라면 누구나 심리평가를 수행해도 된다는 의미는 아니다. 하지만 동시에 심리평가가 임상심리학 영역 전문가들만의 고유한 영역이라 할 수는 없다. 물론 임상심리전문가는 관련 영역의 다른 전문가들에 비해 전문적이고 체계적인 교육 경험을 갖고 있고 심리평가가 임상심리 영역의 대표적 주제이긴 하다. 우려되는 점은 심리평가가 마치 심리검사를 다루는 것과 다를 바가 없다고 인식하는 점이다. 기본적으로 심리평가 영역의 관련 전문가들 자신이 수행하는 심리평가와 임상심리 영역의 전문가들이 수행하는 심리평가가 다를 바가 없다고 생각해서는 안 된다. 임상심리 영역의 전문가들은 임상심리학자의 다양한 역할 중 어느 영역에 비해서도 모자라지 않을 만큼의 체계적이고 전문적인 수련 경험을 갖고 있다는 점에서 관련 영역의 전문가들보다 인정될 수 있을 것이다. 그렇기 때문에 심리평가 수행을 하게 될 임상심리전문가들은 실제로 전문적인 심리평가 수행이 가능하도록 부단한 노력을 해야만 한다.

6) 심리검사도구는 누구나 구입 가능하고
실시 방법만 익히면 누구나 할 수 있는 것인가

미국심리학회는 심리검사도구와 관련하여서는 상당히 엄격한 규정을 갖추고 있다. 판매자들에게 요구되는 규정을 포함해 자격 있는 전문가들에 한해 구입·관리·사용할 수 있게 하는 등 광범위한 책임감을 부여한다. 하지만 현재 우리나라의 실정은 학회의 엄격한 규정과 달리 다소 허용적으로 다루어지고 있다. 우리나라에서 저작권 및 판매권 등의 법적 테두리에서 활용할 수 있는 검사 종류는 손에 꼽기 어려울 만큼 다양하며 이러한 검사를 구입할 수 있는 한계 범위 또한 그만큼이나 다양하다. 자격 검증 없이 판매가 되는 경우도 있으며, 판매자가 설정한 최소한의 자격 조건이 검증되어야 구입이 가능한 경우도 있다. 하지만 검사도구 사용자들의 개인적 권한에 따라 이러한 조건들이 무의미하게 되는 일도 벌어진다. 구입 한계 범위가 체계적이고 엄격하게 관리되어야 마땅하고 더욱더 강조되어야 하며, 검사 사용자들이 개인적으로 윤리적 태도를 갖추는 것 또한 상당히 중요하다. 또한 검증된 전문가들이 검사도구를 사용하는 경우라 할지라도 기술적인 능력과 검사자의 태도 이 두 가지가 보장되지 않으면 검사 결과의 유용성은 감소할 수밖에 없다. 그렇기 때문에 제도적으로 검사도구 사용에 대한 한계를 엄격하게 지켜야 하며 이를 다루는 전문가들 각각이 윤리적 사용에 대한 전문가적인 태도를 갖추는 데에 지속적으로 신경 써야 할 것이다.

3. 심리평가 수행의 기본 개념

현대에 이르러서 심리평가 수행은 더 이상 임상심리학의 고유한 영역이라 할 수 없을 만큼 다양한 영역에서 이루어지고 있다. 하지만 여전히 심리평가가 심리진단, 심리검사 등 협소하기 이를 바 없는 적절치 못한 용어로 혼용되기도 하고 심지어 임상심리학을 전공하는 집단에서조차 전통적으로 임상심리학의 영역에서 강조해 온 심리평가의 원론적 설명을 등한시하는 일도 심심찮게 벌어진다. 하지만 비관적인 상황만 있는 것이 아니라 실제 교육 및 개업 장면에서 심리평가 수행을 하는 전문가들은 심리평가에 대한 그들의 전문성에 상응하는 나름의 적절한 철학을 가지고서 심리평가를 하며 수련생 및 학생들에게 교육하고 있다. 우려되는 것은 심리평가 수행이 이루어지는 근접 영역의 교육 및 수련 과정에서는 임상심리학 영역에서 이루어지는 체계적인 교육 및 수련의 틀이 갖추어져 있지 못한 경우가 많다는 점이다. 물론 임상심리 영역의 수련 구조가 완벽하다는 것은 아니나 심리평가 수행에서만큼은 너무나 자연스럽게 관습적인 시스템의 혜택을 받고 있는 것이 사실이다. 이 책에서는 심리평가 수행의 영역이 근접 영역으로까지 확장되고 있는 시기에 보다 적합하고 바람직한 심리평가 수행을 위해 심리평가의 원론적인 틀을 제시하고, 임상심리학 영역에서 이루어지는 심리평가 수련 과정을 보다 체계적으로 운영하고 실천하는 데에 도움을 주고자 한다. 이 장에서는 실제 심리평가에 앞서 반드시 숙지해야 할 심리평가의 개념에 대해 먼저 살펴볼 것이다.

첫째, 심리평가는 평가 대상을 적절히 이해하고 설명하기 위한 작업이다. 무언가를 평가한다는 것은 그 평가 대상의 온전한 모습, 즉 '꼴'을 안다는 것이다. 우리가 '꼴'을 얕잡아 이를 때 '꼬라지'라는 말을 하기도 하는데, 이 단어와 관련된 언어망 내에서 부정적 의미가 쉽게 촉발되지만 평가자의 관점에서는 더 적절한 표현이라 생각한다. 즉, 평가자 입장에서 내담자의 '꼴'을 보고자 하는 것은 평가 대상의 온전한 모습을 바라보려고 하는 것과 같은 의미다. 한편, 평가 수행은 바로 가치판단적이지 않은 위계적 상호작용[1]이 일어나고 있다는 것을 의미한다. 이러한 태도를 지니는 것은 온전히 내담자를 수용하고자 하는 것을 저해하는 것처럼 보이나 사실 오히려 수용적 태도를 강조하는 태도라 할 수 있다. 만약 그들의 온전한 '꼴'을 있는 그대로 보기 위해서 공감이라는 명분으로 평가자가 그와 같은 '꼴'이 된다면 객관적 관점을 잃는 오류를 범하게 되며, 이 경우 진정한 공감과는 의미가 다를 수 있다. 사실 완벽할 수도 없지만, 완벽히 내담자의 경험을 온전히 경험하게 된다는 것은 불가능하다. 평가자는 평가 대상의 온전한 '꼴' 자체에 관심을 두면서 그들을 이해하고 내담자를 둘러싼 세계를 전체성 내에서 설명할 수 있어야 한다. 이러한 태도와 유사한 개념으로 **초연함(detachment)**은 평가 수행에서 갖추어야 할 기본적 태도라 할 수 있다.

둘째, 모든 평가자는 신뢰할 만한 **측정자**여야 하며 연구자의 정체성을 지녀야 한다. 평가 장면에서 이루어지는 일들은 대부분이 평가자의 처치로 시작되어 피평가자의 반응으로 완성되는 체계적이고 연속적인 시행(trial)으로 이루어져 있다. 다시 말해, 평가 상황에서 나타난 피평가자의 반응 대부분은 평가자가 제공한 자극으로 발생한 것이라 할 수 있다. 어떤 평가자는 피평가자에 대해 갖고 있는 정보가 검사 결과와 일치하지 않는다고 해서 잘못된 결과라고 맹목적으로 불신하거나, 검사 수행에서 자신이 적절히 수행하지 못해서 나타난 결과에 대해 어쩔 줄 몰라 하거나 겁을 먹는 등의 모습을 보이기도 한다. 이러한 상황에서도 측정자 그리고 연구자의 정체성을 가진 평가자는 불일치 또는 잘못된 자체가 평가자의 어떤 자극으로부터 발생한 것인가를 평가해 낼 수 있다. 그리고 심리평가의 전체 단계는 완벽하고 정확한 정답을 도출하는 것이 아닌 가장 합리적인 **가설을 형성**하고 그 **가설을 신뢰할 수 있게 검증**하는 과정으로 이루어진다는 것을 알아야만 한다. 적절한 가설을 형성하지 못한다면 그 가설이 받아들여지게 된다 한들 그 검사 결과가 유용하다는 증거가 될 수 없으며, 실제 내담자에게 도움이 되지 않기도 한다. 그러므로 심리평가 수행에서 필요한 평가자의 능력 중 가장 중요한 것은 바로 피평가자에 대한 합리적이고 꽤나 괜찮다고 여길 만한 가설을 만들고 검증하는 능력이라 할 수 있다.

---

1) 평가 상황에서 평가자가 상대하는 대상은 당연히 피평가자가 되어 버린다. 평가 과정에서 온전히 한 개인의 존엄성을 받든다 하더라도 평가하는 자와 평가받는 자의 구도는 변함이 없다. 오히려 더 철저히 평가자의 위치를 인식하고 평가 수행을 해야만 하는 것이다. 이러한 의미에서 평가자와 피평가자는 동등한 위계를 가질 수가 없기 때문에 위계적 상호작용이라 표현을 한 것이다.

셋째, 평가자는 피평가자에게서 관찰되는 실제 모습에 관심을 가져야 한다. 피평가자에게서 얻게 된 정보들은 그들의 다양한 측면에 대해 종합적으로 이해할 수 있는 유용한 정보가 될 수 있다. 하지만 그 정보들은 피평가자의 실생활에서 실현되고 있는 그들의 모습일 수도 있고, 실재하지만 실생활에서는 전혀 드러나지 않고 심지어 피평가자가 자신에게 그러한 면이 있는지도 인식하지 못하는 내면 깊은 어느 곳에 자리 잡고 있는 정보일 수도 있다. 그렇기 때문에 피평가자로부터 얻게 된 검사 결과를 실생활에 나타나는 그들의 모습과 동일하게 생각하는 것은 위험한 일이다. 평가자의 손에 들린 정보들은 어떤 경우에든 실제 생존하고 있는 내담자의 실제 적응에 도움이 되도록 활용해야만 한다. 다시 강조하지만, 반드시 내담자의 **실제 삶 속에서 그들의 모습에 관심**을 갖고 그에 도움이 되는 방향으로 평가가 이루어져야 할 것이다. 만약 내담자를 위한 평가 수행이 되지 않는다면 평가자는 자신의 능력을 내담자에게 자랑하고 있는 것뿐일 것이다.

넷째, 평가 수행은 피평가자의 **개인 발생적 정보**와 **환경 발생적 정보**의 혼합물이라는 것을 이해해야 한다. 개인 발생적 정보와 환경 발생적 정보의 개념은 평가에 활용한 재료의 출처가 그들의 개인적 성격을 포함한 '그들의 것'에서부터 온 것인지, 환경에 처했을 때 보일 수 있는 반응처럼 환경으로 인해 발생한 정보인지를 구분하기 위한 개념이라 할 수 있다. 정신역동적 관점의 기술은 인간의 최종적 행동의 발현이 의식적 측면과 비의식적 측면의 영향 모두를 반영한 결과적 행동이라는 것이다. 이러한 혼합된 재료를 통해 평가하기 때문에 평가 결과에 어떠한 정보가 어떤 방식으로 어느 만큼의 영향을 주고 있는지를 탐색해 봐야 한다. 이 두 정보는 칼로 베듯 나눌 수 있는 것이 아니기 때문에 이를 구분하는 것 자체가 목적이 되어서는 안 된다. 다만, 우리가 관심을 가진 출처의 정보가 내담자를 힘겹게 하는 것이라면 내담자의 안녕을 위해 어떠한 방식으로 접근을 해야 할지 결정하는 데에 나침반으로서 정보의 출처들을 활용할 수 있을 것이다.

다섯째, 심리평가는 측정이 이루어지는 **현재의 모습**을 측정한 결과를 담고 있다. 인간의 심리는 출생 시 한 차례 내려받아 죽을 때까지 유지되는 것이 아니다. 심리평가는 평가자와 피평가자가 만난 시점이 평가의 기준점이 되어 그 시점을 중심으로 과거로 회귀하기도 하고 미래를 예측해 보기도 한다. 마치 심리검사는 X-ray, CT, MRI 등으로 신체 사진을 찍는 것과 유사하다고 할 수 있다. 26세의 성인이 자신의 간염 여부를 알고자 병원을 방문했을 때 20세 때 찍은 X-ray 사진을 갖고 진단을 한다면, 이는 말도 안 되는 일이다. 사진은 찍은 당시의 상황을 설명해 줄 뿐이지 먼 과거의 시점에서부터 미래의 상황까지를 모두 알려 줄 수는 없다. 마찬가지로 심리평가를 통해 전 생애의 모습을 이해한다는 것은 어불성설이다. 심리평가는 지금 이 순간에, 이 순간을 위해 이루어지며 지금의 평가 결과를 기초로 하여 과거와 미래를 추정할 뿐임을 명심해야 한다.

4. 심리평가와 구성 개념

우리는 세상이 존재한다는 것을 어떻게 알게 되는가? 대부분의 사람에게는 답이 너무나 당연한 질문이기 때문에 그들을 멍한 모습으로 침묵하게 하거나 그들로부터 황당한 답을 듣게 되는 경우가 있다. '내가 살고 있으니까' 또는 '나는 생각한다. 고로 나는 존재한다' 같은 답들이다. 사실 우리는 자신의 사고체계 내에서 정리되고 정립되지 않은 사고에 한해서는 무지에 가깝다. 지식인이라 불리는 사람들은 실재하는 세상에 대해 가지각색의 방식으로 설명할 수 있다고 생각하는 사람이다. 다시 질문으로 돌아가서, 우리는 세상이 존재한다는 것을 어떻게 알게 되는가? 적어도 우리가 세상을 경험할 수 있기 때문에 존재하고 있음을 알 수 있는 것이다. 경험하고 있다는 것은 스스로가 주체로서 존재하고 있다는 것이며, 만약 각 개인이 경험하지 않는다는 것은 그 개인이 실재하지 않거나 경험의 대상 자체가 실재하지 않는 것이라 할 수 있다. 예를 들어, 가족, 친구, 북한, 미국, 일본 등은 지금 이 순간 눈앞에서 경험되지 않지만 그들이 존재함은 사실이고 존재의 지속성을 갖고 있기 때문에 한 치의 의심 없이 믿고 있는 것이다.

그렇다면 다음 질문을 고민해 보자. 지금 이 순간 경험하고 있는 실재하는 것들을 우리는 어떤 방식으로 경험하게 되는가? 바로 그것을 감각할 수 있기 때문이다. 지금 눈앞에 책이 있다는 경험도, 사랑하는 가족도, 친구들도 모든 것이 우리가 감각할 수 있기 때문에 그 대상이 존재함을 지각하게 된다. 이 세상에 태어난 순간부터 눈의 구조와 기능을 갖고 있지 않다면 그의 세상은 눈을 가진 사람이 할 수 있는 경험은 결코 할 수 없을 것이다. 눈이 없는 이에게 아무리 눈의 기능으로 경험 가능한 세상을 설명해 준다 한들 동일한 경험은 불가능한 것이다. 다행히도 대부분의 인간은 눈을 갖고 있기에 걱정할 필요는 없겠지만, 이러한 설명을 심리적 현상에 적용할 때는 좀 더 복잡해진다. 눈앞에 있는 책을 책이라 하지 않을 이유가 없다. 여러분의 이름이 '꽃님'이어도, '꽃님'이 아니어도 또는 어떠한 다른 이름이어도 그 이름이 아니어야 할 이유도 딱히 없다. 그렇다면 우울을 우울이라고, 사랑을 사랑이라고 하지 않을 이유는 어떠한가? 이 예들은 감각상 분명한 차이를 갖고 있다. 책, 가족, 친구들은 실제 감각 정보 대상이 존재하는 반면, 우울과 사랑은 실제로 감각할 수 없는 것들이다. 느낀다고 할 뿐이다. 만약 우울과 사랑 그 자체를 직접 감각한 사람이 있다면 정신과적 문제를 의심해 봐야 할지, 감수성이 풍부한 사람이라 생각해야 할지 고민해야 할 것이다. 즉, 책, 나무, 사람, 높이, 무게 등은 직접적인 감각정보가 있기 때문에 그것을 그것으로 지각할 수 있게 된다. 그러한 감각과 지각은 실재하는 대상과 일대일로 연결되어 있다. 즉, 직시(直示)당하는 대상과 그것을 직시하는 언어가 정확히 일치한다. 물론 인간 존재들의 약속이긴 하지만 말이다. 하지만 우울이나 사랑은 모두에게 동일하지는 않겠지만 특정한 현상으로서 실재한다는 것은 의심의 여지가 없으며, 그 현상을 굳이 우울이나 사랑이라는 단어로 약속할 필요는 없는 것이다. 지금 이 순간에 우울 또는 사랑을 떠올릴 수 있다면 떠오르는 그 자체가 실재하는, 현상하고 있는 우울과 사랑이라 정의해도 무방할 것이다. 누군가가 '사랑은 혼자서도 할 수 있는 것을 대신해 주는 거야'라고 해도 잘못은 아니다.

　정리해 보면, 실재하는 현상들은 크게 두 가지로 구분됨과 동시에 그 두 가지는 모두 특정 현상에 대한 이름을 갖고 있다는 공통점을 알 수 있다. 우선, 두 가지 현상이 이름을 갖고 있다는 것은 특정 현상에 대해 **'언어화'**가 이루어졌다는 뜻이다. 어떠한 현상이든 언어화된 이름을 갖지 않는다는 것은 진화론적으로도 상당한 불안을 일으킬 수 있으며 정보 전달의 측면에서도 그 현상을 설명하는 데 심각한 손실이 생긴다. 그렇기에 세상에 존재하는 모든 현상은 언어를 사용하는 한낱 인간에 의해 이름을 부여받게 된 것이다. 언어화 과정을 거쳤다는 것은 무엇을 의미하는가? 바로 '개념'의 모습을 띠게 된다. 우스갯소리로 하는 '저 친구는 개념이 없는 친구야' '개념을 어디에다 두고 왔냐?' 등의 말은 특정 맥락에서 벌어진 현상에 상응하는 언어화 과정의 실패를 의미하는 것이다. 결국 세상에 존재하는 어떠한 현상도 언어화 과정을 거치면 개념이 생기고 그 개념들은 실재하는 '그것'과 일대일로 상응하는 개념, 그리고 상응하지 않는 것으로 받아들이는 게 더 바람직한 개념의 두 가지 개념으로 분류될 수 있다. 우리는 전자를 **'물리적 개념'**이라 하며 후자를 **'구성적 개념** 또는 **구성 개념'**이라 한다.

　그렇다면 물리적 개념은 실제 감각되는 대상이 있기 때문에 직접적인 측정이 가능한 개념이라 할 수 있는 반면, 구성 개념은 인류 역사에서 지금까지는 직접적으로 측정된 적이 없는 개념이라 볼 수 있다. 좀 전에 떠올린 우울과 사랑이 모든 이에게 과연 같은 현상을 의미하는 것이었을까? 개개인이 떠올린 그것이 누구에게나 동일한 우울과 사랑의 현상이라 누가 말할 수 있는가? 이러한 관점에서 심리학의 주요 관점 중 하나인 현상학적 접근과 연결된다. 그런데 현상적 입장을 고수하는 것은 심리학이 과학으로 발전하는 데에 결정적인 도움은 되지 못했다. 다소 고집스러운 행동과학자들은 이러한 현상들을 누구나 같은 것으로 떠올릴 수 있도록 시도하였다. 이러한 시도를 대부분의 학자가 학문적인 약속으로 받아들이곤 한다. 그리고 이러한 시도를 '**조작적 정의**'라는 또 하나의 구성 개념을 만들어 내게 되었다.

조작적 정의는 심리적인 속성, 즉 구성 개념을 간접적으로라도 측정하고자 하는 욕구 및 필요성에서 비롯되었다고 볼 수 있다. 이는 그것을 그것이라 부를 수 없는 현상에 대해서 인간은 다양한 수준으로 만연해 있는 불안을 느끼기 때문이다. 극단적으로, 생존과 사멸 등과 연합된 감각은 있지만 그것이 무엇인지 알 수 없을 때를 떠올려 보자. 지각하지도 못한 순간에, '어버버' 하는 순간 밝음이 찾아왔다 '어버버' 하는 순간 밝음이 없어지는 현상을 처음 감각한 순간, 엄청난 충격이 아니었을까? 그것을 해결하기 위해 언어적 도구가 없는 상황에서 특정 행동이 우선시되었을 것으로 추정해 볼 수 있다. 하지만 지금은 인간에게 유용한 불안 해소의 능력을 갖고 있으며, 그것이 언어라는 것이다. 언어를 통해 조작적 정의를 내리고 그 정의가 구성 개념과 상응한다고 약속을 한 것이 얼마나 대단하고 효율적인 착각인가! 중요한 것은 지금 우리는 이러한 조작적 정의를 통한 구성 개념을 자연스럽게도 상당히 신뢰하고 있다는 것이다. 그럴 수 있는 이유 중 하나는 바로 실존하고 있는 우리 대부분이 자연스럽게 약속을 했기 때문이다. 나는 모호한 현상을 언어를 통해 개념화하고 이에 대한 조작적 정의를 따르는 것이 얼마나 편한 것인지 매번 놀라워하고 있다.

이제부터는 '**심리평가**'의 개념을 알아보자. 심리평가는 한 개인(individuals)의 심리를 평가하는 것이며 심리평가에서 다루는 대부분의 심리적 현상은 구성 개념으로 되어 있다. 하지만 다른 전문 영역과는 달리 심리적 현상을 이를 때 사용하는 언어는 대부분 일상생활 장면의 의사소통에서도 널리 사용하는 일상적 언어들이기도 하다. 하지만 지능, 성격, 감정, 자존감, 주의력, 판단력 등등 이러한 일상적 언어들이 과연 심리평가 장면, 즉 학문의 영역에서도 동일한 현상을 가리킬까? 옆집에 사는 아저씨, 아줌마와 대화를 할 때도 '성격'과 같은 단어를 사용하지만 학문 영역에서 '성격'이라는 단어를 사용할 때는 일상 대화에서 그 단어를 사용할 때와 아주 다른 현상을 의미할 수 있다. 일상에서 '저 친구 참 성격 있구나' '저 아이는 성격이 참 좋구나'라고 할 경우와 심리학에서 '성격'이라는 단어를 사용할 때처럼 다른 의미를 갖고 있는 것이다. 전자에서 성격은 인성, 인품 등 한 개인의 참됨의 수준을 의미하는 것으로 이해할 수 있지만 후자에서 성격은 한 개인이 사회적 또는 물리적 환경과 상호작용하는 과정에서 나타나는 독특하고 지속적이고 일관적인 사고, 정서, 행동, 신체 등의 역동적인 표현 양상을 의미하는 것이다. 여기에서 우리는 어떤 개그에도 못지않은 웃음거리를 만들 수 있다. 심리학적 구성 개념을 가진 정수와 일반적인 구성 개념을 가진 수정의 대화를 살펴보자.

> 정수: 수정아~ 그 친구 성격은 참 건강한 것 같아.
> 수정: 응, 맞아. 그 친구 성격은 누구보다 좋아.

이 대화는 일상생활에서 아주 자연스러운 대화의 예다. 하지만 서로 합목적적인 대화가 이루어진 것이 아니라 제대로 된 대화를 한 것으로 착각하는 좋은 예다. 이를 광범위한 의미에서 **유사(疑似)의사소통**(pseudo communication)[2]이라고 한다. 대화 속에서 정수와 수정이 갖고 있는 구성 개념을 생각해 본다면 쉽게 알 수 있다. 각각이 가진 성격에 대한 구성 개념을 풀어 놓은 다음 대화를 살펴보자.

> 정수: 수정아~ 그 친구 성격은 참 건강한 것 같아.
> (정수의 구성 개념: 일상생활 내에 존재하는 다양한 스트레스 상황에서도 쉽게 압도되지 않고 적절한 방어기제가 작동되어 적응적이고 생산적인 문제해결이 가능한 성격이다.)
> 수정: 응, 맞아. 그 친구 성격은 누구보다 좋아.
> (수정의 구성 개념: 항상 웃고 선배, 후배, 동료들에게도 항상 웃으며 배려하는 성격이다.)

과연 정수와 수정은 합목적적인 대화를 한 것일까? 어쩌면 서로 횡설수설하고 있을지도 모른다. 합목적적인 대화는 화자가 전달하고자 하는 것을 정확하게 청자에게 전달하고 청자는 화자의 전달 내용에 따른 정확한 이해가 가능한 대화라 할 수 있다. 만약 정수가 데면데면한 관계인 수정과 단둘이 5분여 시간을 함께 누군가를 기다리는 동안 어색함을 다루기 위해 대화를 시도한 맥락이라면 서로의 구성 개념이 다르다 하더라도 큰 문제는 없을 것이다. 하지만 심리평가에서는 평가자와 내담자의 관계가 이들의 관계와는 사뭇 다르다. 그렇기에 이러한 구성 개념에 대한 이해를 바탕으로 정확한 대화가 이루어지도록 내담자가 사용하는 단어에 대한 그들의 구성 개념에 항상 관심을 가져야만 한다. 치료 장면에서 보면, 대인관계 영역에서의 문제, 특히 커플 치료에서도

---

2) Pseudo communication은 조현병의 증상에서 나타나는 경우를 포함하여 의사소통 상황에서 발화자가 해당 단어를 지엽적 또는 파편적으로 사용함으로써 의사소통을 하려는 왜곡된 시도라 할 수 있다. 병리적 의미에서는 횡설수설과 유사한 의미로도 볼 수 있다.

이와 같은 유사의사소통이 나타나며 이를 치료적 재료로 활용할 수도 있다. 모든 사례가 그러한 것은 아니겠지만 몇몇 사례에서 서로의 다른 구성 개념을 이해하도록 돕는 것 자체가 그들의 핵심 문제에 접근하고 해결할 실마리를 얻게 하기도 한다.

> 남편 A 씨는 아내와의 관계에서 항상 답답함을 느낀다는 것을 주호소로 상담을 의뢰하였다. 이후 부부치료 세션을 세팅하고 첫 만남에서 남편의 '답답함'의 의미에 대해 충분히 전달할 수 있는 시간과 분위기를 제공하였다. 그 결과, 남편의 '답답함'이란 전반적으로 아내 자체에 대한 답답함이 아니라 아내로부터 스스로가 경험한 구체적이고 특정한 현상이었음이 드러났다. 남편이 '답답함'이라는 구성 개념을 사용하여 전달하고자 한 현상은 부모님과 관련된 이야기를 할 경우 아내가 불편해한다는 것을 느낀 후로 아내의 마음을 편하게 해 주고자 하는 마음이 들긴 하였으나 어떻게 표현해야 할지 모르는 상황에서 아내를 편히 해 줘야겠다는 의무감이 들었고 순간 표현할 방법이 떠오르지 않는다는 것이 불안으로 경험된 것이라고 하였다. 동시에 심장이 심하게 뛰고 곤란해 하는 동안 아내가 인상을 쓰고 있다는 것을 지각한 순간, 자신의 의무를 다하고자 한 노력이 비난을 받았다는 것으로 인식한 것이다. 결국, '답답함'은 이러한 복잡한 상황에서 벌어진 현상이 자신이 알고 있는 가장 근접한 단어인 '답답함'으로 표현된 것이었다.

이 사례에서는 일상적인 의미로서의 '답답함'에 대한 구성 개념만으로는 자신이 경험한 현상을 명확하게 설명해 낼 수 없었다. 치료자는 내담자가 언급한 개념들을 처음 접하고 있다는 마음으로 구체적인 의미를 이해하기 위해 노력했다. 이러한 태도로 치료자는 A 씨가 경험하고 표현하고자 한 실제적 현상에 대해 보다 분명히 이해할 수 있었고 A 씨가 경험한 답답함을 반영해 준 것이다. 이후 아내에게 남편의 '답답함'에 대한 개인적 의미를 전달했다. 이처럼 심리평가뿐만 아니라 다양한 영역에서 동일한 용어를 사용하고 있으나 그 의미는 서로 다를 수 있다. 그렇기 때문에 내담자가 가진 용어에 대한 개념을 다분히 개인적인 개념이라 인정한 후에야 적합한 공감이 전달될 수가 있다.

지능은 일상생활에서도 다른 영역에서도 흔히 쓰이는 용어다. 하지만 심리검사로서의 지능검사에서 쓰이는 지능의 개념은 다른 영역에서 쓰이는 개념과는 다르며, 심리검사 영역 내에서도 지능에 대한 개념은 검사개발자의 구성 개념에 따라 다르다. 하지만 지능검사가 이것도 저것도 아닌 상식적인 의미에서의 '지능'을 측정하는 것이라 생각하는 일도 벌어지고 있다. 특히 심리검사는 개발자의 구성 개념이 비교적 명확히 조작적 정의가 되어 있다. 예를 들어, 웩슬러의 지능검사들은 웩슬러가 조작적 정의를 한 지능의 개념에 따라 해당 개념들을 측정하기 위해 제작된 것이다. 물론 이후 학자들이 웩슬러의 지능 개념을 수정, 보완, 확장시키는 과정을 통해 변화된 웩슬러의 지능 개념을 갖고 있지만, 결국 지금 존재하는 지능검사는 그에 상응하는 지능에 대한 구성 개념이 존재한다는 것은 변함이 없다. 이는 일상적인 장면에서 사용하는 지능의 개념과는 다르다는 것을 잊어서는 안 된다. 그러므로 심리검사를 통한 자료 수집, 즉 측정 단계에서 반드시 숙지해야 할 것은 검사가 가지고 있는 구성 개념과 이에 따른 조작적 정의에 대한 지식이다. 유사의사소통의 또 한 가지 예는 우리나라에 출판된 웩슬러 지능검사 성인용과 아동용 버전에 포함된 process score라는 구성 개념이다. 번역의 차이로 '처리점수'와 '과정점수'라는 용어로 소개되고 있다. 구성 개념을 이해하지 못한 학습자라면 이 두 점수가 다른 것을 의미한다고 생각하기도 한다. 이러한 오해를 줄이기 위해서는 주어진 개념 자체를 맹목적으로 받아들이는 것이 아니라 그 구성 개념이 무엇을 의미하는지 이해하는 것이 필수적이라 할 수 있다.

심리평가 장면에서 구성 개념의 불일치로 인한 오류는 한 개인의 인생을 뒤집을 정도로 위협적일 수도 있다. 우리나라에서 사용 중인 MMPI-2는 10여 장의 분석결과지 내에 120여 가지 이상의 척도 및 지표를 제공한다. 각 척도와 지표는 하나의 구성 개념으로서 그것만의 고유한 조작적 정의가 되어 있다. 하지만 척도명들은 일상생활에서도 사용되거나 다른 전문 영역에서 빈번히 사용된다. 그렇기 때문에 MMPI-2가 기술한 각 척도 및 지표의 구성 개념이 무엇인지를 알아야 오해석을 피할 수 있다.

최근 나에게 자문을 요청한 한 수련생이 만나고 있는 내담자의 사례를 소개한다. 심리치료 수련 과정에 있는 한 수련생이 자신의 수련감독자에게 MMPI-2에 대한 사례지도를 받았다면서 나에게 확인을 부탁하였다. 요청한 내용인즉, 타당도 척도 중 F(P)의 점수가 상승되어 있기 때문에(점수가 유의하지 않은 선에서 F 계열의 다른 척도들보다 조금 더 높은 수준인 59점이었음) '이 사람은 진정 정신병리적 문제를 갖고 있는 사람이다'라고 지도를 받았다고 한다. 나는 여러 상황을 고려하여 구체적 자문을 해 줄 수 없었으나 수련감독자가 그렇게 평가한 이유에 대해서 먼저 들어보는 것이 좋겠다고만 일러 주었다.

이 에피소드는 내가 겪은 다양한 경험 중 하나일 뿐이다. 사실 그 해석이 맞다, 아니다라고 결정하는 것 자체도 불가능하며 바른 자문을 해 주는 것조차 조심스럽다. 그렇게 잘못된 방식으로 해석을 하는 것을 본인은 모르고 있을 수도 있으며, 심지어 내가 바른 정보를 주더라도 그들의 삶의 지혜 또는 자신들의 무지에 대한 강력한 방어를 만나게 되면 오히려 내가 검사밖에 모르는 딱딱한 임상심리사로 평가절하당할 수도 있고,

그들을 공격한 나쁜 사람으로 낙인될 뻔한 적도 왕왕 있기 때문이다. 이렇듯 구성 개념에 대한 개념을 갖는다는 건 학문적 영역에서 심리평가를 위한 기본이며, 심리평가를 배우는 수련생들은 항상 염두에 두기를 바란다.

처음 심리평가에 대한 공부를 시작하는 시기는 대부분 학부 과정에서 제공되는 전공 수업을 들을 때일 것이다. 현재 강의를 듣고 있는 학생도 있을 것이며 임상심리 전문가 또는 관련 영역의 실무자일 수도 있다. 어느 장면에서 심리평가를 학습하게 되든지 간에 심리평가에 대한 오해를 풀지 않은 채 심리평가 학습이 시작될 수도 있다. 오해는 교재나 교과목의 이름에서부터 시작되기도 한다. 가장 기본적인 오해는 심리평가와 심리검사를 혼용할 뿐만 아니라 오용하는 경우라 할 수 있다. 이러한 심리검사와 심리평가의 개념상 오해는 한글을 모국어로 사용하는 사람들에게서 단어의 유사성으로 발생한 것이라 볼 수도 있다. 우선, 심리검사는 두 가지 의미를 담고 있는 개념이다. 한 가지는 'test'로서 특정한 또는 모든 **'검사도구'**를 일컫는 말이며 다른 한 가지는 'testing'으로서 특정 검사도구를 사용하여 목표한 내용을 **'측정하는 과정'**을 일컫는 말이다. 하지만 한국어로 이 두 의미를 모두 담고 있는 '검사'로 번역이 되는 것이다. 반면, 심리평가는 아주 복잡하고 다양한 과정을 의미한다. 심리평가의 단계 및 과정에 대해서는 이후 이 책에서 심리평가의 모형을 제시하고 상세한 설명을 할 것이다. 심리평가 과정에 심리검사가 포함되긴 하나 필수적인 것도 아니며 마냥 배제해야 할 것도 아니다. 평가자가 합목적적으로 활용할 수 있는 도구 중 하나라고 받아들이는 것이 안전하다.

심리검사와 심리평가는 확연히 다른 현상을 의미하나, 학교 장면을 포함한 실제 사용 장면에서는 '심리검사 및 실습' '심리진단' '심리평가' '심리진단과 평가' '심리진단법' 등등이 혼용되고 있다. 도대체 심리검사를 배우게 되는 것인지 심리평가를 배우게 되는 것인지 강의명만 고려한다면 강의의 정체성을 이해하는 것은 상당히 어려운 실정이다. 그러나 해당 수업 내용을 검토해 보면 어떠한 이름으로 개설이 되건 모두가 같거나 상당히 유사한 내용을 담고 있음을 알 수 있다. 이러한 상황에서 수강생들의 오해가 시작될 수도 있는 것이다. 물론 해당 수업이 개설되는 기관의 개별적인 시스템에 따라 불가피하게 특정 과목명을 사용하게 될 수도 있겠지만, 내용을 전달하는 교수자들은 심리검사와 심리평가의 개념에 대한 설명이 필수임을 인식하고 있어야 하겠다.

오해가 만연해 있는 또 다른 장면은 임상심리학자의 활동 영역과 실무적으로 근접하거나 유사한 영역에서 심리평가를 가르치거나 활용하는 경우다. 상담 및 심리치료 장면에서 임상심리전문가로 일을 하면서 적어도 최근까지는 심리검사와 심리평가에 대한 오해가 상당히 일반적인 상황임을 몸소 경험하였다. 자신이 수행한 심리평가에 대해 자문을 요청할 경우 심리검사 결과만 제공하는 경우가 가장 많으며, 심리평가를 한 것임에도 심리검사 해석만을 요청하는 경우도 있다. 이러한 상황을 한 개인의 무지로 탓할 수는 없다. 그만큼 심리평가를 임상심리사의 전유물로 보는 보수적인 가치를 고수하는 분위기가 있었으며 유사 영역에서도 심리평가를 '있는 그대로의 가치'로 인식하지 못한 결과이기도 하다. 물론 심리평가의 수행은 한 내담자 및 환자에게 치명적일 수도 있는 직접적 영향을 주기 때문에 상당 수준의 전문적인 수련이 이루어진 평가자에 의해 진행되어야 함은 당연하다. 하지만 심리평가 수행이 필요한 장면은 빠른 속도로 증가하고 있으며 이러한 분위기에서 심리평가를 임상심리 전문가 및 임상심리학자의 코스를 밟은 전문가의 역할로만 한정하는 것은 현재 실정을 간과하는 것일지도 모른다. 심리평가의 전문성을 잃은 채 변화하는 실정에 맹목적으로 휩쓸리는 것도 위험하지만, 심리평가의 전문성을 고수하기 위해 근접 영역에서의 심리평가 수행을 과도하게 경계하고 신경증적인 태도를 보이는 것 또한 합리적이지 못한 것일 수 있다.

심리검사와 심리평가의 개념상 오해와 더불어 소위 'full battery' 개념에서도 맹목적 수용에 대해 언급하고자 한다. '심리검사총집' '종합심리검사' 등으로 사용되는 용어다. full battery는 종합건강검진과 같은 것이라 할 수 있다. 우리가 복통, 두통, 디스크 등의 증상으로 병원을 찾게 될 때는 보통 호소하는 특정적인 병소에 대해 검진 및 치료가 이루어진다. 하지만 종합건강검진을 요구할 경우 환자의 다양한 신체적 측면에 대해 다면적인 검진이 이루어진다. 이러한 과정은 full battery 검사 과정과 상당히 유사하다. 신체적인 영역의 접근은 심리적인 것에 비해 비교적 분명히 구분된다. 예를 들어, 근육체계, 소화기체계, 장기체계, 신경체계, 호흡기체계 등으로 구분하여 이들에 대해 통합적으로 검진을 하면 한 개인의 전체적인 검진이 가능하다. 물론 각 체계 간 상호작용의 효과도 있지만 구조적인 방식으로 다소 수월히 접근 가능하다는 이점이 있다.

그렇다면 어떻게 심리적인 영역에 종합적으로 접근할 수 있을까? 역시나 지금까지 이를 연구해 온 수많은 연구자는 한 개인의 심리적 체계를 크게 지적 영역, 인지적 영역, 사고 영역, 정서 영역, 자기개념 및 대인관계, 정신역동적인 영역 등으로 분류해 놓았다. 이 영역들은 서로 공유되는 부분이 많기도 하고, 쉽게 나누어 볼 수는 없지만 여러 분야에서 그리고 많은 임상심리 전문가가 실제 이러한 분류를 참조하고 있다. 이 분류 영역과 full battery는 상응한다고 볼 수 있다. 개념상 앞서 분류된 심리적 체계를 종합적으로 검진 및 평가하기 위하여 full battery를 구성하였다는 의미다. 그런데 실제 장면에서는 특정 검사도구들의 세트명을 full battery라고 고유명사처럼 사용하는 경우도 있다. 즉, full battery가 K-WAIS-4, MMPI-2, BGT, Rorshach, HTP, SCT와 같다고 알고 있는 것처럼 말이다. 이것이 만약 절대적인 세트 구성이라면, 어느 기관, 어느 평가자와 full battery라는 용어로 의사소통을 하게 되더라도 full battery에 대하여 동일한 구성 개념을 떠올릴 것이다. 하지만 현실은 그렇지 않다. 전문가마다, 기관마다 full battery로 구성된 검사들은 다른 경우가 많다. 그런데도 고유명사처럼 full battery라는 용어를 사용한다면 원래의 의미를 모르고 사용하는 것이다. 이러한 용어 사용으로 실제 장면에서 심리평가를 목적으로 하는 것이 아니라 심리검사에 집착하게 되는 일이 벌어지기도 한다.

심리평가를 활용하는 장면에서 이러한 여러 가지 오해를 어떻게 하면 줄일 수 있을지를 고민하게 되었다. 그래서 나는 지금까지 심리평가를 공부하고 수행하는 과정에서 그리고 개업 장면에서 경험한 심리평가 학습 및 교수에 대한 답답함을 조금이라도 줄여 보겠다는 동기로 심리평가 수행의 단계를 제시하기까지 이르렀다. 앞으로 제시할 단계는 심리평가를 배우는 단계이기도 하며 학생 및 수련생들에게 심리평가 수행을 교육하는 과정에서 참고가 될 만한 유용한 방향을 제시해 줄 것이다. 제시된 심리평가 단계에 따라 치료 장면을 경험하면서 심리평가를 좀 더 안전하고 유용하게 수행하게 되기를 바라며, 나아가 심리평가 수행 모형이 심리평가의 전문가가 되기 위한 과정에서 체계적인 학습 및 교육에 도움이 되길 바란다. 각 단계에는 그에 상응하는 능력과 자질이 요구되며 이러한 능력과 자질을 향상시키기 위해 보다 체계적인 교수법을 적용할 수 있을 것이라 생각한다.

제2장 심리평가 수행의 모형

심리평가 과정은 마치 요리를 하는 과정과 흡사하다. 결과물로서의 평가 내용을 내담자 및 환자 또는 다른 협력 전문가들에게 제시하였을 때 구토를 유발하는 혐오스러운 음식으로 받아들이냐, 아주 맛 좋은 것으로 맛있게 먹어 주느냐에 따라 평가의 가치가 인정될 수 있다. 평가자 자신은 아무리 맛난 음식이라 생각하더라도 먹는 사람이 그렇지 않다면 그것은 괜찮은 요리라고 할 수 없다. 그렇기에 항상 먹는 사람을 염두에 두고 평가 절차를 따라야 할 것이다. 그렇지 않을 경우에 평가자는 자신의 요리가 진수성찬이라 생각하여, 심지어 그러하다는 강한 믿음을 가지고서, 수검자의 입맛을 고려하지 않은 채 그들의 입을 강제로 벌려 음식을 쑤셔넣어 버리는 잔인한 짓을 할지도 모른다. 최소한 이와 같은 무지막지함을 방지하기 위한 절차로 다음 [그림 2-1]의 평가 수행의 단계 모델을 참고할 수 있을 것이다.

1. 평가 전 단계

모든 심리평가 과정은 **합목적적**이어야 한다. 심리평가의 목적은 일반적으로 환자 또는 내담자로부터 결정되는 것이다. 병원 장면에서는 의사에게서, 학교 장면에서는 교사에게서, 가정에서는 부모 또는 친지에게서 의뢰될 수 있다. 이렇게 심리평가가 이루어지는 장면에 따라 의뢰자가 달라지긴 하지만 심리평가를 받는 목적은 궁극적으로 수검자 역할을 맡은 각 개인에게 있다. 특히 치료 장면에서는 내담자 스스로 심리평가를 받고자 하는 마음가짐이 든 후에야 적절하고 효율적인 평가 수행이 가능해진다. 어떤 방식으로든지 평가가 의뢰된 목적이 있다면 평가 단계 전반에 걸쳐 방향을 잡을 수 있게 되며, 이후 진행되는 평가 본 단계에서 수행이 의뢰 목적에 준하여 수행되었을 때 비로소 내담자에 대한 적합하고 명료한 구조화가 가능해진다.

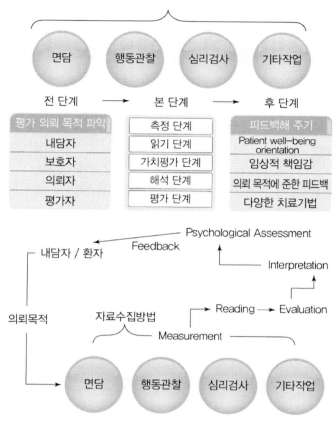

[그림 2-1] 심리평가 수행의 단계 모형

　의뢰 목적이 모호한 경우도 흔히 있다. 의뢰 목적이 '나를 알고 싶어서요' '뭐가 문제인지 모르겠는데 나 때문인 것 같아서 진짜 내가 문제인지 알고 싶어요' '엄마가 하라고 해서요' 등이라면 앞으로 진행될 심리평가의 방향을 잡지 못하게 될 수도 있다. 병원 장면에서는 환자들이 신체적 문제에 대해 검사하는 것과 마찬가지로 의례적인 절차로 인식하면서 심리평가에 임하기도 한다. 병원 장면의 특수한 시스템과 관련된 문제는 차치하더라도 상담 및 심리치료 장면에서는 내담자 **스스로가 평가를 받는 것에 대해 구체적으로 인식**하는 것이 중요하다. 이로부터 평가자는 내담자에게 평가에 임하는 자세와 태도를 보다 협조적으로 이끌어 낼 수도 있으며, 내담자는 실제 자신의 정보를 평가자에게 성실히 제공해 줄 수 있게 된다. 실제 상담 및 심리치료 장면에서는 의뢰 문제를 충분히 탐색하지 않고 심리평가를 진행하는 실수를 종종 저지른다. 이런 실수는 심리평가 수행의 모든 단계에서 신뢰할 만한 수행이 되지 않을 가능성을 높이게 되며 결국 피드백을 제공하는 상황에서 구체적인 도움을 주지 못하게 될 수도 있다.

의뢰 목적을 파악하는 것은 내담자 스스로가 허기를 느끼고 이를 달래기 위해 음식을 먹고자 하는 동기를 확인하는 작업이다. 만약 아사(餓死)가 코앞에 있는 상황이지만 스스로 먹어야겠다는 마음가짐이 없다면 강제로 영양제를 투여할 수도 있을 것이다. 하지만 심리적인 부분은 그렇게 강제로 영양제를 주입하는 것이 오히려 독이 될 수도 있다. 그렇다고 아사하도록 방관할 수도 없다. 보통은 주위 사람들로부터 일방적인 처치를 받게 되는 일도 벌어진다. 하지만 환자가 치명적인 종양을 가진 것을 알고서도 죽음을 받아들이고 여생을 정리하고자 선택했다면 누가 그를 막을 수 있겠는가? 심리적인 개입 또한 아무리 눈에 보이는 부적응이 있다 한들 본인이 원치 않는 이상 제대로 된 심리평가를 강제할 수는 없을 것이다. 스스로 심리적 도움을 요청하는 경우라면 훈련된 전문가들의 입장에서는 심리평가가 필요하다고 생각하지만 내담자는 같은 마음이 아닐 수도 있다. 이러한 입장의 차이에는 여러 상황적 이유가 있을 수 있다. 경제적인 문제, 심리평가 수행에 대한 정보 부족, 두려움 등의 개인적 태도 등이 영향을 미치는 것이다. 경제적 문제를 포함한 여러 요인은 다소 복잡한 임상적 판단이 필요할 수도 있지만 심리평가에 대한 정보 부족이나 두려움 등의 태도는 충분히 해결할 수 있는 요인들이다.

내담자가 협조적이지 않은 태도를 보인다면 심리평가를 일방적으로 진행하기 전 가장 먼저 심리평가 수행에 대한 동기를 향상시키는 작업부터 진행해야 한다. 이를 위해서는 평가자의 전문성과 적절한 라포를 형성하는 능력, 때를 기다리는 인내력 등의 임상적 자질이 필요하다. 이러한 능력의 부재로 내담자를 조르거나 엄격한 태도로 교육을 하게 된다거나 심리평가에 대해 잘못된 정보를 제공하는 등의 일은 없어야 할 것이다. 정리해 보면, 평가자는 앞으로 진행될 심리평가를 위해 내담자가 그 자신의 허기를 인식하도록 해야 하며, 스스로 구체적인 요리를 주문할 수 있는 명확한 의뢰 목적을 형성하도록 도울 수 있어야 한다. 대부분 내담자 역할로 나타난 사람들은 스스로 논리적이고 합목적적인 상담 요청을 할 수 없을 만큼 기능 수준이 떨어진 상태로 의뢰되겠지만 평가자는 내담자의 의뢰 목적을 명료히 하는 것을 게을리해서는 안 될 것이다.

2. 평가 본 단계

1) 평가 본 단계 1: 측정 단계

측정(measurement) **단계**는 심리평가를 위한 **기본 재료를 모으는 과정**이다. 어떠한 심리평가든 측정이 제대로 이루어지지 않았을 경우에는 아무리 평가자의 능력이 뛰어나다 할지라도 내담자 및 환자를 적절히 이해할 수는 없을 것이다. 대부분 사람들은 자신도 모르게 잘못된 측정의 결과를 맹신하기 쉽다. 자신의 경험 또는 정보전달자에 대한 맹신 등이 측정결과에 대한 맹신에 영향을 미친다. 정확한 심리평가를 위해서는 평가자 스스로가 직접 관찰한 믿을 만한 증거가 필요하다. 하지만 내담자에 대한 모든 정보를 평가자가 직접 관찰하기란 불가능에 가깝고 내담자의 현실적·내부적 경험에 대한 보고를 통해 정보를 얻게 된다. 특히 면담을 통한 측정에서는 정보를 제공한 사람이 '누구'인지가 가장 중요하다. 같은 정보라 할지라도 전달자의 관점에 따라 정보의 실제 의미가 왜곡될 가능성이 높기 때문이다. 기술적 글쓰기의 전형인 기사글을 살펴보면 거의 완벽히 있는 그대로의 현상을 기술한 듯하지만 사실은 그렇지만은 않다. 편집 과정을 거치면서 사실적 정보가 교묘하고 자연스럽게 꾸며질 수 있다. 이러한 기사를 일반인이 접하면 고스란히 실제 사실로 받아들이고 한 치의 의심 없이 믿게 될 수도 있다. 종종 대중매체에 파렴치한 범죄를 저지른 사람들의 기사가 올라오면 이를 비난하는 댓글이(어찌 보면 더 파렴치한 댓글일 때가 많다) 달리고 빠르게 전파되곤 한다. 그러는 과정에서 범죄자는 인간이 아닌, 인간 비슷한 형상을 가졌지만 인간이라 할 수 없는 괴물 또는 벌레 같은 존재가 되어 더 이상 현실에 적응하며 살 수 없을 정도로 깊이 낙인이 찍히기도 한다. 하지만 과학적이고 분명한 관점을 가지고 사건을 재조명하면서 피의자로 생각한 자가 오히려 피해자이며 도움을 요청한 사람이 도리어 피의자로 밝혀질 경우 비난의 댓글을 단 사람들이 어떤 마음을 가지게 될지 생각해 봐야 한다. 누군가는 인지 부조화에 따라 사실적 정보를 믿지 않고 자신의 태도를 고수하려 할 수 있고(마녀사냥을 한 주체와 같이) 누군가는 자신은 잘못이 없다면서 오히려 피해자라고 주장할 수도 있고, 다른 누군가는 진정한 사죄를 하고 건강한 새로운 관계 구축을 위해 노력할 수도 있을 것이다. 안타깝게도 마지막을 선택할 만큼 건강한 사람들은 생각보다 많지 않은 것 같다.

평가자는 내담자가 경험한 여러 사건에 대해 보고받음으로써 간접적으로 측정을 하게 된다. 이렇게 측정된 정보가 상당히 편집된 정보인데도 아무런 고려 없이 맹신하고 평가에 활용하게 된다면, 실존하지 않는, 가상적인 사람에 대한 평가가 될 수밖에 없다. 그렇기 때문에 평가자는 수집된 정보를 분명하고 정확한 관점을 가지고 평가할 수 있어야 한다. 일상생활에서조차 누군가에게 전해 듣게 된 정보를 맹신하고 가치판단을 해 버린 후 그 정보가 사실이 아니라는 것을 알게 되었을 때 엄청난 죄책감을 경험할 수 있다. 죄책감을 느끼는 사람은 오히려 소위 인간다운 사람일지도 모를 일이다. 평가 과정에서 오해를 받은 내담자가 평가자의 곧은 맹신에 불쾌해하며 평가자를 해치려고 복수의 칼날을 갈고 있다고 생각하면, 평가자는 정확한 측정을 위해 엄청난 노력을 기울이게 될 것이다. 그리고 적절한 측정이 이루어지지 않은 경우라면 평가자의 주관적 사고체계에 입각하여 실존하는 수검자를 있는 그대로 측정하지 못하는 경우가 있다. 다음 사진을 보고 사실을 기술한 문장을 찾아보라.

1. 한 노인이 힘겹게 걷고 있다.
2. 한 마리의 사슴이 카메라를 보고 자태를 뽐내고 있다.
3. 한 사람이 사슴을 귀여워해 주고 있다.
4. 가뭄이 오랜 기간 지속되고 있다.
5. 한 여행객이 사슴을 만지고 있다.
6. 한 여행객이 동물원을 구경하고 있다.
7. 매우 더운 날씨다.
8. 오래된 나무가 있다.

앞서의 기술문 중 정답은 하나도 없다. 측정의 기본은 '있다'와 '없다'를 알아차리는 것부터가 시작이다. 기술문에 정답이 없는 이유를 살펴보자. 1번은 사진 속의 사람이 노인인지 아닌지 알 수 없으며 그 대상이 힘겨워하는지도 알 수 없다. 2번은 사진 속에 사슴이 있지만 사슴이 카메라를 보는지, 또한 포즈를 취하려는 의도를 갖고 있는지는 알 수 없다. 3번은 한 사람이 사슴을 만지는 것으로 보이나 귀여워해 주는지 괴롭히는지 알 수 없다. 4번은 장면에 물이 보이진 않지만 가뭄인지 알 수 없고 5번, 6번은 사진 속의 사람이 여행객인지 동네 주민인지 알 수가 없으며 6번은 사진 속 장소가 동물원이라 할 만한 충분한 근거가 없다. 7번은 사진만 보고 날씨를 가늠하는 것은 불가능하다. 8번은 사진에 나무가 있지만 나무가 오래되었는지는 알 수 없다. 그런데도 전부 답이라고 우기거나 특정 기술문이 정답이라고 확신하는 사람도 있다는 것이다. 그만큼 있는 그대로 보는 것이 어려우며 우리는 사고체계, 즉 내부세계의 필터를 통해 현실을 부지불식간에 자동적으로 인식해 버리게 되는 것이다. 측정 과정에서 있는 그대로 보지 못하게 된다면 의식하지도 못한 채 현상을 왜곡하여 측정하게 될 가능성이 높아질 것이다.

그리고 측정의 개념은 목표한 현상을 수량화한다는 개념을 포함한다. 하지만 수량화를 할지는 자료의 특성에 따라 또는 측정자의 판단에 따라 결정되는 것이다. 일반적으로 심리평가를 위한 자료에는 면담, 행동관찰, 심리검사 등이 포함된다. 자료를 수집한다는 것은 실재하는 내담자의 현상을 있는 그대로 측정하는 일이다. 만약 수집된 자료의 양이 부족하거나 수집된 자료가 평가에 적합하지 않은 내용이 대부분이라면 수검자가 경험하는 실제 현상을 제대로 측정하지 못한 것이 된다. 제대로 모이지 않은 면담 재료를 활용하는 것은 갈비탕에 들어가 있는 갈비가 소갈비가 아니라 비둘기의 갈비뼈였다거나, 마련된 국물에 비해 갈비가 턱없이 부족한 것과 다름이 없을 것이다. 더 위험한 상황은 제대로 모이지 않은 것을 제대로 모아졌다고 믿어 의심치 않고 평가의 재료로 활용할 때다. 부족하거나 적합하지 않은 재료로 평가를 해 버린다면 그 순간 수검자를 자신의 고집으로 세뇌하려고 하거나 난도질하게 되는 일이 벌어진다. 이런 평가를 받게 될 착한(?) 수검자는 세뇌를 당하여 더욱더 병리적 수동성이 확장될 수도 있고, 못된(오히려 건강할 수도 있는) 수검자는 이후 평가자와 안녕을 고하고 갑작스럽게 상담 장면을 떠날 수도 있을 것이다.

숙달된 측정자는 자신이 측정한 자료에서 어떠한 것이 어느 정도로 합목적적인 재료이며 어떤 것이 오류인지, 즉 합목적적이지 않은 자료인지 구분할 수 있을 것이다. 이에 더해, 측정하고자 한 의도에 적합한 자료들을 적절히 활용하는 것만큼이나, 원치 않았지만 측정 과정에서 불가피하게 얻어진 자료가 어떤 이유로 측정되었는지 탐색하고 이해하는 것 또한 상당히 중요하다. 면담을 통한 자료 수집 과정은 일반적으로 의뢰 목적에 준해 진행된다. 우울을 호소하며 의뢰한 내담자에게는 우울과 관련된 자료를 수집하기 위해 면담을 진행하고, ADHD가 의심되는 사례에서는 증상에 합당한 정보를 얻기 위해 면담을 진행할 것이다. 하지만 이러한 과정에서 반드시 우울 또는 ADHD 증상에 안성맞춤으로 면담을 진행하기란 사실상 불가능하며, 그렇다고 해서 굳이 피하려고 노력해야 할 일도 아니다. 평가자 또는 내담자가 적어도 의식적으로 의도한 것과 다른 내용이 수집되었다면 내담자가 왜 그러한 내용을 보고하였는지 그리고 평가자는 자신이 면담 범위를 잘못 또는 지엽적으로 설정한 것은 아닌지를 탐색해 보는 것이 도움이 될 것이다. 행동관찰 상황에서도 의뢰 목적에 적합한 행동 정보들만 나타나는 것은 아니다. 기본적으로는 의뢰 목적과 행동이 일치하는 경우가 많지만 불일치하는 양상으로 중요한 행동들이 새롭게 나타날 수도 있다. 이 경우 평가자가 의뢰 목적에만 준한 협소한 시각을 갖고 있다면 보다 중요한 행동정보를 간과할 가능성이 높아질 것이다. 마치 관절염을 진단하기 위해 무릎 CT 촬영을 한 후 관절염 징후는 발견되지 않았다는 결과만 제시하고 십자인대 파열은 보지 못하는 꼴이 되는 것이다. 심리검사 상황에서는 면담 및 행동관찰에서 나타나는 정보들보다 비교적 체계적인 정보를 얻을 수 있다. 지능검사는 지능을 측정하고자 하는 것이며 성격검사는 성격을 측정하고자 하는 것이다. 하지만 지능검사에서도 성격적 특성이 측정되고 성격검사에서도 지능적 특성이 측정된다. 그렇기 때문에 원래의 목적과는 다르게 원치 않게 얻은 정보들을 충분히 이해해야 한다. 예를 들어, 지능검사에서 나타나는 부가적 정보로 반응시간이 전반적으로 느리다거나 수검자가 반복적으로 재지시를 요구하는 등의 모습을 들 수 있다. 반응시간이나 반복적 지시 요구의 양상이 다른 수검자들이 같은 점수를 획득했을 경우 이들의 점수를 동일하게 평가할 수 있을까? 이렇듯 면담, 행동관찰, 심리검사 전 과정에서 측정된 정보 중 약속 또는 목표에 합당한 정보뿐만 아니라 부가적인 정보의 가치를 탐색하고 활용하는 능력이 필요하다. 하지만 부가적 정보에 집착하라는 의미는 아니며, 평가 의뢰 목적은 심리평가를 위한 방향 설정에 중요한 의미를 갖는다는 사실은 변함없다.

(1) 면담

수집된 자료들은 모두 각각 중요한 정보를 담고 있겠지만 무엇보다도 면담이 강조되어야 한다고 생각한다. 면담으로부터 측정된 자료들은 **수검자의 존재의 역사 및 생활사**

적 정보를 담고 있는 대표적인 자료라 할 수 있다. 갈비 없는 갈비탕은 진정한 갈비탕이라 할 수 없듯이 면담이 없는 심리평가는 속 빈 심리평가가 될 가능성이 높다. 하지만 실제 심리평가 장면에서는 이러한 면담의 중요성이 간과된다거나 형식적인 과정으로 평가절하되는 일이 벌어지곤 한다. 면담을 통한 자료 수집 방법은 기존에 출판된 다양한 서적을 통해 참고할 수 있을 것이다. 그렇다면 어떻게 하면 심리평가를 위한 면담을 잘 할 수 있을까? 우선, 면담자로서의 자질이 필수적이다. 면담자로서의 자질은 **호의적으로 인간관계를 형성하고 유지하는 능력**을 요구한다. 마냥 '좋게 좋게' 인간관계를 맺는다는 의미가 아니라 면담의 속성인 목적 있는 면담을 진행할 수 있도록 하는 호의적 관계 형성 및 유지 능력을 말하는 것이다. 일례로 어떤 수련생은 4세 아동의 보호자에게 출생 배경에 대한 면담을 진행할 때 마치 용의자를 취조하는 듯한 태도로 진행하면서 자신이 그렇게 하고 있다는 사실조차 인식하지 못 하는 일이 있었다. 결국 보호자는 언짢은 마음으로 상담을 받았으며 라포 형성에 실패하여 일방적 상담 종료가 되어 버렸다. 이는 면담 과정에서 자신이 수검자보다 더 건강하고 우월하다는 비의식적 권위감에서 비롯될 수도 있고, 초심자로서 실수를 해서는 안 된다는 비합리적 신념으로 인해 면담 계획에 너무나 충실히 임하려던 나머지 벌어진 일일 수도 있다. 어떠하든 간에 면담을 위한 기본적인 자질 및 능력은 호의적 인간관계 형성 및 유지 능력이며, 다양한 면담법을 적재적소에 활용할 수 있는 기술들을 갖추었는가에 달려 있다.

다행히도 면담 과정에서 기댈 수 있는 좋은 언덕이 있다. 바로 **성격 이론과 정신병리에 대한 지식**이다. 넓은 의미에서 부적응에 대한 지식은 면담에 대한 좋은 안내서가 될 수 있다. 일반적으로 심리평가를 의뢰받게 되었다면 수검자에 대한 주호소 문제를 포함한 기본적인 정보를 얻게 된다. 만약 우울정서와 관련된 이슈가 있는 수검자라면 우울과 관련된 다양한 성격이론 또는 정신병리적 지식을 활용하여 면담을 진행할 수 있다. 예를 들어, 행동주의적 관점을 바탕으로 접근할 경우 우울경험의 강화사를 밝히기 위한 면담이 이루어질 것이며 정신역동적인 관점일 경우 스트레스의 원인이 외부로부터 경험된 압도적 스트레스의 결과인지, 원자아의 힘에 대한 공격성의 내면화인지, 초자아의 강력한 감시인지를 탐색하는 것으로 면담이 진행될 것이다. 또는 우울의 기술적 병리에 준해 면담을 할 경우 외부로 드러나는 수검자의 임상 양상에 중점을 두고 면담이 진행될 수도 있을 것이다. 이러한 이론적 틀에 기대어 면담을 진행하는 능력은 초심자에서부터 점점 전문가로 성장하는 과정에서, 접근하는 이론적 틀이 보다 넓어지고 면담 상황에서 수검자에게 보다 적절한 이론적 틀을 활용할 수 있는 면담 능력이 향상될 것이다. 이렇다 하더라도 항상 경계해야 할 것은 어떠한 이론이나 병리적 지식이 자신의 앞에 있는 수검자를 정확하게 설명한다는 것은 불가능에 가깝다는 사실이다. 세상에 존재하는 이론은 세상에 존재하는 '존재'들만큼 많다는 것을 잊어서는 안된다.

(2) 행동관찰

행동관찰은 면담과 더불어 가장 중요한 평가 자료의 출처 중 하나다. 행동관찰로부터 적절한 평가 자료를 모으는 과정에서는 '**임상적 민감성**'이 요구된다. 임상적 민감성이란 실제 평가 장면에서 수검자가, 의식적 또는 비의식적 방식으로, 적극적으로 자신을 드러내는 행동들을 탐색해 내는 능력을 의미하기도 한다. 최초의 전화 접수 상황에서부터 수검자는 자신의 존재가 어떠하다는 것을 드러내고 있다. 즉, 수검자로부터 나타난 모든 현상은 그가 어떠한 사람인지를 말하고 있는 것이다. 일반적인 행동 정보는 접수를 한 시간, 접수 절차를 논리적으로 따르는 능력, 해당 기관에 규정화되어 있는 접수 응대 지침을 이해하는 능력, 예약 시간을 변경하려는 시도, 정해진 예약 시간에 협조적으로 또는 비협조적으로 방문하는 행동양상 등등에서부터 실제 평가 과정 동안 나타나는 행동까지 광범위하다. 이 부분에서 오해하지 말아야 할 것은 평가자가 편집증적인 특성을 갖고 있어야 한다는 의미는 아니라는 것이다. 현실감이 없는 민감성은 자신도 모르게 편집증적으로 발전할 수도 있기 때문에 경계해야만 한다. 임상적 민감성은 수검자의 행동 수준에 민감함을 가지라는 것이지 그러한 행동 내의 의도까지 이렇다 할 증거 없이 추측 또는 확신하라는 것이 아니다. 어떤 평가자는 수검자가 자신의 앞에서 다리를 꼰 행동을 민감하게 받아들여 자신에게 부정적 마음을 갖고 있다고 생각할 수도 있다. 이는 평가자의 무능력을 방증하거나, 평가자 자신의 병리로 인해 누가 수검자이고 누가 평가자인지 알 수 없게 하는 상황을 초래할지도 모를 일이다.

행동관찰 과정에서 요구되는 또 하나의 자질 및 능력은 '**있는 그대로**' **보는 능력**이다. 이는 '있는 것만' 보는 것과는 다르다. '있는 그대로'를 본다는 것은 평가자의 관점에 의해 큰 영향을 받게 되는 능력보다 자질과 가까운 것이라 생각한다. 예를 들어, '있는 그대로' 본다는 것은 수검자가 첫 방문에서 '안녕하세요?'라고 언어화 행동을 했을 때 그말이 발현된 여러 상황적 맥락을 고려하여 보는 것이다. 즉, 처음 방문한 상황, 목소리의 크기, 말투, 시선 처리 등 함께 발생한 비언어적 행동을 함께 봐야 한다는 것이다. 만약 '있는 것만' 보게 된다면 "안녕하세요?"라는 인사말은 말 그대로 안부를 묻는 정도의 인사말에 그치게 될 것이다. 물론 이러한 단편적인 예로 충분한 설명이 되진 않겠지만, 구체적 평가 상황에서 나타난 특징적인 행동은 그에 대해 핵심적인 정보를 담고 있는 행동일 수도 있기 때문에 '있는 그대로'를 본다는 것은 강조되어야 할 것이다.

적절한 행동관찰을 위해서는 우선 특정 대상에게서 나타나는 모든 행동에 관심을 갖는 연습부터 시작하는 것이 도움이 된다. 관찰 대상은 언제 어디에나 존재하기 때문에 연습을 할 기회는 충분히 많다. 심리평가 강의를 수강하는 학생들에게 30여 분간 특정 대상의 행동을 관찰하는 과제를 제시한 적이 있다. 이 과제를 대하는 학생들의 반응을 보면 대부분이 단순하고 비교적 쉬운 수행인 듯 느끼지만 막상 실제 과제를 하면서는 상당히 곤란한 작업이라 느끼곤 하였다. 이는 일상생활에서 경험하는 사람들의 많은 행동을 너무나 자연스럽게 '있는 것만' 보고 있다는 것을 방증하는 것일 수 있다. 물론 일상에서 '있는 것만' 본다는 것이 이상하다거나 부적응적이라는 것은 아니다. 대부분이 그렇게 살아가고 있으며 오히려 더 건강한 모습일 수도 있다. 하지만 심리평가를 위한 행동관찰은 일상적인 관찰력만으로 설명될 수 있는 것이 아니며 관찰 하나에서도 전문적인 자료 수집을 위한 노력을 해야 함을 강조하는 것이다.

이와 더불어 적절한 행동관찰을 위한 장치는 면담과 마찬가지로 이론이 될 수 있다. 누군가가 바다로 나가 고기를 잡아 오라는 이야기만 하고서 아무런 정보를 주지 않았다고 생각해 보자. 당장 어느 바다로 가서 어떤 고기를 잡을지 또 어떻게 잡을지 전혀 감을 잡지 못할 것이다. 이는 '행동관찰을 하세요'라는 말 한마디로 수검자라는 거대한 바다에 던져진 것이나 다름없다. 다행히도 이론을 만나게 되면 어떠한 종의 물고기인지, 어떤 도구를 사용해야 하고 어떤 방식으로 잡아야 할 것인지에 대한 대략적 정보를 얻게 된다. 물론 그 이론이 변종의 물고기를 설명해 줄 수는 없으나 물고기를 잡을 확률은 상당히 높여 줄 수 있기 때문에 이론에 기대는 것이 무해하지는 않은 것이다. 예를 들어, 우울을 호소하며 방문한 내담자를 떠올려 보자. 우선적으로 기술적 정신병리의 기준에 준하여 우울의 기술적 특성을 관찰하였으나 딱히 이렇다 할 만한 우울 관련 행동은 관찰되지 않았다. 오히려 어깨에 힘이 들어가고 강렬한 시선 처리를 하고 있었다. 그에 더해, '재미가 없다' '짜증이 난다' '앞으로 어떻게 해야 할지 모르겠다' 등의 언어적 표현을 하면서도 모순적으로 자신이 남들보다 괜찮은 능력을 가진 사람이라고 보고하였다. 이에 그러한 자신의 능력에 대해 '공감'과 '받아 주기'를 통해 지지를 제공하자 순간 자신의 열등한 점에 대해 보고하며 냉소적인 태도를 보였다. 이 내담자는 우울을 호소하며 방문을 하였으나 우울과 관련된 기술적인 정신병리적 정보로는 내담자를 충분히 이해하기가 어려웠다. 이후 자기심리학이라는 이론적 틀에 기대어 행동관찰을

하게 되면서, 특히 자기(self)의 손상과 관련된 행동패턴을 예상할 수 있었고 그에 좀 더
초점을 기울이며 행동관찰을 할 수 있게 된 것이다. 여기에서 알 수 있는 것은 어떤 이
론이라도 완벽한 것은 없지만 지금 여기에서 자신을 마주하고 앉아 있는 내담자의 행
동을 이해하는 데에는 특정 이론이 도움이 될 수 있다는 것이다. 결국 초심자에서 전문
가로 성장하는 과정에서 다양한 이론적 관점을 알게 될 것이고, 이에 얽매이지 않고 활
용할 능력을 갖게 될 것이라는 점을 기억하길 바란다.

　행동관찰에 대해서 좀 더 고려해야 할 사항은 바로 심리검사 과정에서 나타나는 행
동관찰이다. 사실 행동관찰은 앞서 설명한 것처럼 내담자의 존재를 인식한 순간부터
마지막으로 내담자와 이별을 고할 때까지 항상 이루어지는 것이다. 내담자를 만나는
전 과정 중에서도 가장 극적인 행동관찰이 가능한 장면은 심리검사 장면이다. 심리검
사 과정에서 평가자는 수검자의 정보를 보다 객관적으로 수집할 수 있다.

⑶ 심리검사

　앞서 정의하였듯이 심리검사는 특정 심리검사도구를 지칭하는 경우와 그 검사도구
를 통해 측정하는 수행을 하는 과정을 일컫는 경우가 있다. 심리평가를 위한 자료 수집
과정으로서 면담과 행동관찰이 평가절하되고 있는 반면에 심리검사는 이상화되어 있
기도 하다. 검사 결과가 마치 실제로 살아가고 있는 내담자보다 확실한 그들의 진정한
모습인 양 세뇌 작업을 시작할 수도 있다. 그렇기에 심리검사에 대한 정확한 개념과 심
리검사 과정이 어떻게 진행되는지를 이해하는 것은 무척이나 중요하다. 심리검사는 현
재 법적 근거하에 판매되는 종류만 하더라도 수천여 개에 이르며 연구용 등의 비공식
적인 경로로 사용되는 검사의 수는 손수 세어 보는 것만으로도 부담스러울 정도다. 면
담과 행동관찰을 통한 자료 수집 과정에서는 기술적 능력 이상으로 평가자의 자질 및
태도 등이 강조되었다. 물론 심리검사를 수행하는 과정에서도 이러한 자질과 태도가
강조되지만 이와 더불어 기술적 능력 또한 중요하다. 심리검사는 도구를 활용하여 측
정하고자 하는 그것을 제대로 측정할 수 있어야 한다. 즉, 검사도구를 잘 다룰 수 있어
야 한다는 것이다. 검사자가 검사도구를 잘 다루지 못한다는 것은 요리사가 칼을, 보일
러 수리공이 수리 연장을 또는 외과의사가 수술도구를 능숙하게 다루지 못하는 것과
같다. 능숙치 못한 상태에서 도구를 다루는 것은 칼, 연장, 수술도구를 무자비하게 사
용하여 자신과 타인을 다치게 할 위험을 가진다.

　우선, 바람직한 심리검사를 위해서 검사 실시 및 채점 절차에 익숙해지는 것이 필요

하다. 처음 심리검사를 배우는 수강생들이 흔히 하는 실수는 한 차례 단기 강의를 듣고서 충분히 검사를 할 수 있다고 생각하는 태도다. 검사 수행에서 기본적인 기술 습득 방법은 각 검사의 **매뉴얼**을 숙지하는 것이다. 전자제품을 구입하고 나서 제일 먼저 매뉴얼을 익혀야 하는 것과 마찬가지다. 하지만 스마트폰을 구입하고 나서 매뉴얼을 꼼꼼히 숙지하려는 사람은 드물다. 이처럼 심리검사 도구 사용과 관련하여서도 몇 차례 실무 수업을 들었다 하더라도 매뉴얼에 기초한 사용법을 숙지하지 않고서는 그 검사도구의 모든 기능을 적절히 활용하기는 어렵다. 매뉴얼이란 검사개발자가 검사 개발 의도 및 개발 과정을 소개하고 검사도구 활용법에 대한 필수적인 정보를 제시하는 것이기 때문에 매뉴얼을 충분히 익힌 후에야 검사도구를 적절하고 효율적으로 다룰 수 있을 것이다. 특정 제품을 익숙하게 사용하게 되면 이후 출시되는 동일 시리즈 제품의 사용법을 익히는 것은 비교적 쉬운 것처럼 심리검사 역시 유사한 계열의 검사들은 활용법 또한 유사하기 때문에 처음 접하게 된 검사 도구의 활용법을 배울 때보다 훨씬 수월하게 다룰 수가 있다. 웩슬러 지능검사 시리즈나 자기보고식 성격검사들을 배우는 과정 또한 마찬가지다. 아동용 웩슬러 지능검사에 익숙한 검사자는 성인용 지능검사에 쉽게 익숙해질 수 있을 것이며 MMPI-2 사용이 익숙한 검사자는 PAI와 같은 검사에 쉽게 익숙해질 것이다. 하지만 검사 수행 방식에 대해 검사 간의 '전이된 익숙함'은 익숙함일 뿐이지 각 검사가 가지고 있는 속성을 충분히 이해하는 것과 같을 수는 없을 것이다.

매뉴얼에 따른 실시 및 채점 방식을 습득하는 것은 각 검사가 고유한 특징을 갖고 있음을 이해하게 되는 것이기도 하다. 단, 매뉴얼은 도구 사용상의 기본적이고 기초적인 정보를 담고 있는 것이기에 실제 장면에서는 이를 숙지한 뒤 해당 상황에서 최적화된 방식으로 사용해야 한다. 이 말은 기본적 절차를 무시한 채 검사 사용 장면에 적합하다고 해서 창의적으로 활용하라는 의미가 아니다. 개발 당시에는 최적화된 상태로 출시되지만 사용하면서 보다 유용한 방법이 발견되면 이후 연구자들이 매뉴얼을 세련되게 수정하고 보완하기도 한다. 이러한 정보들은 도구 자체에 포함된 매뉴얼에는 실리지 않은 경우도 있으며 관련 서적들에서 얻을 수 있다. 매뉴얼을 숙지하라고 너무 강요받은 나머지 매뉴얼에 집착하게 된 어떤 검사자는 지능검사를 실시하면서 매뉴얼에 있는 지시 사항을 한 음절도 빠트리지 않고 기계적으로 또박또박 말하는 실수를 범하기도 한다. 검사 사용법을 정확하게 숙지하는 것만으로는 실무자로서의 역할을 적절하게 할 수 없는 것이다. 그렇기에 심리검사를 실시하기 위해서는 능숙하게 검사를 다룰 정도의 적절한 기술을 닦아야 한다.

MMPI-2를 실시할 경우를 예로 들어 보자. 검사를 실시할 경우 매뉴얼에서는 집에서 해 오도록 요구하는 것을 금지 또는 지양해야 할 사항이라고 안내하고 있다. 매뉴얼을 숙지한 검사자는 이에 따라 실시를 할 것이나 그렇지 않은 검사자는 아무런 불편함 없이 당연히 '집에 가서서 하시고 다음 회기에 가져오시면 됩니다.'라고 아주 친절하고 따듯하게 지시하게 될 수도 있다. 더 안타까운 점은 이러한 지시를 하게 된 이유에 대해서 물어보면 자신의 지시 방식을 인식하지도 못하고 있을 때가 많으며 심지어 '이제까지 그렇게 해 왔는데요?' '따로 배우진 않았는데요?'라고 하며 당혹스러운 답변을 하기도 한다. 또 다른 예로, 만 17세 5개월인 청소년의 성격검사를 의뢰받은 검사자가 MMPI-2를 실시하고 나에게 자문을 요청한 적이 있다. 하지만 구체적인 자문을 해 줄 수 없었다. MMPI-2는 만 19세부터 실시 가능한 검사라는 건 잘 알고 있을 것이다. 물론 그 실무자 또한 잘 알고 있었다. 실시 연령에 대해 정확히 알고 있으면서도 MMPI-A가 아니라 MMPI-2를 선택한 것에는 나름의 현실적 이유가 있지 않을까 생각하여 그 이유를 물었지만 더 당혹스러운 답이 돌아왔다. 내담자가 고등학생답지 않게 너무 어른스럽고 MMPI-2를 해도 충분히 이해할 수 있는 나이라서 MMPI-2를 실시했다는 것이다. 또 다른 검사자는 학생이 실제 생활에서 이상한 부분이 많은데 지금까지 MMPI-A를 해 보면 이런 아이들이 너무 정상으로 나와서 MMPI-2를 실시했다는 것이다. 여러분은 어떻게 자문해 주겠는가? 매뉴얼을 충분히 숙지했더라면 이 같은 실수는 범하지 않았을 것이다.

대부분 표준화된 검사의 매뉴얼에는 제작 과정과 실시, 채점, 해석, 규준 관련 정보가 기본적으로 포함되어 있다. 심리검사를 처음 접하는 학습자들은 매뉴얼에 포함된 수많은 통계 수치에 압도되어 매뉴얼을 부담스러워하는 경우도 있다. 대부분 심리검사는 경험적 자료가 해석의 근거가 되기 때문에 반드시 이해를 해야 할 부분인데도 통계적 지식이 부족하고 어렵다고 해서 검사 사용 과정에 필요한 기본적인 정보도 활용하지 못할 때가 있다. 특히 규준 관련 정보들은 방대한 숫자들로 나타나기 때문에 인문계 출신인 자신과는 관련이 없다고 생각하는 검사자도 있지만, 통계 수치 자체가 아니라 해석의 경험적 근거를 알아 간다는 것으로 편안하게 통계 정보를 받아들여야 할 것이다. 심리검사에서 규준이라는 것은 길이를 재는 자라고 생각해 볼 수 있다. 그 자에 새겨진 눈금을 사용하여 심리적인 무언가를 재는 것이다. 그런데 심리적인 내용은 나이가 들어 가면서 또는 경험이 늘어나면서 각기 다른 모습을 갖고 있기 때문에 하나의 자로 모든 속성을 다 잴 수가 없다. 지능검사의 경우 연령에 상당히 많은 영향을 받기 때문에 나이마다 각기 다른 자가 필요하고, 어린 아동일수록 보다 빠른 성장을 보이기에 더 세밀하고 눈금이 조밀한 자가 필요하게 되는 것이다. 신경심리검사의 경우 나이뿐만 아니라 학력, 문맹 여부, 성별 등에 따라 쉽게 영향을 받기 때문에 이러한 요인을 고려한 복합적인 자가 필요하다. 다행인 것은 검사자가 매번 직접 자를 만들 필요는 없다는 것이다. 이미 검사개발자가 충분한 근거하에 만든 자로 수많은 대상을 측정한 후 각각에 적당한 자의 눈금을 마련해 놓았기 때문에 그 자를 참고해서 지금 검사자가 만나는 수검자를 재 보면 되는 것이다. 앞에서 언급한 MMPI-2와 MMPI-A 검사 선정과 관련된 실수들은 청소년에게 성인의 자를 대어 결과를 도출한 것이 된다. 그렇기 때문에 원칙적으로는 그 결과가 어떠하든지 간에 해석을 해서는 안 된다. 물론 그 규준이라는 것이 청소년의 규준과 성인의 규준이 완전히 다르지는 않다고 하더라도 해석 시 경험적 근거를 가질 수는 없는 것이다.

심리검사를 통한 자료 수집에서 **표집 측정과 횡단적 측정**의 개념을 이해하지 못하여 실수가 나타나기도 한다. 우리가 검사를 통해 측정하는 것은 이미 측정하고자 하는 '무엇'이 존재하고 역으로 그 '무엇'을 측정하기 위해 검사를 활용한다는 의미다. 그런데 검사를 사용하는 사람들은 검사가 그 '무엇' 이상의 어떠한 것을 측정한다는 미신에 빠져 있는 경우도 있다. 어떤 심리검사든지 간에 각 검사가 측정하고자 하는 목표 속성이 있다. 하지만 그것들은 구성 개념들이기에 조작적 정의를 통해 약속된 대표적인 속성을 측정하는 것이다. 지능검사에서 다양한 소검사를 실시하였다 하더라도 그것이 진정하게 현상하는 총체적 지능을 측정하지는 못한다. 검사 도구에 포함된 각개 소검사로 측정된 총 수행 능력이 지능이라고 약속한 것일 뿐이다. 그렇다고 해서 지능검사가 지능이 아닌 다른 무언가를 재고 있다는 것은 아니다. 이러한 측면에서 모든 검사는 우리가 측정하고자 하는 '그것'을 대표한다고 약속한 속성을 측정하여 실제 수검자의 모습과 유사할 것이라고 추정하는 방식이다. 이렇게 통계적 추정을 하기 때문에 항상 측정된 값과 이에 따른 신뢰구간에 신경을 써야 한다. 그런데 문제는 한낱 검사에서 측정된 점수로 실제로 생생하게 살아 있는 수검자에게 그 점수 자체가 돼버리라고, 자신도 모른 채 내담자에게 그렇게 되어야 한다고 강요하기도 한다. IQ 95가 어떤 의미라고 전달하는 것이 아니라 단지 '지능이 95로 나왔습니다.'라는 결과 전달로 끝나는 일은 더 이상 없어야 할 것이다.

횡단적 측정은 검사 장면이 **체계적인 유사 관찰**을 통한 측정이라는 의미를 갖고 있다. 유사 관찰이란 실생활에 대한 직접 관찰 또는 자연 관찰이 아닌 실제 삶의 축소판을 미리 구축해 놓은 후 그 장면 내에서 어떻게 반응하는가를 관찰하는 방법이다. 이는 대부분의 심리검사가 갖고 있는 기본 가정이기도 하다. 실생활에서의 주의력을 측정하기 위해 우리는 특정 과제를 해결할 때 주의력이 필요한 잘 꾸며진 의도적 과제를 제시하고 이에 반응하는 양상이 실생활에서도 나타날 것이라고 추정하는 것이다. 실제 장면에서 몇 개의 숫자를 따라 외우도록 강요받는 일이 평생 몇 번이나 있겠는가? 하지만 숫자를 따라 외우면서 인지적인 부하가 걸리는 측면은 실생활에서도 주의력이 필요한 장면에서 동일하게 작동되리라는 논리인 것이다. 그런데 이러한 능력은 지금 이 순간, 적어도 최근 삶에서 나타나는 것이라 받아들이는 것이 합리적이지 수년 전 또는 생애 초기에 발휘한 능력이라 하기에는 무리가 있다. 그렇기에 검사 결과를 너무 허용적으로 확장하여 적용하는 것은 바람직하지 않다. 많은 연구자가 해당 검사 결과의 유효기간 및 시간의 흐름 또는 검사 경험에 따라 재측정 상황에 어떠한 영향을 주는지를 상세하게 연구하였다. 이러한 정보들은 각 검사의 매뉴얼 및 연구보고서 또는 관련 서적을 참고할 수 있다.

　적절한 검사 수행을 위해 고려해야 할 사항은 해당 검사와 관련된 면담과 행동관찰이다. 모든 검사는 단순히 사진을 찍는 것에 그치는 것이 아니라, 검사자와의 상호작용으로부터 얻게 된 면담 및 행동관찰 자료가 검사 결과에 상당한 영향을 미치게 된다. 그렇기 때문에 각 검사 실시와 관련된 면담과 행동관찰의 특징을 이해하는 것이 선행되어야 한다. 모든 검사 상황에서 면담과 행동관찰이 중요한 것은 사실이나 좀 더 중요한 정보를 담고 있는 출처가 있기 마련이다. 가장 널리 사용되는 검사를 중심으로 살펴보자. 지능검사의 경우는 특히 행동관찰이, MMPI-2는 면담이, 로르샤하 잉크반점 검사[1)]는 검사자와의 상호작용을 포함한 행동관찰이 특히 중요하다. 구체적으로 지능검사를 통한 측정에서 행동관찰이 어떠한 영향을 미치는지 또는 어떤 효과를 만들어 내는지를 확인할 수 있다는 뜻이다. 어떤 수검자는 특정 소검사에서 '난 이런 건 잘 못하는데…… 아…… 잘 모르겠는데요…….'라고 하면서 검사자극에 눈을 떼지 않고 해결해 보려는 의지를 보일 수도 있고, 반대로 어떤 수검자는 주어진 자극을 알뜰하게 탐색하기 전부터 잘 모르겠다는 언급을 하며 포기할 수도 있다. 그런데 두 상황 모두 측정 점수는 동일하게 나타날 수 있다. 이때 측정된 점수를 이해하는 데서 행동관찰의 정보가 그 점수 이면에 있는 수검자의 고유한 능력을 세심히 살펴 줄 수 있을 것이다.

　MMPI-2는 검사 속성이 자기보고식 검사이며, 읽고 답하기 수준의 비교적 단순한

---

1) 오래전부터 로르샤하 잉크반점 검사(test)의 의미에서 로르샤하 잉크반점 기법(method) 또는 방법이라는 의미로 확장·변화되었다. 이는 로르샤하 잉크반점을 활용하여 면담, 행동관찰, 검사 수행을 하여 자료를 수집한다는 의미를 가진다.

작업을 요하기 때문에 박진감 넘치는 행동관찰 정보를 얻기는 어렵다. 그렇다고 해서 MMPI-2 실시 과정에서 행동관찰이 중요하지 않다는 것은 아니다. 예를 들어, 실제 관찰된 검사 수행 태도나 답안지를 작성한 스타일 또는 집에서 수행한 후(권장되진 않지만) 가져왔을 때의 검사지 및 답안지 상태 등이 중요한 행동관찰 정보로 수집될 수 있다. 하지만 MMPI-2는 면담과 연결될 시 강력한 정보 수집 방법이 될 수 있으며 면담 정보 자체가 이후 평가의 단계들에서 필수적인 재료로 활용된다. 면담을 활용하는 방식은 주로 검사 실시와 관련된 구체적인 지시, MMPI-2에 대한 경험 및 인식 파악, MMPI-2를 통해 알고 싶어 하는 내용 검토, 최근 경험한 스트레스 상황의 정도와 개인이 주관적으로 인식하고 있는 스트레스 수준, 최근 스트레스와 유사한 과거 경험 및 대처 방식 탐색, 현재 처한 상황에 대한 안정감 또는 통제감 정도의 탐색 등이다. 이러한 정보를 기초로 면담을 통해 좀 더 상세한 생활사적 정보를 얻게 된다. MMPI-2 사용에서 면담의 중요성 및 활용을 이해하고자 한다면 Stephen E. Finn의 저서인 『Manual for Using the MMPI-2 as a Therapeutic Intervention』을 참고하길 바란다.

로르샤하 잉크반점 검사는 앞서 언급한 대로 검사 도구로서의 기능뿐만 아니라 심리평가 자료를 수집하는 하나의 방법으로 받아들여지고 있다. Weiner는 인간 행동에 관한 적응 차원을 활용하여 해석의 틀을 제시하였고 구조변인과 주제심상변인, 행동변인 그리고 각각의 관계와 서로의 관련성을 고려한 계열분석을 강조하였다. 이러한 해석의 틀은 심리평가의 자료 수집 방법인 면담, 행동관찰, 심리검사 과정을 모두 포함하고 있다. 그렇기에 심리평가를 위해 로르샤하 잉크반점이 적절하고 바람직하게 활용된다면 매우 유용한 자료 수집이 가능하다고 볼 수 있다. 여기에 로르샤하 잉크반점 검사를 학습할 때 유용한 학습 절차를 간단히 소개하고자 한다.

- 로르샤하 잉크반점 검사의 개발 과정 및 속성에 대한 이해
- 로르샤하 언어 익히기
- 계열분석을 중심으로 한 해석
  - 행동변인에 대한 이해
  - 주제심상변인에 대한 이해
  - 구조변인에 대한 이해와 이에 포함된 기호들의 채점 과정 및 방식 익히기
- 검사 실시 훈련

　이와 같은 방식 및 순서는 일반적으로 접하는 학습 순서와는 다소 다를 수도 있다. 로르샤하 잉크반점을 활용하기 위해서 해석 차원을 이해하게 되면 구조적 요약을 볼 수 있는 눈이 세련되어질 수 있고, 구조적 요약으로 도출된 변인들의 유기적인 관련성을 알게 되면 기호화 및 채점이 효율적으로 이루어질 수 있으며, 기호화와 채점의 개념을 숙지하면 실시가 보다 정확해질 수 있다. 이러한 과정이 실시에서 해석으로 발전해 가는 일반적인 학습 순서보다 많은 노력과 시간이 들 것이라는 예상하지만, 실제 교육 경험에 비추어 봤을 때 학습자의 개인차를 고려하더라도 학습에 투자되는 시간과 노력은 일반적 예상과는 달리 보다 경제적이었다. 이러한 학습 단계의 유용성은 각 단계의 학습에서 불필요한 의문을 방지할 수 있으며 계열분석이라는 큰 틀에 집중할 수 있다는 장점이 있다.

　심리평가 과정에서 측정 단계의 핵심을 정리하면, 지금까지 지능검사, MMPI−2, 로르샤하 잉크반점 검사를 예시로 들어 심리평가를 위한 자료 수집 과정이 가장 중요한 것임을 이야기하였다. 측정 단계에 필요한 능력의 핵심은 심리평가를 할 때 진정 신뢰할 수 있고 타당하다고 할 만한 자료를 얻고자 하는 태도일 것이다. 심리검사를 통한 자료 수집은 다양한 표준화된 검사로부터 신뢰도와 타당도를 어느 정도 보장받을 수 있으나 면담과 행동관찰은 자기 자신이 아주 내구성이 강하고 눈금이 세밀한 자가 되어야 함을 강조한다. 그리고 심리검사라 해서 맹신할 것이 아니라 심리검사의 속성을 매뉴얼을 통해 숙지하는 것이 기본이 되어야 할 것이다. 성긴 눈금을 가진 측정자 또는 검사 도구는 자신이 가진 눈금 정도밖에는 잴 수가 없을 것이다.

3) 평가 본 단계 2: 읽기 단계

　읽기 단계는 적절하게 **측정된 자료의 의미를 자료 수준에서 확인**하는 단계다. 측정 단계에서 수집된 자료는 단순한 측정 결과이며, 읽기 단계는 측정된 자료가 어떠한 속성을 가지고 있는지를 정리하는 단계라 할 수 있다. 음식을 만들기 위해 준비한 재료들 각각이 어떠한 모양과 색깔, 맛 등을 가지고 있는 것인지 이해하지 못한다면 최종 요리의 맛을 예상할 수 없을뿐더러 자신이 생각한 요리를 만들지 못할 수도 있다. 예를 들어, 아귀찜에 콩나물이 필요하다는 것을 알고 콩나물을 준비했으나 어떻게 다듬어야 할지 모른다면 줄기를 버리고 대가리만 남겨 놓을 수도 있는 일이다. 콩 대가리로 요리를 하면서도 자신이 뭐가 잘못된 것인지도 모르고 있다면 요리를 먹는 사람 입장에서

는 얼마나 황당하겠는가? 그렇기 때문에 측정된 자료가 무슨 의미를 가지는지 아는 것
은 심리평가에서 필수다.

　이 과정에서 주로 발생하는 실수는 자신의 경험과 삶의 지혜를 통해 측정된 자료의
속성을 판단하는 것이다. 그 경험과 지혜를 통해 삶의 현상에 얼추 맞아 들어가는 의미
를 부여할 수는 있으나 전문적인 심리평가 영역에서는 그러한 경험이 오히려 해로운
경우가 있다. 그런데도 너무나 자연스럽게 이 오류를 등한시하게 되는 데는 생각보다
단순한 이유가 있다. 바로 자료가 갖고 있는 이름이다. 면담의 자료는 수검자가 보고한
언어이고 행동관찰에서는 수검자가 보인 행동, 심리검사에서는 각 결과치가 된다. 수
검자가 자신이 '요즘 우울한데 왜 그런지 모르겠어요.'라고 언어적 표현을 했다고 하자.
이 상황에서 어떤 평가자는 우울에 대해 상식적 의미로서의 우울로 받아들이곤 한다.
하지만 수검자가 전달하고자 한 우울의 구성 개념은 여전히 알 수 없으며, 평가자가 우
울이라는 단어를 듣고 떠올린 구성 개념과 다를 가능성이 높다. 내담자가 가진 일상적
우울의 개념과는 다르게 평가자는 심리학적 지식 또는 정신병리적 지식을 통해 우울의
개념을 갖고 있기 때문이다. 그렇기에 수검자가 표현한 우울은 어떤 현상을 의미하는
것인가를 검토해야만 우울이라는 언어적 자료가 가진 수검자만의 진실한 속성을 이해
할 수 있다. 행동관찰을 통해 수집된 자료의 경우, 수검자가 지능검사를 마친 후 로르
샤하 잉크반점 검사를 받으면서 반응 속도가 느려졌음을 관찰했다면 이 반응 속도의
변화를 알아차린 것은 적합하나, 그 행동변화의 의미를 알지 못한다면 좋은 식재료를
갖고 있지만 그 식재료의 맛과 향을 알 수 없는 것과 유사하다. 심리검사 자료의 경우
비교적 분명한데, MMPI-2의 척도 7번이 상승했다면 이 척도가 지적하는 것은 상당히
많은 정보이나 특히 그중 한 가지로서 정서적 문제의 해결이 잘 되지 않는 상황에서 생
산적이지 못한 방식으로 해결하고자 하는 비기능적 사고를 의미한다. 하지만 초심자들
은 강박적 증상 또는 강박증 환자를 자동적으로 떠올릴 수도 있다. 이는 평가자만의 문
제는 아니다. 한 가지 이유는 수십 년간 척도 7번을 지칭할 때 '강박증 척도'라고 말해
왔고 강박증이라 할 때 손쉽게 강박적 증상 및 강박증 환자를 떠올리게 되기 때문이다.
이미 척도 7번의 의미와 강박장애 환자의 관련성에 대한 경험적 연구 증거는 마련되어
있는데, 더 이상 척도 7번과 강박장애를 일대일로 연결한 '읽기'는 신빙성이 떨어진다는
증거가 있다. 또 한 가지 이유는 7번 척도가 함의하는 현상, 즉 구성 개념과 조작적 정
의를 숙지하지 않고 '강박증 척도'라는 이름을 쉬이 수용해 버린 결과라 볼 수 있다.

　이렇듯 전체 심리평가 단계에서의 결정적인 실수가 읽기 단계에서 드러난다. 읽기
단계에서는 평가자의 경험, 지혜 등의 사견이 필요하지 않다. 수집된 자료들이 가지고

있는 일반적인 속성을 읽는 단계일 뿐이다. 면담과 행동관찰에서 수집된 자료들의 속성은 다양한 이론적 또는 기술적 설명 내에 존재하기 때문에 해당 자료에 대한 평가자의 지식이 중요하지만 심리검사는 매뉴얼과 누적된 연구 결과들 등으로 비교적 안전한 틀을 제공하고 있다. 그렇기에 심리검사 결과를 성공적으로 읽기 위해서는 구체적인 검사 결과의 변인들의 구성 개념을 학습하는 것이 필수적인 것이다. 모든 검사는 그 검사만의 고유한 구성 개념을 갖고 있기 때문에 반드시 해당 검사가 말하는 구성 개념을 숙지해야만 한다. 지능검사에서는 전체지능지수, 지표점수, 각 소검사의 점수, 다양한 통계치 등이며 MMPI-2에서는 120가지 이상의 척도 및 지표, 그리고 로르샤하 잉크반점 검사에서는 각 구조변인이다. 이에 대해 정확하게 이해하지 않으면 평가자 개인의 경험, 지혜 또는 상식적 개념으로 결과를 읽는 오류를 범하게 된다. 아무리 전문가라 할지라도 표준화된 검사를 사용하기에 앞서 그 검사 결과의 구성 개념을 검토하는 과정이 필요하다.

측정 단계에서의 정보도 그렇듯이 읽기 단계의 정보 또한 평가 과정 내에서는 가설적 정보에 지나지 않는다. 만약 읽기 단계의 정보를 직접적으로 수검자에게 전달한다면 방향성 없는 정보 전달이 되거나 불합리한 세뇌의 과정을 거치게 될 수 있다. 그렇다고 해서 읽기 단계에서 정보를 얻는 것에 소극적인 태도를 가지라는 것은 아니다. 요리에 필요한 재료들의 식감과 맛뿐만 아니라 그 재료가 가진 영양소와 다른 재료와의 궁합에 대한 정보를 알고 있는 요리사는 그에 대한 정보를 모르는 요리사보다 좀 더 풍성한 맛의 요리를 대접할 수 있고 그들에게 보다 즐거움을 줄 가능성이 높다. 다시 말해, 읽기 단계에서 요구되는 능력은 검사 자체의 속성 그리고 각 검사의 결과치들이 담고 있는 구성 개념을 익히려는 노력과 함께 향상될 수 있을 것이다.

4) 평가 본 단계 3: 가치평가 단계

시청자가 자신이 겪고 있는 고민거리를 방송국에 사연으로 보내 일반인들에게 그 고민을 공개하고 그것이 실제 고민거리인지 아닌지를 평가받는 TV 프로그램을 본 적이 있다. 물론 고민의 기준이 약속되지 않았고 전문적인 도움을 주는 게 목적이 아니기에 고민 여부를 선택하는 대다수 사람의 선택은 일치되지 않는 경우가 많았다. 만약 심리적 부적응성을 기준으로 고민 여부를 선택하라고 한다면 고민으로 평가될 사례가 적지 않았다. 이 과정에서 특이한 점은 대부분이 고민이라 하는 상황에서 몇몇은 고민이 아니라는 선택을 한다는 것이다. 이것은 무엇을 말하는 것일까? 일차적으로 모두가 자신의 경험에 비추어 고민 여부를 선택하게 되고 또 다른 경우는 자신의 인생관 등의 가치 관에 따라 고민 여부를 선택하게 된다. 하지만 심리평가 과정에서의 가치평가(evaluation)의 경우 자신의 경험 또는 자신의 주관적인 인생관이 적절한 가치평가를 위한 기준이 되지 못한다.

측정과 읽기가 이루어지면 가치평가 단계를 거치게 된다. Evaluation이라는 용어는 value를 검증하고 강조한다는 의미를 갖고 있다. 또한 해당 읽기 정보에 대해 옳고 그름, 좋고 나쁨, 적응과 부적응, 이상과 정상 등을 가늠하는 수행이기도 하다. 이 용어는 심리평가보고서에서는 단순히 '평가', 심지어 '판단'이라는 단어로 번역되어 사용됨으로써 우리가 관심을 갖고 있는 '심리평가'에서의 '평가'와 혼동되고 있다. 좀 더 엄격히 구분해서 evaluation은 판단의 의미가 다소 함축된 의미로 사용될 수도 있기에 평가와 다르게 구분하여 사용하였다. 실제 장면에서 수행을 살펴보면 가치평가가 아닌 '평가(assessment)' 정보를 담은 경우도 있으며 심리평가 보고서에서 '읽기' 정보만을 담고 있는데도 evaluation으로 사용되기도 한다. 우리말로 표현할 때는 어떤 경우라도 구분 없이 동일하게 '심리평가보고서'로 사용된다. 나는 영역을 불문하고 심리평가 수행이 이루어지는 곳에서라면 이 두 가지 용어를 명확히 달리 사용해야 한다고 생각하며, 심리평가보고서는 평가(assessment)에 대한 보고서임을 확실히 하고자 한다. 가치평가가 치료 장면에서 최종 목표는 아니기 때문이다. 그리고 멋지게 평가(assessment)를 하고서 가치평가(evaluation)를 한 것이라고 자신의 수행을 평가절하하지 않아도 된다.

그렇다면 가치평가 단계가 의미하는 것은 무엇인가? 바로 읽기 단계에서 얻게 된 정보들이 과연 인간의 삶에서 어떠한 가치를 가지는지를 검토하는 일이다. 예를 들어, MMPI-2의 척도 4번이 68점으로 측정되고 읽기 단계에서 그에 상응하는 읽기 정보를 갖게 되었다고 하자. 척도 4번이 담고 있는 구성 개념 중 하나는 건강하지 못한 행동화 방어기제의 작동을 의미하기도 하기 때문에 이는 분명히 부적응인 것으로 가치평가 할 수 있다. 여기서 확실히 해 둬야 할 것은 MMPI-2의 척도가 상승할 경우 우선적으로 부적응을 시사한다는 것으로 가치평가를 해야 한다. 즉, 대부분의 임상척도는 65점을 넘을 경우 부적응을 시사하는 성격적 특징을 반영한다는 것이다. 그렇기에 척도 4번의 68점은 부적응적이며 이 척도가 갖고 있는 구성 개념 역시 적응적이지 않은 것이기 때문에 과감히 부적응성을 의미하는 것으로 가치평가를 할 수 있게 된다. 척도 4번의 구성 개념이 이를 포함하여 다양한 내용을 갖고 있기 때문에 가능하다면 읽기 단계에서 나타난 모든 정보에 대해 가치평가를 하는 것이 권장되어야 한다.

읽기 단계에서의 정보의 양과 범위는 평가자에 따라 매우 다양하기도 하고 해당 결

2. 평가 본 단계 **49**

과의 구성 개념 자체가 많은 정보를 담고 있기에 모든 읽기 정보에 대해 가치평가한다는 것은 원론적으로 불가능할 수도 있다. 하지만 참으로 다행인 것은 각 읽기 정보는, 즉 단일 척도의 정보는 특징적인 요인을 중심으로 응집되어 있기 때문에 어느 정도 자동적인 가치평가가 이루어지게 된다는 것이다. 그런데 좋지 못한 예로, 척도 4번이 유의한 정도로 상승했을 때 가치평가가 이루어지지 않고 수검자에 대한 따듯한 이해와 공감적 자세로 부정적 가치평가 내용을 희석하거나 긍정적으로 수용해 버리는 경우가 발생한다. 그렇게 될 경우 실제 삶에서 문제가 발생하는 현상을 제대로 인식하지 못하게 되거나 수검자가 가진 병리적 측면에 공감해 버리는 일이 발생할 수도 있다. 또 다른 경우에서는 긍정적인 부분을 간과하여 수검자가 가진 병리적 양상을 수검자의 존재 자체로 받아들이고 심각한 낙인을 찍어 버리는 경우도 벌어진다. 다소 엄격하게 느껴질 수도 있겠지만 이는 어디까지나 평가자의 마음속에서 일어나는 일이기 때문에 내담자를 너무 환자 취급하는 것은 아니냐는 비난을 하지 않아도 된다. 사실 환자로 본다는 것이 나쁜 가치를 의미하는 것은 아니다. 가치평가 단계에서 강조하고자 하는 것은 수검자의 현실에서 발견되는 부적응적 요소를 파악하는 것이다. 요리를 하는 과정에도 도중에 맛을 보는 과정이 있다. 이 과정에서 대충대충 넘어가면 결국 몹시 짠 음식을 먹게 될 수도 있다.

이처럼 가치평가 단계에 필요한 것은 평가자 자신이 적응과 부적응에 대해 대중적인, 일반적인, 규준적인, 적응적인 기준 및 관점을 가졌는지다. 이는 주관적 참조체계에 머물러 있는 것이 아니라 **사회적 참조체계** 내에서 수검자의 현상을 가늠할 수 있도록 한다. 만약 평가자가 경직되고 뚜렷한 주관적 참조체계로 음식 맛을 본다면 자기 취향이 기준이 되어 맛있음과 맛이 없음을 판단할 것이다. 물론 주관적 참조체계가 평가에서 제거되어야 할 것은 아니며 완벽히 제거할 수도 없다. 모든 평가자는 자신의 삶의 역사로부터 누적된 경험의 핵심을 바탕으로 세상을 살기 때문에 이를 제거한다는 것 자체가 불가능하다. 그렇기에 자신의 주관적 참조체계가 어떠한지를 이해하고 더불어 사회적 참조체계가 어떠한지를 총체적으로 파악하는 것이 최선이라 할 수 있다. 어떠한 평가자는 준법정신 또는 부지런함이 인생관의 주요 이슈라면 이를 바탕으로 검사결과를 가치평가할 수도 있으며 심지어 자신이 그렇다는 것조차 깨닫기도 전에 자동적으로 가치평가가 되고 있을 수 있다. 상직적인 예로, 로르샤하 잉크반점에 대한 수검자의 반응이 경험적인 증거로도 일반적인 관점에서도 수긍 가능한 FQ− 반응인데도 불구하고 평가자는 너무나 자연스럽게 FQo 반응으로 판단할 수 있다는 것을 의미하기도 한다. 이 상황을 평가자의 부적응 또는 증상으로 단정 짓기는 어렵지만, 적어도 사회적인 참조체계가 협소하거나 일반적이지 않은 관점을 지니고 있을 가능성이 높다고 예상해 볼 수 있다. 얼마나 효율적인 방식인지는 검증되지 않았지만 적응적인 사회적 참조체계를 갖기 위해서는 다양한 사람과 다양한 주제로 다양한 경험을 나누어 보는 것이 도움이 될 수 있다. Piaget가 설명한 발달 기제 중 조절처럼 사회적 참조체계의 확장은 생존에 도움이 되고 적응적인 변형된 참조체계를 갖게 한다는 것이다. 사회적 참조체계의 확장은 순환적으로 주관적 참조체계가 더욱더 확장되는 발판을 마련하는 초석이 되기도 한다.

심리평가 슈퍼비전을 진행하면서 평가자의 신경증적[2]인 부분이 가치평가에 영향을 주는 상황을 많이 접해 보았다. 세상에 존재하는 관점은 이 세상을 바라보는 존재의 수만큼이나 많다고 전제했을 때 평가자 자신의 경험만이 삶의 진리라 생각하는 것은 사회적 참조체계의 확장을 질적으로도, 양적으로도 저해하는 요인으로 작용하게 된다. 누군가는 일반적이고 규준적이고 적응적인 가치평가를 주장하면서도 다양한 관점을 인정해야 한다는 말이 모순적이라 볼 수도 있을 것이다. 이러한 질문은 서로 이질적인 현상에 대해 같은 기준을 적용하기 때문에 생긴 의문이다. 전자는 적응과 부적응을 가늠하는 생활사적인 기준을 설명한 것이고 후자는 자신의 신경증적인 특성으로 인해 일반적이고 규준적이고 적응적인 기준을 갖지 못함을 지적하는 설명이다.

요약하면, 가치평가 단계는 특정 상황에 살고 있는 수검자의 삶의 영역이 갖고 있는 일반적 기준을 바탕으로 적응과 부적응을 가늠하는 단계라 할 수 있다. 이를 위해 평가자의 주관적 그리고 사회적 참조체계를 최대한 명확히 이해하고 이해를 지향하려는 태도와 자질을 갖추어야 한다. 강압적이고 권위적인 방식으로 피드백 그리고 추후 심리치료를 진행하지 않기 위해서는 적절한 가치평가가 이루어져야 할 것이다.

5) 평가 본 단계 4: 해석 단계

측정, 읽기, 가치평가를 거친 후 다음 단계는 해석 단계다. 해석(interpretation)은 inter와 pret의 합성어다. 실제 현상하는 실제 수검자와 측정, 읽기, 가치평가를 통해 얻어진 가상적 수검자 간의 관련성을 통합적으로 이해하기 위해 풀이를 하는 과정이다. 당연히 실제 현상하는 수검자가 해석의 기준이 되어야 하기 때문에 각 단계에서 얻어진 정보가 그 수검자를 어떻게 반영하는지를 풀이해야만 한다. 해석 과정은 목표한 요리를

---

2) '하지 않으면 안 될 것 같아서 그렇게 해야만 한다'거나 '하면 안 될 것 같아서 안 해야만 하는' 경직성을 설명하기 위해 '신경증적'으로 표현하였다.

완성하는 단계다. 이 단계에서 하기 쉬운 실수는 내가 가진 정보를 우선시하여 실존하는 수검자를 내가 가진 정보에 우격다짐으로 맞추려 하는 것이다. 구체적인 예로, 부모나 교사의 말을 듣지 않고 말썽만 피우는 고등학생이 평가를 받기 위해 한 평가자에게 의뢰되었다. 학생에게 MMPI-A를 실시하였고, 이에 측정된 결과는 평가자를 실망에 빠뜨렸다. 모든 척도에서 이렇다 할 만한 상승된 점수를 보이지 않은 것이다. 실망을 한다는 것부터가 실망스러운 일이지만 종종 이런 일들이 벌어진다. 평가자의 실수는 실재하는 학생보다 검사 자체가 실제 대상인 것처럼 인식하고 있다는 것이다. MMPI-A는 수검자의 마음가짐 또는 태도에 상당히 민감한 검사 중 하나다. 그렇기에 이 예에서 실제 모습 및 태도와 검사 결과의 불일치를 메워 가는 접근이 우선시되어야지 검사 결과에 실망할 것도, 검사 결과를 믿고서 학생은 아무런 부적응이 없다는 식의 해석을 해서도 안 된다. 심지어 검사가 잘못 만들어졌다고 검사 도구를 불신하기도 한다. 사실 이 사례와 내용이 반대일 경우가 수검자의 입장에서는 더 위험하다. 활용 가능한 어떠한 정보를 고려하더라도 부적응이라 해석하기 어려운 대상에게 검사 결과만 맹신하고서 부적응적이고 이상한 사람이라 해석을 하거나, 수검자의 생활사에서 보이는 실제의 모습은 거짓된 것이며 그 수검자의 마음속에 성격적 부적응이 잠재적인 위험 요소로 자리하고 있다고 점을 치는 경우도 심심찮게 벌어지고 있다. 또 다른 빈번한 실수는 읽기 단계에서 얻은 정보를 해석으로 착각하고 무지막지하고 공포스러운 내용을 수검자에게 우겨넣는 경우다. '당신은 심리적인 불편감을 직접적이고 건강하게 주위 사람에게 요청하지 못하고 신체적 불편감을 통해 주위 사람들로 하여금 자신을 돌보는 일에 몰두하도록 만드는 조종적 대인관계 패턴을 갖고 계시네요.' 이 피드백을 듣고 MMPI-2 척도 1번이 상승한 사람은 어떻게 반응할까? 생각해 보길 바란다. 이러한 해석을 수검자 앞에서 굳이 입 밖으로 꺼내어 더욱더 증상을 악화시키거나 상담 종료를 앞당기게 하는 것은 수검자에게도 평가자에게도 이로울 것이 없다.

그렇다면 해석은 어떻게 하는 것인가? 해석을 위해 필요한 도구는 무엇보다도 이론과 **경험적 증거**들이다. 부가적으로 평가자의 임상적 경험과 삶의 지혜가 유용할 수는 있으나 이론을 바탕으로 보다 안전하게 접근하는 것이 우선시되어야 할 것이다. 오로지 임상적 경험과 삶의 지혜로만 해석한다면 심리학적 접근을 하지 않고서라도 가능한 일이며 자신의 해석에 대한 근거를 제시할 수 없을 것이다. 이론을 고려할 때 특정 검사는 특정 이론으로부터 결과가 더욱더 명료해지기도 하지만 자료를 수집하는 방법이라는 의미에서는 특정 검사로부터 측정된 결과라 할지라도 직접적인 관련이 없을 수 있다. 말인즉슨, 수집된 정보는 다양한 이론적 관점을 통해 해석이 가능하다는 뜻이다.

MMPI−2의 결과를 바탕으로 생물학적 접근, 정신역동적 접근, 인지주의적 접근, 현상학적 접근, 행동주의적 접근 등등 어떤 이론적 접근을 하여도 되며 통합적 접근도 가능하다. 동일한 접근법 내 각각의 이론을 바탕으로 한 접근도 가능하며, 예를 들자면 정신역동적 접근에서도 정신분석적, 자아심리학적, 대상관계 이론적, 자기심리학적 또는 통합적 접근이 될 수도 있다.

평가자가 여러 이론 및 경험적 연구 결과에 대한 지식이 많다면 그렇지 않은 평가자보다 전쟁에서 활용할 무기 또는 요리를 할 수 있는 조리도구를 더 많이 갖추고 있다는 것을 의미한다. 도구를 능숙하게 활용할 정도의 능력이 있다고 가정한다면 도구를 더 많이 갖춘 사람이 그 전쟁에서 이길 확률이 높으며 보다 질 좋고 맛좋은 요리를 내어 줄 가능성이 높다고 할 수 있다. 삶의 지혜와 임상적 경험은 이론과 지식이라는 도구를 활용해 성공적 수행을 극대화할 수 있는 손맛이라 할 수 있다.

나는 실제 수련생들에게 이론 공부와 새로운 경험적 근거를 갖고 심리평가를 해야 한다고 강조한다. 심리평가 슈퍼비전은 수련생들이 적절히 마련해 온 재료들을 가지고 멋진 요리를 하기 위해 좀 더 유용한 도구 사용 기술과 전문가의 경험을 우려내어 적절한 평가 방법을 알려 주는 과정이라 할 수 있다. 심리평가에서 유용한 이론들은 대부분 인간의 성격과 관련된 이론이다. 평가자는 다양한 성격심리학의 이론에 익숙해야 하며 이와 함께 일반적이지 않은 성격, 즉 정신병리 이론 및 정보에 익숙해야 한다. 절대적 기준은 아니지만 정신병리에 대한 지식은 기술적 정신병리와 역동적 정신병리 두 가지로 나눌 수 있으며, 기술적 정신병리는 증상에 대한 이해와 함께 분류와 진단을 강조하고 역동적 정신병리는 증상의 원인과 현상에 대한 이해를 강조하고 있다. 그뿐만 아니라 인간의 심리를 설명한 많은 이론과 친숙해지고 알게 되면 심리평가 능력을 향상하는 데 상당한 도움이 된다.

한편, 해석 단계는 연구 상황에서 가설을 만들어 가는 과정과 유사하다. 대부분의 경험적 연구는 연구자의 관심 이슈와 관련된 미해결 문제가 존재할 때 이를 검증하기 위하여 가정적인 명제를 만들고 이 가정적인 명제를 검증하는 것이라 할 수 있다. 이러한 검증 절차는 가정적인 명제, 즉 그럴듯한 가설을 설정하는 일이 중요하다. 심리평가 과정에서는 해석 단계를 통해 수검자의 가정적 모습을 그리게 된다. 이를 회귀분석의 과정에 빗대자면 준거변수는 실존하는 수검자, 예측변수는 수집된 자료들이 될 것이다. 예측변수의 선별이 잘못되었다 하더라도 천태만상의 변수들은 저마다 다른 변인들과 어느 정도 관련성을 가지기 때문에 조작을 하지 않는 이상 무상관은 나오지 않게 된다. 수검자에 대한 정보가 의뢰된 문제와 관련이 없거나, 없다고 생각해도 무방할 정도의 정보라면 이를 통해 실존하는 수검자를 예측한다는 일은 의미가 없거나 심각한 오류를 범하는 것이다. 그렇기 때문에 해석 단계에서는 이전 단계들을 거치면서 적절하게 다듬어진 수검자의 정보로 합리적인 가설을 설정해야 한다. 설정한 가설이 합리적이라면, 그 가설들이 많으면 많을수록 이후 검증해 볼 만한 주제도 많아지는 것이며 다양한 가설 중 그럴듯하지 않은 가설을 솎아 내는 일도 중요하다. 하지만 선택되지 못한 가설들이 그냥 버려지는 것이 아니라 이후 단계에서 수검자에 대한 정보의 습득 및 선별 과정을 거치면서 결정되는 경우가 있기 때문에 잘 간직해 둘 것을 권장한다. 내담자로부터 발생한 정보는 모두 자신의 모습을 드러내는 정보이기 때문이다.

실례로 어머니와의 갈등과 두 자녀의 친아버지들과의 관계 문제 등을 주호소로 한 미혼모가 당시 초심자였던 나에게 심리치료를 의뢰한 적이 있다. 치료 과정 동안 그녀의 성격 구조와 역동 그리고 대인관계 측면을 중심으로 광범위한 정보를 수집하였으며 그로부터 그녀가 당시 경험하고 있는 현상들을 구조화할 수 있었다. 그렇게 약속된 5회기의 치료 세션이 종료될 즈음 나의 무능력과 이에 따른 죄책감에 한동안 힘들어한 기억이 있다. 마지막 인사와 함께 자신이 입양되었다는 사실을 아주 해맑은 표정으로 전하며 상담실을 떠나갔기 때문이었다. 이렇듯 수검자가 우리에게 제공한 정보 외에 여타 이유로 제공해 주지 않은 정보가 있을 수 있다는 점을 항상 염두에 둬야 할 것이다.

해석 단계의 의미가 무엇인가를 좀 더 살펴보면, 해석은 곧 설명과 이해 그리고 예측을 가능케 한다는 것이다. 앞서 측정 단계와 읽기 단계는 좀 더 '있는 그대로'의 수검자를 기술하고자 한 것이었고 이는 궁극적으로 심리학의 목적에 부합하는 수행이다. 아직 완결한 평가 단계가 이루어지진 않았지만 해석 단계는 수검자에 대해 전반적이고 통합적인 이해를 할 수 있는 단계인 것이다. 하지만 이 과정에서 실수를 범하게 되는데, 평가자가 수검자를 온전히 이해하고 있다고 착각하면서 해석된 정보를 내담자에게 직접적으로 일러 주는 것으로 나타난다. 해석 단계에서 체계적이고 구조화된 내담자의 모습을 이해하게 되면서 이를 최종적인 심리평가 수행이라 생각하는 오해가 나타나는 것이다. 지금까지의 단계는 여전히 평가자의 내면에서 일어나는 일임을 명심해야 한다. 해석 단계의 정보를 일러 주었을 경우 수검자가 적절하고 유용한 정보를 알아차리고 긍정적 변화를 얻게 될 수도 있겠지만 이는 내담자의 수용 능력에 달린 문제다. 그래서 조금 더 안전한 방식이 되기 전까지는 평가자는 인내의 시간을 견딜 수 있어야 한다.

6) 평가 본 단계 5: 평가 단계

다양한 영역의 전문가들이 패널로 출연해 역사적 주제에 대해 서로의 해석을 나누는 TV 프로그램이 있다. 수십 년 전 이상의 시점에서 다양한 역사적 사건이 주제가 되곤 한다. 전문가들이 현재 가진 정보는 한정된 사료들이며 전문가들은 완전한 정보가 없는 상태로 해당 역사의 순간을 예측해야 할 부담을 느끼게 된다. 명석한 전문가들은 한정된 사료들을 활용하여 아주 통찰력 있게 당시의 상황을 추론해 내기도 하지만 다른 전문가들이 새로운 관점으로 해석을 하면서 기존 해석이 수정되기도 한다. 결과적으로, 아무리 적합한 추론을 했다 하더라도 앞으로 새로운 사료가 발견되면 이제까지 유효한 해석들은 잘못된 해석으로 남게 된다. 또 다른 예로, 현존하는 문학작품은 해당 작품 내용에 준해 해석이 되지만 작가가 활동하던 당시의 배경을 알게 되면 작품이 가진 의미는 더욱더 풍성해지며, 평론가들도 저마다 서로 다른 배경정보를 갖고 있다. 어떤 평론가는 당시의 정치적 상황과 관련된 배경정보를 갖고 있을 수 있고 또 다른 평론가는 경제적 상황이나 작가의 가족배경과 관련된 배경정보를 갖고 있을 수 있다. 이러한 각 배경정보를 기준으로 서로 다르게 작품을 해석하게 된다. 다른 배경정보를 활용하여 접근하는 것은 같은 작품을 서로 다르게 해석할 수 있다는 것이며, 모두 무엇이 옳다거나 그르다고 구분할 수 없는 맞는 해석이다. 심리평가도 어떤 상황적 맥락을 고려하는가에 따라 평가 자료의 의미가 달라질 수 있음을 의미한다.

평가(assessment) 단계는 평가자의 수준에서 마지막 단계다. 앞서 단계들이 적합하게 진행되었다면 해석 단계를 거치면서 최종적으로 얻은 해석 정보를 그럴듯한 그릇에 담아 적재적소에 제공하는 단계가 평가 단계다. 평가 단계가 진행되었다면 평가자는 해석 단계에서 설정한 여러 가설 중 보다 강조되고 우선시돼야 할 가설을 확인한 것이다. 읽기 정보가 아닌 그 이상의 신뢰할 만한 해석 정보라는 것은 확실하지만 해석 정보는 여전히 가설적 정보이기 때문에 이를 검증하는 과정이 필요하다. 동서고금을 막론하고 우리가 즐겨 사용하는 명언 및 속담을 적용하는 것과 유사하다.

> [열 길 물속은 알아도 한 길 사람 속은 알 수가 없다]
> 사람의 마음을 안다는 것은 상당히 힘들다는 의미가 있다.

> [될성부른 나무는 떡잎부터 알아본다]
> 잘 될 만한 사람은 어릴 때부터 그에 맞는 모습이 보인다는 것이다.

　이뿐만 아니라 속담과 명언들은 관습성을 가진 표현들이기 때문에 문자 그대로의 의미가 아닌 글귀가 함의한 의미가 함께 떠오르게 된다. 즉, 속담과 명언을 이해하는 것은 단순히 글귀의 뜻이 아닌 문장이 함의한 현상을 인식하고 있다는 것을 의미한다. 그렇기에 속담을 듣고서 단순히 글귀가 가진 의미만 이해하는 사람은 드물며 글귀가 함의한 정보를 자연스럽게 이해하게 된다.

　　　[과유불급(過猶不及)]
　　　지나친 것은 그에 미치지 않은 것보다 못하다.

　　　[다다익선(多多益善)]
　　　많으면 많을수록 좋다.

　다다익선과 과유불급 중에서는 무엇이 진실인가? 사람의 마음은 매우 알기 어려운 것인가, 아니면 딱 눈에 띄는 무엇이 있는가? 질문의 답이 무엇인지 생각해 보자. 가치평가는 각 진술은 서로 개별적으로 모두 맞는 말이다. 가치평가의 답이 '다다익선이 맞다' '과유불급이 맞다'라면 내담자에게 적합한 답은 내담자들이 가진 맥락 정보에 따라 달라진다. 구체적인 의뢰 문제가 있는 수검자는 필연적으로 문제가 드러난 맥락(context) 속에 개인이 존재한다. 평가자가 내담자가 속한 맥락을 안다면 위의 모순적인 기술에서 진실한 답을 찾을 수 있다(수검자 개인에게 적합한 맥락을 고려하지 않은 평가는 아무리 정교한 해석적 정보가 있더라도 수검자에게 적합한 정보는 될 수 없을 것이다). 수검자가 속한 맥락은 고유한 존재로서 수검자가 경험하고 있는 세상의 정보이기 때문에 **개별적 접근**을 할 수 있는 기초 정보가 된다. 그렇기 때문에 두 내담자가 읽기 정보와 이에 상응하는 가치평가 정보 그리고 해석 정보가 같을지라도(사실 거의 유사한) 평가의 내용은 맥락 정보에 따라 달라질 수 있다. 예를 들어, MMPI−2에서 K척도 검사 결과가 동일하게 70점인 두 수검자의 평가 정보는 수검자가 속한 맥락 정보에 따라 다를 것이며 한 명은 건강한 시도의 의미로, 다른 한 명은 비생산적인 고집으로 평가될 수도 있다.

　수검자에게 도움이 되는 평가를 하려면 수검자의 맥락 정보를 얻어야 하나 정보를 얻는 방법은 직접적이거나 분명한 방식이 아니다. 수검자와 오랜 시간 함께 동거하며 직접 관찰을 하는 것은 현실적으로 불가능하기 때문에 대안적인 방법인 면담으로 수검자의 맥락 정보를 얻어야 한다. 수검자 본인 그리고 수검자의 가족, 친구, 지인 등에게서 많은 정보를 얻을수록 맥락 정보는 훨씬 선명해질 것이다. 하지만 실제 치료 장면에서는 주로 수검자 본인과 수검자의 가족에게서 정보를 얻으며, 드물게 수검자의 친구 등의 지인들과 면담을 하면서 맥락 정보를 얻을 수 있다. 맥락 정보를 얻을 때는 특정 평가 기준을 고려하지 않고 수검자 본인이 스스로를, 그리고 주위 대상들이 내담자를 어떻게 바라보는지를 '있는 그대로' 들어주어야 한다.

종종 자신이 심리평가를 한 내용에 대해 나에게 자문하는 경우, 나는 상당히 당혹스러워한다. 내가 직접 그들의 측정 과정을 점검할 수도 없는 상황에서 자문을 요구받게 될 때는 자문을 해 주기 전에 자료가 측정된 과정에 대해 상세한 검토를 한다. 검토 내용은 '과연 측정은 잘 되었는가?' '측정 자료에 대한 구성 개념은 바르게 숙지하고 있는가?' '검사 결과에 대해 어떻게 가치평가를 하고 있는가?' '맥락 정보는 적절하고 충분한가?' 등이다. 측정 과정에서 문제를 검토하지 않고 자문했다가는 가상의 인물에 대해 평가할 가능성이 높다. 결과적으로 평가가 적절하게 되었다 하더라도 평가자가 숙지한 구성 개념이 해당 자료에 속한 구성 개념과 다르면 평가자가 가진 오해를 줄여 주어야 하며, 일반적이고 규준적이고 적응적인 가치평가의 관점을 갖고 있지 않다면 자문해 준 내용을 수용하기 어려울 것이고, 이론적 근거를 바탕으로 해석하지 않았다면 해석 정보를 자문해 줘야 하고, 맥락 정보가 없다면 가능성 높은 맥락 정보를 기초로 자문해 줄 수밖에 없을 것이다. 하지만 오랜 시간을 들여서라도 최선을 다해 단계별로 점검하여 구체적 자문을 하려고 한다.

자신의 심리평가 능력에 대해 진정 고민한 평가자는 자신의 심리평가 능력이 어떠한지를 스스로 먼저 알 것이고 그들은 달인과 같은 수행을 할 수 있을 것이다. 심리평가 능력이 훌륭한 평가자는 해석 단계까지 잘 정돈된 가설만 있다면 맥락이 없는 상황에서도 해석 정보와 관련된 가능성 높은 맥락을 추론하여 훌륭하게 평가하기도 한다. 손도끼로 회를 뜨거나 굴착기로 이쑤시개를 다듬고 가정용 드라이버로 명품 시계를 정확하게 수리하는 달인들처럼 심리평가 수행도 적절하게 할 수 있다. MMPI-원판을 가지고 MMPI-2를 활용하여 훌륭하게 평가할 수도 있고 K-WAIS를 가지고 K-WAIS-4를 활용하여 훌륭하게 평가를 할 수 있다. 이들의 수행을 보면 한 편의 예술 작품을 창작하는 것을 볼 때와 유사한 감동을 받는다. 하지만 훌륭한 심리평가 전문가가 되는 것은 어려우며 수련 과정에 속한 학생들은 손도끼보다 장미칼을 사용하는 것이 안전하고 적절할 것이다. 이렇기 때문에 검증된 최신 심리검사에 충분히 익숙해지고 적절하게 사용하는 능력을 기르는 것이 권장되고, 적절하게 면담과 행동관찰을 하는 능력을 향상시키기 위해 노력해야 할 것이다.

원론적으로 심리평가는 여러 평가 수행 및 과학적 연구와 유사한 속성을 갖고 있다.

심리평가는 고유한 한 개인의 심리를 평가하는 것이 핵심이지만, 세상 속에 현상되어 있는 모든 것은 저마다의 존엄성을 가지고 있으며 인간 역시 이 세상에 존재할 만한 존엄성을 갖고 있다. 모든 존재가 살아가고 있음은 폭넓은 의미에서 어떤 방식으로든지 행동을 하게 된다는 것을 의미한다. 움직이는 행동, 생각하는 행동, 감정을 느끼는 행동 등등. 이러한 인간의 행동을 연구하는 행동과학에서는 행동이 발현되는 원인이나 행동의 가치를 밝히고자 하며 해당 행동에 대해 이해하고 설명하고자 한다. 인간은 탄생과 동시에 부모로부터 수혜받은 신체적 구조를 넘어선 존엄한 '자기의 것'과 자기의 것을 둘러싼 내부세계의 심리적 환경 및 외부현실에 존재하는 환경들에 반응하며 행동하게 된다. 결과적으로 드러난 행동들은 필연적으로 자기를 둘러싼 내부·외부의 자극들에 대한 반응의 결과물이라 할 수 있다. 그렇다면 특정한 행동을 이해하기 위해서는 자신의 것과 자신의 것을 둘러싼 환경들을 함께 고려하여 각각이 발현된 행동에 얼마나 또는 어떻게 영향을 주었는지를 이해할 수 있을 때 해당 행동의 온전한 의미를 이해할 수 있을 것이다. 즉, **행동은 자신의 것과 주위 환경의 상호작용의 결과물**인 것이다. 심리평가의 대상은 인간의 행동이며 이러한 행동에 영향을 미친 자신의 것과 주위 환경을 탐색하는 과정이 심리평가라 할 수 있다. 적절한 심리평가가 되기 위해서는 일차적으로 내담자의 고유한 특성에 대해서 충분히 이해해야 하고, 그러한 개인적 특성들이 자신이 당면한 환경, 즉 맥락 내에서 어떠한 모습으로 반응하는가를 이해해야만 한다. 개인의 특성은 평가 수행의 특성상 평가 장면 내에서 측정되며 주위 환경은 평가 상황에서도 드러나긴 하지만 기본적으로 면담을 통해 대부분의 정보를 얻게 된다. 이 두 가지 정보를 통합하지 않는 이상 수검자의 행동의 온전한 의미를 이해하기란 어려우며 반쪽 이해에 그치게 될 가능성이 높다.

$$B = f(P * E)$$
$$B = f((cP * uP) * E))$$

B: Behavior   P: Personality   E: (external) Environment

c: consciousness   u: unconsciousness

행동에 영향을 미치는 자신의 것과 주위 환경인 맥락을 고려한 평가가 이루어진 뒤에는 평가된 내용을 활용해야 한다. 보통 평가 결과에 대해 사용 목적에 따라 보고서를 작성한다. 병원 장면에서는 주로 분류와 진단을 위한 목적으로 활용되며 심리치료 장면에서는 치료 목적으로 활용된다. 어떠한 목적이든지 간에 심리학적 평가보고서를 작성해야 한다면 평가 과정에서 이루어진 모든 정보를 담아야 한다. 수검자의 존재를 알게 되었을 때부터 평가자와 마지막으로 만났을 때까지의 모든 현상을 담는 것이다. 과정상의 모든 일을 자서전을 쓰듯이 작성하는 것이 아니라 일관된 짜임새에 맞게 작성하게 된다. 심리치료 장면에서는 자신의 내담자에 대해 평가를 하면서 치료와 연결되기 때문에 다른 전문가들과의 소통이 요구되지 않는다는 점 등등의 여러 가지 이유로 심리학적 평가보고서를 필수적으로 작성하지는 않기도 한다. 보통 보고서 작성의 요구가 있을 경우 작성을 하게 되는데, 이 경우 보고서 작성의 목적은 진단과 분류가 아닌 치료적 활용을 위한 평가보고서가 되는 경향이 있다.

3. 평가 후 단계

피드백(feedback) 단계는 심리평가가 이루어진 후, 특히 치료적 목적의 평가 수행에서 내담자에게 평가 내용을 실제로 전달하는 단계다. 실제 피드백 단계에서는 두 가지 태도가 갖춰져야 한다. 첫째, **평가자의 태도와 자질**이다. 하지만 태도와 자질만 갖추고 있다고 해서 실제적인 도움을 주기란 쉬운 일이 아니다. 괜찮은 피드백을 위한 방법은 평가자 자신의 언어 표현 능력과 심리치료 기법을 어떻게 활용하느냐에 따라 달라질 수 있다. 피드백 단계는 아주 맛난 요리를 대접하고 이를 맛본 대상들에게 품평을 듣는 과정과 유사하다. 심리평가라는 요리는 안타깝지만 아무리 잘 만들어진 요리라도 취식자가 맛이 없다면 맛이 없는 것이다. 심리평가는 목적 자체가 세상에 유일한 존재인 수검자를 위해 진행되는 것이기 때문에 평가자는 그들의 혹평이 있더라도 그것에 대해 비난할 수 없다. 진정 잘 만들어진 요리라면 일반인일 경우 보통 감사히 잘 먹어 주겠지만 우리는 까다로운 손님을 대상으로 요리를 하는 것이기 때문에 그들의 불평을 최소화하는 방향으로 대접을 해야 하고, 그들 스스로는 인정하지 못한다 하더라도 도움이 되는, 적어도 해롭지 않은 방식으로 전달해야 한다. 이를 오해하면 내담자의 비위를 맞추어야 한다는 것으로 받아들일 수도 있으나 평가자는 훈련된 요리사이기 때문에 보다 넓은 관점과 태도로 그들을 대하고자 노력해야 한다는 것이다.

그 기준은 적응의 관점이다. 적응의 기준은 맥락 속에서 적용되는 것이며 전 세계에서 일관적으로 적용되는 것이 아니다. 어떤 의미에서는 적응의 상태로 이끌어 가려는 목적에서 비위를 맞추는 것이라 할 수도 있다. 천만다행으로 평가자가 도움을 받을 수 있는 분명한 방법이 있다. 바로 내담자는 의뢰 문제라는 주문서를 가지고 온 사람이라는 것이다. 내담자는 우리에게 주문을 한 것이다. 그렇기에 망망대해를 헤매지 않아도 되고 수많은 메뉴 중 무엇을 대접할지를 크게 고민하지 않아도 되었던 것이다. 자칫 내담자로부터 얻게 된 정보의 홍수에 압도되어 어떻게 처리를 해야 할지 고민할 필요는 없다는 것이기도 하다. 특정 신체 부위에 통증이 느껴져 병원에서 진료를 받게 되어 X-ray 촬영을 했다고 생각해 보자. 현상된 필름을 가지고 결과를 듣는 상황에서 어떤 정보를 얻게 되는가? 통증을 호소한 내용에 집중하여 결과를 듣게 된다. 그런데 그 필름에는 자신이 호소한 내용에 대한 정보뿐만 아니라 호소 내용과 관련되거나 관련되지 않은 수많은 정보가 함께 담겨 있다. 이처럼 심리평가 역시 내담자의 호소 문제와 관련된 내용을 중심으로 전달되며 그 밖의 정보들은 측정 과정을 거치면서 자연스럽게 얻어진 정보들이다. 그렇기에 기본적으로는 호소 내용에 준한 피드백을 제공해야 하는 것이고, 내담자가 원하지 않았지만 평가자가 얻게 된 정보들이 위협적인 정보라면 조심스럽게 검토하여 전달 여부를 결정하게 된다. 환자는 원치 않았지만 치명적인 종양이 발견되었다면 숨기는 것이 능사가 아니며 추후 치료적 개입에 적합하도록 안전하게 전달해야만 할 것이다.

　사실 신체적인 질병을 전달해야 하는 의사결정도 그렇긴 하지만 심리적인 부적응을 전달하는 과정에서는 더욱더 중요하고 조심히 다루어야 한다. 심각한 종양이 발견되었다는 것을 보고받은 환자가 삶을 포기하게 되었다면 종양에 대한 정보를 알려 주지 말았어야 할까? 내담자가 예상치 못한, 심각한 심리적 부적응이 발견되었다면 알려 주지 말아야 하는가? 많은 내담자는 예상하지 못한 상태로 의뢰되곤 한다. 신체적인 것과는 다르게 심리평가의 전달에서는 평가자의 예술적 감각이 필요하다. 내담자의 특성에 따라 적합한 방식으로 이루어져야 한다는 것이다. 그가 그 부적응을 수긍하게 하는 것에 머물지 않고 적응적으로 변화하고자 하는 동기를 향상시켜야 하고, 실제 그러한 노력을 할 수 있도록 해야 한다. 다행인 것은 측정된 정보들에 내담자들의 특성이 담겨 있기 때문에 정확한 공식은 아니지만 피드백에 활용 가능한 단서를 얻을 수 있다. 예를 들어, 로르샤하 잉크반점 검사의 구조변인 중 D와 Adj D의 값이 '+' 값으로 측정되었다면 비록 내담자가 생산적이지 못한 생활과 고통스러운 맥락 속에서 힘들어하고 있다 하더라도 "당신은 정말 힘든 상황에 처했군요. 그런데 그런 것을 스스로 인정하려 하지 않는 것 같습니다."라고 피드백을 하는 것은 인정하기 싫은 자신의 병을 강제로 인정하라고 강요하는 꼴이 되어 버릴 수 있다.

　이처럼 내담자에게 발견된 부적응을 전달할 때는 얻게 된 정보의 특성을 고려하여 피드백 상황 자체가 위협적이지 않게 전달하는 것이 핵심이라 할 수 있다. 질긴 고기를 주문한 손님에게 질기기 때문에 '알아서 잘 씹어 드세요.'라고 하는 것이 아니라 잘 씹어 먹을 수 있도록 미리 세심하고 배려 깊은 칼질로 연육을 해 주는 마음가짐을 가져야 한다. 평가자의 배려에 대해 손님이 그 배려를 느끼든 말든, 감사를 표하든 하지 않든 평가자 본인이 기대할 것은 아니다. 충분히 해야 할 일을 마땅히 한 것만으로도 보람을 느낄 수 있다. 이 마음가짐이 피드백 단계에서 갖추어야 할 평가자의 **'임상적 책임감'**이라 할 수 있다. 임상적 책임감은 환자 또는 내담자의 건강, 이로운 보탬, 안녕을 바라는 목적으로 이루어져야 한다. 이는 patient well-being orientation[3])을 갖추는 것이다. 이러한 책임감을 바탕으로 심리학의 목적 중 하나인 건전한 '통제(control)'에 한발 더 가깝게 다가갈 수 있는 것이다. 임상적 책임감이 없는 피드백과 통제는 내담자를 향한 난도질이 될 수 있고, 원치 않은 상황에서 그들이 상담 종료를 통보할 가능성을 높이게 될 것이다.

둘째, 평가 단계에서 얻게 된 가설들을 실재하는 내담자에게 최적화하여 개별적인 가설검증을 하려는 태도다. 내담자에 관한 모든 정보는 심리학적 원리에 맞게 구조화된 가설적 정보이며 이러한 정보를 활용하여 실존하는 대상에게서 답을 얻고 내담자에게 보다 도움이 될 수 있는 건전한 의미를 찾아 가는 것이다. 가장 흔한 실수 중 하나는 평가 결과를 '진실의 명제'라 믿어 의심치 않고 내담자에게 이를 수용하라고 강요하는 것이다. 물론 평가의 내용이 진실과 거의 일치하는 것일지라도 내담자가 어떻게 받아들이냐가 우선시되어야 한다. 만약 아버지에 대한 내담자의 공격적 성향을 지적하는 결과가 도출되었을 때 이를 딱딱하게 보고하듯이 단순하게 전달할 경우 내담자가 완강히 부정하는 등의 예상치 못한 부정적 반응이 나타날 수도 있다. 피드백은 평가자의 피드백이 제공되었을 때 내담자에게서 예상되는 반응들을 충분히 고려한 후 내담자에게 도움이 되도록 하는 것이 기본이다. 아무리 정확한 결과라 할지라도 내담자에게 전달된 후 앞으로의 치료적 상황이 개선되지 않는다면 이는 피드백의 부작용이라 할 수 있다. 그렇기 때문에 평가 결과는 항상 가설적인 것임을 명심해야 하며 내담자가 처한 맥락에 적합하게 조심스럽게 검증하려는 자세를 갖추어야 한다.

---

3) 환자 및 내담자의 안녕을 위하는 마음가짐의 의미를 담고 있다.

제3장 심리평가와 이론

1. 심리평가를 위한 이론

심리평가의 본 단계에서 이론의 역할은 상당히 중요하다. 이론 없이는 어떤 단계에서도 짜임새 있는 작업이 어려우며 이론의 역할을 부정하고 폄하하는 평가자 역시 원하든 원하지 않든 사적 이론에서 벗어나지 못한다. 여기서 이론은 특정 이론가의 이론을 뜻하는 것이 아니라 설명과 이해를 위한 **설명적 틀**을 의미한다. 이론은 필요악이라고 생각하며 온전히 평가만을 진행하겠다는 평가자 또한 자신의 사적 이론을 통해 평가를 진행하는 것이며, 오히려 이론적 또는 경험적으로 검증된 이론을 활용하는 것보다 더 큰 실수를 범할 가능성이 높다. 그렇기 때문에 내담자를 평가하는 과정에서 이론을 적절하게 활용할 수 있다면 보다 구조화된 평가 수행이 가능할 수 있을 것이다. 그러나 어떠한 이론이 '지금 이 순간' 평가자의 앞에 있는 '실제 내담자'에게 적합한 것인지는 그들을 만나기 전에는 알 수가 없다. 우리가 할 수 있는 최선은 많은 이론에 익숙해지고, 눈앞에 있는 내담자에게 보다 유용한 이론이 무엇인가를 검토하고 이해하려는 태도를 갖추는 것이다. 결국 이론을 적절히 활용한다는 것은 내담자가 주문한 음식을 맛깔나게 요리할 수 있는 다양한 조리법을 갖추고 있으며 그 도구들을 적재적소에 능숙하게 활용하는 능력을 갖고 있음을 의미한다. 여기서는 다양한 이론 중에서도 특히 심리평가 장면에서 유용한 자아심리학적 이론을 소개하고자 한다.

2. 자아심리학적 이론의 기초

자아심리학은 인간의 적응을 다루는 광범위한 이론이며 A. Freud가 G. Freud의 정신분석이론에서 자아의 역할을 강조하며 확장시킨 이론이라고 알려져 있다. 우선, 현대의 학문적 흐름에서 정신분석 이론을 정리해 보면 G. Freud의 전통적 정신분석과 이후 정신분석의 기본적 가정을 따르면서 조금씩 수정·보완된 현대 정신분석으로 나누곤 한다. 현대 정신분석은 학자마다 분류가 조금씩 다르긴 하지만 공통적으로 자아심리학, 대상관계이론, 자기심리학으로 구분하고 있다. 이 중에서도 자아심리학적 이론은 다른 현대 정신분석 이론들보다 전통적 정신분석의 틀을 비교적 안정적으로 유지하고 있다. G. Freud가 사망한 후의 A. Freud의 자아심리학적 이론은 아버지의 이론에 윤리적 태도를 더한 것 같은 느낌을 준다. 실제로 A. Freud의 저서『The ego and the mechanisms of defence』에서 내담자에 대한 분석가의 윤리적 태도가 자연스럽게 녹아 있음을 느낄 수 있을 것이다. 전통적인 정신분석에서는 개인의 비의식(unconsciousness)에 접근하는 방식과 비의식을 다루는 방식이 그들의 존엄성을 고려하지 않은 다소 일방적이고 권위적인 것으로 느껴진다. 이는 자아심리학적 접근이 개인의 내부세계에 직접적으로 접근하기보다 현실을 살아가고 있는 개인의 실제 모습에 관심을 갖고 접근하고 있다는 점과는 다른 것이다.

우선 개인은 '자신'과 '자신이 아닌 것' 두 가지 세계 사이에 경계를 갖고 있다. 일반적으로, '온전히 자신만의 세계'를 내부세계라 하며 내부세계가 아닌 세계를 '외부현실'이라 구분한다. 정신분석의 구조모형을 기초로 내부세계에 특정한 유형의 구조가 있는 것으로 생각하기 쉽지만, 사실 내부세계는 특정한 크기를 갖고 있는 것은 아니며 무한에 가까운 세계다. 우주의 크기에 관심을 갖고 있는 물리학자나 천문학자들과 마찬가지로 내부세계에 관심을 갖고 있는 심리학자는 그에 못지않은 무한의 세계를 탐구하고자 한다. 정신분석은 가장 큰 수의 존재를 알아가는 데에 관심이 있는 것이 아니라 0.0001과 0.0002 사이에 얼마나 많은 숫자가 있는지를 궁금해하는 것과 같다. 이렇게 **'한정된 무한함'**의 내부세계를 탐색하기 위해 자아심리학은 전통적 정신분석의 구조모형을 기초로 하면서 기본적으로 **내부세계**와 **외부현실**의 경계를 이해하는 것에서부터 시작한다.

[그림 3-1] 내부세계, 외부현실, 자아의 관계

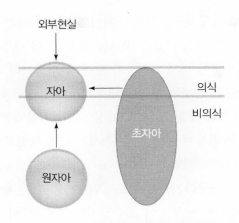

[그림 3-2] 자아심리학적 이론의 틀

　내부세계와 외부현실은 분명한 경계를 갖고 있어야 하며, 그 경계는 뉴런의 세포막과 같이 내부세계가 외부현실과 맞닿아 있는 **막**(barrier)과도 같다. 이 내부세계의 막이 외부현실과 구분될 수 있는 경계 기능을 상실하거나 잘못된 방식으로 기능을 하게 되었을 때 일차적이고 원초적인 문제가 발생하는 것이다. 하지만 다행하게도 우리의 내부세계는 태어나서 오랜 시간 외부현실로부터 자신의 내부세계를 지킬 수 있는 기술을 자연스럽게 습득하게 되며 기본적인 생존을 유지하는 것에서만큼은 자신도 의식하지 못할 정도로 충분히 괜찮게 기능하고 있다.

　내부세계와 외부현실 사이에 건강한 경계가 유지되는 한 우리는 충분히 잘 기능하는 개인으로 살아가게 될 것이며 심리적 안정감을 느끼게 된다. 하지만 항상 내부세계와 외부세계의 평화가 지속되는 것은 아니다. 매 순간 이 경계에서는 안정감, 적응, 생존을 위한 치열한 전쟁이 일어난다. 이러한 전쟁의 시작은 외부현실과 내부세계 어느 곳에서나 가능하다. 출생하는 순간, 즉 유기체의 생물학적 조직이 외부현실에 한 발을 내딛는 순간 필연적으로 자신과 자신이 아닌 것이 구분되게 된다. 출생 당시 신체적인 경계는 당연히 지어졌지만(사실 신체적 경계를 인식하기조차 어려운 상태다) 심리적인 내부세계와 외부현실의 경계는 분명하게 인식하기 어려운 상태다. 내부세계에서 경험되는 현상은 '날것'과 같은 경험이며 오로지 '불쾌하거나 불쾌하지 않은' '사멸하거나 사멸하지 않은' 것과 같은 양극의 경험일 뿐이다. 불쾌하지 않고 사멸하지 않는 것과 관련된 내부세계의 경험은 자신에게서만큼은 안정감을 주고 적응적이며 생존이 유지될 수 있다고 느끼게 한다. 하지만 불쾌와 사멸과 같은 경험은 쉽게 안정감을 흩어 버리고 적응과 생존을 위협하는 경험이다. 진정 다행인 것은 주로 어머니의 존재인 주양육자의 돌봄은 이러한 불안을 최소화해 준다. '어버버 하니까 어버버 되는' 거의 완벽한 내부세계의 경험과 외부현실의 경험의 일치감을 맛보는 것이다. 이 과정에서는 보통 내부세계에서 경험되는 특정 자극들이 전쟁의 씨앗이 된다. 한평생이라고 해 봤자 몇 시간에서 며칠 정도의 인생을 살아온 존재는 자신의 내부세계에서 경험에 대해 뭐라 말로 할 수 없는 현상을 경험한다. 소위 말을 할 줄 알고 성인이라고 불리는 사람들이 배고픔이라고 이르며 그와 연결하는 현상에 대해, 어린 존재는 단지 사멸로 향하는 상당히 위협적이고 불쾌한 느낌의 덩어리로 경험하는 것이다.

존재하고자 하는 것은 욕구라기보다 원초적인 될 수 있다. 욕구는 의식적이든 비의식적이든 무언가를 바란다는 능동성이 포함될 수 있는 개념이라면 존재는 이유가 없는 그 자체다. 한 존재로서 존재의 이유는 없으며 어떠한 사건으로부터 나타난 결과도 될 수 없다. 하지만 탄생 후 내부세계에서만 존재하고자 함은 불가능하며 필연적으로 외부현실을 벗어날 수가 없다. 출생 후에 어머니의 자궁으로 다시 들어갈 수 없듯이 외부현실을 벗어나서 내부세계의 존재함을 유지하는 것은 불가능하다. 탄생 근저의 시점에서는 전폭적으로 외부현실이 내부세계를 충족해 주는 호사를 누리게 되지만, 존재의 성숙은 야속하게도 이미 프로그래밍이 되어 있기에 그 호사의 시기는 얼마 가지 못한다.

이후 내부세계는 외부현실과 구분이 되어 있음을 필연적으로 경험하게 된다. 이는 감각기능의 향상으로 인한 변화이기도 하다. '나'가 외부현실을 직접적으로 보게 되면서 더 이상 '어버버'의 환상적인 기제가 작동되지 않는 것이다. 이때 내부세계에 자리 잡은 성격 구조에 분열이 일어난다. 그 분열로 외부현실과 관계하는 측면에서 '나'의 존재가 새롭게 자리를 잡고 원래 내부세계에 존재하던 '나'는 여전히 깊은 영역에 남겨진다. 자아심리학에서는 새롭게 분열된 '나'와 원래의 '나'를 각각 '자아'와 '원자아'라고 부른다. 자아는 이제 원래 자아, 즉 원자아가 품고 있는 욕구를 채워야 할 의무를 지게 된다. 외부현실과 관계할 수 있는 능력은 보고 듣고 맛보고 즐길 수 있는 자아에게만 있기 때문이다. 여전히 원자아는 '어버버'의 환상적 세계를 갈구하고 있다. 분열된 초기의 자아는 원래 자아의 존재하고자 하는 소망을 대신 채워 주기 위한 수동적인 역할을 하느라 상당한 부담을 갖고 있다. 이 부담은 외부현실의 압력보다 말도 못 하는 원자아의 입이 되어 줘야 한다는 부담인 것이다. 이때 자아는 찡얼대고 요구하는 방식으로 외부현실을 조종하게 된다. 무조건적으로 원자아의 수발을 드는 꼴이다. 이러한 찡얼댐과 요구를 외부현실에서 채우지 못하고 또한 외부현실이 채워 주지 않을 경우 원자아는 자아에 더욱더 강한 압력을 주고, 혼신의 힘을 다해 울부짖게 된다. 그런데 주로 어머니가 되는 주양육자는 그런 찡얼댐과 요구 또는 울부짖음에 대해 예전과 다르게, 전폭적으로 반응해 주지 않고 현실적으로도 힘들어진다. 외부현실은 교육이라는 이름으로 나약한 자아를 단련시킨다. 자아는 그러한 교육을 받지 않을 재간이 없다. 자아는 혼신의 힘을 다한 원자아의 울부짖음이 무시되고 오히려 억압받게 되는 순간 심연에서 무존재의 경험과 조우하게 될 것이라고 본능적으로 느끼기 때문이다.

　이제부터는 외부현실이 자아에게 교육을 시작하고, 자아는 무존재로 향하는 심연의 불안에서 벗어나기 위해 더럽고 치사할지언정 열성껏 교육에 따르게 된다. 자아는 엄청난 반복과 과잉학습을 통해 '**존재해야 한다는 과제**'에서만큼은 천재가 되어 간다. 자아는 어떻게 외부현실에 원자아의 요구를 전달하고 어떻게 외부현실에서 전리품을 가져올 수 있는지를 배워 간다. 이러한 존재함을 위한 가장 강력한 도구가 언어라는 것을 본능적 그리고 경험적으로 알게 되고 폭발적으로 언어능력을 향상시킨다. 자아는 비로소 천군만마를 얻었고 원자아의 웬만한 요구를 채워 줄 수 있게 된다. 하지만 외부현실은 냉정하다. 원자아를 위해 소리 질러 가며 간절히 원하는 장난감을 얻고 싶지만 부모님은 가난하다. 사 줄 수가 없다. 좀 더 포근함을 느끼고 싶지만 부모님은 맞벌이를 해야 한다. 또는 빨래를 해야 하고 음식을 해야 하고 분리배출을 해야 하기 때문에 외출을 해야 한다. 시선을 사로잡는, 날이 선 그것을 만지고 싶지만 날카로운 칼을 만지는 것을 금지시킨다. 지금껏 단련해 온 자아가 열심히 요청해 본들 인내를 요구받는다. 한두 번이 아니다. 또다시 과잉학습과 반복학습을 거치며 엄마가 외출을 해도, 눈앞에 칼이 있어도, 간절히 그 장난감을 원해도 요청할 수도 없다. 이러한 상황에서 어느새 자아는 또다시 분열이 일어나 자신을 넘어선 또 다른 자신을 만들어 간다. 바로 초자아다. 자아 너머에 존재하던 외부현실의 대상이 내부세계에 하나의 구조로 자리 잡게 된다. 자아는 지금까지 살아온 시간 대부분을 실제 외부현실은 위협적이지 않더라도 참아야 한다는 교육을 받으며 살아왔다. 이 강력한 교육은 내부세계 안에서 마치 외부현실이 생생히 살아 있는 것처럼 원자아와 원자아를 수발하는 자아를 감시한다. 만약 생존하는 데에 충분할 정도로 자아가 교육되지 않았을 경우 초자아의 힘은 약해질 것이고, 과도하게 교육되었다면 초자아의 힘은 강력해질 것이다. 초자아의 형성은 과유불급이다. 현실의 삶에서 적응하기 위해서는 '**그 정도면 충분한 초자아**'가 필요하다. 드디어 온전한 내부세계가 자리를 잡게 되었다. 원자아는 '어버버'의 세계인 비의식 영역에 머물러 있고 자아는 원자아와 관계하는 비의식적 영역 및 외부현실과 관계하는 의식적 영역에 걸쳐 있으며, 초자아는 초기 의식 영역에서 시작되어 시간이 흐르면서 비의식 선까지 깊이 뿌리 박혀 의식과 비의식 영역 모두에 탄탄히 자리 잡게 되었다.

자아심리학의 핵심은 말 그대로 자아다. 특히 자아의 역할에 관심을 갖고 있지만 자아의 또 다른 두 모습도 근본적으로는 한 몸이다. 즉, 내부세계는 자신의 것이며 내부세계에 존재하는 자아가 세 가지 모습으로 있다는 것이다. 원자아, 자아, 초자아 모두 한 사람의 내부세계에 존재하는 것인데도, 자아심리학을 공부하는 과정에서 마치 한 집에 세 사람이 살고 있는 것으로 오해하는 경우가 많다. 원자아는 나쁜 것이라거나 초자아는 필요악이라거나 하는 식의 단순화된 이해는 지양해야 한다. 모두 한 개인의 내부세계에 존재하는 것이며 세 가지 자아가 조화롭게 외부현실과 관계하며 함께할 때 내부세계의 평화를 유지할 수 있고, 소위 건강하고 적응적인 삶을 살 수 있을 것이다. 다만, 세 가지 자아 중 외부현실을 보고 듣고 맛보고 즐길 수 있는 것은 '자아'가 유일하다는 것을 강조한다.

이제 자아는 더 이상 원자아의 수발을 드는 수동적인 역할에 그치지 않고 천재적 면모를 갖추기 시작한다. 적극적으로 원자아를 토닥거려 주고 초자아와 협상할 수 있게 된다. 이에 더해, 외부현실이 어떠한 상황인지 분위기 파악까지 할 수 있게 된다. 두 차례의 분열을 거치며 자아가 적당하고 건강하게 훈련이 되었다면 험난한 외부현실과 대면할 힘을 갖게 된다. 만약 두 차례 분열 과정에서 특정한 문제가 생기거나, 외부현실에서의 교육이 적당하고 적절하지 않았다면 존재하는 데에 필요한 기본 체력을 갖추지 못하게 된다. 자아심리학에서는 기본적인 자아의 체력을 **'자아의 힘'**이라고 기술한다. 이 자아의 힘은 주체적으로 내부세계의 평화를 도모하고 외부현실에서 살아남고 적응하기 위한 기초 체력이라 할 수 있다. 내담자가 청소년기 이후의 삶에서 자아의 힘이 부족하여 내부세계의 갈등과 외부현실의 혼란을 현명하고 적절히 해결할 수 없게 된다면, 그들에게 자아의 힘을 보강해 주는 것으로 도움을 줄 수 있다. 마치 외과적 수술을 통해 구조적 변화를 도모하기보다 보약을 먹여 튼튼한 체질을 만들어 주는 것과 유사하다. 자아의 힘이 부족한 이들은 자아의 운영 방식에 문제가 있는 사람들이 아니라 운영체계를 작동시키는 데에 필요한 기본적 에너지가 부족한 사람들이기 때문이다. 하지만 자아의 힘이 약한 사람은 자신이 감당할 수 있는 정도의 수준에서 삶을 구조화하여 조심스럽게 살아가거나 적어도 스스로는 의식적으로 만족하며 살아가기도 한다. 한편으로는 다양한 삶의 자극을 추구하고자 하지만 힘이 부족하여 힘들어하기도 한다.

자아의 힘이 존재하는 데에 만큼은 충분하다 삶에서 벌어지는 다양한 전쟁 선포에 대해 적극적으로 대처할 수 있게 된다. 세 가지 자아 중 어느 한 존재가 전쟁 선포를 하는 경우에는 내부세계에서의 반란이 국지적으로 발생할 수도 있고, 강력한 스트레스로 무장한 외부현실과의 전면전이 될 수도 있다. 외부현실의 도전 방식은 변화무쌍하고 천태만상이기 때문에 다양한 사전 준비태세가 되어 있어야 한다. 하지만 내부세계에서의 반란은 크게 두 가지다. 즉, 원자아의 도전과 초자아의 도전이다. 결국 자아는 원자아, 초자아, 외부현실의 도전을 민감하게 알아차려야 하고, 이들과의 전쟁에서 승리하기 위해 다양한 외교적 전략과 자체적 방어 전략이 필요하다. 하지만 자아는 팔이 안으로 굽는 것처럼 자신의 처음 모습인 원자아의 욕구를 채워 주는 일차적 목적을 갖는다. 근본적으로 원자아가 안정을 찾게 되면 내부세계는 평화로워지기 때문이다. 내부세계의 평화가 유지되면 초자아는 더 이상 감시할 이유가 없다. 날카로운 칼을 만지려고 하지 않거나 몰래 칼을 가지고 놀다가 어머니가 보기 전에 다치지 않고 내려 둔다면 어머니는 아이에게 교육을 하지 않는 것처럼 초자아 역시 자아를 다그치는 데에 힘을 쓸 이유가 없게 된다. 외부현실과의 관계에서도 마찬가지로 자아는 당면한 외부현실의 분위기가 어떠한지 민감하게 알아차리고 원자아의 목소리를 들어줄 수 있는 상황이 되었을 때 원자아가 바랐던 외부의 것을 내부로 가져올 수 있다. 외부현실이 평화롭고 경계가 느슨한 경우에 자아는 적극적으로 원자아의 소망을 위해 전리품을 가지고 올 수 있는 것이다. 핵심은 이 모든 전략을 자아가 계획하고 실천한다는 것이다.

정리해 보면, 평화를 깨뜨리는 스트레스는 천태만상인 외부현실과 내부세계의 원자아·초자아에서 오고, 자아가 내부세계의 안정을 위해 이러한 스트레스를 해결하고자 부단한 노력을 하면서 갈등이 발생한다는 것이다. 결국 갈등은 평화가 깨지면서 불안이라는 찌꺼기를 남긴다. 불안은 내부세계에 존재해서는 안 되는 위협적인 이물질이며 자아는 이러한 불안을 즉각 외부로 배출해야 한다고 지각한다. 불안을 발생시키는 원인이 어떠한 스트레스냐에 따라 불안의 모습은 다양하며 각 불안은 해당 불안에 적합한 방식으로 배출되어야 한다. 종이류, 플라스틱, 음식물, 철재 등 재료에 따라 분리배출을 해야 하는 것처럼 자아는 해당 불안을 가장 효과적으로 해소하거나 감소시킬 수 있는 방법을 알아야 하고 실제로 실천해야만 내부세계의 평화를 유지시킬 수 있다.

자아가 다양한 전략을 갖고 있다면 아무리 다양한 불안이 발생할지라도 원자아의 요청을 충분히 들어주면서도 평화를 유지할 수 있을 것이다. 즉, 자아 역시 변화무쌍한 외부현실만큼이나 변장술에 능해야 한다. 한 편의 연극과도 같다. 이런 자아의 변장술을 자아심리학에서는 **방어**라고 부른다. 자아심리학에서 사용하는 '방어'라는 구성 개념 역시 이에 대한 오해가 만연해 있다. 특히 정신분석을 접한 어떤 이들은 방어를 부정적인 심리적 현상이라고 여기기도 한다. '방어'라는 단어가 한글을 쓰는 사람들에게 기본적으로 부정적인 단어 개념망을 활성화시키기 때문이다. 하지만 방어는 내부세계의 평화를 유지하려는 최선의 노력의 일환이며 없어서는 안 될 자아의 기능이다. 그렇기에 방어를 보다 적합한 의미로서 개념화하기 위해 연구자에 따라 다른 용어를 사용하기도 했다. **생존, 적응, 대처 또는 대응, 자기보호** 등의 의미로 사용하며 방어가 실제 삶에서 부적응을 발현시킨 경우에는 증상의 의미로 설명하기도 한다. 이런 의미들은 모두 방어라 불리는 현상을 보다 깊이 이해하는 데 도움이 되는 개념들이다. 이러한 개념들은 모두 자아가 다양한 스트레스로 발생한 불안을 해소하기 위해 내부세계 및 외부현실과의 최선의 **타협형성 과정**이라는 것이다. 결국 방어는 적응하는 데에 필수적인 것이며 자동적인 또는 기계적인 작동원리를 갖고 있음을 의미한다.

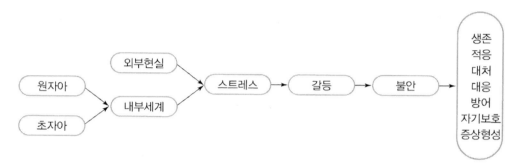

[그림 2-4] 타협형성 과정으로서 방어기제의 작동 원리

3. 방어의 탄생

방어기제는 손잡이 방향과도 같다. 대부분의 사람은 저마다의 손잡이 방향이 있으며 그중 오른손잡이인 사람들에게 오른손잡이인 이유를 묻는다면 단순히 오른손잡이니까 오른손잡이라고 할 수밖에 없다. 너무 당연하고 자연스럽기 때문에 왜 그 손잡이냐고 반문을 하는 것조차 이상하게 느껴질 것이다. 개인에게 작동되는 방어 역시 자신은 왜 그러한 방어기제가 존재하는지 궁금해하지도 않을뿐더러 자아동질적 양상을 갖고 있다. 하지만 방어기제는 탄생 순간 완전히 형성되거나 굳어지는 것은 아니다. 기질적인 요인과 학습 경험의 상호작용으로 방어가 구축되고 자동화되는 것이다. 기질적 요인이라 함은 우리는 인간의 구조로 태어났기 때문에 인간의 구조에서 구현될 수 있는 기능만 발휘할 수 있다는 것이다. 모든 방어체계는 자신의 구조적 바탕 위에 얹히는 소프트웨어와 같다. 치타처럼 빠르게 달릴 수도 없고, 카멜레온처럼 신체 색깔을 조정할 수도 없으며, 쥐며느리처럼 몸을 말아 버릴 수도 없는 노릇이다. 하지만 모든 '존재'는 **존재**

함으로써 존재해야 한다는 무조건적 존재 유지성을 갖는다. 강력한 존재 유지성은 경험되는 스트레스와 자신이 무존재로 향할 것 같은 경험들에 대해 원초적으로 싸우거나 도망가는 두 가지 전략으로 방어를 하며, 둘 중에서 존재하는 데 더 도움이 되는 방식을 선택하게 된다. 이것은 아주 원초적인 전략이기에 싸워도, 도망가도 죽을 가능성이 줄어들지 않을 수도 있다. 그래서 각 존재는 자신만의 방어 전략을 보다 세밀하게 갖추고자 노력하였고, 지금 이 순간도 부단한 노력을 하고 있다.

　인간의 경우는 어떠한가? 존재함을 유지하기 위해 달리는 속도를 높이거나 싸우기 위해 치아와 손발톱을 날카롭게 만들지는 않았다. 인간이 고등동물이라 말하는 것이 아니라, 인간의 관점에서는 인간이 아닌 존재들보다 훌륭한 전략을 가지고 있다고 생각할 수 있다. 이는 바로 언어를 통한 학습능력과 자신의 정서를 주체적으로 조절하는 능력이 있기 때문이다. 반복되는 계통의 연결에서 새로운 전략을 갖추는 것을 넘어 학습 능력을 통해 한 개체 내에서 엄청난 전략을 갖출 수 있게 되는 것이다. 그 전략들은 기본적으로 원초적인 대처 방식이던 싸우거나 도망가는 등의 행동적 방식에서부터 사고와 관념을 반영하는 언어의 활용과 경험된 감정을 조절하는 등의 구체적이고 다양하게 파생된 방식들로 구분할 수 있다. 자아심리학적 관점에서는 크게 세 가지 영역의 전략으로 방어를 구분할 수 있다. 행동적 방식의 방어는 행동화, 회피, 철수 등이 있으며 사고와 관념적 방식의 방어는 합리화, 주지화, 일반화, 정서의 격리, 편집, 차단 등이 있고 정서적 방식의 방어는 부정, 억압, 해리, 내면화, 긍정화 등이 포함된다. 이러한 방어기제들은 독립적으로만 작동되는 것이 아니라 상호작용을 통해 복합적인 방식으로 작동될 수도 있다.

　같은 인간이라 할지라도 각 개인이 타고난 구조는 생김새만큼이나 상당히 다른 특징을 갖고 있다. 누군가는 외부 자극에 몹시 예민할 수 있고 또 누군가는 자극 추구적이기도 하고 다른 누군가는 자극에 쉽게 취약해질 수 있는 기질을 타고날 수도 있다. 또한 면역력이 약한 상태로 태어날 수도 있고 언어적 자극을 처리하는 데 월등한 능력을 타고날 수도 있다. 이러한 **기질적 능력의 수혜 및 취약성**은 앞으로의 삶에서 보다 강조되어야 할 방어 전략을 어느 정도 결정짓게 하거나 보다 손쉽게 특정 방어 전략을 습득하도록 한다. 신체적 취약성이 높은 아동은 이후 신체와 관련된 방어가 중심이 될 가능성이 높으며, 반면 언어적 자극을 처리하는 것에 탁월한 능력을 가진 사람은 이를 바탕으로 언어화와 관련된 방어체계를 구축하는 데에 열성을 다하게 될 수도 있는 것이다. 이렇듯 개인이 타고난 구조적 또는 기질적 특징이 방어 전략을 구축하는 데에 필연적인 영향을 미칠 수 있다.

그뿐만 아니라 **생애 초기에 경험한 강력하거나 반복적인 스트레스 상황의 양과 질**에 따라 방어 전략이 마련될 수 있다. 부모님과의 이별, 잦은 다툼 또는 강렬한 다툼 등 다양한 스트레스 경험은 자아가 자리를 잡아 갈 무렵의 어린 자아에게는 상당히 위협적으로 지각된다. 이때 외부현실과 내부세계 간의 경계에 확고하게 벽을 쌓는 것으로 스트레스를 모면할 수도 있고, 어머니에게 매달려 울고불고 할 수도 있을 것이며, 즐겨 보는 만화영화나 좋아하는 장난감에 집착할 수도 있을 것이다. 위협적인 상황에서 경험된 것이지만 내부세계의 불안정은 외부현실의 스트레스 상황보다 강력한 불안을 발생시킨다. 이러한 상황을 벗어나기 위해 의식적으로든 비의식적으로든 최선의 대처 및 해결 방안을 찾는 것이다. 생애 초기에 경험된 강력한 스트레스 상황과 당시 자신의 대처 방식은 정서와 연합되어, 이후 삶에서 그와 유사한 정서가 활성화되는 상황에 맞닥뜨리면 과거 자신이 대처한 방식이 자동적으로 작동한다. 중요한 것은 지금의 사건과 과거의 사건이 일치한다는 것이 아니라 활성화되는 정서의 유사성에 따라 방어가 작동된다는 것이다.

다행히도 생애 초기 사멸의 불안을 경험할 만한 스트레스 상황에 처하지 않은 사람들의 방어 양상은 어떻게 나타날까? 외부현실의 압력에 따라 어쩔 수 없이 살아 보겠다고 방어하지 않아도 된다. 이는 방어를 하는 데에 부가적인 힘을 쓰지 않아도 된다는 것이며, 자율적으로 다가올 외부현실의 스트레스에 미리 준비할 여유를 가질 수 있게 된다. 건강한 방어가 형성된다는 것이 아니라 대처 능력을 향상시킬 여유를 갖는다는 것이다. 공격이 있으면 방어는 필수적이다. 필요의 여부가 아니다. 대처는 보다 건강한 측면의 생존 기제의 의미를 갖는 것이다. 점차 예상되는 외부현실의 스트레스 상황에 대해 자아의 힘과 기술이 적합하게 작동하도록 안전하고 현실적인 탐색이 이루어질 기회를 얻게 되는 것이다. 대처 능력의 향상은 성숙과 마찬가지로 어느 정도는 누구나 그러하게 진행되는 과정이기도 하다. 하지만 원치 않은 외부현실의 스트레스를 해결하는 데에 정신 에너지를 과도하게 써 버리면 정상적인 발달 과정에 집중할 겨를이 없어진다.

그렇다면 이렇다 할 만한 스트레스 경험이 없는 경우에는 어떠한 방식으로 방어 전략을 갖게 되는가? 바로 **조건 형성에 의한 학습**으로 방어 전략이 형성된다. 존재하는 누구나 존재에 도움이 되는 일은 더 하려고 하고 존재에 해로운 일은 하려 하지 않는 효과의 법칙에 따라 움직이게 된다. 효과의 법칙은 다분히 개인적 기준으로 해당 행동을 이해해야 한다. 우리는 그들을 이해할 수 없다는 말을 하며 범죄자들을 매도한다. 하지만 범죄자의 입장에서 보자는 것이다. 그에게 그 범법 행위는 자신의 존재와 내부세계의 평화를 유지하는 데에 도움이 되기에 범법 행위를 한 것이다. 몸이 아픈 것을 누가 좋아하겠느냐고 하지만, 몸이 아픈 것을 좋아하는 사람은 실제로 존재하며 그런 사람은 단지 자신이 몸이 아픈 것이 좋아서 아프다는 내부세계의 진실을 인정하지 않은 채 아픔을 고수하는 사람이다. 상식으로 이해되지 않는다 하더라도 자아심리학적 관점에서는 모든 것을 살아남으려는 처절한 방어와 대처 노력으로 이해할 수 있다. 살면서 경험하는 다양한 외부현실에 따라 적합한 방어 및 대처를 해야 할 기회를 얻게 되고, 반복되는 기회들을 접하는 동안 시행착오를 거치며 가장 적합한 방식의 방어 전략이 굳어지는 것이다. 이로써 개인마다 방어 전략이 천태만상이 되는 것이다. 혹 유사한 경험을 통해 방어 전략을 형성한 두 사람이 있다면 기본적인 방어 전략은 비슷할지 모르나 그 전략이 사용되는 맥락에서 상호작용은 달라질 수도 있다. 어떻든 방어 전략은 그 개인의 고유한 것이며 개인의 성격을 반영하는 것으로 당면한 상황에 대해 독특하며 지속적이고 일관적인 패턴을 갖는다. 그래서 방어의 양상을 분석하고 탐색하고 이해하는 과정은 그 개인의 성격을 탐색하는 과정과 같다고 할 수 있다.

　요컨대 모든 방어 전략은 해당 유기체에게만큼은 유효하며 유용하고 필수적인 기능을 하고 있다. 당면한 스트레스 상황에서 의식적이든 비의식적이든, 결국 살아 보겠다고, 적응해 보겠다고 몸부림치는 가상한 노력이다. 분명히 말하자면 자신에게만큼은 유용하다. 그러나 방어의 일차적 목적은 내부세계의 평화이기에 내부세계의 안정을 취할 수 있는 이득이 있겠지만 외부현실과의 갈등은 더 심해질 수도 있다. 결국 건강한 방어라는 것은 내부세계의 평화와 외부현실에 대한 적응, 이 두 마리 토끼를 모두 잡아야만 한다. 만약 내부세계의 평화에만 안주할 경우 신경증적 또는 정신증적 증상이라는 부작용을 경험하게 될 것이며 건강하지 못한 성격, 즉 성격장애의 근간을 이루는 '**안정적 경직성**'을 보이게 될 것이다.

　지금까지 자아심리학적 이론의 기초와 핵심 개념을 알아보았다. 이론을 안다는 사실과 자신이 아는 이론을 활용하는 능력은 다를 것이다. 아무리 특정 이론을 잘 알고 있더라도 이론에 빠져 모든 내담자를 이론에 우겨넣으려는 태도는 경계해야만 하고, 다양한 이론을 알고 있더라도 평가자 및 치료자로서의 역할을 잊은 채 학문을 탐구하는 흥미에 그쳐 버리면 내담자에게 실제적인 도움을 주지 못할 수도 있다.

4. 방어기제의 종류 및 작동 양상

1) 억압

억압은 전통적인 정신분석적 설명에서처럼 모든 비의식의 재료를 한 번에 통제할 수 있는 탁월한 방법이며 여러 다양한 방어의 근간이라 할 수 있다. 비의식 내에 존재하는 원자아의 욕구는 의식으로 발현될 경우 근원적으로 위협적인 것으로 여겨지며 외부현실에서 적당한 환경이 마련된다 할지라도 내부세계에서는 원자아의 욕구 자체를 인식하지 못한다. 억압된 원초적인 욕구에는 인간이라면 누구나 생존을 위해 갖고 있는 식욕과 성욕 그리고 이러한 욕구를 취하기 위해 외부현실을 이용하여 취하고자 하는 외부현실에 대한 공격적인 욕구가 포함된다. 하지만 개개인이 현 시대를 살아가면서 선택적으로 경험한 핵심들은 개인이 억압해야 할 욕구로 자리 잡게 된다. 예를 들어, 누군가에게는 경쟁에서 이기는 것이 생존에 위협적인 것이기 때문에 이러한 경험의 내용은 억압하게 된다. 어떤 누군가에게는 특정 대상에게 의존하는 것이 엄청난 처벌이 예상되는 죽음과도 같은 것이기에 이를 억압할 수도 있다. 누군가를 사랑하게 되는 것 또한 이것이 금지된 행위라고 경험하게 되면 이를 억압할 수 있다. 이렇듯 억압의 내용은 개개인의 경험으로부터 고유성을 띠게 되며 결코 의식 또는 외부현실로 발현될 수 없는 것이다. 억압의 특징은 내부세계에서 의식과 비의식적 경계를 강건하게 함으로써 내부세계의 평화를 유지하고자 하는 시도이며 억압의 주제는 대부분 원자아의 간절한 욕구와 연결되어 있다.

2) 회피

회피는 원초적인 방어기제 중 하나로 스트레스 상황 자체를 부정하는 것과 유사하지만 실제 행동으로 그 상황과 자신을 분리하려는 시도라 할 수 있다. 한편으로 넓은 의미에서 행동화의 한 측면이라 볼 수도 있지만 차이점은 회피가 작동됨으로써 스트레스원을 근원적으로 자신의 영역 밖에 위치시키게 된다는 것이다. 그렇게 된다면 행동을 포함한 여타의 노력을 추가적으로 할 명분이 없기 때문에 근원적으로 스트레스를 처리할 수 있게 된다. 일반적으로 회피라 부르는 상황은 불안의 대상이 내부세계로부터의 갈등이 아니라 외부현실에 존재하는 것들로부터 경험되는 갈등을 벗어나고자 하는 경우에 한해서 설명되기도 한다. 회피기제를 통해 불안을 통제할 수 있게 되면서 이차적으로는 지속된 회피로 해당 불안의 내용이 억압의 대상이 되기도 하며 자신이 당면한 외부현실에서 벗어남과 동시에 적응 및 삶의 반경이 좁아지는 일이 발생하기도 한다. 누군가는 좁아진 적응 및 삶의 반경을 어쩔 수 없는 것이라 여기며 수용해 버리면서 안정성(stability)을 유지하기도 한다. 이러한 안정성은 객관적인 정체성(stagnation)을 함의하고 있기 때문에 철수기제와 유사성을 보이기도 한다.

3) 철수

철수는 회피와 마찬가지로 외부현실의 갈등적인 상황에 대한 반응으로 작동된다. 하지만 철수는 외부현실에 맞서게 되는 경험 자체와 분리되는 것에 그치는 것이 아니라 내부세계 안으로 자신의 모든 적응에너지를 흡수해 버리기까지 한다. 그래서 현실감의 저하를 동반하는 경향이 있다. 내부세계로 흡수된 에너지는 더 이상 외부현실로 발현될 수 없도록 하며 보다 안전한 내부세계에서만 머물려고 한다. 지속된 철수는 의식적·비의식적 모든 영역에서 외부현실에 어떠한 갈등이 존재하는지에 관심을 갖지도 않고 관심이 가져지지도 않도록 자신만의 방어체계를 구축해 놓고 살아가게 한다. 이러한 철수 이면에는 과거 당면한 외부현실에서의 갈등에 상당히 취약해질 정도의 민감함이 있다고 볼 수 있으며 내부세계로 철수되었다 뿐이지 외부현실의 자극에는 여전한 민감성을 가지고 있다고 볼 수 있다. 다만, 그 민감성이 자극받지 않도록 모든 민감성을 완전하게 내부세계에 남겨 놓았을 뿐이다. 이러한 면은 이들이 원하든 원치 않든 일반적인 외부현실에 노출되었을 때 정도가 지나치게 눈치를 보고 긴장하며 두려워하는 모습으로 나타나기도 한다. 연인과의 싸움 이후에 모든 연락 수단을 차단하고서 자신만의 공간으로 철수한 사람이 그 속에서 자신이 편안해할 수 있는 무언가를 하면서 지난 갈등에 대해 잊어버린 양 시간을 보내는 모습과도 유사하다. 병리적인 철수는 이러한 특징들이 일상적인 상황 전반에 걸쳐 지속적이고 일관적인 방식을 보이는, 성격적으로 굳어진 경우라 할 수 있다.

4) 부정

부정은 자아와 비의식 내의 원자아의 싸움이 아닌 외부현실과의 싸움이다. 기본적으로 부정방어는 원자아의 욕구와 연결된 외부현실의 자극들이 원치 않게 경험되었을 경우, 자신은 그러한 욕구가 없는 것으로 인식하려는 시도다. 이들은 실제 자신의 원자아는 외부현실이 자극하는 욕구가 없기 때문에 당연히 외부현실이 자신을 잘 못 본 것이라 인식하게 된다. 억압은 외부현실의 자극이 있는 상황에서도 원자아의 욕구로부터 태연하게 내부세계의 평화를 지킬 수 있다. 자신과는 상관이 없는 것이기 때문이다. 하지만 부정은 부정하고자 하는 내용들이 자극받을 경우 내부세계의 갈등을 경험하면서 이를 적극적으로 외부현실로 밀어 내려는 것이다. 예를 들어, 자신이 사랑하는 사람의 존재가 외부현실에서 더 이상 존재하지 않게 될 경우 그와 함께하고 싶다는 원자아의 욕구와 상충하게 되며 상당한 불안을 경험하게 된다. 이때 외부현실을 거부하고 차단함으로써 여전히 그 대상이 내부세계에서만큼은 변함없이 존재하는 것으로 경험하려는 시도라 볼 수 있다.

5) 행동화

행동화는 현재 당면한 스트레스 상황을 극복할 만한 사고 및 정서표현의 에너지가 부족한 상황에서 작동되는 것으로 볼 수 있다. 사고나 정서는 자극된 스트레스를 다루는 데에 다양한 도구를 활용할 수 있는 근간이 된다. 하지만 행동화는 이러한 기능이 부족하거나 있다 하더라도 상황에 맞게 작동되지 않을 경우 행동을 통해 직접적으로 갈등을 해소하려는 시도다. 이러한 행동에 투여된 재료들은 원자아의 한 측면일 수도 있고 갈등으로부터 발생한 불안 자체일 수도 있다. 행동화는 특징적인 행동 자체를 지적하는 것이 아니라 광범위하고 다양한 방식으로 나타난다. 갈등을 조성하는 누군가와의 만남에서 차를 쏟게 된다거나(비의식적으로는 쏟아 버리는) 불편한 모임을 마쳤을 때 발걸음이 빨라지며 건성으로 목례를 하고 나가는 등 비교적 일반적인 수준에서부터 치료 상황에서 당혹스러운 직면을 받은 후 치료자에게 욕설을 하거나 멱살을 잡는 등 비교적 심각한 수준까지 상당히 광범위한 양상으로 나타날 수 있다.

6) 신체화

신체화는 다른 방어와는 다르게 방어의 작동 자체가 경험된 스트레스를 직접적으로 해소시키는 기능을 하는 것은 아니다. 일단 신체화 방어가 작동되는 것은 목적 지향적이라는 동기를 갖고 있을 때로 한정하고자 한다. 신체화의 목적은 원자아의 욕구를 사고, 정서, 행동을 통해 채울 수 없는 상황일 경우 최후의 보루로 신체를 활용하여 원자아의 욕구를 충족하고자 하는 다분히 욕구충족적인 동기가 있다. 하지만 신체적 불편감을 호소하는 이들은 다양한 방어의 전략이 작동되었음에도 좌절을 맛보았을 때 반응적으로 신체적 불편감을 경험하곤 한다. 이는 출생 후 상당히 초기 시절, 나약한 상태로 전폭적인 보살핌을 받을 당시로 회귀한 것으로 볼 수 있으며 신체화를 통한 적극적인 욕구충족적 동기를 가진 것은 아닌 것이다. 넓은 의미에서는 이 또한 주위의 개입이 필요하다는 것을 방증하는 것이기에 주관적인 세계에서는 목적 지향적이라 볼 수도 있다. 그렇다 하더라도 욕구 충족을 위한 적극적인 의도를 바탕으로 작동되는 신체화와 구분하는 것은 이들의 자아의 힘을 이해하는 데에 도움이 될 수 있다. 한편, 방어 전략이 구축되는 과정에서 실제의 신체적 결함 및 장애가 있었다면 신체화의 양상이 복잡해진다. 이미 오른손잡이가 오른손을 사용했다고 해서 이상하게 볼 것은 없다. 다만, 예상치 못한 방향에서 공이 날아올 때 또는 마주 오는 차가 역주행으로 나에게 돌진할 때 편한 손의 기능이 우선 반응을 하게 될 것이다. 가끔은 왼쪽 뺨에 날아와 앉은 벌레를 오른손으로 떼어 내는 것과 유사하다고 볼 수 있다. 이미 소위 체질적으로 약하거나 신체적 장애를 갖고 있는 이들은 내부세계 및 외부현실에서 요구되는 문제 해결 상황에서 보다 쉽게 신체적인 반응을 보이기도 한다. 이 경우 신체화는 비의식적으로 의도적일 수도, 실제 신체적인 반응일 수도 있기에 두 가지 관점에서 모두 이해하는 것이 적절할 것이다.

7) 내면화

내면화는 특히 정서적 스트레스에 보다 민감하게 작동되며 어느 정도 의식적인 자아의 영역에서 작동되는 것이라 볼 수 있다. 외부현실로부터 또는 내부세계에서 원자아와 초자아로부터 경험된 정서적 자극이 부지불식간에 이미 쉽게 경험되어 버린 상황에서 이에 대처하고자 하는 시도다. 일단 정서적 자극이 경험되면 이를 현실에 맞게 수용하거나 표현하지 못하고 외부현실로 발현되기 직전에 의식화된 정서가(價)를 다시 내부세계로 끌어들여 놓게 된다. 이미 경험된 정서라 하더라도 표현하는 것은 적응에 도움이 되지 않으며, 차라리 없다손 치는 것이 오히려 이후 발생할 문젯거리들을 해결하지 않아도 되는 장점이 되는 것이다. 내면화 기제는 항상 불편한 정서상태가 지속되기 때문에 이차적으로 신체화와 연결되어 나타나기도 한다. 안타까운 점은 정서경험은 가능하지만 표현되지 않는다는 점이다. 삶의 긍정적 변화 및 상황을 생동감 있게 경험하지 못하며 항상 장마 기간에 햇볕이 쨍쨍한 날에도 햇볕을 즐기지 못하는 것이라 할 수 있다. 여기에서 이들의 큰 단점이 나타나는데 즐거운 경험마저도 표현되지 못하고 속으로 삭여 버리기 때문에 울적한 기분이 지속될 가능성이 높다는 것이다. 반면, 딱히 온전한 장점이라 할 수 있겠느냐마는 인생지사 새옹지마의 관점으로 세상을 살고 있기에 내부 세계의 평화, 즉 생존과 적응의 장면에서 주관적 안정성을 유지하는 데에 도움이 되기도 한다.

8) 정서의 고립과 편집

정서의 고립과 편집은 기본적으로 생존 또는 적응에 위협적인 정서적 경험이 존재했다는 것을 의미한다. 생애 초기에 감당하기 어려운 폭력을 당했다거나 유기에 대한 두려움을 겪었다거나 등등의 강한 정서적 트라우마 경험일 수도 있다. 당시 당면한 압도적 스트레스 경험은 그만큼의 갈등과 불안을 발생시키지만 이를 해결할 수 있는 사고, 정서, 행동, 신체 등의 방어가 적절히 작동되지 못하고 총체적으로 얼어붙어 버린 것이다. 오로지 내부세계에서 어떤 시도라도 해야만 하는 것이다. 사고를 통해 대처할 만한 충분한 인지적 발달이 이루어지지 않았고 행동을 통해 그 상황에 저항할 수도 없으며 신체반응은 얼어붙어 버리기에 아픔조차 느끼지 못하게 된다. 발달상 미숙한 상황에서 내부세계를 지킬 현명한 방법 중 하나는 그 현실을 부정하거나 주의를 분산시키면서 그 불편한 자극을 최소화하는 것에 그칠 것이다. 하지만 성장함에 따라 사고능력이 향상되면서 자신의 내부세계에서 현상하는 경험들을 표현할 수 있게 된다. 이들은 억압할 수 있는 정도를 넘어서서 너무나도 압도적인 정서적 불안을 경험하였고 내부세계의 압력을 경험하지 않을 방도가 없는 것이다. 하지만 향상된 사고능력을 활용하여 자신의 정서적 불안을 편집할 수 있는 능력이 생긴다.

정서의 고립은 이미 불편한 정서적 경험이 되어 버린 상황이기 때문에 그것을 억압할 수 없는 대신 그 정서적 경험의 가치를 떨어뜨림으로써 불안이 올라오는 것을 막는다. 그 후 정서적 경험은 쭉정이 같은 존재가 되며 그 속 빈 껍데기를 다루는 것은 비교적 쉬워진다. 자신에게는 '**부정적인 정서 모양**' 같은 것이 있긴 하지만 그것은 모양에 불과하기에 자신은 불편하지 않게 된다는 논리인 것이다. 그 쭉정이를 다루는 것은 이제 사고의 몫이 된다. 사고는 내부세계에 존재하는 정서가 속 빈 불안이라는 것을 알기 때문에 손쉽게 언어화가 가능하다. 즉, 아무런 정서적 불편감 없이 외부현실에 서슴없이 그 '정서 모양'을 발설할 수 있게 되는 것이다. 실제 심리치료 장면에서 정서의 고립이 드러나는 상황은 자신이 겪은 성폭행 피해 경험이나 부모에게 당한 과도한 폭력 또는 일반적으로 비난받아 마땅하다 여겨지는 자신의 나쁜 짓에 대해 냉담한 표정과 대수롭지 않은 태도로 이야기를 하는 경우 등을 들 수 있다. 한편, 모양만 남은 정서로 다룰 수 있는 능력은 아무런 트라우마가 없는 대상에게서는 유용한 대처 방식이 될 수도 있다. 예를 들어, 친한 누군가가 의도치 않게 자신이 겪은 강도 및 강간 경험을 들려주는 상황에서 정서적 고립은 이성적인 방식으로 문제를 대하고 해결할 수 있도록 한다. 친한 사람으로서 당연히 그 경험은 충격적인 정서를 발생시키는 것이기에 이들은 냉정하고 인정도 없다고 간주되기보다 냉철하고 강인한 사람이라 여겨지기도 한다.

반면, 편집(editing)은 자신의 정서적 경험과 함께 자동적으로 작동되는 사고 전반에 걸쳐 방어를 하게 된다. 방송국 PD나 영화감독이 자신의 TV 프로그램 또는 영화를 편집하듯이 불쾌하지 않은 장면만을 연결하여 마치 재미없고 부적절한 내용은 원래 존재하지 않았다고 인정해 버리는 것과 유사하다. 정서의 고립과 마찬가지로 이미 내부세계의 평화를 저해하는 사고 및 정서적 경험은 해 버린 상황이고 뒷수습을 하는 방식인 것이다. 이들 역시 내부세계 자체에서 편집되어 버리고 외부현실로 표현이 될 때는 충분히 자신의 입에 맞게 그리고 불안을 경험할 여지가 없는 수용 가능한 내용들로 구성된다. 흥미로운 것은 어떤 누군가는 비의식적 과정이긴 하겠지만 일반적으로 불편하고 불쾌하다고 생각하는 내용들만을 편집하여 외부현실로 드러내는 경우도 존재한다는 것이다. 이러한 부정적 편집 과정은 다양한 이유가 있으며 실제 장면에서 종종 볼 수 있는 방어 방식이기도 하다. 악마의 편집도 존재하며 호러, 고어, 스플래터 무비도 존재하듯이 말이다.

9) 합리화

합리화는 앞서 설명한 다양한 방어가 외부현실로 발현된 후에 나타나는 경향이 있다. 그것이 억압의 해제로 드러난 것이든 정서의 고립 및 편집의 결과이든 행동화 이후의 작업이든 간에 일단 부정적인 방식으로 외부현실로 드러나게 되면 주위 대상들에 대한 피드백은 온정적일 가능성이 낮게 된다. 이들은 그 부정적 피드백을 받게 된 원인에 대해 내부세계의 현상들보다 외부현실에서 그 원인을 찾고자 한다. 그렇기 때문에 앞선 방어들을 문제점이라 인정하지 않고 오히려 다른 방어들을 변호하는 역할을 한다. 이는 두 가지 측면을 갖고 있는데, 하나는 원하던 것을 이루지 못하였을 때와 원하지 않은 것을 경험하게 될 경우다. 딱 부러지진 않지만 이 두 경우는 어느 경로에서 스트레스가 경험되었는가에 따라 구분되기도 한다. 원한 것을 이루지 못한 결과로 합리화가 작동될 경우 원자아의 욕구의 좌절 그리고 좀 더 나은 결과를 만들고자 노력하려는 태도로 볼 수 있으며, 원하지 않은 것을 경험한 경우는 실패의 원인을 외부현실로 돌림으로써 자신을 보호하려는 시도로 볼 수 있을 것이다. 원자아의 욕구충족을 위해 시도한 합리화에 대해서는 이후 유사한 상황이 되더라도 도전할 기반을 다질 수 있을 것이다. 하지만 외부현실의 스트레스 양상이 삶의 과정에서 충분히 경험될 수 있는 경우에 작동된 합리화는 해당 경험을 충분히 심사숙고하여 실수를 반복하지 않기 위해 노력하기보다 자신의 한계를 수용하지 않으려는 자기보호적 측면을 반영하는 것으로 볼 수 있다. 어떤 경우에서건 합리화의 목적은 내부세계의 안정을 위한 것임은 틀림없으나 그 양상이 현실감을 지니고 있는지를 탐색하는 것이 도움이 될 것이다.

10) 주지화

주지화는 모든 경우가 그렇지는 않지만 정서의 고립과 합리화의 연속선상에서 작동하는 경향이 있다. 정서가 고립되고 이후 합리화로 다지기를 한 뒤 주지화로 굳히기를 할 수도 있다. 일차적으로 정서의 고립을 포함하여 여타 방어기제가 작동된 뒤 그에 대한 논리적인 증거를 제시함으로써 자신의 방어 시도에 대한 명분을 가질 수 있게 된다. 논리적 증거라는 것은 다양한 관점에서 객관적으로 수긍 가능한 측면도 있지만 스스로 합당하다고 여기는 객관적 증거들이다. 이러한 증거의 재료들은 지금까지 누적된 경험들로부터 얻게 된 것이며 그 경험들은 학습 과정에서 습득된 지식과 삶에서 체득한 지식을 포함한다. 이들의 주지화 방어를 주의 깊게 탐색해 볼 때면 다양한 증거를 제시하는 듯한 인상을 받을 수 있겠으나, 사실 상당히 협소한 관점을 갖고 있거나 그 깊이가 그다지 깊지 않은 경우가 있다. 인정과 수용적인 태도로 그들의 주지화 흐름을 따라가면서 구체적이고 추가적인 증거를 요청하게 될 시 어느샌가 자신의 증거들이 탐탁지 않다는 것을 깨닫게 된다. 하지만 그 선에서 자신의 주지화 방식이 적절하지 못하다는 것을 알아차리기 전에(사실 너무나 빠른 전환이 나타난다는 의미에서 알아차리기 전인 듯하지만 비의식 선에서 이미 일차적으로 작동된 방어에 직면한 것일 수도 있다) 새로운 관점의 증거들을 제시하곤 한다. 겹겹이 구축된 방어 장벽 중 최전선의 방어가 깨졌지만 본진을 공격당하기 전에 다시 새로운 방어선을 구축하는 것과 유사한 것이다.

이러한 방어 전략들에 대한 이해가 가능한 치료자들은 좀 더 본진에 있는 압력이 무엇인지 더 가깝게 이해할 수는 있으나 일반적인 관계 장면에서 만나게 되는 일반인들은 이들의 주지화 방어에 대항하는 것이 쉽지 않기도 하고 그들의 논리적 증거에 쉽게 빠질 가능성이 높다. 예를 들면, 주문한 음식에서 발견된 1.3cm의 머리카락에 대해 자신이 지불한 대가에 마땅치 않은 서비스를 받았음을 주장할 경우 대부분은 이에 대해 이견을 내지 않는다. 이러한 정도의 대처라면 과하다기보다 어떤 경우에는 적응적인 대처라 할 수 있겠지만, 부적응적인 주지화 수준에서는 대한민국의 시민의식과 대중보건에 대한 우려에 더해, 음식물쓰레기로 인해 지구 환경을 위협하는 행위로까지 발전시키는 경우가 발생될 수 있는 것이다. 물론 이러한 주지화가 당면한 상황에서 즉각적으로 현실감을 놓쳐 버리는 경우는 빈번하지 않지만 하나의 증거를 제시한 후에 자신의 태도가 과한 것으로 직면될 경우 그 직면으로 발생하는 추가된 불안에 대처하기 위해 합리화와 주지화가 조금씩 더 과한 양상으로 작동되기도 한다.

주지화의 또 다른 양상은 내부세계에서 발생한 불안을 해소하기 위한 시도로서 그 시도에 대한 자기인정 및 자기명분을 갖추고자 하는 것이다. 자신으로부터 자율적으로 나타난 특정한 현상들(사고, 행동, 정서, 신체, 관계 등)에 대해 그럴 만한 증거가 있음을 확인하는 방식이다. 그래서 이들은 자신이 언급한 모든 것(주로 비의식적 불안을 일으키는 것들)에 대해 다양한 참조 출처를 밝히기도 한다. 하지만 누구도 물어보지도, 물어볼 생각도 하지 않는 경우가 많다. 이는 단지 자기인정과 자기명분을 갖기 위한 시도라고 볼 수 있을 것이다.

11) 투사

투사는 자신을 벌하는 초자아 및 이에 대한 자아의 저항과 관련된 내부세계의 갈등이 존재하는 것이라 볼 수 있으며, 이로 인한 불안의 강도가 너무 높아 성공적인 억압이 어려운 상황에서 작동된다. 그 에너지가 외부현실로 발현될 경우 일차적으로 부정이 작동되긴 하나 이들은 부정으로만 내부세계의 불안을 다스려 낼 수가 없다. 이들의 논리는 상당히 자폐적(autistic) 또는 폐쇄적(cliquish)이어서 자신의 내부세계에 존재하는 불안의 요소가 존재하지 않는다고 부정하는 것만으로는 내부세계의 평화를 유지할 수가 없다. 그래서 이들은 자신의 내부세계에 존재하지 않는 것을 넘어 그 내용이 외부현실에서 관찰되고 발견될 경우 자신의 내부세계에는 당연히 존재하지 않는 것이라 생각하고 마음을 놓게 되는 것이다. 결국 이들의 내부세계에 존재하던(원래 자신의 비의식적 내부세계에 존재한 것이다) 그 불안의 대상을 확인 가능하도록 외부현실로 던져 버리고 만다. 이들이 던져 버린 불안의 씨앗이 결코 다시 자신의 내부세계로 들어오지 못하도록 그 씨앗에 대해 혐오스러워하며 자신과는 상관이 없음을 주장하기도 한다. 이때 합리화와 주지화가 함께 작동하기도 한다. 대인관계 장면에서 보이는 투사의 한 측면으로서 편 가르기 행동은 아군에 대한 적군의 공격성을 상당히 예민하고 힘이 들어가 있으며 저돌적이고 경직된 양상으로 보는 것이다.

12) 조직화와 되돌리기

조직화는 불안의 기원에 대한 원초적인 방어 중 하나다. 불안의 내용이 어떠하냐를 구분하기보다 불안감 자체에 대해 취약하며 이를 사고 및 행동으로 매우는 것이다. 거의 모든 사람은 존재하기 때문에 경험되는 필연적인 불안을 갖고 있다. 존재와 무존재 사이에 존재감을 유지하고자 하는 기본적인 욕구가 있기 때문에 매 순간 존재를 위해 의식하지 못하는 상황에서조차 노력한다. 노화 등의 시간의 흐름을 포함하는 모든 외부현실은 기본적으로 존재하는 것들을 무존재로 이끄는 속성을 담고 있기 때문에 일차적으로 각각의 개체는 자기 스스로 그 외부현실에 저항하고 살아가고자 한다. 그 방법 중 사고를 통한 것은 외부현실을 변화시키지 않고 상대적으로 저항의 에너지를 최소화하는 방법이라 할 수 있다. 최적화된 사고체계를 갖춘 이후 그 체계에 맞추어 정서를 경험하고 표현하며 행동하게 된다면 가진 것 내에서 최대 효율을 발휘할 수 있다.

부적응을 보이는 이들은 기본적인 존재를 위한 노력을 넘어서서 외부현실뿐만 아니라 내부세계에서 발생하는 현상들에서도 무존재의 위협을 경험할 정도로 취약한 사람이라 할 수 있다. 이들이 경험하는 불안은 모호한 상황이 품고 있는 가상적인 위험 요소에 민감하게 자극되는 것으로 자아는 이를 해결하기 위해 적극적으로 새로운 세상의 규칙을 만들고 이는 내부세계에서 자리 잡으면서 새로운 내부세계의 영역을 구성하게 된다. 이때부터 내부세계의 현상이든 외부현실의 현상이든 모두 새롭게 창조된 자아의 세상의 규칙을 따르며 살아간다. 자아는 새로운 세계를 지키고자 더욱더 열성을 다하며 세련되고 기능적인 시스템을 마련하기 위해 노력한다. 적어도 자아의 입장에서는 기능적인 것이다. 이 시도가 바로 조직화라고 볼 수 있다. 만약 내부세계 또는 외부현실에서 자신이 예상치 못한 스트레스가 발생할 경우나 그러할 것 같은 예상이 될 경우 더욱더 자신의 시스템의 취약성을 느끼며 항상 업데이트를 게을리하지 않는다. 실제 내부세계의 경험은 자신의 것이기 때문에 비교적 쉽게 탐지되고 예상될 수 있는 반면, 외부현실의 경험은 거의 무한대에 가까울 정도로 천태만상의 상황이 존재하기 때문에 외부현실에 대한 방어에 보다 민감하다. 요약하면 이들은 모호한 현상 자체를 불안의 씨앗으로 경험하며 애초에 싹을 틔우기 전에 예상되는 것에 대비하고자 열성을 다하는 것이라고 할 수 있다. 이미 경험된 스트레스에 대해서는 일차적으로 사고를 통해 자신이 합당하다고 여길 수 있는 사고체계를 재정비하고, 예상되는 스트레스에 대해서는 미연에 방지하기 위해 갖가지 시스템을 업데이트하게 된다. 만약 사고체계만으로는 부족할 경우 행동체계와 함께 유기적인 시스템을 구성하며, 동시에 정서는 상대적으로 통제하기 어렵고 속성 자체가 자동적인 경험이기에 고립될 가능성이 높아진다. 행동체계까지 동원하여 체계적인 방어가 진행될 경우 사고체계를 보완하기 위한 삶의 영역 전반에 걸친 행동규정을 설정하게 된다. 이들의 실제 생활을 살펴보면 경직된 사고체계에 특정한 행동 절차를 더해 시간 영역까지 자신의 체계 내에서 운영되도록 한다.

한편, 이러한 모호함에 대처하는 삶은 현실감이 유지되는 한 상당히 기능적인 결과를 가져오기도 한다. 이들의 모습에서 쉽게 떠오르는 것처럼 다양한 환경에서 자신만의 체계에 따라 움직인다는 것이 비효율적이고 자신이 고려하지 못한 빈틈이 있지 않을까 하겠지만, 사실 엄청난 영역에 걸쳐 짜임새 있는 시스템이기 때문에 웬만한 모호함에 대해서는 끄떡없는 견고함을 갖고 있다. 오히려 이들의 맹점은 아무런 변화가 없는 안정된 내부세계와 외부현실이다. 특히 외부현실의 평화는 이들에게는 단지 평화와 비슷한 어떠한 휴지일 뿐인 것이며 태풍의 눈과 쓰나미가 일어나기 이전의 정적인 대류의 찰나와 같은 것이다. 이 상황이 이들을 더욱더 불안하게 만들며 어떤 일이 벌어질지 모른다는 상황은 어떤 체계가 보강되어야 할지 알 수 없게 만드는 꼴이 된다. 이때 온갖 다양한 시스템을 가동하게 되는데, 주위 사람들은 이들의 사고와 행동이 잘 이해가 되지 않는다. 재난 영화들에서 주인공만이 재난을 막고자 별의별 시도를 하려고 애쓰지만 주위 사람들은 천하태평의 시간을 누리고 있는 것과 유사하다. 영화에서의 결말들은 그들의 시도가 세계를 구하겠지만 이는 가상적인 영화에서나 가능한 이야기이며 병리적 조직화 방어에 움직이는 이들의 경우 대부분이 과도한 기우에 지나지 않는다는 것이 밝혀지게 된다.

이미 경험되어 버린 스트레스 상황에서 조직화 방어의 특이한 전술은 되돌리기 방어체계와 함께 작동하는 경우가 많다. 되돌리기는 일차적으로 내부세계 및 외부현실(주로 외부현실이겠지만)에 발현된 자신의 행동으로 인해 다가올 위협적 처벌에 취약해지는 것을 방지하기 위한 노력이다. 이때 상황이 내부세계에서 벌어진 경우에는 자신의 초자아의 심판을 두려워하게 된다. 어느 경로와 관련이 되었든 간에 중요한 것은 이미 자신이 돌이킬 수 없는 사고 및 행동을 범했다는 것이다. 이때 조직화는 그 일에 대한 외부현실과 초자아의 처벌에 앞서 스스로가 그 대가를 치르겠다는 결정을 내리고 외부현실에서도 충분히 확인 가능한 방식으로, 즉 행동으로 증명하고자 한다. 방과 후 개미를 가지고 놀다가 그 개미를 죽이거나 개미가 죽어 버려 불안한 마음이 들었다면 그날 이후부터 자기 전에 항상 기도를 하는 것으로 면죄부를 받고자 할 수도 있다. 바람을 피우는 경우를 예로 들어 보자. 물론 발설되지 않는 이상 아무도 모르게 바람을 피운 것이 되겠지만 내부세계의 초자아는 속일 수가 없기 때문에 불안이 경험되면서 상대 파트너에게 미뤄 온 달콤한 말을 해 준다거나 선물을 한다거나 기막힌 애교를 부릴 수도 있다. 이러한 행동들은 불안을 형성시킨 자신의 행동이 있기 이전 단계의 상태로 되돌리고자 하는 시도다. 그 행동들은 상당히 조직화되어 있는 경향이 있으며, 자신의 되돌리기 전술에 몰두할 수 있게 하는 역할을 하게 되는 것이다. 이러한 되돌리기는 그에 수반된 행위가 폭넓게 수용 가능한 그리고 적절한 정도에서 작동되는 것이라면 마냥 부정적인 것은 아닐 수 있으나 수반된 행위가 자신 또는 주위 사람들에게 상당히 위협적인 영향을 미치거나 되돌리기 전술이 자신 및 타인에게 위해를 가할 정도로 나타난다면 강박적인 증상들로 나타나기도 한다.

13) 수동의존과 수동공격

수동의존과 수동공격을 이해하기 위해서는 '수동' 개념에 대해 먼저 분명한 이해가 필요하다. 수동은 소극적이라는 의미로 보기보다 내부세계와 외부현실 구조로부터 이해하는 것이 도움이 된다. 비슷한 의미로 암묵적, 비의식적, 내현적 등의 개념이 있으며, 이는 비의식 수준에서는 특정 행위에 대한 방향성은 갖고 있지만 의식 수준에서 자신이 의도하지 않았으며 발현된 행위에 대해서도 자신의 비의식 수준에서의 의도가 있다는 것을 인식할 수 없음을 의미한다. 그렇기에 수동의존은 자신이 의존하고자 하는 의식적 의도는 없다고 인식하지만 외부현실에서는 의존 양상이 나타나고 있는 것이고, 수동공격은 자신이 공격하고자 하는 의도는 없다고 인식하면서도 결과적으로 공격의 양상이 나타나는 경우를 의미한다. 물론 두 경우 모두에서 의존과 공격은 비의식적 수준에서는 분명한 의도가 존재한다. 이는 항상 외부현실에 나타난 결과로서 추정될 수 있으며 내부세계에서 원자아의 욕구가 중심에 있기 때문에 의존 및 공격의 행위가 금지될 경우 고스란히 불안을 경험하게 된다. 실제 이들의 수동의존과 수동공격은 심증은 있으나 대가를 무르게 할 합당한 논리와 물증이 없기 때문에, 이들에게 심증만으로 직면시킬 경우 억울함과 분노를 표현할 가능성이 높다. 누구라도 자신이 의도한 바가 아닌 것에 대해 비난을 받을 경우 억울함과 분노를 느끼는 것은 당연한 반응일 것이다. 이들의 행동 또한 당연한 반응이라 여기며 합리화, 행동화, 투사 등의 방어와 연합될 수 있다.

수동의존과 수동공격의 공통점은 방어가 작동하기 위해서는 반드시 특정 대상의 존재가 필수라는 점이다. 의존의 대상과 공격의 대상인 존재는 이 두 방어의 기본 재료가되며 혹여 주위 대상들이 이들의 수동의존과 수동공격의 대상이 되어 주지 않으려 하더라도 이들은 그런 대상으로 만들어 버리는 능력이 있다. 물론 비의식적으로 말이다. 그래서 이들의 대인관계는 상당히 조종적인 양상을 보인다. 실제 치료 장면에서 수동의존과 수동공격 대상들의 보고를 들어 보면 자신은 알면서도 어쩔 수 없이 맞춰 주게된다는 호소를 하며, 맞춰 주지 않을 경우 과도한 요구 및 공격성으로 몹시 귀찮거나 짜증 나고 또는 괜한 죄책감을 느끼게 된다고 한다. 그래서 수동의존과 수동공격은 오랜시간에 걸쳐 조금씩 안정화되어 가며 변화 가능성도 낮다는 특징이 있다.

수동의존의 경우 어떤 과정으로 굳어지든지 간에 이들과 관계하는 이들은 그들의 삶을 유지시켜 주는 대상으로서 자신의 생활을 맞추게 된다. 이러한 관계는 서로가 만들어 놓은 암묵적인 규율처럼 어길 수 없는 것이라 여기며 자신의 운명 또는 팔자로 받아들이는 경향이 있다. 수동의존 방어를 위한 이차적 전술로 신체화가 작동될 경우에는그 규율이 더욱더 엄격해지는 상황이 연출되며 보다 병리적 방식으로 발현될 가능성을 높이게 된다. 만약 이러한 상황에서 도저히 견디기 어려워 규칙을 파기하고자 하면 이들로부터 엄청난 짜증과 비난 그리고 죄책감이라는 부작용을 겪게 된다.

수동공격의 경우에는 투사 및 투사적 동일시 방어와 조합될 가능성이 높다. 우선 공격을 해야만 존재할 수 있다는 비의식적 동기가 충분히 마련되어 있는 상황이기 때문에 삶을 유지하기 위해서는 삶 전반에 걸쳐 가상적 불안 상황에 대해 상당한 긴장 및 경계를 해야 한다. 일차적으로 자신은 존재하지 못할 것 같다는 불안 그리고 외부현실에대한 희생과 피해 받음에 대한 공포는 내부세계에 담아 두기에는 몹시 괴로운 일인 것이다. 하지만 불안은 정서적 양상을 띠고 있는 것이기에 자동적인 경험이며 내부세계를 통제하기 어렵다. 그래서 나약하고 불쾌한 공격받고 있는 자신의 면면을 외부현실의 특정 대상에게 투사하게 된다. 이 과정에서 투사 내용은 존재와 무존재 사이의 강력한 공포가 있기 때문에 반드시 해결해야만 하는 것이다. 그런데 이러한 투사는 오히려복잡한 결과를 가져오게 되는데, 이제 자신이 현실적인 근거 없이 누군가를 공격하는대상이 되어야 한다는 것이다. 이러한 마음은 역시나 의식화되기에는 위협적인 것으로서 억압되어 버리며, 비의식적 수준에서 대안적으로 공격성을 다루게 된다. 주위 상대를 공격하게 되지만 자신은 그럴 의도는 없으며, 합리화가 이차적인 방어로 함께 지원될 가능성이 높다. 이를 통해 자신이 품고 있는 공격적 특징들을 외부현실로 발현시키게 될 뿐만 아니라 자신은 공격자로서 역할을 하지 않았다는 불편감에서도 해방될 수 있다.

　실제 현실에서는 이들의 근거 없는 공격을 기꺼이 받아 줄 만한 건강한 사람이 존재하기란 거의 불가능에 가깝다. 그렇기 때문에 일단 상대가 귀찮아질 수밖에 없거나 피해를 입거나 희생을 감수할 수밖에 없도록 우선 행동해 버린다. 하지만 적어도 의식적 선에서는 자신은 절대 그럴 의도가 없던 것이다. 상대방의 입장에서는 이들의 결백에 더 이상 추궁할 수도 없고, 추궁을 한다는 것은 오히려 자신이 매정한 사람임을 증명하는 꼴이 된다. 따라서 수동의존의 대상과는 다르게 수동공격의 대상이 되는 사람은 이들과 좀 더 진전된 깊이 있는 관계를 맺는 경우가 드물다는 특징을 갖고 있다. 깊은 관계가 진행된 경우라면 보통 이들의 수동공격적 관계 패턴이 충분히 양해 가능한 현실적 수준이었거나 아직 드러나지 않았을 당시에 이미 관계가 형성되었고 그 후 깊이 있는 관계가 진행된 경우라 할 수 있다. 만약 이들의 공격적 의도를 직면시킬 경우 고이고이 억압해 놓은 공격성이 강한 억울함과 자신을 인정해 주지 못함에 대한 분노심으로 분출되기도 한다.

 **제2부**

MMPI-2를 활용한 심리평가

제4장 MMPI-2에서 평가 본 단계: 측정 단계, 읽기 단계, 가치평가 단계

　MMPI-2는 심리평가 장면에서 가장 많이 사용되는 검사인 만큼이나 가장 많은 미신적 믿음을 갖고 있는 검사 중 하나다. 실제 임상 장면에서 경험 있는 실무자들조차 MMPI-2의 결과가 마치 한 개인의 내면에 존재하는 무엇인가를 정확히 알려 주고 있다고 맹신하는 일도 종종 벌어진다. 의식적으로는 검사가 제공해 주는 내용과 그 내용의 범위를 정확히 잘 알고 있다고 하나 실제 평가 수행을 할 경우 자신도 모른 채 측정된 결과를 믿어 의심치 않기도 한다. 사실 MMPI-2 결과가 여러 측면에서 상당히 유용하고 광범위한 한 개인의 심리적 특성을 알려 주기도 하지만, 어쩔 수 없이 MMPI-2가 측정할 수 있는 정보에 한해서만 내담자를 이해할 수 있는 것이다. 그렇기 때문에 MMPI-2가 진정 무엇을 측정하고 있는지를 정확히 알고 있어야 하며 MMPI-2가 알려 줄 수 없는 것을 내담자가 요구할 때 자신도 모르게 일반적인 정보의 나열을 하지 않도록 주의해야 한다.

　MMPI-2를 심리치료 장면에서 활용할 경우에는 평가 과정 전반에서 MMPI-2가 어떠한 도구로 활용될 수 있는가에 대해 더욱더 정확하게 이해해야만 한다. MMPI-2는 면담을 도와줄 수 있는 도구이기도 하며 행동관찰을 할 수 있는 도구이기도 하고 그 자체가 측정을 위한 심리검사도구이기도 한 것이다. 우선, MMPI-2는 Minnesota Multiphasic Personality Inventory-2로서 Multi, 즉 특정된 현상의 장이 갖고 있는 다양함을 보려는 것이며 이러한 현상의 장[1]을 구성하는 특징적인 phase, 즉 다양한 면면을 보고자 하는 것이다. MMPI-2에서 그 현상의 장은 **성격(personality)의 장**으로 개념화되어 있는 것이다.[2] 성격은 '개인'과 '개인이 아닌 것으로서의 환경'의 관계에서 나타나

---

1) 성격검사로서 MMPI-2에서 현실의 장은 개인이 가지고 있거나 개인과 관련된 외부현실들로부터의 경험들이 발현된 성격적 총체라 할 수 있다.

2) MMPI-2에서 Personality의 개념은 현재 '인성'으로 번역되었으며, 이는 국내에서 1960년대 초반 표준화 작업을 수행한 임상심리학자들로부터 당시 가장 적절한 단어라 받아들여진 '인성'으로 언어화된 것이다. 'MMPI-2는 무슨 검사인가?'에 대한 답을 하는 거의 모든 사람은 성격검사라고 답을 하며 MMPI-2를 직시할 경우 '다면적 인성 검사'라고 답한다. 이는 관습적인 지식의 습득으로서 인성과 성격을 혼용하고 있는 것이며 개념의 혼란 없이 이해하고 있기 때문에 문제시되지는 않는다. 하지만 본 책에서는 보다 심리학적 용어 여겨지는 '성격'을 MMPI-2의 해석의 틀과 관련지어 설명하고 있기 때문에 '다면적 성격검사'로 사용하고자 한다.

는 독특하고 지속적이고 일관적인 사고, 정서, 행동 그리고 보다 넓은 의미에서는 신체 반응까지를 이르며, 나아가 이러한 측면을 통해 환경과 관계하는 방식을 포함하기도 한다. 이러한 성격이 발현되는 다양한 면면을 종합적으로 측정하고자 하는 것이 MMPI −2이며 이는 Inventory 형식의 문답지로 구성되어 있다. 지금부터 성격의 개념과 대표적인 성격이론 중 하나인 자아심리학적 성격이론을 적용하여 MMPI−2를 심리평가 단계에 맞게 적용하는 방법을 알아보고자 한다. 우선 심리평가 전 단계에서의 수행을 간략히 살펴본 후 심리평가 본 단계 수행을 중심으로 설명할 것이다.

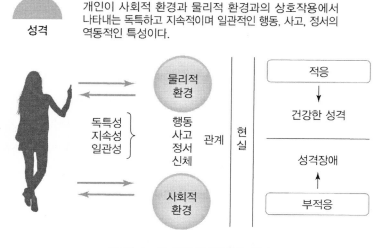

[그림 4−1] 성격의 일반적 개념

　심리평가 전 단계에서는 평가 의뢰 목적이 중요하다고 하였다. 평가 의뢰 목적은 평가 과정에서 **필수적으로 탐색해야 할 정보**로 내담자가 요구하는 요리가 무엇인지 정확하게 주문을 받은 것이라 하였다. 가장 우선시되는 것이 바로 내담자 자신이 심리평가를 통해 무엇을 원하는가를 분명히 밝히는 것이다. 허기진 사람이 지금 이 순간 한식을 원하는지, 양식을 원하는지, 일식 또는 중식을 원하는지를 알고자 하는 것이며 한식이라면 면, 밥, 탕, 찌개, 볶음 등등을 되도록 구체적으로 밝히는 것이 좋다. 흔히 내담자들은 '나는 지금 배가 고파요.'라고 말하는 것과 같이 '나에 대해서 알고 싶어요.'라고 도매금으로 보고하는 경우가 많다. 이는 진정 압도될 만한 스트레스 상황에서 김밥 한 토막이라도 간절한 상황일 수도 있으며, 외부현실 또는 내부세계로부터 경험되는 자극들이 존재하지만 분명하게 인식하지 못하는 능력의 저하 또는 평가 상황에서 자신의 면면이 까발려지는 것에 대한 자기보호의 시도일 수도 있다. 이러한 이유뿐만 아니라 모호한 의뢰 목적을 보고하는 내담자들은 다양한 의도 및 이유를 갖고 있다. 하지만 그 이유가 어떠하든지 간에 내담자는 기본적으로 삶의 부적응으로 인해 자신의 불편함을 논리정연하게 표현하는 것이 어려운 사람들이며 그들의 부정확한 보고는 앞으로 진행되는 평가 과정을 상당히 난해하게 만드는 대표적인 요인으로 작용한다는 것을 인식하고 있어야 한다. 그렇기 때문에 누군가에게는 구체적인 평가 의뢰 목적으로 다듬어 가는 것만으로도 치료적일 수 있다. 성공적으로 평가 의뢰 목적을 밝히기 위해서는 내담자와 서로 신뢰하는 치료적 관계 형성이 필수적이다. 누구라도 자신의 은밀하고 개인적인 이야기들 또는 힘들어하는 이야기를 낯선 사람에게 쉽게 개방하는 것은 어려울 것이다.

그뿐만 아니라 평가자가 적절한 의뢰 목적을 탐색하는 것은 평가자 자신이 사용할 심리검사의 속성에 대해 얼마나 정확하게 잘 인식하고 있는가에 따라 달라진다. 예를 들어, 자신의 지능 수준과 앞으로 어떤 직업을 선택해야 할지를 고민하는 내담자가 있다면 MMPI−2가 어느 정도는 유용한 도움이 될 수도 있겠지만 MMPI−2를 사용하는 것보다 해당 목적에 좀 더 적합한 도움을 줄 수 있는 검사를 진행하는 것이 바람직하다. MMPI−2만 실시하게 된다거나 아무런 고민 없이 습관적으로 종합심리검사를 실시하는 것은 합리적이지 못한 선택일 수 있다. 그래서 내담자가 의뢰한 내용들에 대해 MMPI−2 등의 각각의 심리검사가 어떠한 도움을 줄 수 있는지를 명확히 알고 있어야 한다. 내담자 스스로가 MMPI−2에 대한 정확한 정보를 듣고 나서 "나는 내 성격을 알고 싶어서 MMPI−2를 하고 싶어요."라고 말해 준다면 진정 고마운 일이겠지만 그러한 내담자가 방문하는 일은 상당히 드물다. 그렇기에 내담자가 의뢰한 내용에 적합하게 MMPI−2의 실시가 그들에게 유용한 도움을 줄 수 있는가를 결정하고 내담자에게 검사를 통해 어떠한 도움을 받을 수 있는지 이해시키는 과정에 많은 신경을 써야만 한다.

구체적으로 MMPI−2가 유용하게 활용될 수 있는 평가 의뢰 목적은 사고 영역, 행동 영역, 정서 영역, 대인관계 영역 등과 같이 개인의 성격과 관련된 것이다. 하지만 내담자들은 자신의 사고가 어떠한지 알고 싶다거나 행동 또는 정서 또는 대인관계에 대해 알고 싶다고 정확히 보고하는 경우 역시 드물다. 이들은 실제 자신의 생활 영역에서 구체적인 경험과 관련하여 불편감을 보고한다. 평가자는 이러한 실생활상에서 보고되는 내용들을 바탕으로 MMPI−2가 적합한지를 결정하는 것이다. 그렇기 때문에 내담자가 일반적이고 모호한 의뢰 목적을 보고한다면 구체적으로 도움을 받고자 하는 실제 삶 속에서의 주제를 충분히 탐색해야 한다. 식전 음식으로 무엇을 원하는지, 요리에 곁들일 양념은 어떤 것을 원하며 당근은 빼야 할지 말아야 할지, 본 요리는 어느 정도 익힐 것인지, 어떤 종류의 허브를 원하는지, 식후 메뉴는 음료인지 과일인지, 구체적으로 어떤 종류의 음료이며 과일인지 등등에 대해 구체적인 요구를 탐색하는 것이다. 드물지 않게 이러한 과정에서부터 내담자의 핵심 문제가 드러나기도 하고 치료적인 평가가 이루어지기도 한다. 실제 생활에서 모호하던 부분이 정확한 문제 탐색의 과정을 거치면서 분명하게 자각될 경우도 있으며 새로운 관점으로 자신의 문제를 바라볼 기회를 가질 수도 있을 것이다.

1. 측정 단계

심리검사를 통한 측정 수행은 면담이나 행동관찰보다 비교적 가볍게 다루어지는 경향이 있다. 어느 정도는 사실이기도 하지만 누구나 손쉽게 할 수 있다는 것으로 받아들여서는 안 된다. 앞서 언급했듯이 MMPI-2를 포함한 다양한 심리검사는 면담 그리고 행동관찰과 유기적인 관계를 갖고 있다. 특히 MMPI-2는 면담과 아주 밀접한 관련이 있는 검사이며 행동관찰 또한 면담에 못지않은 중요한 정보를 얻게 해 준다. 면담은 측정 단계에서 필요할 뿐만 아니라 해석 단계에서 이론과 내담자를 연결하기 위한 도구로서 그리고 평가 단계에서 필수적인 맥락을 파악할 수 있는 도구로서 역할을 하기 때문에 세심한 주의가 요구된다. 만약 평가자가 내담자를 구조화하고자 하는 가설적인 방향이 특정 이론과 관련되어 있다면 그 방향에 적합한 방식의 면담이 이루어질 수도 있다.

MMPI-2 실시에서 면담 과정은 크게 두 가지를 고려해야 하는데, 우선 내담자를 구조화하기 위한 이론에 적합한 방식의 정보를 얻고자 해야 하며, 또한 이후 평가 단계에서 필요한 맥락 정보를 파악하기 위해 면담이 이루어져야 한다. 궁극적으로 MMPI-2를 통해 측정된 결과 수치들을 읽어 주는 것에 그치지 않고 그 수치의 의미를 이해하고자 하는 것이 목적이기 때문에 이 목적을 달성할 수 있도록 면담이 이루어져야 하며, 또한 내담자의 구체적이고 광범위한 생활사적 정보를 수집하는 방식의 면담이 되어야 한다. 평가가 이루어지는 실제 장면에서는 어느 단계에 활용될 정보인가를 구분하여 면담을 하기보다, 전반적인 면담 상황 동안 자연스럽게 통합적으로 면담이 이루어지게 된다. 다음은 MMPI-2를 활용할 때 유용한 이론 중 하나인 자아심리학 이론을 바탕으로 한 면담 방법을 제시한 것이다.

〈표 4-1〉 자아심리학적 이론적 틀을 적용한 면담에서의 질문 항목 및 예시

항목	질문 예
실제 스트레스 상황	"요즘 가장 불편한 일들은 무엇입니까?" "최근 힘든 일이 있었나요?" "최근 생활상에 변화가 있나요?"
주관적인 스트레스 수준	"가장 큰 스트레스가 무엇인가요?" "요즘 마음대로 안 되는 게 있나요?" "뭐를 가장 하고 싶은가요?"(하고 싶지만 안 되는 것)
스트레스 안정성	"이 문제가 언제부터 시작되었나요?" "지금은 어느 정도 변화가 있나요?"
스트레스 해결 방식	"당시 뭘 하고 있었나요?" "그 상황을 구체적으로 말씀해 주실 수 있으신가요?" "그 상황에서 어떤 생각(기분, 행동)을 했나요?"
해결 노력 후 결과	"그러고서는 어떤 일이 벌어졌나요?" "원하는 대로 되었나요?" "그 뒤로는 어떻게 하기로 마음먹었나요?"
과거 스트레스 상황	"지금 문제 같은 걸로 스트레스 받은 적이 또 있었나요?" "예전엔 이런 스트레스가 없었나요?"
과거 스트레스 해결방식	"당시 뭘 하고 있었나요?" "그 상황을 구체적으로 말씀해 주실 수 있으신가요?" "그 상황에서 어떤 생각(기분, 행동)을 했나요?"
과거 스트레스 해결 노력 후 결과	"그러고서는 어떤 일이 벌어졌나요?" "원하는 대로 되었나요?" "그 뒤로는 어떻게 할 거라고 마음을 먹었나요?"

한편, 측정 단계에서의 면담 수행은 평가에 필요한 **맥락 정보를 수집**하는 과정으로서 다양한 생활사적 정보를 탐색하는 것이다. 이는 심리평가 과정에서 발달력을 포함하는 일반적인 평가적 면담을 아우른다. 이로부터 얻게 된 정보는 내담자가 당면한 상황에 대한 통합적인 맥락을 파악할 수 있게 해 주며 횡단적으로 측정된 결과들이 삶의 과정 내에서 어떠한 의미를 갖고 있는지를 이해할 수 있게 한다. 이러한 맥락을 고려한 정보는 MMPI-2에서 동일한 점수를 보이는 두 내담자라 하더라도 각기 다른 의미로 평가될 수 있다. 예를 들어, 찢어지게 가난한 집에서 아등바등 안간힘을 써서 여러 개의 시간제 근무를 하는 대학생과, 지금의 가정형편이 지속된다면 적어도 3대까지는 경제적 어려움이 없을 거라 여겨지는 집안에서 자란 대학생의 MMPI-2 척도의 점수가 동일하더라도 평가적 의미는 각기 다르게 도출될 것이다. 이렇듯 MMPI-2와 관련된

면담 방식은 이론의 방향에 맞게 진행되면서도 내담자의 전반적인 생활사적 맥락을 파악하는 방향으로 이루어져야 한다.

MMPI-2와 관련된 행동관찰은 다른 수행 검사들에 비해 다소 한정된 양의 정보이지만 어떤 내담자에게서는 검사 결과 및 면담에 못지않은 주요한 정보를 얻을 수도 있다. 행동관찰 정보는 크게 검사 수행 동안 내담자를 직접 관찰한 정보와 내담자가 검사를 수행한 행동의 결과물을 통한 정보로 나눌 수 있다. 직접 관찰된 정보는 검사 상황에서 내담자가 보인 표정, 태도, 검사상에서 표현한 언급 등을 포함하며, 내담자의 수행 결과물은 답안지 작성 및 관리 방식, 수행 관련 시간 정보 등을 포함한다. 예를 들어, 검사 동안 심사숙고하려는 모습이나 열정적이고 협조적인 모습, 바쁘게 해결하려는 모습, 온전히 집중하려는 모습을 보일 수 있으며 검사가 어렵다거나 문항이 많다거나 중복되는 문항이 많은 등의 호기심 또는 불평과 관련된 언급이 있을 수 있다. 이러한 직접 관찰된 정보는 내담자가 실생활에서 당면하게 될 문제 해결 상황에서 반응하는 것과 유사한 체계적인 행동 양상을 반영하기도 한다. 한편, 답안지의 반응 표기 및 관리 방식에서 어떤 내담자는 세심한 주의를 기울이지 않고 답안지를 과감하게 찢어 낸다거나 표기를 뒤꼬리가 솟구치는 강렬한 'V' 표시로 한다거나, 답안 박스를 완벽히 까맣게 칠하거나 아주 작은 점을 찍는 등의 특징적인 반응을 보이기도 한다. 이러한 행동관찰 정보들은 하나의 가설적 재료로 활용되며 추후 분석된 결과들을 지지할 수 있는 정보로 활용되기도 한다. 절대 권장될 바는 아니지만 만약 특정한 이유로 자신의 집에서 수행을 하게 된 경우라면, 검사 상황에 대한 면밀한 질문을 통해 수검 당시의 행동 양상을 검토해야 하며 검사지와 답안지를 가져왔을 당시 검사지의 상태를 관찰하는 것도 때론 중요한 정보를 담고 있을 수 있다. 검사지에 선명한 냄비 자국과 음식물 자국이 있을 수도 있고 검사지가 구깃구깃한 상태를 보일 수 있으며, 답안지를 찢지 않은 상태로 한 점 오염도 없이 새것과 다를 바 없는 상태를 유지하고 있을 수도 있다. 이러한 검사지의 상태로부터 수검자가 어떠한 실시 과정과 어떻게 검사를 다루었는가에 대해 추론하는 것이 수검자의 문제 해결 양상을 이해하는 데에 도움이 될 수 있을 것이다.

MMPI-2를 실시할 경우 기본적으로는 표준적인 실시 절차에 따라 진행하는 것이 바람직하다. 표준적 실시 절차는 MMPI-2 매뉴얼에 상세히 소개되어 있다. 하지만 표준 실시 절차를 지키면서도 유용한 측정이 가능한 추가적인 지시를 할 수 있다. 우선, 검사지에 소개되어 있는 지시 사항의 의미를 이해하는 것이 기본이며 수검자에게는 그 자신의 반응에 해당하는 칸 내에 빗금을 채워 넣는 것을 권장한다. 이러한 방식은 수검자의 반응을 분명히 파악할 수 있기 위함도 있겠지만 MMPI-원판의 채점 방식과 관련이 있기 때문이기도 하다. 전통적으로 MMPI-원판을 수행한 수검자의 답안지는 채점 판을 사용하여 손수 하나하나 카운트한 후 각 척도의 원점수를 산출하였다. 그 과정에서 각 척도의 점수를 채점할 수 있는 14개의 채점판을 통해 반응을 확인해야 했기 때문에 분명히 확인할 수 있는 표기가 권장되었던 것이다. 하지만 전산화된 채점 방식이 일반화되면서 적어도 원판에서 의도한 표기 방식을 무조건 고집할 필요는 없을 것으로 보인다. 측정 과정에서의 표기법과 관련하여서도 수검자의 특징적인 행동 방식을 파악할 수 있다는 측면에서는 수검자의 표기 방식에 관심을 가지는 것이 유용하다. 그렇기에 표기를 빗금으로만 해야 한다는 통제된 지시를 반드시 해야 할 필요는 없으며 다소 중립적인 지시를 하는 것이 오히려 유용한 처치가 되기도 한다. 예를 들어, "앞의 안내 사항을 참고하셔도 되고 해당 칸에 편하신 대로 표시를 해 주셔도 됩니다."라고 지시할 수도 있다. 이러한 지시를 하면 실제 두 가지 이득이 있다. 첫째, 실제 경험적으로 MMPI-2 검사 시간을 평균 10~15분가량 단축시키며 검사 수행의 피로도를 줄일 수 있고, 둘째, 수검자의 문제 해결 방식을 유추할 수 있는 개인적 반응 패턴을 확인할 수 있다. 후자의 경우 모든 내담자에게서 유용한 정보를 얻게 되는 것은 아니기 때문에 표기 방식에 집착하라는 의미는 아니다. 실험 연구 과정에서 처치 후 반응을 보는 것과 유사하게 빗금으로 표시를 하라는 지시에서는 빗금으로 표시한 것은 그 개인의 특징을 반영하기보다 요구된 지시를 따른 당연한 반응이 될 것이다. 하지만 비교적 자유로운 반응선택권을 가진 상황에서 빗금으로 표시한 것은 수검자 개인이 선택한 방식이 될 것이다. 대부분의 적응적이고 건강한 사람들은 수행 요구를 받을 경우 보다 합리적이고 효율적인 방식으로 해당 문제를 해결하고자 한다. MMPI-2를 실시하는 것 또한 하나의 문제 해결 상황이며 검사자에게 요구를 받게 된 상황인 것이다. 일반적으로 MMPI-2 실시에서 보다 효율적인 반응 방식은 체크 또는 동그라미 등 요령껏 표기하는 것이다. 하지만 자유로운 반응을 선택할 수 있는 상황에서 굳이 오랜 시간과 노력을 투자하여 빗금으로 표기하는 수검자나 그에 더해 칸의 테두리를 정확하고 진한 선으로 경계를 표시해 놓는 등의 반응을 하는 수검자는 자신의 고유한 심리적 특성을 반영하고 있을 가능성이 높다고 볼 수 있다. 반면, 체크 표시의 꼬리가 앞뒤의 반응 칸까지 넘어가 어느 문항에 표시를 한 것인지 쉽게 식별이 어려운 경우도 있으며 잦은 수정, 문항 번호에 꼬리표를 달아 부연 설명을 적어 놓는 반응, 심지어 그렇다-아니다 반응 칸을 자발적으로 5점 리커트 반응 방식으로 나누어 표기를 하는 것 등은 모두 수검자의 독특한 성격 특징을 담고 있는 것이라 유추해 볼 수 있다. 이러한 표기 방식과 관련된 정보는 이 자체만으로도 수검자의 유용한 심리적 특징을 보여 주지만, 측정 과정에서의 행동 관찰 정보 중 하나일 뿐이며 추후 검사 결과들과 함께 적절한 가설 검증에 활용되는 참고 정보라는 것을 명심해야 한다.

2. 읽기 단계

적절하게 측정된 MMPI-2 결과는 해당 척도 **점수들의 의미를 읽는 과정**을 거친다. 읽기를 잘 하기 위해서는 기본적으로 검사가 갖고 있는 속성을 잘 이해해야 하며 이후 각 척도의 구성 개념에 대한 조작적 정의와 연구 결과에 대한 풍부한 지식을 갖추는 것이 필수적이다. MMPI-2에 포함된 척도들은 대부분이 구성 개념이다. 구성 개념은 실재하는 현상을 언어화한 것이라고 앞서 설명하였다. 초기 MMPI를 제작할 당시에는 진단을 목적으로 개발되었고 이 목적에 준해 사용한 것이기 때문에 대부분의 주요 척도명은 개발 당시에 사용한 장애명과 일치한다. 하지만 현재에는 해당 장애명이 더 이상 존재하지 않기도 하고 세분화되거나 변형되어 사용된다. 그렇기에 MMPI-2의 척도명을 이를 때 척도명을 사용하여 의사소통을 하는 것은 현재 통용되는 구성 개념과 불일치를 야기하게 되며 전문가들의 소통에서도 유사의사소통(pseudocommunication)을 유발하는 요인이 된다. 다행스러운 것은 국내 임상심리학자 및 전문가들은 너무나 당연하게도 척도명보다 척도 1번, 척도 2번 등의 숫자로 의사소통을 하고 있다는 것이다. 그렇지만 경계해야 할 것은 척도 1번이라 부르면서도 머릿속에서 '건강염려증'을 떠올리는 것이다. 이후 알게 되겠지만 척도 1번은 건강염려증을 의미하는 것만도 아니고 심지어 어떤 내담자의 경우에는 건강염려증을 의미하지 않는 경우도 있다.

이뿐만 아니라 구성 개념의 모호한 이해 및 사용에 일조하는 것은 바로 '한글'의 사용이기도 하다. 한글의 우수성을 폄하하자는 것이 아니라, Hathaway와 Mckinley가 영어를 사용한 사람이기 때문에 우리는 번역 과정을 거쳐 유사한 개념을 담고 있는 한글 또는 한자어로 명명하게 된 것이다. 이 과정에서 초기 개발자가 개념화한 현상과 한글로 명명된 후 형성된 현상의 불일치가 발생하게 되었다. 예를 들어, Do; Dominance가 '지배성'으로 번역되며 Dominance가 담고 있는 현상과 '지배성'이라는 한글이 담고 있는 현상은 우려될 정도로 유사하지 않다. 내가 만나 온 대부분의 초년 차 수련생들은 '지배성'이 MMPI-2의 척도 중 하나임을 숙지시켰음에도 '지배성'이라는 단어를 듣고서 '권위적인 것, 자기중심적인 것, 통제하려는' 등과 관련된 부정적인 의미를 보고하였다. 그렇기에 MMPI-2에 포함된 척도명을 정확하게 '읽기' 위해서는 개발자가 말하고자 한 구성 개념 및 조작적 정의에 익숙해져야만 한다.

이렇듯 처음 MMPI-2를 학습할 때는 구성개념을 정확하게 이해해야 하며 척도명 으로부터 자동적으로 떠오르는 사적 개념 또는 상식적 개념을 구분할 수 있어야 한 다. 이 과정에서 정확한 구성 개념의 이해가 실패함으로써 실제 장면에서 가장 위 협적인 오류를 일으키곤 한다. 한글을 알고 있는 사람이라면 누구나 알고 있는 단 어이지만 MMPI-2에서 다루는 그 단어의 의미는 상식적이거나 주관적인 삶의 지 혜로부터 이해될 수 있는 것이 아닌 것이다. 반드시 학문적 영역에서 그리고 MMPI -2의 검사 속성 내에서 이해되고 사용되어야 한다. 만약 구성 개념의 부정확한 이 해 또는 삶의 지혜로 이루어진 읽기정보라면 비전형(정신병리) 척도를 '상당히 심한 정신병리를 가진 사람이다'라거나 사회병질 척도를 '이 사람은 사이코패스다'라고 읽을 가능성을 배제할 수 없을 것이다. 더욱이 척도 3번이 53점으로 다른 임상척도 에 비해 가장 높게 측정되었을 경우 척도 3번이 마치 상당히 의미 있는 수준의 정보 인 것으로 읽어 버리는 실수를 범하기도 한다. 이는 매뉴얼상의 읽기정보가 있는 점 수의 수준과 읽기정보가 없는 점수의 수준을 이해하지 못하고 있음을 지적하는 것 이며 건강한 사람을 '병리의 잠재성'이라는 기술로 매도하는 꼴이 될 수도 있는 것 이다.

또 한 가지 읽기 단계에서의 실수는, 다시 강조하지만 읽기정보를 해석적 사실로 받 아들여 내담자에게 직접 전달하는 것이다. 특정척도 점수의 상승이 지적하는 읽기정보 들은 다양하고 광범위한 내용을 포함하고 있는데, 그 정보들은 내담자에 대한 가정적 인 읽기정보이며 해당 정보의 모든 것이 특정 내담자에게 적합한 것이 아님을 염두에 둬야 한다. 예를 들어, 척도 4번의 대표적인 읽기정보를 살펴보면, '범행 경력 및 자신 이 속해 있는 조직 내에서 요구되는 역할에 반하는 이탈 행동에 대한 이력을 갖고 있다' '원가족과 온정적인 소통의 부재 경험이 있다' '권위적인 장면에서 편안한 정서를 유지 하는 것이 어렵다' '분명하고 합당하지 않은 방식의 만연한 불평과 불만을 경험하고 있 다' '자신의 신념에 대한 경직성을 갖고 있다' '자신의 신념에 반하는 상황에 직면할 시 과도한 자기주장 또는 합리화, 주지화를 보이기도 한다' '자신의 권리에 몰두한다' '자신 은 사회적 상황에서 인정 및 공감을 얻지 못하고 있다고 생각한다' 등이 있다. 이러한 읽기정보들은 척도 4번의 상승에서 지적하는 내용들이며, 이러한 정보들이 모두 척도 상승에 다중결정적인 양상을 보이기도 하면서 특정한 한 가지 읽기정보의 내용이 유난 히 두드러져 점수가 상승했을 수도 있다. 그런데도 모든 읽기정보가 수검자에게 모두 해당하는 것으로 생각하여 맹목적으로 모든 읽기정보를 채택할 수도 있으며, 특정 한 가지 읽기정보만 채택할 수도 있다. 읽기정보는 단지 읽기 단계에서 확인되는 정보인 것이지 이것이 해석 정보로 받아들여져서는 안 된다. 실제 장면에서 읽기 단계를 해석 단계처럼 이해하거나 심지어 평가 단계에서 이루어지는 수행처럼 해 버리는 경우도 벌어진다. 다시 말해, 읽기 단계는 검사에서 나타난 척도 점수들이 가지고 있는 의미를 정리하고 이해하는 과정이다. 읽기 단계를 해석 단계나 평가 단계로 확장하지도 말아야 하며, 이를 구분하지 못한 채로 읽기정보를 해석 및 평가로 진행하는 실수는 없도록 해야 할 것이다.

다시 강조하지만, 이를 방지하기 위해 MMPI-2의 구성 개념 및 조작적 정의를 분명히 이해해야 하며 이 과정에서는 매뉴얼이 기본이 되어야 한다. 이는 검사를 개발한 사람이 이 도구를 사용할 경우 반드시 숙지하길 바라는 지침서다. 읽기정보에 대한 이해가 된 후에 다양한 참고 서적 및 연구 결과들을 통해 이론적 · 경험적 근거를 쌓아 구성 개념을 확장해 가는 것이 안전하다고 할 수 있다. 일반인이라면 '우울'이라고 적혀 있는 척도를 보며 주관적 · 상식적 개념을 떠올릴 것이고 초심자는 매뉴얼에 한해 구성 개념을 떠올릴 것이며, 숙련자는 매뉴얼의 구성 개념과 함께 다양한 이론적 · 경험적 근거를 통한 광범위한 구성 개념의 망을 떠올릴 것이다. 하지만 숙련자라 할지라도 읽기정보는 MMPI-2에서 측정된 점수가 어떤 구성 개념을 갖는가에 대해 매뉴얼에 포함된 정보를 바탕으로 검토 및 확장을 해야 한다. 그렇게 해야만 가설 설정을 위한 세부적인 정보를 놓치지 않을 수 있다.

3. 가치평가 단계

다른 검사들에서도 마찬가지이지만 MMPI-2를 통해 측정한 결과들은 수검자의 개인적인 성격적 특징을 담고 있는 정보와 MMPI-2가 갖고 있는 속성으로 인해 반응한 정보 두 가지로 구성된다. MMPI-2를 실시한 사람이라면 검사 속성으로 인해 일반적으로 나타나는 읽기정보는 추후 가치평가의 기본적 방향을 제공한다. MMPI-2의 속성은 우선 진단의 목적으로 개발하였다는 것과 개인의 성격적 적응성과 부적응성을 이해하는 데에 유용하다는 것이다. 그렇기에 MMPI-2에 포함된 문항들은 개인의 부적응을 탐지하는 내용들이 주를 이루며 해당 척도가 상승하였을 경우 적응상의 문제를 시사한다. 각 척도에 대해 가치평가 의미를 부여할 만한 정도의 상승 수준은 경험적 근거를 바탕으로 결정된다. MMPI-2의 임상척도들은 기본적으로 65점을 기준으로 적응과 부적응을 가늠한다.

이 단계에서 주로 나타나는 실수는 평가자의 주관적 관점으로 부적응을 부적응이라 보지 못하고 심지어 자신이 그 부적응을 보지 못하고 있다는 것조차 모르는 것이다. 척도 1번에서 77점의 점수는 1번 척도에 해당하는 읽기정보와 관련된 부적응을 시사한다는 것을 의미한다. 하지만 그것을 부적응으로 보지 못하고 "당신은 상당히 신중한 사람이네요."라고만 결정내릴 수도 있다. 이는 기본 차원에 대한 개념과 혼동하고 있는 것이며 기본 차원은 각 임상척도의 읽기정보들을 대표적이고 통합적으로 묶을 수 있는 잠재적 개념인 것이지 해석 차원이 아니다. 강조하건대, MMPI-2에서 가치평가는 판단하는 과정이 아니며 적응이라는 가치에 기준을 두고 부적응의 여부를 가늠해 보는 과정이 되어야만 한다. 이러한 가치평가 단계에서 얻어진 결론들은 내담자에게 실제로 전달하는 것이 아니라, 여전히 평가자의 수행 내에서 이루어지며 가설 설정을 위한 단계일 뿐이다.

구체적으로 만약 한 수검자의 임상척도 점수가 65점을 넘어서는 결과가 나타났을 때 어떠한 가치평가를 해야 할까? 기본적인 가치평가는 '부적응'을 시사하는 것이다. 너무 무지막지한 것처럼 들릴 수도 있겠지만 이 단계에서 가치평가 정보는 아직 평가자의 수행 내에서 일어나는 과정이며 내담자에게 전달되는 과정은 아니라고 한 것처럼 오히려 보다 안전하고 정확한 평가를 위해 분명한 가치평가를 하는 것이 필요하다. 내담자에게서 나타난 부적응적인 면들이 공감적으로 이해가 될 수도 있지만 부적응은 부적응이라 볼 수 있어야 내담자의 웰빙을 위한 개입이 가능해질 수 있으며 병리에 공감하여 증상을 더욱더 공고하게 하는 일이 없을 것이다. 그렇기에 MMPI-2의 척도에서 나타난 읽기정보가 부적응을 시사하는 것이라면 부정적이고 좋지 않고 나쁘고 건강하지 못한 것이라는 가치평가를 할 수 있다. 이는 MMPI-2의 검사 속성 자체가 부적응을 측정하기 때문에 읽기정보를 획득하게 된 경우라면 대부분이 부정적 가치평가가 되는 것이다. 질적인 수준을 고려해야겠지만 일반적으로는 임상척도에서 1개보다는 2개, 2개보다는 3개 또는 그 이상의 척도에서 읽기정보가 있는 수준의 상승을 보였을 때, 보다 다양한 부적응적 양상이 있거나 그 정도가 높다고 볼 수 있다. 반면에 MMPI-2에 포함된 다른 척도 및 여타 검사들에서 수검자가 얼마나 적응적인가를 측정하는 척도가 있다면 긍정적이고 건강하고 바람직하고 생산적이라는 가치평가가 이루어질 것이다.

제5장	MMPI-2에서 평가 본 단계: 해석 단계, 평가 단계

1. 해석 단계

해석은 **이론적 틀** 내에서 진행되는 것이 안전하다. 이론이 절대적이라는 것이 아니라 특정 현상에 대해 종합적이고 짜임새 있는 설명력을 제공해 주는 도구라는 것이다. 설명이 가능한 것은 이해가 된다는 것이며 MMPI-2에서 나타난 읽기정보들의 함의와 정보들 간의 관계가 이해되고 설명이 된다는 것을 의미한다. MMPI-2 각 척도가 갖고 있는 기본적 읽기정보는 매뉴얼에 존재하지만 이와 더불어 이론적 설명이 이루어질 때 왜 그 척도가 왜 그러한 정보를 갖고 있는지 이해할 수 있게 되는 것이다. MMPI-2의 해석을 위해 측정과 관련된 이론적 설명과 자아심리학적 접근을 활용한 설명을 제시하였다.

자아심리학을 바탕으로 하여 진행되는 MMPI-2의 해석 단계는 매뉴얼상의 일반적 해석 단계와 일치한다. 처음으로 타당도 척도의 해석에서부터 임상척도로 넘어가게 된다. 이후 RC 척도와 PSY-5 척도를 포함한 다양한 소척도와 보충척도, 내용척도를 통해 앞서 타당도와 임상척도에서 설정한 가설을 다듬는 과정을 거치게 된다. 이렇듯 자아심리학적 해석에서 임상척도의 해석만큼이나 타당도 척도들이 강조된다. 실제 임상 장면에서 타당도 척도의 해석 과정은 임상척도를 해석하는 데에 신뢰성과 타당성을 고려하는 정도만 탐색하고 새로운 해석적 정보를 고려하지 못할 경우가 많다. 사실 MMPI-2의 타당도 척도의 유용성은 검사의 타당성을 검증하는 것보다 수검 태도에 대한 정보를 얻을 수 있다는 것에 있다. 좀 더 신경을 써서 해석을 하는 경우에도 over-reporting/under-reporting의 차원에서 수검 태도를 가볍게 검토하는 정도에 머무르기도 하지만 그 이상의 가치 있는 내담자의 성격 정보를 얻을 수 있다. 자아심리학적 이론을 적용하여 타당도 척도들을 해석할 때는 척도 점수뿐만 아니라 좀 더 다양한 정보를 필요로 한다. 다행히도 그 정보는 면담 상황에서 이미 얻게 된 정보이기 때문에 보통은 해석 단계에서 새로운 면담을 다시 진행하는 경우는 드물 것이다.

1) 타당도 척도 해석

⑴ 성실성 항목: VRIN, TRIN

'성실성' 항목에는 **VRIN**과 **TRIN**이 포함되어 있다. 이 두 척도는 추후 임상척도들을 해석하기 위한 타당성 여부를 가리는 것뿐만 아니라 검사 수행 당시 수검자가 어떤 태도로 임했는지를 추정해 볼 수 있다. 학창 시절 교내 정기 시험을 치는 상황을 떠올려 보자. 시험을 치는 상황과 MMPI−2를 실시하는 상황은 어떤 면에서는 유사한 상황적 요구를 받는다. 자신의 것(지식 또는 성격)을 평가받게 된다는 부담감이다. 대부분의 학생은 최선을 다해 자신의 능력을 발휘하겠지만, 심적 부담이 큰 상황에서 일반적인 방식의 수행을 하지 않고 운에 맡겨 버린다거나 볼펜을 굴릴 수도 있고 답안지의 미적 구성을 위해 1−2−3−4−5−4−3−2−1……처럼 계단식 표기를 해 버릴 수도 있을 것이다. 이렇듯 성실한 수행을 요구하였음에도 볼펜을 굴리거나 계단식 표기를 하는 등의 태도는 VRIN의 상승에 영향을 미치는 것이라 볼 수 있다. 하지만 진정으로 최선을 다했으나 능력의 부재로 또는 거부할 수 없을 정도로 화장실이 급한 등의 상황적 스트레스를 경험했을 경우에 제대로 된 수행은 기대하기 어려울 것이다. 한편, 아주 드문 경우이긴 하지만 정성 들인 '찍기 신공'의 결과로 정확한 반응을 한 것처럼 나타날 수도 있다. 이는 VRIN의 점수를 높이는 태도이긴 하지만 점수에는 반영되지 않을 수도 있다. TRIN의 경우는 동일한 상황에서 보다 적극적인 대처를 의미할 수 있다. 4가지 선택지를 가진 문제에서 소신 있게 한 번호로 찍게 된다면 적어도 25점은 받을 수 있고 꼴찌는 면할 수 있다는 것을 의도한 사람일 수도 있다. 시험 자체나 선생님과 부모님에 대해 반항하는 학생 또한 자기 나름의 적극적 표현으로 한 번호로 줄기둥을 세운 답안지를 제출할 수도 있다. 환상적인 인생을 환상적으로 꿈꾼 나머지 한낱 시험 따위에 순응할 수 없다는 태도를 갖고 지루한 삶 속에서의 유쾌한 이벤트로 줄기둥을 세운 답안을 제출할 수도 있다. 또한 실제 정신과적 증상으로 판단력 및 현실감이 저하되어 분명한 의사결정을 위한 주관적 기준이 상실했을 경우 나타날 수도 있다.

검사 지시가 적절하게 이루어졌다면 대부분의 경우 VRIN과 TRIN은 상승하지 않을 가능성이 높다. 잘못된 검사 지시나 수검 당시 적절한 상황을 마련해 주지 못한 이유로 VRIN과 TRIN이 상승하는 일을 굳이 만들지 않는 것이 좋으며 혹여 의미 있는 점수가 측정되었을 경우에는 다른 척도들을 해석할 때 반드시 수검상황을 고려한 해석이 되어야만 한다.

(2) 비전형성 항목: F, F(B), F(P), FBS

타당도 척도의 두 번째 항목은 비전형성이며 이에 포함된 척도는 **F, F(B), F(P), FBS**
다. 이 책에서는 이 항목을 **F계열 척도**라 총칭한다. 비전형성에 대한 오해는 한두 가지
가 아니며 전체 척도 중에서도 흔히 잘못된 해석을 하는 항목이다. 그렇기 때문에 비전
형성의 개념을 명확히 이해할 필요가 있다. MMPI−2의 측정치들은 경험적 · 통계적 기
준에 따라 가능하게 되는데 이 기준은 일반적이고 통계적이며 적응적인 현상에 대한
기준이다. F 척도는 이러한 기준에서 거리가 먼 방향, 즉 반대 방향으로 자신의 경험을
보고하는 경우 카운트를 하게 된다. 그래서 F 척도 점수의 상승은 실제 개인의 삶 속에
서 또는 통계학적으로 적응적이지 못한 방식으로 자신의 경험을 보고했을 때 나타난다
는 것이다. 실제 삶에서 적응적인 사람이라도 자신이 그렇지 않다고 보고할 경우 상승
할 수도 있다는 것이다. 이러한 점을 고려하지 못할 경우 실생활이나 상담 과정에서 실
제로 적응적인 삶을 살고 있는 내담자에게 F 척도 점수가 상승했을 때 평가자는 몹시
당혹스러워하곤 한다. 이러한 불일치는 이론을 통해 또는 경험적 근거를 통해 이해하
고 검증하는 것이 목적이므로 이상한 점괘가 나왔다는 듯 당황해할 필요는 없다.

그렇다면 F 척도는 어떤 적응상의 문제를 지적하는지를 살펴봐야 하는데 이는 F 척
도에 포함된 문항을 살펴보는 것이 도움이 된다. 경험적으로 연구된 요인 분석의 경험
적인 결과는 없지만 F 척도에 속한 문항의 의미 수준에서 분류를 해 본 결과 사고 및 지
각, 정서, 행동, 신체, 관계 등 다섯 가지 영역으로 분류할 수 있었다. 몇몇 문항은 두 가
지 이상의 의미를 모두 반영하고 있기 때문에 제시된 분류는 가설적 분류로 이해해야
한다. 그렇다면 F 척도 점수의 상승을 어떻게 해석해야 할까? 기본적으로는 사고와 정
서, 행동 그리고 신체, 관계 영역에서 잦은 빈도로 보고된 반응이 많을수록 F 척도 점수
가 상승할 가능성이 높다. 총 60문항 중 전체 집단 규준에서 23개의 반응이 카운트되는
방향으로 채점되었을 경우 F 척도의 T 점수는 65점을 넘어선다. 다른 영역에서는 전혀
카운트되지 않지만 사고 영역에 해당되는 모든 문항(25개)에서 카운트되는 방향으로
보고되었을 경우에도 F 척도의 점수는 65점을 넘을 수 있다. 이런 점으로 인해 F 척도
점수의 상승의 기본적 읽기정보는 '정신병적 증상'이 될 수 있다. 하지만 또 다른 경우
를 예상해 볼 수 있는데, 정신병적 증상의 대표적 증상 영역인 사고와 지각을 제외한 다
른 영역에서 고빈도 반응으로 인해 F 척도의 점수가 상승했을 경우에는 앞선 해석과 동
일하게 할 순 없을 것이다. 해석 단계에서 자아심리학적 접근은 두 가지 경우를 모두
고려하여 체계적인 해석을 할 수 있도록 방향을 제시해 준다.

F 척도 점수의 상승에 대한 자아심리학적 접근의 기본 가정은 **스트레스를 반영**하고 있다는 것이다. 스트레스에 대한 개념은 앞서 설명되었듯이 부정적 가치를 가진 상식적 의미에서의 스트레스를 의미하는 것이 아니었다. 또한 스트레스 경험의 출처는 내부세계와 외부현실의 두 가지 경로였으며 외부현실의 스트레스의 종류는 다양하고 내부세계의 스트레스는 원자아 또는 초자아와 자아의 갈등으로부터 발생한다고 설명하였다. 더 이상 F 척도의 유의한 상승을 정신병리적 증상에 국한된 읽기정보로 보는 데 그치지 않고 F 척도 점수의 프로파일상 위치에 의미를 부여해야 한다. 그러기 위해서 면담자료의 검토가 필수적이며, 특히 실제적 스트레스의 유무 또는 수준 그리고 개인이 호소하는 스트레스의 유무 또는 수준을 파악해야 한다. 일단 실재하는 스트레스의 양상 및 수준이 파악되었다면 자신이 자신의 모습을 그러하다고 보고한 주관적 경험과 비교하게 된다. 최근 삶 속에서 스트레스 사건이나 불안을 야기할 만한 현실적 상황이 아니라고 가정할 수 있다면 F 척도의 점수는 평균이거나 낮아야 한다는 가설을 세워 볼 수 있다.

F 척도 점수가 평균이라는 것이 어떤 실제적인 의미를 갖고 있는가를 고민해 보자. 인간이 탄생한 이래로 스트레스 없이 살 수는 없다. 원한다고 스트레스를 받고 원치 않는다고 받지 않는 것이 아니다. 삶에서 응당 경험되는 자연스러운 현상이다. 말도 안 되는 것처럼 느낄 만큼 우리는 기본적인 스트레스를 너무나 기본적으로 해결하며 살아간다. 하지만 일상생활에서는 기본적인 스트레스만 존재하는 것은 아니다. 원하지 않아도 공부를 해야 하고, 은근히 또는 대놓고 잘 살아 보고 싶은 마음이 들어 열심히 살아가고자 할 것이고, 외출하기 싫지만 어쩔 수 없이 조별 모임, 회의에 참석해야 하며, 삶이 개인에게 요구하는 스트레스가 존재한다. 만약 이런 요구된 스트레스를 외면한다거나 과도하게 위협적으로 느낀다면 적응에 도움이 되지 않을 것이다. 당연히 해결하며 살아야 할 의무를 외면하게 되면 실재하는 스트레스를 직시하지 않거나 또는 못 하기 때문에 '눈 가리고 아웅' 하는 격이 된다. 이런 기본적 삶의 스트레스 중 지각, 사고, 정서, 신체, 행동, 관계 면에서 대부분의 사람이 어느 정도의 스트레스를 받고 살아간다. 그렇기에 F 척도의 점수가 평균이라는 것이 일반적일 수 있다는 것이다. 더불어 실제 삶의 영역에서 전반적으로 스트레스가 없을 수도 있고 있더라도 손쉽게 해결할 수 있는 정도의 수준이라면 낮은 점수를 보일 수도 있을 것이다. 하지만 MMPI-2를 수행한 대부분의 내담자는 그들이 스트레스를 손쉽게 해결할 정도로 충분히 넉넉한 환경에 있지 못한 경우가 많기 때문에 이들은 적어도 F 척도 점수가 평균 이상일 것이라고 예상해 볼 수 있다.

반면, F 척도의 높은 점수는 외부현실이든 내부세계이든 어느 경로에서든지 간에 적어도 주관적으로는 스트레스를 경험하고 있다는 것을 의미한다. 스트레스에 대해 적응적이지 못한 반응으로 지각 및 사고와 관련된 정신증적 증상이 반영될 수도 있으며 전반적인 영역 모두에서 고르게 스트레스가 보고되었을 수도 있다. F 척도의 점수만 가지고는 이 둘의 경우를 구분하기 어려우며 구체적인 맥락 정보와 함께 평가되어야 한다. 다시 말해, 해석 단계에서는 F 척도 점수의 상승을 기본적으로 스트레스와 관련된 반응으로 가정하며, 구체적으로 정신병적 증상인지 전반적인 스트레스에 대한 보고인지를 구별하는 것이 필요하다.

일단 F가 갖고 있는 해석적 가설을 수용할 수 있느냐의 결정은 이후 따라오는 F계열 척도들을 고려한 다음의 문제다. F(B)는 F와 높은 상관을 보이고 있으며 수검 과정 내에서 태도 변화를 탐지하는 것으로 보수적인 해석을 하곤 한다. 하지만 의미 단위에서 문항을 분류해 본 결과 F(B) 척도는 F 척도에 비해 정서적인 영역에서의 불편감을 묻는 문항이 훨씬 많으며 사고 영역을 묻는 문항이 17%가량 줄어든 것을 알 수 있다. 모든 영역에서 절대적으로 문항 자체가 줄어들었으나 정서 영역에서는 오히려 5문항에서 12문항가량 더 많아졌다. 문항의 의미 변화를 검토해 보는 것이 도움이 될 수도 있겠지만 크게 확장하여 해석할 수는 없다. 만약 F 척도 점수와 F(B) 척도 점수의 차이가 유의한 것으로 나타날 경우 수검 태도의 변화를 우선 고려하는 것이 안전할 것이다.

다음으로 F(P)는 내담자가 실제 경험하는 정신병리적 특성을 반영하고 있다기보다 스스로가 그러한 경험을 하고 있는 것 같다는 태도를 측정한다. F(P) 척도에 포함된 문항은 다양한 주위의 자극에 대해 성마름이나 과도한 예민성을 포함하는 내용이 많다. 제작 방식에서도 연구자로부터 요구된 정신병리적 태도에 따른 반응으로 구성하였기 때문에 정신병리와 관련된 상징적인 부적응성에 민감한 것이며 그만큼 더 고민하고 정제된 반응 경향을 반영하는 것이라 할 수 있다. 그런데 F(P)에 포함된 문항은 F 척도에 포함된 문항과 대부분 일치하지만 12문항은 F(P)에만 포함되어 있다. 그렇기 때문에 F 척도와 함께 F(P) 척도가 상승할 경우 실제 스트레스 상황임을 지적함과 동시에 실제 경험되는 것보다 심한 것으로 자신의 스트레스를 보고하고 있는 것이라 할 수 있다. 만약 F가 평균 수준의 점수를 보이면서 F(P)의 점수만 높은 양상을 보인다면 실재하는 전반적인 스트레스를 지적하는 것이 아니라 현 상태에 좀 더 부적응적인 태도로 반응했을 것이라 예상해 볼 수 있다.

마지막으로 FBS는 F 척도의 의미 영역 중 신체적 부적응과 관련된 문항들이 상당수 포함되어 있다. 신체적 불편감을 호소하는 문항 그리고 자신의 신체적 불편감과 정서의 관련성을 인식하지 못한 채 억압 및 부정하는 태도를 묻고 있는 문항들이다. 또한 FBS의 문항들이 카운트되는 반응 방향과도 관련이 있는데 F 척도는 '그렇다' 방향으로 66%(40/60)가 넘는 문항이 포함되어 있는 반면, FBS는 '아니요' 방향으로 58%(25/43)를 넘는 문항이 포함되어 있다. 그렇기 때문에 FBS 척도 점수가 신체적 편안함에 대해 일반적인 수준보다 '아니요'라고 반응한 경향으로 인해 상승할 가능성도 존재한다. 그리고 F 척도와 공통적으로 포함되는 FBS의 문항 수는 43개 문항 중 7개 문항이다. 만약 F 척도의 점수가 높은 수준을 보이면서 동시에 FBS 척도가 높은 점수를 보인다면 다양하고 높은 수준의 스트레스를 경험하고 있는 상황에서, 특히 신체적인 불편감에 과도한 몰두를 통해 실제 스트레스를 관리하려고 하는 즉, 생산적인 문제해결력의 저하를 의심해 볼 수도 있다. 다시 말해, 스트레스에 대응하는 관념적·감정적·행동적 방식으로 건강하게 해결하지 못하고 단지 신체적인 불편감을 통해 스트레스를 해결하려는 시도를 의심해 볼 수도 있는 것이다.

지금까지 F 계열 척도들을 살펴보았다. 실제 사례들에서 정신과적 증상, 즉 환각과 망상이 없거나 충분한 적응 수준을 보이는 내담자들인데도 F 계열 척도들이 상승했다고 해서 걱정을 하는 평가자도 있었다. 이러한 오해는 F 척도가 오롯이 정신과적 증상만을 측정하는 것이라는 생각에서 비롯된 것이기도 한데 F척도로는 기본적으로 외부현실 또는 내부세계로부터 발생한 스트레스를 경험하고 있는 수준을 측정하는 것이라 봐야한다. 누구나 강력한 스트레스를 받게 된다면 오히려 맑은 정신을 유지하는 것이 이상하게 보일 수도 있는데 이 경우 상승한 F척도 점수를 만연한 정신병적 증상으로 해석하는 것은 신중해야 할 것이다. 물론 급성 정신병적 증상을 의미할 수도 있겠지만 현실의 삶에서 경험된 스트레스는 인간의 발달상 누구나 겪게 되는 것이다. 그렇기에 정신병적 증상만으로 평가하는 일은 없어야 한다.

그리고 F 척도의 해석에서 주의해야 할 사항 중 하나는 MMPI−2가 자기보고식 검사라는 것이다. 자신에 대해 솔직하게 반응하길 기대하며 그에 준해 해석을 하고자 하겠지만 사실 그것보다 중요한 것은 자신이 스스로에 대해 왜 그렇다고 반응하였는지가 더 중요한 정보를 준다는 것을 기억해야 한다. 외부현실에 존재하는 스트레스와 관련된 F 척도의 패턴으로는 다음 네 가지 경우를 예상해 볼 수 있다. F 척도의 점수는 수검자가 스트레스에 대한 자신의 인식을 반영하는 측면을 함께 고려해야만 한다.

		현실적 스트레스의 유무 또는 수준	
		있음(강함)	없음(약함)
F 척도의 점수	높음	① 일치	③ 불일치
	낮음	② 불일치	④ 일치

[그림 5-1] 현실적 스트레스와 F 척도 점수 간의 관련성에 따른 보고의 일치성

첫 번째 경우를 살펴보면, 문제시될 만한 현실적인 스트레스가 존재함이 자명한 상황에서 F 척도의 점수가 상승해 있다는 것은 일치되는 결과일 것이다. 자신도 그러한 스트레스에 대해 있는 그대로 지각하고 있다는 것을 반영하는 합리적인 보고다. 그 보고된 내용은 비록 부적응성을 의미하겠지만 증상의 발현은 현실 상황과 일치하는 결과인 것이다. 이러한 일치되는 패턴이 나타난 이유는 개인마다 너무나 다르겠지만 몇몇 예로 스트레스에 대한 내성이 기질적으로 또는 만성적으로 약한 수검자에게서 나타날 수 있다. 또는 일반적인 스트레스 내성을 가진 개인이 일상적인 수준을 넘어 과도한 현실적 스트레스에 직면했을 시 나타날 수도 있다. 또는 스트레스에 대해 월등하게 강한 내성을 가진 사람인데도 너무나 강렬한 비일상적인 스트레스에 압도되었을 경우 나타날 수도 있다. 어떠한 경우든지 간에 실제 스트레스와 보고된 스트레스 경험이 일치할 경우 정신병적인 증상을 호소하는 극단에서부터 분명하지 않은 불쾌감을 호소하는 극단까지 다양한 모습을 보일 것이다. 또 한 가지 공통점은 스트레스에 힘겨워하는 그들에 대해 주위 사람들도 충분히 그 부적응 또는 힘겨워하는 점에 대해 쉬이 알아차리고 그들의 어려움을 수긍할 수 있고 이해할 수 있다는 것이다. 힘들어하는 이들은 내부세계 또는 외부현실에 존재하는 스트레스 상황을 고스란히 인식하며, 또한 그들이 스스로 불만족스러운 스트레스 상황에 대해 의식적으로든 비의식적으로든 불평을 하고 도움을 요청하고 있는 중일 수도 있다.

하지만 두 번째 경우 현실적으로 존재하는 스트레스 상황임은 자명하나 F 척도의 점수가 상승해 있지 않은 상황이 있다. 기본적 가정에 위배되는 불일치 상황이며 가능한 가설은 다음과 같다. 의식적으로든 비의식적으로든 실재하는 스트레스를 적극적으로 경험하지 않으려는 시도일 수 있으며 당면한 스트레스를 경험할 정도의 능력이 부족하여 애초에 스트레스를 차단한 것일 수도 있고 상당한 강도의 스트레스 상황이지만 자신에게만큼은 그 정도의 스트레스가 아무런 위협이 되지 않는다는 것을 의미할 수 있다. 또는 현실에 존재하는 문제 해결 상황에서 자신의 역할 및 책임을 회피

하는 방식으로 문제의식을 갖지 않으려고 한 결과일 수도 있다. 이러한 패턴은 부모의 성격적 문제가 추정되는 상황에서조차 자녀의 문제가 유일한 문제라고 생각하는 부모의 MMPI-2 결과에서 발견되기도 한다. 의식적이건 비의식적이건 간에 이 경우는 실재하는 스트레스를 해결하는 전략으로서 회피적 태도를 고수하고 있음을 의미한다.

세 번째 경우는 외부현실에 실존하는 스트레스는 없거나 약하지만 F 척도의 점수가 높은 상황이다. 이는 기본적 전제와 불일치하는 것이며 많은 경우 이들은 내부세계에서 발생한 스트레스를 경험하고 있는 경향이 있다. 실제적 스트레스는 없지만 자신은 경험하고 있다고 한다는 것은 주관적인 스트레스 경험을 보고하는 것이기 때문이다. 그 스트레스 경험은 외부현실에 실제로 실재하고 있지 않은 것이기에 주위 사람들은 그들의 스트레스에 대해 공감 및 이해하기 어렵다고 보고를 할 가능성이 높다. 이 경우는 내부세계에서 발생한 스트레스가 어떤 경로로 오게 되었는지 검토하는 것이 해당 내담자를 구조화하는 데에 유용할 수 있다. 스트레스의 경로 중 하나는 원자아로부터 경험하는 것이며, 또 한 가지는 초자아로부터 오는 것이라 하였는데, 만약 원자아로부터 오는 스트레스라면 자신이 바라는 소망·욕구들을 억압하고 무시하거나 이러한 소망 충족을 원하지만 외부현실로 표출할 수 없는 상황일 경우라 할 수 있다. 그렇기에 원자아로부터 오는 스트레스는 내담자가 자신의 불편함에 대해 명확히 보고하고 자신이 무엇을 원하는지 강하게 요청하는 경향이 있다. 반면, 초자아로부터 오는 스트레스는 모호한 우울 및 불편감, 죄책감 등의 경험으로, 스트레스를 주게 되면 비교적 자신의 스트레스를 명확하게 보고하지 못하는 경향이 있다. 이는 면담을 통해 내부세계의 스트레스의 출처 및 질적 특징을 파악해야 할 주제다.

네 번째 경우는 외부현실에 실존하는 스트레스는 없거나 약하면서 F 척도의 점수가 낮은 패턴이다. 이는 기본 전제와 일치하는 것이며 수검자가 솔직하게 자신에 대해 보고했을 경우 외부현실의 실존하는 스트레스도 없고 아주 안정적인 내부세계의 평화를 유지하고 있음을 지적하는 것이다. 이러한 패턴으로 나타난 결과는 실제로도 너무나 편안하게 잘 생활하는 사람일 수도 있지만, 실제 생활의 반경 및 범위가 협소한 사람일 경우라면 기본적으로 외부현실에서 요구되는 스트레스를 최소화하고 있는 사람일 수 있다. 이런 사람은 오히려 스트레스에 더 취약한 사람일 수도 있으며 자신이 살아가는 생활반경을 줄이는 방식으로 스트레스를 받지 않는 전략을 가진 사람일 것이다. 이렇게 자아심리학적 이론적 기초로 세운 가설들로 F 척도 점수에서 나타난 패턴을 해석할 수 있게 된다. 〈표 5-1〉에 스트레스 양상과 F 척도 점수 패턴에 따른 해석적 가설을 정리하였다. 부연하면, 이러한 네 가지 경우 중에서 불일치는 기본적으로 현실 검증에서의 문제를 고려해 볼 수도 있다. 이후 평가 단계에서 언급되겠지만 정확한 현실 검증이 실제적인 적응을 의미한다는 것은 아니다. 현실 검증을 하려 해도 할 수 없는 상황에서는 현실 검증이 되지 않는 것이 오히려 생존에는 도움이 될 수 있기 때문이다.

〈표 5-1〉 실제 스트레스 양상과 F 척도 점수의 수준에 따른 자아심리학적 해석의 가설

실제 스트레스	F 척도 점수	일치성	해석적 가설
있음(강함)	높음	일치	• 정확한 보고가 되었음 • 증상 발현 또는 부적응적 경험을 보고. 스트레스에 대한 내성이 기질적으로 약함 • 압도적인 스트레스 경험을 하고 있음 • 객관적으로도 인정되는 스트레스 경험 • 스트레스에 대한 불평 및 도움 요청
있음(강함)	낮음	불일치	• 스트레스를 적극적으로 경험하지 않으려 함 • 실제 스트레스를 경험할 정도의 능력의 부족 • 스트레스에 대한 평가절하 • 충분히 해결 가능한 정도의 스트레스라 지각 • 문제 상황에서 자신의 역할 및 책임을 회피
없음(약함)	높음	불일치	• 내부세계에서 발생한 스트레스 경험 • 스트레스에 대해 객관적 이해와 공감이 어려움 • 원자아 또는 초자아 또는 함께 경험 • 원자아로부터 오는 스트레스 - 자신의 불편함에 대한 비교적 명확한 보고 - 자신의 소망을 강하게 요청하는 경향 • 초자아로부터 오는 스트레스 - 모호한 우울 및 죄책감 등의 경험 보고 - 스트레스에 대한 비교적 모호한 보고 경향
없음(약함)	낮음	일치	• 정확한 보고가 되었음 • 외부현실에 실존하는 스트레스도 없음 • 안정적인 내부세계의 평화 유지 • 실제 적응적 생활이 가능한 사람 • 실제 생활의 반경 및 범위가 협소한 사람

(3) 방어성 항목: L, K, S

'방어성'은 자아심리학에서 강조하는 '방어'의 개념과 유사하며 **'자아의 힘과 기능'**을 의미하는 것으로 해석될 수 있다. 앞서 방어의 작동 원리를 살펴보았듯이 방어는 자아

의 힘에 의해 작동되며 외부현실에 부합하는 방식으로 적재적소에 맞게 작동되어야 한다. 그렇기에 적응적 방어의 형태는 충분한 자아의 힘과 적절한 기능에 의해 결정되는 것이다. MMPI－2에서는 L, K, S 척도들의 관계를 고려하여 자아의 힘과 기능을 검토해 볼 수 있다.

비유를 들어 설명해 보자. 세 명의 친구가 함께 떠난 여행 동안 겪게 되는 일들에서 항상 두 친구가 스승이 된다. 예를 들어, 숙소나 음식점을 알아보는 것부터 돌발적인 상황에서까지 해결해야만 할 것들이 있다. 이때 한 친구는 믿음직스러운 해결책을 제시하는 한편, '저렇게 하면 안 되는데……'라는 걱정을 끼치는 친구가 있기 마련이다. L 척도는 자기중심적으로 전체적인 일정을 고려하지 못하고 주위 친구의 컨디션을 살피지 못한 채 정해진 일정에 집착하기도 하는 친구다. 그렇게 주위 친구들이 조언과 의논을 통해 합리적 일정을 계획하고자 하여도 고집스러운 태도를 고수하며, 그러한 태도에 화가 나 지적을 할 시 오히려 자신이 더 합리적이라고 근거 없는 주장을 펼치기도 하는 친구다. 어른들은 L과 같은 친구를 멀리하라고 하지만 친구는 가치평가를 할 수 있는 존재가 아닌 것이다. 여행 동안 사기를 당할 수도 있고 불합리하게 억울한 대접을 받을 수도 있고 강도를 만날 수도 있다. 이 경우 실제 문제가 생산적으로 해결되지는 못하나 복잡하게 생각지 않고 그 순간 즐거운 추억을 남길 수 있기에 긍정적 의미를 부여할 수 있는 친구이기도 하다. 다음 예를 살펴보자.

현재 취업준비생인 L 씨는 졸업을 앞두고 친구들에 비해 취업 준비가 덜 된 것 같다는 생각에 1학기를 휴학하기로 결정한 상태다. 넉넉하지 않은 가정에서 서울로 유학을 온 터라 생활비 정도는 아르바이트를 하며 스스로 충당해야 했다. 졸업을 앞둔 시간 동안 한결같이 계획적인 삶을 살아오면서 자신을 위해 여유 있는 시간을 갖지 못하였다. 최근에는 취업 준비로 아르바이트를 그만두고 공부에 집중하게 되면서 아침에 일어나는 것이 너무나 괴로웠고, 세수를 하면서도 '사기나 칠까? 이렇게 아둥바둥 살아 봤자 뭐가 달라지겠어?' 등의 생각이 자연스럽게 떠오르곤 했다. TV에 부자들이 나와서 여유로운 생활을 하는 장면을 우연히 보게 될 때면 가끔 자기도 모르게 욕이 나오기도 했다. 오랫동안 만난 과 친구들은 L 씨가 어려운 상황이라는 것을 너무나 잘 알고 있기에 위로를 전하려 했지만 매번 오히려 더 당당한 모습에 안심을 느끼기보다 안쓰러움만 커져 갔다. 공부를 하려고 책상에 앉아 있어도 집중이 잘 안 되고 쉽게 두통이 느껴져 하루에 계획한 일을 다 완료하지 못하는 날이 여러 날이 되었으며 담배를 피우는 모습을 지켜보는 주위 사람들은 심각한 표정을 하고 있는 L 씨 곁에는 다가가지도 못하였다. 집에 갈 때는 하루 생활에 대해 만족스럽지 않아 짜증도 많이 내게 되었다. 저녁은 대충 컵라면으로 때우거나 거르는 일이 대부분이었으며 보통은 친구들에게 얻어먹기 일쑤였다. 내기 당구를 칠 때면 승부욕에 불타올라 반드시 이기는 게임을 하였고 그러면서 '너희가 진정한 친구야'라며 너스레를 떨곤 하였다.

앞의 사례에서 취준생 L 씨가 어떻게 느껴지는가? 요즘 심심찮게 볼 수 있는 한 남자 대학생의 일상적인 하루 생활이기도 하다. 이러한 생활이 보다 이롭게 변화되기 위해서는 현재 당면한 문제를 해결하고자 현실적인 노력을 하고 힘을 더욱더 북돋을 수 있는 방식이 필요하다. 하지만 자신이 처한 어려운 상황은 쉽게 여기고 현실적 노력을 하지 않으면서 자신은 아무런 불편이 없다고 불편한 정서를 부정하고 있다면 친구들의 마음처럼 더욱더 안쓰럽게 느껴질 것이다. 이렇게 충분히 양해가 되는 상황인데도 자신의 상황을 부정하는 사람 중에서는 현실적인 노력을 하는 것으로 대처하기도 하지만 부정만 하면서 지금 상황에 대한 정서적 회피를 선택하는 사람도 있다. L 척도는 바로 두 번째 사람과 유사한 태도를 갖고 있는 사람이다. L 척도 점수의 높은 상승을 해석할 경우 자아 기능의 질적 수준을 고려해야 한다. 사실 L 씨의 대처 방식은 다소 직접적이며 **구체적**이고 **일차적**인 대처 방식이다.

방어 전략은 오랜 기간 학습 과정을 거치면서 습득되어 자동화된 방식으로 나타나는 것이라고 하였다. 그렇기에 방어 전략은 한 순간에 형성되거나 없어지지 않고 안정적인 특징을 갖는다. 이러한 점에서 L 씨는 성인이 되는 과정 동안 적절하게 스트레스를 해결할 전략을 마련하지 못하였을 수도 있다. 이렇게 추정해 볼 만한 이유는 방어 능력은 첫째로 타고난 능력과 관련된 것이며 기술을 발휘할 수 있는 '심리적 체력(자아강도)'을 갖추었는가에 초점이 맞추어져 있기 때문이다. 파괴력이 높은 무기를 다루는 사수를 시켜 준다고 하더라도 그 무기를 들 체력이 없으면 무용지물에 불과하다. 생존, 대처, 방어 전략을 배울 능력의 부재로 어떠한 스트레스나 공격 상황에서 자신이 가진 기술만 고집스레 사용하고 있는 것이다. 또 한 가지 이유는 아무리 능력이 있더라도 외부 현실의 압도적 스트레스를 경험할 경우, 즉 기습을 당해 무기를 빼앗겨 버리는 등의 상황에서 생존을 위해 할 수 있는 것이라곤 결코 빼앗아 갈 수 없는 자신의 몸을 이용한 육탄전밖에 없기 때문이다. 이 두 가지 상황 모두 자신과 자신을 둘러싼 상황에 직면하고 통찰하는 것은 어려울 것이며, 이 역시 내부세계의 평화를 유지하고자 한 시도였지만 경직된 태도를 갖는 부작용을 얻게 된 것이다.

MMPI-2의 방어성 항목에 있는 세 척도 중 가장 주체적이고 인기가 좋은 친구는

K 척도다. 경우가 밝고 예절도 바르며 배려도 아는 친구라 할 수 있다. K 척도에 포함된 문항들은 대부분 인지상정이라 할 수 있는 **일반적인 불평** 또는 **욕구**와 관련이 있다. 불평을 해소하기 위함이나 욕구를 채우기 위해 자기중심적인 생각을 하거나 행동을 하는 것 등을 묻는 문항들이지만 누구나 생각하고 해 봄직한 내용들을 담고 있다. 하지만 이러한 생각과 행동은 외부현실로 나타났을 경우 미숙하고 철없는 사람이라는 반응을 얻는 경우가 많기 때문에 대부분의 사람은 자신의 마음을 숨긴다. 물론 숨긴다 하더라도 상대방은 이들이 배려가 있고 철이 들고 어른스럽다고 받아들이는 정도이지, 스스로 억지를 쓰며 참고 있는 듯한 모습을 보고서 안쓰러워하진 않는다.

외부현실이나 내부세계에 스트레스가 있는 상황에서도 이들은 기본적으로 튼튼한 자아를 가졌기에 인내하고 억제하며 대수롭지 않은 스트레스로 경험하고 말 것이다. 어린 시절 가정교육을 적절하고 적합하게 잘 받은 사람은 커서도 너무나 자연스럽게 바른 태도가 나타나며 가식적으로 느끼지 않고 편안하게 행동을 할 수 있지만 적당하지 않은 가정환경에서 자라 처음으로 직업전선에 뛰어들어 위계관계를 형성하고 유지해야 하는 입장에서는 원치도 않고 편하지도 않지만 동원할 수 있는 자신의 적응 능력을 최대한 발휘해야 할 것이다. 이는 K가 의미하는 자아의 힘이 원래 강한 사람인지 현실적으로 자아의 힘을 과도하게 써야 할 사람인지를 구별하는 기준이 될 수 있다. 어떤 경우라 하더라도 기본적으로 자아의 힘이 제대로 발휘되고 있다는 것은 동일하나, 자연스럽게 발휘되는 자아의 힘은 주관적으로는 부담으로 느껴지지 않는 반면, 상황적으로 발휘되어야만 할 상황에서 발휘되는 힘은 생산적이긴 하나 주관적으로는 힘겹고 부담스럽게 느껴질 가능성이 높다. 이러한 주관적인 힘듦 역시 하나의 스트레스로 작용하기 때문에 억제하기도 한다. 자기 자신을 평가할 경우 진정 자신이 힘겹게 살면서도 힘겹다고 보고하지 않는 것과 비슷한 태도다. 그렇기에 남들은 쉽게 눈치챌 수가 없다. 일차적으로 K 척도 점수의 상승은 적응적 삶에 긍정적인 의미를 가지고 있지만 내부세계와 외부현실에 실재하는 스트레스 여부 및 정도에 따라 해석적 가설이 달라진다. 해석적 가설에 필요한 한 가지 측면을 구성하는 것은 실제 삶에서 당면한 스트레스를 해결하고자 하는 시도와 노력 그리고 적응적이고 생산적인 수행의 여부 및 정도이며 또 한 가지는 실제 측정된 K 척도의 점수다.

| | | 실제 삶에서의 적응 및 대처 노력 ||
		있음(강함)	없음(약함)
K 척도의 점수	높음	① 일치	③ 불일치
	낮음	② 불일치	④ 일치

[그림 5-2] 스트레스 양상과 K 척도 점수 간의 관련성에 따른 보고의 일치성

첫 번째 조건은 스트레스에 대한 해결 노력 또는 실제 생산적인 수행이 있으면서 K 척도의 점수가 높은 수준을 보일 경우다. 이는 기본 전제와 일치하는 상황이며 현재 경험하는 스트레스를 극복하기 위해 자아 기능이 적절히 운영되고 있음을 의미한다. 그런데 경험되는 스트레스라 함은 MMPI-2 문항에 스스로 보고한 스트레스 경험이다. 실제 스트레스 상황이 존재할 수도 있고 없을 수도 있다. 그 수준이 어떠하든 스스로는 자신이 처한 상황에서 모면 또는 극복 또는 적응, 생존 또는 방어를 하고자 하는 적극적인 노력을 하고 있음을 지적하는 것이다. 구체적인 경우를 살펴보면, 첫째, 실제 장면이 적극적인 스트레스 극복 노력이 필요한 현실적 상황이라면 K 척도 점수의 상승은 이를 극복하고자 하는 적절한 시도라고 볼 수 있다. 하지만 실제 장면에서 수행이·나타나지 않고 있다면 이는 내부세계에서만큼은 격렬히 대처 노력을 하고 있지만 환상적인 (fantasy) 시도에 머물 수도 있다. 이러한 태도는 부정적인 것으로 볼 수도 있고 긍정적으로도 볼 수 있다. 부정적이라면 자신은 꽤 괜찮은 수행을 할 수 있는 사람이라 생각하면서도 실제 책임감 있는 적극적 수행은 하지 않고 있기 때문에 자기상의 불일치를 의미할 수도 있다. 반면, 문제 해결 방법을 잘 모르는 상황에서 힌트를 제공하는 등 어느 정도의 도움을 제공한다면 쉽게 적극적으로 당면 문제를 해결할 능력이 있음을 의미할 수 있다. 둘째, 실제 장면에 존재하는 현실적인 스트레스 상황이 아닌 것으로 밝혀졌다면 이는 주위 사람들에게 쉽게 이해할 수 없고 또는 대단한 사람으로 비치겠지만 스스로는 힘겹게 노력하고 열심히 살아가는 태도를 반영할 가능성이 높다. 겉으로는 아무런 스트레스 상황을 예상할 수 없지만 이는 내부세계에서 경험되는 실제 스트레스 또는 예상되는 스트레스에 대한 대처의 의미를 갖고 있기 때문이다. 그렇기 때문에 주위 사람들에게는 너무 애쓰며 살아가는 것처럼 또는 대단한 에너지가 있는 사람처럼 보일 수도 있다. 어쨌든 이들은 실재하는 스트레스가 없다 하더라도 열심히 살고자 하는 태도를 갖고 있는 것이다.

두 번째 조건은 스트레스에 대한 해결 노력 또는 실제로 생산적인 수행을 하면서 K 척도의 점수가 낮은 수준을 보이는 경우다. 이는 기본 전제와 불일치하는 것이며 자신의 수행에 대해 안정감 또는 만족감을 느끼지 못하거나 느끼지 않으려고 하는 태도를 갖고 있을 가능성이 높다. 스트레스 해결을 위한 실제 수행은 성공적이나 만족감을 느끼지 못할 경우 초자아의 압력에 압도된 상황일 수 있다. 자신이 얻은 성공적 수행의 결과보다 초자아가 요구하는 기준이 너무 높아 자아는 스스로가 항상 부적절하다거나 부족하고 부적합한 것으로 경험하고 있을 수 있다. 한편, 자신의 성공적 수행에 대해 의도적으로 만족감을 느끼지 않으려는 경우에는 모순적으로 under-reporting과 관련된 태도를 고려해 볼 수 있다. 스스로 존재하기 위한 노력을 기꺼이 하고 있으면서도 힘이 없는 사람이라고 여겨진다면 앞으로 발생 가능한 또는 예상되는 스트레스를 앞서 차단할 수 있는 좋은 전략이 될 수도 있다. '실패는 도전을 했기 때문에 있는 것이다. 고로 도전을 하지 않으면 실패도 없는 것이다.'라는 것과 같은 마음이다. 이들은 칭찬, 강화 등의 긍정적 피드백을 고스란히 받아들이지 않으려는 태도를 보이기도 한다. '약함을 인정하는 자는 공격을 받지도 않는다.'라는 방어 전략이라 할 수 있다. 인간은 누구나 기본적으로 존재하고자 하는 욕구가 있다고 보기 때문에 기본적 생존과 적응이 필요한 실생활에서 수행은 자동적으로 충분히 이루어지지만 적극적인 태도와 동기를 갖고 있지 않음이 반영되는 것이다. 이들은 실제 능력이 있는 사람이라 하더라도 자신을 자랑스럽지 못한 사람이라 느끼거나 다른 사람과 별반 다를 바 없는 한낱 인간일 뿐이라고 인식하고 있을 수 있다. 두 번째 조건 역시 실재하는 스트레스의 유무를 고려해야 한다. 만약 객관적으로도 인정이 되는 실제 스트레스가 있는 상황이라면 당면한 스트레스를 해결하기 위한 노력을 필사적으로 하고 있을 것이나, 이렇다 할 만한 상황의 변화 및 보람을 느끼거나 만족스러울 정도의 피드백을 얻지 못할 수 있다. 꾸역꾸역 열심히 살아가려 하지만 그 문제를 해결하는 데에는 힘이 부치는 것이다. 적극적인 외교를 통해 문물을 받아들이고 발전해 나가야만 할 상황인데도 내란을 진정시키고자 내부세계를 안정시키는 데에 혼신의 힘을 다해야 하는 꼴인 것이다. 반면에 실재하는 스트레스가 없는 상황이라면 사서 고민을 만들어 내기 때문에 내부세계에서의 스트레스를 해결하고자 어떠한 시도라도 하게 될 것이나, 원치 않은 스트레스이기에 해결하고자 하는 동기 및 의도는 적극적이지 못한 것이다. 주위 사람들에게는 이들이 굳이 그럴 필요가 없을 것 같은데도 고민을 하고 억지로 힘을 내어 해결하려는 것처럼 보일 것이다. 혹여 해결된 후에도 시원하다거나 만족감을 느끼지 못하고 있는 것처럼 보일 것이다.

세 번째 조건은 실제 삶에서 적극적인 대처 및 적응의 노력은 없거나 약하지만 K 척도 점수가 높을 경우다. 이 경우는 기본 가정에 불일치하는 것이며 이들은 우선 상당히 강한 자아의 힘과 기능적인 자아 기능을 가진 것으로 생각될 수 있지만, 우선 고려해야 할 사항은 실제 삶에서 현실적인 노력 및 수행의 모습이 없다는 것이다. 그렇기에 이들에 한해서만큼은 긍정적인 해석을 보류해야만 한다. 이들은 스스로가 자신의 능력과 적극적 태도가 상당히 강한 사람이라 인식하고 있겠으나 마음뿐인 상황이다. 그렇기에 실제 문제 상황에 처해 있더라도 문제로 느끼지 않고 있을 가능성이 높으며 주위 사람들의 애정 어린 자문이나 지적조차 수용하지 못한 채 오히려 역정을 낼 수도 있다. 이들은 내부세계의 갈등을 최소화하기 위해 상당 수준의 에너지를 소모하고 있기 때문에 외부의 상황을 해결해야 한다는 부담을 받아들이기 어렵고 내부세계의 안정을 위해 외부현실과의 경계를 더욱더 확고히 하고 있는 것이다. 첫 번째 경우로 실제 외부현실에 스트레스가 존재할 경우에는 이러한 경직성에 의미가 더 강해진다. 이들은 자신은 열심히 살고 있고 어떤 상황에서든 열심히 살고 있다고 지각하고 있을 것이다. 하지만 실제 스트레스를 해결하고자 하는 노력이 없기 때문에 현재 스트레스 상황에 함께 처해 있는 주위 사람들에게 자기중심적이고 고집스러운 사람이라는 평을 듣기도 한다. 하지만 이들은 내부세계의 평화를 위해 치열한 전투를 하고 있기 때문에 주위 사람들의 이야기를 받아들이기보다 공감받지 못함을 호소하고 지속적으로 주위로부터 비난을 받을 경우 책임을 전가하거나 주위 사람들이 변해야 한다고 강요할 수 있다(alloplastic adaptation). 치료 장면에서 만나게 되는 가족구성원 중 한 명에게서 종종 나타나는 양상이다. 각각 두 명의 구성원들의 MMPI-2 결과에서 소위 문제의 원인 제공자가 보이는 패턴일 경우가 많으며 그들은 현재 문제가 상대의 문제라고 인식하고 자신은 아무런 문제가 없다고 인식하고 있을 경우가 대부분이다. 남편이 부부 갈등의 원인을 제공했을 때, 어머니가 아들 또는 딸에 대한 부적절한 양육을 제공했을 때, 자신의 삶에서 용서받을 수 없을 것 같은 경험을 했을 때 등등의 상황에서 자신의 행동이 원인이 되고 있음을 인식하지 못하고 주위 사람 또는 불특정 대중, 소속된 사회의 문제라고 생각하고 있는 것이다. 또한 해결 노력이라 함은 자신의 내부세계에 한해 있기 때문에 주위 사람들은 이해할 수도 없고 문제 해결을 위한 실제적인 그들의 노력을 관찰할 수도 없다.

한편, 실제 외부현실에 스트레스 상황이 존재하지 않을 경우 이 세 번째 패턴은 긍정적인 의미를 가질 수 있다. 당연지사 문제가 없는데 문제를 해결할 필요도 없으니까 말이다. 이는 효율적인 대처를 의미할 수 있다. 지금은 안정적이라 할지라도 혹 앞으로 스트레스 상황이 벌어진다면 충분히 대처하고 해결할 수 있는 태도 및 자신감을 갖고 있다는 것이다. 이러한 패턴은 소위 건강하게 잘 살아가고 있다고 인정되는 대부분의 사람에게서 나타날 수 있다. 이 경우에서 꼭 염두에 둬야 할 것은 이들의 현실에 실제 해결해야 할 스트레스 상황이 없다는 것이 전제되어야 한다는 것이다. 당연하게도 이러한 태도로 살아가는 사람들은 주위 사람이나 전문가들의 도움을 필요로 하지 않는 대상들이다.

마지막 네 번째 경우는 실제 삶에서 적극적인 대처 및 적응의 노력은 없거나 약하고 K 척도 점수 또한 낮을 경우다. 기본적으로 이들은 내부세계와 외부현실의 변화를 싫어하거나 가소성(plasticity)이 떨어져 있음을 의미한다. 자신이 실제로 살아가고 있다는 것은 당연히도 일상적 스트레스를 경험하거나 경험되고, 원하든 원하지 않든 이를 관리해야 할 생존의 의무가 있는데도 이를 받아들이지 않고 있음을 의미할 수 있다. 그렇기 때문에 기본적 삶의 스트레스조차 해결해야 할 내용들이라 생각하지 못하거나 하지 않게 된다. 이들은 적극적인 대처 및 적응의 필요성을 느끼지 못하기 때문에 지금 상황에 만족하는 것처럼 보이며 무기력한 것처럼 보일 수 있다. 임상 장면에서 경험을 돌이켜볼 때 이러한 패턴을 보이는 이들은 최근의 특정 상황으로 선택된 양상이라기보다 보통 내담자 스스로가 알고 있는 것보다 더 오랜 기간 자동적으로 학습되거나 선택적으로 경험되어 온 만성적인 경향이 반영되어 있는 것 같다. 다음 예를 보자.

> 20대 중반의 여성 K 씨는 생애 초기부터 현재까지 압도적인 과잉보호 아래 양육을 받아 오고 있었으며 진로는 물론이고 대인관계를 어떻게 해야 한다는 것까지 관여를 받고 있었다. 물론 청소년기에 자신의 목소리를 내어 자율성을 찾기 위한 노력을 하였으나 결국은 부모의 영향에서 벗어날 수가 없었다. 결국 자신의 삶의 범위를 줄여 버리고 위축된 대인관계를 맺게 되었으며, 스스로 꿈을 설정하는 법을 알 수 없었고 알려고 하지도 않게 된 것이다. 그리고 세상에 초탈한 듯 냉소적인 성격으로 굳어졌다. 학교에서 또래 및 후배들에게서는 상당히 어른스럽다는 평을 듣고 포스가 있는 언니의 이미지를 갖고 있으며, 직장에서는 시크하고 똑부러지고 비판적 시선을 가진 사람으로 보고하였고, 관계한 이성들에게는 생각 없이 애교를 부리고 자기중심적인 여자가 아니라 표현이 적고 안정적이며 누나 같고 기대고 싶은 여자라는 보고를 들어 왔다. 치료 장면에서는 초기에 자신의 성격에 대해 무심한 태도를 보였으며 회기가 진행되면서 점차 자신이 무능력했고 노력을 해 봤자 환경은 변하지 않았다며 원망과 답답함을 호소하게 되었다. 의뢰 당시 면담에서는 주위 환경에 부담스러울 정도의 스트레스는 없다고 보고하였으나 실제로는 가족 문제, 이성 문제 등 객관적으로도 신중히 고려해야 할 정도의 다양한 문제가 존재하였고, 상담 초기에 실시한

MMPI-2의 결과에서 K 척도 점수는 낮은 것으로 측정되었다.[1]

　K 씨는 자신의 삶의 영역을 최소화하며 마치 파도 위에 몸을 던져 놓듯이 당면한 환경에 자신을 그냥 흘려 놓고 있는 것으로 적응하며 살아온 것 같았다(autoplastice adaptation). 그래서 주위 사람들의 소소한 불평에도 '뭐, 다 그런 거지.' '더우니까 여름이지.' '다 그런 거 아니겠어?' 등의 태도를 갖게 된 것이라 볼 수 있다. 이들은 삶에 대한 불평도 없는 것처럼 보이기도 하고 실제로 웬만해서는 불평하지도 않는다. 자신의 삶에 불평이 없다는 것을 만족하고 있다는 것으로 인식하고 있을 가능성이 높으며 도전이나 모험적 행동은 잘 나타나지 않는다. 하지만 자율성이 없는 사람이 아니라 숨겨져 있기 때문에 자신만의 소심한 복수의 의미로 독특하고 심미적인 취미 등으로 자율성을 대안적으로 표현하는 경우도 있다. 대인관계에서는 이들의 태도가 상대방으로 하여금 자신의 감정을 그들에게 솔직히 표현하는 것이 미숙한 것이라는 느낌을 주기도 한다. 이러한 설명은 해당 사례에 한해서 이해할 수 있는 것이며 K 척도 점수의 네 번째 경우에 나타날 수 있는 하나의 가설로 받아들여야 한다. 이와 더불어 만약 객관적이고 일반적으로 수긍 가능한 정도의 실제 스트레스 상황이 존재할 경우 대처 능력의 위축을 의미할 수도 있다.

　K 척도의 점수와 관련된 네 가지 경우 모두에서 공통적인 의미는 실제 내담자의 능력, 즉 자아의 힘과 자아의 기능 수준이었다. 이는 면담 과정에서 얻게 된 생활사적 정보들과 상담 과정에서 확인된 행동들로부터 얻을 수 있는 정보다. 이러한 능력은 지능처럼 직접적으로 해석할 수는 없으며 실제 인간 삶에서 발휘되는 적응 능력 또는 적응을 위한 태도를 의미한다고 생각하는 것이 바람직하다. K 척도는 자아의 힘과 더불어 자아의 방어기능 수준을 고려하여 해석할 수 있다. 그리고 K 척도의 해석은 자기상 또는 자기개념과 관련되어 있고 자신에 대한 믿음·신념을 아우르는 자존감 그리고 정체감과도 관련지어 탐색해 볼 수 있다. 자기개념의 불일치에 대해 다룰 경우 공통적으로 내담자가 위협적이거나 수동적이고 의존적인 방식을 고수할 수 있기 때문에 공감적이거나 실제 장면에서의 성취 수행을 유도하는 등의 지지적인 방식 또는 허용적인 교육적 방식이 도움이 될 수 있을 것이다.

---

1) 심리평가 슈퍼비전 상황에서 MMPI-2 타당도 척도 점수의 높고 낮은 기준이 무엇이냐는 질문을 자주 받게 된다. 이는 평균 및 표준편차 등을 포함한 해당 척도의 표준점수에 대한 이해가 기본이 되어야 하며, 삶의 스트레스 등의 경험에 대한 적절한 가치평가를 할 수 있는 자신의 사회적 참조체계의 적절성 등을 고려한 복합적인 과정이라는 것을 강조한다.

S 척도는 K가 일 처리를 하려고 할 때 과하게 치켜세우지 않으면서도 든든히 응원을 해 주고 혹여 실망스러운 일 처리를 할 경우에도 위로하며 기운을 북돋아 주는 친구다. K가 자신의 힘듦을 내색하지 않고서 스스로 극복할 수 있다는 믿음을 유지하고 노력한다면 S는 자신의 건강함과 만족감을 잘 느끼고 있다는 것이며 스트레스 상황에서도 불편해하지 않을 가능성이 높다. Butcher와 Han은 S 척도에 포함된 전체 문항에 대해 요인 분석을 하여 5개의 소척도를 구성하였는데, 첫째, Belief in Human Goodness다. 대부분의 사람이 '선(善)'을 따르며 그에 준하는 태도로 살아가고 있다는 믿음과 관련이 되어 있다. 이는 다분히 자신의 과거 또는 현재의 주위 관계로부터 형성된 안정적인 사고 패턴이라 볼 수 있으며 실제 선에 대한 믿음을 유지할 만한 온정적인 지지 환경에서 살아왔고 살고 있음을 반영하기도 한다. 둘째, Serenity다. 외부현실과 내부세계에서 경험되는 스트레스에 쉽게 흔들리지 않는다는 자신에 대한 믿음과 관련되어 있다. 스트레스를 잘 관리하는 사람은 자신이 경험하는 스트레스의 양과 관련없이 그에 대해 통제 가능하다는 주관적인 안정감을 가질 수 있다. 셋째, Contentment with Life다. "요즘 생활은 만족스럽나요?"라는 질문을 받는다면 어떤 생각이 떠오르고 어떤 기준에 따라 답을 하게 되는가? 일상에 만족하는 사람들은 크게 가족을 포함한 대인관계와 경제적 만족 등의 직업적 상황에서 높은 수준의 만족감을 갖는다. 그런데 이러한 영역에서 만족감을 향상시키기 위해서는 자율적인 통제감을 갖기보다 다소 주어진 환경에 의존하게 된다. 가족을 바꿀 수도 없고 현재 친구 및 직장동료를 바꿀 수도 없다. 대기업에 취직하여 높은 연봉을 받는 것을 원한다 할지라도 당장 이룰 수도 없으며 어느 것보다 쉽게 가능한 일이 아니다. 이처럼 상대적으로 안정적이고 자신에게 주어진, 당면한 상황에 대해 얼마나 만족하는지에 따라 현재 삶의 질이 달라지는 것이다. 삶에 대해 만족하는 사람이라면 외부현실 및 내부세계에서 오는 스트레스를 쉽게 극복할 수 있다고 생각할 수 있으며, 실제 장면에서 스트레스가 있다 하더라도 자신의 만족감의 역치를 낮추어 만족감을 유지하고 있을 수도 있다. 넷째, Patience and Denial of Irritability다. S의 소척도 중 가장 정서적 스트레스와 관련되어 있는 대처의 의미를 담고 있는 영역이다. 외부현실의 자극들에 쉽게 정서적으로 영향을 받고 통제할 수 없는 정서 경험으로 힘들어하고 있음을 부정하는 태도인 것이다. 정서 경험은 자동적인 것이라 할 수 있는데 이러한 경험을 스스로 잘 조절할 수 있다는 통제감을 갖고 있을 때 내부세계의 평화를 유지할 수 있게 된다. 다섯째, Denial of Moral Flaws다. 성, 마약, 음주, 불로소득 등과 관련된 도덕적 경험 및 태도를 반영한다. 실제 이상의 경험이 있는 사람일 수도 있지만 설사 경험이 있다 하더라도 많

은 경우에 양해가 되지 않을 정도의 죄라거나 극심한 죄책감을 가져야 할 내용들은 아니다. 그렇기 때문에 개인적으로 가능하다면 도덕적이지 않아도 될 상황이라 인식하는 상황에서 굳이 도덕적으로 행동하지 않아도 된다는 자신의 신념 및 태도와 관련되는 것이다. 물론 도덕적 규범을 따르는 것이 사회적으로 바람직한 것이긴 하나 내부세계에서 경험되는 원자아의 욕구에 적극적으로 귀 기울이지 않고 소원하게 대하는 것으로 스트레스를 관리하고 있음을 의미하기도 한다. 이는 궁극적으로는 스트레스 경험에서도 자유로운 것을 경험할 수 있게 되며 내부세계의 안정감을 유지하는 데 도움이 된다. 아이러니하긴 하지만 자신에 대한 당당함과 스트레스 극복의 자신감을 갖고는 있으나 원자아의 욕구에 소원하고 덜 민감하다는 것을 지적한다.

지금까지 성실성 영역의 VRIN, TRIN과 비전형성 영역의 F 계열 척도인 F, F(B), F(P), FBS, 방어성 영역의 L, K, S 척도에 대해 자아심리학적 관점에서의 해석을 살펴보았다. 각 영역은 독립적으로 해석되는 것이 아니라 영역 간의 조합을 통해 스트레스와 이에 대한 대처, 적응, 방어의 태도 및 패턴을 이해해 볼 수 있다. 정리해 보면, 성실성 영역은 수검 당시의 태도와 스트레스를 경험하는 상황에서 나타나는 기본적 주의를 의미하며, 비전형성 영역은 외부현실과 내부세계로부터 경험되는 스트레스, 갈등, 불안에 대한 인식 및 태도를 의미하고, 방어성은 실제 자신이 지닌 자아의 힘과 기능 또는 주관적으로 인식하고 있는 자아의 힘과 기능을 의미한다.

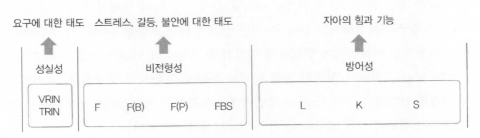

[그림 5-3] MMPI-2 타당도 척도와 자아심리학적 개념의 관계

2) 임상척도 해석

임상척도의 해석은 타당도 척도를 기초로 구체적인 내용을 쌓아가는 것이다. 하지만 많은 경우에 타당도 척도와의 관련성을 간과한 채 임상척도를 개별적으로 해석하는 일이 벌어지곤 한다. 심지어 평가자 자신이 실제적인 해석을 하는 것이라 생각하지

만 '해석'이 아니라 '읽기'만 이루어지기도 한다. 그렇다고 해석이 심리평가의 최종 단계인 것도 아니다.[2] 이러한 일이 벌어지게 된 이유 중 하나는 임상척도 각각의 읽기정보에 집중된 학습이 이루어졌기 때문일 수도 있다. 앞서 설명한 읽기 단계에서 강조한 것처럼 읽기정보는 측정된 정보의 의미를 확인하는 것에 불과하다는 것이다. 해석 단계에서는 이론을 통해 읽기정보가 지닌 의미와 정보들 간의 관련성을 이해할 수 있다.

임상척도를 이해하기 전에 성격의 개념을 정리하고자 한다. 타당도 척도에서는 개인이 외부현실, 즉 세상과 관계하는 태도 및 관점, 문제 상황에 대한 태도 및 해결하고자 하는 동기 등을 전반적인 삶에 대한 관점에 반영하고 있는 것과 달리, 임상척도는 타당도 척도에서 해석된 방식의 태도로 살아감으로써 나타나는 구체적 성격특징 또는 부작용, 부적응, 증상 등을 의미하는 것이다. 이러한 외부현실에 나타나는 구체적 대처방식의 양태 및 수준을 이해할 수 있다는 것은 성격을 이해하는 과정과 흡사하다. 성격에 대한 정의는 학자마다 다양하게 기술하지만 핵심적인 개념을 종합해 보면 다음과 같다. 성격(personality)은 '개인(individuals)이 물리적 환경 및 사회적 환경과 상호작용하면서 나타나는 독특하고(characteristic) 지속적이고(durability) 일관적인(consistency) 사고(ideation) · 정서(affect) · 행동(behavior) 양식'이다. 좀 더 넓은 범위로는 신체적 반응도 포함시킬 수 있을 것이다. 사고, 정서, 행동을 통해 외부현실과 관계가 적절히 이루어지지 않을 경우 신체적인 방식으로 나타날 수 있기도 하며 신체적 반응을 통해 자신의 심리적 욕구를 해결하기도 한다. 이러한 신체적 반응을 통한 관계는 대부분 비의식적이고 자동적인 반응이기에 엄격하게 성격의 한 측면이라 하긴 어려울 수 있으나, 이 책에서는 넓은 의미에서 성격의 발현 양태의 하나로 포함시켜 설명한다. 추가적으로 외부 환경과 관계하는 양상 또한 한 개인에게서 독특하고 지속적이고 일관적으로 발현되는 것이기 때문에 성격 영역의 한 측면으로 설명하고자 한다.

(1) 내부세계와 외부현실의 경계의 문제

인간은 누구나 내부세계의 안정감을 유지하기 위한 다양한 전략을 갖고, 적극적으로 외부현실과 관계하는 상황에서 저마다의 전략들을 활용한다. 하지만 내부세계의 안정

---

2) 이 책에서는 '해석'을 두 가지 의미로 사용한다. 한 가지는 심리평가의 단계 중 하나로서 해석 단계에서 이루어지는 수행을 의미하며, 또 다른 한 가지는 일반적인 심리평가 상황에서 나타난 결과들을 내담자 및 해당 정보를 제공받아야 할 대상에게 전달하는 과정을 의미한다.

감을 유지하고자 할 마음도 없거나 유지할 수 없는 상황이 벌어지기도 하는데 이는 유용한 전략이 없어서일 수도 있고 괜찮은 전략이 있다 하더라도 당시 효율적으로 사용하지 못한 결과일 수도 있다. 그리고 현실과 상호작용하고자 할 마음도 없을 수 있으며 마음은 있으나 잘 되지 않을 수도 있다. 어떤 상황일지라도 최대한 내부세계의 안정을 유지하기 위해서는 당면한 현실에 대해 정확히 인식할 수 있어야 하며 그에 따라 적합한 방식의 전략을 활용해야만 한다. 만약 외부현실의 스트레스로 또는 내부세계의 자체적인 강력한 욕구들로 내부세계의 균형이 깨지게 되었다면 이는 내부세계와 외부현실의 경계에서 자아의 전략들이 실패한 결과라 볼 수 있다. 전면전에서 방어체계가 무너지든 국지전에서 테러를 막지 못했든 무슨 이유에서든지 내부세계의 평화는 깨지게 된다. 이러한 상황에서 MMPI-2를 실시하였을 경우 앞서 설명된 타당도 척도들의 패턴과 함께 임상척도들은 상승하게 된다. 국지전에 실패했을 경우 방어가 뚫려 버린 해당 영역의 손상이 나타날 것이며 전면전에서 실패했을 경우 전반적인 영역에서 손상이 나타날 것이다.

일반적인 해석의 가정은 다음과 같다. 첫째, 특정적인 임상척도들의 상승이냐 전반적인 대부분의 임상척도의 상승이냐를 구분하는 것이다. 둘째, 높은 점수를 보인다는 것은 기본적으로 그만큼의 손상, 즉 부적응을 보이고 있다는 것을 의미한다. 셋째, 1개보다는 2개, 2개보다는 3개의 임상척도의 상승이 보다 심한 부적응이라 할 수 있다. 이러한 해석적 가정이 유용하기는 하나 맹목적으로 따라야 할 기준은 아니며 타당도 척도의 패턴을 반드시 고려하면서 실제 사례에 보다 적합한 해석적 가설을 설정하는 데에 관심을 가져야 할 것이다.

⑵ 프로파일 양상에 따른 해석

① 전반적으로 상승한 프로파일(floating profile, disability profile)

플로팅 프로파일은 '떠 있는' '전반적으로 상승한' 등의 방식으로 기술되고 있다. **엄격한 기술**로는 5번과 0번 척도를 제외한 최소 4개 이상의 임상척도(좀 더 엄격하게는 5, 0을 제외한 모든 임상척도)가 높은 수준(75 이상)의 상승을 보일 경우 플로팅 프로파일이라고 한다. 이러한 패턴은 주로 매우 혼란스럽고 압도적인 스트레스 상황에 처했을 경우에 나타난다. 이들은 보통 성격장애를 갖고 있을 가능성이 높으며 특히 경계성 성격과 관련이 높은 것으로 알려져 있다. 자아심리학적 관점에서는 이들은 생존, 적응, 자기보호, 문제 해결, 스트레스 대처 및 대응 그리고 방어기제가 적절하게 기능하지 못하는 상황을 의미한다. 이것저것 시도를 해 보긴 하나 문제 해결을 위해서는 전혀 생산적이지 못한 혼란스럽고 자기손상적인 양상으로 나타나고 있다는 것이다. 각 임상척도는 각자 독특한 또는 다른 척도들과 공유하는 특징적인 방어패턴을 가지고 있다. 방어는 오랜 시간 반복적인 학습 과정으로 누적된 결과이며 현재 순간에도 굳어지거나 변해 갈 수 있다. 어쨌건 지금 이 순간 나타나는 방어는 오랜 시간에 걸친 최종적인 패턴이며 이 방어패턴은 당면한 스트레스 상황에서 대부분 자동적으로 작동하게 된다. 하지만 플로팅 프로파일에서는 하나의 특징적인 방어로 구조화하기에 어려운 정도로 상당히 취약한 양상으로 나타나고 있다는 것이다. 그렇기 때문에 플로팅 프로파일은 자동적이고 준비된 방식으로 당면 상황을 극복하지 못하고 우왕좌왕하는 혼란스러운 심리적 경험을 반영하고 있다고 볼 수 있다. 자신이 고수해 온 방어 전략을 통해서는 실제 스트레스를 해결할 수 없었음에도 고집스럽게 자신의 방어 전략이 과도하게 작동되는 바람에 방어체계 자체가 무너지게 된 것이라 볼 수 있는 것이다. 이후 해결되지 못한 스트레스는 누적되고 적당한 방어 전략이 없는 상태에서 현실감을 상실해 버리는 경우도 고려해 볼 수 있다. 그렇기 때문에 플로팅 프로파일을 보인 내담자의 경우 각각의 임상척도를 해석하는 것은 편향된 해석이 될 가능성이 높기 때문에 전반적인 적응력의 손상으로 해석하는 것이 적합할 것이다. 이후 살펴볼 것은 임상척도들이 경직성을 중심으로 하는 소위 신경증적인 방어그룹과 현실감의 저하를 중심으로 하는 정신증적인 방어그룹에 해당하는 프로파일들이다.

② 신경증적 프로파일(neurotic profile)과 정신증적 프로파일(psychotic profile)

전통적으로 임상척도 프로파일을 구조적으로 해석하기 위한 유용한 방법 중 하나가 임상척도들을 신경증적 프로파일 그룹과 정신증적 프로파일 그룹으로 나누어 해석하는 것이었다. 이러한 구분은 정신분석의 초기 발달 과정에서 정신의학(psychiatry)과 G. Freud의 신경증에 대한 개념화와 함께 임상 장면에서 유용한 분류 방법으로 고려되어 왔다. 이를 구분하는 특징들은, 첫째, 현실 검증력의 수준, 둘째, 자아동질적(egosyntonic) 및 자아이질적(egodystonic) 특성, 셋째, 병식(insight) 수준, 넷째, 환각 및 망상 등의 증상 유무 등이다. 한 가지를 더 추가하자면 경직성을 고려해 볼 수 있다. 신경증의 특성은 특정 무엇인가를 하지 않아도 되는데도 왠지 안 하면 안 될 것 같아서 반드시 그렇게 하려고 한다거나 반대로 하면 안 될 것 같아서 반드시 그렇게 안 하려고 하는 것이다. 정신증은 선택의 갈등에서 합목적적이지 않은 특징을 보이며 신경증적인 경직성이 우선시되진 않는다. 흔히 정신증적 양상이 경직된 것으로 오해하게 되는 경우가 있지만 이는 자아의 자율적인 대처 노력이라 볼 수 있는 경직성과는 다른 모습으로 나타난다. 즉, 정신증에서 보이는 경직성의 의미는 자아 기능의 손상으로 인한 융통성 없고 변화에 무딘 대처로 정체된 상태를 의미하는 것이다. 하지만 이러한 분류는 G. Freud 이후 정신분석적 이론들이 확장되고 수정되고 보다 세련된 설명력을 갖추면서 두 분류만으로는 특정 개인의 정신 상태를 충분히 설명하는 것이 어렵다고 받아들여지고 있다. 특히 신경증과 관련해서는 차별적인 임상 양상들이 관찰되면서 성격장애의 영역과 구분하게 되었다. 현재 드러난 부적응이 자아이질적이며 비교적 근접 가능하고 분명한 상황으로부터 나타난 경우에는 증상으로서 신경증으로 개념화하고, 자아동질적이면서 보다 만성적이고 딱히 최근 환경에서 그 부적응성의 원인을 지적할 만한 자극이 없다면 보다 안정적인 성격으로서 신경증으로 구분할 수 있다. 이 역시 분명한 구분을 한다는 것은 몹시 어려운 것이겠지만 신경증과 정신증의 분류를 통해 개인을 설명하고 이해하는 데에 도움이 될 수 있을 것이다.

전통적으로 신경증적 프로파일은 1번, 2번, 3번 척도의 동반 상승패턴을 말하는 것이며 정신증적 프로파일은 6번, 7번, 8번, 9번 척도의 동반 상승패턴이 나타날 경우를 말하였다. 둘 중 한 가지 패턴이 나타난다면 여전히 해석적 유용성을 갖고 있긴 하나, 앞서 설명한 신경증과 정신증의 이분법적 분류의 한계를 고려해 볼 때 특정 프로파일 그룹이 반드시 신경증적이라거나 정신증적인 것은 아니기에 조심스럽게 해석해야만 한다. 우선 신경증적 프로파일을 보이는 경우에는 원자아 그리고 초자아와 관련된 내부세계로부터 발생한 욕구를 고려해 볼 수 있으며 정신증적 프로파일의 경우에는 내부세계와 외부현실 간의 경계의 문제를 고려해 볼 수 있을 것이다. 1번, 2번, 3번 척도의 공통된 속성은 내부세계로부터 경험되는 욕구를 직접적으로 해결할 수 없음을 의미하며, 특히 1번과 3번은 억압을 통해 원천적으로 욕구경험을 차단하는 전략을 구사하는 것이다. 2번은 자신의 욕구경험은 가능한 상황이지만 경험된 욕구를 모두 평가절하하며 내면화 전략을 통해 맞불을 놓는 것처럼 예상되는 욕구좌절을 미연에 방지하려는 것으로 볼 수 있다. 세 척도 모두 대안적 사고가 어려우며 상황에 적합하지 않은 방식이라 할지라도 자신이 가진 특정 전략을 고수하려는 경직성을 보이고 있다. 2번 척도 상승을 고려하여 1번과 3번의 조합된 패턴을 고려하는 것 또한 해석적 유용성을 높일 수 있다. 앞서 공통적으로 나타나는 신경증적 방식은 사고, 정서, 행동, 신체적 반응이 경직된 특징을 보인다고 하였다. 1번과 3번 척도는 특히 진정한, 진실한 비의식적 욕구들을 억압함으로써 이를 직접적으로 처리하기 위한 사고, 정서, 행동 등 여타 전략들의 필요성을 느끼지 못하도록 한다. 욕구가 억압된 후 사고는 산만해지고 흐트러지며 정서는 내면에서 일어나는 것들에는 무감각해지면서 동시에 지금 또는 당시 순간에 피부로 경험되는 살아 날뛰는 정서에 몰두하게 된다. 행동 또한 적어도 의식적으로는 자신이 원하지 않더라도 특징적인 경직된 행동패턴을 갖게 된다. 반면에 내부세계에 억압된 내용들은 주위 대상으로부터 채움을 받고자 하는 소망을 갖고 있는데 이와 연결된 정서가 억압되어 있기에 직접적인 채움 요청을 할 수가 없다. 그래서 정서를 직면하지 않고서 욕구를 채울 방법으로 신체적 반응이 나타나기도 한다. 이는 존재와 무존재 사이에서 가장 근원적인 경험이기 때문에 같은 인간 종으로서 주위 사람들은 상처받은 존재를 살리기 위해 노력하게 된다. 더불어 문화적으로 대부분의 잘못과 비난받아야 마땅한 상황 그리고 책임을 져야 할 상황에 닥쳤을 때 신체적 고통을 호소한다면 주위 사람들의 양해를 얻을 수 있게 되고 웬만한 문제 상황을 모면 또는 지연시킬 수 있게 된다. 여기서 2번 척도의 상승은 자신의 내부에서 경험되는 자극들을 직면하게 되었거나 직면할 수 있는 태도를 갖고 있음을 의미하며 1번과 3번 척도에서 나타나는 억압의 힘이 약해져 신경증적 행동에 대한 불편감을 경험하고 호소할 수 있게 됨을 의미하는 것이다. 그렇기에 치료 예후가 다소 좋은 것처럼 보일 수 있다. 하지만 2번 또한 경직된 방식의 신경증적 특성을 갖고 있기에 역시 장기적 심리치료에서도 드러난 부적응이 안정적인(stable) 모습을 보일 가능성이 높다.

정신증적 프로파일 패턴의 핵심은 현실감의 저하 및 상실을 의미하기 때문에 이들을 성격차원에서 구조화하기보다 증상 차원에서 구조화하는 경향이 있다. 현실감의 저하 및 상실이라는 것은 내부세계와 외부현실 사이에서 합목적적이고 적절한 방식의 관계가 맺어지지 않고 있음을 의미하기 때문에 자아의 힘과 기능 자체가 손상된 것이라 볼 수 있다. 하지만 이러한 정신증적 프로파일을 보이는 내담자들 중 진정한 정신증적 증상이라 인정할 만한 정신과적 문제를 보이지 않는 경우도 많이 있다. 이는 일상적인 생활에서는 자아의 힘과 기능이 어느 정도는 유지되고 있는 것으로 보이나 특수한 상황이나 세부적 주제에 한해 현실감의 저하를 보이고 있음을 발견하게 한다. 우스운 일이지만 6번과 8번이 상승한 프로파일을 보인 내담자의 결과를 보고 병원에 보내야 할지 말아야 할지 결정해야 하는 부담감에 평가자가 오히려 현실감이 저하되는 경우가 벌어지기도 한다. 이는 6번과 8번 척도에 대한 평가자의 과도한 부정적 인식에 인한 것이기도 하다.

척도 6번과 척도 8번의 척도 7번과의 동반 상승 패턴을 고려해 보면, 7번 척도는 정서적 불편감 또는 불쾌감의 과부하 상황에서 그 원인이 되는 핵심정서를 직접적으로 해결하기보다 사고를 통해 불쾌한 상황을 고심하는 특징을 의미한다. "여러분은 골치가 아픈 것이 더 힘든가요, 아니면 마음이 힘든 것이 더 힘든가요?"라고 대부분의 사람에게 질문해 보면 마음이 힘든 것보다 머리가 아픈 것이 그나마 낫다고들 한다. 바로 7번이 직시하는 것은 정서적 문제를 어떻게 다루고 있는가다. 정서적 불편감이 경험되면 의도했든 하지 않았든 이를 극복하고자 사고가 작동하게 된다는 것이다. 물론 이 사고는 대부분의 경우 근본적으로 현실적이고 생산적인 사고는 아니다. 이러한 반응의 장점이라면 문제가 있음을 자각할 수 있다는 것이며 단점이라면 현실적으로 정서적 문제를 해결할 수 없다는 것이다. 척도 6번과 척도 8번이 척도 7번과 함께 상승할 경우에는 자신의 외부현실과 내부세계의 경계의 모호함을 인식하고 있으나 이를 해결하기 위한 현실적 대처는 어려울 것임을 시사한다. 반면, 척도 7번이 유의한 상승이라 고려하기 어려운 정도라면 적어도 정서적 불쾌감 자체를 다루지 못하고 있을 가능성이 높으며 외부현실과 내부세계의 경계가 상당 수준 흐트러져서 비현실적이고 자동적인 사고패턴이 형성되어 있는 상황이라 볼 수 있다.

추가적으로 신경증적 척도의 상승패턴과 정신증적 척도의 상승패턴이 함께 나타날 경우도 발견하게 된다. 이는 여전히 추가적인 논의가 필요하지만 일반적으로 '경계선 프로파일'이라고 알려져 있다. 이러한 개념화는 다소 세련되지 못한 것이라 생각되지만 '신경증과 정신증적 증상을 모두 경험하고 있다'는 것이 기본적 가정이다. 그런데 이는 두 가지 이유로 추가적 논의가 필요하다. 첫째, 앞서 기술한 떠 있는 프로파일(floating profile) 패턴으로 우선 개념화해야 한다. 둘째, '경계선(borderline profile)'이라는 개념이 평가자에 따라 여전히 일치되지 않은 상태로 사용되고 있기 때문에 오해석의 가능성을 배재할 수도 없고 다른 개념을 가지고 있는 전문가들 사이에서조차 서로 다른 이해를 하면서 의사소통을 하고 심지어 다르게 이해하고 있다는 것을 인식하지 못한 채 자연스럽게 의사소통하고 있다는 것이다. 그렇기에 보다 적합한 개념화를 할 필요가 있다. MMPI-2는 지금 이 순간 적어도 최근을 기준으로 한 자신에 대한 보고이며 각 문항은 자신이 경험하고 있는 현상, 즉 부적응과 관련된 내용이고 이에 대한 반응이 측정되는 것이기 때문이다. 그렇기에 신경증과 정신증에 해당하는 내부세계 및 외부현실의 현상이 동시에 경험되고 있다는 의미로 보는 것이 바람직할 것이다. 정리해 보면, 앞서 살펴본 것처럼 신경증적 그리고 정신증적 프로파일 그룹의 구별은 실제 장면에서 비교적 손쉽게 내담자를 구조화하는 데에 도움이 되긴 하지만 내담자의 구체적인 성격적 또는 정신병적 내용은 추가적인 검토가 필요하다.

(3) 성격 영역에 따른 프로파일 양상

앞서 성격은 주위 환경과 상호작용하면서 독특하고 지속적이고 일관적으로 드러나는 사고, 정서, 행동, 신체적 반응이라고 정의하였다. 성격이 형성되는 심리적 과정은 직접 관찰할 수는 없지만 그로부터 발생한 그들의 사고와 정서, 행동, 신체 반응들 그리고 외부세계와의 관계 방식 등을 간접적으로 측정할 수 있다.

개인의 성격은 내부세계와 외부현실의 스트레스 양상에 따라 자아가 적절한 해결 전략을 구사할 수 있을 때 내부의 평화를 지킬 수 있다. 개인의 전략들은 기본적으로 자신에게 가장 편하고 충분히 기능할 수 있는 준비가 된 무기를 사용하는 것이다. 만약 그 전략이 성공하지 못할 경우 전면에 내세운 무기가 망가지거나 지키고자 한 내부세계의 가장 취약한 영역에서 문제가 발생한다. 발생한 문제들은 한 개인의 특정 성격 영역에서의 부적응과 관련되어 있다. 누구나 외부현실 및 내부세계로부터의 스트레스를 극복하기 위해 자신의 가장 강하고 잘 단련되어 있고 익숙하며 자동적인 시스템을 작동시켜 방어, 보호, 대처를 하게 되는데, 이 과정에서 성격 영역 각각의 독특성이 나타나고 MMPI-2는 그 드러난 양상들을 측정한다. 임상척도는 해당 성격 영역의 작동과 관련된 특징적인 척도들로 구성되어 있다. 사고, 정서, 행동, 신체, 관계 영역과 관련된 척도들이다. 이는 성격 영역에 따른 해석에서 이에 상응하는 임상척도들이 있다는 것을 가정하지만 각 성격 영역에 일대일로 상응하는 절대적인 척도 및 코드가 존재한다는 것은 아니다. 이러한 성격 영역에 준한 척도의 해석은 조심스럽게 접근을 해야 하고 해당 척도들은 개인의 성격 영역에서 두드러지게 발현되는 성격적 특징, 어떤 경우에는 성격적 특징과 연결된 단편적인 증상을 의미하는 것일 수도 있기 때문에 천편일률적인 해석은 지양해야 한다.

다시 말해, 각 임상척도는 특정 성격적 결함 및 부적응의 지표이기도 하지만 각 척도에 특징적으로 관련되는 전체적인 성격적 특징을 반영하고 있다. 척도마다의 전체적인 성격적 특징이라는 의미는 척도 1번이 주로 신체와 관련된 성격 영역임을 지적하는 것이긴 하나 이와 함께 척도 1번이 가지고 있는 사고, 정서, 행동, 신체, 관계 패턴에 대한 정보들도 포함하고 있다는 것이다. 그렇기 때문에 척도별 고유한 부적응적 특징을 통한 해석과 더불어 전체적인 성격 영역에 따른 해석을 함께 고려할 때 풍부한 해석이 가능해진다. 예를 들면, 척도 6번과 척도 8번은 기본적으로 사고와 관련된 부적응적 특징을 반영하고 있지만 이와 함께 척도 1번이 함께 상승했을 시에는 척도 1번이 의미하는 사고의 특징을 추가적으로 통합하여 해석할 수 있다는 것이다. 결국 보다 통합적인 해석을 위해서는 이 두 가지 방식은 서로 독립적으로 활용되는 것이 아니라 보완적인 해석적 접근을 해야 한다.

① 사고 영역

● 부적응 양상에 기초한 해석

사고기능은 심리평가 과정에서 주요 관심 영역 중 한 가지이면서 개념 정리가 어려운 영역이기도 하다. 일반적으로 사고양태, 사고과정, 사고내용으로 구분하나 MMPI-2 척도들의 점수만으로는 사고의 과정과 내용을 구체적으로 구분하여 측정하기는 어려우며 최종적인 사고의 양상을 측정한다. 이러한 최종적인 사고기능 중 부적응적 사고 양상을 반영하는 척도는 6번과 8번이다. 척도 6번과 척도 8번은 현실적 사고의 어려움을 의미하며 현실 지각과 관련된 사고의 부적응성을 시사한다. 이들에게서 발견되는 경직된 사고, 이탈된 사고, 편향적 사고, 편집적 사고, 혼란된 사고와 현실감이 저하된 사고, 부적절한 판단력 등등은 일차적으로 외부현실과 내부세계에 존재하는 스트레스를 정확하게 지각하지 못함으로써 발생하는 문제이며, 외부현실에 대한 정확한 지각이 있다 하더라도 경험된 현상이 내부세계에서 새로운 현상으로 재편집 또는 왜곡하여 인식하는 것이다. 다시 말해, 자아가 경험하는 외부현실의 실제 현상은 내부세계에서 재구성되고 왜곡된 현상으로 인식하게 된다.

사고와 인지의 문제를 설명하는 자아심리학적 입장은 여타의 문제를 이해할 때와 마찬가지로 스트레스에 대한 반응적(pro-activity) 현상으로 이해할 수 있다. 내부세계 또는 외부세계로부터 강력한, 자아의 힘이 견디지 못할 정도의 스트레스[3]를 경험할 경우 인간은 자연스럽게 사고를 통해 현실을 지각하고 해당 문제를 판단하게 된다. 만약 누구나 경험할 만한 다양한 외부현실과의 관계 경험이 절대적으로 부족하여 전반적인 스트레스를 견딜 만한 내성이 부족하게 될 경우 추후 겪게 될 스트레스 상황에서 발휘해야 할 사고능력은 쉽게 손상될 것이다. 생애 초기부터 발달상 겪게 될 수 있는 일반적인 스트레스 경험을 하지 못한 사람 또는 기질적으로 사고 및 인지 능력이 발달하지 못한, 또는 스트레스 상황 시 문제 해결을 위한 일반적인 기술의 습득이 부족한 사람일 경우 사고와 인지적 대처 능력은 당면한 스트레스를 해결하는 데에 적절한 방어도구가

---

3) MMPI-2에서 스트레스는 보통 부정적일 가능성이 높긴 하지만, 부정적이거나 긍정적인 것을 함께 의미한다. 스트레스라는 단어는 자동적으로 부정적 연상이 촉발되기 때문에 아무리 객관적인 현상이라 설명하더라도 객관적인 의미로 쉽게 바뀌지는 않곤 한다.

될 수 없다. 그렇기에 내부세계 및 외부현실로부터의 스트레스에 적절하게 대처하지 못하고 사고와 관련된 증상, 즉 망상 등의 사고 영역에서 부적응을 발생시키거나 부족한 사고능력을 대신하여 다른 성격 영역을 무기로 대처할 수도 있다.

척도 6번과 척도 8번의 상승은 외부현실과의 접촉 면의 경계가 무너진 것을 의미하며 그 증상으로 사고가 제 기능을 못하고 있음을 의미한다. 주위로부터 스트레스를 받은 것에 대한 억울함과 복수심을 기초로, 평화롭던 상태로 돌아가고자 하는 체계적인 계획, 망상, 투사 등의 사고패턴을 보이게 된다. 재건을 위해 노력하는 과정에서 반복되는 공격이 벌어질 것이라는 주관적 두려움은 작은 나비의 날갯짓에도 수류탄을 던져버릴 정도로 민감해지며 전반적으로 스트레스에 대한 경계 수준을 높이게 된다. 안타깝게도 이때 필요한 것은 실제 도움을 줄 수 있는 지원군이지만 실제 이들의 주위에는 충분한 지지를 제공하는 대상이 부족한 경우가 많다. 이러한 패턴을 보이는 사람들은 이미 당해 버린 공격으로 아군도 쉽게 믿지 못하고, 믿는다 할지라도 언젠간 돌변하게 될 스파이가 아닐까 하는 의심을 놓지 못한다. 더 상황이 악화되는 경우가 벌어질 경우 내부세계에서조차 가용한 성격적 자원들이 적절한 지원을 해 줄 수 없게 된다. 이러한 문제들이 지속되면 스스로가 만들어 놓은 세계 내에서 목숨만 유지하게 되는, 즉 생존 자체가 삶의 목적으로 변하기도 한다. 결국 외부현실과의 단절은 깊어지고 내부세계에 갇히게 되는 것이다.

● 척도별 사고 특징에 기초한 해석

누구도 한 개인의 사고를 직접 관찰할 수는 없다. 다만, 그들의 언어화 양상을 통해 추정할 수밖에 없다. 언어화가 필요한, 즉 사고가 필요한 상황에서 이러한 능력이 외부현실로 적절히 발현되지 않는다면 그 자체가 부적응을 시사하는 것이라 볼 수 있다. 적응을 위해서라면 사고해야 할 때 그에 맞는 적절한 사고를 해야만 한다. MMPI-2에서 나타난 점수를 통해 직접적으로 적용할 절대적인 능력의 문제인지, 상황적으로 어쩔 수 없을 정도의 어려운 상황에 처해 있는 것인지는 알 수 없지만 현재 사고 기능에 문제가 발생하고 있다는 것은 사실이다.

예를 들어, 41세의 남성이 현재 정리해고 우선 대상으로 곧 백수가 될 상황에 처해 있다고 생각해 보자. 이 남성이 현재 사고의 문제를 보이고 있을 경우라면 MMPI-2 결과에서 척도 6번과 척도 8번이 상승할 가능성이 높을 것이다. 자신이 정리해고를 당하게 된 것이 어떠한 이유에서인지를 알 수 없는 상황이라면 해당 문제를 직접적으로 해결하기 위한 방법을 찾기 어렵다는 것이다. 그 이유를 알 수 없다는 것은 안타깝지만 적응을 위해서는 어떠한 방식으로건 반드시 해결해야 할 것이다. 아무리 외부현실에서 그 이유를 찾아보려 해도 부질없는 짓이 되고, 결국은 스스로의 내부세계에서 가능한 정보를 총동원하여 조각 맞추기를 해야만 한다. 그 조각들은 원천적으로 외부현실의 현실적 정보가 아니기에 어떤 조각이 나오더라도 현실적인 그림은 만들어질 수가 없다. 결과적으로 이 남성은 다소 자폐적이고 부적절한 자신의 내부세계의 논리성에 따라 현실을 지각하고 바라보게 된다. 이상의 상황은 성격 영역 중 사고 기능 자체의 손상을 의미하는 것이다.

하지만 사고 기능의 문제를 막을 수 있다면 어떤 일이 벌어질까? 만약 이 남성의 MMPI-2 결과에서 척도 1번이 상승한 경우라면 당면한 상황에서 사고 기능을 활용하기보다 갈등 경험을 억압하는 방식으로 나타날 가능성이 높을 것이다. 당면 문제에 대해 심사숙고하고 극복 방법을 구상하기보다 대부분의 건설적인 사고 에너지를 내부세계로 끌어와 깊은 저장고에 숨겨 놓는 듯하다. 현재 힘겨운 상황에서 자신이 피해자이며 그렇기 때문에 자신은 전폭적인 관리를 받아야 한다는 자기중심적인 사고를 보일 것이다. 척도 1번이 상승한 이들의 사고는 상당히 굳건하고 안정화(stable)되어 있기 때문에 그 사고가 비현실적이라는 증거가 나타나더라도 수정될 가능성이 낮으며 더욱더 내부세계로 퇴행하여 자기몰두적인 양상으로 변하게 될 것이다.

척도 2번의 상승은 척도 1번의 상승에서 나타나는 것과 마찬가지로 경직된 특징을 고려해 볼 수 있다. 이들의 사고 역시 굳건한 틀이 있지만 그 내용에서는 외부현실을 차단하는 것이 아닌 완전히 흡수해 버리는 것으로 특징지어진다. 어떠한 외부현실의 자극들이라 할지라도 내부세계로 향하는 문턱에는 부정적인 양념을 입히는 필터가 존재한다. 일단 내부세계로 입력된 부정적 자극들은 부정적 경험으로 숙성되고 그 상태 그대로 유지하고자 한다. 객관적인 긍정적 현실도 이들은 부정적인 맛으로 숙성시켜 버리며 원래 그러한 운명으로 받아들여 버린다. 결국 이들은 적극적이고 생산적인 사고에너지를 발휘할 필요가 없음을 인정해 버리는 것이다. 하지만 이들의 사고는 반응적인 역사를 갖고 있을 가능성이 높기 때문에 과거 어느 시점에는 이들이 적극적이고 생산적이고 에너지 넘치는 사고 기능을 발휘했던 경험이 존재한다. 수차례 노력할 때마다 실패를 겪고 좌절하며 염세적인 사고가 학습된 것으로 이해할 필요가 있다. 결국 과거 어느 시기에는 희망찬 사고를 했음에도 만족스러운 결과가 오지 않았다고 생각하며, 좌절하게 된 누적된 경험으로부터 현재 변화 가능한 상황에서조차 의미가 없을 것이라는 경직된 사고패턴으로 굳어진 것이라 볼 수 있다.

척도 3번의 상승은 자기중심적 사고를 특징으로 하는데 척도 1번의 자기중심적 사고와는 질적인 차이가 있다. 사고양상에서는 동일하게 자기중심적 사고라 할 수 있으나 척도 3번은 생존과 관련된 전폭적 보살핌이 아닌 특정 대상에 대한 의미 있는 사람으로 수용되고자 하는 욕구에 몰두해 있는 것이다. 이는 근원적으로 '나'와 '신(일반적으로 어머니 대상)' 사이에 '내가 아닌 또 다른 존재(보통 앞선 형제나 아버지다)가 있음을 인지한 후 '내가 아닌 또 다른 존재'보다 내가 신에게 좀 더 밀착되고자 신의 관심을 받기 위한 시도를 하게 된다. 신은 나를 생존케 해 주고 만족시켜 주는 이상화된 존재다. 생애 초기 어머니와의 관계에 새로운 아버지의 존재가 등장하면 아이들이 보이는 특징이기도 하다. 어린 아이들은 어쩔 수 없이 언제나 부모에게 의존해야 하며 부모를 이상화하는 것이 생존에 도움이 된다는 것을 학습하게 된다. 자신의 사고를 자율적으로 경험하고 표현하기보다 자신을 인정해 줄 수 있는 대상으로부터 수용될 가능성이 높은 방식으로 사고를 하고 표현한다. 자연스럽게 자신의 자율적 사고는 내부세계에 격리되고 의식 선에서 자신의 소망을 채우는 데에 가장 적합한 방식으로 환경 또는 대상 의존적인 방식으로 사고를 맞추게 된다. 이 역시 비의식적인 과정으로 스스로는 이러한 과정을 인식 하지 못하는 양상을 보인다. 이러한 방식으로부터 발생하는 부작용은 자신의 바람을 채워 줄 수 있는 주요 대상의 사고를 원래 자신도 동의해 왔고 일치된 것으로 자연스럽게 받아들여 버리는 피암시적인 사고의 특성으로 나타나게 된다는 것이다.

척도 4번의 상승에 반영된 사고양상 또한 경직성을 기초로 한다. 우선 외부현실과 내부세계에 대한 자신만의 적절한 논리적 틀을 갖고 있으며 이 틀은 웬만한 증거로는 변화하지 않는 일관성을 갖고 있다. 일관성이란 자신의 내부세계의 평화를 유지하는 데에 도움이 되기 때문에 반복적이고 내적인 강화를 통해 더욱더 강건한 패턴을 갖게 된다. 그래서 이들은 자신의 신념과 소신을 고수하는 경향을 보이곤 한다. 한편, 이들은 생애 초기에 특정한 규율과 틀을 참고하여 외부현실과 내부세계의 현상들을 이해하려 해도 할 수 없던 모호한 경험을 갖고 있다. 그 모호한 경험은 절대적으로 압도될 정도의 강력한 스트레스 사건일 수도 있으며, 벌어진 현상에 대해 일반적인 사고의 틀로는 도저히 이해할 수 없는 방식으로 해결된 적이 많았다고 보고하곤 한다. 결국 자신이 경험한 모호한 현상들로부터 발생한 불안을 해소하기 위해 현실적으로 적절하지는 않지만 자신만의 사고의 틀을 가지고 당면한 현상을 개념화하고 이해해 온 것이다. 한편, 풍비박산이 일어난 전쟁통에서도 자신만의 산골 공동체만은 평화로운 삶을 유지하고 자 하는 촌장의 눈물겨운 시도로 비유해 볼 수도 있다. 전쟁 당시에는 영웅이라 하겠지만 전쟁의 종결로 세상에 평화가 오고 난 후에도 여전히 산골에서 자신의 공동체를 고수하려는 시도는 외부현실에서는 더 이상 유용하지도 않고 세상의 적응에 도움이 되지도 않는 것이다. 만약 전쟁 후 이들의 공동체 유지 방식이 외부현실의 현상과 상반된 또는 적합하지 않은 것으로 지각될 경우 강력한 갈등이 일어나며, 이에 대한 해결책은 더욱더 자신의 사고를 고수함으로써 대항하는 것이 된다. 자신의 주장과 논리가 외부현실에 인정되지 않을 경우 기꺼이 그들을 제거하려는 시도를 할 수도 있다.

척도 5번은 성별에 따른 해석이 필요하다. 남성에게서 나타난 척도 5번의 상승은 자신의 신념을 자신이 당면한 현상에서 요구되는 것에 맞추는 것으로 나타난다. 이는 사고의 유연성이라는 긍정적 특성을 가지기도 하지만 자신만의 소신을 유지하지 못함을 의미한다. 모순적이게도 의식적으로는 자신이 매 상황에 최적화된 방식의 사고를 하고 있다고 느끼곤 한다. 마치 '좋은 것과 나쁜 것 중 좋은 것을 선택하는 것이 왜 문제인지 모르겠다'는 태도와 유사하다. 실제 이들의 생활은 꽤 적응적이며 주어진 상황에 불평불만을 가지기보다 앞서 '적응하여 살아남기' 미션을 수행하는 듯 보인다. 물론 이러한 사고의 적응성은 말 그대로 적응적인 특성이지만 이들이 '자신만의 것' '자신다운 것'을 심사숙고해야 할 상황이 되었을 때는 딱히 이렇다 할 만한 안정적인 자기개념을 갖고 있지 않은 것 같기도 하다. 심리치료 장면에서 이들의 과거를 탐색해 보면 타인과 관계하는 방식에서 상당한 스트레스 상황이 존재하였음을 발견하게 된다. '환경 우선' 또는 '타인 우선'이라는 신념체계를 유지해야만 생존할 수 있었고 적응할 수 있었던 스트레스 상황인 것이다. 적응하고자 하는 목적을 달성하기 위해 자신에 대해 심사숙고할 만한 여유가 부족했으며 관계 속에서 살아남기에 급급하였기 때문에 누구보다 다양한 적응 전략이 필요하게 되었을 것이다. 척도 5번의 상승에 반영된 유연한 사고에는 '내 생각과 의견을 표현한다면 나는 적응할 수 없을 거야'와 같은 비합리적 신념이 자리 잡고 있는 경우도 있다. 반면, 척도 5번의 점수가 낮은 사람들은 다양한 환경에 노출되지 못한 채 정해진 테두리 내에서 자신의 사고를 지켜 온 사람이라 볼 수 있다. 그렇기에 한정된 경험과 사고 능력상의 이유로 다소 고집스럽고 경직된 사고 양상을 보이게 된다. 척도 4번의 상승에서 설명한 경직된 사고는 불만스러운 상황을 적극적으로 자신의 신념체계 내에 흡수시키고자 하는 것이라면, 척도 5번의 하강은 단지 자신만의 방식대로 사고할 수밖에 없기에 자신의 사고를 고수하고자 하는 것을 의미하며 주위 사람들에게 이들은 '착한 또는 순진한 고집쟁이'로 보일 수 있다. 환경을 바꾸려는 목적이라기보다 원초적인 순진한(innocent) 자신의 방식을 고수하려는 것뿐이다.

여성에게서 척도 5번의 상승은 남성과 마찬가지로 사고의 유연성을 보이긴 하나, 성성의 준거가 되는 자신의 '성성'과 반대되는 역할 및 수행을 요구하는 영역에 국한된 특성을 보인다. 여성으로서 응당 해야 한다는 행동 및 규범, 기준을 따르는 것을 불편해하며 소위 말하는 남성성을 가진 역할을 요구하는 환경이라 할지라도 불편감 없이 수용적인 사고를 할 수 있는 사람들이다. 하지만 적어도 이들의 남성성의 방향으로 유연해진 사고는 과거 경험으로부터 반응적으로 형성된 사고방식이라 볼 수 있다. 예를 들어, 남성과의 관계에서 여성적인 역할을 한 것에 대해 억울하고 불합리한 처우를 받았을 경우, 자신의 여성성을 지킬 수 없던 압도적인 스트레스 상황을 경험한 경우 기존에 고수해 온 소위 여성적인 태도를 더 이상 지켜 낼 수가 없었던 것이다. 그러한 과거가 흘러 지금 순간을 살아가면서도 이들은 세상의 다양한 경험에 초탈한 것처럼 보이거나 냉소적이고 염세적인 사고와 같이 생동감이 다소 부족한 관점을 갖고 살아가는 것처럼 보이곤 한다. 주위의 누군가가 힘듦을 호소할 때도 이들은 담담히 상대방의 힘듦을 받아 주며 차분히 꽤 괜찮은 자문을 제공하기도 하기 때문에 주위의 다른 여성들에게 독특한 매력을 느끼게 할 수도 있다. 하지만 이들의 자문은 상대방에게 적합한 개별특수적인 자문이라기보다 인생 전반에 걸쳐 체득된 것과 같은 면모를 보이는 경향이 있다. 남성과는 다르게 이들은 상황에 맞추어 사고하기보다 자신의 '성성'과 연결된 고유한 사고체계를 무너뜨리면서 '자신의 것'을 놓쳐 버린 것이라 설명할 수 있다. 결국 남성과 여성 모두 '자신의 것'에 대한 안정적인 자기개념을 잃어버린 내부세계를 반영하는 것이다.

척도 7번의 상승에서 나타나는 사고의 특징 또한 경직성이라 할 수 있다. 이 경직성은 다른 척도들과 다르게 강한 환경수식적인 특징을 갖고 있다. 이들의 사고는 외부현실의 요구가 없는 상황에서도 내부세계에서 마련된 사고의 틀을 외부현실에서 실현하고자 하는 경직성이다. 영화 제작 과정에 비유해 볼 수 있다. 이들은 내부세계에서 경험된 불편한 정서적 자극들을 해결하고자 꼼꼼히 기획된 각본을 통해 외부현실을 통제(control)[4]하려고 시도한다. 만약 자신의 시나리오대로 외부현실에 반영되지 않을 경우 더욱더 디테일을 살리는 것으로 각본과 외부현실의 차이를 만회하려고 한다. 한편, 배우들에게 자신의 각본을 전해 주기 전부터 개인적인 불만족을 경험할 수도 있다. 자신의 각본이 적절히 연기되지 않을지도 모른다는 기우를 갖게 되면서 내부세계에서 상당한 불안이 발생하고, 또다시 새로운 걱정거리를 예상하게 되는 악순환을 겪게 된다. 결국 내부세계에서 불안은 확장만 되고 외부현실로 발현되지 못한 채로 각본 수정에 몰

---

4) '통제' 또한 오해가 많은 구성 개념이다. '통제'라는 단어는 오랜 시간 부정적 현상들과 의미망을 구축해 왔다. 억누르거나 하려는 것을 못 하게 하는 등의 의미로 각인되어 있기까지 하다. 하지만 통제는 우리가 리모컨(remote controller)을 사용할 때와 같이 주체가 어떠한 외부현실의 것을 자신의 바람에 최적화되도록 조절하려는 적극적이고 생산적인 수행으로, 일반적인 단어 사용 상황과 구분해서 이해할 필요가 있다.

두하게 되는 것이다. 주위 사람들은 이들이 자신에 대해 뭔가 불만스러움을 갖고 있는 것 같지만 무엇 때문인지는 분명히 파악하기 어렵다고 느끼곤 한다. 혹 알게 된다 하더라도 너무나 세부적인 내용이기 때문에 진정한 이해가 어려울 것이다. 결국 내부세계 내에서 각본을 수정하는 데에 사고능력을 소진할 수도 있고 내부세계의 각본을 외부현실에 적용하려고 한다면 생산적이지 않은 내용에 집착하는 것으로 나타날 수도 있다. 다행인 것은 내부세계에서 경험되는 부적절감이 외부현실에 직접적으로 나타나기보다 내부세계에서 그것을 해결하고자 하기 때문에 외부현실로의 실제적 문제 발생을 지연시킬 수 있다는 긍정적인 측면을 갖는다. 그렇다 하더라도 내부세계에서 느끼는 불편감은 여전히 부정적 특징을 담고 있는 것이다.

척도 9번의 상승이 함축하고 있는 사고의 특징은 일방향적인 사고라 할 수 있다. 추가적인 대안을 고려하지 않고 내부세계에서 결정된 사고가 곧바로 외부현실로 드러난다. 이들의 일방향적 사고는 다른 대안들은 자신의 내부세계의 안정을 해칠 것 같다는 원초적인 불안으로부터 내부세계를 보호하고자 하는 시도의 결과이기도 하다. 일방향적인 사고는 외부세계의 맥락을 고려하기 어려울 정도로 협소하며 자기중심적이고 상황을 고려하지 못하는 무례함으로 나타나기도 한다. 하지만 이들은 자신의 사고를 조정하기보다 자신의 사고가 외부현실에서 실현되게 하기 위해 더욱더 강도 높은 사고를 하곤 한다. 이러한 사고는 목적지향적인 특징을 갖는 경우도 있기 때문에 현실감이 유지되는 정도에 따라서 생산적인 사고로 비칠 수 있다. 일반적으로 대부분의 사람이 자신의 사고가 현실에서 실현될 수 있을까 하는 의심 또는 두려움을 경험하게 된다면, 반면 이들은 부정적인 방식의 사고보다 긍정성에 더 중점을 두고 몰두하기 때문이다. 그렇기에 이들의 사고가 생산적인가를 가늠하기 위해서는 그 목적의 현실성과 실제 수행 과정 및 결과를 고려해야 할 필요가 있다. 하지만 모순적으로 우리의 삶에서 두드러지는 발전과 생산성은 대부분이 꺼려하고 두려워하고 조심스러워하는 것을 도전적으로 생각해 낼 수 있는 창의성과 이를 실현시키고자 하는 모험심 그리고 추진력으로부터 시작된다고 볼 수 있다. 모두가 불가능이라고 할 때 그 가능성을 바라보고 한 걸음씩 나아가는 사람일 수도 있는 것이다. 척도 9번에서 확인할 수 있는 것은 이렇게 한 발 내딛는 순간의 모습을 찍은 사진이기에 상당히 조심스럽게 탐색해야만 한다. 평가자가 스스로도 너무나 자연스럽게 조심스럽고 안정적인 것을 원하는 사람이라면 이들의 적응성은 더욱더 평가절하될 위험이 있음을 명심해야 한다. 이전에 관계를 맺은 지인 중 주위 사람들로부터 '어떻게 저렇게 살지?'라는 의문을 살 정도로 척도 9번과 관련된 엄청난 강도의 사고를 보이는 사람이 있었다. 하지만 그가 이루어 온 생산물과 쉽게 상상하기 어려울 수준의 높은 연봉을 밝히면 그 순간 그에 대한 평가는 달라지곤 했다. 하지만 이들은 일반적인 방식으로 내부세계와 외부현실을 지각하는 것이 아니기에, 특정 삶의 장면에서 생산성이 높다 할지라도 전반적으로 안정적인 적응성으로만 받아들이는 것은 조심해야 한다.

척도 0번에서 알 수 있는 사고는 울타리 내에 있는 양들로 비유할 수 있다. 오랫동안 지녀 온 사고의 내용과 방식은 쉽사리 변하지 않고, 변하고자 하지도 않으며, 단지 안정적으로 경험된다. 내부세계에서 경험되는 원자아와 초자아의 힘은 애초에 갈등을 일으킬 정도가 아니거나 갈등을 경험하지 않으려는 전략을 통해 안정성을 유지하고 있는 것이다. 자아가 내부세계의 안정을 유지하고자 하는 방식은 '무탈하게'라는 신념을 가짐으로써 원자아의 욕구에 무감각해지고 그로부터 초자아의 압력을 발생시키지 않도록 한다. 이에 더해 초자아의 압력이 조금이라도 느껴진다면, 그것은 그 압력을 수용함으로써 갈등이 더 커지지 않게 무탈한 내부세계의 평화를 유지하고자 하는 것이다. 이들의 사고는 비교적 오랫동안 누적된 결과이기 때문에 '사고의 안정성'이 특징이다. 초자아의 가벼운 눈길에도 쉽게 백기를 들고 항복함으로써 예상되는 갈등을 미연에 방지할 수 있다는 것은 외부현실의 대상에게도 고스란히 적용된다. 이렇듯 이들이 주위 사람들로부터 자신의 원자아 욕구를 자극받거나 자신의 사고에 대한 변화를 요구받게 되었을 때 오히려 쉽게 수용하려는 태도를 보이는 특성을 이해할 수 있는 것이다.

② 정서 영역

● 부적응 양상에 기초한 해석

정서 영역은 성격 영역 중 가장 자동적인 경험 차원이며 다른 영역들에 가장 쉽게 영향을 받고 영향을 주는 영역이라 할 수 있다. 자신의 의도대로 그리고 능동적으로 정서를 느낀다거나 경험된 정서를 적당하게 표현하고 싶은 만큼 표현한다는 것은 쉽지 않다. 자신도 모르게 자동적으로 느껴져 버리고 어느 사이에 의도치 않게 표현해 버리거나 무슨 이유에서인지 자신도 모르게 표현하면 안 될 것 같은 마음에 참기도 한다. MMPI-2에서는 정서 경험 및 정서 표현과 관련된 기능을 탐색하기 위해 척도 2번과 척도 7번의 상승을 고려하게 된다. 흔히 진단을 위해서 2-7/7-2 코드 타입을 강박장애 또는 우울장애로 우선 고려하게 되지만 그 이면에 충분히 검토해야 할 정보가 포함되어 있다.

척도 2번에서 나타나는 정서적 특징은 대부분의 정서적 경험을 주관적으로 해석하려는 양상을 보인다. 즐겁고 유쾌한 정서적 경험이라 할지라도 이들은 부정적인 정서적 필터에 걸러진 부정적 내용물을 섭취하는 듯하다. 내부세계에 담겨 있거나 새롭게 경험된 정서의 내용은 이미 부정적으로 오염된 웅덩이의 물처럼 부정적 색채가 녹아 있으며 외부현실에서 정제된 물을 채워 넣더라도 웬만큼 깨끗하지 않거나 정화될 수 있을 정도의 양의 물이 아닌 이상 부정적 정서가에 오염되어 버린다. 혹여 자신도 인식하지 못한 채 긍정적이고 유쾌한 정서적 상황에 처해 버리면 스스로 상당히 어색해하며 자신에게 그러한 긍정적 경험이 가당치도 않은 듯이 순간적으로 내부세계에서 부정적으로 오염된 정서로 덮어 버리곤 한다. 가끔 자신도 모르게 재치 있는 유머를 듣게 되더라도 입꼬리가 미처 올라가기도 전에 원래의 무표정한 모습으로 조율해 버리는 모습이 관찰된다. 척도 2번의 상승이 의미하는, 다분히 주관적으로 경험되는 부정적 정서의 이면에는 긍정적이고 유쾌한 정서경험을 하는 것에 대한 불편감과 이를 거부하려는 비의식적 시도가 존재하는 것이다. 그렇기에 내부세계의 평화를 유지하기 위해서는 한결같은 우울감 또는 울적함을 유지하려고 하는 특징이 보인다. 이러한 정서경험의 부적응성과 더불어 강조되는 것은 정서표현의 어려움이다. 애초에 표현할 정서의 양과 다양성이 부족하기 때문에 표현 가능한 정서의 양도 상당히 부족하고 이에 따라 표현해야 할 명분을 갖고 있지 않다. 어떠한 경로로부터 긍정적 정서성이 경험된다 할지라도 시기적절하게 표현하지 못하며 일차적으로 내면화기제가 작동된다. 결국 외부현실에 적절한 정서 방출, 즉 정서표현이 되지 않게 되는 것이다.

정서와 관련된 자극은 대부분이 외부현실에서의 경험으로부터 오게 된다. 오랜 시간 지속적으로 받아 온 자극들은 내부세계에 강력한 정서의 덩어리로 남게 된다. 이후 이러한 정서 덩어리를 자극시키는 환경과 당면할 시 정서가 형성된 당시의 정서를 재경험하게 되는 것이다. 그래서 정서반응은 자동적이면서도 특정한 방향성을 띠게 된다. 감당하기 어려울 정도의 정서적 경험은 위협적이기 때문에 이를 직면하여 해결하려고 시도하기보다 이를 차단하는 것이 안전하다고 느끼며, 이러한 차단이 불가능해질 때면 과도한 정서적 내용들에 압도당하게 된다. 차단하고자 하는 정서들은 온전히 자신에게 만큼은 부정적이고 불쾌한 정서들이라 할 수 있다. 이는 다분히 주관적인 가치를 가지며 아무리 행복하고 긍정적인 현상이라도 스스로가 부정적으로 또는 불쾌하게 느끼면 그것은 온전히 불쾌한 정서인 것이다. 총알이 인중 앞으로 날아가는 전쟁 상황에서 고향에 두고 온 가족과 연인을 생각하는 것은 사치다. 적응을 위해, 자기보호를 위해, 지금 상황에 닥친 문제를 해결하기 위해서는 정서적인 자극들을 잠시 접어 두는 것이 유용한 전략이긴 하나 신경증적으로 정서를 차단하려는 시도는 정서적 피로가 누적되게 하며 항상 자신의 정서경험을 경계하면서 불안해하게 만든다. 이러한 정서적 차단을 정서의 고립 또는 격리(isolation of affect)라고 한다. 이들은 자신의 정서경험 자체를 위협적으로 느끼며 사실 그 정서를 해결할 방법이 없었기 때문에 생존을 위해 선택한 자기보호적인 기능을 갖고 있다. 이들의 정서경험은 생존을 위협하는 강한 불안으로 경험된다. 초기에는 위협적이던 정서라 할지라도 시간이 흐르면서 이를 차단하는 자동적인 방어 전략을 활성화하게 되며 이러한 방어가 구축된 이상 전반적인 정서 자체가 차단되기도 한다.

이러한 과정에는 척도 7번에서 만연한 부정적 정서로부터의 불안과 이를 처리하기 위해 정서를 차단하는 모습이 반영되어 있다. 이들은 정서의 격리로부터 오는 빈틈을 메우기 위해 사고 영역의 지원을 받는다. 이들 사고는 정서 영역을 보호해야 한다는 임무를 부여받은 특별 부대라 할 수 있다. 전면전에 나서지 않기 때문에 정서가 위협받지 않는 일상적인 장면에서는 이상하리만치 신경증적 사고가 나타나지 않기도 한다. 만약 정서 보호의 임무를 수행하기 위해 행동이나 신체 영역에 맡기게 되었다면 이야기는 달라질 수 있다. 하지만 행동과 신체 영역은 사고의 전투력에 비해 미약하며 차선책인 것이다. 일선에서 사고의 방어체계가 깨어진 후 후방에서 신체와 행동 영역이 투입되기 때문에 사고 영역이 수행한 것만큼은 정서경험을 제대로 차단할 수가 없다. 신체와 행동의 문제로 넘어가지 않는다는 점에서 그나마 다행이라 생각해야 할지는 모르겠지만, 사고의 기능이 저하되는 순간 정서는 순식간에 봉인해제되며 부정적 정서에 압도되어 버린다. 이 정서가는 아주 오래전부터 지금까지 어떻게 할 수도 없고 어떻게 해도 소용없던 '부정적 정서의 누적된 경험'의 총체였다. 사고 영역의 임무 실패는 고스란히 자기반성으로 돌아가며 오히려 부정적 정서성을 확장하는 역할을 하게 된다. '내가 역시 그렇지.' '이렇게 노력했지만 내가 바보인 적이 어디 한두 번이었어……?'라고 생각하게 된다. 실제로 사고는 정서를 충분히 보호할 수는 없기 때문에 정서가 과도하게 누적되면 언제든 사고는 제 구실을 못하게 되며 결국 부정적 정서는 현실적이지 않게 순간 엄청난 부담을 느껴 봉인해제되어 버린다. 그래서 정서경험의 차단과 더불어 원치 않은 극단적 정서경험이 일어나면서 적절한 정서표현의 때를 놓쳐 버리게 되고 과도하게 경험된 부정적 정서가 내부세계에 머물게 되는 악순환에 빠지게 된다. 정서경험 후 표현의 어려움은 척도 2번의 상승에 반영되는 것이다.

오랫동안 누적된 정서가 다양한 삶의 영역에서 자극되면 본능적으로 이러한 불쾌한 정서를 차단하게 되고 사고기능을 활성화하게 된다. 결과적으로는 생산적이지 못한 방법으로 사고기능이 작동될 때의 양상은 우울장애와 강박장애에서 관찰되는 양상과 유사한 양상을 띠게 된다. 하지만 강박장애는 사고의 생산적인 기능이 무너진 후 행동과 신체 영역까지 광범위한 부적응성이 발생한 것으로 볼 수 있다. 그래서 병원, 개업 장면, 학교 장면 등등 다양한 장면의 특성을 고려하지 않은 채 2-7/7-2 코드 타입을 직접적으로 강박장애로 개념화하는 것은 조심해야 한다. 그리고 우울장애로 진단을 받는 경우까지는 아니라도 2-7/7-2 코드 타입은 명확히 정서의 격리 및 내면화 문제를 지적하는 것이기 때문에 현실적 정서경험과 표현을 할 수 있는 조절 능력의 저하 또는 상실로 개념화하는 것이 합리적일 것이다.

● 성격 특징에 기초한 해석

정서는 정서 경험과 정서 표현 두 가지를 구분하는 것으로부터 이해할 수 있다. 정서를 경험하는 것은 거의 자동적인 현상이며 정서를 표현하는 것은 정서경험에 비해 다소 의식적인 현상이라 할 수 있다. 정서기능 및 작동 방식은 내부세계에서 경험된 정서를 외부현실로 표현하는 과정으로 진행된다. 정서경험과 관련된 문제는 내부세계의 비의식 선에서 기능하는 자아의 역할과 각 성격 구조와의 역동을 살펴보는 것이 유용할 것이며, 반면 정서 표현과 관련된 문제는 정서를 외부현실로 분출해 낼 수 있는 자아의 힘과 기능을 고려해 볼 수 있을 것이다. 적응의 문제가 발생하는 경우는, 첫째, 현실적으로 정서경험이 요구되는 상황인데도 요구된 수준만큼 경험되지 못하거나, 둘째, 그렇지 않은 상황인데도 그에 넘치는 정서경험을 하게 되는 상황, 셋째, 경험된 정서가 외부세계로 표출되어야 하는 상황인데도 표현되지 못하거나, 넷째, 경험된 정서 수준 이상으로 표출되어 버리는 상황이다. 결국 정서경험은 대부분 자동적인 것이기 때문에 우리가 통제한다는 것은 거의 불가능에 가까우며(훈련을 통해 조절이 가능하기도 하지만) 이를 위협적이지 않게 충분히 정서를 경험하고 그 정도에 적합하게 표출할 수 있도록 하는 것이 적응력의 향상에 도움이 될 수 있는 것이다.

이러한 정서경험의 기능수준이 어떻게 결정되는가를 이해하는 것은 상당히 중요하며 생애 초기의 정서경험 상황을 탐색하는 것으로부터 시작된다. 정서경험은 익히 알려진 바처럼 대뇌변연계의 기능이며 이 구조가 발달하고 공고해지는 과정에서 외부현실의 맥락이 중요한 영향을 미친다. 변연계의 발달 과정에서 외부현실로부터 지속적이거나 강력한 스트레스를 받게 되었을 때 일반적인 적응적 정서기능이 갖춰지는 것은 어려울 것이다. 결국, 정서경험에 취약해지거나 무뎌질 것이다. 하지만 생물학적인 이유로 돌릴 수 없는 경우도 존재하며, 이는 정서적 상황에서 누적된 학습의 결과로 이해하는 것 또한 중요하다. 즉, 개인으로서 특정 내담자의 정서경험을 이해할 경우 생애 초기에 존재한 외부현실의 정서적 스트레스 상황과 지금까지 누적된 정서적 상황에 대한 탐색이 구체적으로 이루어져야만 할 것이다.

경험된 정서는 그것이 유쾌하건 불쾌하건 중요하지 않고, 내부세계의 안정을 흩어 놓게 되며 존재를 위한 궁극적인 목표는 반드시 정서적 안정 또는 평형을 유지해야만 한다. 이는 거의 자동적인 기제이며 경험된 정서는 어떤 방식으로건 외부현실로 표출되고자 하는 요구를 받게 된다. 경험된 정서가 적당히 외부현실로 표출되면 비로소 안팎으로 평화가 찾아온다. 안타까운 것인지 다행인 것인지 몰라도 인간은 가장 합리적인 표현 방식이라 인정되는 '언어화', 바로 말을 함으로써 정서표현이 실현된다. 이러한 정서경험의 언어화 능력이 부족하다면(절대적인 능력 부족일 수도 있고 가용한 언어화 능력을 넘어선 정서경험이 되었을 수도 있다) 다른 도구를 사용하게 되는 것이다. 그 도구들은 원초적이고 더욱더 강력해진 언어화(사고), 행동, 신체 등이다. 실제 대인관계 장면 및 심리치료 장면에서 자신의 정서를 언어화할 능력이 높은 사람은 자신의 정서경험을 두려워하지 않고 정서적 상황에서 쉽게 편안함을 유지하는 모습을 관찰할 수 있다. MMPI-2에서는 현재의 정서경험과 표현 능력이 측정된 것으로 이해해야 하며, 섣불리 해당 개인의 안정적인 특징이라 판단하기보다 면담 및 행동관찰 등의 다양한 평가 재료와 함께 검증해야만 한다.

척도 1번의 상승이 말하는 정서경험의 특징은, 욕구로 가득 찬 자신의 내부세계, 그리고 일상적 상황이지만 이러한 자신의 욕구를 채워 줘야만 하는 외부현실을 바라보는 관점의 불일치다. 이들의 내부세계는 따뜻하고 풍성한 정서경험이 결핍된 만큼 이를 추구하는 욕구가 쌓여 있는 모습을 보인다. 원자아는 이 불일치를 채우기 위해 상당한 욕구 지향성을 갖는다. 생애 초기에 충분히 충족되지 못한 욕구를 채우고자 하는 모습들이 보이곤 한다. 또는 원초적으로 원자아의 욕구를 해결할 수 있을 정도의 힘과 전략의 부족 또는 외부현실로부터의 불충분한 채움으로 인해 '오롯이 자신만의 것일 수밖에 없는 자신의 것', 즉 자신의 신체를 활용하는 것을 비의식적으로 선택한 것일 수도 있다. 삶의 경험의 누적으로 자아의 힘이 커지고 세련되어지며 외부현실의 다양함을 인지하게 되는 것에 비해 이들은 새로운 경험들을 생산적으로 해결하거나 활용하지 못하는 것이다. 결국 변해 가는 삶의 현상에 대해 두려움을 경험하고 이를 극복해야 하는 부담에 압도되어 생존에 적절한 전략을 발휘하지 못하게 되며 문제 해결을 요구받는 외부현실을 회피하게 된다. 이러한 설명은 척도 1번이 의미하는 것으로 자신의 주관적인 정서경험과 외부현실의 변화에 소극적이고 심약한 반응을 보인다는 것을 방증한다. 소박하게 작은 그릇에는 그 정도에 맞는 내용물을 담을 수 있듯이 자신의 한정된 내부세계에 담을 수 있는 정서적 경험은 낮은 수준에서도 쉽게 경험된다. 다시 말해, 유쾌한 정서도 불쾌한 정서도 자신의 그릇의 크기만큼 담을 수 있기에 정서경험의 역치가 낮은 경향이 있다. 다른 관점에서 보면, 이들은 아이같이 그 순간순간의 정서를 경험하는 듯하다. 긍정적인 정서경험 측면에서는 이들이 상당히 순박하고 나약한 아이처럼 보이며 부정적인 정서경험 측면에서는 비의식 선에서 강한 두려움을 경험하는 것으로 보인다.

척도 3번의 상승은 정서 경험 및 표현의 낮은 역치 수준을 들 수 있다. 이러한 현상적 설명과 함께 고려해야 할 것은 모순적이게도 내부세계에 존재하는 진정한 자신의 정서경험에 대해서는 무딘 특징을 보인다는 것이다. 우선 이들은 지금 이 순간에 경험되는 정서적 자극에 쉽게 반응하는 것처럼 보이며 그러한 자신의 정서경험과 정서표현에 대해 심사숙고하고 내부세계와 외부현실 간의 적절성을 고려하는 것이 어렵다. 그렇기에 치료자가 이들의 정서경험과 표현 방식에 대해 조심스럽게 해석해 준다 하더라도 수용하기가 무척 어려운 것이다. 만약 이들이 자신의 정서적 경험과 표현에 대한 합리적인 사고능력이 뒷받침된다면 균형을 유지할 수 있겠지만 그렇지 않을 경우 보다 심각한 정신과적 문제로 발전될 가능성이 높다. 이들의 정서적 부적응성은 합리적인 사고를 무력화할 정도의 강도를 갖는다. 이유인즉, 내부세계에서 원자아와 관련된 응축된 정서경험이 외부세계로 발현될 경우 자신의 생존마저 위협받을지도 모른다는 두려움으로 정서가를 압축시켜 놓았기 때문이다. 이는 생애 초기에 양육자와의 관계에서 자신의 욕구가 양적·질적 양면에서 모두 비일관적으로 충족되었을 가능성이 높으며, 이들은 자신의 진실한 욕구를 표현하지 않는 대신 주위 대상들로부터 외생적인 주의를 끌게 하는 거짓된 또는 가장된 정서표현을 연마해 온 것이다. 즐거워도 진정 즐거울 수 없고 슬퍼도 진정 슬플 수 없는 상황인 것이다. 반면, 척도 2번의 정서적 특징과 상반되게 이들은 긍정성과 관련된 필터가 존재한다. 필터의 작동 방식은 진정한 걸러내기가 아닌 모든 부정적 정서를 내부세계 깊은 곳으로 격리하고 긍정적인 정서만을 경험하도록 남겨 걸러 내는 방식이다. 그래서 부정적 정서의 찌꺼기들은 정화되지 않은 채 오랜 시간 묵혀지고 용량이 다할 때까지 쌓이게 된다. 혹시나 부정적 정서가 경험될까 하여 주위에 존재하는 정서가를 탐색하는 데에 힘을 쏟고, 조금이라도 부정적 정서경험이 될 경우 얼른 부정적 정서를 담아 두는 저장고에 재워 놓게 된다. 결국 언제 그랬냐는 듯이 긍정적 정서경험으로 전환시켜 버릴 수 있게 된다. 이미 이들의 부정적 정서의 저장고가 높은 압력으로 채워져 있기 때문에 지금 이 순간 경험되는 정서적 자극들을 충분히 담아 둘 수 없으며 얼른 외부현실로 내보내야만 내부세계의 긴장을 줄일 수 있다.

이들의 정서를 기술할 경우 일반적으로 피상적 정서경험과 정서표현을 보인다는 것과 관련된다. 요약하면, 척도 3번의 상승에서 나타나는 정서를 조절하는 방식은 부정적 정서를 억압시키는 작업과 내부세계의 긴장을 낮추고자 하는 시도에서 피상적 정서표현이라 할 수 있다. 특히 정서표현의 질적 양상은 부정적 정서와 거리를 둘 수 있는 최선의 긍정적인 방식으로 표현하는 것이다.

척도 4번의 상승은 척도 3번의 상승에서 설명된 정서를 다루는 방식과 유사하지만 부정적 정서가 안정적으로 격리된 것이 아니라 자아의 힘을 빌려 적절하다 판단된(물론 주관적인 판단이지만) 외부현실에 기꺼이 방출할 수 있다는 것이다. 이들의 부정적 정서는 상당히 체계적으로 프로그래밍이 된 것처럼 자아가 스위치를 켜는 순간 언제든 외부현실로 방출될 수 있다. 생애 초기 부정적 정서를 발생시키는 상황에서 내부세계에서 경험되는 불편한 정서를 담아 두는 것보다는 방출시키는 것이 오히려 적응에 도움이 되었을 것이며, 방출이 된 후 뒷수습을 위한 전략을 더욱더 치밀하게 연마하는 데 중점을 두었던 것이다. 그 전략은 상당히 구체적이고 논리적이어서 자신의 행위에 대한 당위성을 부여하게 된다. 원초적으로 이들의 부정적 정서의 색채는 불평과 불만이라 할 수 있으며 이를 직접적으로 다루기보다 자신의 불평불만을 응당 그럴 만한 것으로 인식하며 살아간다. 하지만 척도 3번의 상승과는 다르게 광범위한 생활상의 정서적 자극에 민감하게 반응하는 것보다 오히려 정서경험의 양 자체가 부족한 것처럼 보이기도 한다. 이들은 자신의 불평불만을 언제 어디서 방출할 수 있을까에 몰두해 있기 때문에 이와 관련이 없는 상황에서의 정서경험은 소모적일 뿐인 것이다. 하지만 이러한 몰두는 비의식적인 영역에서 작동되는 것이기에 오히려 냉정하고 분명하고 이성적인 자기경험을 하고 있다. 만약 스위치가 켜지는 상황이 되면 이들의 정서표현은 누구보다 강하며 주위 사람들에게 두려움을 유발할 정도로 위협적일 수 있다. 더 심각한 상황은 자신의 과도한 표현으로 벌어진 상황에 대해 현실감을 갖고 타협하며 추후 유사한 상황에서 더 적절히 대처할 방법을 학습하기보다 자신의 정서표현의 당위성을 주장하고 설득하고자 하는 태도로 나타난다는 것이다. 이러한 면은 정서표현의 취약성이 증폭된 사고를 통해 해결하려는 시도라 할 수 있다. 결국 이들은 자신의 정서가 잘못된 것이 아니었다는 증거만 더욱더 많이 쌓을 뿐인 것이다.

척도 5번의 상승을 보이는 남성은 스펀지와 유사하게 정서적 자극을 흡수하는 것에 비유된다. 다만, 스펀지의 방향이 외부현실을 빨아들이는 방향으로 장착되어 있기 때문에 내부세계에서 발생하는 개인적 정서가에 대해서는 상대적으로 민감하지 않으며 혹여 경험이 된다 하더라도 외부현실에 맞추기 위한 도구로 자신의 내부세계의 정서경험을 활용하게 된다. 주위 사람들은 이들의 활기찬 정서경험을 긍정적으로 바라보는 경향이 있지만 사실 이들은 비의식적으로 그런 시선을 받고자 한 목적을 달성한 것일 뿐이다. 이로부터 얻게 되는 부가적 이득은 타인의 정서에 민감하게 반응할 수 있게 된 다는 것이며 그 과정에서 간섭이 될 만한 자신의 내부세계에서의 정서경험과 손쉽게 분리할 수 있게 된다. 남성은 낮은 점수를 보일 경우에는 자신의 정서적 경험에 최선을 다하는 경향이 있으며 이는 이타적인 것이 아니라 배타적이지 않다는 것에 불과하다. 이들의 외부세계로부터 경험되는 정서 범위는 협소한 것이고 자기중심적이고자 하는 불순한 의도 없이 자신의 정서경험을 중시하는 순박하게 굳은 심지라 할 수 있다. 그렇 기 때문에 자신만의 기준에서 긍정적이고 부정적인 정서를 그대로 편하게 경험하는 안 정성을 유지할 수 있다.

여성의 경우 척도 5번의 상승은 척도 4번의 상승과 유사한 양상을 보이긴 하나 불평 불만이 핵심이 아닌 자신이 설정한 욕구를 충족하고자 하는 노력이라 볼 수 있다. 잔잔 히 다가오는 정서적 자극들에 대해 무심하며 소위 '쿨'한 방식으로 정서를 처리하곤 한 다. 외부현실에서 수용 가능한 정도의 '쿨'함은 정서를 관리하는 능력을 보장할 수 있겠 지만 과도한 '쿨'함으로 냉소적 또는 냉정한 모습으로 드러나기도 한다. 이러한 부적응 의 핵심은 자신의 정서경험의 능력에 대한 두려움이 한몫을 한다. 소위 여성적인 특징 이라 불리는 다정다감은 불편하고 생경한 정서로 경험되고 비의식적인 선에서 생애 초 기 자신의 정서에 민감하게 반영되지 못했고 편안하게 의지하지 못한 부모와의 관계에 직면해야 하는 부담을 느끼게 되는 것과 연결된다. 이러한 원가족과 관련된 경험은 척 도 3번에서 반영된 것과 유사하게도 자신의 부정적 정서경험을 직면하는 것에 대해 두 려움을 경험한다. 하지만 척도 3번의 상승과는 다르게 환경으로부터 긍정적 자극을 받 을 수밖에 없도록 주위 상황을 만들어 가고자 하는 전략을 동원한다. 적어도 이들에게 긍정적 정서를 직접적으로 채우고자 하는 것은 미숙한 것으로 치부하고 '내가 이 정도 로 잘 하는데 나에게 사랑을 주지 않을 수가 있겠어?'라는 신념으로(비의식적으로는 맹목 적일 수도 있다) 정서경험을 대체하는 전략이라 볼 수 있다. 반면에 낮은 점수를 보이는 여성은 자신의 적극적인 정서경험을 채우고자 하는 적극적인 시도를 하기보다 주어진 외부현실에서 제공되는 정서적 강화물에 만족하며 안정성을 유지하려고 한다. 남성과 유사하게도 자신의 내부세계에서 경험되는 자생적인 정서에 민감하기보다 외부현실에 서 취할 수 있는 정서가에 집중되어 있는 양상으로 나타난다. 그렇기 때문에 주위에서 제공되는 정서적 상황에 대해 자동적으로 그에 상응하는 반응을 하게 되는 것이다. 단, 이러한 반응은 외부현실이 요구하는 정서반응을 해 주고자 하는 적극적인 양상이 아닌 자동적인 것이라 볼 수 있다. 그래서 자신의 정서를 불편하게 경험하지 않으며 자연스럽게 수용하게 된다.

척도 6번의 상승에서 나타나는 정서는 '불안, 두려움 그리고 짜증'이다. 초식동물이 자신을 위협하는 육식동물을 만났을 당시 싸우거나 도망가거나의 선택에서 어떤 선택도 할 수 없이 얼어 버리는 것과 유사하다. 하지만 얼어붙은 것은 행동과 신체적 반응이며, 정서는 고스란히 남겨진다. 이때 그들의 입장에서는 내부세계라도 안정을 유지하려는 시도를 하게 되며 인간이 갖고 있는 특별한 사고능력으로 해결하고자 한다. 결국 이들의 정서경험에는 실제 위협적이거나 예상되는 위협에 대한 극도의 불안과 경계심이 자리 잡게 된 것이다. MMPI−2에서 척도 6번의 상승은 비교적 안정적인 양상을 측정하며 오랜 시간 또는 과거 어느 시기에 얼어 버릴 정도의 압도적인 위협을 경험한 적이 있음을 반영하기도 한다. 이미 포식자는 떠나갔고 외부현실은 안정적인 상황이 되었음에도 언제 또다시 위협을 받을지 모른다는 불안에 계속해서 높은 경계 수준을 유지하는 것이다. 어떤 경우에서는 척도 6번의 특징으로 위험 상황에 대처하기 위해 작동된 사고의 양상을 살펴보면 그에 상응하는 정서적 내용을 발견하게 된다. 정신병적 수준에서 보이는 사고양상이 아닌 대부분의 내담자가 갖고 있는 사고체계는 과거 특정 시기의 실제적 경험과 연결되어 있으며 그 경험으로부터 형성된 정서경험의 내용이 드러난다. 한편, 척도 6번이 안정적인 양상을 보인다고 하더라도 현재 당면한 상황에서 극도의 위협적 사건이 실재한다면 그와 관련된 불안과 두려움 그리고 어찌할 수 없는 외부현실에 대한 짜증이 반영된 것이라 보는 것이 합리적이다. 예를 들어, 최근 왕따를 당한 청소년, 사기를 당한 사업인, 상대의 외도를 알게 된 남편 또는 아내 등등이다.

척도 8번이 반영하고 있는 정서적 특징은 척도 6번과 유사하지만 경험된 정서를 또다시 경험하고 싶지 않은 마음에서 외부현실의 자극을 원천적으로 차단해 버리는 특징을 갖는다. 대부분의 정서경험은 내부세계에서 자신도 의식하지 못한 채 일어나며 이는 외부현실과 관련하여 이해하기 어려운 자신만의 경험이다. 그렇기에 외부현실에서 실제적인 위협을 받는 상황에서도 그에 준하는 정서가를 생산하지 못하고, 그렇기 때문에 정서를 경험할 이유가 없게 된다. 영화 〈해안선〉을 보면, 주인공은 자신이 사랑하던 대상이 뜻하지 않은 갑작스러운 사고로 운명을 달리했을 때 남아 있는 존재로서 적응적인 정서경험 자체를 차단해 버리는 모습을 보인다. 그 상황이 전개되는 과정에서 살인자가 오히려 영웅으로 받들어지는 상황은 억울함과 분노 그리고 충격과 불안의 도가니라 할 수 있다. 만약 척도 6번이 상승하게 된 경우라면 이 모든 정서경험은 사고를 통해 외부현실을 왜곡되게 지각하게 되겠지만 척도 8번의 상승은 그 모든 정서경험을 의미 없다거나 경험해 봤자 어찌할 수 없는 압도적 상황으로 인식하게 되면서 자신의 정서조절 능력 자체를 사용하지 않는 방향으로 대처하게 될 것이다.

척도 9번이 반영하는 정서적 특징은 '극단적 긍정화'라 할 수 있다. 어떠한 오염수를 집어 넣더라도 어느새 맑은 정화수를 뽑아내는 탁월한 능력이 있다. 실제 그 구정물이 맑은 물이라고 인식한다. 적당한 수준이라면 정서에 한해서는 삶의 긍정적 에너지를 유지할 수 있다는 장점이 있겠으나 현실감이 상실된 양상으로 나타난다면 자신과 관련된 모든 것에 대해 긍정성을 부여해 버리는 단점으로 나타나게 된다. 이들의 정서는 부정적 정서가 등 뒤에 도사리고 있는 형국에서 긍정적이지 않으면 안 될 배수의 진을 쳐놓은 것과 유사하다. 긍정화 외에는 다른 대안적 정서경험은 고려해 볼 여유가 없는 것이다. 깊은 강을 뒤로 둔 채 부정적 정서를 고려하는 순간 물고기 밥이 될 것이 뻔하다는 두려움이 더욱더 긍정적 정서경험에 힘을 더해 준다. 만약 여러분이 생애 중요한 시험을 앞두고 있는 상황에서 가족 누군가의 잘못된 보증으로 빚더미에 앉게 되고 소통할 친구도 없으며 학자금 대출 상환 날이 다가온다면 어떤 마음일지 생각해 보자. 척도 9번에서 반영되는 모습은 '어쨌건 잘 풀릴 거야. 나는 할 수 있어.' '젊어 고생은 사서도 하는 거야.' '가장 어두운 때가 해가 뜨기 직전 시간이야.' 등등의 말로 힘을 낼 수도 있다. 하지만 지금 이 순간 상황이 좋은 방향으로 눈 깜빡할 사이에 바뀌지는 않는다. 위급 상황에서 진통제처럼 내부세계를 안정시킬 수도 있지만, 결국 현실적 방법으로 문제들을 하나하나 해결해 나가야 할 짐을 지게 된다. 여기서 실제적·현실적·생산적·합리적 시도가 없이 긍정화를 통한 안정감에 몰두하게 된다면 더욱더 난해한 상황으로 몰고 갈 가능성이 높아지는 것이다.

척도 0번의 상승이 의미하는 정서는 고요한 호수의 잔잔한 물결과 같다. 내부세계에서 자발적인 정서 경험은 양적으로 부족하며, 외부현실에서 질풍노도를 당면하기 두려워 애초에 지금의 잔잔함을 유지하려고 하는 태도를 보인다. 의식적으로는 이러한 협소한 정서경험에 대해 전혀 불만이 없고 오히려 편안하게 지각하곤 한다. 혹여 외부현실에서 타의에 의해 예상치 못한 파장이 일어나게 되더라도 박진감 넘치는 정서를 경험하려 하기보다 얼른 그 파장을 잠재우기 위해 마음을 다잡는 시도를 한다. 이는 정서적 상황에 대한 흥미 수준을 낮춰 버리는 전략을 구사하는 것이다. 아무리 정서적 상황에 처하더라도 내가 원치 않고 경험하지 않는다면 그 정서적 상황은 자신의 정서를 위협하거나 혼란스럽게 할 수 없다는 것이다. 이들은 사실상 정서적 경험을 어떻게 하고 그에 따른 정서표현을 어떻게 해야 할지 방법을 잘 모르는 이들이기도 하다. 정서경험 및 표현 능력의 부족은 연습의 부족으로 볼 수 있으며, 이러한 부족함을 불편해하며 정서조절을 위한 노력을 하기보다 오히려 자신의 원래 모습인 것으로 받아들이며 살아온 것이다. 그래서 상당히 자신의 정서적 상태에 만족하고 있는 것처럼 보인다. 주위 사람들은 이들에게 사람을 만나고 소통하고 도움을 요청하라고 지원의 손을 내밀지만, 사실 그렇게 할 수 있는 현실적인 방법을 알려 주지도 않으면서 변화 없는 이들의 태도에 답답해한다. 이들에게는 오랜 시간이 걸리더라도 조심스럽고 안전하게 실제적인 정서 경험과 표현의 방법을 알려 주는 것이 더 유용하다.

③ 행동 영역

● 부적응 양상에 기초한 해석

행동은 스트레스를 모면하기 위한 가장 원초적인 대처 방식이라 할 수 있다. 싸우거나 도망가거나를 결정해야 하는 상황에서 어떤 결정을 하더라도 결국 실제적인 행동으로써 대처하게 된다. 사고와 인지능력이 없어도 또는 적절한 정서조절이 안 된다 하더라도 행동은 할 수 있다. 이는 생존을 위협하는 것으로 인지되는 외부현실의 스트레스와 내부세계로부터 발생하는 원자아 또는 초자아 스트레스에 대해 직접적인 행동으로 반응함으로써 불안을 해소하고 생존을 유지하고자 하는 시도다. 행동으로 스트레스 상황을 모면하고 불안을 해소하고자 하는 것은 특정된 그 스트레스와 상응하는 일차적이고 원초적인 방식의 대처, 방어, 자기보호이기 때문에 다소 미숙하고 도전적이고 퇴행한 듯하며 한편으로는 간절한 것으로 비칠 수 있다. 인간은 이러한 행동이 세분화되어 있고 다양한 종류의 행동을 보일 수 있다.

MMPI-2에서 행동 영역에서의 방어, 대처, 적응, 자기보호, 타협된 증상은 주로 척도 4번과 9번에 반영되고 있다. 이 척도들의 읽기정보들은 외현적인 행동 특징들을 중심으로 한 기술로서 실제 발현된 문제 행동에 초점이 맞춰져 있다. 하지만 이러한 패턴을 보이는 사람들은 두 가지 역동적인 특징을 갖는다. 한 가지는 기본적으로 사고 및 인지·정서적 영역에서 충분한 능력을 갖고 있지 못한 경우가 많다는 것이며 또 한 가지는 당면한 스트레스를 적절하게 해결할 정도의 능력을 갖고 있는 사람이었지만 외부현실의 강력한 스트레스로 더 이상 자신의 능력을 유지하고 적절히 발휘할 수 없는 상황에 처해 있을 경우다. 첫 번째 경우를 먼저 살펴보면, 삶의 다양한 스트레스를 해결하고 관리할 수 있기 위해서는 출생 당시부터 외부현실과 접촉하며 안전하게 다양한 스트레스를 경험해야만 한다. 보통 양육자들은 아이가 감당할 수 있을 정도의 스트레스의 수준을 적당히 유지하도록 외부현실을 적절히 통제해 준다. 아이가 성장해 가면서 점차적으로 강도가 높아지고 다양한 외부현실의 자극을 경험하며, 그것들을 해결하는 방식을 학습해 나가는 것이다. 그런데 이 과정에서 과도하게 외부현실의 스트레스가 통제된 상태로 살아갈 경우 부모가 통제를 해 주지 못하는 순간 스트레스에 쉽게 취약해지게 된다. 이 경우는 스트레스에 대한 경험의 부족이 원인이 된다고 볼 수 있다. 대부분의 사람이 살아가면서 당면하게 되는 일반적인 스트레스조차 경험하지 못한 것이다. 두 번째 경우는 자신이 감당할 수 있는 수준을 넘어선 과도한 압도적인 스트레스 경험을 하게 되었을 때다. 원하지 않고 예상치도 못한 충격적인 경험으로부터 사고 및 정서의 기능이 얼어붙게 되어 행동으로밖에 대처할 수 없는 상황이 벌어진 것이다. 보통 신체적으로 약한, 즉 생존에 취약한 상태에서 강한 공격을 받게 되면 만성적인 불안과 공포의 씨앗이 뿌려진다. 그런데 이들이 진정 답답해하는 것은 자신이 왜 그러한 경험을 하게 되었는지 이유를 알 수가 없다는 것이다. 당시는 어쩔 수 없는 압도적인 스트레스 상황에 움찔거리기조차 두려웠지만 경험이 누적되어 가면서 내부세계에 자리 잡은 불안과 공포의 씨앗들이 이질적으로 경험된다. 모순적으로 지금 순간의 상황은 더 이상 예전과 같지 않은 안정적인 상황인데도 만연한 이질감을 느끼고 방향성 없는 광범위한 불만과 불편감을 호소한다. 인지 및 사고로 이해할 수도 없고 자신의 정서를 직접적으로 이해할 수도 없는 상황에서 행동은 유일한 불안 및 불평불만을 해소할 수 있는 도구로 자리 잡게 된다. 결국 척도 4번과 척도 9번이 의미하는 행동 영역의 증상과 부적응성은 생애 초기의 중요 대상과의 초기 관계 경험과 현재의 압도적인 스트레스 상황에 영향을 많이 받고 있다는 것이다. 그렇기에 항상 주위 사람들에게 불합리한 처우를 받고 있다고 느끼거나 그들로부터의 소원함을 느끼고 있으면서 이와 관련된 정서가 촉발될 시 행동으로 표출되는 모습을 보인다. 이러한 행동은 합리적이거나 현실적인 방향성이 없이 실제 장면에 강렬한 에너지를 방출하는 것으로 나타난다.

이들의 행동 표현의 대상은 모호하고 특정되어 있지 않은 경우가 일반적이며, 다양한 대상 및 장면에 만연해 있는 양상을 보인다. 딱히 누구에게 무엇 때문에 불평불만이 있는지 알 수도 없다. 그래서 대부분이 인정할 수 있는 약속, 규칙, 범주 등 적당한 구실이 있다면 그것에 기대어 농축된 불평불만을 해소하는 행동이 나타난다. 척도 4번에 핵심적인 증상이 반영된 행동을 보이는 내담자는 일차적으로 언어화된 행동이 두드러질 것이며 척도 9번과 관련된 증상이라면 비언어화된 행동이 두드러질 것으로 예상해 볼 수 있다. 구체적으로 관찰 가능한 행동들은 고집스럽고 자기중심적이며 자신의 행동에 대한 진정한 욕구를 인식하지 못하고 방향성 없는 또는 충동적인 행동들이다.

척도 4번의 상승은 연료통에 강력한 추진 장치를 설치해 놓은 것과 다름없다. 추진 장치가 작동하는 순간 엄청난 출력이 생긴다. 만약 속도 제한이 없는 도로에서 벌어진 일이라면 자신의 능력을 백분 발휘하는 것이 될 것이지만, 대부분의 사람이 살고 있는 실제 삶에서 그런 상황을 만나기란 불가능에 가까울 만큼 무척 어려운 일이다. 일상에서도 달리고자 하는 원자아의 욕구는 철철 끓고 있기 때문에 엄청난 공회전이 일어나고 있으며, 주위 사람들에게 이들이 여차하면 튀어 나갈 것 같다는 긴장을 느끼게 하곤 한다. 어느 정도 원자아의 욕구를 지연시키는 상황에서는 자아의 기능 중 언어화를 통해 출발 전 공회전을 하는 것처럼 기본적으로 주장적, 도전적 또는 공격적인 특성이 언어화에 묻어나게 된다. 하지만 이들의 특징적인 전술은 그 추진 장치의 스위치를 스스로 켜지 않는다는 것이며 특정한 외부현실에 자극되어 스위치가 작동된다는 것이다. 즉, 항상 공회전을 하며 기다리다가 출발을 알리는 총성에 뛰쳐 나가는 것이다. 주위 사람들은 자신이 어떻게 그리고 왜 자극을 주었는지 알 수 없는 자신만의 신호에 반응하여 뛰쳐 나간다. 자신은 부정출발이라고는 일절 없이 정확한 신호에 반응하였다고 믿기 때문에 자신의 움직임을 항상 외부현실의 자극으로 인한 것으로 인식한다. 이러한 자신만의 신호라는 것은 오랜 시간 누적된 경험으로부터 조건화되어 있던 삶에 대한 기준으로 나타나며 면담 상황에서 그 기준에 대한 체계적이고 논리적인 설명을 듣게 되곤 한다.

한편, 자신의 그 기준에 준하지 않은 총성이라면 모순적인 행동이 나타나기도 한다. 바로 대범하고 아량 깊은 태도다. 그렇게 드물지 않게, 자신의 테두리 내에 있는 자신의 것, 예를 들어 가족 또는 친구 등에게는 출발을 의미하는 총성이 영향을 주지 않는다. 이는 진정한 배려와 아량이라기보다 확장된 또 다른 자신 자체이며 자신의 일부이기 때문이다. 그리고 자신이 자발적으로 뛰쳐 나가지 않음을 확신하기 위해 일상적인 외부현실에서 상냥하기까지 한 모습을 보이기도 한다. 하지만 자신의 것인 대상들이 자신의 테두리를 벗어나려는 순간 출발의 신호가 되어 강력한 행동 에너지가 발산되곤 한다. 어떤 상황에서건 이들의 행동은 준비되어 있으며 일상에서는 힘이 실린 언어화가 이루어지다가도 출발 총성이 들리는 순간 과도한 언어화와 함께 충동적인 행동으로 이어지는 모습을 보이게 된다. 임상 장면에서 관찰되는 이들의 출발 총성은 자신의 권리를 침해받았다는 느낌 또는 타인들에게 수용받지 못함에 대한 치욕감이며 척도 4번의 상승 및 해당 소척도들의 점수에서 그 총성에 대한 구체적인 음가를 확인할 수 있다.

한편, 이 두 가지의 행동패턴 이면에는 독특한 부정적인 정서경험을 대처하는 방식이 존재한다. 각각 살펴보면, 우선 척도 4번에 해당하는 의미는 전반적으로 불쾌하고 불만족감이 총제척인 정서 덩어리로 느껴지면서 다른 정서들이 존재할 수 있는 여건이 마련될 수 없다. 하지만 척도 9번에서는 척도 4번이 품고 있는 불평불만을 포함하여 부정적인 정서라면 애초에 내부세계에 머무를 곳이 없도록 행동을 통해 외부현실로 다 쏟아 버린 것이다. 그렇기 때문에 부정적인 내부세계의 경험은 존재하지 않으며 외부현실로 나타나는 행동은 항상 강렬한 긍정성을 보이게 된다. 외부현실이든 내부세계이든 간에 부정적이라는 경험은 존재하지 않는 것이다.

이렇게 척도 4번과 척도 9번의 행동패턴 중심으로 서로가 공유하는 것과 각각의 고유한 특징을 살펴보았다. 공통점은 실제 발현된 행동 양상으로 기술된, 외부현실에서 드러나는 실제 행동을 반영한다는 것이며 증상으로 발현된 행동을 반영하고 있다는 것이다. 하지만 그러한 행동이 발현되는 방식(언어화된 행동과 비언어화된 행동)과 내부세계의 정서적 갈등을 다루는 방식으로서의 행동의 차이가 존재한다. 또 한 가지 고려해봐야 할 사항은 이 척도들의 상승 패턴을 오로지 만성적이라거나 안정적인 그들의 성격 특성으로 개념화하는 것은 바람직하지 않다는 것이다. 이들의 행동의 발현은 대부분이 실제 자극에 대한 반응이며, 실제의 삶 속에서 또는 지금 순간에 요구되는 내부세계의 욕구로 인해 사고나 정서를 활용하기에 앞서 즉각적인 대처가 필요할 때가 있다. 이 경우라면 척도 4번과 척도 9번의 상승은 적극적인 삶에 대한 대처 노력으로 고려해 볼 수 있게 된다. 하지만 자신에게나 주위 사람에게 부적응적인 방식으로 관계하려는 행동 면면이 존재한다는 것은 자명하다.

● 성격 특징에 기초한 해석

행동은 성격의 가장 직접적이고 분명히 드러나는 성격 양상이라 볼 수 있다. 행동 영역을 살펴볼 때는 발현된 행동의 양과 독특한 행동의 질적 수준을 살펴보는 것이 유용하다. 인간이라면 단기적으로 사용할 수 있는 신체적 에너지원에 한계가 있다. 자동차가 움직이려면 연료가 있어야 하며, 자동차는 연료통에 담겨 있는 연료만큼 움직일 수 있다. 또한 각 자동차가 가지고 있는 연비에 따라 이동거리는 달라질 수 있다. 그 뿐만 아니라 운전자의 습관, 운행 환경 등이 연비를 결정한다. 어느 누군가는 불량 연료를 넣고 또 어느 누군가는 연료 외에도 연비 향상을 위해 엔진을 위한 영양제를 추가하기도 한다. 이러한 모든 과정은 행동의 양과 질을 설명하는 데에 유용한 비유가 될 수 있다.

척도 1번의 행동적 측면은 항상 연료가 부족한 상황이기에 여차하면 충전을 하고자 한다. 목적지향적인 행동이 아닌 주유소를 찾아 가는 데에 많은 연료를 소모하는 것이다. 이들의 행동에너지는 상황에 따라 높은 것처럼도 보이다가 특정 상황이 되면 쉽게 무기력해지는 모습으로 나타난다. 주로 자신의 보살핌을 받고자 하는 원자아의 욕구를 채우기 위해 많은 에너지를 소모하기 때문에 삶에서 다양한 생산적 활동에 사용할 에너지가 항상 부족하며 쉽게 지치게 된다. 자신에게 사용할 힘도 부족한데 외부현실에서 어느 곳으로 데려다 달라거나 심부름을 요구받는 것은 생각만 해도 두려운 것이다. 사실 이들의 자기중심적인 특징은 자신의 부족함을 채우고자 하는 것이지 악의를 가진 양상으로 배타적인 것은 아닌 것이다. 그리고 자신의 연료를 항상 점검하기 때문에 연료 소모가 심해질지도 모르는 외부현실의 상황을 항상 고려해야 한다. 이러한 모습은 현재의 날씨, 노면 상태, 경사각 등 자신을 둘러싼 상황에 대해 상당히 민감하게 반응하며 그에 따라 자신의 에너지 수준을 점검하는 것이다. 자신의 연료통에 연료가 가득 저장되어 있을 때는 편안함을 유지할 수 있지만 이는 금세 줄어들 것이라는 불안을 경험하게 한다. 주위에서 아무리 자신의 연료가 넉넉하게 있음을 알려 준다 하더라도 결코 안심이 되지 않는다. 결국 에너지 넘치는 행동은 순간일 뿐이며 언제든 소심하고 위축되고 조심스러워하는 행동이 나타날 수 있는 것이다. 물론 이들에게 적극성과 자율성 그리고 추진력을 바라는 것은 이들을 더욱더 화나게 하며 자신의 속사정을 알아주지 못하는 것에 대한 화로 표출되기도 한다. 사실 그렇게 화를 낼 정도의 힘이 있다면 그 힘을 생산적인 곳에 쓰면 얼마나 좋겠느냐마는 상대 때문에 화를 내는 데에 소모한 에너지까지도 상대가 채워 줘야 한다는 것으로 부담을 주기도 한다. 힘이 소진된 후 주위 사람들에게 요구하는 행동이 나타날 경우에는 상당히 나약하게 보이며 그러한 행동이 동정심을 유발하기도 한다.

척도 2번의 상승에서 볼 수 있는 행동 특징은 항상 '비어 있음'이다. 사실 척도 2번이 상승한 많은 사람은, 비유를 하자면 과거에 많은 연료를 갖고 있었거나 아니면 꽤나 값비싼 고급 자동차를 갖고 있던 이력이 있다. 실제와는 관계없이 스스로 연료가 없거나 부족하다고 생각하기 때문에 어느 곳이든 갈 생각이 없거니와 가야 할 목적을 찾는 것도 어려워한다. 심지어 사용하지도 않을 건데 자신이 값비싼 차를 가지고 있기 때문에 비싼 세금을 물어야 한다는 것에 차를 구입한 것 자체를 후회하기도 한다. 하지만 이들을 안타까워한다거나 비난할 것만은 아니다. 분명히 이전에는 이곳저곳 열심히 다니며 즐거움을 느낀 적이 있다는 것이다. 그런데 자신이 그러지도 않았고 원치도 않았지만 심한 사고를 당한 후 심히 겁을 먹고 과거 한때의 그 즐거움을 찾아 나서지 못하고 있는 것이다. 실제 이들에게는 외부현실에서의 사고가 중요한 이유가 될 수 있겠지만, 자신이 그렇게 여유 있게 누리는 삶들에 대해 주위 사람들의 은근한 비난을 감당하지 못해 그만두는 일도 많다. 그래서 주위 사람들은 이들이 왜 움직이지 않는지에 대해 잘 이해할 수 없다고 생각하게 된다.

한편, 누구나 잘 기능했고 풍족하던 경험이 있는 것은 아니다. 애초에 뚜벅이이던 이들은 자신이 원한다 할지라도 외부현실의 다양한 요구에 응해 줄 수 없었고 대응해 줄 능력도 없었기에 체념했을 수도 있다. '자동차가 있으면 뭐 해. 유지하는 게 더 힘든데 뭐.' '걷는 것이 건강에도 좋은 거지.'라고 지금 상황을 받아들이고 뚜벅이 인생을 살아가며 밤마다 뭉친 다리를 매만지고 있을지도 모른다. 결국 이들은 덜 움직이고 안 움직이고 움직일 이유를 만들지 않는 것으로 자신을 지키려고 하는 것이다. 외부현실에 대한 비난을 할 수 없으며 내부세계에서 올라오는 원자아의 욕구에 무던해지는 것이 유일한 방식이라서 선택한 것이다. 부적응성을 고려할 때 중요한 것은 굳이 그렇게 살지 않아도 되는데도 삶의 업그레이드를 위한 욕구를 갖지 않고 시도조차 하지 않는다는 것이다.

척도 3번의 상승에서 나타나는 행동은 '카르페 디엠(carpe diem)'의 의미를 왜곡하고 있는 것 같다. 이들의 카르페 디엠의 해석은 내부세계에 연료가 주입되는 순간 바로 운행에 들어가는 것이다. 그냥 두면 연료가 상해 버릴까, 즉 부정적 정서가 경험되지 않을까 두려워 행동을 통해 바로 연료를 소모해 버리는 것이다. 이렇듯 특히 부정적 정서 경험이 예상될 상황에서 더욱더 행동의 양과 강도가 강해지곤 한다. 합목적적 행동이라기보다 예상되는 정서경험에 대한 반응적 방식으로 나타난 행동이기 때문에 안정적이고 지속적인 행동이 아니라 피상적이고 순간적이고 극적인 행동들로 나타나기 마련인 것이다. 특이하게도 일상적인 장면에서 이들은 오히려 행동이 제한되어 있고 얌전하게 보이기도 하지만 사실은 외부현실에서 자신이 행동할 만한 여건이 되지 않아서일 뿐이다. 언제까지 외부현실이 행동할 만한 언덕이 되지 않는다면 내부세계의 부정적 정서가 스멀스멀 경험될 수도 있기 때문에 어떤 방식으로건 행동할 당위성을 가져야 한다. 이럴 경우에 가장 효율적인 방식은 생애 초기부터 해 온 주의 끌기 행동들이다. 이는 자신의 욕구 충족을 위한 행동이 아니라 '나를 바라봐 주기 때문에 그런 행동을 한다'는 전제가 가능해지도록 상황을 조성할 수 있는 것이다. 그렇기에 이들에게 주의를 끌게 한 것이 바로 자신이라는 것을 알려 주더라도 이들은 인정하지 않는다. 주의를 끄는 행동은 사회적 분위기 또는 시각, 즉 유행에 민감해야 가능하다. 이들이 성별을 떠나서 패션, 언어, 취미 전반에 넓은 관심과 흥미를 갖고 있는 이유이기도 하다. 특히 현시대에 여성의 신체와 관련된 성적 매력은 여전히 남성에게 상당한 외생적 주의를 끄는 것이나, (아직까지는) 남성의 신체 노출 등의 과도한 성적 어필은 매력이라기보다 혐오스럽거나 미숙한 성적 표출과 연합된 고정관념을 불러일으키기 쉽다. 이러한 여성의 행동의 경우 성적으로 유혹적인 행동(seductive behavior)으로 기술된다. 이 용어에 대해 잘못 이해하는 경우가 많은데, 단순히 유혹적 행동이 의도적인 것으로 오해되곤 한다. 이는 의도적인 것이 아니며 소위 성인들이 생각하는, 성적으로 흥미를 끄는 것도 아니다. 먹이를 먹기 위해 촉수를 내민 화려한 식충식물의 유혹물질과 유사한 행동이다. 척도 3번에서 의미하는 부적응성은 이러한 행동들이 자신에게 해로운 결과를 가져다주거나 타인을 해롭게 하는 데에서 찾을 수 있다. 외부현실의 분위기를 망칠 정도의 행동을 보이거나 포낭으로 떨어진 벌레가 사실 치명적 독을 가진 곤충일 수도 있듯이 자신을 망칠 수도 있다는 것에서 부적응성이 드러난다. 하지만 외부현실을 적절히 지각하고 자신의 행동이 오히려 자신에게 해로울 수도 있다는 현실감이 유지된다면 이러한 행동은 분위기를 밝게 만들어 주거나 추후 겪을 수 있는 개인적 삶의 스트레스 상황에서 유용한 대처자원이 될 수도 있는 것이다.

척도 5번의 상승은 남성일 경우 여분의 연료를 항상 가지고 다니는 것과 유사하다. 그 연료를 사용하는 목적에는 자신을 위해서가 아닌 외부현실의 요구를 채워 주지 못하게 되는 것에 대한 두려움이 한몫을 하고 있다. 애초에 자신이 가고자 하는 목적지는 없음에도 요구된 업무와 역할을 소화하기 위해 운전을 하게 되는 꼴이다. 그래서 척도 9번과 유사하게 행동의 양이 많은 것처럼 보이나 외부현실의 요구가 없는 상황에서는 오히려 어떻게 이 연료를 사용해야 할지 걱정하게 된다. 이러한 면은 달릴 여건이 마련되지 않은 상황에서 경험되는 것일 뿐이므로 실제 타인과의 관계 장면에서는 관찰되지 않고 항상 활발하고 열정적인 행동을 보게 되는 것이다. 한편, 예상치도 못한 원자아의 압력이 증가하여 내부세계의 정서적 갈등이 발생하면 외부현실이 요구하는 수준 이상으로 초자아의 힘이 확장된다. 더 이상 외부현실이 마련해 준 상황으로는 원자아의 정서적 갈등을 행동으로 처리할 수 없기에 내부세계에서 초자아를 통해 자신이 행동해야 할 만한 적당한 자리를 깔아 놓고 그에 따라 행동하게 된다. 결국 이들의 행동은 비의식적인 면에서는 자신을 위한 자율적이고 생산적 행동이라 하긴 어려우나, 의식적인 측면에서는 외부현실에 나타나는 대부분의 행동이 적응적인 경우가 많으며 자기 스스로도 안정되고 만족감을 느끼고 있을 가능성이 높다. 또한 이러한 행동의 질은 결코 외부현실을 해롭게 하지 않으며 오히려 외부현실에 녹아들고자 하는 양상을 띤다.

여성의 경우 척도 5번의 상승은 남성과 다르게 다소 분명한 경직성을 나타낸다. 소위 인정되는 여성의 역할이라 할 수 있는 온순함 및 의존성과 반대되는 적극성 및 자율성을 고수하고자 하는 경직성이다. 이들은 도전적이고 성취 지향적이며 외부현실에서 주어진 업무와 역할을 수행하기 위해 위축되거나 도망가는 경우는 흔치 않다. 자신의 기준에 부합하지 않는 외부현실이라면 고스란히 순응하기보다 자신의 관점을 표현하는 방식의 언어화된 행동을 보이며 실제 자신의 의도대로 외부현실을 변화시키고자 노력한다. 그리고 삶에서 의사결정을 내려야 할 상황에서 이들은 외부현실의 조건들을 우선적으로 고려하기보다 자신의 신념과 관점을 우선 고려하는 경향이 있다. 외부현실에서 실현 가능성을 배재한다는 의미가 아니라 자신의 의사결정과 행동 방향성을 설정하는 데서 자율적으로 결정하는 것을 편해한다는 뜻이다. 성별과 관계없이 척도 5의 상승이 함의하는 부적응성은 온전한 자기 자신의 것으로 에너지를 쓰지 못하고 외부현실에서 적합한 모습이 무엇인가에 따라 에너지를 사용한다는 것이다. 이들의 행동 이면에는 진정한 자신의 것(self)에 대한 결함이 있기도 하며 이러한 면은 원초적인 억압을 통해 관리되고 있음을 지적하기도 한다.

척도 6번의 상승과 관련된 행동 특징은 조심스러움이라 할 수 있다. 조심스러운 행동은 사회적으로 권장되는 바이기도 하기 때문에 부적응성이 촉발될 정도의 갈등이 발생하지 않는 한 이들의 부적응적 행동을 탐지하는 것은 어렵다. 척도 6번의 상승에 대해 읽기정보에서 언급된 것과는 다르게 오히려 세심하고 사려 깊고 배려심이 가득한 행동들이 이들의 매력으로 나타나는 경우도 흔히 있다. 실제 부적응적인 행동들은 내부와 외부 안팎으로 경험되는 자극들이 부적응적 행동의 스위치를 켜게 되면서 나타난다. 가속기 페달에 살짝 발을 올려놓더라도 상당한 에너지가 뿜어져 돌진을 하게 되는 것이다. 이들은 연료를 조절하는 능력이 부족하다고도 할 수 있다. 자신은 아주 세심한 주의를 기울여 조작을 했는데도 급발진을 하게 되는 일이 많으며, 그런 일이 벌어질지라도 자기 스스로만큼은 엄청난 주의를 기울인 것이기에 자신의 조작 미숙으로 인한 급발진이라고 받아들일 수가 없다. 하지만 외부현실에도 급발진에 기여한 상황은 존재하지 않기에 자신의 차 앞에 서 있던 다른 차량이나 행인에게 왜 그곳에 있었느냐며 벌어진 갈등의 소지를 외부현실로 투사해 버린다. 이들은 외부현실에서 스트레스를 경험할 경우 그 세심함과 배려가 독이 되어 날카로운 비난으로 돌아오게 되었을 때 당혹해한다. 내부세계의 평화가 유지되는 한 이들은 상당히 규범적이고 세련된 행동을 보이며 외부현실도 자신의 내부세계도 어떠한 갈등이 존재하지 않는 해맑고 깨끗한 것으로 인식한다. 하지만 이러한 면은 갈등이 발생하는 순간 자신은 완전무결함을 유지하여 왔다는 인식을 깔고 있기 때문에 외부현실에서 이 갈등이 발생하였다고 믿어 의심치 않게 되는 것이며 이에 억울함을 호소하는 날카로운 행동이 나타나는 것이다.

척도 7번의 상승은 개인적으로 체계성을 갖춘 조직화된 행동을 반영한다. 이들의 행동은 경험되는 스트레스의 수준에 따라 적응성과 부적응성을 결정한다. 채워진 연료를 쓰지 않고 있으면 썩어 없어질 것 같은 불안에 항상 연료를 소모하려고 하는 것이다. 그 방법은 사치스럽지 않게 꼭 필요한 동선에 최적화되어 운행하는 것과 유사하다. 그래서 이들의 행동은 자연스럽지 못하고 잘못된 길로 빠져들기 싫어 더욱더 자신의 계획된 동선에 더 많이 신경 쓰는 것처럼 보인다. 사실 외부현실이 자신을 해롭게 하는 상황이 아니라, 내부세계에서 비롯된 불편감으로부터 벗어나고자 하는 시도로 볼 수 있다. 내부세계에 지속적으로 불편감이 머물고 있기에 평상시에도 안정감을 유지하고자 다양한 행동을 하며, 혹여 외부현실의 스트레스가 추가되면 더욱더 바빠진다. 이들의 행동은 대부분의 사람은 꼭 그렇게 하지 않아도 되지만 귀찮아서 그렇게 하지 않는 행동들에 의미를 부여하고 몰두하는 양상이다. 만약 이들이 그러한 행동을 하지 못하게 되거나 할 수 없는 상황이 되어버리면 내부세계에 머물고 있던 불편감들이 스멀스멀 기어 나올 것 같다는 불안감에 압도되곤 한다. 이 경우 행동전략으로 해결하지 못하기 때문에 모든 행동은 풀려 버리고 오히려 '쿨'하거나 돌발 상황에서도 초탈한 듯하거나 체념한 듯한 모습으로 나타날 가능성이 높다.5) 척도 7번에 반영된 행동은 자신에게만큼은 '효율적으로 생산적인 행동'으로 개념화될 수 있다. 누구에게나 절대적으로 권장할 만한 행동이 아니라 비효율적이라 할지라도 생산적인 결과가 도출되기 때문이다. 하지만 일반적으로 볼 때 이러한 생산성은 가성비가 떨어지며 토종닭으로 후라이드 치킨을 만드는 격이라 할 수 있다. 개인적으로는 생산적인 결과에 의미를 두기 때문에 그에 수반된 행동들은 더욱더 강화되어 견고해지는 경향이 있다. 요약하면, 이들의 행동은 오랫동안 존재해 온 내부세계의 불편감을 벗어나기 위한 시도로서 체계적으로 조직화된 행동이며 이러한 행동이 무용지물이 될 경우 손쉽게 행동의 철수가 일어난다는 것이다.

척도 8번의 상승에서 볼 수 있는 행동 특징은 외부현실을 고려하지 않은 내부세계의 추동으로 작동하게 된다는 것이다. 차를 타고 태평양 건너 미국으로 달려갈 것 같은 행동들이다. 이러한 아이디어는 실제 가능성이 있고 현실이 될 수도 있지만 적어도 지금은 불가능한 것이다. 현실감이 손상된 상황에서 나타나는 행동들은 정신증적인 양상을 띠지만 그 정도의 수준이 아니라면 이들의 행동은 창의적으로 보이기도 한다. 대부분

---

5) 아멜리 노통브의 소설 『적의 화장법』에서 앙귀스트와 텍셀이 조우하는 상황에서 잘 묘사되어 있다.

이들은 자신의 아이디어를 현실에 적용하고자 할 경우 노력, 비용, 시간 등의 다양한 조건을 고려하여 최종적인 의사결정을 하겠지만, 이들은 완전무결한 자신의 아이디어에 의미를 두고 외부현실에 적용하려고 한다. 자신의 연료를 가지고 가능한 이동 거리가 어느 정도인지 외부현실의 환경이 어떠한지를 따진 후에 움직이지 못하는 것이다. 하지만 많은 행동이 아주 현실감이 없는 것은 아니며 일례로 게임에 흥미를 느낀 청소년이 일반적으로 요구되는 수준의 학교 및 가정에서 생활을 등한시하고 게임 제작에 몰두하는 행동을 보이는 경우도 있다. 단, 게임 제작에 필요한 다양한 지식과 기술을 갖고 있지 않은 상태에서 도전을 하려 하기 때문에 주위로부터 걱정을 사곤 한다. 심리치료 장면에서 이들이 망상이나 환각을 갖고 있지는 않지만 척도 8번의 상승을 보이는 경우가 빈번히 나타나며 이러한 상황에서는 현재 자신이 처한 외부현실이 어떠한 상황인지 제대로 파악을 할 수 없는 경우일 수 있다. 이러한 행동을 관찰하는 주위 사람들은 대부분 이들의 행동을 현실적으로 불가능하다고 생각하고 수용해 주지 못하기 때문에 더욱더 자신의 내부세계에 머무르려고 하는 반응적 행동을 하고 있을 수 있다.

한편, 척도 8번의 상승에서 고려해야 할 것은 그들의 행동이 현재 당면한 외부현실의 스트레스의 수준과 어떠한 관련성이 있느냐 하는 것이다. 누구나 자신이 감당할 수 없는 정도의 강력한 스트레스에 압도되었을 때에는 경험된 외부현실을 왜곡하는 것이 생존에 도움이 되기도 한다. 비교적 온실 같은 상황에서 살아온 젊은이들이 군대 상황에서 극도의 긴장감을 경험할 시 피식피식 웃음을 참지 못하는 일이 종종 벌어진다. 그 상황에서만큼은 상당히 적응적이지 못한 행동이지만 자신이 가진 자아의 힘만으로는 그 압도적 긴장감을 견딜 수가 없기 때문에 나타나는 행동이기도 하다. 자아의 힘을 과도하게 발휘하다가 탈진 또는 실신을 할 수도 있으나 이들은 자아의 힘을 거둬 버리면서 동시에 외부현실에 대한 검증 능력도 상실해 버리는 부작용이 발생하는 것이다. 이렇듯 이들이 당면한 상황에서 생존을 위한 방어로서 비의식적으로는 정상적이나 현실적으로는 부적응적인 행동을 보인다고 이해할 수도 있다. 모든 경우가 그러한 것은 아니지만 척도 8번의 상승이 극도의 스트레스 상황에서 나타나는 자기보호의 의미가 있기 때문에 이들의 행동의 질을 무조건적으로 만성적이고 상당히 심각하며 변하기 어려운 안정적인 것으로 바라보려는 태도를 경계해야 할 것이다.

척도 0번에 반영된 행동 특징은 문제 해결을 위한 대안적 행동이 없기 때문에 나타나는 무관심이며, 적응을 위해 어떠한 추가적인 행동을 해야 한다는 동인을 제거해 버린 것과 같다. 지금 자신의 생활에서 필요한 대부분의 행동은 이미 최적화되어 있기 때문에 특별히 어떠한 행동을 더 한다는 것은 부담으로 경험된다. 그렇다고 척도 7번의 상승이 반영하는 것과 같이 생활 체계가 꼼꼼하게 채워진 계획표처럼 알찬 것은 아니며 느슨하지만 빈틈없이 연결되어 있다. 한편으로 여유로운 태도로 비치기 때문에 자신의 생활에 상당한 만족감을 갖고 있는 것처럼 보이기도 한다. 하지만 부적응적인 측면에서 이들은 외부현실이 요구하는 스트레스를 극복할 만한 에너지가 부족하며 이렇다는 것을 스스로가 인식하고 있기에 좀처럼 도전적인 외부현실의 상황을 만들려 하지도 않는다. 이에 더해 만약 해결해야만 할 스트레스에 당면할 시에는 해당 문제를 해결할 만한 전략이 부족하기에 어찌할 바를 몰라 하며 얼어 버리기도 한다. 이에 앞서 내부세계에서는 스스로가 결코 문제 상황을 만들지 않고 비의식적인 방식으로 적극적으로 내부의 평화를 깨트리려 하지 않는다. 내부세계에서 스스로 갈등을 만들어 내는 일은 드물며 혹 외부현실에서 요구하는 어떠한 목표가 주어질 경우 다양한 정보를 수집하지 않고 자신이 수용 가능하고 처리 가능한 정도의 정보를 활용하여 천천히 조금씩 해결해 나가는 모습을 보이기도 한다. 이러한 모습은 안정적인 모습으로 보이거나 너무 느긋하고 빠릿빠릿하지 못한 굼뜬 행동처럼 비치기도 한다. 주위에서 권고와 도움을 주려 하더라도 변화 가능성이 낮으며 자신의 속도에 맞게 나아갈 뿐이다. 그렇기에 혹여 목표를 달성하였다 할지라도 주위의 부정적인 평가적 개입으로 목표를 위해 자신이 최선의 노력을 다하지 못한 것으로 인식하며 그 성공적 결과에 대해 내부귀인이나 자신의 괜찮은 능력으로 귀인하는 것이 어려워진다. 이는 더욱더 자신의 행동에 대한 가치 및 자존감을 높이기에는 어려운 것이며 추후 이루어지는 행동에도 소극적인 영향을 미친다. 다행인 것은 이들이 동인을 가질 수 있도록 도와주는 행동의 구체적 방법을 습득하게 되면 느리지만 변화가 일어나기도 한다는 것이다. 이들의 한정된 행동의 핵심은 자기효능감(self efficacy)의 문제이며, 이는 생애 초기부터 충분한 자율성 획득이 부족했기 때문이라 볼 수 있다.

④ 신체 영역

● 부적응 양상에 기초한 해석

신체를 성격의 영역에 포함시키는 것은 개념화하는 방법에 따라 달라질 수 있겠지만 이 책에서는 성격 영역의 한 차원으로 본다. 일반적인 개념에서 신체는 우리의 '몸'이다. 이러한 '몸'의 상태 자체가 성격이라고 하기에는 무리가 있다. 하지만 성격의 정의에서 볼 때 사회적 · 물리적 환경과 상호작용 과정에 나타나는 한 개인의 반응이라는 의미에서는 신체적인 반응 또한 성격이 발현되는 하나의 채널이라고 볼 수 있는 것이다. 이렇듯 신체적인 반응 자체가 관심이 아니라, 앞서 설명한 영역에서와 마찬가지로 구성 개념으로서 성격이라 부르는 현상이 발현되는 방식 및 영역의 하나로 이해해야 한다. 이러한 성격의 발현 영역 중 하나로서 신체반응은 척도 1번과 척도 3번을 통해 검토할 수 있다. 이 두 척도는 여러 복합적인 문제를 내부세계에 담아 두고 있다는 것도, 또 그 문제들을 의식화하지 못한다는 것도 공통점이며 신체적인 방식으로 그 문제를 해결하려는 태도 역시 공통점이다. 이들의 방어패턴은 앞서 다른 성격 영역을 포함한 전 영역 중에서도 가장 원초적이고 수동적이고 소극적인 대처로부터 발생한 결과물이라 볼 수 있다. 다른 척도들의 상승에 대한 읽기정보와 마찬가지로 척도 1번과 척도 3번의 상승 패턴 또한 주로 관찰 가능한 현상학적인 양태를 측정한다.

　이들이 내부세계와 외부현실로부터 경험되는 스트레스에 대해 신체적인 방식으로 방어, 대처, 적응, 생존, 자기보호를 하게 된 이유는 다른 모든 방식을 통한 노력이 통하지 않았기 때문이며, 따라서 다른 대처 방식들을 활용할 능력이 길러지지 않았을 수도 있고 의도치 않게도 환경에 의해 권장되었을 가능성도 있다. 이유야 어떻든 여타 방어들의 목적과 마찬가지로 신체를 통해 내적 불안을 해소하고 초자아의 감시로부터 안전한 방식으로 원자아가 충족하고자 하는 욕구를 채우기 위해 신체를 통해 울부짖고 있는 것이다. 하지만 모든 것을 이러한 비의식 차원에서 형성된 기제라 할 수만은 없다. 성격적 부적응 및 정신과적 증상으로 받아들이기 전에 실제 존재하는 그들의 신체적 손상 및 장해 여부를 확인해야만 한다. 그 이후에야 그 신체영역의 부적응성이 담고 있는 기능적 측면을 고려해 볼 수 있다.

　대부분의 사람은 '아픈 것을 좋아하는 사람이 누가 있겠느냐'고 한다. 효과의 법칙을 거스르는 현상으로 보이지만 사실 내부세계에서는 정확하게 효과의 법칙을 따르고 있는 것이다. 이상하게도 비의식적으로 이들은 일부러 아픈 것을 즐기는 것처럼 보인다. 반면, 이들은 자신이 의도적으로 신체적 불편감을 갖고 있다는 것을 인식 또는 인정하지 못한다. 이들의 내부세계에서는 원자아의 욕구가 외부현실로 직접적으로 분출되는 것이 강력히 차단되어 있기 때문에 이 과정에서는 초자아가 감시할 필요도 없게 된다. 또는 비의식 내에서 일찌감치 초자아의 강력한 힘으로 원자아의 욕구가 차단되어 있는 것일 수도 있다. 내부세계는 충분히 안정된 상태를 유지할 수 있게 되며, 이후 자아는 교묘하게 잘 꾸며진 방식으로 원자아의 욕구를 대안적으로 채워 주게 된다. 이는 의식 수준의 자아의 눈에는 띄지 않고 비의식적 수준의 자아만 원자아와 협약을 맺음으로써 벌어진 일이다. 이러한 내부세계의 분위기에는 의식 수준에서의 자아가 외부현실의 분위기에 대해 첩보전을 통해 획득한 정보가 기여를 하고 있다. 신체적 아픔이라는 것은 생존을 저해하는 직접적인 증거다. 어떠한 방법보다 신체적인 문제를 호소하는 것은 주위로부터 양해를 받기가 쉬우며 직접적인 돌봄을 받을 수 있는 상황이 마련되게 할 수 있다. 누구나 생존에 위협적인 상황에 처하는 것을 원하지 않지만 이를 감수하고서도 신체적 불편감, 고통, 통증을 기꺼이 선택하는 사람들이다. 이는 이후 주위로부터 거의 확실히 채워질 수 있는 돌봄과 관심이 쉽게 예상되기 때문이다.

척도 1번과 척도 3번 중 어떤 척도에 더 중점이 있는가에 따라 원자아가 가진 욕구의 질이 달라진다. 척도 1번의 경우에는 보다 원초적인 욕구가 있다. 생애 초기의 '어버버' 시절을 꿈꾸는 원자아의 모습이라면 척도 3번은 남근기 즈음의 삼자관계가 인식되는 상황에서 자신을 행복하게 해 줄 수 있는 특정 대상과의 관계를 온전히 자기 것으로 취하고자 하는 욕구를 반영한다. 부연하면 척도 1번의 욕구는 보살핌과 관련된 욕구이며 전반적인 의존을 필요로 한다는 특성을 갖고 있다. 반면, 척도 3번은 보살핌보다 자신이 의미 있는 존재로 인정받고 있음을 느끼고자 주위 사람들의 관심을 추구하는 욕구라 할 수 있다. 이들의 의존적 특성은 생활 전반에 만연한 것보다 자신에게 의미 있는 관심을 제공해 줄 수 있을 것이라고 믿는 특정 대상들에게 집중되어 있다. G. Freud의 주장을 따르면 이러한 특징이 여성에게 나타날 경우 그 관심 요구의 대상이 남성일 가능성이 높을 것이고 남성일 경우 여성일 가능성이 높을 것이다. 어떤 욕구이든지 간에 그 욕구를 채우기 위한 도구는 신체이며 각 욕구에 최적화된 신체적 반응을 형성해 온 것이다. 척도 1번은 전반적인 보살핌을 위해 전반적인 신체적 고통을 모호하게 호소하는 방식을 의미하며, 척도 3번은 쉽게 눈에 띄고 당면 상황에서 가장 두드러지는 신체적 반응을 호소하는 것이다. 이러한 차이는 척도 1번과 척도 3번은 각각 개인이 자신의 욕구를 채우는 데에 성공할 가능성이 높고 효율적일 수 있는 방식이 다르다는 것을 의미한다.

하지만 욕구의 내용은 다르지만 그것을 채우고자 하는 방식이 신체적이라는 것은 동일하다. 실제로 그러한 욕구를 가지고 있다는 것이지만 이러한 욕구를 채우기 위한 방식 자체가 실제 삶 속에서 큰 문제를 발생시키지는 않을 수도 있다. 어떤 경우에는 오히려 도움을 요청할 수 있는 적응적 능력으로 비칠 때도 있다. 우리가 좀 더 중요하게 생각해야 할 것은 방식의 문제보다 정도의 문제, 즉 신체를 과도하게 이용한 결과가 실패로 돌아왔을 경우 나타날 부적응성에 더 관심을 가져야 한다는 것이다. 앞서 설명하지만 사고 · 정서 · 행동 영역에서 적절한 대처가 불가능했기에 마지막 보루로 신체를 활용하는 것이었다. 그런데 이러한 신체적 대처가 실패하게 되면 적절한 대안이 없어진다. 이때 현실감의 저하 또는 상실이 일어날 수도 있지만 적절한 현실감을 유지할 수 있는 선에서는 당면한 외부현실에 상응하는 양상을 보인다는 것이다. 현실감이 저하되면 상황에 적절하지 않은 수준에서 신체적 고통 및 불편감을 호소하며 비의식적으로 주위 사람들을 조종하게 된다. 그러한 신체적 울부짖음에 맞춰 주지 않으면 주위 사람들로 하여금 죄책감을 느끼게 만들 수도 있으며 자신에 대해 과도한 걱정을 하도록 더욱더 심각한 신체적 불편감을 호소할 수도 있다. 이것조차 실패한다면 주위 사람을 매정한 사람이라는 등 나쁜 사람으로 비난·공격하고 짜증을 내고 화를 내기도 한다. 이러한 행동 표현들은 적응을 위한 방식이 아니라 아이들에게서 관찰되는 분노발작과 같은 행동으로 드러난다.

● 성격 특징에 기초한 해석

성격의 정의에서도 언급했듯이 신체적 반응은 전통적인 기술에서 명백하게 다루어지지 않은 영역이다. 하지만 생물학적인 신체반응으로 설명되지 않는 신체반응도 현상하고 있으며, 이러한 반응은 의식적인 방식이라기보다 비의식적인 과정을 통해 발현되는 독특하고 지속적이고 일관적인 양상을 보이기에 성격의 한 영역으로 설명하고자 하는 것이다. 신체 영역의 독특성은 사고, 정서, 행동의 성격 영역에서의 작동이 적절히 이루어지지 않을 때 나타나는 생물학적 반응으로 드러나는 것이다. 예를 들어, 스트레스 상황에서 사고기능이 적절히 작동하지 못할 경우 다른 대안도 찾을 수 없을 때 내부세계에서 확장된 압력이 우리의 신체를 통해 대신 울부짖고 있는 것이라 생각할 수 있다. 감정적 스트레스가 적절히 해소되지 못하고 누적될 때 소화불량에 걸린다거나 변비로 힘들어하게 된다거나 두통이 찾아오고 눈이 흐려지는 등 다양한 신체적 반응으로 발현되는 것이다. 모든 경우가 그러한 것은 아니지만 이러한 신체반응의 원인이 심리적인 문제라 인정되는 경우 도매금으로 신경성이라는 진단을 받기도 한다. 생물학적으로는 그 원인을 설명할 수 없는 경우, 그들의 신체반응에 수반된 과거 경험 및 촉발 사건을 탐색하는 것은 그들의 입장에서 그들이 울부짖고 있는 신체적 반응의 심리적 기능을 이해할 수 있게 한다. 만약 성격의 다른 영역의 기능이 적절하건 과하건 간에 작동이 되고 있다면 신체적 반응은 주요한 의미를 갖지 않을 수도 있다. 신체적 반응은 당면한 내부세계 및 외부현실의 스트레스를 적절히 내부세계의 밖으로 처리해 낼 수 없을 때 나타나는 정상적인 반응이기도 하기 때문인 것이다.

척도 2번의 상승은 신체를 포함한 성격의 전체 영역에 걸쳐 에너지 수준이 저하되어 있다는 것을 의미한다. 이들의 신체반응은 척도 3번에서 나타나는 신체적 불편감에 대한 무관심과 다르게 애초에 신체적인 불편감 자체를 온전히 자신의 것이라 받아들이고 체념한 듯한 모습이다. 단지 무기력함으로 드러날 뿐이다. 다시 말해, 신체적 불편감도 귀찮은 것이다. 손등에 상처가 난 상황에서 척도 3번이 반영하는 것이 그것에 대해 무관심이라는 일반적이지 않은 반응을 주의를 끄는 도구로 활용하는 것이라면, 척도 2번에서는 그 상처를 지긋이 바라만 보면서 어떻게 해야 나을 수 있을지에 대한 현실적인 고민은 하지 못하고 있는 것이다. 신체적 불편감 자체를 자아동질적인 양상으로 인정해 버리는 것이다. 하지만 특이하게도, 그들의 신체적 불편감에 대해 동정 또는 도움을 주기 위한 주위 사람들의 개입에도 반응하지 않는 경우가 많다. 그냥 받아들이며 끙끙 앓고 있는 모양새다.

척도 4번의 상승에서 신체적 반응은 크게 유의하지 않다. 오히려 평화롭고 안정적으로 보이기까지 한다. 앞서 언급한 것처럼 기본적으로 행동으로써 경험된 스트레스를 처리하려고 하며 일선에서 처리가 안 될 경우 이차적으로 사고가 작동한다. 행동과 사고가 순차적으로 작동할 수도 있으나 대개 병렬적으로 작동하기 때문에 이들은 내부세계에 담아 둘 만큼의 갈등과 불안은 존재하지 않을 가능성이 높다. 그렇기에 신체적 반응 또한 두드러지지 않을 수 있는 것이다. 만약 신체적인 불편감을 호소하게 된다면 사고 기능의 옵션으로 활용하는 것이며 신체를 통해 자신이 계획한 것들을 이루도록 하는 전술로 나타날 수 있다.

척도 5번의 상승은 남녀 구분 없이 자신의 신체적 불편감에 대해 크게 고려하지 않는다. 자신의 무능력과 한계점으로 인식되기 때문에 괜찮은 신체적 상태를 유지하기 위해 애쓰는 모습으로 나타난다. 오히려 주위 사람이 이들의 컨디션을 걱정한다. 어쩔 수 없는 신체적 기능 저하로 외부현실이 요구하는 역할을 하지 못할 때 자신의 신체적 기능 수준을 안타까워하며 삶의 전선에 복귀하기 위해 애쓰는 경향이 있다. 역할 수행이 어려운 정도로 신체적 기능 수준이 저하될 경우가 아니라면 그 상황을 대수롭게 생각하지 않으며 오히려 부담이 되는 상황에서 자신은 적응을 하고 있음을 뿌듯하게 인식하기도 한다.

척도 6번에서 알 수 있는 신체적 반응은 긴장이다. 이는 외부현실의 자극들로부터 자신을 보호하기 위해 사고기능을 과도하게 운영함으로써 발생한 부작용이다. 경직된 신체 상태와 만성적인 피로감을 경험하고 있는 것이다. 경험된 스트레스들로부터 신체적 기능 저하가 나타난다면 상당히 억울해하며 자신의 신체적인 기능 저하의 원인을 외부현실의 자극 때문이라고 귀인한다. 커플 심리치료 상황에서 상대가 척도 6번의 상승을 보일 경우 보통 자신이 호소하는 신체적 불편감의 수준과는 일치하지 않는 큰 목소리와 강한 눈빛 등의 강력한 신체적 각성을 보이곤 한다. 척도 4번과 유사하게 이들의 신체적 불편감은 상대를 자신의 내부세계의 시나리오에 들어오도록 하기 위한 도구로 활용된다. 물론 비의식적인 과정이기 때문에 자신의 불편감을 호소하는 이면의 의도는 알아차리지 못하고, 직면을 받아들이는 것은 상당히 어려워한다.

척도 7번의 상승에서 나타나는 신체적 불편감은 사고 기능을 통해 부정적 정서를 충분히 통제하지 못한 상황에서 거추장스럽고 떨쳐지지 않는 찝찝함으로 나타난다. 주로 호소하는 신체적 불편감은 소위 신경증 범주에서 수면 문제와 소화기관의 문제로 나타나는 경향이 있다. 이 두 가지 불편감은 신체적 증상의 발현과 관련된 내부세계 및 외부현실의 갈등이 존재함에도 자신의 신체적 불편감과 연결지어 이해하는 것을 어려워한다. 만약 어떤 방법이든지 간에 문제가 해결되지 않으면 언제 그러했느냐는 듯 신체적 불편감은 사라지는 경우가 많다. 하지만 정서적인 문제는 하루 이틀 경험하고 사라질 내용이 아닌 오랜 시간 누적되어 온 것들이기 때문에 신체적 불편감 또한 오랫동안 지속되어 온 것이다. 그래서 쉽게 신체적 상태가 양호해지는 경우는 드물며 자신의 신체적 문제를 불편해 하면서도 체질이 그렇다거나 어쩔 수 없는 것이라고 인식한다. 이들은 신체적 불편감과 자신의 내부세계에 담아 둔 정서적 문제와의 관련성을 알아차리는 것에서는 무관심하고 알고자 하는 태도도 부족해 보인다.

척도 8번의 상승은 신체 자체의 불편감보다 신체를 통해 감각되어지는 현상 자체가 문제시 되는 경향이 있다. 그리고 혹여 신체적 불편감이 경험되는 상황에서라도 몸 상태가 무엇 때문에, 어떻게, 왜, 언제부터 좋지 않은지 등 자신의 신체적 불편감에 대한 통합된 병식이 없는 경우가 많다. 컨디션이 좋지 않다는 것이 아닌 컨디션이 이상하다는 느낌인 것이다. 척도 8번의 상승과 신체적 문제가 직접적인 관련을 가진 것은 아니며, 다른 척도들에 반영된 신체적 불편감에 현실감을 떨어트리면서 비전형적인 방식으로 나타나는 것이다.

척도 9번의 상승에서 모든 성격기능 중 부정적 부분들은 내부세계 깊은 곳에 덮어 놓았기 때문에 신체적 불편감 또한 부정적 잔재로서 매장물 중 하나일 뿐이다. 이들은 신체적 불편감이 느껴지긴 하지만 그것에 전혀 주의를 기울이지 않고 지금 이 순간 지니고 있는 개인적 목표를 위해 달려갈 뿐이다. 연료 충전등에 불이 들어 왔다는 것이 눈에는 들어오나 그 순간만큼은 그 신호가 자신에게 어떤 대처를 요구하는 것인지 인식할 수 없으며(비의식적으로 적극적으로 인식하지 않도록 한다) 단지 불이 들어 왔을 뿐인 것이다. 척도 3번의 상승과 유사하게 자신의 신체적 불편감에 대해 대수롭지 않게 받아들이지만 그 신체적 불편감을 도구로 이용하는 것이 아니라 귀찮은 것으로 인식하거나 인식조차 하지 못할 수도 있다.

척도 0번에 반영된 신체적 불편감은 애초에 신체적으로 불편해할 자극을 만들지 않도록 미연에 그 가능성을 줄이며 살아간다. 척도 1번에서처럼 신체적 불편감에 취약한 것이긴 하지만, 이를 대처하는 방식에서 예민하고 조심스러운 방식과는 대조적으로 예민할 필요성을 갖지 않도록 안전한 주위 환경에서 살아갈 수 있게 최적화해 놓은 것이다.

⑤ 관계 영역

● 부적응 양상에 기초한 해석

성격의 한 영역으로서 관계를 정의하는 것은 무척이나 곤란한 작업이라 생각한다. 관계의 의미는 한 개인이 자신이 아닌 다른 물리적 · 사회적 장면에 존재하는 대상과 상호작용하는 현상 자체를 아우르는 개념이기도 하다. 이는 성격의 여타 다른 영역과 구분되는 고유한 영역으로서의 관계로 보는 것이 아니라 사고 · 정서 · 행동 · 신체 영역들이 환경과 상호작용하면서 드러나게 되는 관계 방식이라 볼 수 있다. 반면, 좁은 의미로는 일상에서 마주치는 또 다른 특정 개인들과 상호작용하는, 즉 대인관계 방식을 의미하기도 한다. 성격 영역 중 하나로서 관계를 보는 관점은 척도 5번과 척도 0번에서 드러난다. 이 척도들은 다른 사람과의 관계 방식 자체를 의미하는 것이며, 관계 자체를 형성하고 유지하고자 하는 욕구를 나타내고, 자율적이지 못하고 균형 잡히지 않은 비의식적 또는 신경증적 관계 방식을 반영한다.

남성의 경우 상승한 척도 5번과 낮은 척도 0번의 조합은 비교적 흔히 나타난다. 이들은 자신에 대한 정체성이 안정적이지 못한 모습을 보인다. 하지만 의식적으로는 스스로 너무나 분명한 삶의 관점을 갖고 있으며 타인들과 관계하는 데에 자신만의 소신이 있다고 인식하고 있다. 반면, 비의식적으로는 자신이 누구인지 어떤 사람인지에 대한 모호함을 경험하고 있을 가능성이 높다. 의식적인 자기개념을 통해 타인과 관계하면서 비의식적인 자기개념의 불일치는 정체성의 모호함으로 경험되며, 이러한 불일치로 인한 갈등을 해소하기 위해 주위에 존재하는 상황, 기준, 요구된 역할 또는 특정 대상에게 자기 확인을 위해 몰두하는 것으로 나타난다. 외부현실의 조건에 따라 변화무쌍하게 반응하는 자신은 그 순간 살아 있음을 경험하며 내부세계에 존재하는 자신이 누구인가에 대한 모호한 정체성을 인식하지 않을 수 있도록 도와준다. 이러한 순환적인 관계패턴은 더욱더 공고해지고 환경에 최적화된 자신의 역할 또는 능력을 외부현실의 대상에게 기꺼이 제공하게 된다. 주위 사람들은 이들을 성실하고 착하고 사람을 좋아하는 사람이라고 인식하고 있다. 하지만 이들의 이타적으로 보이는 태도는 깊은 정서적 소통을 어렵게 하며 결국은 미안함과 부담스러움으로 변화될 가능성을 높인다. 이들은 의식적으로는 자신의 역할과 대인관계에서 충분히 기능적으로 수행하는 것으로 경험되기 때문에 실제적인 외부현실과 맞닿은 상황에서는 불편감을 호소할 가능성이 낮다. 반면, 비의식적으로는 자신의 역할에 집중해야 하고 타인과 관계하지 않아도 되는, 즉 외부현실의 요구가 없는 순간이 될 경우, 예를 들면 혼자 있게 되거나 열심히 하루를 살고 자신만의 공간으로 복귀하는 상황 등에서 상당한 공허함 또는 무상함을 경험하곤 한다. 외부현실과의 접촉 여부에 따라 달라지는 자기개념으로 인해 갈등은 누적되고 결국 방향성 없는 모호한 우울정서를 호소하며 상담을 요청하곤 한다. 만약 드문 일이긴 하지만 척도 5번과 함께 척도 0번이 동반 상승할 경우에는 비의식 내에 존재하는 모호한 자기개념들이 의식 수준으로 올라오게 되면서 외부현실과의 접촉을 불편해하며 회피적인 방식으로 나타나는 것이라 볼 수 있다.

여성의 경우 척도 5번의 상승은 주위 사람들로부터 소위 '쿨'한 성격으로 비칠 가능성이 높다. 쿨한 이면에는 여성으로서의 자기개념이 다져지지 않았거나 남성으로서의 역할을 부여받음으로써 여성성을 형성할 수 없던 가족력을 갖고 있을 수 있다. 한편, 척도 5번이 상승한 여성들은 사회적으로 자율적이고 독립적이며 성취지향적인 태도를 갖고 있기 때문에 직장생활에서 성공적인 업무 성과를 보인다. 하지만 이러한 모습의 이면에는 자신의 뜻을 고수하고 추진하는 힘으로 인해 업무적 인정을 받으면서도 주위 사람들과 친밀한 정서적 관계를 맺기가 어렵다는 부작용이 있을 수 있다. 이들은 전반적인 대인관계 장면을 경쟁적 구도로 인식하며 이에 따라 전통적인 여성의 태도라 할 수 있는 수동적이고 맡겨진 역할에 만족하는 의존적인 태도보다 경쟁에서 승리하고자 노력하는 태도를 보인다. 특히 이들은 의존적이고 수동적인 여성성을 가진 여성들에 대해서는 자신이 해 볼 만한 경쟁 상대라 자극받지 않으며, 자신만큼 강력한 힘을 지닌 여성이나 대부분의 남성과의 경쟁을 해 볼 만한 싸움이라 느낀다. 이러한 태도가 경직될 경우 자신이 속한 집단에서 자신의 뜻을 펼치고자 일방적이고 독단적인 주장성을 나타내기 때문에 주위 사람들은 이들과의 관계를 성가셔하는 경향이 있다. 하지만 이들이 이루어 놓은 성과는 인정할 수밖에 없을 만큼 생산적일 수 있기 때문에 주위 사람들은 직접적으로 이들에 대해 자신의 불평을 드러낼 수 없으며, 자연스럽게 사적이고 정서적인 관계는 소원해진다. 이들은 주위 사람들이 자신을 꺼려하는 태도를 직감하게 된다 할지라도 자신의 태도가 미친 영향을 성찰하기보다 자신에 대한 시샘 또는 부러움이며 미숙한 반응들이라 합리화할 가능성이 높다. 결국 이들은 대인관계에서 누적되어 온 주위 사람들로부터의 만연한 소원함과 외로움 비슷한 느낌을 갖고 생활하게 된다. 진정 자신이 대인관계 장면에서 충족되지 못한 안정감에 직접적이고 의식적으로 외로움을 느끼는 일은 잘 없으며, 그러한 느낌이 자신의 의식에 올라오기 전에 좀 더 나은 성공을 위한 노력에 에너지를 쏟곤 한다.

척도 0번의 상승을 보이는 사람들은 관계하고자 하는 필요성 및 즐거움을 느끼기보다 오히려 불편해하며 자신이 설정한 한정된 삶의 영역과 스케줄에 편안함을 느끼고 만족해하기도 한다. 자신이 설정한 관계 테두리를 벗어나는 것은 스트레스원이 되기 때문에 애초에 아궁이 속에다가 땔감을 넣지 않고 이미 은은하게 열기를 담고 있는 숯불을 지키는 것에 만족한다. 불씨가 꺼지지 않을 정도로 열기를 유지하는 것이 혹시 모를 화재를 막을 수 있기 때문이다. 이들에게 새로운 사람들과 관계한다는 것은 불필요한 것이기에 관계하는 대상들은 소수인 경우가 많으며 갈등 없이 오랜 기간 관계를 유지하는 아주 안정적인 관계 양상을 보인다. 그리고 누군가가 자신의 아궁이에 땔감을 밀어 넣게 된다 할지라도 거부하지는 않지만 불이 강해진 것에 대해 고마워하지도 않는다. 어쩔 수 없는 모임에 참석할지라도 장면 내에서 함께 즐기기보다, 많은 사람 속에서도 소통을 하기보다 자신의 세계에 머물러 있는 모습을 보인다. 함께하자는 요구에 거절하는 것이 더 귀찮은 일이기에 함께할 뿐인 것이다. 그래서 일대일의 관계는 쉴 틈 없는 둘만의 소통이 이루어져야 하기 때문에 잘 갖지 않지만, 시작이 된 후라면 서서히 안정감을 가지면서 자신의 영역으로 상대를 받아들이게 된다. 즉, 질 좋은 숯처럼 소수의 대상과 서서히 정서적 관계를 맺기 시작하고 안정감을 가지면서 관계를 지속하는 양상을 보인다.

한편, 척도 0번이 낮은 수준을 보일 경우에도 주요한 관계 영역의 정보를 갖는데, 이들은 기본적으로 '사람을 좋아하는 사람'이라는 인상을 주며 생기가 있고 즐거워 보인다. 하지만 이들은 사람과 함께하지 못하는 상황을 견디는 것이 힘들기 때문에 신경증적으로 타인들과의 소통을 지속적으로 유지하기 위해 노력한다. 또한 주요한 타인들과 깊은 정서적 관계를 유지하는 것이 주된 목적이 아니라 어떤 사람이라 하더라도 '함께 있음'에 안정감을 느낀다. 의식적으로는 혼자서 무언가를 하는 상황을 지겨워하고 흥미가 없다고 보고하곤 한다. 그렇기에 주위 사람들의 부름에 거절할 이유도 없으며 혹여 부름이 없을 경우 자신이 자리를 만드는 경우도 빈번하다. 비의식적으로 이들은 채워지지 않은 상당한 관계욕구를 가지고 있으며 이를 양적으로 채우고자 시도한다고 볼수도 있다. 아궁이에 불이 꺼져 냉방에서 밤을 지샌 경험들이 너무나 싫기에 항상 뜨거운 아궁이를 유지하고자 땔감을 수시로 채워 넣는 모습과 유사하다. 자신의 관계욕구의 허기짐은 극도의 외로움과 연결되어 있기 때문에 웬만해서는 경험하고 싶지 않은 것이다. 갈등이 불거진 상황에서 의뢰된 부부의 치료 사례에서 부부 각각이 척도 0번에서 상반된 방향을 보일 경우 낮은 점수를 보이는 쪽이 높은 점수를 받은 상대에게 자신에게 소홀하다고 호소하는 경우가 있으며, 높은 점수를 보인 쪽은 낮은 점수를 보인 상대를 미숙하고 철이 없는 사람으로 느끼기도 한다.

● 성격 특징에 기초한 해석

성격의 정의에서 살펴보았듯이 관계 영역은 고정된 성격구조의 하나라기보다 개인의 여타 성격 영역들이 관계 장면에서 발현되는 독특하고 지속적이고 일관적인 특징으로 이해할 수 있다. 개인이 갖추고 있는 사고, 정서, 행동, 신체 기능들이 주위 환경 및 다른 사람들과의 관계에서 고스란히 드러나게 되는 것이다. 심리치료 장면에서 다양한 대인관계의 문제를 호소하며 의뢰하지만 그 문제를 발생시키게 된 주요 성격적 요인이 무엇인지 구분할 수 있다면 요청된 문제를 개념화하고 추후 개입의 방향을 설정하는 데에 도움을 받을 수 있다.

척도 1번에 반영된 관계 방식의 핵심은 수동의존이라 할 수 있다. '수동'은 자신이 어떠한 결과를 의도하지 않은 상태에서 비의식적으로 작동하고 있다는 것을 의미하기도 한다. 결과적으로 의존을 하게 되었음에도 의식적으로 자신만큼은 의존하고자 한 의도가 없었다는 것이며 이에 대한 통찰이 없다는 것이 특징적이다. 의존성을 유지하기 위한 전략으로서 신체적 불편감을 활용하기 때문에 돌봄과 배려를 받고 싶어 한다는 심리적 욕구를 직접적으로 표현할 필요가 없으며 오히려 타인들이 자신의 안녕에 관심을 갖고 관여를 해 주는 것을 당연한 것이라 인식하고 있다. 만약 주위 대상들이 이에 충분히 반응해 주지 못한다면 주위 사람들이 매정한 사람들로 경험된다. 하지만 이들을 버릴 수도 없다. 영원히 관계가 단절된다면 자신의 욕구를 채워 줄 수 있는 대상 자체를 잃어버린다는 두려움이 있기 때문이다. 그렇기에 요구적이다가도 공격적이고 짜증스러운 태도로 주위 대상을 몰아붙여 자신에게 더욱더 밀착하도록 하는 것이다. 주위 사람들 또한 이들에게서 벗어나게 된다는 것은 세상 큰 잘못을 저지른 죄인인 것처럼 죄책감을 경험할 수도 있기 때문에 벗어나는 것도 사실상 어려운 일이다. 그리고 이들은 내부세계와 외부현실에 존재하는 다양한 스트레스 상황에 대해 상당히 취약하기 때문에 자신의 역할에 부담을 느끼게 되는 상황에서 특히 예민한 모습을 보인다. 예를 들어, 자신이 맡은 임무가 있다 하더라도 부담이 느껴진다면 일차적으로 그 상황을 벗어나고자 하는 욕구가 강해지고, 현실적이고 생산적으로 대처할 수 있는 자원이 부족하기 때문에 결국 신체적 불편감으로 그 상황을 모면하고자 한다. 현실적으로 누군가가 몸이 아픈 상황에서는 법도 윤리도 양해를 해 주는 경우가 일반적이다. 아무리 맡은바 임무를 다하지 못한다 하더라도 몸이 좋지 않다고 하는 이상 그 순간만큼은 이들을 공격적으로 비난할 수 없으며 해당 책임을 보류해 주게 된다. 한편, 이들의 장점은 의식적인 것은 아니지만 '돌봄과 관심'을 얻을 수 있는 능력이 있다는 것이다. 상황에 적절한 수준에서 이들의 모습은 직접적으로 표현하지 않지만 수줍게 자신을 돌봐주기를 요청하는 마음 약한 소녀 같기도 하다. 원자아가 가지고 있는 돌봄의 욕구를 직접적으로 표현하게 되면 주위 사람들이 힘들어할 수 있다는 공감능력을 가진 경우라면 그 욕구를 버릴 수도, 그렇다고 자기중심적으로 자신의 욕구만 채워 달라고 강요할 수도 없다. 그래서 수줍고 조심스럽게 욕구를 표현하면서도 부정하는 모습을 보이기도 한다. 부모님이 계신 시골을 벗어나 도심에서 생활하며 가끔 전하는 자녀의 안부전화에 '요즘 예전 같지는 않지. 이제 늙어서 일도 많이 못 한단다.'라고 하면서 '걱정하지 말거라. 난 아무 불편 없이 잘 살고 있단다.'라고 말하는 부모님의 이러한 비의식적 능력은 양해될 수 있을 것이다.

척도 2번에 반영된 관계 방식은 밑 빠진 독임을 알면서도 채우고 싶도록 만드는 것이다. 이들은 사실상 사회적 장면에서 사회적 기술이 발휘되지 않고 그럴 만한 힘도 없기 때문에 호감적인 인물로 비치기는 어렵다. 하지만 직업적·학업적·사회적 실제 상황에서 주어진 역할을 잘 하고 있음에도 척도 2번이 상승한 사람들은 사회적 매력이 있긴 하나 스스로에 대한 평가절하가 깔려 있기 때문에 주위 사람들에게 이들의 기분과 자존감을 향상시켜 주고 싶다는 마음을 불러일으키기도 한다. 그렇지만 주위 사람들의 노력은 대부분 실패로 돌아오고 이들에게 싫증을 느끼거나 이들을 부담스럽게 느끼게 된다. 결국 주위 사람들과 조금씩 소원해지는 관계가 느껴지면 이들은 역시 자신의 탓으로 돌리는 경향이 있다. 이들 주위에 에너지의 지속성과 내구성이 뛰어난 대상이 있다면 이들은 어느샌가 의존적인 태도를 나타낼 가능성이 있다. 심리치료 장면에서 이들을 만날 경우 둘 사이의 의존적 방식의 관계가 자율적 관계로 발전되는 경우도 관찰되긴 하지만, 이는 점차 꽤 오랜 시간 지속이 필요한 작업이기에 실제 이들과 관계하는 주위 지지 대상에 대한 관리가 필수적일 때가 많다.

척도 2번의 상승에서 특별히 고려해야 할 것은 적어도 최근 몇 년간의 생활에서 발휘해 온 스트레스 관리 능력이며, 만약 최근 경험한 성취 경험과 수반 관계가 명백한 사건이 존재하였다면 뚫린 밑바닥을 수리하는 작업이 더 수월할 수 있다. 단, 마술적 기대가 아닌 지금 이 순간 자신이 실현할 수 있는 구체적이고 실제적인 방법을 인식하도록 돕고 그 수행으로부터 작지만 빈번한 긍정적 성과를 얻을 수 있도록 해야 한다. 이들이 생각한 희망 옆에는 또 실패할 것 같다는 두려움이 따라다니며 희망은 맞춰질 것 같지 않은 직소퍼즐 같이 너무나 모호한 것이다. 하지만 이미 완성 그림을 본 적이 있는 사람은 만 개의 그림 조각이라 할지라도 완성시킬 수 있을 것 같다는 희망을 그리기가 보다 쉽다. 그렇기에 실제 삶 속에서 꼭 희망의 조각들을 발견할 수 있도록 도와야 한다.

척도 3번의 상승은 대인관계를 풍요 속의 빈곤처럼 경험한다. 사실 빈곤인 듯 빈곤 아닌 빈곤 같은 빈곤감이다. 이들에게는 대인관계에서 빈곤을 느끼는 순간 그것을 느끼지 않는 독특한 내부세계가 존재한다. 어쩔 수 없는 빈곤감을 경험할 때는 적막하고 고요하고 혼자인 상황이다. 내부세계에서 의식과 비의식의 경계가 보다 강건한 사람이라면 이러한 상황에서조차 빈곤감을 경험하지 않을 수도 있다. 바로 즉각적으로 풍요를 얻기 위한 수행에 들어가기 때문이다. 이들이 의식적으로 생각하는 풍요는 사람들 속에서 자신이 의미 가득한 존재로서 살고 있는 경우이기 때문에 삶의 영역 대부분에서 다른 사람들과의 관계 속에 자신을 놓아 둔다. 그 위치에 놓여 있는 것뿐만 아니라 그 속에서 자신이 존재하고 있음을 항상 자극받아야 한다. 방심한 사이에 시들어 버릴 수도 있는, 손이 많이 가고 다루기 힘든 화초인 것이다. 그 꽃과 열매가 탐스럽기에 주위 사람들은 꺾어 가지고자 하는 탐욕을 갖겠지만 거기에는 날카로운 가시와 독이 있다. 아름다운 버섯일수록 독버섯일 경우가 많은 것처럼 주위 사람들을 매혹시킨다. 하지만 주위 사람들이 왜 그들에게 매력을 느끼는지는 선뜻 설명하기가 어렵다. 그 매력은 원자아에서 뿜어져 나오는 매력이기에 상대하는 대상 스스로가 이들에게 원초적으로 끌려가게 된 것을 이성적으로 인정하는 것을 건강하지 못한 것이라 느끼게 된다. 만약 외부현실이 이성적이지 않아도 되는 자리를 깔아 주게 될 경우에는 굳이 자신의 끌림에 제한을 둘 필요가 없기에 이들을 탐하게 될 수도 있다. 하지만 이들의 관계의 질은 향기가 좋은 독버섯의 매력처럼 피상적이며 진정한 양분은 담고 있지 않은 것이다. 안타깝게도 이들은 이 선에서 만족하는 경향이 있다. 단지 관계 상황이 형성되고 유지되고 있음이 중요한 것이기 때문이다. 그런데 주위 상황이 자신의 비의식적인 의도대로 펼쳐질 경우에는 직접적인 갈등은 경험되지 않지만 관계의 소원이나 단절 등의 돌발 상황이 발생할 경우 최후의 보루로써 신체적 불편감을 활용할 가능성이 높아진다. 이들의 신체적 불편감은 응급처치만으로도 호전이 되기 때문에 주위 사람들로 하여금 자신의 응급처치가 가치 있는 것이었다는 느낌으로 이들에게 역전된 존재감을 느끼게 만든다. 이러한 패턴이 이들의 자기중심적이고 조종적인 관계 패턴을 형성하는 근간이 되는 것이다. 척도 1번이 의미하는 수동의존과 유사할 수 있으나 상대가 이러한 수동의존 패턴을 벗어나려 할 경우 척도 1번은 죄책감을 동반하게 되는 특성이라 할 수 있고,

척도 3번은 비의식적인 긍정적 강화가 근간이 되어 기꺼이 이들의 의존 대상으로서 역할을 해 주고자 한다는 특징이 있다. 한편, 이들의 장점은 해맑게도 긍정적이라는 점이다. 상대방으로 하여금 이들에게 자신의 내부세계를 열어 보여 줘야 한다는 부담과 압력이 없기에 관계 내에서 피상성은 이들이 당면한 관계 장면, 지금 이 순간에 집중할 수 있게 해 준다. 긍정적 에너지가 전해질 수도 있는 것이다.

척도 4번의 상승은 모순적이게도 독단적이고 자기중심적인 주장성과 함께 책임감 있는 태도가 함께 나타날 수 있음을 의미한다. 두 가지 태도가 발현되는 기준은 자신의 것이라 여기는 사람들과의 관계 여부이며 만약 자신의 것이라 인정한 관계 상황이라면 상대로 하여금 이들의 독단적이고 주장적인 태도가 매력적이고 책임감 있는 것으로 경험된다. 하지만 불특정 대상들과의 관계는 애초에 자신과는 관련 없는 관계이기 때문에 자신의 신념, 행동, 관점에 반하는 상황이 벌어질 경우 상대를 자신의 관점에 맞추도록 하기 위한 조종6)이 일어난다. 심리치료 장면에서 이들이 호소하는 관계 문제는 불특정 대상들과의 관계보다 현재 정서적으로 연결된 대상들과의 관계 문제인 경우가 많다. 불특정 대상들과의 관계에서는 스스로가 자율적으로 쉽게 관계를 철회해 버릴 수도 있고 자신의 독단적인 태도로 주변 사람들이 먼저 이들과의 관계를 단절해 버림으로써 갈등을 경험할 만한 이유가 없어지기 때문이다. 하지만 가족이나 친구, 연인 등 정서적 관계 테두리에 있는 이들과는 극단적으로 관계를 철수하거나 마주치지 않을 수가 없기 때문에 지속적인 불평불만감을 경험하게 된다. 이들과 관계를 유지하는 주위 사람들은 이들에게 맞추어 주는 것이 가장 속 편하다고 생각하고, 이기려 들지 않는 것이 소모적인 갈등을 피할 수 있는 방법으로 터득 또는 습관화되어 버린다.

실생활에서 이들의 실수 및 잘못은 있을 수도 없으며 혹여 실수 비슷한 무언가를 했다고 인식되면 순간 그에 합당한 명분을 만들어 내어 주위 사람들을 숨 막히게 하곤 한다. 결국 이들에게 '미안하다.' '죄송합니다.'라는 말을 듣는 것은 상당히 이례적인 모습으로 느껴진다. 직장이나 일반적인 사회생활에서는 이들의 심기를 자극하지 않는 이상 공격을 받을 일은 없다. 안타까운 것은 이들은 원자아의 욕구를 백분 변호하고, 원자아의 적극적인 수행자로서 자아가 기능할 뿐이지 외부현실과 적응적으로 타협하고 원자아를 다스려 주는 자아가 아니기 때문에 기본적으로 내부세계의 평화는 가상적인 평화

---

6) 조종(manipulation)은 선한 의도가 아닌 방식으로 환경을 교묘하게 자신의 의도에 맞추고자 하는 시도를 의미한다. 이는 비의식적인 작동이기에 조종의 환경이 되는 대상은 자신도 부지불식간에 조종하는 사람의 의도에 맞추어진 방식으로 반응하게 되어 버린다. 대조적으로 조정은 tuning 또는 control의 의미와 유사하며 다분히 의식적이고 생산적인 목표지향적 방식을 갖고 있다.

에 불과하다는 것이다. 그래서 이들은 항상 내부세계의 평화가 무너지지 않을까 두려워하며 내부세계의 평화에 조금이라도 해를 가할 것 같은 상황에 쉽게 자극받는다. 결국 일반적인 관계에서 자신의 내부세계의 평화를 지키고자 하는 시도로서 주위 사람들을 통제하려는 양상이 나타나는 것이다.

피상적이고 사무적인 관계에서 이들의 주도성과 과감성은 관련 대상들로 하여금 믿음을 갖게 만드는 면이 있긴 하나 실제적인 노력은 고스란히 주위 대상들이 하게 되는 것으로 결론이 나게 된다. 주위 사람들은 자신이 이들의 조종에 휘둘리게 된다는 것을 알아차릴 때는 이미 이들의 의도에 따라 움직이게 된 이후일 때가 많다. 이러한 조종이 가능한 원천은 비교적 논리적이고 설득력 있는 명분을 만드는 능력이며 기뚱찬 다양한 전술에 박수를 보내고 싶을 정도다. 사회적 장면에서 주위 사람들이 할 수 있는, 이들의 전술을 무력화할 방법 중 하나는 이들보다 깊이 있고 환상적인 전술을 사용하는 것이다. 하지만 이들은 머지않아 상대의 전술을 파악하게 될 것이며 도전하려 한 상대의 아킬레스건에 칼을 꽂는 날을 맞이하게 될 수도 있다. 이러한 육탄전을 거치면서 이들을 대한 상대는 자신도 모른 채 이들과 비슷한 양상을 보이는 자신을 발견하게 되면서 죄책감과 이러한 전쟁의 무가치감을 느끼게 되지만, 이들은 결코 순진한 반성과 성찰은 보이지 않을 것이며 더욱더 견고하고 훌륭한 새로운 전술을 습득하게 된 것을 뿌듯해할 것이다.

척도 6번의 상승을 보이는 사람들의 관계는 상반된 두 가지 양상을 보인다. 한 가지는 자신과 타인에 대한 정보가 전혀 없는 관계의 시작에서 두드러지는데 상당히 배려가 깊고 조심스러워하는 태도다. 이들은 기본적으로 외부현실을 위협적인 것으로 지각하기 때문에 대부분의 관계에서 조심스럽게 관계를 시작한다. 혹여 자신도 모르게 실수를 하게 되었다면 외부현실을 위협적이라 생각하는 자신의 마음이 들통날 것이라는 불안에 애초에 그러한 실수를 만들지 않겠노라는 다짐과 함께 관계를 시작한다. 이러한 조심스러운 대우를 받는 입장에서도 상대는 오히려 그 배려에 미안함이나 부담을 느끼게 되는 경우가 많다. 하지만 상대가 사려 깊은 대상과의 만남을 원한 사람이라면 이들의 배려를 아주 신사적인 것으로 인식하고 좋은 인상을 갖기도 한다. 하지만 온전히 상대를 편하게 하기 위한 배려가 아니기 때문에 정서적 관계가 깊어지는 사이에 이들이 품고 있던 불안이 고스란히 전달되곤 한다. 이 첫 번째 경우에서는 외부현실의 위협을 피하기 위한 전략으로서의 조심스러움과 자신은 위협당할 만한 사람이 아니라는 결백성이 모순적으로 긴장을 발생시킨다. 그렇기에 이들은 적어도 의식적으로는 모호한 외부 대상들의 속성을 기본적으로 안전한 사람이라 믿어 의심치 않으며 자신은 순결하고 흠이 없는 사람이라 믿어 의심치 않는 단순하면서도 경직된 태도로 관계를 맺게 된다. 또 다른 한 가지 방식은 관계가 지속되면서 축적된 상대의 정보들이 자신이 생각한 완전무결하고 안전한 대상이 아님을 알게 되면서 상당한 불안을 경험하는 것이다. 세상에 존재하는 모든 사람은 결점이 없을 수 없다. 아주 원초적으로도 사람이기 때문에 불가능한 한계를 지니고 있다. 피곤한 하루를 보낸 날은 충분한 휴식을 가져야만 하고 배가 고플 때는 밥을 먹어야만 한다. 하지만 너무나 자연스러운 것일지라도 상대의 결점이라고 인식하게 되면 자신이 믿어 의심치 않은 상대의 선량함과 안전감은 의심이 되기 시작하며 이들이 상대에게 애초에 가지고 있던 나쁜 대상으로서의 존재였다는 것이 확인되어 버린다. 이 순간에조차 상대와 소통하며 현실적으로 이해하려는 시도를 하지 않고(혹여 소통이 되면서 진짜 상대가 위협적임을 직면해야 하는 것이 더 두려운 것이다) 자신만의 완벽한 각본을 설계하려고 한다. 결국 만족스러운 각본이 완성되면 현실에 살고 있는 상대가 그 각본에 따라야만 자신이 경험하고 있는 불안을 인정할 수 있게 된다. 하지만 그 각본은 내부세계에서 인위적이고 잘 다듬어진 것이기 때문에 현실에 적용되기가 불가능에 가까우며 결국 상대는 위협적인 사람이었음이 확증되는 일만 남은 것이다. 희한한 것은 상대를 자신의 각본에서 배제하지도 못한다는 것이다. 만약 그렇게 한다면 오히려 자신이 상대에게 위협적인 사람이라는 것을 인정하게 되는 것이기에 상대가 괴로울 만큼 자신의 각본대로 움직이도록 디테일에 더 신경을 쓰게 된다. 척도 6번에 포함된 문항들에서마저 특정 대상과 관계하는 방식처럼 자신의 내부세계에 존재하는 위협감을 자극시키기는 내용들이기 때문에 자신의 결백과 순결함을 보이고자 하는 태도로 임하게 된다. 그래서 척도 6번의 상승에 카운트되는 방식을 잘 피해 갈 수 있게 되어 상당히 낮은 점수를 받기도 한다. 이들이 상대로부터 경험하는 모든 부정적 경험은 순결한 자신에게서는 도저히 나올 이유가 없는 것이라고 생각하기 때문에 그 원인은 고스란히 상대에게 돌아가게 되며, 확인사살을 할 의도로 진정 자신의 잘못이 아니었음을 확인하고자 하는 것이다. 척도 4번의 관계 방식과 다르게 이들의 태도는 상당히 날카롭고 성말라 있으며 일반화된 논리가 아닌 협소한 자신의 논리 내에서 확신에 차 있다. 이러한 두 가지 방식과 더불어 종종 비교적 최근의 억울하게 피해를 당한 경험들을 보고하는 경우에 척도 6번의 상승을 보이기도 한다. 예를 들어, 원치 않은 학교폭력의 피해자가 되었음에도 오히려 자신이 자퇴를 해야 하는 상황이 벌어졌다거나 자신의 인생에서는 없을 줄만 알았던 배우자의 외도 등의 사건들은 왜 자신이 그러한 피해를 받아야 하는지 결코 알 수 없는 일인 것이다. 이러한 외부현실의 스트레스 상황들은 현실적인 정보로 이해할 수 없는 것이기 때문에 결국 자신의 내부세계에서 자신만의 원인을 찾아야 하는 얼토당토않은 논리와 시나리오를 만들어 가게 되는 것이다.

척도 6번의 상승이 일상생활에서 두드러지는 부적응의 모습을 반영하는 것이 아니라면 생활 장면 내에서 아주 교묘하고 세밀한 각본에 따라 적용하고 있을 가능성이 높다. 어느 정도 현실감을 유지하고 있는 수준이라면 주위 사람들이 그 각본에 기꺼이 맞추어 주도록 조종이 이루어지고 있는 것이다. 현실에 소소하지만 상당한 수준의 정보를 활용하여 특정 타인의 이미지를 손상시키기도 하고 아주 괜찮은 사람으로 꾸미기도 한다. 어떤 대상이 되는가는 이들이 상대를 좋게 또는 나쁘게 인식하고 있는가에 따라 달라진다. 만약 이들이 특정 대상을 위협적이지 않은 괜찮은 대상이라 생각한다면 주위 사람들 또한 자신처럼 특정 대상을 좋게 인정할 수 있도록 여러 근거를 제시하여 자신이 그 대상을 괜찮게 생각하고 있는 것이 잘못되지 않았음을 확인하려고 한다. 그리고 자신의 시나리오에 참여하지 않은 사람은 바로 위협적인 사람으로 버려지게 된다. 누가 봐도, 어떻게 봐도 좋은 사람인데 자신처럼 그 대상을 좋아하지 않는 사람은 자신에게도 위협적인 대상이기 때문이다. 반면, 자신이 위협적인 대상으로 생각하는 특정 인물이 있다면 자신이 그렇게 생각하는 것이 응당 정확한 것임을 확인하고자 주위 사람들에게 협조와 동의를 얻기 위해 상당 수준의 정보를 제공하게 된다. 이 또한 자신의 확신에 줄을 서지 않는다면 그들을 위협적인 대상으로 인식하고 자신의 시나리오에서 악역을 맡긴다. 이처럼 이들의 대인관계의 모습에는 편 가르기의 양상이 드러나며, 결국 모든 편에서 신뢰를 잃게 되고 또다시 외부현실은 위협적이었음을 확증하게 되는 증거만 쌓이는 꼴이 되어 버린다. 이들의 내면에는 은근히 깔려 있는 억울함이 있기 때문에 이 억울함을 공유해 줄 치료자가 있다면 충분히 지속적인 관계가 가능할 것이며, 자신의 잘못이 아님을 인식하고 자신의 피해 경험이 어쩔 수 없는 것이었음을 수용하게 되기도 한다.

척도 7번에 반영된 대인관계에는 환경 수식적 특징이 고스란히 담겨 있다. 이들은 모호한 관계에서 자신이 상당히 부적합하다는 경험을 하며 이를 해소하기 위해 대인관계를 조직화하려고 한다. 그래서 상대에 대해 파악하지 못한 관계 형성의 초기 단계에서 가장 높은 수준의 긴장을 경험한다. 이 상황에서 이들의 능력은 순식간에 자신의 내부 세계의 안정감을 유지하기 위한 절차를 진행시키는 데에서 발휘된다. 상대가 이들의 절차를 이해하지 못할 때는 상당히 직관적인 사람으로 볼 수도 있다. 이들에게 주어진 정보는 버릴 것 하나 없이 백분 활용할 수 있으며, 디테일한 부분까지도 이들에게는 모호함을 상쇄시킬 수 있는 값진 정보가 된다. 이러한 모습을 관찰할 때면 그 세심함에 매력을 느낄 수도 있지만 관계가 지속되면 될수록 이러한 세심함과 탁월함은 감소한다. 모호하게 느끼지 않아도 될 정도로 충분히 상대에 대해 이해하게 되었다고 생각하기 때문이다. 모순적이게도 이들은 모호함을 불편하게 생각하면서도 스스로 모호한 관계에 몰두하는 것처럼 비치기도 하는데 이는 근원적으로 완결함은 세상에 존재하지 않는 속성이기에 모호하지 않은 상황은 실재하는 것이 아니라 아직 자신이 그 모호한 상황을 모를 뿐인 것이기 때문이다. 자신이 인정할 정도로 상대와의 관계가 모호함을 벗어나게 되었다면 이후 관계에서 돌발적인 경험들은 또다시 모호함으로 회귀하게 된다는 불안을 경험하게 한다. 그렇기에 자신이 지정한 완결된 상태의 관계는 그 순간 그대로 유지하는 데에만 신경을 쓰고, 완결함에 도전을 받는 상황이 벌어진다면 또다시 완결함을 유지하는 데에 엄청난 에너지를 사용한다. 결국 관계 양상은 쉽고 빠르게 익숙해지며 예측 가능한 반영 내에서 관계가 지속되는 경향이 있다. 혹 새로운 관계 경험이 필요할 경우 지금까지의 관계 패턴이 급변하지 않는 수준에서 변화를 수용할 뿐이다. 예를 들면, 이성 관계에서 초기 단계는 상당히 통찰적이고 명석하며 세심한 모습을 보이나 얼마 가지 않아 자신의 연애 경험에 대해 익숙하고 편안함으로 변하게 된다. 다시 말해, 반복되는 데이트 패턴에 따라 움직이고 있음을 느낀다. 만약 써 먹을 수 있는 데이트 내용이 있다면 그 내용이 닳을 때까지만큼은 생동감이 유지될 수 있을 것이다. 그런데 이러한 익숙함에 대해 이들이 불편감이나 색다름을 추구하는 일은 없다. 혹여 마음이 있다 하더라도 쉽게 시도하지 못한다. 새로운 경험과 돌발 상황은 익숙함을 해칠 것이며 또다시 초기의 에너지를 쏟아야 하는 힘겨움이 예상되기 때문이다. 안정적 대인관계가 자리를 잡으면 비의식적으로 이들은 무엇인가 또 다른 모호함이 있음을 상기하게 되고 자신의 주위에 포진하고 있는 다양한 다른 영역의 모호함을 찾아 나서게 된다. 한편, 목표 지점이 존재하는 인생의 사건은 존재하기 힘든 것이며 그중에서도 '일'이라는 것은 끝이 없는 계단을 오르는 것처럼 항상 충분하게 널려 있다. 대인관계도 끝없는 직업 및 학업적 업무의 계단을 오르다 지쳐 있는 시기에서 시작되는 경우가 많으며 대인관계가 시작된 후 언젠가는 또다시 계단을 올라야 하기 때문에 대인관계의 형성이 상당히 빠르게 안정적인 관계로 접어든다. 그렇기에 관계의 안정이 찾아오면 다시 또 원래 오르고 있던 업무의 계단으로 복귀하여 모호함을 상쇄시키기 위한 작업을 시작한다.

구체적인 대인관계 패턴을 살펴보면, 이들은 오랜 시간 연속적이고 점차적으로 관계를 진행하는 것에서 막중한 모호함을 버텨야 한다는 엄청난 부담을 경험하기 때문에 관계에서도 연속된 계단 중간 중간에 '층'을 만들어 놓는다. 그 관계의 층에 다다를 때면 관계의 성취감을 느끼고 다음 층에서도 맛볼 성취를 위해 관계를 진행시킨다. 이들과의 관계는 정서적인 교류보다 만난 횟수와 데이트에 할애한 시간이 더 중요하다. 정서라는 것은 단계를 나눌 수 있는 현상이 아니며 스스로 통제할 수 있는 것이 아니기에 원천적으로 층계를 나눌 수가 없는 반면, 정서를 반영하고 있다고 가정할 수 있는 카운트 가능한 외현적인 현상을 층계로 활용한다. 특히 본질적으로 카운트될 수밖에 없는 현상은 바로 시간과 횟수다. 그래서 이들은 대인관계에서 시간을 반드시 지켜야만 하고 관계에서 진행한 내용들을 카운트하는 것으로 관계의 질을 평가하려고 한다. 많은 시간과 많은 횟수를 함께 공유하는 것으로 상대와 친하다는 것과 가까운 사람이라 느끼곤 한다. 만약 자신이 설정해 놓은 횟수와 계획적 틀에 벗어나는 일이 생기면 이들은 쉽게 불안을 경험하게 되고 이를 해소하기 위해 대안 B, C, D 등등을 적용하게 된다. 놀라운 것은 그 많은 대안이 이미 준비되어 있다는 것이다. 그런데 세상일이 모두 자신의 대안 속에 들어 있지는 않기 때문에 혹시라도 진정 예상치 못한 돌발 상황이 벌어질 경우 외부현실에서 무언가를 계획하기도 어려우므로 이때 내부세계에서 새로운 계획을 급조해 낸다. 이 계획은 현실적 정보가 사용되지 않은 것이기에 당연히 현실적이지 못함에도 상대에게 그 현실적이지 않은 계획을 따르도록 강요하기도 한다. 오랜 시간 공들여 여행 계획을 잡았으나 당일 기계 결함으로 기약 없는 지연이 발생할 경우, 그냥 그렇게 기다리는 것은 엄청난 모호한 상황으로 지각되며 함께하는 상대방에게 그 불안이 고스란히 전파되어 버린다. 그 상황에서 현실적으로 비행기를 띄울 수도 없고 또 언제 다시 비행 준비가 재개된다는 안내가 나올지도 알 수 없기 때문에 자신이 할 수 있는 것이라고는 단지 기다리는 것밖에 없다는 사실을 받아들일 수도 없다. 주위 사람들은 불안해하는 이들의 모습을 보면 이해하기 어려우며, 그러지 않도록 만류하게 될 때 돌아올 화가 두려워 고스란히 맞춰 줄 수밖에 없게 된다. 불난 집에 부채질을 하게 되는 꼴이라는 것을 잘 알고 있기 때문이다.

일반적인 사회 장면에서는 자신이 통제할 수 있는 대상에게는 더 이상의 모호함을 발생시키지 않도록 다양한 틀을 제공하여 그에 따르도록 요구하기도 하며, 자신이 통제할 수 없는 대상에게는 최대한 빠르고 신속하게 주어진 요구를 파악하여 대처하기 위해 온 신경을 집중한다. 이에 더해, 자신에게 떨어질 부담스러운 요구와 자극을 미연에 방지하기 위해 통제권을 가진 사람에게는 한발 앞서 다양한 계획을 제안하기도 한다. 이러한 모습을 보게 되는 입장에서는 상당히 열심히 하고 열정 있고 유능한 사람으로 비치곤 한다. 하지만 이들에게서 받는 인정은 단지 자신의 모호함을 하나 덜어 낸 것에 대한 안도에 그치는 경우가 많다. 그런데 안타까운 것은 자신이 위계상 우위를 점하고 있는 상태에서 자신이 통제 가능한 대상에게도 자신이 하는 것만큼의 노력을 바라며 자신이 할 수 있는 것이기에 그들 또한 가능할 것이라 믿어 의심치 않는다는 것이다. 만약 기대한 수준만큼의 결과가 나타나지 않을 경우 자신이 겪게 되는 모호함에 대한 불안의 원인을 상대에게 전적으로 돌려 버리게 된다. 그 방식이 지나치게 힘이 들어가기 때문에 상대방은 공격적인 느낌을 갖게 되지만 자신의 입장에서는 당연히 그럴 만하기 때문에 상대의 불평과 불편함을 이해하는 것은 어려운 일이다. 심지어 자신의 사려 깊은 배려라고 생각하기도 한다. 이 상황에서도 놀라운 이들의 능력이라 함은 상대가 자신이 요청한 틀에 맞게 하지 못할 것이라는 의심이 은근히 깔려 있다는 것이며, 이러한 편집적인 특징은 상대가 충족하지 못할 것이라는 부족분을 미리 염두에 두고 있으면서 그 부족한 부분을 대비할 계획도 이미 갖고 있다는 것이다. 즉, 이들의 편집스러운 면이 완벽한 수행의 근간이 되고 있음을 의미한다. 어쨌든 간에 이러한 특성은 이들로 하여금 대인관계의 소원함과 주위로부터 자신의 가치만큼 인정받지 못하고 있다는 묵직한 불편감을 벗을 수 없게 한다. 이를 해결하기 위해 정서적으로 다가갈 수 있다면 한결 쉬울 수 있겠으나 자신의 계획과 체계성이 부족했다고 귀인하며 추후 동일한 상황이 발생하지 않도록 하기 위해 더 면밀한 준비를 하는 데에 혼신의 힘을 다하게 된다.

척도 8번의 상승은 대인관계에서의 무관심, 소원함, 두려움이 핵심이라 할 수 있다. 이들은 대인관계의 형성 및 유지를 위해 활용 가능한 기술이 부족하여 관계의 시작 자체부터 어려움을 겪는다. 상황적으로 압도될 정도의 스트레스를 겪고 있다면 본능적으로 에너지를 자신에게 철수하고자 하는 '정상적 부적응'이라 볼 수 있지만 안정적인 성격적 특징을 갖고 있을 때는 이들의 사회적 관계 형성 능력 및 기술의 부족으로 인한 것이라 보는 것이 보다 적합할 것이다. 실재하는 대상들이 어떤 사람인지 파악하는 것이 상당히 어려우며, 자신이 어떠한 사람인지에 대해서도 명확한 인식을 하지 못한다. 이렇게 자신과 타인에 대한 모호한 경험은 언제라도 겪게 될 외부현실의 다양한 자극으로부터 위축되게 하며 예민하게 만들기도 한다. 하지만 그 예민함은 스트레스로부터 더욱더 힘들게 만드는 것이기 때문에 현실감을 흩어 버리는 것으로 갈등과 불안에 대처하게 된다. 이러한 자신의 경험은 자신부터가 통합되지 않아 명확한 인식이 어려우며 다른 사람들에게도 이해시킬 수 없게 된다. 결국 다른 사람들과 관계하는 상황에 더욱더 소원해지게 되고 자신의 내부세계에 머물게 된다. 한편, 어느 정도 현실감을 유지할 수 있다면 이들은 어떤 종류의 관계에서도 호불호를 가지지 않으며 자유롭게 관계를 맺는다. 하지만 그 관계는 원해서 맺는 것도 아니고 그렇다고 불편해하는 것도 아니다. 단지 관계가 발생되는 것이다. 관계 상황에서도 다양한 사람의 관점을 수용하고 이해하며 관계를 맞추어 가는 것이 아니라, 어떤 관점에서든 자신을 불편하게 하지 않는다. 더불어 자신의 관점을 상대에게 전달하는 것 또한 중요하지 않으며 단지 표현을 하고 있을 뿐이다. 상황에 맞지 않는 피드백을 하게 되기도 하고 이러한 피드백이 상대에게는 예상치도 못한 멋진 해결책과 관점으로 전달되는 경우도 있다.

척도 9번의 상승을 보이는 사람들의 대인관계 특징은 주위 대상을 자신의 바람을 이루는 데에 필요한 조건들 정도로 인식한다는 것이다. 타인이 자신의 필요에 의해 존재하고 있다고 보며 그 이상의 존엄성과 역할은 고려하지 않는다. 이들에게 타인은 마치 자신의 발표회에 채용된 역할 대행 서비스 회사의 일꾼들과 유사하다. 자신이 바라는 목적을 이루는 데에 그럴듯한 환경을 조성하기 위해 타인의 존재가 필요하다면 관계를 맺게 된다. 관계의 초기에는 상당히 열정적이고 활기찬 모습이 호감적인 인상을 느끼게 하지만 그에게는 호감을 통해 보다 깊은 정서적 관계를 유지하고자 하는 의도는 없다. 다만, 자신의 목표를 달성하기 위한 과정에서 필요한 상대를 갖고 있다는 것에 대한 들뜸이라 할 수 있다. 그렇기 때문에 이들의 초기 인상과는 다르게 관계가 지속되면서 이들에게 중요한 대상이 되어 간다는 느낌을 갖기란 어려운 일이다. 결과적으로 관계의 형성은 빠르며 빠른 관계 형성만큼 빠르게 무의미한 관계가 되어 간다. 척도 4번에서 살펴본 자신의 불평불만에 자극을 주었다고 생각하는 타인에게 앙갚음하려는 비의식적 기제와는 다르게, 이들은 주위 대상에게 큰 의미를 부여하지도 않고, 그렇기 때문에 가치 있는 대상이라 여길 필요가 없다는 것으로 상대를 활용하는 것처럼 보이는 것이다. 이 역시 비의식적인 기제이며 어떤 상황이건 간에 이러한 관계 방식들은 반사회적인 양상으로 나타나기도 한다. 이들의 자기 마음대로인 것처럼 보이는 관계 방식은 거북하게 느껴지기도 하지만 이들이 이루어 놓은 그리고 지금도 이루어지고 있는 현실을 볼 때 거북함보다 부러움을 느끼게 되는 경우도 있다. 하지만 관찰자로서 상대들은 자신이 그렇게 살 수는 없다고 생각하며 만약 자신이 이들이 발휘하는 정도의 열정을 갖고 살아가게 된다면 불기둥을 안고 뛰어가야 할 것 같은 피곤함을 경험하기도 한다. 이들은 의도한 것은 아니라 할지라도 스스로를 자랑하고 현실적이지 않은 허세를 부리는 사람처럼 비치기도 한다. 하지만 이들은 진심으로 자화자찬하여 주위 사람들을 기 죽게 하려는 목적도 없으며 자신에 대해 허세를 부리는 사람으로 보는 사람들을 비난하지도 않고 단지 타인들이 자신과 같이 살지 못하는 것에 대해 안쓰러움과 안타까움을 느끼는 정도에 그치는 경우가 많다. 그리고 남들이 하지 못한 것을 자신이 해내고 있다는 뿌듯함을 스스로 느끼며 자신의 목적에 가까워지기 위해 더욱더 박차를 가하게 된다. 실제 이들의 관계 양상은 피상적인 것으로 나타나며, 친구라는 역할을 하는 대상이 자신에게도 있다는 것에 만족하고 살곤 한다. 이렇게 깊은 정서적 관계 유지에는 흥미가 없고 자신이 설정한 목표에 몰두해 있기 때문에 주위 사람들은 이들이 공감 능력이나 인간적인 면은 없는 사람이라 느끼기도 한다. 또한 이들은 주위 사람들에게 불편함이나 좌절 경험과 관련된 사연을 듣게 되는 경우에 자신의 내부세계에서 은근히 정서적 불편감이 자극되는 경우가 많으며(비의식적인 기제로) 순간 긍정적인 대화주제로 바꾸어 버리거나 다른 곳으로 주의를 옮겨 버리면서 분위기를 전환해 버리는 경향이 있다. 그래서 이들과의 관계에서는 깊은 내면의 내용이라거나 진솔한 대화 주제가 충분히 다루어지기란 어려운 일이다.

⑷ 방어기제를 기초로 한 임상척도의 해석

MMPI-2의 임상척도들은 저마다의 고유한 방어기제를 반영하고 있다. 한 척도에 상응하는 고정적인 하나의 방어기제가 있는 것은 아니며 발현된 방어기제의 모습은 다양한 방어의 최종적인 상호작용의 결과물이라 할 수 있다. 앞서 언급하였지만 방어기능은 자아의 대표적인 기능이며 모든 방어기능이 그러한 것은 아니지만 내담자 및 환자에게서 나타나는 방어기능은 대부분 비의식 선에 자리 잡은 자아로부터 작동되는 것이라 할 수 있다. 그렇기 때문에 방어는 보통 의식적으로 자신이 사용하는 것이라기보다 반응적으로 작동되는 것이라는 기술이 적합하다. 사실, 방어가 의식 선에서 사용되는가 비의식 선에서 작동되는가를 구분하는 것은 모호할 수 있으며, 또한 구분하는 것이 내담자를 이해하는 데에 반드시 필수적인 작업이라 하기도 어렵다. 관심을 가져야 할 것은 각 척도에 반영되는 방어양상을 이해함으로써 개인의 부적응성에 대해 좀 더 구체적으로 이해하고 개념화를 할 수 있다는 것이라는 점이다. 또 다른 시사점은 방어기제를 이해한다는 것은 이들이 겪고 있는 부적응성에 대해 부정적으로만 이해하는 것이 아닌 이들의 내부세계에서 치열하게 생존하고자 하는 적응적 측면에 대해 공감할 단서를 얻을 수 있다는 것이라는 점이다. 개인의 방어는 곧 생존하고 적응하고자 하는 시도이며 내부세계 및 외부현실로부터 경험되는 다양한 스트레스에서 자신을 보호하고 대처하려는 목적으로부터 작동되는 것이다. 이러한 양상이 외부현실에 드러났을 때 부적응적인 양상 및 수준을 보인다면 그때야 그것을 증상이라 할 수 있는 것이다. 이러한 모든 방어의 작동은 외부현실과 내부세계 사이에서 발생한 갈등을 해소하기 위한 자아의 타협 형성 과정이다. 지금부터 임상척도와 관련되는 방어기제를 중심으로 이들의 작동 과정을 살펴보려고 한다.

① 임상척도와 방어기제의 특징

척도 1번에서 확인할 수 있는 방어 양상은 억압, 수동의존, 신체화, 합리화, 행동화 등이다. 이들의 억압된 원자아의 욕구는 생존하기 위해 주위 대상들의 돌봄에 집중되어 있다는 것이다. 물론 비의식적 수준에서 억압되어 있다. 돌봄이 필요하다는 것은 인식하고 있으나 이와 연결된 자신의 비의식적 소망의 관련성을 이해하지 못한다. 반복되는 학습을 통해 이들은 타인들을 자신에게 돌봄을 제공해 주는 대상으로 만들어 버리는 전술을 펼치는 데 바로 신체적 불편감을 활용한다. 이러한 돌봄이 지속되지 않거나 거부될 경우 생존의 위협에 준하는 상당한 불안을 경험하며 주위 대상에게 짜증과 불만을 호소하게 된다. 이들의 이러한 짜증스럽고 불만스러운 태도를 맞추어 준다는 것은 상당히 귀찮은 일이기 때문에 보통 주위 대상들은 애초에 이들의 욕구를 충족시켜 주게 된다. 주위 사람들의 희생에 대해 미안함을 경험하기도 하는데, 보통 이들은 그러한 미안함을 온전히 경험하기보다 신체적 불편감을 가지고 있는 자신에게 그들이 제공한 돌봄이 합당한 것임을 증명하기 위한 표현으로서의 미안함일 경우가 많다. 하지만 자신의 노력에도 주위 대상의 돌봄이 자신이 원하는 대로 채워지지 않을 경우 한 발 물러서기보다 신체화를 동반한 행동화가 작동되기도 한다. 즉, 신체적 불편감이 있음에도 무리해서 일을 하려는 등의 모습으로 나타날 수 있다. 하지만 이는 문제 해결을 위한 에너지가 아니라 주위 사람들에게 안쓰러움을 받을 수 있는 상황을 마련하기 위한 에너지라 할 수 있다.

척도 2번에서는 방어 작동의 실패를 반영한다. 이들의 과거 삶 속에서 살아온 모습을 보고받게 되었을 때 지금 모습으로는 이해할 수 없을 정도로 활기에 차 있었고 열정적으로 문제를 해결한 이력이 있는 경우가 많다. 하지만 지금 상황에서는 그러한 능력들이 어디론가 상실되어 버린 듯한 느낌을 주며, 특히 삶 속에 존재하는 현실적인 희망들을 느끼지도 못하고 스스로 동기를 갖는 것도 힘들어하고 있는 것이다. 삶의 어느 지점에서 강력한 스트레스를 경험하였거나 다양한 방어가 작동되었지만 적절한 해결이 되지 않은 누적된 경험으로 더 이상 방어의 노력을 하지 않게 된 것이다. 즐거움이라는 것은 사치이며 혹여 그런 즐거움이 자신도 모르게 내부세계에서 출현하게 된다 하더라도 이를 충분히 경험하지 못한 채 내부세계에 머물도록 하는 내면화가 작동하는 것이다. 이는 만약 긍정적 정서경험을 하게 되면 그 정서를 처리하기 위한 노력을 해야 하나, 그 노력은 지금껏 의심의 여지없이 실패해 왔기 때문에 애초에 그런 부담스러운 상황을 만들지 않는 방식으로 내면화가 작동되는 것이다.

척도 3번은 억압, 부정, 긍정화, 성성화, 전환, 신체화, 주지화, 행동화, 주의산만 등의 방어기제를 특징으로 한다. 이 척도에서 억압은 척도 1번과 마찬가지로 자신의 욕구에 대한 방어이긴 하지만 그 내용에서는 차이가 있다. 이들은 생존과 직결된 강력한 불안이 아닌 보다 많은 대상으로부터 얻게 되는 관심과 주의다. 하지만 이러한 욕구는 어린 시절 자신에 대한 어머니의 관심을 유지시킴으로써 예상되는 유기를 막을 수 있다는 환상에서 비롯된 것으로 볼 수 있다. 이들의 입장에서는 소위 진정 친밀하다고 할 수 있는 관계를 맺는다는 것이 모순적이게도 예상되는 유기 상황을 만드는 것이 되는 것이다. 원하고 원하지만 마냥 원하기 두려운 불안을 갖고 있는 것이다. 그렇기 때문에 '눈이 달려 있는 사람'들이라면 자신에게 주의를 기울여 주길 바라면서도 깊은 정서가 통하는 것은 부담스러워하는 경향이 있다. 예상되는 유기를 방지하기 위해 작동된 억압과 더불어 삼자 관계가 진행된 이후의 문제는 자신의 욕구충족을 위한 주위 대상을 구분하는 것으로 나타날 수 있다. 즉, 자신과 반대 성(sex)을 가진 대상의 주의와 관심에 보다 몰두하게 된다. 여성의 경우 여성이어야만 가능한 도구를 활용하는 데에 능숙해진다. 주위 대상들이 자신에게 주의를 기울이고 싶어 할 것이라는 믿음을 증명이라도 하듯이 상당한 끌림(fancy)으로 무장한다. 이에 가장 적합한 도구는 애교스러움, 화려한 차림새, 눈빛 또는 행동에 성적 특징(seductive feature)을 가미하는 것이다. 남성의 경우에는 성성화에 대한 사회적 관심이 여성의 기준에 비해 수용될 가능성이 낮거나 희박하다. 그렇기에 전형적인 남성들의 모습이 아닌 독특함과 개성 그리고 주지화 특성을 가진 언어화로 나타나는 경우가 있다. 타인들로부터 주의가 채워지지 않을 경우에는 최후의 보루로 전환을 통한 신체화로 단시간에 확실한 주의를 끌 수가 있다. 척도 1번의 신체화 양상과는 다르게 상당히 급격한 신체기능의 상실을 보이기 때문에 주위 사람들이 이 상황에서 착한 사마리아인이 되지 않기란 쉽지 않다.

이와 더불어 억압된 욕구들을 지각하고 그 욕구가 현실에서 완벽히 채워지지 못할 것이라는 점을 인정하는 것은 관심을 바라는 상대들에게 자신이 의미 없는 사람이 되는 것임을 받아들이는 것과 같기 때문에 자신의 내부세계의 상황을 유심히 살펴보는 것 자체가 부담으로 작용하게 된다. 조금이라도 부정적인 외부현실이 지각될 경우 그 경험을 내부세계에 받아들이기보다 부정을 통해 외부현실의 자극이 내부세계로 흡수되는 것을 막으려고 한다. 그리고 나서 외부현실에 부정적 현상들이 발생하는 것이 누가 봐도 사실이라면 긍정화를 통해 그 부정적 현상들의 가치에 무관심해지고 오히려 긍정적인 측면으로 받아들이려고 한다.

척도 3번의 특징적인 방어 중 하나라 할 수 있는 것은 주의산만을 통해 자신의 내부세계에 존재하는 관심과 주의의 욕구를 직시하지 않도록 하는 것이다. 마시멜로 실험에서 욕구지연이 가능했던 아동들의 전략과 유사하다. 마시멜로는 어쩔 수 없이 직시해야 할 자극이지만 그 자극에 집중하고 몰두할수록 내부세계의 긴장은 더욱더 커지게 된다. 이때 자극 대상, 즉 마시멜로가 아닌 다른 내·외부의 자극들로 주의를 분산시킴으로써 자신의 욕구를 자극시키는 것과 거리를 유지할 수 있게 해 주는 것이다. 이러한 주의산만을 통해 필연적으로 얻게 되는 부작용은 바로 기억력의 저하와 실제 그 순간의 현상에 감각을 몰두하게 되는 생생함이다. 생생함은 현실에서 요구된 문제 상황과 관련된 깊이 있는 이해와 의미처리를 감소시키기도 한다.

척도 4번에서는 억제, 정서의 고립, 행동화, 합리화, 주지화, 일반화 등의 방어 작동을 고려해 볼 수 있다. 기본적으로 이들의 불평불만은 항상 내부세계에 자잘한 불안들이 묵직하게 경험되고 있기 때문에 이러한 경험이 고스란히 외부현실에 발현된다면 다양한 실제적인 문제를 발생시키게 된다. 다행인 것은 이들에게는 억제 비슷한 방어가 작동되고 있으며 근거 없이 내부세계의 불평불만이 나타나지 않는다는 것이다. 다른 기술들로 근거를 마련하게 되면 불평불만은 언제든지 외부현실로 발현된다는 것이기도 하다. 이들의 억제 방어기능은 어쩔 수 없이 참으며 겨자를 먹는 것과 같으며 자신의 원자아의 욕구를 해결해 주는 목적은 아닌 것이다. 만약 외부현실에서 억제의 필요성이 없게 된다면 언제든지 원자아의 욕구는 거침없이 활개를 치게 된다. 욕구가 표출되는 방식은 당연히 불평불만을 호소하는 방식이 되며 그러한 불평불만에는 어느 상황이건 간에 개인적으로 외부현실에 상응하는 이유가 존재하는 것이다. 하지만 당시 상황과 연합된 정서가 동반되기란 쉽지가 않다. 오랫동안 지녀 온 내부세계의 불평불만에 의한 것으로 인식하기보다 지금 이 순간에 주위 대상이 자극한 상황 때문에 특정된 대상이 대표로 야단을 맞게 된 것이라 밝혀지기 때문이다. 정서의 고립으로 인한 공백을 채우기 위해 다양한 근거를 모아 합리화의 재료로 활용하며 주지화를 통해 굳히기에 들어가기도 한다. 만약 이 모든 방어가 자신의 뜻대로 작동되지 않을 경우, 예를 들어 치료 상황에서 이들은 일반화를 통해 자신도 다른 사람들과 다를 바 없는 존재이기에 그럴 수 있다는 것으로 한발 물러서기도 한다.

척도 5번은 억제, 승화, 이타주의 등의 방어가 반영되어 있다. 이들은 기본적으로 자기다운 자기개념과 환경에 적합한, 즉 생존에 적합한 자기개념이 일치되지 않기 때문에 종종 정체성에 대해 고민하게 된다. 하지만 일상적인 상황에서 이러한 정체성에 대한 고민은 전반적으로 억제되어 있고 환경적 요구가 없는 혼자만의 시간과 공간 같은 곳에서 억제 방어가 잠시 휴지를 갖게 된 것일 뿐이다. 이러한 휴지 동안에도 자신에 대한 고민은 불편한 것으로 인식하며 힘들어하는 경우도 있지만, 보통 더 다양한 상황적 요구를 받기 위해 스스로 환경에 뛰어들기도 한다. 쉽게 포기하지 않는 근성은 경험의 누적으로 성공의 기반이 되기도 하는데, 승화를 통해 의미를 찾아 가는 사람들도 종종 만나게 된다. 그 과정에서 주위 환경들을 착취하기보다 환경 우선적 태도, 즉 대인관계에서는 이타주의적 태도로 나타나기도 한다.

척도 6번의 방어 양상은 분열, 투사, 투사적 동일시, 공격자에 대한 동일시, 수동공격, 부정 등을 들 수 있다. 이들의 내부세계의 에너지는 피해의식 등의 부정적인 내용을 기초로 하기 때문에 상당히 강한 불안을 생성시킨다. 이러한 불안은 억압할 수 있는 정도를 넘어선 수준이며 억압할 내용 자체를 없다손 치기 위해서는 일차적으로 분열이 작동되어야 한다. 분열이 된 것만으로는 시원한 해결이 되지 않고 과도하게 쌓이고 있는 음식물쓰레기처럼 당장 외부현실로 완전히 버려야 한다. 그래야 더 이상 내부세계에 벌레가 꼬이지 않게 되는 것이다. 그 불안의 덩어리를 받아 주는 대상이 있다면 투사적 동일시를 통해 원래 자신의 것이 아니었음을 확인받기도 한다. 한편, 생존에 위협을 가할 정도의 피해 및 공격받음을 극복하기 방안으로 희생자인 자기상을 분열을 통해 떨어뜨려 놓고 외부현실의 공격자를 그 공간으로 동일시하기도 한다. 결국 공격자로부터 살아남기 위해 공격자로서의 역할을 할 수밖에 없는 것이다. 이러한 자기상 역시 의도치 않은 불안을 조성하기 때문에 억압하는 것이 마땅하며, 억압으로만은 내부세계의 평화가 보장되지 않아 외부현실의 대상에게 투사가 되는 것이다. 결국 공격성은 외부 대상에게 부착되나, 자신의 조종의 결과라 인식하는 것은 원래 자신의 것이라는 직면을 의미하는 것이기 때문에 부정 방어가 필요하게 된다. 이 과정에서 상대는 이미 불편함을 겪게 되거나 공격을 받게 되어 버렸지만 이들은 그럴 의도가 없었음을 결백하면서 수동공격 방어를 완성한다.

척도 7번은 정서의 고립, 조직화, 되돌리기, 주지화, 편집 등의 방어를 반영하고 있다. 이들이 가장 취약한 부분은 바로 부정적 정서이며 그 근원은 초자아와 원자아의 갈등에서 어찌할 바를 몰라 골치가 아픈 자아의 고달픔에 있다. 기본적으로 이들은 부정적 정서를 직접적이고 효율적으로 다룰 수 있는 정서조절 능력이 부족하여 이를 지원하기 위해 사고능력을 활용하려 한다. 하지만 그 사고는 너무 과도하며 종종 현실감이 상실될 정도의 부적응성을 드러내기도 한다. 부정적 정서는 억압되는 것처럼 보이지 않으며 내부세계에 항상 만연해 있는 것 같다. 이들이 원하는 평화를 얻기 위해서는 부적강화가 필요한 것이다. 자신의 행동으로 인해 만연한 부정적 정서는 사고기능을 통해 잠시 약해질 수 있음을 알게 되고 더 잘 짜이고 체계적인 방식으로 조직화가 이루어진다. 혹시라도 방어가 뚫려 버리는 상황이 벌어지면 또다시 그런 일이 벌어질 것을 대비하기 위해 방어 체계를 정비하고 업데이트를 위해 되돌리기 방어가 작동된다. 조직화와 되돌리기 방어가 동시에 작동하게 되면 꾸준히 새로운 체계를 만들어 가면서 이미 손상된 내부세계의 영역을 수리하는 작업까지 해야 한다는 엄청난 부하를 받게 된다. 자신의 수행에 대한 자신의 평가와 주위 사람들의 평가는 주지화를 통해 당위성을 마련하게 되고, 편집을 통해 모호하고 다양한 자극의 범위를 축소시킴으로써 또 다른 불안이 생성되는 것을 방지한다.

척도 8번은 기본적인 방어기능이 붕괴된 것으로 볼 수 있으며 전반적 영역에서의 철수됨을 특징으로 한다. 웬만한 스트레스 상황에서 적절한 방어가 어려운 상황이며 앞서 당면한 스트레스 자체에 대해서도 명확히 감지하는 것조차 어려운 총체적인 난국 상황이다. 한번 붕괴된 방어체계를 쉽사리 정비하는 것은 어렵다. 일차적으로 자아의 힘 자체가 상실 또는 손상되어 외부현실과 내부세계의 적절한 경계 설정도 어려우며, 이에 더해 내부세계 내에서 일어나는 원자아와 초자아의 목소리에 귀 기울일 여력도 없는 것이다. 전쟁으로 한 국가의 시스템이 완전히 해체된 상황에서 누군가는 주위 국가의 원조를 요청하기도 하고 재건을 위해 노력하기도 하지만 이는 엄청난 에너지가 필요하다. 만약 앞날의 희망과 재건의 불가능성에 압도된다면 모든 것을 내려놓으면서 현실감을 잃은 채 고상한 삶의 의미 찾기에 빠질 수도 있다. 이 상황은 외부현실과 내부세계 모두에서의 철수를 의미한다. 이 경우 자아의 기능수준에 따라 자율적인 철수인지 불가피한 철수인지가 달라질 수 있다. 마지막 남은 힘을 철수방어를 작동하는 데에 썼을 수도 있지만 강력한 스트레스에 어쩔 수 없이 철수되어 버렸을 수도 있는 것이다. 만약 방어의 붕괴가 상황적인 스트레스로 인한 것이라면, 또한 건강하고 풍성하던 삶 속에서 처음 겪는 일이라면 지금 이 상황의 당혹감과 공포는 머지않아 주위 사람들의 지원, 그리고 지금까지 많은 스트레스에서 그만하면 훌륭하게 대처해 온 자신에 대한 믿음을 기반으로 현실적인 극복 노력을 보일 수도 있다.

척도 9번에서 작동되는 방어는 부정, 긍정화, 행동화 등을 포함한다. 이러한 방어들은 다양하고 광범위한 부정적 현상을 경험하지 않도록 하기 위해 작동된다. 사고, 정서, 행동, 신체, 관계 전 영역에서 미흡하고 열등하고 부족한 현상들은 모두 부정된다. 이들은 비의식 선에서 억압되기보다, 부정적 현상들을 알고는 있으나 그에 준하는 가치를 평가절하하게 된다. 이들에게 부정적인 것들은 관심의 대상이 아니며, 이들은 그것에 주의를 기울이려 하지 않는다. 단지 원자아가 원하는 것들을 채울 수 있다는 믿음하에서 행동이 이루어진다. 현실적으로 욕구 충족이 가능한가에 대한 심사숙고는 상당히 부족하며 결국 자신이 행동함으로써 모든 원자아의 욕구를 채울 수 있을 것이라는 극단적인 긍정화를 보인다. 외부현실과 내부세계의 스트레스뿐만 아니라 자기 자신에 대한 부정적 가치는 염두에 두지 않는다. 현실감의 상실이 동반된다면 인간으로서의 근원적인 존재마저도 부정되며 결국 정신병적 증상으로 발현될 수도 있다. 예를 들면, 먹지 않아도 그리고 잠을 자지 않아도 생존할 수 있다거나 세상을 뒤집을 아이디어를 공포하겠다는 것처럼 인간이기 때문에 가질 수밖에 없는 한계를 부정하기도 한다. 물론 이러한 방어의 가치는 이들이 속한 실제 삶 속에서의 생산성이 고려되어야만 할 것이다.

척도 0번에 반영된 방어기제는 회피, 철수, 합리화 등이 있다. 대인관계와 관련한 스트레스들은 더 이상 이들을 불안하게 하지 않는다. 실제 불안해하지 않을 수 있는 이유는 관계 자체를 하지 않고 있고 원하지도 않기 때문이다. 이러한 회피경향은 불안을 제공하는 스트레스 현상들과 원초적으로 차단될 방법이고, 이후의 사고기능은 합리화를 통해 자신은 만족하고 있다는 것을 재확인한다. 일반적인 생활 영역에 존재하는 다양한 자극들로부터 철수되어 있으며, 다른 누군가의 영역 침범은 잠재적으로 상당한 불안을 발생시킬 시작이기 때문에 달가워하지 않는다. 혹 관계가 될지라도 상대로부터 흥미와 관심을 느끼지 않으며 관계로부터 기존의 생활방식의 변화는 잘 보이지 않는다.

2. 평가 단계

평가 단계에서 가장 중요한 것은 내담자가 몸담고 있는 상황적 맥락을 파악하는 것이다. 그렇기 때문에 동일한 읽기정보와 가치평가 그리고 해석정보가 있다 하더라도 맥락에 따라 다양한 평가 정보가 도출될 수 있다. 대부분의 맥락 정보는 개인의 사회 · 경제적 지위를 포함한 광범위한 생활사적 정보 등의 면담 자료와 수검 상황을 포함한 평가 전 과정에서 관찰된 행동정보로부터 얻게 된다. 지금부터 MMPI-2의 실제 결과에 따라 평가 정보를 도출하는 과정을 살펴볼 것이다. 제시되는 예시들은 실제 사례를 바탕으로 하였으나 보다 구체적인 설명을 위해 각색된 것이다. 이러한 개별척도를 통해 도출된 모든 평가 정보는 최종적으로 통합되어 가장 적합한 가설적 정보를 구성하게 된다. 그렇기 때문에 이 과정의 정보들을 일반화하여 여타 사례에 적용하는 것은 조심해야만 한다.

1) 사례 1: 23세 대학생(남)

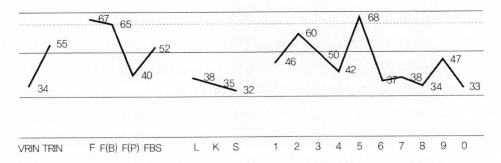

(1) 맥락 정보

대학 입학 과정에서 부모의 바람에 따라 진학 및 진로결정을 해 왔으며 최근 대인관계의 단절 경험이 있음. 상위권 대학, 인기 전공 학과에 재학 중임. 현재 관계 단절의 대상은 초·중·고등학교 동안 친하게 지내 온 친구들임. 친한 친구가 3명 있었는데 한 달 전 한 친구는 휴학을 하고 한 친구는 취업을 했다고 함. 수업도 혼자 듣고 밥도 혼자 먹고 하면서 자기 자신에 대해서 많은 생각을 하게 되었음. 한 학기만 더 있으면 졸업인데 막상 취업하기도 힘들고 군대도 가야 하는 상황임. 동아리 모임도 변함없이 참여하고 수업도 듣고 도서관에서 공부도 하는데 재미가 없다고 함. 그냥 휴학을 할까 생각해도 딱히 휴학해도 달라질 것도 없어서 학교만 다니는 중이라고 함. 대학 졸업을 앞둔 일반적인 대학생의 스트레스 경험 수준으로 보임. 주관적인 불편감이 상당 수준에 달하고 있으나 강의 듣기, 공부하기, 정기적 모임 참여 등 안정적인 생활패턴을 보이고 있음. 자발적인 동기를 갖고 상담 예약을 하였음. 학부 과정에서 11학점을 듣는 상황이며 가능한 예약 시간이 많았으나 전화 예약 후 다음날 오전 첫 회기에 예약을 하고자 신청하였음.

오전 10시 첫 시간에 상담 예약을 하였고 10분 전 도착해서 차를 마시고 이어폰으로 자신이 좋아하는 가수의 노래를 들으며 기다리고 있었음. 상담이 시작되면서 자연스럽고 편안한 목소리로 자신의 이야기를 하였으며 현재 불편한 생활에 대해 질문할 경우 고개를 숙인 채로 천천히 손바닥을 테이블에 문지르는 등의 모습을 보였음. 표준화된 실시 절차에 따라 협조적으로 수행하였고 검사 동안 한 차례 물을 마시러 잠깐 대기실로 나갔으며 총 110분가량 소요 시간이 걸렸음. 답안지에는 한 차례의 수정도 없었고 칸을 벗어나는 반응 없이 응답 칸 속에 동그라미로 표시하였음.

(2) 평가

환각, 망상, 현실감 저하 등의 정신증적 증상을 시사할 만한 결과는 나타나지 않으며 실재하는 외부현실의 스트레스에 비해 보다 주관적으로 높은 스트레스 경험을 하고 있음. 이는 현재 외부현실에서 경험된 스트레스 자극들에 대한 불안 수준이 높은 것으로 보임. 현재 보이는 주관적 불편감은 삶 속에서 지금까지 보여 온 적응력과는 일치되지 않는 상황이며 최근 가장 큰 스트레스 사건인 친밀한 대상과의 단절로부터 생활 전반에서 자율성이 요구되는 상황에 처해 있음. 즉, 발휘 가능한 잠재적인 스트레스 대처능력이 있다고 볼 수 있으나 자아의 기능이 적절히 작동되지 않고 있으며 스스로 그 자아의 힘과 기능을 활용할 방법을 알지 못하고 무기력감을 갖고 있음.

이러한 태도에 따른 신경증적 · 정신증적 문제는 보고되지 않고 있으나 면담 자료에서 확인된 불편감은 환경에 맞추어 살고자 하는 노력을 통해 관리되고 있을 것으로 보임. 특징적으로 자신의 적응능력에 대한 충분한 통찰이 어렵다는 점과 대인관계 영역에서 충족되지 못한 관계욕구가 높기 때문에 이를 채우고자 하는 시도로 주위 사람들과의 관계경험에 보다 열중하는 모습이 나타날 가능성이 높을 것으로 예상됨.

2) 사례 2: 31세 직장인(여)

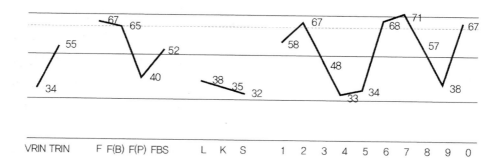

(1) 맥락 정보

금요일 저녁 7시에 예약을 신청함. 미간을 찌푸린 채로 정면을 주시하면서 안내를 기다렸음. 상담실에 입실하여서는 아무 말 없이 자리에 앉아 이곳저곳을 보는 등 불안정한 시선을 보였음. 일상적인 안부 질문에서도 낮은 목소리로 "예."라는 말만 하고 침묵을 유지하였음. 현재 벌어진 일을 이야기하면서 자세히 전달하기 위해 자신이 한 말을 재차 설명해 주는 경향이 있었으며 그런 자신이 이상한 거냐고 답을 요구하는 일이 종종 있었음. 검사를 위해 다시 한 번 더 방문을 하기에는 시간이 안 날 것 같다고 하고 다음 회기에 빨리 검사 결과를 듣고 싶다고 하며 집에서 해도 되는지를 요청하였음. 다음 예약된 일자에 검사지를 담은 봉투를 테이프를 사용해 밀봉해서 가져왔으며 검사지와 답안지는 칸을 꽉 채운 빗금을 제외하면 새것처럼 깨끗한 상태였음. 5개 문항에서 깔끔하게 수정펜을 사용한 수정 흔적이 있었음. 잠이 안 와서 새벽 1시부터 3시 정도까지 검사를 했다고 하며 하는 동안 편안한 마음으로 했다고 함.

대기업 취업을 준비하는 친구들이 힘들어하는 모습을 보면서 자신은 그럴 자신이 없어서 대학 졸업 후 눈을 낮춰 적당한 수준의 중소기업에 바로 취직하였다고 함. 친한 친구로는 중학교 때 취미가 같던 친구 1명이 있으며 한 달에 한 번 정도 만나 차를 마시고 이야기를 나누는 정도라고 함. 친구는 대학원에서 공부를 하고 있기 때문에 그 친구도 힘든데 자신의 상황을 이야기하기도 좀 그렇고, 한다 하더라도 개인적인 생활이라 이해를 못 할 것 같기도 해서 깊은 이야기는 하지 않았다고 함.

지금 직장에서 2년을 근무했고 그동안 별 튀는 것 없이 회사 일 잘하고 사람들하고도 별일 없이 잘 지내 왔는데, 최근에 팀장이 새로 오게 되면서 일이 자신에게 몰려 업무가 엄청 많이 늘어났다고 함. 지난 주에는 팀장이 오기 전 최근 6개월 동안 진행된 사업 건에 대해 정리하라고 시켰는데 사실 그 작업은 굳이 할 필요가 없는 것이며 지금까지 그렇게 따로 체계적으로 정리하지도 않았을뿐더러, 한다 하더라도 일주일 안에 도저히 할 수도 없는 업무량인데 하라고 하니까 정말 화가 났다고 함. 결국은 어쩔 수 없이 중요한 내용 중심으로 정리를 해서 보고했는데 나중에 동료한테 들은 말로는 팀장이 새로 왔기 때문에 분위기를 잡으려고 하는 것이라는 말을 들었음. 처음이니까 참고 넘어갔는데 주말을 보내고 이번 주에 출근하니 아무도 자신에게 인사도 안 하고 데면데면하게 대하는 것 같이 느껴졌다고 함. 그나마 친하던 동료도 간단한 업무 관련 말만 하고, 퇴근 후에 이야기하자고 해서 따로 만났는데 자세한 설명 없이 급히 자리를 떠 버렸다고 함. 팀장이 일을 맡길 때, 처리하기 어려운 상황이라고 말을 하면 일이 커질 것 같고 또 한다 해도 무시되고 결국 맡게 될 거라서 그냥 가만히 있었다고 함. 동료에게 이상하다는 말을 듣고 난 후 따로 자세히 이야기를 나누지 못했다고 하며, 그냥 하루하루 눈치 보며 출근하고 퇴근한다고 함. 여전히 왜 이렇게 된 것인지 알 수 없다고 함. 지난 직장에서는 다들 조용하고 업무가 분담되어 있어서 서로 엮일 일이 없었고 자기 일 하고 퇴근하면 됐다고 함. 여기서도 예전 팀장은 직원들이 자기가 맡은 일만 하면 터치를 하지 않아서 좋았는데 이번에 온 팀장이 너무 자기중심적으로 통제하려고 하는 것에 적응이 안 된다고 함. 그리고 왜 자신에게 그러는지 이해가 안 된다고 함.

(2) 평가

현재 현실적으로 높은 강도의 스트레스 상황에 처해 있으며 이를 해결할 만한 방법을 찾기가 어려운 상황임. 지금까지 삶에서 한정된 생활 반경을 유지해 왔으며, 적응상 문제는 발생하지 않은 것으로 보임. 특히 내담자의 안정적인(stable) 성격 특성은 내부세계의 갈등을 통제하는 데에는 유용하였으나 외부현실로부터 경험되는 스트레스에 대한 내성이 부족한 것을 반영하고 있음. 최근 예상치 못한 팀장 그리고 동료들과의 관계에서 경험된 스트레스에 대해 현실적으로 해결할 수 있는 기술의 부족이 나타나고 있으며 단지 내부세계의 사고기능으로 대처하고 있는 것이라 할 수 있겠음.

전반적으로 떠 있는 프로파일 양상을 보이고 있으며 지금까지 자신이 지니고 있는 역량으로 당면 상황을 처리하고 적응하는 것이 어려울 것으로 보임. 추가적인 면담 및 행동관찰 자료에서도 환각 및 망상과 관련된 증상은 보고 및 관찰되지 않았으며 스스로에 대해 '망상병'이라 보고한 이유는 최근 벌어진 일들로 머릿속이 복잡하고 자신도 모르게 자꾸 나쁜 생각이 드는 것 때문이라고 했음. 하지만 이는 일상적인 장면에서 심각한 적응력의 손상을 지적할 만한 현실감의 저하로 보기는 어려울 것으로 보임. 하지만 현재 불편감을 갖고 있는 상황을 성공적으로 해결하기 위한 구체적인 현실적 대안을 탐색하는 것은 어려울 것이며 이는 오랜 시간 형성·유지된 수동적이고 의존적이고 안정성을 유지하고자 하는 성격적 특성의 영향일 가능성이 높을 것으로 보임.

3) 사례 3: 20세 재수생(남)

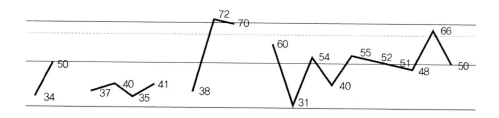

(1) 맥락 정보

두 달 전 고등학교 때부터 친한 친구 중 한 명이 자살을 했음. 친한 친구는 모두 3명인데 그 친구와 자신만 수능을 망쳐서 재수를 하게 되었고 그 친구가 죽기 전에 많이 힘들어했다고 함. 자신 역시 재수하는 것이 힘들었지만 그 친구가 너무 힘들어해서 옆에서 많이 들어주고 힘내라고 했는데, 말 없이 학원에 결석한 날 그런 일이 벌어졌다고 함. 그 뒤로 지금까지 매일 그 친구 생각만 나고 자신이 뭔가를 못해 준 것 같아서 너무 죄책감이 들지만 아무리 힘들더라도 자신도 따라갈 수는 없으니 예전처럼 학원도 가고 공부도 하고 있는데 집중은 잘 안 된다고 함. 또 혼자 있으면 괜히 울적해질 것 같아서 연락을 잘 못하고 지내던 사람들과 자주 만나려 하고, 금요일, 토요일, 일요일은 보통 사람들을 만나고 있는 상황임. 그러면서 처음에는 정신없었는데 시간이 갈수록 더 힘이 빠지고 이렇게 사는 게 맞는지 혼란스러워졌고, 그러면서도 밥 먹고 학원에서 공부하고 하는 자신의 모습이 싫어진다고 함.

내담자는 중학교 때까지 왜소한 체구로 자신감이 많이 부족했다고 하며 친구들에게 괴롭힘을 당하고 무시당하며 지냈다고 함. 고등학교에 입학하여 힘세고 건장한 친구들과 새롭게 만나면서 조금씩 당당해졌다고 함. 친한 친구 중에서는 자신이 가장 공부를 잘했기 때문에 4명의 친구들에게 모르는 문제도 알려 주고 하면서 많이 친해졌다고 함. 매번 안정적인 상위권 성적을 보였지만 수능을 칠 때 너무 긴장해서 그런지 시험 당일 속이 안 좋아서 집중하기가 어려웠다고 함. 그 결과 친구 4명 중 2명은 자신이 원하는 학교에 합격을 했으나 사별한 친구와 자신은 평소 성적에 미치지 못하는 성적을 받아서 재수를 결심했다고 함. 그래도 혼자가 아니라 그 친구와 함께 재수를 하게 되어 다행이라 생각했다고 함. 6개월간 열정적으로 공부를 했는데 여름 방학으로 1주일을 쉬는 동안 무슨 일이 있었는지 그때부터 친구가 부단히 힘들어하는 모습을 보였다고 함. 이야기를 들어 봐도 딱히 특별한 일은 없었다고 하면서 갑자기 대학 입학이 무슨 의미인지 모르겠다는 생각이 들었고 그때부터 공부하는 것이 지치기 시작했다고 함.

집에서는 2남 1녀 중 둘째인데 누나는 공부를 잘해서 대기업에 취직하여 독립했다고 하며 동생은 아직 중학교 2학년이라고 함. 누나는 어릴 때부터 자신의 인생을 독립적으로 살고 싶어 했으며 대학 입학 후부터 자취를 했기 때문에 중·고등학교 때부터 크게 관계를 하지 않았다고 함. 부모님은 자신이 아들이라서 기대가 크지만 재수 결정에 대해서도 믿어 주고 크게 부담을 주지는 않는다고 함. 부모님이 그렇게 믿어 주시니까 그 믿음을 저버리면 안 된다는 생각에 더 잘해야겠다는 생각을 항상 한다고 함. 하지만 기본적으로 체력이 약하고 예민해서 배탈이 자주 났다고 하며 그게 가장 큰 장해 요인이라고 함.

최근 친구를 떠나 보낸 일이 있은 후 나머지 친구들과 적어도 2주에 한 번씩은 만나며 술을 마시고 먼저 간 친구를 애도한다고 함. 모이면서 앞으로 매해 기일에 모여 납골공원에 가자는 약속을 하였고, 친구 부모님께 자주 연락드리고 당분간은 가끔이라도 찾아뵙자는 약속도 했다고 함.

화요일 저녁 7시에 상담 예약을 요청했으며 남자 선생님과 상담을 하길 원한다고 하였음. 예약 시간 15분 전 도착하여 어깨에 힘이 빠진 채로 핸드폰으로 스케줄 표를 확인하고 있었음. 상담실로 입실한 후 착석을 하면서 큰 한숨을 쉬었고 상담자의 질문에 앞서 스스로 자신의 이름을 소개하며 "이런 일로 상담을 받게 될 줄 몰랐어요."라고 하였음. 최근 상황에 대해 질문을 하자 20여 분 동안 자신이 겪은 일과 그에 대한 자신의 심정을 조리 있게 말하였고, 45분 정도가 지났음을 확인한 후 말끝을 흐리며 "그래도 그 친구를 위해서라도 더 열심히 살아야겠지요……."라고 하였음.

첫 회기에 검사를 하고 가고 싶다고 하여 검사실에서 MMPI-2를 실시하였고 50여 분에 걸쳐 검사를 완료하였음. 문제지와 답안지는 책상 위에 가지런히 정리되어 있었음. 답안지 표기는 4줄짜리 빗금으로 깔끔히 일관된 패턴으로 되어 있었음.

(2) 평가

최근 친한 친구와의 사별 경험으로 심한 스트레스 상황에 처해 있음. 하지만 현재 자신이 속한 장면 내에서의 기본적인 수행은 가능한 상황임. 왜 그런지에 대해 스스로 인식할 수 없는 심리적 불편감에 힘들어하고 있음. 일상적 대인관계에서 보이는 관계 방식은 자신의 심리적 힘듦을 드러내지 않으며 살아 왔지만, 치료 장면에서 보이는 치료자와의 관계에서는 자기개방을 하는 것을 불편해하지 않는 모습이 보임. MMPI-2에서 나타난 결과는 자신이 지니고 있는 안정적인(stable) 성격 특징을 반영하고 있는 것으로 보이며 일상 장면에서 경험되는 스트레스에 대한 심리적 태도라 보는 것이 적합할 것임. 이러한 면은 비교적 쉽게 압도당할 수 있는 스트레스 상황에서 심리적 안정을 유지할 수 있는 자아의 힘이 강건하다고 볼 수 있으며 최근 상황에서도 쉽게 흔들리지 않는 적응력을 유지할 수 있는 것으로 평가됨.

하지만 비의식 수준에서 갈등을 일으키는 감정이 무엇인지에 대한 통찰이 어려운 상황임. 초·중학교 시절 또래관계에서 불합리한 처우를 받으며 감당하기 어려운 정도의

지속된 불안을 경험한 것으로 보임. 이로부터 대인관계 상황에서 예민성 또는 민감성
이 확장되었을 것으로 보이며 이후 자신의 노력을 통해, 즉 공부를 통해 현재 친구들과
생산적인 관계가 형성된 것이었음. 이러한 점은 삶 속의 전반적인 스트레스로부터 발
생하는 정서적 자극을 고스란히 경험하기보다 자신의 노력을 통해 당면 상황을 극복하
고 대처하는 방식으로 대체되었을 것이라 할 수 있음.

　학창 시절 또래관계에서 경험한 스트레스는 공부에 매진하는 것으로 관리가 된 것으
로 보이며, 이러한 시도는 내적 불안을 최소화하면서도 생산적인 결과를 통해 강화를
받으면서 주요 방어양상으로 갖춰진 것으로 보임. 하지만 이러한 시도는 상당 수준의
심리적 에너지가 요구되는 것이기 때문에 현재 당면한 과도한 스트레스 상황을 적절히
해결하기가 어려워졌으며 심한 긴장이 발생하게 된 것으로 보임. 이러한 불안은 억압
을 통해 의식화되는 것을 통제하며 비의식적 수준에서 신체적 증상으로 발현되었을 것
으로 예상해 볼 수 있음. 이와 더불어 현재 상황에서 친구와의 사별은 예상치 못한 스
트레스로 경험되고 있으며 이를 극복하기 위해 공부에 더욱더 열중하려는 시도를 하였
음. 하지만 상실 경험 후 충분한 감정을 정리하지 못하고 억압을 통해 외부현실로 향하
는 에너지를 활성화시킴으로써 심리적 불편감을 최소화하고 있는 것으로 보임.

4) 사례 4: 46세 주부(여)

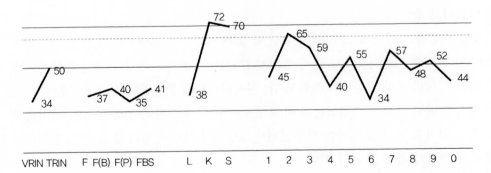

(1) 맥락 정보

　부모 슬하에 1남 3녀 중 첫째로 태어났고, 가족이 모두 시골에 살고 있고 아버지는
보통 아버지들처럼 농사에 매진하며 살가운 분은 아니었다고 함. 어머니는 외할아버지
의 권유로 친구 아들인 아버지와 중매를 통해 결혼했으며 당시에는 그게 당연한 일이

어서 별 생각 없이 결혼했다고 함. 자신이 네 살 때 동생이 태어났다고 하며 나중에 들은 이야기로는 자신은 너무 어려서 기억이 나지 않지만 그 전에 동생이 한 명 더 있었는데 선천적으로 약하게 태어나서 돌이 되기 전에 먼저 가 버렸다고 함. 이후 부모님은 둘째 계획이 없다가 예상치 못하게 동생을 갖게 되었다고 함. 그런데 딸을 낳아서 주위 어르신들은 아들을 낳기를 바라셨고, 연년생으로 동생을 낳았지만 또 딸이었다고 함. 당시 어머니가 상당한 스트레스를 받았다고 하며 유산이 몇 차례 되니까 더 이상 아이를 낳을 생각이 없어졌고, 5년 후에 예상치 못하게 막냇동생이 아들로 태어났다고 함. 자신과는 열 살 차이가 난다고 하며 어릴 때는 자신이 막내를 키운 것이나 다름없다고 함. 그때 효녀라고 동네 어른들은 칭찬을 많이 해 줬는데 부모님은 당연한 것처럼 여기신 것 같다고 함.

시골에서 살다 보니까 대학을 가는 것도 집안 살림이 여의치 않았다고 하며 대학은 자연스럽게 생각조차 할 수 없었다고 함. 그래도 고등학교까지는 돈이 크게 들지 않아 다녔는데 여상을 나와서 바로 취업을 하게 되었다고 함. 시골 여상이었지만 졸업할 땐 그래도 성적 우수상도 받고 취업 후 읍내에 있는 생산 공장에 바로 취직도 되어 2년가량 서기를 했다고 함. 그 기간 중에 1년 지방 발령을 받고 일하고 있던 직원(지금의 남편)과 사귀게 되었고 1년 뒤 서울 본사로 올라가야 했기 때문에 그때 결혼을 결심해서 서울로 올라와 지금까지 살고 있다고 함. 막상 서울에 올라와 사는데 아는 사람도 없어서 많이 힘들었지만 같은 아파트에 사는 또래 엄마들과 친해졌고 적응하는 데 큰 도움을 받았다고 함.

지난 시간을 생각해 보면 정말 아무런 탈 없이 애들도 모범생이어서 말썽 피우는 일 없이 잘 자랐고 경제적으로도 크게 힘들지 않았으며, 취미로 공부를 한다고 하자 남편은 하고 싶으면 하라며 인정해 줬다고 함. 사이버대학에 등록하여 처음 공부할 때는 옛날 생각도 나고 너무 재미있었는데 이제 졸업반이 되니까 딱히 전공을 살려 취직을 하는 것도 쉽지 않고 지금 일하는 사무실에서 그냥저냥 이렇게 일하며 살 수도 있는데 졸업이 별 의미가 없는 것 같다고 함.

최근 스트레스 상황이 특별히 있는 것은 아니며 현재 사이버대학 졸업 학기임. 남편은 직장 스트레스가 많아 집에 오면 자기 바쁘고 휴일도 가족끼리 딱히 하는 일은 없는 상황임. 자신이 하는 일에 터치를 하지 않는 건 좋은데 너무 말이 없다고 함. 큰애는 올해 취직을 해서 따로 살고 있고 둘째도 이제 내년이면 대학을 졸업하게 되고, 애들이 대학 가면서부터 지금까지 조금이라도 돈을 벌어 보겠다고 작은 사무실에서 경리로 일을 하는 중이라고 함. 어려운 일이 아니기도 하고 업무에 스트레스를 받는 건 없다고 함.

계 모임도 있고 친구들도 종종 만나고 하는데 예전 같지 않게 재미가 없다고 함. 혼자 집에 있는 시간에는 TV를 보다가도 정신 차려 보면 멍하게 있던 일이 많아진 상황임. 주위 친구들은 뭐가 걱정할 게 있냐는데, 사실 이제 걱정할 것도 없긴 한데 갱년기인지, 우울증은 아닌지 걱정도 된다고 함.

토요일 오후에 전화를 하여 다음 주 토요일 오전 11시에 상담 예약을 요청하였음. 예약 시간보다 5분가량 늦게 방문하였으며 5분의 대기 시간을 갖고 상담실로 안내하였음. 착석하자마자 자신이 늦은 것에 대해 "죄송해요."라는 말을 세 차례 반복적으로 하였으며 원래 시간 약속은 웬만하면 잘 지킨다고 하였음. 정돈된 화장 상태를 보였고 일상적으로 숨을 쉴 때도 금세 향수 냄새를 맡을 수 있었음. 첫 회기에 상황에 따라 검사가 진행될 거라는 안내가 되었으나 불가피하게 점심 약속이 잡혔다고 하며 집에 가서 해 와도 되냐고 요청하였음. 이후 상담 예약 전에 다른 날에 다시 방문하여 검사하는 것을 권장한다는 지시를 하였으나 추가적으로 시간을 내기가 어렵기 때문에 다음 상담 일까지 집에서 해 오겠다고 약속하였음. 이후 회기에 검사지를 가져왔으며 봉투와 검사지 및 답안지가 접힌 흔적 없이 깨끗하게 유지된 상태로 가져왔고, 답안지에서 잘못 표시한 문항들은 수정펜으로 깔끔하게 수정된 모습을 보였음. 하루 일과를 마친 후 자기 전 맑은 상태일 때 검사를 했으며 58분이 소요되었다고 하였음. 검사 중 특별히 힘든 것은 없었으나 많은 문항 수에 힘이 빠지고 지겨웠다고 함.

(2) 평가

최근 외부현실에 존재하는 비일상적이거나 특별한 스트레스 사건은 존재하지 않으며 자신의 졸업, 자녀들의 독립 등의 인생의 발달 과정에서 충분히 당면할 수 있는 상황에 처해 있음. 하지만 어린 시절부터 지금까지 매 상황에서 인정될 만한 욕구 및 소망에 대한 바람이 없이 주어진 상황에 적응하는 자기수식적인 태도로 적응해 온 것으로 보임. 이러한 면은 외부현실 및 내부세계에서 경험될 만한 스트레스에 대해 거리를 두게 되는 태도를 형성하게 했을 것으로 예상됨.

현재 생활에서 객관적으로 관찰되는 불편감은 보고되지 않고 있으며 주위 사람들에게는 오히려 적응적인 모습으로 비치고 있겠으나 내부세계에 존재하는 부정적인 정서적 재료들은 의식화되지 않고 있겠음. 지금까지 설정해 온 현실적 목적, 즉 학업 및 자녀 양육 등이 완료된 후 앞으로의 삶에 대한 새로운 의미를 자율적으로 설정해야 할 상황에서 막연함과 모호함을 경험하고 있는 것으로 평가됨.

앞서의 사례들은 동일한 타당도 패턴에서 맥락 정보에 따라 개별적인 평가가 이루어질 수 있음을 보여 주는 예시다. 해당 평가에서 기본적인 가정은 진단 목적이 아닌 치료 장면에서의 해당 내담자들에 대한 이해를 목적으로 하는 방식이라는 것이다. 최종적으로 평가된 내용을 바탕으로 각 개인에게 피드백을 하는 과정은 일관적인 방식이 있는 것이 아니기 때문에 생략하였다. 그리고 이러한 평가 내용을 정답으로 생각해서는 안 되며 내담자를 이해하는 가설로서 받아들여야 하고, 여타 동일한 패턴의 검사 결과가 측정된다 하더라도 반드시 개개인이 살아가고 있는 맥락에 준해 평가가 이루어져야 한다.

제3부

로르샤하 잉크반점을 활용한 심리평가

제6장 로르샤하 잉크반점 검사에서 평가 본 단계: 측정 단계, 읽기 단계, 가치평가 단계

로르샤하 잉크반점을 통해 심리평가를 하는 것에 대해 수련생뿐만 아니라 전문가들도 상당히 난해하게 여기는 것으로 알려져 있다. 대부분의 학습자는 '로르샤하는 어렵다.'고 생각하며 누군가는 '로르샤하를 통해 요람에서 무덤까지(적어도 지금 이 순간까지) 그 사람의 인생을 이해할 수 있다.'는 과장된 생각을 하기도 한다. 만약 로르샤하 잉크반점 검사가 범접하기 어려운 것이라면 이 로르샤하 잉크반점 검사를 적절하게 활용하고 있는 전문가들은 그 무게감을 극복한 상당히 유능한 사람이라 생각할 수도 있으며, 한 개인의 전 인생을 이해할 수 있다고 생각하는 그 누군가는 로르샤하 잉크반점 검사의 충실한 광신도일지도 모를 일이다. 과연 로르샤하 잉크반점 검사가 범접하기 어려운 것이거나 한 개인의 전 생애의 이야기를 풀어낼 수 있는 마술적인 도구일까?

로르샤하 잉크반점 검사를 배우는 과정에서 이러한 과장된 사고는 오히려 학습에 방해가 될 수 있다. 첫째, 어려운 것으로만 생각한다면 지금까지 어떤 방식으로 로르샤하 잉크반점 검사를 배워 왔는지를 생각해 보길 바란다. 그 난해함이 언제, 어떤 이유로, 또한 누구로 인해 생겨난 것인지를 돌이켜보면, 누군가는 여러 문헌으로부터, 또 누군가는 선배, 수련감독자, 강사, 교수 등으로부터 처음 접하게 되었을 것이며 당시 자신도 모르게 그 난해함에 압도당하게 되었을 것이다. 나 역시 처음 로르샤하 잉크반점 검사를 접했을 때 알 수 없는 어떤 종류의 신성함을 느끼기도 했다. 하지만 그런 생각은 로르샤하 잉크반점 검사를 배우는 데에 아무런 실제적 도움이 되지 않았다. 한동안 내가 접할 수 있던 거의 모든 로르샤하 잉크반점 검사를 소개한 다양한 서적을 탐닉하면서도 분명하게 이해하기란 곤란한 일이었다. 로르샤하 잉크반점 검사에 대한 무게감을 덜 수 있었던 것은 바로 실제 삶 속에서 살아가는 한 개인의 존재와 그 존재들이 세상을 살아가는 방식에 대한 고민을 시작하면서부터였다. 압도적인 양의 구조변인들과 해석의 난해함이 개인이 어떻게 세상을 바라보고 적응하며 살아가는가에 대한 고민을 통해 보다 선명하게 다가왔다. 이 장에서는 내가 로르샤하 검사를 접해 오면서 접근한 구체적인 내용들을 담았다. 둘째, 로르샤하 검사가 가진 기능들을 맹신하는 것은 명확히 알 수 없는 그 무엇인가에 대해 신성시하는 태도에서 비롯된 것이라 생각한다. 로르샤하 잉크반점 검사에 대해 충분하고 깊이 있는 지식을 가진 전문가가 말한 것이라 할지라도 자신의 말을 맹신하라는 의도는 없었을 것이다. 어쨌건 로르샤하 잉크반점 검사는 요람에서 무덤까지의 정보를 다루고 있다는 것은 과장된 접근일 것이다. 로르샤하 잉크반점 검사는 응당 객관적이고 인정할 만할 정도의 비교적 탄탄한 설명적 틀 내에서 이해해야 할 검사다.

지금까지 '로르샤하 잉크반점 검사(Rorschach Ink blot test)'로 기술하였음을 알 수 있을 것이다. 앞서 검사(test)의 개념을 정리한 것처럼 하나의 검사도구로서의 의미로 기술하였지만 현재는 '로르샤하 잉크반점 기법(Rorschach Ink blot Method)', 즉 RIM으로 알려져 있으며 이는 이 장에서 제시한 평가 단계 중 측정 단계와 관련된 의미를 강조하는 표현이기도 하다. 물론 검사 자체로서의 의미와 측정과 관련된 의미를 모두 갖고 있긴 하나 구분하여 사용하는 것이 보다 명확한 의사소통에 도움이 될 것이다. 그렇다면 측정 단계와 관련된 RIM의 의미는 무엇인가? 로르샤하 잉크반점을 통해 면담을 하고 행동을 관찰하고 검사를 할 수 있다는 것이다. 결국 하나의 측정법으로서 로르샤하 잉크반점을 활용한다는 의미가 된다. 이와 관련하여 주제통각 검사(Thematic Apperception Test) 역시 현재 주제통각기법(Thematic Apperception Technique)으로 부르고 있는 것과 같은 맥락이다. 이러한 관점은 고유한 특정 검사를 제작하는 과정에서 고려되어야 할 측정하고자 하는 특수한 영역이 존재한다거나 특정 심리학적 이론이 존재한다거나 하는 것이 아니라 측정 그 자체를 강조하는 것이며, 그 측정 도구의 속성이 잉크반점이거나 그림카드가 된다는 의미다. 그렇기에 RIM을 통해 평가자의 관점 및 숙련도 그리고 선호에 따라 다양한 이론적 접근이 가능할 수 있다는 것이며 또한 다양한 관점으로 RIM을 통해 측정한 정보를 통합적으로 활용할 수도 있다는 것이다.

현재 RIM을 활용하는 광범위한 영역에서 RIM을 통한 측정 결과들은 Exner의 종합체계(Comprehensive System)에 포함된 실시 및 채점을 하고 해당 규준을 적용하여 해석을 하는 방식에 따르고 있다. 또한 기본적인 Exner의 종합체계의 범위에서 Weiner가 해석의 원리(Principles of Rorschach Interpretation)를 통해 해석 체계를 정리해 놓았다. Weiner의 해석적 접근은 상당히 전체적이고 통합적이며 정보들의 유기적인 관계를 아우르고 있다. 하지만 이러한 접근이 가능케 된 기초에는 Exner와 함께한 연구자들의 방대한 경험적 연구 결과들이 있다. 그렇기 때문에 로르샤하 잉크반점 검사를 수련생들에게 훈련시키는 감독자들은 기본적으로 Exner의 종합체계의 중요성을 강조하며, 이는 근거 중심의 평가를 위한 과학자로서의 임상심리학자들의 태도에 따른 것이라 생각한다. 하지만 Exner와의 만남이 우선이냐 Weiner와의 만남이 우선이냐처럼 순서의 문제는 아닌 것이다. 결국에는 RIM을 배우는 학습자들이 두 접근에 대한 이해가 함께 되어야 함을 깨닫게 될 것이며 사실 Exner의 방식과 Weiner의 방식의 차이로 해석 과정에서 우려해야 할 의사결정상의 문제는 발생하지 않을 것이다.

지금부터 심리평가 수행 단계에 따라 RIM을 활용한 구체적인 평가 수행을 살펴볼 것이며, 우선 평가 전 단계에서의 수행을 간략히 점검하고 평가 본 단계에서의 수행을 본격적으로 다뤄 볼 것이다.

RIM을 활용한 평가 전 단계는 일반적인 평가 장면에서와 마찬가지로 동일한 절차를 적용할 수 있다. 우선, 평가 의뢰 목적을 설정한다. 그리고 일반적인 평가 장면에서의 평가 전 단계의 수행처럼 RIM을 통한 심리평가에서도 동일한 절차를 적용할 수 있을 것이다. 평가 의뢰 목적을 설정하는 것이 우선이다. 그리고 RIM을 활용할 경우 특별히 신경을 써야 할 부분은 충분한 라포 형성과 사전 로르샤하 잉크반점 검사를 받아 본 경험을 먼저 다루어야만 한다는 것이다. 이 두 가지는 로르샤하 잉크반점 검사를 받게 될 때 주요한 영향을 미치기 때문이다. 그리고 RIM은 수검자를 심리적으로 충분히 자극할 만한 상황을 제시하는 것이기 때문에 RIM에 대한 적절한 소개가 이루어져야만 한다. 그렇다고 해서 RIM을 활용한 과정에 대해 겁을 먹게 해서는 안 되며 평가자가 필요 이상의 긴장을 유발해서도 안 된다. 구체적인 평가 의뢰 목적을 확인하고 협의해 나가는 과정은 앞서 MMPI-2의 평가 전 단계를 참고하길 바란다.

더불어 RIM이 지니고 있는 일반적인 자극 속성을 숙지시키는 것이 중요하다. 기본적으로 평가를 받고자 한 의뢰 목적에 준하여 RIM을 활용하게 될 것이라는 안내를 하게 되겠지만 내담자가 평가를 의뢰하고자 하는 것에 대한 구체적인 인식이 없다면 RIM의 속성을 고려한 오리엔테이션이 필요하게 된다. RIM의 속성에 대해 설명할 경우 평가자가 어떤 관점으로 평가를 하게 될 것인가에 따라 다소 차이가 있을 수 있으나 이 책에서는 기본적으로 자아심리학적 관점과 인간 행동에 대한 6차원 적응 모형에 따라 평가를 하고 있기 때문에 이러한 접근법이 가진 범위에서 적합한 안내를 해 주어야 한다. 예를 들어, "말씀하신(평가의뢰 목적) 부분과 관련하여 어느 정도 그리고 어떤 방식으로 적응하고 있는가(대처하고 있는가, 살아가고 있는가, 불편해하고 있는가 등등)에 대해 보다 구체적인 이해를 할 수 있을 겁니다"라고 설명해 줄 수 있을 것이다. 이러한 표현은 내담자의 특성, 사회·경제적 지위, 학력, 이해 및 수용 능력에 따라 달라질 수 있으며, 마땅히 달라져야 할 것이다. 물론 로르샤하 잉크반점 검사만 시행하는 경우가 아니라면 전체적인 평가 수행 과정 초기에서 전반적인 안내가 될 수 있을 것이다.

1. 측정 단계

RIM으로 얻을 수 있는 정보들과 관련된 내용은 면담 과정에서 내담자의 보고를 통해 알아가게 된다. 그렇기 때문에 RIM을 통해 도출될 결과들을 어떤 종류의 면담 정보와 함께 고려할 수 있을지 잘 알고 있어야 하며 관련 정보를 최대한 면담 상황 내에서 수집하도록 노력해야 한다. 충분히 자연스러운 것이지만 자아심리학적 접근에서의 개념과 Weiner의 해석적 접근에서의 개념들은 상당한 유사성을 갖고 있으며 그 이유는 개인의 '적응'에 주요 관심을 갖고 있기 때문이다. 그렇기에 면담 상황에서는 내담자의 적응과 관련하여 전반적인 정보를 수집하는 것이 유용하다. 이러한 방법은 MMPI-2를 활용한 평가에서 설명된 적응과 관련된 면담법을 소개하였으며 이는 RIM을 통한 평가에서도 그대로 적용할 수 있다. 좀 더 유심히 탐색해야 할 점은 현재 스스로가 생각하는 자신의 생활에서의 적응 수준과 적응 방식이 어떠한지를 탐색하는 것이다. 이는 직접적으로 보고될 수도 있고 아니면 다양한 생활사적 정보를 담은 자료들을 통해 평가자가 추정을 해야 할 수도 있다. 개인의 적응과 관련된 주관적 정보와 객관적 정보들을 수집한 후 검사가 진행된다면 보다 효율적인 검사 실시가 가능해지기도 하고 검사자의 수행 동안 실수를 줄일 수도 있을 것이다. RIM은 실제 개인이 살아가고 있는 삶의 장에서 드러나는 관점, 태도, 접근 방식 등을 측정하는 것이기에 면담에서 내담자의 적응과 관련하여 파악된 인상과 유사한 모습으로 검사 상황에서도 고스란히 드러난다. 이러한 점을 고려한다면 현재 마주한 내담자에게 불필요한 반응을 유도하는 것을 경계할 수 있게 해 주고 검사 동안 돌발 상황 등에 대비할 수 있게 된다. 하지만 면담에서 갖게 된 인상으로 평가자에게 선입견을 갖게 되면 오히려 그 선입견 때문에 객관적인 검사 실시에 방해를 받게 될 수도 있다는 것을 항상 경계해야 한다.

행동관찰을 통한 측정은 RIM의 해석에서 필수 재료로 활용되는 행동변인을 수집하는 것이기 때문에 더욱더 주의가 필요하다. 앞서 망망대해에서 어떤 고기를 잡는지에 대한 정보 없이 고기잡이를 하지 않기 위해 이론 또는 설명의 틀을 가지고 있어야 한다고 강조하였다. 평가 과정 동안 수검자는 원했든 원치 않았든 스스로 방대한 행동변인들을 쏟아 내기 때문에 이 모든 행동을 모두 관찰하여 정보 수집을 하는 것은 불가능에 가까우며 아무런 기준 없이 무작위로 수집을 하게 되었을 때는 편향된 정보 수집이 이루어질 가능성이 높아진다. 다행하게도 평가자는 내담자가 보인 행동 특징을 고려하여 가설적 방향을 잡아 갈 수 있다. 행동관찰의 기본 전제는 일관되고 지속적인 '행동의 패턴'과 '현출적인(salient) 행동 특징'을 탐지하는 것이다. 이 두 가지 행동 발현의 측면은 한 개인의 성격적 측면과 주위 환경(surroundings)[1]에 대한 독특성을 갖고 있다는 것이다. 성격의 정의에서 알아 본 것처럼 개인의 성격은 독특하고, 일관적이고, 지속적인 특성을 갖고 있기에 특정한 패턴을 갖고 있거나 독특하게 나타난 행동들은 중요한 행동변인으로서 가치를 갖게 된다.

의미 있는 행동변인들은 네 가지 항목을 참조하여 검토할 수 있다. 첫째, 수검자가 지니고 있는 삶 속에서 나타나는 일반적인 행동 패턴이다. 이는 면담을 통한 생활사적 정보에서 탐색될 수 있다. 둘째, 평가자와의 관계 때문에 나타나는 행동들이다. 이는 정신역동 영역에서 이야기하는 전이와 역전이 현상을 탐색하는 것과 관련되어 있으며 평가자와 수검자의 관계에서 드러나는 행동패턴이다. 평가자가 자신도 모르게 범하는 오류 및 실수는 수검자에게서 관찰된 행동이 모두 수검자의 자발적인 이유로 드러난 행동이라 생각하는 것이다. 이러한 생각은 이후 평가 단계에서 바람직하지 못한 가설 검증을 하게 되는 씨앗이 되기 때문에 평가자는 항상 자신과 수검자와의 관계로부터 나타날 수 있는 수검자의 행동에 대해 민감해야만 한다. 만약 병원 장면에서 검사가 이루어질 경우에는 일반적으로 '기꺼이 약속된 위계 관계'가 되기 때문에 위계적 상황에서 나타날 수 있는 수검자의 체계적인 행동패턴이 나타날 가능성이 높을 것이다. 하얀 가운, 개별 진료실 및 검사실 문패, 병원의 행정 시스템 등등이 평가자와의 기본적 관계의 틀을 갖게 만드는 것이다.

비단 병원 장면에서만이 아니라 사실 심리검사를 실시하는 평가자는 자신도 의도하지 않았겠지만 기본적으로 상위 위계에 위치하게 되어 버린다. 이러한 관계의 양상이 나쁜 것이기 때문에 이를 제거해야만 할 것이라는 의미가 아니라, 실제로 제거할 수도 없고, 다만 평가자가 비의식적인 자신만의 대인관계 태도에서 비롯됨을 경계해야 한다는 것을 의미한다. 직접 슈퍼비전을 하면서 수검자와 평가자의 관계 측면을 담고 있는 로르샤하 잉크반점 검사의 결과들을 자주 발견하게 되며 이는 슈퍼비전이 반복되면서 체계적으로 드러나곤 한다. 그렇기 때문에 평가자는 자신의 말투, 신체적 자세 및 심리적 태도, 눈빛, 외모, 습관적 또는 선호하는 단어 등의 영향에 대해 자기탐색을 해 보면서 자신이 가진 자극적 특징들이 수검자에게 미치는 부정적 영향을 수정해 갈 수 있어야 한다. 다시 말하지만, 이러한 일반적으로 갖고 있는 평가자의 속성을 없애고자 하는 것이 아니라 불필요한 행위로 인한 부스럼을 방지하거나 자신의 속성으로 인한 수검자의 반응과 진짜 수검자의 것(사실 수검자와의 속성으로 볼 수 있는 진정한 것은 존재하지 않

---

[1] 주위 환경이라는 것은 개인, 즉 더 이상 나눌 수 없는 존재로서의 개인(individuals)과 맞닿아 있는 유·무형의 자신이 아닌 것들의 총체를 의미한다.

는다)을 구분하고자 하는 것이다. 셋째, 일반적인 평가 상황에서 나타나는 행동들이다. 단지 로르샤하 잉크반점 검사에서만이 아닌 생활상에서 자신이 평가를 받게 되는 장면에 들어 있을 경우 나타나는 행동을 의미한다. 이러한 행동은 수검 상황이 아닌 평가적 상황에서도 나타나며 비교적 안정적인(stable) 패턴을 보이곤 한다. 예를 들면, 학교에서의 시험, 직장의 면접, 발표 등등의 상황들 그리고 심리치료 상황을 평가적인 상황이라 인식하고 있다면 역시나 평가 상황에서 나타나는 행동들이 나타날 수도 있다. 넷째, 검사의 속성으로 인해 나타나는 반응, 즉 체계적인 처치에 따라 나타나는 행동이 있다. 이는 로르샤하 자극의 고유한 속성으로 인한 것이며 비교적 검사가 측정하고자 하는 직접적인 행동 정보들이라 할 수 있다. 이를 파악하기 위해서는 로르샤하 잉크반점이 어떠한 속성을 갖고 있는가를 숙지하는 것이 필수적이다. 이 속성은 RIM 과정에서 반드시 고려되어야 하는 것이며 투사의 양, 범위, 질을 검토할 수 있도록 도와주는 체(sieve)와 같은 역할을 한다. 로르샤하 잉크반점은 개인이 살아가고 있는 삶의 축소판과 같으며 삶 속에서 개인들이 요구받은 다양한 자극을 다루며 살듯이 로르샤하 잉크반점 또한 그들에게 다양한 자극을 제공하고 이에 반응하도록 요구한다는 것을 의미한다. 이러한 설명들은 지각과 연상을 설명하는 이론들과 RIM과 관련된 누적된 방대한 경험적 근거가 뒷받침한다.[2] 이상의 현상은 자극(카드 자체, 카드 제시 순서, 반점의 속성)의 '요구' 또는 '끌어당김'으로 설명되며 Card pull이라고 한다. 바로 '카드가 당긴다'는 의미인 것이다.[3] 그렇기에 평가자가 필수적으로 검토해야 할 것은 카드 자체이건 반점이건 RIM이 요구한 것에 의해 나온 수검자의 반응의 양태다. 수검자의 최종적인 반응은 Card pull로 인한 것과 그렇지 않은 것의 총체적 결과물이지 구조적으로 구분될 수 있는 것이 아니기 때문에 평가자는 이들의 영향을 세심히 검토할 수 있는 능력이 있어야만 한다. 구체적 내용은 해석 단계에서 다루어질 것이다.

심리검사로서 로르샤하 잉크반점 검사는 이를 활용하기 위해 상당한 기술과 경험이

---

2) 로르샤하 잉크반점에 대한 수검자의 반응들은 감각 및 지각 심리학, 인지심리학, 게슈탈트 심리학, 학습심리학, 정신역동적 이론 등등 그리고 Exner와 많은 학자의 체계적이고 탁월한 실험 결과들이 뒷받침하고 있다. 그렇기 때문에 이에 대한 학습을 통해 RIM을 보다 깊이 있게 활용할 수 있을 것이다.

3) card pull은 마치 특성화된 먹거리 골목에서 벌어지는 호객행위와 유사하다. 고객들은 자신의 욕구와는 관계없이 호객행위에 이끌려 특정 가게에 들어가게 될 수도 있으며, 이를 거부하고 자율적으로 자신의 선택 기준에 따라 주체적으로 가게를 선택할 수도 있고, 애초에 그러한 호객당함이 불쾌하여 익숙한 동네 단골집으로 갈 수도 있다. RIM에서는 매 카드가 요구하는 반응들이 있고 그 요구된 또는 기대되는 반응을 기준으로 이에 어떻게 반응하는가를 관찰함으로써 내담자의 경험에 대한 접근 방식을 이해해 볼 수 있다.

필요하다. 실제 장면에서 로르샤하 잉크반점 검사 실시 방법에 대한 강의를 듣고 실시를 하고 있는 검사자들이라 하더라도 모두 적절한 실시를 하고 있는 것도 아니며 실제로 잘못된 실시를 하는 경우도 많다. 심리평가는 두말할 것도 없지만 심리검사 역시 충분히 훈련된 전문가에 의해 실시되어야 함은 당연한 것이며, 특히 종합체계를 통한 실시는 다른 검사들보다 오랜 시간의 훈련 과정이 필요하다. 지금까지 진행해 온 RIM 워크숍의 과정에서는 해석에 대한 충분한 이해가 선행된 후 검사 실시에 대한 교육이 이루어지고 있다. 대부분의 수련생은 해석에 대한 개념을 바탕으로 기호화 및 채점의 정확한 의사결정이 이루어질 수 있다는 것과 이를 바탕으로 실시 과정이 명확하고 세밀해질 수 있다는 것을 깨닫곤 한다. 이 장에서는 RIM 실시에서의 기본적 방식과 해당 방식이 무슨 의미를 갖게 되는지를 설명하고자 한다.

로르샤하 잉크반점 검사에 필요한 준비물은 로르샤하 잉크반점 카드 10장, 프로토콜 기록지(반응 영역 기록지, 충분한 양의 반응기록지), 연필 또는 볼펜, 초 단위 확인이 가능한 테이블 시계(권장되는 것은 아니나 스톱워치를 사용할 수도 있다) 등이다. 알맞은 준비가 되었다면 검사자와 수검자의 좌석 배치를 결정해야 한다. 좌석 배치가 검사 실시에 영향을 미친다는 것은 자명한 일이나 이에 대해 명쾌하고 일관된 경험적 증거는 확인되지 못하고 있다. 하지만 모든 검사에서 마찬가지이지만, 특히 로르샤하 잉크반점 검사에서는 정면 배치를 지양하는 것이 바람직할 것이다. 수검자는 제시된 검사 자극들에 대해 검사 실시와 관련되지 않은 여타의 간섭 자극이 없이 로르샤하 잉크반점에 온전히 반응하는 것이어야 한다. 이는 적절한 실험 상황으로서 가외변인의 영향을 최소화하기 위한 통제라 생각할 수 있다. 이렇다 하더라도 무엇보다 강조되어야 하는 것은 평가자의 숙련도와 검사 상황을 적절하게 운영할 수 있는 능력임을 명심해야 한다.

이후 검사에 대한 일반적 속성 및 검사 진행의 일반적 방식에 대해서 안내하고 본격적으로 카드를 순서대로 제시하게 된다. 이 과정을 반응(response) 단계 또는 자유 반응 단계라고 한다. 10번째 카드까지 반응이 완료되었다면 자유 반응 단계에서 보고한 반응의 근원을 분명하게 탐색하는 단계로 넘어가게 된다. 이 단계를 질문(inquiry) 단계라고 한다. 생각보다 많은 수련생 및 학습자가 이 단계에 대한 오해를 갖고 있거나 정확한 이해를 하지 못하고 있음을 발견하게 되는 일이 종종 있다. 그들의 대부분이 관습적으로 이 단계를 질문 단계라고 부르고 있다는 점 때문이다. '질문 단계'가 질문을 하는 단계 이상의 의미를 갖고 있다는 것은 너무 분명한 것이고 이러한 분명함은 실제 이 단계에서 이루어지는 수행 및 수행의 목적과 관련된 의미를 담고 있다. 그렇기 때문에 이 책에서는 이 단계를 '명료화 단계'로 설명하고자 한다. 이 단계는 앞선 반응 단계에서 보고된 것이 추후 측정된 결과를 해석 가능한 방식으로 명료한 정보로 만들어 가는 단계다. 명료하게 다듬어진 결과가 바로 로르샤하 잉크반점 검사의 기호들로 변환된다. 적절하지 않은 예로는 질문 단계라 인식하며 엄청난 질문을 하였지만 써 먹을 수 있는 방식의 정보가 전혀 없을 수도 있고 더욱더 모호하거나 잘못된 반응들만 수집해 놓은 경우도 있다. 즉, 명료화 단계는 수검자의 반응에 대한 기호화가 분명히 될 수 있도록, 명료하게 기호화가 될 수 있도록 질문하는 단계라는 것을 잊지 말아야 한다.

명료화 단계가 완료된 후 특별한 상황에서는 한계 음미 단계를 진행하기도 하지만 이 단계에 대해서는 별도의 설명은 하지 않을 것이다. 일반적인 로르샤하 잉크반점 검사 실시 상황에서 한계 음미 단계를 실시하는 것이 하지 않는 것보다 유용성이 그리 크지 않았고, 한계 음미의 목적은 다른 검사 또는 면담과 행동관찰 정보로부터도 충분히 얻을 수 있기 때문에 이 단계를 거치는 것은 권장하지 않는다. 단, 내담자에 따라 상황에 따라 필요한 경우도 있는데 앞서 언급한 다른 경로로 해당 정보를 얻을 가능성이 낮다거나 현실 검증력의 저하를 점검해야 할 필요가 있다고 판단될 경우다. 지금까지 실시와 관련된 일반적인 과정을 설명하였다.

1) 로르샤하 검사의 측정결과들로서 기호

실시 과정이 완료되면 기호화와 채점 과정을 거치게 되며 해당 정보들은 점수(채점) 계열표와 구조적 요약지에 기호와 점수들로 변환하여 기록하게 된다. 기호화를 한다는 것은 수검자가 반응한 개별적 현상들을 기호로 표기한다는 의미이며 특정 현상과 일대일로 상응하는 기호가 존재함을 의미한다. 하지만 종합체계에서 사용되는 기호들은 수검자로부터 발생한 모든 현상을 담을 수는 없다. 예를 들어, 수검자의 반응 중 내용과 관련하여 총 26개의 기호로 표현할 수 있지만 이 밖의 내용들은 모두 Id라는 기호로 변환된다. 그리고 운동성의 양태를 구분하기 위해 모든 운동반응 결정인과 함께 반드시 a, p, a−p 기호를 함께 기호화하게 되는데 active와 passive의 '사이에 있는 양태(middle voice)'에 대한 해당 기호는 존재하지 않는다. 또한 공격적 운동반응을 의미하는 AG는 의도적 공격과 반응적 공격4)을 구분하여 기호화할 수 없다. 이처럼 구체적인

---

4) 의도적 공격은 해당 대상이 다른 대상을 해치는 분명한 목적을 갖고 있는 공격을 의미한다. 예를 들어, "옆에 괴물이 한 사람을 때리고 뜯어먹고 있어요."다. 반응적 공격은 특정 대상의 공격으로부터 반항하기 위한 의도가 있는 등 주위 환경에 의해 공격성이 나타날 경우를 의미한다. 예를 들어, "누가 얘를 괴롭혀서 지금 저 사람한테 욕을 하고 있는 거예요."다.

(detail) 반응들을 보다 적합하게 기호화할 수는 없으나 주제 내용 또는 반응을 형성하는 데에 영향을 미치게 된 다양한 요인을 함께 고려하여 최종적으로 보다 적합한 의사결정을 할 수 있다. 중요한 것은 수검자로부터 발생한 모든 현상을 직접적으로 완벽하게 기호화할 수 없다는 것이다. 파일을 정리할 때 서로 관련된 항목을 구성하여 폴더를 구분한다 하더라도 대부분 잡동사니 폴더를 사용하기 마련이다. 종합체계에서 사용되는 기호와 그에 상응하는 의미를 [그림 6-1]에 제시하였다.

행동변인 영역				핵심영역			보충영역	
카드번호	반응번호	반응시간	카드방향	Where set	How set	What set	Z score	특수점수
				반응영역 발달질	결정인 형태질	반응내용 평범반응		

[그림 6-1] 기호들의 분류 항목

우선, 종합체계에서 기호들의 구분은 기호들의 관련성에 따라 특정 항목으로 묶일 수 있다. 편의상 큰 항목들로 구분해 보면, 첫째, 카드번호를 포함한 행동변인들과 관련된 것이다. 여기에는 카드번호, 반응번호, 반응시간, 카드방향이 포함된다. 그리고 문제해결 상황에서 발현된 수검자의 인지적·정의적 능력 및 과정과 관련된 핵심 항목이 있다. 여기에서는 반응의 위치와 그 위치에서 어떤 방식으로 실제적 반응을 형성시켰는가를 기호화하는 'Where set', 해당 반응을 최종 선택하게 된 원인과 최종적인 반응이 실제 존재하고 있는 잉크반점 자극에 얼마나 적합한가를 기호화하는 'How set', 반응된 각 대상의 종류들과 최종적인 반응이 일반적 규준에 일치하는가를 기호화하는 'What set'가 포함된다. 세 가지 항목에서 사용된 set의 의미는 해당 항목에서는 항상 반드시 함께 기호화가 되어야 함을 의미하는 것이다. 구체적으로 Where set에서는 반응영역과 발달질(Developmental Quality; DQ), How set에서는 결정인과 형태질(Form Quality; FQ), What set에서는 반응한 실제 반응내용과 이 내용들에서도 많은 이가 자극 속성에 맞게 충분히 반응할 가능성이 높은 내용들을 의미하는 평범반응(Popular response; P)으로 구분하여 기호화할 수 있다.

다음 항목들은 기호화 영역에서 디저트 역할을 하고 있는 영역이라 할 수 있다. 디저트라고 해서 중요성이 떨어진다는 것이 아니라 개인의 적응과 성격적 측면을 이해하는 데에 주요하게 참고할 수 있는 보충 정보들이다. 어떤 경우에서는 주 요리보다 디저트에 빠져드는 경우도 있듯이 특정 상황에서는 이 항목이 상당히 중요한 정보를 주기도 한다. 이 항목에 포함되는 것은 Z(organized activity) score와 특수점수다.

각 항목에서 첫 번째로 살펴볼 항목은 카드번호를 포함한 '행동변인'과 관련된 것이다. 그중 첫째로 카드번호와 관련된 기호다. 카드번호를 너무 당연한 기호라 여기는 습관으로 카드번호와 관련된 중요한 해석적 가치를 간과하는 경우도 벌어지곤 한다. 카드번호 기호들은 Afr 변인을 산출할 경우 필수적 정보로 사용되기도 하며 Card pull에 따른 해석적 의미를 도출할 수도 있고 추후 계열분석을 할 경우 활용되기도 한다. 그렇기 때문에 다른 기호들과 동등한 가치를 가진 기호로 신경을 써야 한다. 두 번째 항목에 해당하는 기호들은 반응번호다. 반응번호는 이후 과정에서 모든 반응을 합산한 전체 반응 수를 활용하게 된다. 이는 특히 다양한 구조변인을 산출할 때나 해석할 경우 그리고 모든 해석에서 기본적으로 고려해야 할 상당히 중요한 정보다. 실제 로르샤하 잉크반점 검사를 실시하면서 하나의 반응으로 봐야 할지 두 가지 반응으로 나누어야 할지에 대한 갈등에 직면하기도 한다. 이 경우 최종적인 의사결정에 따라 최종적인 R의 값은 달라질 것이며 해석에 중요한 요인이 될 수도 있기 때문에 이 역시 관심을 가져야만 한다. 세 번째 항목은 반응시간이다. 반응시간 자체가 고유한 정보를 가지고 있긴 하지만 넓은 의미에서 이는 기호라 할 수 있을 것이다. 반응시간은 흔히 알려져 있듯이, 각 카드를 제시받은 후부터 최초의 반응이 나타나기 전까지의 시간을 의미하는 초발(初發) 반응시간이다. 하지만 최초 반응까지의 시간만큼이나 모든 반응을 하는 동안의 시간은 수검자의 문제해결 과정을 추론할 수 있는 유용한 정보가 되기 때문에 모든 반응에 해당하는 시간을 기호화하는 것을 권장한다. 예를 들어, 카드 I에서 자발적으로 총 3개의 반응이 있는 경우 초발반응시간은 7초였고 두 번째 반응을 하는 데에 소요된 시간이 64초였다면 1번 반응과 2번 반응에서의 수검자의 반응의 질은 중요한 정보로 활용될 수 있다는 것이다. 네 번째 항목은 카드방향이다. 카드방향은 종합체계에서 $\wedge$, $<$, $\vee$, $<$ 네 가지 기호로 표기하는 것을 제시하고 있다. 이는 기본적인 기호들이며 수렴점이 카드의 윗 방향을 가리키고 있는 것이다. 카드방향과 관련하여 가장 중요한 정보는 최종적으로 반응한 카드의 위치 상태뿐만 아니라 카드회전과 관련된 정보다. 많은 검사자가 카드회전과 관련된 정보를 표기하지 않기도 하는데 다행하게도 '회전함'이라고 반응기록지에 기록하는 검사자도 있다. 이 책에서는 이 회전을 기호화할 경우 참고할 만한 방법을 제시하고자 한다. 회전은 $\wedge^{\circlearrowright}$, $<^{\circlearrowright}$, $\vee^{\circlearrowright}$, $<^{\circlearrowright}$와 같이 위 첨자로 원 화살표를 표기하는 것이다. 회전의 표기와 함께 고려해야 할 중요한 행동변인도 있다. 바로 체계적 회전과 비체계적 회전이다. 서로 다른 두 수검자가 카드 I에서 회전을 보

였고 최종 카드방향 위치도 동일한 경우라면 상관이 없겠지만 90도씩 한 차례 회전을 한 후 최종 보고를 할 수도 있고 무작위로 이 방향 저 방향을 회전한 후 최종 보고를 할 수도 있다. 이때 모든 행동 과정을 기호화한다는 것은 너무나 많은 변수가 있기 때문에 경제적이지 않은 일이다. 그렇기에 체계적 회전(systemic rotation)과 비체계적 회전(none-systemic rotation)의 양상에서 구분될 수 있는 기호로 타협해 보는 것이 경제적인 듯하다. 이러한 회전 양상을 표기하기 위해 $\wedge^{\circ s}$, $<\circ^{NS}$, $\vee^{\circ NS}$, $<^{\circ s}$처럼 회전 기호 옆에 s 또는 ns로 표기하는 것이 유용할 것이다. 모든 기호는 수검자의 언어화 자료(text protocol)를 변환한 것이기 때문에 항상 기호화하는 것은 의사소통의 측면에서 경제성을 고려해야 한다. 이러한 기호를 사용하지 않는다 하더라도 잘못된 것은 아니며 결국 수검자의 텍스트 내에서 확인 가능하다면 충분할 것이다. 〈표 6-1〉에서는 기호화 예시를 정리하였다.

〈표 6-1〉 카드번호를 포함한 행동변인 기호화 항목 예시

카드번호	반응번호	반응시간	카드방향
I	1	5초	$\wedge$
I	2	11초	$\wedge$
II	3	7초	$<$
III	4	8초	$\wedge$
III	5	9초	$>$
IV	6	3초	$\vee$
V	7	5초	$\wedge$
V	8	27초	$\wedge^{\circ}$
VI	9	30초	$<^{\circ}$
VI	10	2초	$\vee^{\circ}$
VII	11	4초	$<^{\circ}$
VIII	12	7초	$\wedge^{\circ s}$
VIII	13	4초	$<^{\circ NS}$
IX	14	11초	$\vee^{\circ NS}$
IX	15	32초	$<^{\circ s}$
X	16	11초	$\wedge$

두 번째 항목은 문제해결 상황에서 발현된 '수검자의 인지적·정의적 능력 및 과정'과 관련된 핵심 항목이었다. 먼저 Where set는 수검자가 제공받은 환경 내에서 어느 부분을 활용하였는가를 확인할 수 있고 그 영역을 통해 어떠한 방식으로 반응을 발달시켰는가, 즉 지각된 자극들을 활용하여 어떻게 반응을 만들어 냈는가에 대한 정보를 담고

있다. 우선 반응영역과 관련된 기호는 총 여섯 가지가 있으며 각각 W, D, Dd, WS, DS, DdS이다. 반응영역의 기호는 비교적 쉽게 이해할 수 있지만 해당 반응영역들이 갖고 있는 속성을 함께 이해하기를 권장한다.

우선 반응영역의 기호는 크게 2×2로 구분된다. 한 가지 기준은 W/WS와 D/Dd/ DS/DdS 간의 구분이며 또 한 가지 기준은 W/D/Dd와 WS/DS/DdS의 구분이다. 첫 번째 기준은 제시된 잉크반점을 모두 반응에 활용했는가에 대한 것이며, 두 번째 기준은 암묵적 또는 직접적으로 반응하길 요구한 목표 잉크반점에 준해 반응했는가 아니면 자신의 자율적 선택으로 잉크반점이 존재하지 않은 흰 부분과 함께 반응했는가에 대한 것이다. 기본적으로 반응영역의 의사결정은 경험적 근거에 따르는 것으로 이루어진다. 종합체계에서는 카드마다의 해당 반응영역을 제시하고 있으며 충분히 숙달되기 전까지는 항상 반응영역 작업도표를 참고해야만 한다.

〈표 6-2〉 Where set의 기호와 기호화 조건

Where set				
반응영역		**DQ**		
W	카드 내 모든 잉크반점 영역	+	반드시 두 가지 이상의 대상 적어도 한 가지 대상에 형태 속성을 부여 대상들 간의 관련성 부여
WS	카드 내 모든 잉크반점 영역과 공간 영역		
D	일반적으로 지각 가능한 부분 영역	o	반드시 한 가지 대상 해당 대상에 형태 속성을 부여
DS	일반적으로 지각 가능한 부분 영역과 공간 영역	v	반드시 한 가지 대상 해당 대상에 형태 속성 부여가 없음
Dd	드물게 지각 가능한 부분 영역		
DdS	드물게 지각 가능한 부분 영역과 공간 영역	v/+	반드시 두 가지 이상의 대상 반드시 두 대상 모두에 형태 속성 부여가 없음 대상들 간의 관련성 부여

Where set의 기호화에서 의사결정의 어려움은 여섯 가지 기호를 변별하는 것이 어렵다는 것을 말한다. 앞서 제시한 기준에서 W/WS와 다른 기호들의 구분은 비교적 수월하다. 하지만 갈등이 되는 한 가지 상황은 W가 아닌 영역들을 활용하였으나 반응영역들의 합이 W/WS가 될 수 있을 때다. 이 경우 해석적 가정을 이해하고 있는 평가자들은 비교적 쉽게 의사결정이 가능하겠으나 초심자들에게서는 갈등 상황이 될 수 있다. 결론은 다양한 영역에 반응했으나 그들의 조합이 모든 반점 영역을 활용했다면 응당

W로 기호화하는 것이 바람직하다. 하지만 W/WS가 담고 있는 기본적 해석은 달라져야 한다. 당연히도 온전히 W/WS로 반응한 사람과 다양한 영역의 조합으로 W/WS로 반응한 사람의 영역 선택의 방식은 달랐으며 최종적으로 같은 영역으로 나타났지만 그들 사이의 인지적 문제 접근 과정이 다른 것으로 받아들여져야 한다. 이와 더불어 반응영역에 대한 의사결정에서 갈등이 나타나는 경우는 두 번째 기준이던 W/D/Dd와 WS/DS/DdS의 구분에서 비롯된다. 이 갈등을 해결하는 방법 중 유용한 한 가지는 S의 조합이 담고 있는 해석적 가정을 의사결정의 기준으로 활용하는 것이다. S조합 반응들은 우리가 기본적으로 요구하지 않은 것으로, 수검자에게 실제 하는 '잉크반점'이 무엇으로 보이냐고 질문하는 것이다. 이는 응당 수검자의 자발성에 의해서 흰 공간이 활용되었다는 것이다. 검사 완료 후 텍스트 프로토콜에 한해 의사결정을 하는 것은 상당히 난해한 작업이 될 것이며 당시의 수검자의 인지적 과정을 쫓아가는 임상적 민감성이 중요해진다. 이러한 수행이 어떤 초심자에게는 상당히 어려울 수 있으나 누적된 검사 수행 경험에 따라 적절한 의사결정이 가능해질 수 있을 것이다. 또 다른 한 가지 방식으로, 계열 분석 과정에서 수검자의 반응들의 유기적 관계를 검토함으로써 S조합 반응 여부를 검증해 볼 수도 있다. 하지만 이 과정은 대안적인 방법임을 염두에 둬야만 하며 숙련된 전문가라 할지라도 자신의 의사결정을 명백히 확신할 수는 없는 것이다. 다행인 것은 실시 상황에서 명료화 과정을 거치면서 기본적으로 구분이 되는 경우가 많다.

　반응영역의 기호화와 함께 반드시 함께 기호화되는 것이 DQ를 기호화하는 것이다. +, o, v, v/+ 네 가지가 있으며 이는 두 가지 기준에 의해 결정될 수 있다. 한 가지는 '형태 속성5)을 부여하였는가'에 대한 것이며 다른 한 가지는 '대상의 수와 그 대상들이 관련성을 갖고 있는가'에 대한 것이다. 우선 형태속성 부여의 개념은 명확하게 이해하기 어려울 수 있는데 형태 여부에 따라 구분하고자 하기 때문일 수 있다. 이 기준은 형태 자체의 있고 없음이 아니라 수검자가 반응하는 과정에서 잉크반점에 형태속성을 부여하였는가에 따라 구분됨을 명심해야 한다. 종합체계에서 의미하는 형태요구의 의미는 상식적으로 인식하고 있는 형태와는 다른 것인데도 '형태'를 '존재함'의 의미로 받아들이는 경우가 있다. 예를 들어, '산'은 분명 존재하고 있다. 하지만 '산' 자체는 특별한 형태를 가졌다기보다 상징적이고 모호한 심상이 있을 뿐이다. 하지만 '산의 능선'은 산이 가진 구조적 속성 중 하나로 완만한 경사가 이어진 지평선을 의미한다. 오로지 '산'으로

---

5) 형태속성 부여는 '형태요구' 개념과 동일하며, '형태요구'는 잉크반점을 주체로 생각할 경우 잉크 반점이 수검자에게 형태요구를 요청하는 것인 반면, '형태속성 부여'는 수검자가 잉크반점에 대해 형태속성을 부여하는 것으로 본다는 것을 의미한다.

반응하는 것은 형태적 모호함이 존재하며 '산의 능선'으로 반응하는 것은 산의 구조적 형태적 속성을 부여한 것이다. 이뿐만 아니라 '설악산' '지리산' 등 직접적으로 고유한 산의 모습을 지적하는 반응은 당연히 고유한 형태가 스스로 있는 대상으로 반응한 것이다. 또 '호수' 반응 역시 모호성을 갖고 있으나 명료화 단계에서 '호수 가장자리이고 이곳이 물이다.'라고 반응했다면 형태적 속성을 부여한 것이라 볼 수 있다. 단, 여타 기술이 없이 한국인이 '바이칼 호수'라고 반응했다면 그 호수의 구조적 속성을 염두에 두고 있는가를 검토해야만 한다. 왜냐하면, 이광수의 소설 『유정』에서 묘사된 바이칼 호수와 관련된 사건이 연상되어 '바이칼 호수'라고 반응했을 수도 있기 때문이다. 이는 아무런 형태요구가 부여된 것이 없을뿐더러 오히려 자살과 관련된 투사 내용이 포함되어 있을 것이라는 가설을 세우는 것이 보다 합리적일 수 있다. 이렇듯 DQ의 기호화는 반드시 형태속성의 부여 여부에 따라 결정해야만 한다. 정리하면, 형태속성이 부여되었다고 결정되면 '+' 또는 'o' 기호가 최종 의사결정 후보에 오르게 된다.

또 한 가지 기준으로서 '대상 수와 그들의 관련성'은 반드시 두 대상 이상이 반응되어야 함과 동시에 그 둘 이상의 대상이 어떠한 방식으로든 관련성을 가지고 있어야만 한다는 것이다. 카드X에서 '게 두 마리'로 반응을 했다면 기본적으로 두 대상이 반응된 것은 맞으나 그 두 마리의 게는 아무런 관련성을 갖고 있지 않고 단일한 '게' 두 마리를 본 것에 지나지 않는 것이다. 하지만 '게 두 마리가 좌판(좌판은 반점에 존재하지 않음)에 놓여 있는 것이다.'라고 반응한 것은 선택된 상황, 즉 함께 놓여 있는 것으로서 관련성[6]을 갖게 되는 것이다. 마치 피아노 건반을 아무런 화음 없이 두 가지를 누르는 경우와, 두 가지를 누르는 것은 동일하나 하나의 화음을 이루도록 함께 누르는 경우로 구분할 수 있는 것이다. 즉, '+' 또는 'v/+' 반응을 한 수검자는 자신의 반응을 아름다운 화음으로 연주하는 synthesizer다. 이러한 기준에 따라 Where set에서는 하나의 반응영역과 하나의 DQ 기호들의 조합으로 총 24개로 기호화되며 수검자의 한 가지 반응에 상응하는 한 가지 기호가 최종적으로 결정된다.

How set의 항목은 결정인과 FQ에 대한 기호를 포함한다. 포함된 기호들은 해당 반응을 최종 선택하게 된 원인과 최종적인 반응이 실제 존재하는 잉크반점 자극에 얼마나 적합한가에 따라 결정된다. 결정인은 수검자가 자신이 그렇게 반응하게 된 이유를 분류하는 것이며 FQ는 해당 반응이 실제적으로 얼마나 그럴듯한가에 대해 일반적인 기준에 비추어 그 수준을 기호화하는 것이다. 결정인은 총 24가지가 있으며 수검자의 성

---

6) 관련성에 대해 종합체계에서 사용하는 용어는 synthesized다.

격적 구조와 역동의 전체적인 양상에 대한 핵심 정보를 담고 있다.

　로르샤하 잉크반점 검사에 포함된 구조변인 중 대부분의 경우 수검자의 핵심적인 성격적 내용을 담고 있는 항목이기도 하다. 이에 포함된 결정인들은 '기본적으로' 반점의 형태적 속성에 반응한다는 것을 가정한다. 왜냐하면 '무엇으로 보입니까?'라는 지시에서 '무엇'을 보았다는 것은 그 '무엇'으로 볼만한 잉크반점을 갖고 있기에 당연히 '무엇'을 본 것이다. 잉크반점을 보면서 무엇으로 보이냐는 것은 잉크반점이 있다는 그 고유한 형태적 속성이 존재하기 때문에 그것을 형태가 있는 무엇인가로 보게 되는 것과 동일한 것이다. 이 반응에서는 자신의 성격적 정보를 담아 반응한 것이라 보기엔 무리가 있다고 추정할 수 있다. 하지만 형태적 속성이 아닌 다른 속성에 준해 반응을 한 것이라면 세상에 존재하는, 즉 잉크반점에 존재하는 속성이 아니거나 형태적 속성에 더해 부가적인 자신의 주관적 관점이 혼합된 반응을 한 것이라 볼 수 있다. 이렇듯 잉크반점이 분명히 갖고 있는 형태적 속성으로 반응을 하게 된 것이라면 이는 형태반응 결정인에 의한 반응이며, F로 기호화하게 된다.

　형태속성에 따라 반응을 결정한 것이 아닌 경우는 운동, 유채색, 무채색, 음영, 형태차원이 있으며 이외에 부가적인 결정인으로 형태차원, 쌍과 반사 그리고 색채명명 반응 결정인이 있다.[7] 첫째, 운동 반응 결정인이며 운동을 한다는 것은 필수적으로 형태를 지닌 것이 움직임을 부여했다는 것을 전제하고 있기 때문에 형태적 속성에 운동성을 부여한 반응이라 이해할 수 있을 것이다. '무엇'인가가 없는 것이 움직임이 있다는 것은 상상이 불가능하다. 아무리 노력을 하더라도 그 '무엇'이 없는 것이 움직이는 현상을 상상할 수는 없다. 이러한 운동반응은 움직임의 속성에 따라 세 가지 운동 반응으로 구분할 수 있다. 인간 존재이기 때문에 가능한 운동을 의미하는 '인간운동 반응 결정인'과 특정 종이라 부를 수 있는 동물이 본연의 종 특유의 행동을 하는 '동물운동 반응 결정인' 그리고 인간으로도 동물로도 설명할 수 없는 대상의 움직임을 의미하는 '무생물 운동 반응 결정인' 세 가지로 구분한다.

　우선, 인간운동 반응 결정인은 M으로 기호화할 수 있으며 소위 인간의 존엄성[8]을 가

---

7) 형태 차원, 쌍, 반사, 색채명명 결정인을 부가적인 결정인으로, 나눈 이유는 이들은 개별적으로 반응을 결정하는 데에 원인이 될 수도 있으나 대부분의 경우에는 이상의 핵심적인 결정인들과 함께 이차적으로 반응 결정에 기여를 하기 때문이다.

8) 천태만상 중 인간이 특별한 가치가 있다는 기준은 사실 한낱 인간이 부여한 가치에 불과하며, 존재하는 모든 것은 그만의 존엄함을 가지고 있다. 하지만 종합체계에서 일컫는 인간에 대한 가치는 인간의 삶의 장에서 인간의 적응을 다루고 있기에 이러한 인간의 적응을 기초로 부여된 것으로 받아들이는 것이 적합할 것이다.

진 대상만이 가능한 것이라 여겨지는 운동이 포함된 경우에 기호화하게 된다. 앞서 '무엇'이 없는 것이 움직임을 가질 수는 없다고 하였으나 단 한 가지의 예외가 있다. 바로 소위 존엄하다고 하는 인간만이 감정경험을 할 수 있다는 것을 가정하고 감정의 움직임에 대해서 M으로 기호화를 하게 된다. '사랑이에요.' '분노예요.' '기쁨이에요.' 등의 '감동(感動)'은 운동의 속성을 가지고 있으며 다양한 감정이 반응으로 나타나곤 한다. 하지만 수검자가 잉크반점을 제시받은 후 '기분이 나쁜데요……'라고 한 반응은 그 상황에서 수검자 자신의 감정을 표현한 것이지 잉크반점들 내에서 감정의 움직임의 속성을 부여한 것은 아닌 것이다. 이 경우에는 M으로 기호화하지 않는다.

동물운동 반응 결정인은 FM으로 기호화하며 오롯이 보고된 해당 동물의 종에게서 일반적으로 이루어지는 행동에 한한 반응이어야만 한다. 만약 "강아지가 TV를 보며 휴식을 취하고 있다."는 것은 그 행위 자체는 강아지도 그럴 수 있는 현상으로 인식되겠지만 자동적으로 동물에 대해 감정이입이 된 투사의 결과라 볼 수 있다. 강아지가 TV를 보며 휴식을 취하는 것은 강아지의 종 특유행동은 분명 아닌 것이다. 이 경우에는 M으로 기호화하게 된다. 나머지 한 가지 운동반응은 무생물운동 반응 결정인이며 m으로 기호화한다. 이는 M도 FM도 아닌 모든 움직임이 있는 대상이 보고되었다면 기호화할 수 있다. 대표적인 m에 해당하는 반응은 비행기, 배, 깃발, 물, 피, 구름, 바다 등에서 움직임이 나타나는 경우다. m 기호화를 할 경우 신중하게 검토해야 할 사항은 실제적인 공간적 움직임뿐만 아니라 무생물인 움직임의 대상이 안정적인 상태가 아닌 힘의 긴장 상태에 머물러 있을 경우에도 기호화할 수 있다는 것이다. 예를 들어, 칼이 땅에 꽂혀 있을 경우 충분히 안정된 상태의 꽂힘인지 긴장을 유발하는 꽂힘인지를 검토하여 후자일 경우에 한해서만 m을 기호화할 수 있다. 이는 검사 실시 이후 프로토콜 내에서 확인이 가능할 경우도 있지만 검사 실시 상황 중 수검자의 다양한 비언어적 표현 방식 등의 행동 양상에 의해 구별되어야 할 때도 있다. 그렇기 때문에 긴장과 관련된 m의 반응이 보고될 경우 검사 상황에서 보다 세심한 주의가 필요하다.

이상의 운동 반응 결정인과 관련된 세 가지 기호는 반드시 그 움직임에 대한 양태를 결정해야만 한다. 움직임의 양태를 의미하는 기호는 총 세 가지가 있으며 a, p, a-p다. 이들의 구분은 움직임의 자발성 및 주위 환경에 표출되는 강도와 관련이 되어 있다. 비교적 명확한 구분이 가능한 경우가 많긴 하나 그 기준은 명확하게 양분하기 어려우며 훈련된 검사자의 주관성에 의존하는 경향이 있다. 종합체계에서는 인간이 말을 하는 수행만큼 또는 그 이상의 강도가 포함될 경우 a(ctive)로, 그에 미치지 못하는 강도일 경우 p(assive)로 기호화하는 것을 권장하고 있다. 그리고 아주 드문 경우이

긴 하지만 두 가지 양태가 함께 나타난 반응일 경우 a—p로 기호화하게 된다. 명쾌하
진 않지만 이들의 구분을 위해 유용하게 적용해 볼 수 있는 또 하나의 기준은 반응에
서 나타난 움직임이 그 대상을 둘러싼 환경을 변화시키고자 하는 시도 및 실제 움직
임이 일어난다면 a로, 해당 움직임이 그 대상을 둘러싼 환경의 압력에 반응되어 버리
거나 자율적인 의도 없이 움직임이 일어난 것이라면 p로 기호화할 수도 있다. 이는 a
와 p 각각의 해석적 가정에 따라 구분해 보고자 한 시도라 할 수 있다. 하지만 운동의
양태는 이후 해석에서 사고의 에너지 방향과 관련된 변인으로 사용되는 것으로 보고
된 반응에서 대상이 능동적이거나 수동적인 움직임을 보였냐에 따라 결정되는 것이
아니라 수검자가 반응에 사용한 사고에너지가 확장되는지 수렴되는지에 따라 결정되
는 것이다.

두 번째로 유채색 반응 결정인은 C로 기호화하게 되며 잉크반점이 지닌 형태 속
성을 고려한 양상에 따라 CF 또는 FC로 기호화할 수 있다.[9] 유채색 반응 결정인에
대한 결정은 기호화에 대해 충분히 숙달되지 않은 검사자들이 가장 곤란해하는 기
호 중 하나다. 이는 종합체계에 따라 이하 다른 결정인들과는 다르게 하향원리를
기준으로 기호화하도록 되어 있고 추후 해석적 가정에 중요한 영향을 미치게 된다.
C는 오롯이 잉크반점에 존재하는 유채색 속성에 의해서만 반응이 되었을 경우 기
호화하게 되며 이를 확신할 수 없을 경우에는 CF로 기호화함이 바람직하다. 이와
마찬가지로 CF는 분명한 유채색 속성으로 나타난 반응임을 확신할 수 있어야 하며
추가적으로 형태 속성을 부여할 경우에만 기호화하고, 확신할 수 없는 반응일 경우
FC로 기호화해야만 한다. 실제 초심자들의 기호화 과정을 검토해 볼 때 C 기호는
비교적 정확한 결정이 가능하나 CF와 FC 간의 의사결정은 매우 힘들어하는 경향
이 있다. 이러한 상황이 벌어지는 이유는 실시 기술의 부족이 주된 이유라 생각한
다. 실시 상황에서 중요하게 검토해야 하는 것은 유채색 반응과 관련된 언어화의
순서와 강도 그리고 반응 주제의 중요성이다. 기본적으로 유채색 속성을 우선 언
급하는 경우 FC보다 CF의 확률이 높으며 또한 명료화 단계에서 보다 강조된 설명
이 유채색 속성인가 형태 속성인가에 따라 고려해 볼 수 있고 전체적인 반응내용
의 주제가 되는 대상과 연결된 속성이 유채색 속성인지 형태 속성인지를 검토해 볼
때 적절한 기호화가 가능할 것이다. 다행인 것은 이후 계열분석을 통해 최종적으

---

9) 이하 다른 결정인들의 기호화 과정도 마찬가지로 형태 속성이 활용된 양상에 따라 F 기호의 조
   합이 가능하다.

로 결정된 유채색 반응 결정인 기호들의 가치를 비교 분석해 볼 기회가 있다는 것이다. 마지막으로 유채색 반응 결정인을 기호화하는 데에 조심해야 할 경우는 유채색 관련 단어를 언급하였지만 검사자에게 자신이 반응한 영역을 알려 주고자 하는 의도에서 유채색으로 된 영역을 지칭할 경우에는 채점하지 않는다는 것이다. 예를 들어, "여기 빨간 부분이 나비예요."라고 했을 경우 빨간 나비 또는 빨간색으로 인해 나비를 본 것이 아닌 해당 빨간 영역을 검사자에게 일러 주기 위해 '빨간'이라는 단어를 언급했을 뿐인 것이다.

세 번째 결정인 항목은 무채색 반응 결정인이다. 이는 C' 기호로 표기하며 잉크반점에 존재하는 무채색 속성에 준하여 반응이 결정되었을 경우 기호화하게 된다. 명심해야 할 것은 반드시 무채색이 반응에 결정적인 요인이 되었음을 확신할 수 있는 언어화가 있어야 한다는 것이다. 수검자는 검은색, 회색, 흰색으로 언어화할 것이며 만약 분명한 무채색에 대한 언급이 없을 경우 다음에 오는 음영 결정인들과의 의사결정이 필요해진다. 일단 C' 기호가 가능하다면 해당 반응을 위해 이차적으로 형태 속성이 부여되었는가를 검토해야 하며 유채색 반응 결정인 간의 의사결정 과정과 동일하게 F 기호를 조합하면 된다. 하지만 C' 기호에서 F의 조합 순서는 구조변인 해석을 위해서는 오랜 시간 심사숙고할 정도로 중요한 의사결정은 아니다. 그럼에도 순서가 중요한 경우는 추후 계열 분석 시 C'과 관련된 F의 순서에 따라 해석적 가설이 명료해질 수 있기 때문에, 신중하게 기호화하려는 태도를 가지는 것이 좋다.[10]

네 번째 결정인 항목은 음영 반응 결정인으로 세 가지 기준을 고려해야 한다. 각각 음영 재질 반응 결정인, 음영 차원 반응 결정인 그리고 음영 확산 반응 결정인이다. 이 세 가지는 모두 음영으로 인한 반응이라는 것이 공통점이며 이를 잊어버린 채 재질, 차원, 확산으로만 기호화를 해 버리는 경우도 종종 발생한다. 다시 강조하건대 이 세 가지는 모두 '음영으로 인해' 재질, 차원, 확산 반응이 결정된 것이다.

음영 재질 반응 결정인은 잉크반점의 음영 속성과 함께 재질감을 보고할 경우 T라고 기호화하고 형태 속성의 부여 양상에 따라 TF 그리고 FT로 기호화하게 된다. T가 의심되는 상황에서 반드시 고려해야 하는 것이 역시나 음영의 역할이기 때문에 종종 잉크반점의 윤곽의 균일하지 않은 형태적 속성으로 인해 재질을 보고할 경우 T로 잘못 기호화하는 오류를 조심해야 한다. 종합체계에서 T는 기본적으로 정서적 속성과 관련이 있고 재질 속성을 보고할 경우 정서가가 포함되었음을 가정하게 된다. 하지만 음영이 아

---

10) 무채색 반응 결정인뿐만 아니라 음영 반응 결정인에서도 적용된다.

닌 단지 F의 속성만으로 T를 보고하였다면 이는 정서가를 포함하지 않은 방식으로 재질을 보고한 것이기에 종합체계에 따라 정서에 대한 해석으로 활용하는 것은 마땅치 않다고 볼 수 있다. 그래서 더욱더 '음영으로 인해'라는 기술을 강조하게 되는 것이다. 예를 들어, 카드 IV에서 "호랑이예요. 여기가 눈, 코, 입, 여기가 털……. 삐죽삐죽 난 갈기예요."라는 반응은 '삐죽삐죽'과 '갈기'라는 표현에서 재질 속성을 연상할 수도 있겠으나 사실은 음영 속성이 아닌 반점의 고르지 못한 윤곽에 의해 지각된 것이다. 이 경우는 당연히 음영 재질 반응이 채점되어서는 안 된다.

음영 차원 반응 결정인은 '음영속성으로 인해' 차원이 지각되었을 경우이며 V로 기호화하게 된다. 음영 차원 반응은 마치 민망하거나 부끄러운 상황에서 쥐구멍에라도 들어가고 싶은 감정과 유사하다. 마치 미술 감각에서 육면체 도형을 지각하듯 입체적인 지각을 한 것은 수검자의 인지적 능력이 사용된 것으로 앞서의 감정적 반응과는 다른 것이다. 물론 종합체계에서는 이를 구분하여 기호화할 수 있는 방법은 없으나 반응과정에서 어떠한 태도로 차원을 지각하였는가를 구별하는 것은 해석적 가치를 갖는다. 만약 수검자의 반응 중 2차원의 시각장에서 차원을 지각하게 되는 음영 속성이 포함되었다면 어떤 경우에서든 V로 기호화해야 한다. 2차원의 시각장에서 차원을 지각하는 것은 단안단서를 활용하게 되고, 이 경우 음영 속성이 주된 지각의 원인이 된다면 V로 기호화하게 된다. '음영 속성에 의해' 차원을 지각할 경우를 예로 들면, 공중원근, 상대적 밝기 등이 있다. 이러한 차원의 지각은 반드시 잉크반점이 갖고 있는 음영 속성에 의해 원근감, 입체감, 깊이감이 보고되어야 한다. 만약 선형원근이나 중첩 등의 이유로 차원을 지각했다면 이는 형태 차원 반응 결정인 FD 기호를 고민해야 한다. 즉, 음영 차원 반응을 결정하는 것이 부담스럽게 느껴지는 검사자라면 수검자가 차원을 지각한 것이 음영 때문에 반응한 것인가에 대해 고민을 해야 하며 고민을 하더라도 확신하지 못한다면 일차적으로 실시 상황에서 명료화 단계가 잘 진행되었는가를 점검해 보는 것이 바람직하다. 특정 경우에서는 음영 차원 반응의 결정이 이후 주제심상과 행동변인을 고려하면서 분명해지는 경우도 있다. 이 역시 음영 차원과 함께 형태적 속성이 부가된 순서 및 강도에 따라 F결정인과 조합하여 기호화할 수 있다.

음영 반응 결정인 중 마지막 항목은 음영 확산 반응 결정인이다. 음영 확산 반응은 Y로 기호화하며 음영 반응 결정인 중에서도 기호화하기에 가장 모호하게 느껴지곤 한다. 하지만 변함없는 것은 '음영속성으로 인해' 반응을 결정했다는 것이다. 단순하게 Y로 기호화하는 방식은 '음영속성으로 인한' 반응임은 의심의 여지가 없으나 재질도 아니고 차원도 아닌 경우 확산 반응으로 기호화하는 경향이 있다. 이러한 의사결정은 상당히 유용한 방식인 것은 사실이지만 좀 더 분명한 이해를 바탕으로 기호화할 수 있기를 권장한다. 음영 확산 반응 결정인은 음영속성이 최종적 반응을 결정한 것에 충분한 기여를 하면서도 재질이나 차원을 고려할 만한 구체적인 묘사가 불가능하다는 특징을 갖고 있다. 보고된 반응 대상들을 구분할 만한 분명한 경계를 묘사하지 못하며 너무나 당연하다는 태도로 말하는 경우가 많다. 예를 들어, "기타예요. 여기는 기타 몸체이고 구멍이 있어요. 그리고 여기는 기타 줄이에요……. (어떤 점 때문에 줄로 볼 수 있었는가요?) 여기 이렇게 줄이 있잖아요. 선이 이렇게 쫙쫙 이렇게 있으니까요." 이러한 반응을 한 경우 검사 실시 상황 내에서 수검자가 '음영속성에 인해' 선 또는 줄로 지각했음을 확신할 수 있다면 세 가지 음영 반응 결정인을 고려해야만 하고 세심한 명료화 과정을 거친 후에도 재질과 차원의 속성이 포함되지 않았다면 음영 확산으로 결정할 수 있을 것이다. 실제 수검자들의 반응에서 '번져 있다, 퍼진 것이다, 밝아진다, 더 어둡다, 여기가 진하고 여기는 연하다' 등의 기술이 포함될 경우 Y로 기호화할 경우가 많으며 '선, 줄, 띠, 끈' 등의 기술이 있을 경우에도 이 반응이 음영 속성으로 인한 반응이라 확신할 수 있다면 Y로 기호화하곤 한다. 단, 무조건 '선, 줄, 띠, 끈'으로 보고되었다고 해서 Y로 채점하는 것은 적절하지 못한 결정이다.

앞서의 세 가지 음영 반응 결정인은 반드시 '음영 속성으로 인한' 반응이어야 한다는 것과 세 가지 기호 간의 의사결정이 가장 중요한 것임을 명심해야 한다. 음영 반응 결정인 기호와 관련된 의사결정에서 상당히 곤란한 상황이 벌어지기도 하는데 수검자가 분명 음영 속성을 고려한 것 같은 확실한 심증은 있지만 물증이 없는 경우다. 이들은 결코 음영 속성을 의심할 만한 프로토콜을 제공해 주지 않기 때문에 검사는 엄청난 의사결정 스트레스를 겪게 된다. 이를 해결하는 차선책 중 한 가지는 심증으로 만들어진 점수계열표와 물증으로 만들어진 점수계열표를 모두 작성한 후 비교하는 것이다. 이 두 가지 중 다른 구조변인들과의 계열적 관계를 고려하여 최종 선택을 할 수 있으며 사실 두 가지 결과 모두 그 수검자의 심리적 특성에 대한 중요한 재료로 활용할 수 있다. 또 한 가지 방법은 해당 수검자의 언어 표현 능력을 검토해 보는 것이다. 잉크반점에 존재하는 음영의 속성을 표현하기 위해서는 그 음영 속성을 언어화할 능력이 갖춰져야만 한다. 실제 장면에서 경험한 바로는 전반적인 언어표현 능력이 부족하거나 또는 자신이 경험한 현상을 세심히 설명할 만한 언어표현 능력이 부족한 수검자들은 음영 속성에 대한 언급이 없거나 자신의 반응을 쉽게 정리 또는 편집하여 단순하게 표현을 하는 경향이 나타나기도 한다.

　다섯 번째 결정인은 형태 차원 반응 결정인 FD다. 형태 차원 반응 결정인은 앞서 기술한 음영 차원 반응 결정인과 의사결정의 갈등을 겪는 결정인이다. 보통 형태 차원 반응을 음영 차원으로 잘못 채점하는 일이 벌어지곤 하는데 '차원'이라는 단어에 자동적으로 음영 차원 반응 결정인을 연상하게 되면서 나타나는 의사결정의 오류다. 형태 차원 반응 결정인은 "발이 크고 머리가 작아서 거인이다."라는 반응에서는 쉽게 FD로 기호화할 수 있지만 이외의 경우에서는 음영 차원인지 형태 차원인지 쉽게 결정을 내리지 못하곤 한다. 이는 비교적 간단하게 구분이 가능한 것인데 차원 속성이라는 것은 확신하지만 음영적 속성이 포함되지 않았다면 FD로 기호화하면 되는 것이다. 주로 나타나는 형태 차원 반응 결정인의 예는 '후드 또는 망토를 입고 있는 소녀'라는 반응에서 이마까지 후드로 가려져 있거나 망토가 팔을 가리고 있다면 FD로 기호화할 수 있다. 이상 예에서 감을 잡을 수 있겠지만(반드시는 아니나) FD는 두 대상이 보고되는 경향이 있다. 앞서 음영 차원 반응 결정인에서 설명한 단안단서 중 중첩, 결의 변화, 선형원근 등의 단서를 활용한 반응인 경우가 많다. 이는 필연적으로 정서적 속성과 관련된 V와 관념적 속성[11]이 관련된 FD 반응으로, 주제심상에서도 구분될 수 있는 힌트를 얻을 수도 있다. 드물게는 FD로 확신하기 어려운 반응이 나타나기도 하는데 "이건 나비예요. 위에서 내려다보면 이런 모습이에요." 등의 반응이다. 이는 수검자의 실제 관점에서 대상을 관망하는 것으로 반응한 예다. 이러한 경우는 FD로 채점하는 것을 잠시 보류해야 한다. 검사 수행 상황에서 수검자가 실재하는 대상의 형태 속성에 준해 단순하게 지각한 것인지 잉크반점이 자극하는 그 무엇에 한발 물러나 관망하려는 시도였는지를 구분할 수 있다면 보다 적합한 의사결정이 가능해질 것이다. 단순한 형태 속성에 의한 지각인 경우에 FD로 채점하여 총 3개의 빈도가 나타났다 하더라도 이는 FD의 읽기정보와는 거리가 멀고, 이에 더해 실제 내담자의 모습에서 FD가 의미하는 성격적 측면을 발견하는 것은 어려울 가능성이 높을 것이다.

　다음 여섯 번째 항목은 쌍반응 (2)와 반사반응 rF/Fr이다. 이 두 가지 결정인은 해당 반응에 대한 독립적인 결정인으로 나타나기보다 다른 반응 결정인과 함께 혼합되어 나타나는 경향이 있다. 쌍반응은 모든 경우에서 다른 반응 결정인들과 혼합되어 나타나며 반사 반응은 개별적으로 나타나기도 하지만 대부분의 경우는 역시 다른 반응 결정

---

11) 보통 두 대상이 보고되면서 발달질이 +가 되는 경우가 많으며 이는 내부세계 및 외부현실의 정보들을 조직화하려는 경향성을 띠고 있는 것이다. 또한 FD는 자신을 바라보는 '관점'과 관련되어 있기 때문에 다분히 관념의 방향성을 의미하기도 한다.

인들과 혼합되어 나타난다. 우선 쌍반응으로 채점하기 위해서는 반드시 잉크반점의 대칭성으로 인해 동일한 속성을 가진 두 대상으로 보고되어야 한다. 보고된 두 대상의 존재감이 서로 개별적인 특수성을 조금이라도 포함한다면 쌍반응으로 기호화할 수 없다. 또한 프로토콜 내에서 '두 사람, 두 명, 두 개, 두 마리' 등의 표현이 있어야만 한다. 예를 들어, "두 사람이 서로 사랑에 빠졌어요. 이 남자가 이 여자를 좋아해요."라는 반응은 두 사람이라는 단어가 사용되었으나 엄연히 다른 존재감을 가진 두 대상을 전제한 반응이기 때문에 쌍반응으로 채점하지 않는 것이 바람직할 것이다. 쌍반응 채점에 대해 상당히 허용적인 태도를 가진 수검자는 두 대상이 보고되는 모든 반응에 (2)로 채점하는 경향이 있는데 이는 이후 수검자의 자존감과 관련하여 확장된 해석적 정보를 도출해 버리는 결과를 가져오게 된다. 이 경우 검사자가 채점의 경직성과 관습적 방식을 통한 학습으로 기계적인 채점을 했을 경우가 많으며 간혹 검사자 본인이 쌍반응이 의미하는 것에 대해 자신의 심리적 속성에 비의식적으로 걸려들어(hooking) 채점하는 경우도 있다. 반사반응 결정인은 물, 거울, 유리 등에 특정 대상이 비춰진 것으로 보고될 때 rF 또는 Fr로 기호화하게 된다. 반사반응은 반드시 해당 대상의 거울상이 보고되기 때문에 다른 기호들과 큰 갈등 없이 기호화할 수 있다. 아주 드물게 Fr/rF로 채점하는 데에 고민이 되는 반응이 있는데 분명 수검자는 '반사된 탑이다.'라고 하였으나 비친 상의 탑만 잉크반점에서 나타났고 실재하는 탑은 잉크반점에 존재하지 않은 반응인 경우다. 이 경우는 엄격히 말해서 일반적인 데칼코마니의 속성에 따른 반사반응이 아니다. 만약 이를 무조건적으로 반사된 상을 보고한 것이라 해서 rF로 채점하게 된다면 과장된 해석적 가정을 하게 될 위험이 있다. 하지만 F로 채점하게 될 경우 F가 가진 해석적 의미 이상의 내담자의 모습이 과소평가될 우려도 존재한다. 이러한 경우, 특히 r의 측면이 내담자를 이해하는 데에 주요한 의미를 가질 것이라는 가설이 있을 경우에는 다른 구조변인들과 주제심상 그리고 행동관찰 변인들을 통합적으로 고려하여 신중한 의사결정을 해야만 한다.

일곱 번째 항목은 색채명명 반응 결정인 CN이다. 색채명명 반응 결정인은 다른 기호들과 구분하는 데에서 골칫거리는 되지 않는다. 단지 잉크반점이 갖고 있는 유채색의 이름을 보고하는 것이기 때문에 엄격하게는 반응 결정인으로 보기 어렵기도 하다. 하지만 최종적으로 반응을 한 결과가 유채색의 색감 자체를 명명한 것이기 때문에 넓은 의미에서 결정인의 범주에 포함시킬 수도 있다.

이러한 결정인들은 How 영역 내에서도 개별적인 set가 조합되기도 한다. 패스트푸드점에서 핫도그를 주문하면서 빵 속에 채워질 갖가지의 채소 및 소스 등을 조합하여

하나의 핫도그를 완성할 수 있는 것처럼 두 가지 이상의 결정인들의 조합으로 하나의 결정인 set를 구성할 수 있다. 이후 다양한 음료와 디저트를 포함시켜 온전한 set 메뉴를 구성하는 것이다. 만약 수검자의 반응이 이러한 결정인 중 단지 한 가지에만 포함된다면 이를 단일 결정인이라고 하며 두 가지 이상의 결정인들이 조합되어 하나의 결정인 set가 되면 이를 혼합[12](복합, 조합) 결정인으로 구분한다. 조합 결정인들은 각각 결정인이 조합 가능한 경우의 수만큼이나 많으며 반응내용에서 일차적으로 관여가 되었다고 인정되는 결정인을 우선 기록하고 그에 맞게 순서대로 2차, 3차, 4차 결정인을 기록하게 된다. 구조변인 점수를 계산할 경우에는 기호화 순서가 아무런 영향을 미치지 않으나 이후 주제심상, 행동변인 등과 함께 고려될 정보가 될 수 있기 때문에서 조합 결정인들의 순서에도 관심을 가지는 것이 필요하다. 보통의 경우 네 가지 이상 조합결정인은 거의 나타나지 않으며 드물지만 나타날 경우에는 좀 더 세심한 주의를 기울여 재검토를 하는 것이 필요하다. 조합 결정인으로 채점될 경우 특별히 별도의 카운트가 필요한 조합 결정인 set가 있다. 바로 유채색 반응 결정인들과 음영 반응 결정인 간의 조합이다.[13] 즉, C, CF, FC 세 가지 기호 그리고 C′, C′F, FC′, T, TF, FT, V, VF, FV, Y, YF, FY 열두 가지 기호의 조합이다. 기호의 순서는 제외하고 두 가지 기호의 조합만 고려한다 하더라도 스물일곱 가지가 가능하며 순서와 조합된 기호의 개수를 고려한다면 상당한 경우의 수를 갖게 된다. 이에 더해, 이외의 결정인 항목들이 추가적으로 조합이 가능하기 때문에 그 모든 경우를 다 고려할 수도 없다. 그렇다고 모든 경우의 수를 고려할 필요는 없으며 일단 결정인이 최종적으로 채점된 후 (유채색 반응 결정인×음영 반응 결정인)의 조합이 존재하는가만 검토하면 된다. 만약 한 가지 경우에서라도 유채색 반응 결정인과 음영 반응 결정인의 조합이 해당한다면 유채색−음영 반응 결정인이라고 하고 Col−Shd(Color−Shading) Blends 또는 C−S Blends 또는 CS Blends[14]라고 기호화할 수 있다. 행동변인과 관련한 계열분석에서 S−C와 C−S의 조합 순서가 중요한 경우도 있기 때문에 별도로 해당 순서를 기록해 둘 수도 있다. 또 한 가지 기록해 두어야 할 것은 Color−Achromatic, Color−Texture, Color−Vista, Color−diffusion 중 어떤

---

12) 종합체계에서는 blends라는 용어를 사용하고 있으며 두 가지 이상의 결정인이 set로 구성되는 현상은 조합이라는 용어가 더 적합하기에 이 책에서는 '조합'으로 사용하였다. 하지만 현재 많은 사람이 '복합' 또는 '혼합'으로 사용하고 있다.

13) 음영 반응 결정인은 사실 '음영' 속성을 의미하는 음영 반응 결정인 세 가지를 의미하는 것이나 음영 속성의 확장에서 명시적으로 표현했다는 의미에서 C′ 또한 함께 포함시키기도 한다. 그리고 Col−Shd Blends 구조변인을 카운트할 경우에는 반드시 C′과의 조합도 포함시켜야 한다.

14) CS는 일반적으로 'Comprehensive System'을 표기할 때 사용하는 것이 때문에 주로 Col−Shd Blends를 표기한다.

조합 반응인가에 대한 것이다. 이 역시 행동변인과 함께 계열분석에 유용하게 활용될 수 있다.

결정인과 더불어 How set에서 결정인과 함께 조합하여 기호화하는 것이 FQ다. 초심자들이 FQ를 기호화할 때 가장 어려워하는 것은 DQ 기호와의 구분이다. 앞서 DQ를 설명하면서 '형태 속성 부여의 여부' 개념을 다루었다. FQ에서는 형태 속성 여부의 문제가 아님을 명심해야 한다. 형태질은 형태 속성으로 인해 반응 결정에 영향을 받았을 경우 FQ 기호화를 한다. RIM을 통해 반응한 수검자의 반응들은 대부분 형태적 속성을 갖고 있다. 단일한 C, C′, T, V, Y보다 이들과 함께 F가 조합된 반응이 나올 가능성이 높다는 것이다. 그렇기 때문에 대부분의 How set는 FQ가 함께 기호화될 수 있다. 하지만 F와의 조합이 없는 결정인들은 형태 속성을 보고하지 않거나 형태 속성에 영향을 받지 않은 반응들이기 때문에 FQ는 기호화할 대상이 아니다. 이와 더불어 M의 기호화에서도 감정 반응으로 결정된 M일 경우에는 FQ 기호화의 대상이 되지 않는다. 이 두 경우를 제외한 모든 결정인은 FQ와 함께 하나의 set로 기호화한다는 것을 알고 있어야 한다.

FQ는 기본적으로 'o', 'u', '−' 총 세 가지로 구분된다. FQ는 수검자가 반응을 위해 형태적 속성을 활용한 질적 수준을 함의하고 있기 때문에 좋고 나쁨의 기준에 의해 결정된다. 이는 검사자의 주관적 판단에 의해 결정하는 것이 아니라 누적된 경험적 규준에 따라 구분하며 그 결정 기준 및 항목은 종합체계에서 작업도표를 참고하게 된다. FQ를 채점하기 위해서 반드시 FQ 작업도표를 참조해야만 하며, 반복적인 학습으로 해당 형태질의 채점에 대해 확신할 수 있다 하더라도 FQ 기호화 과정은 항상 신중해야만 한다. 충분히 숙달되지 못한 검사자의 주관적인 지각적 경험의 잣대는 FQ에 대한 정확한 채점을 방해하기도 하는데 검사자의 적절한 지각력에 대해 스스로 충분히 고민해 봐야 할 경우도 있을 것이다. 슈퍼비전에 참가한 어떤 수련생은 다양한 근거를 통해 이미 확정된 수검자의 FQ-반응에 대해 자신은 한 톨의 의심도 없이 'o'가 확실하다고 하였고 자신은 충분히 'o'의 기준에 적합한 것으로 보인다고 강력히 주장하였다. 사실은 FQ−가 정확한 것으로 확인되었다.

FQ의 세 가지 기호는 명확한 구분 기준이 현상적으로 존재하지 않으며 구분하기 어려울 정도로 경계선적 반응이 많기도 하다. 'o'와 'u'의 경계와 'u'와 '−'의 경계는 항상 유심히 검토되어야 하며 절대적으로 작업도표를 우선 고려해야 검사자의 주관적 판단을 최소화할 수 있다. 각 기호의 구체적 채점 기준을 살펴보면, 우선 'o'는 보고된 반응의 형태 속성이 실재하는 잉크반점의 형태 속성에 충분히 부합한다고 여겨질 경우 기호화한다. 대부분의 사람이 쉽게 그리고 빈번하게 지각할 수 있는 형태 속성을 수검자 역시 동일하게 지각할 수 있다는 것이다. 'u'는 일반적으로 지각하지 않으면서도 형태 속성에 심하게 벗어나지 않은 정도의 반응일 경우 기호화한다. 대부분의 사람에게서는 낮은 빈도로 사용하는 윤곽을 사용했지만 검사자가 어느 정도의 주의를 기울여 보면 비교적 쉽고 빠르게 그 반응에 대한 이유를 알아차릴 수 있는 반응인 것이다. '−'는 잉 크반점의 형태 속성에서 심하게 벗어나 해당 반응에 부합하는 형태 속성을 추론하기 어려울 경우 기호화하게 된다. 이를 왜곡된 반응이라고 하며 잉크반점 내에 존재하는 형태적 속성이 아닌 수검자의 임의적이고 주관적인 기준에 의한 반응이라 할 수 있다. 그렇기 때문에 자신이 반응하게 된 이유에 대해 충분한 설명을 듣는다 할지라도 그들의 반응과 잉크반점의 형태적 윤곽을 명확히 관련지어 지각하는 것은 어렵다.

이 세 가지 FQ 기호를 기초로 하여 두 가지 기호를 추가할 수 있다. 한 가지는 '+'로 기호화하며 'o'일 경우에 한해서만 '+'로 변환한다. '+'로 변환하기 위해서는 기본적으로 'o'로 채점된 후 그 반응이 잉크반점의 형태적 속성에 준하여 아주 기술적이고 세부적으로 묘사되어야만 한다. '+' 채점에서 빈번한 오류 및 실수는, 우선 '+' 기호 자체에 익숙하지 못하여 누락하는 경우이며 'u' 또는 '−' 반응인데도 '+'로 변환시키는 경우다. 이러한 실수 및 오류는 최종적으로 재검토하는 과정을 거치면서 바른 채점으로 수정되는 경우가 많기 때문에 FQ가 'o'로 채점되었다면 먼저 의식적으로 재검토하려는 습관을 갖는 것이 도움이 될 것이다. 또 한 가지 추가적인 FQ의 기호는 'n[15]'이다. 'n'은 기본적으로 반점의 형태 속성을 전혀 사용하지 않은 반응일 경우 기호화하게 된다. 대표적인 예로는 인간의 감정의 움직임과 관련된 M에서는 어떠한 형태적 속성도 갖지 않은 것이기 때문에 'n'으로 기호화할 수 있다. 이에 더해, C, C′, T, V, Y로 F 조합 없이 단일 결정인으로 채점이 된 경우에도 'n'으로 기호할 수 있다. 지금까지 형태 반응 결정인에서부터 색채명명 반응 결정인까지 해당하는 결정인에 대한 설명과 FQ에 포함되는 세 가지 및 추가적인 두 가지 기호에 대해 알아보았으며 〈표 6-3〉에서 각각의 반응 결정인과 FQ에 대한 기호 및 그에 상응하는 기본적 기술을 정리하였다.

---

15) 'n'은 none이라고 표기하기도 하며 어떤 경우에는 FQ를 기호화하는 자리를 비워 두기도 한다. 이 책에서는 다른 FQ 기호들과의 일치성을 위해 하나의 철자 'n'으로 표기한다.

〈표 6-3〉 How set의 기호화 조건

How set					FQ	
결정인					**FQ**	
형태	F	형태적 속성			+	일반적인 잉크반점의 형태 속성에 적합하게 지각되면서 그 형태 속성을 구체적으로 묘사한 반응
운동	M	인간의 운동으로 여겨지는 운동		a p a-p		
	FM	해당 동물의 종 특유행동에 한한 운동			o	일반적인 잉크반점의 형태 속성에 적합하게 지각된 반응
	m	무생물에 한한 운동				
유채색	C	유채색만이 고려된 반응				
	CF	유채색이 우선시되고 형태가 보충됨				
	FC	형태가 우선시되고 유채색이 보충됨				
무채색	C′	무채색만이 고려된 반응				
	C′F	무채색이 우선시되고 형태가 보충됨				
	FC′	형태가 우선시되고 무채색이 보충됨				
음영	재질	T	음영 재질만이 고려된 반응		u	일반적인 잉크반점의 형태 속성에서 심하게 이탈되지 않게 지각된 반응
		TF	음영 재질이 우선시되고 형태가 보충됨			
		FT	형태가 우선시되고 음영 재질이 보충됨			
	차원	V	음영 차원만이 고려된 반응			
		VF	음영 차원이 우선시되고 형태가 보충됨			
		FV	형태가 우선시되고 음영 차원이 보충됨			
	확산	Y	음영 확산만이 고려된 반응		-	일반적인 잉크반점의 형태 속성에 적합하지 않게 왜곡된 반응
		YF	음영 확산이 우선시되고 형태가 보충됨			
		FY	형태가 우선시되고 음영 확산이 보충됨			
형태차원	FD	형태가 고려된 형태 반응				
쌍	(2)	좌우 영역에서 동일 속성의 대상으로 반응				
반사	rF/ Fr	거울, 유리, 물 등에 반사된 상을 반응			n (none)	잉크반점의 형태 속성이 배재된 채로 지각된 반응
색채명명	CN	유채색의 색깔명만 지적				

　　다음으로 What set는 점수계열표에서 세 번째 항목이며 반응내용과 P에 대한 기호들이 포함된다. 반응내용에 해당하는 기호는 총 26개가 있으며 가장 흔히 나타나는 반응은 인간과 동물 관련 내용이다. 이들은 실제 삶의 장면에서 흔히 접할 수 있는 실제

대상 중 하나이며 H(Human)와 A(Animal) 기호를 사용한다. 만약 보고된 대상이 수검자의 환상으로부터 나타난 가상적인 인간과 동물일 경우에는 (H), (A)처럼 괄호 안에 묶어 기호화한다. 가상적인 대상은 신화적이거나 상징으로서 존재하는 대상을 의미하며 각 대상과 유사한 괴물도 포함된다. 드물게는 연예인 또는 영화, 드라마에서 연기한 인물을 보고하기도 한다. 실제 사례에서 예수님, 부처님, 성모마리아 등의 종교적 대상을 보고할 경우 그들의 삶의 장면을 고려하여 H와 (H)의 구분을 하는 것이 적절할 것이며 이상의 종교적 대상이 검사자의 신념에 따라 반드시 실존하는 역사로 인정되기 때문에 H로 해야만 한다는 것을 고집할 때도 있다. 그리고 '사람인데…… 사람 같지는 않지만 사람인데…….'라는 답답하기 그지없는 반응을 할 때도 있는데 이때는 과감하게 (H)나 (Hd)로 채점한다. 이와 더불어 인간과 동물의 온전한 형상을 가지지 않거나 특정 신체 부분을 반응할 경우 d(detail)를 조합하여 Hd, Ad로 기호화한다.[16] 인간내용을 보고할 경우에는 추가적으로 인간만이 가능하다고 여겨지는 감정 및 감각경험에 대해 Hx로 채점한다. 대부분 Hx는 이차적으로 채점되며 그렇지 않은 경우에는 특수점수 AB와 함께 채점되는 경우도 있다. 인간과 동물 관련 반응이 수검자의 프로토콜에서 가장 빈번히 나타나는 내용이며 이 밖의 반응 내용들은 편의성을 위해 문자 순서에 따라 정리하게 된다.

첫 번째로 A그룹에서 An(anatomy)은 해부학적 기관에 대한 반응이며 뇌, 장기, 뼈 그리고 근육 등의 내용이다. 드문 경우지만 "이건 세포예요. 세포 안쪽이고 이쪽은 바깥쪽이고 여기가 시냅스이겠네요."라는 반응은 An으로 기호화하지 않고 Art로 채점되는 경우도 있으며, An으로 기호화하면서 동시에 다음에서 소개하는 Art가 이차적으로 기호화되기도 하는 반응이다. Art는 회화, 조각상, 사진 등등의 예술작품을 보고하는 내용이며 구체적 예술작품뿐만 아니라 장식을 목적으로 사용되는 물품들을 포함하는 반응이다. Art는 맹목적으로 예술품 또는 장식품이라고 보고가 되었을 때 채점하는 경향이 있는데 쉽게 결정할 수 있는 것이 아니다. 해석적 의미에 부합하는지를 따져 본 후 최종적으로 결정하는 것이 안전하다. 그리고 accessory와 관련된 내용은 이후 설명되는 Cg와 종종 의사결정의 갈등이 일어나며 보통 Cg로 기호화하는 경향이 있으나 해석적 가정 및 주제 심상의 맥락을 고려하여 신중하게 검토해야 한다. Ay(Anthropology)는 인류학적 내용을 담고 있는 대상을 보고할 경우 채점이 되며 인류의 문화나 역사적 의미를 담고 있는 광범위한 내용을 포함한다.

---

16) 반응내용은 첫 문자는 대문자로, 두 번째부터 문자들은 모두 소문자로 표기하게 된다.

B그룹에 해당하는 기호는 Bl(Blood)과 Bt(Botany)가 있다. Bl은 어떤 대상의 피를 보고할 경우가 해당한다. 가끔 전략 시뮬레이션 게임에 등장하는 유닛들이 죽어 가며 흘리는 진물과 같은 액체를 보고할 때도 있는데 그것이 인간 및 동물의 피와 상응하는 것이라면 Bl로 기호화하는 것이 적합하다. 간혹 게임을 좋아하는 내담자들이 "히드라가 침을 뱉어요!"라는 반응을 하곤 하는데 피와 상응하는 내용이 아니기 때문에 Bl로 기호화할 수는 없다. Bt는 식물과 관련된 모든 반응을 포함하며 뿌리, 잎사귀, 수술, 꽃가루 등이 보고된다.

C그룹에는 복식과 관련된 내용의 Cg(Clothing)와 구름으로 보고되는 Cl(Clouds)이 포함된다. Cg는 반드시 옷이어야 한다는 것이 아니라 복식생활과 관련된 물품들, 즉 장갑, 목도리, 신발 등 잡화품을 모두 포함한다. 앞서 언급한 것처럼 Cg에 해당할 만한 물품들이 장식의 목적에 부합하는 주제심상을 갖고 있거나 외부 상황을 보호하는 기능으로 보고된 반응이 해당한다. 주로 미적 속성이 설명될 경우 Art로 기호화하는 경우도 있다. "티셔츠예요. 앞에 승천하는 용이 프린트되어 있는 옷이에요. 이렇게 입을 벌리고 있고, 여기는 눈을 부릅뜨고 몸에는 현란한 무늬가 있어요."와 같은 반응은 '티셔츠'가 옷이긴 하나 미적 묘사가 주된 의미를 갖고 있다는 점으로 Art가 보다 적합한 것이다. 반응이 모호한 경우도 발생하는데 이 경우 해석적 가설을 고려하여 구분할 수 있다. Cl은 반드시 구름이 언급되어야만 하며 안개, 스모그 현상, 뿌옇게 흩어진 먼지와 같은 내용은 이후 Na와 관련된 반응으로 구분해야 한다.

다음으로 Ex(Explosion)는 폭발이나 분출과 관련된 반응이다. 이는 운동 속성을 담고 있는 경우가 많으며 불꽃놀이 장면, 분수에서 물이 분출하는 것, 화산이 폭발하는 것, 비행기 꼬리에서 불이 터져 나오는 것 등으로 보고되곤 한다. F그룹에는 음식과 관련된 Fd(Food)와 불 또는 연기와 관련된 Fi(Fire)가 포함된다. Fd를 기호화할 경우 음식이 꼭 인간이 먹는 음식만을 의미하는 것은 아님을 고려해야 한다. 육식동물이 초식동물을 잡아먹는다거나 토끼가 풀을 뜯어 먹고 있다는 반응에서 각각 초식동물과 풀은 마땅히 음식으로 인정해야만 한다. 그리고 반응 주제에 따라 AG나 MOR 등의 특수점수와 Ad 등의 반응내용 기호와 함께 채점되는 경우도 있다. Fi는 불과 그와 관련된 연기(불로 인한 연기로 볼 수 있다)에 대한 반응이다.

Ge(Geography)는 지도 반응이며 실제 존재하는 지도일 수도 있지만 '지도 같은 것' 등의 지도의 속성이 포함되면 기호화할 수 있다. Hh(Household)는 광범위하게 가정에서 사용하는 용품들을 포함하는 반응이며 주로 나타나는 반응으로서 가죽 카펫의 경우는 Ad로 기호화하거나 함께 기호화할 수 있다. Ls(Landscape)는 숲이나 사막, 동굴, 협곡, 계곡, 암석, 바닷속 풍경 등 조경 및 경치와 관련된 반응들이다. Na(Nature)는 행성, 별, 바다, 눈, 어둠, 밤 등의 광범위한 자연현상들과 관련된 반응일 경우 기호화한다. 이상 Bt와 Ls와 Na는 자연적 산물이라는 공통점을 갖고 있는 내용들로서 위계적인 관계를 갖고 있다. 그렇기 때문에 Bt는 Ls에 포함되고 Ls는 Na에 포함되는 내용으로 인정되며 세 가지 대상이 함께 보고될 경우에는 상위 위계에 있는 단 한 가지의 기호만 결정되고 하위 위계의 내용은 부가적으로 채점하지 않는 것이 원칙이다.

S그룹에는 과학 기술로부터 생산된 상품들이나 미래에 가능할 법한 공상 과학적 개발품 등을 아우르는 Sc(Science)와 성 기관이나 성적 행위와 임신, 제왕절개 등을 의미하는 Sx(sex)가 포함된다. Sc의 경우 Art와 의사결정의 어려움이 있으나 Art는 분명한 미적 묘사가 주된 것이며 일반적인 상품 자체 또는 도구로서의 속성에 중점을 둘 경우 Sc로 기호화하게 된다. Sx는 정신분석적 가정에 영향을 받아 내담자의 관점에 따라 아주 허용적으로 또는 엄격하게 채점하려는 경향이 있다. Sx는 보통 인간 관련 반응내용과 해부학적 반응과 함께 이차 채점되는 경우가 있기 때문에 비교적 쉽게 채점이 가능할 것이다. 그리고 최종적인 구조변인의 항목에 유용하게 활용되는 것이 아니라 주제 심상변인으로 검토되는 경우가 많다. Xy(X-ray)는 반드시 신체 내부를 촬영하는 기법을 통해 실현된 사진을 보고할 때이며 꼭 X-ray뿐만 아니라 CT, MRI 등으로 촬영된 사진까지 포함된다. 만약, X-ray 사진의 내용이 신체 장기 및 뼈 등이라 할지라도 이 경우는 결국 사진이라는 틀 내에서 설명되는 것임을 인지하고 An을 이차적으로 기호화하는 일은 없어야 한다.

지금까지 반응내용에 포함되는 26가지 기호를 알아보았다. 하지만 종합체계는 다양한 내담자들이 보고하는 모든 내용을 적절히 구분하고 특정 기호로 기호화할 수 있는 것은 아니다. 또한 수검자 역시 정확하게 특정 내용을 언급하는 것만도 아니며 '뭔지는 모르겠지만…… 뭔가를 들고 있다.' 등의 표현을 하기도 한다. 이 경우 웬만하면 앞의 26가지 기호 중 하나로 수렴하는 것이 권장되지만 불가능할 경우 수검자의 개별특수적인 반응내용을 의미하는 Id(Idiographic)로 기호화하게 된다. 최종적으로 2개 이상의 반응내용이 채점되면 주제적 중요성에 따라 순서대로 표기하면 된다.

What set에서는 반응내용과 함께 각각의 반응에 대한 P를 함께 고려하게 된다. P를 채점하기 위해서는 세 가지 조건이 완벽하게 일치할 경우에서만 기호화하게 되는데, 반응영역, 반응내용 그리고 반응방향이다(카드방향이 아니다). 반응영역은 W와 특정된 D 영역일 경우에만 해당되며 반응내용은 인간, 동물 또는 인간 유사 대상, 동물 유사 대상을 포함한다. 그렇기 때문에 반응내용은 인간과 동물에 해당하는 다양한 대상이 보고되며 이 내용들은 일차적 반응내용으로 H 계열 기호들과 A 계열 기호들로 나타나게 된다. 반응방향이라는 것은 수검자가 카드를 다루는 방향을 의미하는 것이 아니라 반응한 대상의 위치가 동일해야 한다는 것이다. 만약 카드의 정상 위치를 기준으로 위쪽이 머리이고 아래쪽이 발일 경우 카드를 어떻게 돌려서 보건 간에 보고된 대상의 위치가 동일한 부분을 지적한다면 반응방향의 조건에 부합하는 것이다. 그렇기 때문에 반응기록지에 표기되는 카드방향과 반응방향은 대체로 일치하지만 불일치하는 경우도 있다는 것을 알고 있어야 한다. 이상의 조건에 부합하는 반응들은 정상집단에서 나타나는 프로토콜에서 아주 높은 빈도로 보고되는 반응이며 10개의 카드에서 10개 이상의 P 기호화 조건을 갖는다. 〈표 6-4〉에 What set의 기호화 조건에 대해 정리하였다.

〈표 6-4〉 What set의 기호화 조건

What set					
반응내용		P 채점 시 해당 기호			
		카드번호	반응영역	반응내용	반응방향
H, Hd, (H), (Hd), Hx	A, Ad, (A), (Ad)	I	W	A	∧
An, Art, Ay	Hh	II	D1	A	∧
Bl, Bt	Ls	III	D9	H, (H)	∧
		IV	W/D7	H, (H)	∧
Cl, Cg	Na	V	W	A	∧
Ex	Sc, Sx	VI	W/D1	A, Ad	∧
		VII	D1/D9	H,(H)	∧
Fd, Fi	Xy	VIII	D1	A	∧
		IX	D3	H, (H)	∧
Ge	Id	X	D1	A	∧

점수계열표 항목 중 네 번째에 해당하는 것은 조직화 활동을 의미하는 Z score다. 이는 조직화 활동에 대한 값을 부여한 것이며 Where set의 정보를 기초로 점수를 찾게 된다. 사실 각각의 반응에 해당하는 Z score의 경우 원점수는 풍부한 해석적 정보를 갖지 못한다. 각각의 카드 속성에 대한 깊은 이해가 가능한 경우라면 어느 정도 수검자의 조직화 활동의 양상을 파악할 수는 있겠지만 그렇다 하더라도 규준 정보를 고려하여 산출한 표준점수를 바탕으로 구체적인 점검이 필요하다.

우선, Z score의 값을 찾기 위해서 Where set의 정보를 활용해야 한다고 했는데, 반응영역의 선택과 DQ의 수준 그리고 카드 속성에 따라 조직화를 위한 시도의 수준을 이해할 수 있다는 의미다. 첫째, 반응영역은 총 여섯 가지가 있었고 양분하면 W와 W가아닌 반응(D, Dd) 영역이었다. 카드의 속성을 고려해야 하지만 기본적으로 W 반응은 W가 아닌 반응을 하는 것보다 제시된 잉크반점 재료들을 양적으로 많이 취급하였다는 것을 의미한다. 이 경우 Z score의 기호는 ZW라고 한다. 또한 S의 조합 여부에 따라 두가지로 구분할 수도 있었다. 카드 속성으로 인해 반응영역의 선택에 영향을 미치기도하지만 각 카드에서 전반적으로 W를 반응했다는 것은 제시한 잉크반점 자극들을 알뜰하게(어떤 경우에는 아무 생각 없이) 사용했다는 의미를 갖는다. 그리고 S를 조합하여 반응했다는 것은 '잉크반점'을 보라는 지시에서 자신이 자발적으로 '잉크반점'이 아닌 여백을 하나의 자극으로 활용했다는 의미를 갖는다. 이렇듯 반응영역에 따라 자신이 써먹을 만한 정보를 어느 정도로 취하였는가를 알 수 있다는 것이다. 이 경우 Z score에해당하는 기호는 ZS다.

둘째, 반응영역에서뿐만 아니라 DQ에 따라서도 동일한 의미를 부여할 수 있다. DQ에서 양분할 수 있는 기준 중 하나는 '+'와 'v/+'처럼 '+'의 존재 유무였다. '+'가 기호화되기 위해서는 필수적으로 둘 이상의 대상들이 서로 관련성을 가지고 있어야만 하며 이는 수검자가 카드에 존재하지 않은 속성, 즉 story를 만들고자 한 시도를 반영하고 있는것이다. 그렇기 때문에 반응영역과 DQ에서는 각각 카드에서 제시된 잉크반점들을알뜰하게 활용한 수준을 탐지해 낼 수 있는 것이며 단순하게 W, S와의 조합, DQ+, DQv/+들은 상대적으로 높은 정보의 활용, 즉 인지적 또는 조직화 활동이 반영된 것으로 볼 수 있는 것이다. 하지만 어떠한 반응영역이라 할지라도 조직화를 위한 시도를 인정하기 어려운 상황이 있다. 바로 DQv로 채점이 되는 경우에는 특별한 구체성 없이 반점의 모호함을 고스란히 경험하고 보고한 것에 지나지 않은 것이다. 이 경우에는 어떠한 반응 영역을 보고했을지라도 조직화를 하고자 하는 시도로 볼 수 없기 때문이다.

이러한 조건에 해당되었을 경우 Z score를 산출할 수 있으며, 이후 고려되는 사항은각 카드의 속성과 관련되어 있는 것인데 '닫힌 잉크반점' 카드와 '깨진 잉크반점' 카드에따라 조직화 활동의 수준이 구분된다. 예를 들어, 닫힌 잉크반점을 지각할 시 W 반응을 하는 것은 상대적으로 쉬우며 깨진 잉크반점 카드를 지각할 시 D 또는 Dd 반응을하는 것이 보다 쉬울 것이다. 이에 더해서 닫힌 잉크반점이건 깨진 잉크반점이건 간에특정 한 덩어리의 잉크반점 영역은 잉크반점의 근접성으로 인해 보다 쉽게 통합적 지각이 가능하나 서로 개별적인 공간을 차지하고 있는, 즉 서로 공간적으로 떨어진 잉크반점들은 통합하여 지각한다는 것이 상대적으로 어려운 작업인 것이다. 당연한 말이지만 잉크반점이 공간적으로 붙어 있는 경우를 인접(Adjacent)이라 하며 Z score 기호는 ZA이고, 공간적으로 떨어져 있는 경우를 비인접(Distant)이라 하며 Z score 기호는 ZD다. 인접과 비인접 경우에 따라 Z score가 달라지기 때문에 이에 대한 확실한 이해가 필요하다. 종합해 보면, 만약 닫힌 잉크반점으로 구성된 카드에서 서로 개별적인 두 대상을 지각하게 되거나, 깨진 잉크반점 카드에서 한 대상 또는 하나의 주제로 통합하여 반응을 하는 것 그리고 공간적으로 거리가 있는 잉크반점들을 관련지어 반응하는 것은 이 밖의 경우보다 높은 수준의 조직화 시도를 한 것이라 할 수 있다.

최종적으로 수검자의 모든 반응은 반응영역과 DQ를 고려하여 Z score 산출 여부를 결정하게 되며, 해당하는 반응에 한해서 ZW, ZS, ZA, ZD 기준 중 한 가지의 점수를 결정하게 되는 것이다. Z score를 결정하는 과정에서 주로 범하게 되는 실수 및 오류는 한 반응이 네 가지 기준 중 두 가지 이상에 해당할 경우인데, 예를 들어 W+ 반응으로 채점된 모든 반응에서 의심의 여지없이 ZW 점수를 선택하는 것이다. 모든 W+ 반응은 두 대상 이상이 보고되면서 관련성을 갖고 있는 반응으로, 인접 상황(ZA 또는 ZD 기준에 준하는 반응)으로 나타난다. 이 경우 해당하는 Z score 항목은 ZW, ZA, ZD가 되며 반드시 가장 높은 점수로 최종 결정을 해야 한다. 이에 따라 D+, Dv/+, Dd+, Ddv/+ 역시 동일한 절차를 통해 가장 높은 점수로 결정해야 하며 S와 조합된 경우에서도 마찬가지다. 지금까지 Z score에 대한 설명을 〈표 6-5〉에 요약하였다.

〈표 6-5〉 Z score 결정을 위한 Where set의 기준

Z score						
Where set						
W+	Wo	Wv	Wv/+		ZW	전체 반응을 한 경우에서의 조직화 시도
D+	Do	Dv	Dv/+	반점근접성	ZA	인접한 2개 이상의 잉크반점에 대한 조직화 시도
Dd+	Ddo	Ddv	Ddv/+			
WS+	WSo	WSv	WSv/+		ZD	인접하지 않은 2개 이상의 잉크반점에 대한 조직화 시도
DS+	DSo	DSv	DSv/+			
DdS+	DdSo	DdSv	DdSv/+		ZS	잉크반점이 아닌 흰 부분을 조합한 조직화 시도

〈표 6-5〉에서 보듯이 색이 입혀지지 않은 면에 포함된 Where set는 어떠한 조직화 점수도 선택될 수 없다. 그 외 면에 위치한 Where set 중 예외가 있는데, 첫째, S와 조합된 set들은 해당 S 영역만 지각한 반응일 경우다. 이 경우는 DSo, DSv, DdSo, DdSv가 해당되는데 반드시 공백 영역과 함께 독자적인 D 또는 Dd 영역을 함께 지각해야만 조직화 점수를 선택할 수 있다. 둘째, DQ가 'v'일 경우인데 이는 아주 드물게 나타날 수 있으며 "밤 같아요……. 여기도 밤처럼 어둡고 여기는 좀 덜 어두운 쪽이에요."라고 반응할 수 있다. 이 경우 Wv, WSv, DSv, DdSv 중 하나가 선택될 수 있으며 경우에 따라 조직화 점수가 채점될 수도 있다. 한편, 다행인 것은 이러한 예외적 반응은 상당히 드문 반응이며 해당 반응이 나타났을 경우에 한해 좀 더 구체적으로 검토를 하면 된다.

점수계열표 항목 중 마지막에는 특수점수가 해당한다. 특수점수는 크게 두 가지로 구분되는데 지각 및 사고와 관련된 적응성을 의미하는 항목과 수검자가 언어화한 반응의 전반적인 내용 및 양상을 지적하는 항목이다. 전자에 해당하는 항목은 여섯 가지 결정적 특수점수(Critical Special Scores)로 알려진 것으로 수검자의 사고 과정, 지각 과정, 사고의 논리성을 검토할 수 있다. 이에 포함되는 기호항목들은 DV, DR, INCOM, FABCOM, CONTAM, ALOG 여섯 가지다. 이 중 DV, DR, INCOM, FABCOM은 내용의 질적 순서에 따라 구분해야만 한다. Level 1은 양해 가능한 수준에서의 실수로 인정될 수 있는 반응이며 Level 2라 할 만큼 심각한 수준이 아닌 경우다. 반면, Level 2는 현실감이 부족하고 의도적이며 기이한 수준으로 언어화가 나타날 경우에 결정할 수 있다. 즉, 최종적으로 점수계열표에서 확인 가능한 기호는 DV1, DV2, INC1, INC2, FAB1, FAB2다.

우선 사고과정과 관련된 특수점수들은 언어화한 방식과 직결되어 있으며 DV(DV1, DV2) Deviant Verbalization 그리고 DR(DR1, DR2) Deviant Response로 기호화하고 수준에 따라 총 네 가지의 기호 중 하나를 선택하게 된다. DV는, 첫째, 수검자의 삶의 맥락 또는 평가맥락에서 쉽게 인정되기 어려운 정확하지 못한 단어를 사용하거나 신조어를 사용할 경우, 둘째, 반응에서 굳이 필요하지 않은 단어를 반복하거나 나열할 경우에 채점된다. 해당 반응에 나타난 대상의 속성을 굳이 재차 반복하여 언급하는 경우라 할 수 있다. DV 채점에서 주의할 점은 신조어와 관련하여 수검자가 속한 해당 문화 영역에서 광범위하게 수용되는 줄임말이나 상식적 의미에서의 신조어 반응을 엄격하게 적용하는 것은 지양해야 한다는 것이다(금지한다는 의미가 아니다). 예를 들어, 14세 중학생이 '읽씹[17]'이라는 단어를 사용했을 경우 검사자의 언어 지식으로 이해가 되지 않을 수도 있으나 이는 수검자의 연령과 청소년 집단임을 가정한다면 충분히 사용 가능한 단어일 수 있다. 이런 경우라면 DV로 채점 여부도 중요하겠지만 이후 DV와 관련된 구조변인을 해석할 때에 해당 반응이 나타난 맥락을 고려하여 신중하게 해석하는 것이 더 중요할 것이다. DR은 검사 과정에서 요구한 목적, 즉 무엇으로 보이는가에 대한 반응과는 관련이 없는 표현이 나타날 경우 기호화한다. 한 가지 기준은 자신이 반응한 내용에 대해 보고하는 과정에서 불필요한 구문이 나타날 경우이며 또 한 가지 기준은 불필요한 수준에서 지엽적이고 상세하고 해당 반응 설명과 관련성이 떨어지는 설명을 추가할 경우다. 예를 들어, "이건 여자 속옷이에요. 그런데 요즘 이런 스타일은 안 나와요."라는 반응은 불필요한 구분이 추가된 반응이며 "이건 짜장면이에요. 아…… 냐……. 우리 엄마는 짜장을 진짜 못해요. 맛없다고 해도 계속해 줘요……. 아 냐……. 생각해 봐도 그건 아니지." 이 반응은 잉크반점을 무엇으로 보이는가에 대한 답변 외에 자신의 엄마가 짜장 요리를 잘하지 못한다는 말을 하며 불필요하게 상세하고 지엽적인 설명을 늘어 놓고 있는 것이다. 이 경우 DR로 채점할 수 있다.

다음으로 지각 및 지각된 대상의 조합 양상과 관련된 항목이며 INCOM(Incongrus Combination), FABCOM(Fabulized Combination), CONTAM(Contamination) 세 가지가 있다. 이 세 가지는 모두 자신이 반응하는 데에 활용한 잉크반점들을 일반적이고 현실적인 방식으로 지각 또는 조합하지 못함으로써 나타나는 반응들이다. INCOM으로 기호화하는 기준은 반드시 대상이 하나여야 하며 그 한 대상이 일반적으로 갖고 있지 않거나 갖지 말아야 할 속성을 갖고 있는 것으로 보고되어야 한다. 예를 들면, "여기가 사람 얼굴이에요. 눈은 원래 까맣지만 얘는 노란 바탕에 빨간 눈을 가졌어요."와 같은 반응이다. FABCOM은 반드시 두 대상 이상이 보고되어야 하며 그 두 대상이 현실적으로 가능하지 않은 방식으로 상호관련성을 갖고 있을 때 기호화한다. 주의해야 할 점은 보고된 대상이 인간이나 동물 등의 생명체만을 의미하는 것이 아니라 보고된 내용 항목을 아우르는 것이다. 예를 들어, "손가락 끝에서 짜장이 나와요." 등의 반응에서 대상은 손가락과 짜장인 것이다. 이 둘은 현실적 조합이 아니며 이 경우 FABCOM으로 채점 가능하다. CONTAM은 동일한 잉크반점 영역에서 동시에 두 가지 이상의 대상이 지각될 경우다. 중요한 것은 반드시 동일한 잉크반점 영역이라는 것이다. 그리고 CONTAM으로 채점될 경우 채점의 근거가 되는 문장에 대해서는 DV, DR, INC, FAB, ALOG를 중복 채

---

17) 스마트폰 메신저 앱상의 대화에서 사용하는 단어이며 '읽고 씹었다'의 줄임말이다.

점하지 말아야 한다. 단, CONTAM 채점의 근거가 되는 문장이 아닌 새롭게 언어화된 반응에서 개별적으로 나타난 나머지 결정적 특수점수들은 함께 기호화될 수 있다.

결정적 특수점수 항목 중 마지막으로 자폐적이고 합리적인 근거를 사용하지 못하는 사고방식을 의미하는 ALOG(Autistic/Inappropriate logic)가 있다. ALOG는 수검자가 반응을 결정하는 데서 일반적이고 합리적인 잉크반점의 속성에 근거하지 않고 자신의 주관적이고 지엽적인 근거를 제시할 경우 기호화된다. RIM을 통해 반응하는 수검자 모두가 자신이 반응한 것에 대한 근거를 가지고 있다. 하지만 대부분 반응의 근거는 잉크반점의 속성에 의해 마련된 것이기 때문에 비록 독창적이고 창의적인 방식으로 반점의 속성을 다루었을지라도 대부분의 사람은 잉크반점 내에서 충분히 그 근거를 추론할 수 있다. 하지만 ALOG로 채점되는 경우는 잉크반점의 속성에 자극을 받았을지라도 수검자의 내적 사고로부터 생성된 반응이기 때문에 반점 속성으로부터 상당히 벗어난 근거가 된다. "날아가는 새인데…… 공중에 떠 있기 때문에 지금 날고 있는 것이다."라는 반응은 '날고 있다'는 반응에 대한 근거가 '공중에 떠 있다'는 것인데, 이는 잉크반점에 준하는 근거라기보다 수검자의 내적 사고로부터 발생한 근거라고 볼 수 있다. 꼭 점검해야 할 사항은 검사자가 재질문을 통해 또는 추가적인 설명 요구 후에 나타난 반응은 잉크반점 자체에 대한 수검자의 자율적 반응이 아니며 검사자의 자극을 통해 나타난 사고 확장으로부터 발생한 것이라고 봐야 한다는 것이다. 이 경우 ALOG로 채점하는 것은 적합하지 않다. 예를 들어, "이건 새예요. 날아가는 새예요. 머리가 있고 날개 그리고 꼬리, 발, 이렇게."라는 반응을 한 후 검사자가 "무엇 때문에 그렇게 볼 수 있나요?"라고 질문하자 "(미간을 찌푸리며 귀찮은 듯) 새가 날아다니잖아요. 날아다니는 것 같은데요. 날아다니니까 새지요."라는 반응을 하였다. 이는 검사자의 질문부터 질문을 할 필요가 없었을 가능성이 높으며(이미 핵심 채점 영역은 밝혀졌기 때문), 질문을 한 뒤 수검자의 '~ 때문에 ~이다' 반응은 원래 자신의 자발적인 반응이 아닌 검사자가 추가적 논리를 요구하고 유도한 뒤에 나타난 반응이기 때문에 이는 ALOG로 채점하는 것이 바람직하지 않다. 일상적으로 누군가와 의사소통을 하는 상황에서 자연스럽게 자신의 이야기를 할 때는 해당 화용 맥락에서 크게 벗어나지 않지만 상대가 보다 구체적이고 세부적인 질문을 했을 경우 그 근거에 대해 자신만의 사고를 검토하여 말하게 될 것이다. 이 경우 쉽게 그 근거를 이해할 수 없고 수용하기 어려운 방식으로 주장한다면 말이 통하지 않거나 답답한 상황이 연출되는 것이다. 이렇듯 ALOG는 자발적으로 스스로가 자신의 반응에 대한 근거를 설명하면서 동시에 그 근거는 잉크반점의 속성에 준하는 관습적이거나 합리적이지 않은 설명이어야만 하는 것이다.

이상 특수점수 항목 중 결정적 특수점수 여섯 가지를 알아보았고 나머지 특수점수들은 특징적인 특수 내용 반응, 보속 반응, 인간 표상 반응, 개인화된 반응, 색채 투사 반응 총 다섯 가지가 포함되어 있다. 첫 번째로 특징적인 특수 내용 반응은 AB, AG, COP, MOR 네 가지다. AB(ABstract content)는 분명하고 특징적인 상징, 표식, 표상 등을 반드시 언급해야만 채점이 가능하다. "두 사람이 서로 사랑을 해요."라는 반응은 AB로 채점하기에는 충분하지 않다. 가령, "두 사람이 서로 사랑을 하는 거예요. 여기 하트가 사랑을 의미하는 거예요."라고 분명한 사랑에 대한 상징이 지적될 경우에 보수적으로 채점을 해야 한다. AG(AGgressive movement)는 필연적으로 운동반응 결정인과 함께 채점이 되며 분명한 공격성이 표현되어야만 채점이 가능하다. 일반적으로 쉽게 연상 가능한 공격행동만이 아니라 노려보거나 화를 내는 등의 공격성도 채점이 가능하며, 단 공격을 당한 대상만 보고되었을 경우에는 채점되지 않는다. 예를 들어, '어디서 얻어맞은 강아지처럼 보여요.'라는 반응은 단순히 공격을 당한 대상만 보고되었기 때문에 AG 채점은 불가능하며 이후 설명할 MOR로 채점되는 것이 바람직하다. 만약 공격성을 표출하는 대상과 그 공격성을 당하는 대상이 함께 보고되었을 경우에는 AG와 함께 MOR도 함께 채점할 수 있다. COP(COoPerative movement) 또한 운동반응 결정인과 함께 채점되며 반드시 두 대상 이상이 보고되어야만 한다. 모든 대상은 반드시 분명하게 협동하는 것으로 나타나야 하며 '바라보고 있다.'거나 '대화를 하고 있다.' 등은 동일한 공동의 목적을 위한 행동이 아니기 때문에 COP로 채점될 수 없다. 만약 '두 마리 사자가 사슴을 사냥하고 있는 것이다.' 등의 두 대상의 목적이 또 다른 어떠한 대상을 공격하는 협공은 COP와 AG 모두 채점하게 된다. MOR(MORbid)은 병적인 내용이라 알려져 있으나 기이하고 이상한 내용이라거나 이와 쉽게 연상되는 정신병리적인 반응에 초점이 맞춰진 것이 아니라 신체적 질병 또는 손상된 상태를 의미하는 반응이다. 죽고 사멸하고 상처입고 멍들고 울적한 등의 유쾌하지 않은 기분 상태를 보고할 경우에도 채점된다. PER(PERsonal response)은 개인적 반응을 의미하며 이는 단어에서 쉽게 연상되는 개인적 경험을 의미하는 것으로 생각하여 잘못 채점하는 경우가 있다. PER 채점은 수검자의 삶 속에서 경험한 내용들과 더불어 자신이 습득해 온 지식을 동원하여 보고할 경우도 포함된다. 지식 또한 자신이 지금까지의 학습 경험으로부터 누적한 다분히 개인적 성취 내용으로 생각할 수 있으며 PER 채점 준거에 포함되는 것이다. 종합체계에서는 수검자의 PER 반응을 질적으로 구분할 수 있는 기호는 없으나 어떤 의도로 PER 반응을 보고했는가에 대한 탐색이 이루어져야 한다. 자신의 반응에 대한 훌륭한 지적 근거를 제공하려는 의도 또는 자신의 사적 생활 및 정보를 개방하려는 의도, 부족한 자신의 반응에 대한 합리화와 관련된 의도, 좀 더 세부적이고 확실히 보고하겠다는 추가적인 인지적 노력 모두 PER로 일관되게 채점하게 되기 때문에 수검자의 의도는 검사 상황에서 민감하게 파악할 수 있어야 할 것이다. 다음은 HPR(Human rePresentational Responses) 항목으로 GHR 또는 PHR로 기호화한다. GHR/PHR 채점에 대한 오해는 수검자의 반응에서 나타난 대상이 좋은 의미로 보고되거나 나쁘게 보고되거나에 따라 두 기호를 구분하려는 것으로부터 발생한다. GHR/PHR은 보고된 내용의 주제가 좋고 나쁨이 아니라 우선적으로 FQ의 수준을 고려하며 결정하게 되고 이와 함께 동반된 특수점수와 반응내용 기호들을 검토하여 최종 결정한다. "두 사람이 서로 즐거운 대화를 하고 있네요. 중간에 있는 것이 대화할 때 전해지는 온기를 의미하고 그래서 즐거운 대화라 생각했어요."라는 반응만 봐서는 결코 GHR/PHR을 구분할 수가 없다. 만약 이상 반응의 채점이 [Dd+ Ma.C′ − Hd AB.ALOG]로 결정되었다면 긍정적인 주제적 분위기와는 관계없이 PHR로 채점되어야만 한다. GHR과 PHR은 7단계의 의사결정 단계에 따라 한 단계씩 검증을 해 나가면서 해당하는 단계에서 확정하게 된다. 강조하자면 GHR/PHR의 구분은 주제적 특징이 우선시되는 것이 아니라는 것이며, 해석적 가설을 대상관계 이론의 중요 개념인 자기표상 및 대상표상과 직접적으로 연결하여 이해하는 것은 바람직하지 않은 것이다. PSV(PerSeVeration)는 보속성이 나타날 경우 채점하게 되며 수검자의 언어 습관에 의한 반복적 패턴은 채점하지 않는다. 예를 들어, "나비의 일종이에요." "동물의 일종이에요." "곤충의 일종이에요." 등의 반응은 "~일종이에요."라는 말이 반복되고 있지만 언어 습관에 의한 반복적 반응 패턴이다. 이와 관련 없이 PSV는 세 가지 기준에 의해 채점되며 첫 번째로 하나의 카드 내에서 연속적으로 동일한 Where set, How set, What set(P는 제외) 그리고 Z score로 채점되는 반응일 경우, 두 번째는 보통 서로 다른 카드의 반응 사이에서 나타나며 앞서 보고된 대상이 또다시 이후 반응에서 보고될 경우다. 예를 들어, 카드 I에서 "날아가는 나비예요."라고 반응한 후 카드 V에서 "아까 그 나비가 힘들어서 지금은 앉아서 쉬고 있어요."라고 반응한 경우다. 단, "좀 전에도 새처럼 보였는데 이것도 새처럼 보여요."라는 반응은 PSV로 채점해서는 안 된다. 세 번째는 기계적으로 동일한 대상만을 반복적으로 보고할 경우다. 카드 I에서 "새", II에서 "일종의 새", III에서 "새 같은 거", IV에서 "이것도 새" 등등 매 카드에서 동일한 '새'로만 일관적으로 반응하게 된다. 보통 이러한 기계적인 보속반응은 반응시간이 상당히 빠르며 잉크반점에 충분한 주의를 기울이지 않고 자동적으로 반응하는 경향을 보이곤 한다. 이러한 세 가지 경우에 채점을 하며 보속 양상을 나누어 기호화하지는 않고 동일하게 PSV로만 기호화한다. 마지막 특수점수는 CP(Color Projection)로 유채색

(chromatic color) 투사에 대해 채점할 수 있다. Ⅰ, Ⅱ, Ⅲ, Ⅳ, Ⅴ, Ⅵ, Ⅶ 카드는 무채색 속성이 실제로 카드에 존재하고 있으며 해당 무채색 잉크반점 영역에 대해 유채색으로 지각할 경우에 한해서만 채점이 가능하다. 만약 유채색을 무채색으로 지각할 경우 CP 로 채점하지는 않으며 C′ 또는 Shading 결정인 중에서 고려하면 된다. 〈표 6−6〉에 특 수점수들의 기호들을 해당 항목에 따라 정리하였다.

〈표 6−6〉 특수점수 기호들의 항목

특수점수			
여섯 가지 결정적 특수점수			
언어화	DV1, DV2	특징적인 반응내용	AB
	DR1, DR2		COP
			AG
지각 및 지각의 조합	INC1, INC2		MOR
	FAB1, FAB2	보속 반응	PSV
	CONTAM	개인화된 반응	PER
논리성	ALOG	인간 표상 반응	GHR / PHR
		유채색 투사	CP

2) RIM 실시 과정

RIM을 정확하게 실시하기 위해서는 종합체계에 포함된 모든 기호화 항목을 이해하는 것이 중요하다. 실시 과정의 궁극적인 목적은 수검자의 언어 표현들을 상응하는 기호들로 구분하는 것이라 할 수 있다. 이 전제를 이해한다면 inquiry의 개념을 질문하는 것으로만 받아들이지 않을 것이며 명확하게 기호화하기 위해 명료화하는 단계임을 이해할 수 있을 것이다. 이제 RIM의 실시 과정이 무엇을 의미하는가를 설명하고자 한다. 우선 [그림 6−2]를 먼저 살펴보도록 하자.

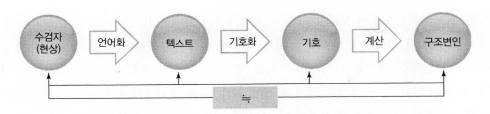

[그림 6-2] RIM 실시 과정의 의미

실존하는 수검자는 하나의 진실한 현상이다. 심리평가는 궁극적으로 고유한 한 존재로서 개인을 기술하고 이해하고 도움을 주고자 하는 것이다. 유일무이한 존재로서 특정 수검자는 자신으로부터 발생한 모든 반응의 주체다. RIM은 수검자의 언어를 통해 발현된 고유하고 개별적인 반응들을 고스란히 가능한 한 정확하게 글자로 변환시키는 작업을 포함한다. 만약 온전히 존재하고 있는 실제 수검자로부터 나타난 반응들이 있는 그대로 담기지 않은 반응기록지라면 이는 눈앞에 있는 수검자가 아닌 또 다른 가상적인 인물에 대한 정보만 가득한 것일 뿐이다. 나타나지 않은 정보가 담겨 있다거나 나타난 정보가 그대로 담겨 있지 않다면 이후 해석은 무의미한 과정이 될 가능성이 높아지며 어떤 경우에서는 음식물 쓰레기통에 불과할 수도 있다. 수검자로부터 나타난 현상이 온전히 반응기록지에 담긴 후에서야 기호화 과정을 거쳐 텍스트가 기호로 변환된다. 이 과정에서 역시 특정 기호에 대한 의사결정이 정확하지 않다면 실제 수검자의 정보라 할 수 없으며 정확한 기호화가 불가능해진다. 마찬가지로 결정된 기호들이 여러 계산을 통해 구조변인의 모습을 갖추게 되는데, 이때 역시 계산의 오류 등으로 인해 수검자의 정보가 오염될 가능성이 있다. 이를 방지하기 위한 시도 중 하나로 여러 국가에서 종합체계를 활용하는 연구자들이 수검자의 프로토콜 정보를 기호화하기 위해 전산화된 채점 프로그램을 제작 및 활용해 왔다. 이 책에서는 내가 직접 제작한 기호화 프로그램을 사용한 결과를 제시하고 있다. 어떤 방식이든지 간에 수검자로부터 발생한 현상들은 텍스트와 기호 그리고 구조변인의 정보와 일치될 수 있도록 노력해야만 한다는 것이 중요하다.[18]

RIM 수행 과정에서의 오류를 줄이는 방법 중 하나는 구조변인들을 포함한 수검자의 현상들이 어떠한 해석적 의미를 갖고 있는가를 먼저 이해하는 것이며, 이를 참고하여 기호화를 위한 의사결정을 하는 것이다. 즉, 해당 기호가 갖고 있는 해석적 가설이 어

---

18) 근본적으로 실재하는 현상들을 언어라는 도구로 정확하게 표현한다는 것은 불가능한 것이다. 하지만 RIM에서는 주요한 오류를 발생시키지 않도록 노력하고 있으며, 불일치로 인한 치명적인 실수를 줄일 수 있어야 한다.

떠한지를 이해함으로써 보다 적합한 기호화가 가능할 수 있다는 것이다. 그리고 기호
화의 조건을 잘 이해하고 있다면 실시 상황에서 부적절한 질문을 줄일 수 있으며 측정
목적에 부합하는 세련된 실시가 이루어질 수 있을 것이다. 종합체계를 학습하는 수련
생 중 적지 않은 수가 실시를 먼저 배우며, 왜 그러한 방식으로 실시를 해야 하는가를
이해하지 못한 채로 실시를 하곤 한다. 심각한 경우에는 이미 도출된 측정 정보들은 가
상적 인물에 대한 정보가 되어져 버린 후이며, 이 경우 최종적으로 작성된 심리평가보
고서에는 가상적 인물의 정보에 실존하는 수검자들을 끼워 넣는 일이 벌어질 수도 있
다. 그렇기 때문에 RIM을 활용하기 위해서는 반드시 해석적 가설을 중심으로 한 통합
적인 학습이 이루어져야만 하는 것이다. 이 책에서는 실시와 관련한 내용은 구체적으
로 언급하지 않지만 Exner의 종합체계에 따른 실시 방법을 충분히 숙지할 수 있을 것이
다.

2. 읽기 단계

RIM으로 측정된 정보들은 기본적으로 지각과 관련되어 있으며 수검자로부터 발현된
실제 현상과 매우 가까운 심리적 특성을 반영하고 있다. 수많은 측정 결과는 대량의 읽
기정보를 담고 있으며 이후 평가 단계에서 세심하고 전문적인 다듬기 작업이 요구된
다. 모든 기호에 대한 읽기정보를 개별적으로 설명하는 것은 효율적이지 않기 때문에
기호화 영역에 포함되는 기호들의 의미를 중심으로 먼저 살펴본 후 이들로부터 산출되
는 구조변인들을 설명할 것이다.

1) 행동변인들의 읽기정보

RIM으로 측정 가능한 재료 중 행동변인은 평가 단계에서 과소평가되는 경향이 있다.
대부분의 경우 구조변인 및 주제심상에 앞서 수검자에 대한 보다 핵심적인 정보를 얻
을 수 있기 때문에 RIM을 활용하는 평가자는 행동자료에 대해 민감해야만 한다. 하지
만 방대한 행동들을 모두 고려하고 관심을 갖는다는 건 불가능에 가까울 것이며 효율
적이지 못하게 에너지만 낭비할 수도 있다. 방대한 행동정보들을 측정하기 위해 RIM에
서는 몇몇 행동변인 측정의 틀을 활용할 수 있으며, 이를 참고하여 보다 유용한 행동정
보들에 대해 집중할 수 있을 것이다. 행동변인들은 수검자의 표정, 태도, 말투, 목소리

변화, 눈빛 등으로 추정하게 되며, 다시 강조하지만 이러한 행동을 탐색할 수 있는 임상적 민감성이 요구된다.

행동변인들은 하나의 실험적 처치를 통해 반응하게 되는 수검자의 행동이라 할 수 있으며 RIM이 수검자에게 어떠한 처치를 하게 되는가에 대해 충분히 이해해야만 한다. 우선, 로르샤하 카드가 가진 속성은 비교적 모호한 잉크반점으로 구성되어 있다는 데서 RIM에 처한 상황 자체가 특징적인 행동을 하게끔 한다. RIM의 자체적인 속성으로 인한 반응과 개별 카드로 인해 나타나는 반응을 구분하는 것은 상당히 유용하다. RIM의 일반적인 속성을 〈표 6-7〉에 정리하였다.

〈표 6-7〉 RIM의 일반적 속성

공통적 속성	• 실시 방법과 잉크반점들은 모호성을 갖고 있다. • 10개의 카드로 구성되어 있다. • 10개의 카드는 카드마다 고정된 제시 순서를 갖는다. • 불특정하게 프린트되어 있는 '반점'이 존재한다. • 좌우 방향으로 대칭성을 갖고 있다.
카드별 구조적 속성	• 깨진 반점과 닫힌 반점 • 유채색으로만 구성된 카드와 그 외의 카드 • 무채색-빨간색 혼합으로 구성된 카드와 그 외의 카드 • 무채색으로만 구성된 카드와 그 외의 카드
개별 카드 속성	• Weiner의 『Principles of Rorschach Interpretation』 참고

행동변인과 관련된 첫 번째 항목으로 카드 자체와 관련하여 행동변인을 측정할 수 있다. 대부분의 수검자는 모호한 잉크반점과 직면할 시 검사자의 요구에 따라 합목적적으로 문제를 해결해야 한다. 우리의 인생은 모호하고 원하든 원치 않든 살아가야 한다는 의무를 갖게 되며, 그냥 살아가는 것도 아닌 '잘' 살아가야 하는 삶의 요구를 받는 것과 유사하다. 카드 I을 제시받는 순간 수검자가 삶을 대하는 태도가 나타나곤 한다. 기본적으로 인간은 지금도 진행 중인 자신의 삶에 대해 확신하며 살기 어렵다. 당장 몇 초 뒤의 상황도 알 수 없는 것이 삶이기 때문에 기본적인 불안 또는 그 유사한 것을 경험하며 살아가는 것이다. 하지만 이러한 불안에 휩쓸려 살아가지 못한다거나 삶을 포기하는 일은 거의 없다. 원하지 않은 이 세상에 던져진 이유는 모를지라도 주어진 삶의 요구들은 살아갈 수 있을 정도로 충분히 관리하고 견뎌 내고 있는 것이다. 만약 카드 I을 제시받은 후 압도적인 불안을 경험하게 되면 무엇인가를 보아야 한다는 합목적적 요구를 해결해 낼 수 없을 것이다. 다행히도 대부분의 사람은 살아간다는 점에서는 이견이

없기에 잉크반점과의 조우로부터 경험된 불안을 해결하고자 시도한다. 바로 그 불안 해결을 위한 시도 방식이 나타나며 검사자는 이와 관련된 행동을 관찰할 수 있다. 어떤 이는 오히려 삶에 대해 호기심을 갖고 있을 수 있으며 경계할 수도 있고, 기존의 자신의 습관을 고수하려는 것으로 나타낼 수도 있다. 일단 RIM 과정에 들어온 순간부터는 10 개의 카드를 통해 차별적인 처치를 받게 된다. 이는 삶의 장면에서 충분히 경험할 만한 문제 상황을 제시받은 후 자신이 적응하는 방식으로 반응하게 되는 것이다. 그렇기에 로르샤하가 제공하는 10개의 세상에 대해 충분히 잘 알고 있다면 검사 실시가 이루어 지는 동안에도 그들의 적응력을 추정해 볼 수 있다.

카드를 제시하고 수거하는 과정을 반복하면서 일반적인 행동과 수검자의 개별적인 행동 패턴을 발견할 수 있다. 검사 실시 과정에서 수검자가 접수하고 반납하는 행동이 이렇다할만한 특징이 없이 자연스러울 수도 있고, 모든 카드에서 일관적인 패턴을 보 일 수도 있으며, 특정 카드에서만 독특한 패턴을 보일 수도 있다. 예를 들어, 매 카드를 제시할 경우 먹을 것을 기다린 아기 새처럼 신나하며 카드를 빼앗다시피 할 수도 있으 며 카드를 받자마자 테이블에 내려놓을 수도 있고 애초에 카드를 잡을 마음이 없던 듯 검사자의 팔이 떨리고 있다는 것에는 관심도 없이 멀뚱히 바라만 보고 있을 수도 있다. 그리고 반납할 경우에도 못 먹을 것을 먹어 버렸다는 듯이 확 밀쳐내 버릴 수도 있고 더 이상 반응하지 않으면서도 미련을 갖고 카드에서 눈을 떼지 못하는 경우도 있을 것이 다. 수검자의 개별적인 반응은 너무나 다양하기 때문에 이러한 행동들에 대해 상당한 주의력과 임상적 민감성을 가져야만 한다.

다음으로 10개의 로르샤하 잉크반점은 저마다의 유사성을 갖고 있으며 이 유사성 을 기준으로 분류를 한 뒤 분류된 카드에 따라 수검자의 행동패턴을 세부적으로 구조 화할 수 있다. 각 분류 기준을 보면 깨진(broken) 잉크반점(II, III, VIII, IX, X)과 닫힌 (closed) 잉크반점(I, IV, V, VI, VII) 그리고 무채색으로만 구성된 잉크반점(I, IV, V, VI, VII)과 그 외의 잉크반점, 유채색으로만 구성된 잉크반점(VIII, IX, X)과 그 외의 잉크반점, 무채색과 유채색이 함께 구성된 잉크반점(II, III)과 그 외의 반점이다. 이러한 기준에 따라 모든 수검자가 의미 있는 개별적 반응 패턴을 보이는 것은 아니나 행동변인 탐색 을 위한 유용한 분류 지침으로 활용할 수 있다. 또한 이들 분류와 함께 구조변인들과의 관계를 동시에 고려함으로써 그 유용성이 드러나게 된다. 예를 들어, 20개 반응에서 DQ+가 6개, DQo가 14개인 프로토콜로 해석적 가설을 설정할 때 전체 DQ 기호의 빈 도만으로는 적합한 해석적 가정을 하기 어려울 수 있다. 이 프로토콜을 구체적으로 살 펴볼 때, 닫힌 잉크반점으로 구성된 카드들에서 DQ가 대부분 'o'로 채점되었지만 깨어진 잉크반점 카드에서 대부분이 '+'로 나타났다면 정보처리의 효율성에 대해 좀 더 면밀한 해석적 가설을 설정할 수 있다. 많은 프로토콜이 이렇게 직접적으로 해석될 수 있는 것은 아니며 카드의 구조적 속성에 따른 행동패턴을 고려하여 좀 더 구체적인 계열분석이 가능해질 수 있다는 것을 강조한다.

행동변인을 확인할 수 있는 또 한 가지 중요한 항목은 각 카드가 갖고 있는 순서와 잉크반점 자체의 속성과 관련한 행동 및 행동패턴들이다. 카드 I은 첫 번째 제시받게 되는 카드로서 상당히 중요한 가치를 갖고 있다. 카드 I의 고유한 속성에 의한 반응이기도 하지만 앞서 언급했듯이 RIM 전체 과정에서 첫 번째 만나게 되는 상황이라는 것이 보다 강한 영향을 미치는 것이라 볼 수 있다. 카드 II는 비교적 쉽게 지각 가능한 수준에서 상호작용 장면을 처치한 잉크반점이라 할 수 있다. 또한 최초로 빨간색 잉크반점이 등장한다는 것도 중요한 속성이다. 비록 인간상에 가까운 형태속성을 가진 것은 아니나 최초로 상호작용과 관련된 지각을 유도하는 자극을 경험하게 되며 빨간색 잉크반점으로 인해 손상된 상태로 지각하게 될 가능성이 높다. 이 두 가지 속성에 대해 수검자는 자신만의 개별적인 행동을 보인다면 이는 카드 II가 유도하는 속성에 반응한 행동이라 볼 수 있는 것이다.

카드 III은 카드 II와 마찬가지로 비교적 쉽게 상호작용이 일어나는 장면으로 지각할 가능성이 높은 카드다. 하지만 카드 II와는 다르게 실제 인간상과 보다 유사한 대상으로 지각할 수 있다. 이 경우 인간상으로서 실재 삶의 장면에서 경험하는 상호작용과 관련된 자극을 받게 되기 때문에 그러한 상황에서 경험하는 수검자의 특징적인 태도가 나타날 수도 있다. 카드 IV는 위압감을 경험하게 되는 상황과 유사한 자극을 제시하는 카드다. 본 카드에서는 주의를 기울이려는 행동, 대수롭지 않게 반응하려는 행동, 꼼꼼하고 구체적으로 반응하기 위해 보이는 행동 등 다양한 행동을 보이곤 한다. 여기에서 수검자가 위압감에 대처하는 데에 어떠한 개인적인 노력 방식이 반영되었는지 인지를 검토해 보는 것이 도움이 될 수 있다. 어떤 경우에는 카드 IV로부터 이렇다 할 만한 위압감 자체를 경험하지 않았다면 실제 반응을 하는 과정 중 어떤 것으로 인해 나타난 행동인지를 탐색하기란 쉬운 일이 아니다. 만약 1초가량의 찰나의 순간 이내의 인상 형성 과정에서부터 자동적이고 빠르게 부정적 자극을 검열해 버렸다면 실제 위압감과 관련된 부담을 경험했지만 최종적으로 나타난 반응과의 관련성을 가정하기는 어려울 것이다. 이와 관련된 행동변인은 이후 반응시간과 함께 고려할 경우 보다 분명한 가설을 만들어 갈 수 있게 된다. 카드 V는 전체 카드 중 가장 쉽게 지각적 정보를 형성할 수 있는 잉크반점이라 할 수 있으며 다른 카드들도 마찬가지이지만 카드 V는 앞선 카드들, 특히 카드 IV의 자극으로부터 경험한 심리적 불편감들을 어떤 방식으로 해결하고 차단시키는가에 대한 정보를 제공한다. 그렇기 때문에 카드 V는 카드 IV의 구조변인 및 주제심상과 간의 맥락을 고려하여 행동정보를 이해하는 것이 유용하다. 카드 VI은 카드 V에서 심적 부담을 해결한 후 새로운 부담을 다시 경험하게 되는 카드다. 막중한 업무 후 찾아온 휴식을 만끽하고 업무에 복귀를 하였을 때의 마음가짐일 수도 있다. 만약 카드 V에서 복잡하던 심리적 상태가 충분히 환기되지 않았을 경우에는 가중된 심적 부담을 경험하게 되겠지만 휴지를 통해 적절히 환기가 되었다면 재충전된 마음으로 자연스럽게 문제해결을 위한 시도를 하게 될 것이다. 카드 VII은 양쪽의 잉크반점을 사용하여 상호작용을 하고 있는 대상들로 쉽게 지각할 수 있다. 하지만 하단에 위치한 영역을 사용하게 된다면 한 대상으로 지각하기에는 일반적인 형태 속성을 벗어나게 되어 단일 대상으로 지각하는 데에 갈등을 경험하게 된다. 이때 전체 반응 영역을 사용하기 위한 노력 여부를 감지할 수 있다. 대부분 아랫부분의 잉크반점 영역을 제외하여 단일 대상으로 반응하는 경향이 있는데 아랫부분을 통합하여 반응하려는 노력 후 나타난 반응인지 반응단계 초기에서 배제한 후 최종 반응을 하게 되는지를 예민하게 검토해 봐야 한다. 이는 반응 당시 수검자의 안구 운동과 표정 그리고 반응시간 등을 통해 추정할 수 있을 것이다. 카드 VIII은 유채색으로만 구성된 최초의 카드다. 이 경우 호감적인 태도로 접근하는지 거리를 두며 접근하는지 또는 진지하게 접근하는지에 대해 탐색을 할 수 있다. 이후 관찰된 태도로부터 설정한 가설과 최종적으로 결정된 구조변인 그리고 주제심상의 재료를 비교하는 것으로 유의한 계열분석이 가능해진다. 카드 IX는 로르샤하 카드 중 전체 잉크반점을 사용하여 반응하기에 가장 모호한 형태 속성을 가진 카드이며 정서적 자극의 근거를 찾기 위한 형태속성을 부여하는 데에 보다 많은 시간이 소요되곤 한다. 이 경우 카드 회전을 시키거나 대안적으로 특정된 부분 반응으로 반응영역의 한계를 두는 등의 전략을 사용하게 된다. 만약 비교적 한정된 시간 내에 특정 반응을 해야 하는 상황에서 모호한 자극은 상당한 부담으로 작용하게 된다. 이 부담감을 다루는 다양한 행동적 특징을 눈여겨볼 필요가 있는 것이다. 카드 X은 RIM에서 마지막으로 제시되는 카드다. 마지막 카드에서 나타나는 반응은 지금까지의 수행을 마무리 짓는 과정으로서 특별한 의미가 있는 것으로 알려져 있다. 하지만 실제 장면에서 경험하기로는 마지막 반응의 주제심상에서 종결과 관련된 특별한 의미를 가지는 반응은 드문 것으로 보이며 종결을 대하는 태도와 관련된 행동변인들이 보다 유의한 것이었다. 급하게 마무리를 지으려거나 기력이 빠진 듯이 한숨을 깊이 쉬거나 지금까지 자신의 수행에 미련을 두고 있는 등의 행동을 보이곤 한다. 마지막 카드라는 순서 속성뿐만 아니라 이역시 유채색으로만 구성된 잉크반점들이며 전체 카드 중 가장 많이 깨진 잉크반점 카드라 할 수 있다. 이 경우에도 전체 잉크반점들을 활용하기 위한 노력을 살펴볼 수 있으며 이러한 노력과 함께 최종적으로 활용한 반응영역 그리고 DQ의 수준을 같이 고려할 수 있다. 어떤 경우 무심하게 "전부 다 곤충들이 뭔가를 하고 있는 것 같아요."라고 반응할 경우 반응영역이 W로 기호화할 수 있겠지만 각각 깨진 잉크반점들을 하나하나 구체적 묘사가 생략된 반응이다. 반면에 이상과 동일한 반응을 하면서 잉크반점 하나하나 모두를 구체적 대상으로 지적하며 알뜰히 활용하기 위해 노력을 할 수도 있다. 두 경우 모두 W+로 채점이 되겠지만 과제 해결을 위한 노력의 수준은 다르게 해석되어야만 하는 것이다.

행동변인의 두 번째 항목은 반응 번호와 관련된 행동자료다. 반응번호는 전체 반응수와 카드마다의 반응 수의 정보를 담고 있다. 전체 반응 수와 관련된 패턴들은 16개 이하의 '전반적으로 적은 반응 수'와 30개 이상의 '전반적으로 많은 반응 수'로 구분할수 있다(종합체계의 지침에서는 평균 반응 수를 17~25개로 제시하고 있다). 적은 반응 수의 프로토콜은 RIM에 대해 거리를 두려는 태도가 반영되어 있다. 그 이유는 수검자마다 다양하겠지만 외부로 표현하는 시도를 줄이고 있다는 점은 분명할 것이다. RIM을 위한 적절한 라포 형성이 되었다면 평가자와의 관계로부터 영향을 받은 것이라기보다 평가의 목적 또는 과제의 속성 자체로 인한 영향이 더 크다고 볼 수 있다. 반면, 25개를 넘어선 반응 수를 보일 경우 주어진 한정된 과제에 대부분 사람보다 많은 표현을 한 것이며 지각된 자극들을 외부현실로 표현했다는 것을 의미한다. 이들은 모호한 환경에서도 자신의 경험들을 꺼내어 놓는 것을 두려워하지 않거나 편안하게 즐겨 할 수 있다는 것과 관련이 되어 있다. 반면, 자신이 원치 않은 환경에서 요구받은 자극을 적절히 통제하지 못한 채 반응을 해 버린 것일 수도 있다. 만약 후자의 경우라면 주어진 자극에 대해 압도되어 있을 가능성이 높을 것이다. 압도된 주위 자극들의 속성이 자신의 내부세계에서 발생한 강박과 관련된 증상일 수도 있다. 어떤 경우에든 전체 반응 수만으로는 개인에 대한 세부적인 해석을 할 수는 없으며 반응 수를 참고하여 기타 다양한 변인과 함께 해석적 가설을 만들어 가야 한다.

반응 수와 관련된 행동변인 중 또 한 가지는 각 카드에서 반응한 수를 비교하는 것이다. 특정 카드에서 반응 수가 1개 또는 2개인 것과 다르게 특정카드에서 4개 또는 그 이상의 반응 수를 보였다면 해당 카드가 담고 있는 자극 속성으로 인한 반응 수의 차이라고 예상해 볼 수 있는 것이다. 예를 들어, 다른 카드에서의 반응 수와는 다르게 특별히 카드 Ⅷ에서 6개의 반응을 하였다면 카드 Ⅷ이 가지고 있는 속성에 의해 독특한 경험을 한 것으로 받아들이는 것이 합리적일 것이다. 만약 이러한 특징이 나타났다면 이후 설명될 Afr 값과 함께 수검자의 감정 조절과 관련된 주요한 가설을 세우는 데에 유용할 것이다. 조심해야 할 것은 특정 수검자에게는 반응 수 자체가 유의한 정보가 될 수 있겠지만 그렇지 않은 경우 과잉 추정을 하게 될 소지가 있다는 것을 조심해야 한다.

다음으로 반응시간과 관련된 행동변인이 있다. 대부분의 수검자들은 카드를 제시받은 후 언어화된 반응을 하기까지 평균적으로 5~9초의 시간이 소요된다고 한다. 종합체계에서는 반응시간을 고려하여 계산되는 구조변인은 없으나 수검자가 경험하는 인지적 처리 과정에 대한 유용한 양적, 질적 정보를 얻을 수 있다. 우선, 카드마다의 초발반응시간은 해당 잉크반점을 입력하고 처리하고 출력하는 최초의 과정을 거치게 된 결과인 것이다. 그리고 이 후의 반응들은 첫 반응 후에 재처리 과정을 거친 반응들인 것이다. 그렇기에 초발반응시간은 최초 당면한 상황에서 어떠한 태도로 접근하는가를 알려 준다. 5초 이내 또는 1~2초 만에 나타난 반응들은 대부분 사람들이 정보를 처리하는 데에 사용한 시간보다 빠른 처리가 가능했다는 의미를 가진다. 반면, 적절한 반응을 위해 필요한 충분한 시간을 투자하지 않고 초기 단계에서 설불리 반응을 한 것일 수도 있다. 이는 결과적으로 나타난 구조변인과 주제심상의 질적 수준을 고려하여 적절한 해석적 가설을 세울 수 있게 된다. 반응시간과 관련하여 수검자의 인지적 과정을 직접적으로 측정할 수는 없기 때문에 검사 실시 상황에서 표정, 하위발성(subvocalization) 여부, 자세, 카드와 거리두기 등 수검자의 다양한 행동에 관심을 가져야 한다. 초발반응시간과 더불어 카드 내 모든 반응의 반응시간을 고려하는 것으로도 유용한 정보를 얻을 수 있다. 해당 카드의 평균적인 초발반응시간은 삶에서 요구되는 관습적이고 일반적으로 반응하게 되는 과정이라 볼 수 있겠지만 첫 반응 후에 유의하게 오랜 시간이 걸리는 반응이 나타나는 경우도 적지 않다. 두 번째 반응부터는 자신이 반응하고자 하는 추가적인 인지적 노력이 들어가며 첫 번째 반응보다 투사적 내용이 포함될 가능성 또한 높다고 볼 수 있다. 특정 경우에서는 매 카드에서 초발반응은 평균 또는 빠르게 나타났지만 이후 반응들은 일관되게 수십 초에서 수분 이상의 시간이 소요되는 등의 패턴이 발견될 수도 있다. 두 번째 반응을 하기까지 유의한 수준에서 오랜 시간이 걸렸다고 할 경우 해당 반응의 구조변인과 주제심상을 함께 고려해 봐야 한다. 예를 들어, 카드 Ⅳ에서 첫 반응시간이 5초가 소요되었고 채점이 W_o F_o (H) P 2.0으로 결정이 된 상황에서 두 번째 반응이 227초를 소요하면서 "작은 벌레가 시체를 먹고 있어요. 이미 이쪽은 먹은 부분이에요. 이렇게…… 부패해서 까매졌어요. 죽은 사람인 것 같은데…… 언제 죽었을까…… 아마 과거에 나쁜 짓을 해서 죽임을 당했을 것 같아요. 그렇게 오래된 건 아닌 것 같은데…… 아…… 머지…… 사람이 살면서 실수도 할 수 있는 법인데 얘는 억울하게 변명 한 번 하지 못하고 죽어 버렸네요…… 정말 싫다……."이었으며 Dd₊ FMᵘ.C′F₋ A,Hd DR2.FAB2.MOR.PHR로 채점이 되었다. 우선, 첫 반응까지의 시간이 평균적인 것에 비해 유의하게 오랜 시간이 소요되었고 처리한 내용은 지각적 왜곡과 손상된 자기상과 사고의 문제를 시사할 만한 것이다. 이러한 불쾌한 자극을 형성하고 처리하는 데에 상당한 부담을 경험한 것이다. 이와 더불어 반응 주제와 구조변인의 해석적 가설들은 수검자가 경험한 심리적 부담의 내용을 방증하는 유용한 정보가 될 수 있다.

행동변인의 마지막 항목으로는 카드 회전과 관련이 되어 있다. 카드회전은 가장 분명하게 드러나는 수검자의 반응이라 할 수 있으며 회전을 시킬 수밖에 없던 이유를 탐색하는 것이 중요하다. 이는 검사 상황 내에서만 직접적으로 관찰 가능하기 때문에 검사자는 각별히 주의를 기울여야 한다. 카드를 회전하는 이유는 내담자마다 그리고 반응마다 다양하겠지만 회전의 양상을 구분하는 것은 도움이 된다. 우선, 체계적 회전과 비체계적 회전으로 구분할 수 있다. 이를테면, 일관된 방향, 빈도, 반응 수가 일정하게 유지되는 패턴이 나타난다면 체계적 회전이라 할 수 있으며 무분별하게 일관적인 방향성 없이 임의적으로 회전을 시킬 경우 비체계적 회전이라 할 수 있다. 이러한 분류는 결과적으로 드러난 행동에 중점을 둔 것이다. 그렇기 때문에 직접적으로 해석할 수는 없으며 검사 상황에서 회전의 반복적 패턴이 나타날 경우 그 의도에 대해 관심을 가져야 한다. 한편, 회전 의도에 따라 탐색적 회전과 회피적 회전으로 구분해 볼 수 있다. 체계적이든 비체계적이든 하고자 한 반응을 하기 위해 흥미를 갖고 탐색을 하는 시도일 수도 있으며 불쾌한 자극들을 차단 또는 통제하기 위한 방식으로 회전 행동이 나타날 수도 있는 것이다. 어떠한 의도이든지 간에 그 회전이 RIM 수행 과정에서 생산적이고 유용한 대처 방식인가를 고려해 보는 것은 필요하다. 회전 이후 개별적 언급이라거나 부적응을 시사할 만한 구조변인 및 주제심상이 나타난 것은 아닌지를 살펴보는 것 또한 중요한 정보가 될 수 있다. 예를 들면, 카드 I 에서 "이건 그림자예요. 어떤 뭔가의 그림자인데…… 까맣고…… 그림자는 원래 모양이 분명하지 않잖아요…… 그래서. 음…… 그림자예요."라고 반응을 한 후 3번가량 조급하게 '휙휙' 돌리며 결국 "이게 다예요"라고 마무리를 짓는 행동을 하였다. 이는 첫 반응이 있은 후 비체계적이고 갑작스럽게 카드회전을 보였으며 잉크반점을 다른 방향에서 무언가를 추가적으로 보기 위해 탐색하려는 것이 아니라 회피적 회전이라 볼 수 있다. 구체적으로 첫 반응의 채점은 W_v C'_n $Id^{19)}$이었다면 핵심 내용은 '그림자'로서 이에 대한 연상적 가설은 현재 경험하는 스트레스 상황에 대해 받아들이기보다 불편한 상태를 외면하고자 하는 측면을 반영하고 있을 수도 있다. 이러한 반응 후 회전은 불편한 상황을 차단하고 회피할 수 있는 대처 방식이긴 하였으나 새로운 탐색을 위한 생산적인 수행을 위한 정신적 전환으로 보기엔 어려운 행동이라 할 수 있다.

앞서의 행동변인과 관련된 내용들은 RIM의 속성과 검사 실시 동안 경험하게 된 후 나타나는 반응적인 행동들인 것이다. 다시 강조하지만 수검자의 행동 재료들은 개별 행동 자체가 주요한 의미를 담고 있을 수도 있지만 특정 행동과 관련된 구조변인과 주제심상 정보들과 함께 통합적으로 이해해야만 한다. 다음 표에 행동변인과 관련된 읽기정보 탐색 항목을 정리하였다.

〈표 6-8〉 행동변인과 관련된 읽기정보 탐색 항목

행동변인	주요 읽기정보 항목

카드번호	− 카드에 대한 일반적인 접근 행동 패턴
	− 카드별 접수 및 반납 패턴
	− 카드 분류에 따른 행동 패턴
	  깨진 반점 카드 / 닫힌 반점 카드
	  유채색 반점으로만 구성된 카드 / 그 외 카드
	  무채색 반점으로만 구성된 카드 / 그 외 카드
	  상호작용 반응 가능성이 높은 카드 / 그 외 카드
	− 카드별 특징적인 행동 패턴
	  카드 I: 처음 제시되는 상황에서의 행동 패턴
	  카드 II: 최초 빨간색 반점의 출현, 대상 간 상호작용과 관련된 속성
	  카드 III: 대상 간 상호작용과 관련된 속성, 특히 인간 대상
	  카드 IV: 일반적으로 가장 불편감을 자극하는 카드
	  카드 V: 불편감을 해소하는 행동 패턴
	  카드 VI: 새롭게 자극되는 불편감을 다루는 행동 패턴
	  카드 VII: 상호작용과 관련된 속성, 전체 반응 시도에 대한 행동 패턴

---

19) 그림자의 경우 내담자의 성격 특성 및 해석적 가정에 따라 반응내용을 결정하는 것이 필요하기 때문에 프로토콜 내에서 확실한 반응내용 기호를 결정하는 것은 보류해야 한다. 그렇기에 어떤 경우에는 그림자를 Id와 Hd 또는 Ad로 기호화하기 위한 의사결정이 필요할 수 있다. 특정 사례에서는 Hd로 채점할 수 있겠으나 보다 엄격한 기준을 적용하여 Id로 채점한 것이다.

카드번호	카드Ⅷ: 최초의 유채색으로만 구성된 잉크반점 카드Ⅸ: 가장 모호한 반점 속성을 다루는 행동 패턴 카드Ⅹ: 마지막 제시되는 상황에서의 행동 패턴, 가장 많이 깨진 잉크반점
반응번호	– 전체 반응 수의 범위 – 특정 카드에서 반응 수의 비교
반응시간	– 평균적으로 기대되는 반응시간보다 현저히 빠르거나 느린 반응시간 – 초발반응시간 및 카드 내 반응 간 반응시간의 차이
카드회전	– 체계적 회전 / 비체계적 회전 – 탐색적 회전 / 회피적 회전

2) Where set 변인의 읽기정보

Where set는 수검자가 요구받은 경험들을 어느 정도로, 어떻게, 얼마나 잘, 사용하고 처리하고 있는가에 대한 정보를 담고 있다. 우선, 반응 영역이 담고 있는 읽기정보는 주어진 자극들을 얼마나 많이 그리고 어떤 방식으로 수용하는가와 관련이 되어 있다. 그리고 DQ는 수용된 정보를 어느 정도, 어떤 방식으로 처리하고 또는 처리하고자 하는가를 지적한다.

반응영역은 W, D, Dd 3가지 기호와, S와 조합된 WS, DS, DdS 세 가지다. W는 제공된 자극들을 전부 수용하고 있음을 의미하며 이는 삶에서 경험하게 되는 다양한 자극을 총체적으로 경험하고 있다는 것과 관련이 있다. 누군가는 삶의 경험들이 버겁게 느껴져 자기보호의 의도로 적당하게 주어진 경험들을 외면하기도 하며 차단하기도 한다. 또 다른 경우에는 삶의 경험들을 적극적으로 수용하려는 태도를 갖고 그 경험들을 알뜰하게 취하고자 한다. 그렇기에 W 반응 자체는 양 극단에서 읽기정보를 갖게 되며 한 가지 방향으로만 직접적으로 이해할 경우 잘못된 해석을 하게 된다. W의 한 극단에서는 상당히 높은 수준의 지적 능력을 겸비하고 있으며 주어진 삶에 대한 적극적 탐색 그리고 흥미를 갖고 있음을 의미하고 또 다른 극단에서는 낮은 수준의 지적능력 그리고 버거운 삶의 자극들을 도매금으로 수용해 버리고자 하는 간편한 태도, 정신증적 증상 등의 압도된 스트레스에서 체념할 수밖에 없는 태도 등을 의미할 수 있다. 이러한 차이는 여러 영역의 총합으로서 W인가 아니면 단일 영역으로서 W인가를 구분하면서 밝혀지기도 한다. 예를 들어, 카드 Ⅰ에서 "나비"라는 반응과 "두 마리 동물이 손을 맞잡고 있다."라는 반응이 있다면 전자에서는 단일 영역으로 W로 채점이 되겠지만 후자에서는 두 영역의 합으로 구성된 W이며 이 두 반응은 각각 DQ에서 'o'와 '+'로 채점이 된다.

두 반응 모두 W로 채점되겠지만 분명 이 두 경우의 해석은 달라져야만 하는 것이다. 만약 여러 영역들을 조합한 결과로서의 W인 경우에는 세부적으로 재분류를 할 수 있으며 D들의 조합인지 Dd들의 조합인지에 따라 의미가 달라질 수 있다. 카드 II 에서 두 마리 동물을 보고하였고 최종적으로 W+로 채점이 되었을 경우, D2 부분을 머리고 지각을 한 경우와 D2를 모자로 지각한 경우는 각각 Dd+Dd=W와 D+D=W로서 서로 다른 지각을 의미하는 것이다. 이 경우 D+ 또는 Dd+로 채점하는 경우가 있는데 이는 합리적이지 않다. 원칙적으로 반응영역의 결정은 주어진 자극정보를 어느 정도 활용하였는가를 의미하는 것이 우선시되어야 하며 수검자는 실제로 모든 반응영역을 활용하였기 때문에 반드시 W로 채점이 되어야 한다. 하지만 Dd의 조합을 통한 W일 경우 비일상적인 영역에 대한 지각이 포함되어 있기 때문에 이러한 특징을 고려하여 해석을 해야 하며 수검자가 경험한 현상을 누락하지 않도록 해야 할 것이다. 이 경우 일반적인 W 반응과 다르게 주위 환경의 지엽적이거나 전형적이지 않은 면면을 활용하여 통합하려는 시도로 보는 것이 적합할 것이다.

또 한 가지 실수는 D와 함께 (2)으로 채점이 되는 경우에 W로 잘못 채점하는 경우도 점검해야 한다. 이는 모든 영역을 활용한 것처럼 보이나 사실 한쪽의 D 영역만을 지각한 것이며 다른 한쪽은 덤으로 추가된 또 다른 D일 뿐인 것이다. 그렇기에 보통 W와 (2)이 함께 채점될 경우와 D와 (2)으로 채점이 될 경우 DQ를 고려하게 되면 쉽게 구분이 가능해지기도 한다. W가 (2)과 함께 채점될 경우에는 DQ는 보통 '+'가 될 것이며 D와 (2)이 함께 채점될 경우에는 DQ가 'o'로 채점되는 경우가 많다. 다만, D+와 (2)가 조합될 경우도 있으나 이 경우에는 최종적으로 선택된 반응영역의 합이 W가 아닌가에 대해 한 번 더 검토해 봐야 한다. 예를 들어, '독수리 두 마리예요'라고 했을 경우 D$_o$ (2)으로 채점이 될 수 있다. 하지만 모든 잉크반점을 사용했다고 해서 W로 채점하는 것은 잘못된 채점이다. W가 아닌 이유는 전체 영역을 지각한 것이 아니라 한쪽 D 영역을 지각한 후 잉크반점의 대칭성으로 인해 다른 한쪽 영역도 첨가되어 있을 뿐이다. 그리고 DQ+가 아닌 이유는 당연히 두 대상의 관련성이 존재하지 않고 두 대상을 각각 개별적으로 보고한 것으로 봐야 하기 때문이다. 만약 "독수리 두 마리가 마주 보고 있어요"라고 반응했을 경우에는 결과적으로 전체 잉크반점을 사용했다면 W+ (2)가 될 것이고 전체 잉크반점을 사용하지 않았다면 D+ (2) 또는 Dd+ (2)가 될 것이다.

다음 D로 채점되는 경우는 깨진 잉크반점 카드[20]를 제시받은 후 가장 손쉽게 지각될

---

20) 깨진 잉크반점 카드는 II, III, VIII, IX, X번으로 총 5개가 있으며 D 영역을 지각할 가능성이 가장 높은 카드들이다.

수 있는 영역들과 관련된 반응들이며 D 영역을 반응하기 위해서 비교적 빠르게 반응할 수 있고 상대적으로 큰 노력을 기울이지 않더라도 쉽게 지각이 '되어 버리는' 카드다. 카드가 수검자로 하여금 D 영역을 쉽게 지각할 수 있도록 반응을 이끌어 낸다. 이는 삶에서 주어진 자극 중 누구나 흔히 일반적으로 경험하게 되는 현상들에 신속하고 거의 자동적으로 반응하게 되는 경향과 관련이 되어 있다. 그렇기에 D는 인지적 부담을 최소화하고 안전하게 자극들을 경험하고자 하는 태도 또는 다양한 삶의 경험들을 심사숙고하는 것에 대한 부담 등을 의미할 수 있다. 이에 추가적인 정보로 반응시간을 고려할 수 있는데 매 카드의 초발반응시간이 의미 있게 빠르면서 D로 채점된다면 이상의 해석적 가정을 다지는 데에 추가적 증거라 볼 수 있을 것이다. 반면, 오랜 시간을 소요한 후 D 반으로 채점이 되는 경우는 D가 의미하는 관습적이고 손쉽게 자극을 경험하려는 태도로만 받아들이는 것은 보류해야 한다. 주어진 자극을 조심스럽게 경험하려고 하면서도 자신의 경험을 검열하는 시간을 들여 가면서 최종적으로는 자신의 경험들을 단순화하려는 것일 수도 있으며 주위 사람들의 시선을 의식하는 태도 또는 주어진 자극들을 처리하는 데에 소비되는 인지적 노력의 무의미함 또는 처리 능력의 부족 등을 방증하는 것일 수도 있다. 하지만 D의 일반적인 읽기정보는 어떠한 과정을 거쳤든 간에 인지적 노력을 최소화하려는 태도로부터 비롯된 것이다. 추가적으로 고려해야 하는 사항은 DQ의 수준이다. D와 조합된 '+, v/+' 또는 'o, v'로 구분해서 검토해 볼 수 있다. 만약 '+, v/+'와 조합이 될 경우에는 D가 의미하는 손쉬운 시도에 대한 해석이 다소 희석될 수 있으나 'o, v'와 조합이 될 경우에는 이상의 해석적 가정에 힘을 더하는 증거가 될 수 있는 것이다.

다음으로 Dd는 가장 흔히 오해석을 하게 되는 기호 중 하나다. Dd가 양적으로 많은 것은 기본적으로 부적응적인 영역 또는 상황에 대한 자극 경험인 것은 사실이나 수검자의 실제 삶의 영역을 고려해야만 한다. 카드가 수검자로 하여금 유도하는 영역을 수용하지 않고 보다 새로운 영역을 탐색하는 시도로 Dd 영역을 수용할 수도 있기 때문이다. 이는 검사 상황에서 자극을 대하는 태도를 관찰하는 것으로 밝혀지는 경우도 있는데 매 카드의 첫 반응은 D 또는 괜찮은 W가 있은 후에 Dd가 나타나는 패턴을 보인다면 이는 새로운 자극들을 탐색하려는 생산적 시도일 수 있다—그 수행의 결과는 좋지 않더라도 말이다. 만약 이러한 경우라면 드문 경우이긴 하나 DQ가 o또는 o와 가까운 u로 채점될 수 있는 반응일 것이다. 반면, 첫 반응부터 Dd 영역을 지각하고 DQ가 '−' 인 등 자율적이고 적극적인 탐색이 아니라 Dd 영역에 이끌려 나타난 반응이라면 Dd가 갖고 있는 부정적 읽기정보와 근접하게 될 것이다. Dd의 부정적 읽기정보는 대부분이 쉽게 자극받거나 당면한 상황을 전체적으로 고려하거나 관습적인 방식으로 접근하는 것이 아닌 현실적이지 못한 영역 및 상황에 대한 지각을 하고 있다는 것이다. 또한 이들은 삶에서의 관심은 상당히 지엽적이고 개인적인 자극들일 수 있을 것이다.

마지막으로 S 역시 오해석이 흔한 구조변인이라 할 수 있다. S 반응에 대해 잘못된 신념을 가진 평가자는 의심의 여지없이 S를 엄청난 분노와 적개심을 지적하는 것이라 해석하곤 한다. 물론 이 정보 역시 읽기정보 중 하나이긴 하나 S 반응이 어떻게 지각되었는지를 검토하는 것이 우선시되어야 한다. 앞서 S는 형태지각에서 연속성과 폐쇄성으로 인한 반응은 S로 채점되지 않음을 지적하였다. 반드시 공간 영역을 자신의 반응 형성에서 중요한 영역으로 활용되어야 한다. 자발적으로 공간을 지각의 재료로 활용하였다는 것은 RIM에서 요구받은 잉크반점을 지각하는 것뿐만 아니라 자신만의 기준을 참조하여 새로운 재료를 찾아 반응하는 것이라 볼 수 있다. 그렇기 때문에 S는 실제 삶 속에서 속한 구조적 환경적 틀에 순응하기보다 그에 반하여 자신의 자율성을 우선시하고자 하는 태도와 관련이 있는 것이다. 사회적 집단 및 환경은 항상 자신을 유쾌하게 느낄 수 있는 곳은 아니며 심지어 병리적인 집단 및 환경일 수도 있다. 그 환경에 처해 있는 사람이라면 자신이 속한 그 장면이 옳지 못하다는 것을 인지하고 상황을 변화시키고자 노력할 수도 있고 벗어나고자 노력할 수도 있을 것이다. 이러한 변화를 위해 발현되는 수행은 그들이 처해 있는 실제 영역이 사회적 맥락에서 옳지 못하거나 병리적인 해당 집단에서만큼은 오히려 적응적인 울부짖음이 될 수도 있다. 예를 들어, 청소년들에게서 의미 있는 S 반응의 빈도를 보이는 경우가 종종 있는데 이에 대해 분노, 반항, 적개심을 가진 것으로만 볼 것이 아니라 현재 그들이 당면한 상황이 사회적 참조체계 내에서 일반적인 상황인지 아니면 부모님의 합리적이지 못한 통제와 압력에 시달리고 있는지 또래들과의 관계에서 억울한 상황 속에 처해 있는지를 검토해야 한다는 것이다. 만약 일상적이고 전형적인 통제 영역의 예를 들어, 청소년기의 학교 및 가정에서의 인정 가능한 수준의 통제에서 이에 반하는 태도 및 행동들을 보인다면 부적응을 시사할 만한 반항 및 분노심 등을 의심해 볼 수 있을 것이다. 어떤 상황이든지 간에 의미 있는 S의 빈도가 나타날 경우에는 현재 일반적이지 않은 수준에서의 과도한 감정 및 행동의 표현을 가능성이 높아진다.

Where set의 DQ는 앞서 수용된 자극들을 어느 정도로 많이 활용하고 이러한 정보를 잘 처리하고 있는가에 대한 정보를 담고 있다. '+'와 'v/+'는 경험되고 수용된 자극들을 추가적인 인지적 노력을 통해 생산적으로 활용하고 있다는 것이며 'o'와 'v'는 지각된 정보 자체를 추가적인 노력을 기울이지 않고 사고를 발전시키지 못했음을 의미한다. 경험된 정보에 대해 추가적인 의미를 부여하여 해당 자극들을 생산적으로 발달시킨 경우인 통합반응(+, v/+)들은 인지적 노력을 시도하였음을 의미하는 것이며 기본적인 지적능력을 발휘할 수 있었다는 것을 의미한다. 지적능력의 영향이 아닌 경우에는 경험된 자극들에 대해 강도 높은 예민함을 의미하기도 한다. 스스로 노력을 하고자 한 의도는 없으나 소위 '골치 아픈' 것으로 당면 상황에 어쩔 수 없이 문제해결을 위한 노력을 해야 할 경우일 수도 있는 것이다. 어떤 이유에서든지 통합하고자 한 시도는 수검자가 수용한 자극들의 양을 고려하여 그 통합 시도의 적절성을 검토해야 한다. 구체적으로 '+'는 보고된 대상 중 적어도 하나 이상은 잉크반점에 준하는 형태속성을 부여하였기 때문에 이들의 인지적 노력은 내부세계와 외부현실에 존재하는 자극들을 비교적 선명하게 경험할 수 있음을 의미하는 것이다. 한편, 'v/+'는 자신이 경험한 자극들이 모호한 상태로 처리되고 있거나 선명하게 처리할 수 없는 상황에서 의도치 않은 인지적 처리 노력을 하고 있을 가능성을 시사하는 것이다. 이들의 인지적 과정은 높은 수준에서 활성화가 되어 있긴 하나 다소 임의적이며 자의적이고 자신의 경험에 대한 근거를 확신할 수 없게 보일 수 있다.

반면, 'v'와 'o'는 개별 한 대상을 보고할 경우이며 인지적 부하를 최소화한 결과이기도 하다. 관련성이 배제되었다는 것은 모호한 상황에서 선택된 반점 영역들에 대해 충분히 심사숙고하지 않거나 못했고 생산적인 이야기를 만들어 내지 않거나 못한 것이라 볼 수 있다. 이 역시 인지적 능력의 부족일 수도 있으며 요구된 문제해결 상황을 효율적으로 처리하지 못하거나 하지 않으려는 태도에서 비롯될 수도 있는 것이다. 이에 더해, '+'와 'o'는 공통적으로 적어도 한 대상이 형태가 있거나 수검자가 형태 요구를 갖추고 있는 것으로서 실재하는 분명한 대상들과의 유사성이 존재하는 것이다. 이는 삶 속에서 경험하는 자극들을―외부현실과 내부세계의 자극들을 모두 아우르는 자극들―분명하게 활용하고 있고 그 경험들을 선명하게 구조화하고 있음을 지적한다. 반면, 'v'와 'v/+'는 수검자가 경험한 자극들이 선명하고 깨끗하지 못한 방식으로 처리되고 있음을 지적한다. 이들의 실제 삶의 경험은 찝찝하고 그 경험의 근거를 추론하고 이해하는 것이 어려울 수 있다. 이는 개인이 지니고 있는 특정한 처리 방식으로 볼 수도 있겠지만 어떤 이유이든지 분명하지 못한 방식의 자극 처리는 실제 장면에서 적응력을 보장하기란 어렵다는 것을 의미한다. 표에서 Where set 관련 변인들의 일반적인 읽기정보를 정리하였다.

〈표 6-9〉 Where set 관련 변인들의 읽기정보

Where set			
반응영역		DQ	
W	− 높은 지적 수준 − 지적 호기심 − 낮은 지적 수준 − 자극 경험에 대한 부담	+	− 선명하게 경험되는 자극 − 경험된 자극들을 의미 있게 처리 − 활성화된 자극 처리에 대한 압박
D	− 스트레스에 대한 단순화 − 스트레스 자극의 차단 노력 − 인지적 노력의 부담 − 문제해결을 위한 심사숙고의 부재	o	− 효율적인 자극 처리 시도 − 요구된 스트레스에 대한 차단 − 심사숙고에 대한 부담으로 인한 회피 − 경험된 자극들에 대한 분명한 근거
Dd	− 통제된 상황에서의 적응을 위한 회피 − 새롭고 독특한 현상에 대한 흥미 − 정신병적으로 지엽적 사건에 몰두	v	− 자극에 대한 효율적 처리의 어려움 − 지각에 대한 모호한 근거 − 인지적 효율성의 부재
+S	− 반항, 분노, 적개심 − 소속된 환경을 편하게 경험하지 못함 − 통제에 대한 불편감 − 삶에 대한 자율적 태도	v/+	− 경험된 자극들에 대한 처리압력 − 자극 처리 의도의 모호함 − 비의시적 자극 처리의 활성화 − 현실 검증에 대한 불편감

3) How set 변인의 읽기정보

How set는 결정인과 FQ의 조합으로 이루어져 있으며 이 중 결정인은 RIM에서 개인의 성격 구조와 성격 역동에 대한 정보를 담고 있는 가장 핵심적인 항목이라 할 수 있다. 각 결정인은 저마다의 고유한 성격 특징을 반영하면서 다른 결정인들과 유기적인 상호작용을 갖고 있다. 하지만 모든 결정인이 그와 직결된 본연의 성격적 측면을 지적하는 것만은 아니다. 우선, 각 결정인이 어떠한 읽기정보를 갖고 있는가를 알아보고자 한다.

첫 번째 항목으로 F는 분명한 잉크반점의 속성 자체를 참조하여 반응하게 되었을 때 채점된다. 로르샤하 잉크반점이 특정 실존하는 무엇으로 보기에는 모호하긴 하지만 분명한 형태적 특징이 있다. 이는 잉크반점의 형태가 실제 삶에서 특정 존재와 일치한다는 분명함이 아니라 잉크반점으로서 카드에 실재한다는 의미이다. 그렇기 때문에 잉크반점이 갖고 있는 실제의 형태적 특징은 충분히 지각 가능한 것이며 그러한 형태적 특징이 자신이 반응하게 된 이유가 될 수 있다. 하지만 이러한 반응 결정은 자신만의 내부세계에서 정신적 내용의 투여가 거의 배제된 것으로 볼 수 있으며 현실적 자극에 준해 의사결정을 내린 것에 불과하다. 이러한 점 때문에 F가 갖고 있는 정보는 주어진 자극에 대해 정신적 내용의 투여를 최소화하고 있음을 지

적하게 된다. 물론 형태적 속성에 한해 반응하게 된 정신 내적인 과정의 이유는 직접적으로 알 수 없다. 일반적으로 추정해 볼 수 있는 이유들은 외부 자극들로부터 경험하게 될 사고와 정서를 포함하는 심리적 부담을 차단하거나 상쇄하고자 한 결과일 수도 있으며 당면 상황을 심사숙고하지 않고 있을 수도 있고 현실에 대처하는 방식으로 자신의 자율적 기준에 따라 반응을 유보할 수도 있는 것이다. 또한 정신병리를 포함하여 자신이 원하지 않은 상황에서 습관적이고 자동적으로 모든 심리적 기능이 차단되었을 수도 있다. 드물지 않게는 개인의 능력 부족이든 상황적으로 능력을 발휘할 수 없었든 간에 자신의 심리적 경험을 언어화할 능력의 부재로 단순하게 표현할 수밖에 없는 경우도 있다.

두 번째 항목으로 움직임과 관련된 M, FM, m이 있다. 흔히 운동이라는 용어로 개념화하게 되면서 미묘하게 의미가 달라지곤 하는데 이 세 가지 결정인으로 채점된 프로토콜에서 반드시 운동이 일어나는 것은 아니기 때문이다. 그렇기에 '운동을 하고 있는 반응'으로 의사소통을 하는 것보다 '움직임이 나타나는 현상'으로 이해하는 것이 분명한 이해에 도움이 된다. 인간의 감정의 움직임을 제외한 모든 경우에 기본적으로 움직이는 '무엇'이 전제되어야 움직임이 일어날 수 있으므로 운동반응은 F에 '움직임 현상'이 더해진 조합이라고 볼 수 있다. F와의 차이점은 이차원에 존재하는 잉크반점에 동적요소를 추가했다는 것이며, 이는 다분히 내부세계에서의 정신적 과정을 거친 반응이라 할 수 있다. 이러한 정신적 과정은 분명히 존재하는 형태적 속성을 참조한 개인적 사고의 첨가를 반영한다. 잉크반점을 제시받은 후 경험되는 내용이 부정적인 스트레스와 관련된 경험일지라도 움직임을 부여한 것은 이러한 부정적 경험들을 사고를 통해 발현시키고 또는 대처하고자 하는 시도라 볼 수 있다.

우선, M은 세 가지 조건에 부합할 경우 채점이 되며, 첫째, 소위 인간 대상이 가능하다고 여겨지는 움직임을 언급한 반응, 둘째, 해당 동물 종이 마땅히 행할 것으로 여겨지는 종 특유의 움직임을 제외한 행위를 언급한 반응, 셋째, 인간이건 동물이건 무생물이건 간에 해당 대상의 움직임이 인간의 환상 및 공상 또는 상상이 동원된 창조적인 움직임으로 언급될 경우에 채점이 될 수 있다. 이는 단순히 잉크반점이 가진 분명한 형태적 속성에 이끌려 반응한 것이 아닌 자신의 경험[21]을 내부세계에서 활성화하여 정신

---

21) 종합체계에서 경험은 experience와 자극(stimuli)의 개념을 모두 포함하고 있으나 이 맥락에서는 자극으로서의 개념과 유사하다. 자극들을 자신의 내부세계로 받아들이는 현상을 아우르는 의미에서 경험인 것이다. 상식적으로 사용하는 단어로서 '경험'은 과거 자신이 체험하고 겪은 내용들을 떠올리는 경우가 많기 때문에 구별할 필요가 있다.

적 작업을 하고 있다는 것이며, 이 작업에 부가되는 에너지를 실제 반응으로서 표현했다는 것을 의미한다. 그리고 자극-반응은 원초적 경험의 처리가 아닌 개인적 사고가 반영된 짜임새 있는 처리 과정을 반영하기도 하며 정신적 작업을 지속할 수 있는 능력을 시사하기도 한다. 하지만 움직임 중에서도 환상이나 공상 또는 상상이 동원되는 등의 움직임과 관련되어서는 만연되어 있는 개인적 그리고 주관적 사고 과정을 의미할 수도 있다. 어떠한 의미이건 M은 사고를 형성하고 수행을 할 수 있는 지적 수준 및 활성화된 사고의 수준을 지적하며 경험을 대하는 방식이 내적 사고를 통해 발현되고 있다는 것을 지적하는 것이다. 한편, FM과 m은 공통적으로 당면한 현실에 대한 반응적 사고를 의미한다. 이는 스스로가 자발적으로 자신의 사고 기능을 활용한 것이 아닌 어쩔 수 없이(unavoidable) 작동되는 사고라 할 수 있다. 차이점으로, FM은 자신의 실제 삶의 자극경험 내용이 유쾌한 것이라면 원하는 만큼 채워지지 않은 것에 대한 갈증일 수도 있지만 그 경험의 내용이 불쾌한 것이라면 부정적인 자극 경험 자체를 억제한 부작용을 반영한 것일 수도 있다. 또한 원하는 것을 기대해도 채워지지 않을 경우 체념하려는 태도와도 관련이 될 수 있다. m은 인정하기 싫은 상황들이지만 인정하지 않을 수도 없고 부정하기 힘든 분명한 불쾌한 상황들에 처해 있는 경우이다. 우산도 처마도 없이 장대비가 오는 상황에서 어찌할 수 없는 불편감을 고스란히 감내해야 하는 상황인 것이다. 이러한 찝찝함은 비가 그치고 상쾌하게 샤워를 하고 환복을 한 뒤에야 사라지는 것이다.

다음 결정인 항목은 유채색 계열로서 C, CF, FC 그리고 CN이며 이들은 모두 정서적 경험과 관련이 되어 있다. 이 세 가지는 내부세계 및 외부현실의 장과의 접촉에서 발생하는 정서경험과 정서표현의 양과 질을 의미한다. 정서경험과 정서표현은 인간의 기본적 경험의 측면으로서 적응에 필수적인 능력이다. 우선 C는 현실적 정보가에 적합한 수준의 정서표현을 넘어서는 정제되지 않은 정서표현과 관련이 있으며 해당 정서가를 심사숙고하지 않고 관념적 처리 과정이 적절히 작동되지 못하고 있음을 시사한다. 이러한 경향은 CN에서 증폭되어 적절하고 적응적인 정서표현의 상당한 어려움을 지적한다. 하지만 C와 CF가 연령 기준보다 낮은 수준을 보일 경우 정서경험과 정서표현의 자율성이 부족하며 정서적 자극을 처리하는 능력이 억제되어 있음을 의미할 수 있다. 반면, FC의 경우에서는 정서적 자극을 경험하고 표현하는 양과 질이 현실적 자극에 준해 있으며 정서적 상황에서 자신의 정서경험 및 정서표현에 대한 근거를 갖고 있고 안정감을 유지할 수 있는 능력으로 나타나기도 한다. 하지만 연령 기준보다 압도적으로 높은 FC는 자신의 자율적인 정서경험과 정서표현을 자제하는 경향을 반영하며 정서적 상황에서 너무 조심스러워 하는 모습으로 나타난다거나 해당 정서적 상황에 의존적인 태도로 나타날 수 있다. 반면, 낮은 FC는 자신의 정서적 경험과 표현의 근거를 쉽게 알아차리는 것이 어려우며 의식적으로건 비의식적으로건 어쩔 수 없이 통제되지 않은 정서경험과 표현의 양상을 의미하기도 한다.

무채색 결정인 C′은 다른 음영 결정인들과 함께 부정적인 정서경험을 지적하는 구조변인이다. 통제할 수 없는 부정적 정서를 경험하며 그 경험의 근거를 찾는 과정에서 외부현실에 합리적으로 귀인할 수도 없는 상황을 의미하는 것이다. 결국 그 정서적 경험은 내부세계 내에 머물러 지속적인 불쾌감을 느끼게 한다. 단, 특정 경우에 한해서는 F와의 조합에서 FC′의 높은 경향을 보인다면 경험하는 불쾌한 정서의 출처 탐색이 외부현실에서 어느 정도 이루어지고 있을 가능성이 있다. C′과 더불어 음영반응 결정인의 잦은 동반 출현은 부정적 정서경험의 적응 수준이 더욱 심각함을 보여 준다. 구체적으로 음영재질 반응 결정인 T는 현재 연결된 정서적 대상과의 관계에서 기대한 수준에 미치지 못한 불충분한 정서적 경험과 연결되어 있다. 이는 현실적인 보살핌의 수혜 수준이 아닌 주관적인 기준에 대한 불충분함을 의미하기 때문에 당면한 현실에서 애정의 부족에 대해 상당한 불안을 경험하기도 한다. 만약 T가 없다면 인간의 기본 욕구라 알려진 관계의 욕구 자체에 체념하거나 미련을 두지 않음이 반영된 것으로 볼 수 있다. 그렇기에 주요 정서적 대상과의 관계를 갈구하거나 정서적 수혜를 요구하려는 시도 자체를 중단한 결과이기도 한 것이다. 역시 특정 경우에 한해서는 F의 조합을 고려하여, FT의 경향은 단일 T의 부정적 의미가 다소 희석될 수 있으며 정서적 경험에 대한 어느 정도의 현실적 근거를 갖고 있을 가능성이 높다. 음영차원 반응 결정인 V는 부정적인 정서경험이 자기 자신을 바라보는 시선과 관련이 있다. 건강한 자기검증 및 자기검열은 긍정적인 정서를 유지하는 데에 도움이 되지만 V가 시사하는 자기검증 및 자기검열의 끝은 부정적이고 미약하고 열등한 자기감과 연결된 부정적인 경험인 것이다. 물론 특정 경우에 한해서 F와의 조합은 부정적 정서성을 희석시키긴 하지만 자신에 대해서 부정적인 평가는 안정적인 특성을 보인다. Y는 당면 스트레스 상황에서 이를 해결하기 위해 어쩔 도리가 없이 막연하고 광범위하게 경험되는 불안을 시사한다. 그래서 해당 스트레스 상황을 모면하고자 하나, 현실적 대처 및 생산적인 해결을 하는 목적이 아닌 회피 및 도피하려는 시도일 수도 있고 어찌할 수 없다는 혼란감을 반영하기도 한다. 잦은 Y의 빈도는 자신이 경험하는 부정적 정서가 명확히 어떠한 것인지 파악하기 어렵기 때문에 그러한 감정을 표현하는 것 또한 어려우며 모호한 정서적 불편감을 고스란히 감내할 수밖에 없는 상황을 의미하기도 한다.

다음 형태 차원 반응 결정인 FD는 관찰자아가 가지고 있는 특징처럼 자신과 자신을 둘러싼 현실 장면을 관망하고자 하는 경향이며 자신의 사고 및 정서를 조심스럽게 경험하고 표현하는 제동기 역할을 할 수 있는 능력을 의미한다. 하지만 높은 수준의 FD의 경향성은 이러한 관망적 태도로 인해 외부현실에서 요구받은 수준 이상의 조심성으로 나타날 수도 있다. (2)와 r은 공통적으로 자기 자신에 관심이 몰두되어 있음을 지적하는 구조변인이다. (2) 그리고 r은 한 대상의 존재가 또 다른 한 대상과의 관계 내에서 자신이 '바라봄' 또는 '관련됨'의 대상이 된다는 의미하기 때문에 개별적인 존재를 가진 두 대상과의 평행적 관계를 의미하는 것과는 다르다. 자신이 보고자 한 대상을 보는 과정에서 항상 또 다른 한 대상을 고려한 것이며, (2)보다 r은 주된 대상이 확장된 동일한 존재성을 갖고 있는 반응으로 이해할 수 있다. 이러한 자신에 대한 관심을 투여하려는 경향성은 사회적 관계 장면 내에서의 수용 가능 여부 및 수준에 따라 적응성이 달라진다. 각각을 살펴보면, (2)는 오롯이 한 대상인 자기 자신만을 염두에 두는 것이 아닌 자신과 관련된 또 다른 대상을 함께 반응하게 되는 것이면서도 동일한 존재는 아니면서 고유의 특성을 가진 '또 다른 대상'이 아닌 대상인 것이다. 이는 내가 있다는 것이 끝이 아니라 나와 관계된, 하지만 고유한 존재로서 다른 대상의 속성을 차별적으로 부여하지 않은 반응인 것이다. 이는 현실에 존재하는 대상들을 자신과 관련짓고자 하나 그들의 고유한 존재 가치를 인정하기보다 자신이 존재하고 있음을 느끼고자 하는 근거를 갖추려는 시도에서 또 다른 대상을 고려하는 것이다. 반면, r반응에서 비친 대상은 의심의 여지없이 보고된 대상의 분신이며 그 대상 자신의 모습인 것이다. 이는 외부 대상의 존재를 애초에 고려하지 않은 자기 자신과 또 다른 자기 자신의 내적 관계를 의미한다. 그렇기 때문에 (2)보다 더 자기에 몰두되어 있으며 현실적인 대상들과의 관계에서 자신의 존재가 다른 대상들로 하여금 어떠한 대상으로 인식되는가는 큰 관심사가 아니라 볼 수 있다. 그렇기 때문에 자신에 대한 확신감과 몰두는 대인관계에서 발생하는 관계의 문제를 직면하고 수용하기 어렵게 하기도 한다.

〈표 6-10〉 How set 중 결정인과 관련된 읽기정보

항목	읽기정보	
F	외부현실에 존재하는 특징에 단순하게 반응 스트레스 경험에 대한 차단 및 회피 스트레스 조절을 위한 자율적 시도 요구받은 복잡한 경험을 최소화하려는 경향성 및 반응 유보 정신병리적 증상으로 인한 심사숙고에 대한 부담	
M	경험 내용에 대한 정신적 처리가 이루어짐 당면한 경험에 대해 정신적 처리를 유지할 수 있는 사고능력 및 인지적 능력 환상, 공상, 상상과 관련된 주관적·개인적 사고 경향 자극을 입력하고 현상에 접근하고 경험 내용을 다루는 내향적 방식	
FM m	당면한 상황에서 요구받은 부정적 사고	바람에 충족되지 못한 부정적 사고 회피 및 대처 불가능한 상황에서의 부정적 사고
CN	정서적 자극이 과도하게 억압된 신경증적 표출	
C	정서적 자극에 대한 통제 및 조직화되지 않은 경험과 표현, 자율적 정서표현 경향	
CF	실제 장면에서 근거를 파악할 수 있을 정도에서 쉽고 빠르게 경험되는 정서적 자극	
FC	정서적 자극에 대한 조심성, 정서표현의 지연 및 억제	
C′	벗어날 수 없는 불쾌한 정서적 자극의 지속적 경험	
T	주요 대상들과의 관계에서 불충분한 애정과 정서적 관계를 형성하고 유지하고자 하는 태도	
V	미약하고 열등적인 자기 자신과 관련된 부정적 정서적 경험	
Y	당면한 스트레스 상황에서 막연한 불안과 이를 모면하고자 하는 막연한 도피 및 위축	
FD	자신과 자신을 둘러싼 상황으로부터의 경험에 대해 관망하려는 시도	
(2)	타인과의 관계의 틀 내에서 자기우선의 경향성	
rF/Fr	타인과의 관계를 고려하지 않은 수준에서 자신에 대한 확신감과 몰두 경향성	

How set의 나머지 한 항목인 FQ($X^{22)}$)는 RIM에서 가장 중요한 항목 중 하나이며 개인의 삶의 현상들을 경험하는 질적 수준에 대한 깊은 정보를 제공한다. 우선 FQ가 가진 정보는 주어진 잉크반점 자극을 존재하는 형태 속성에 적합하게 현실적이고 관습적으로 지각할 수 있는가에 대한 정보다. 만약 충분히 자극에 준하는 지각으로 인정하기 어려운 수준이라면 수검자는 외부현실의 자극보다 내부세계의 관점으로 해당 반응을

---

22) 종합체계에서는 X는 FQ를 표기하는 또 다른 기호로서 사용한다. FQ+, FQo, FQu, FQ-, FQn은 각각 X+, Xo, Xu, X-, Xn으로 바꾸어 사용할 수 있으며, 예를 들어 FQ의 정보를 담고 있는 구조변인들은 X+%, Xu, X-%, XA%로 기록할 수 있다.

한 것으로 인정할 수 있다. 이는 투사적 내용이 포함된 반응으로 볼 수 있으며 수검자의 내부세계에 대한 정보를 많이 담고 있는 반응이다. FQ에 포함되는 기호는 기본적으로 'o' 'u' '−' 세 가지와 추가적인 기호 '+'와 'n' 두 가지가 있다. 구체적으로 살펴보면 'o'는 주어진 잉크반점의 형태적 속성을 사용하여 쉽게 빠르게 지각이 가능한 대상을 보고하였을 경우에 기호화된다고 설명하였다. 그렇기 때문에 자신이 경험하는 자극들, 즉 외부현실 및 내부세계에서 경험되는 다양한 자극을 있는 그대로 또는 실재하는 현상을 실제적인 형태 속성에 근거하여 지각하고 있다는 의미를 갖는다. 현실에서 당면하는 문제를 명백하게 바라볼 수 있고 자신의 사고와 감정을 깨끗하게 지각할 수 있다는 것이다. 다시 말해, 이러한 경험에 대한 인식은 vivid experience와 비유해 볼 수 있다. 만약 반점이 지니고 있는 명백한 형태 정보를 알뜰히 사용하여 지각한 경우의 'o'는 '+'로 승격하여 기호화할 수 있다. 다시 한 번 강조하고자 하는 것은 '+'는 'o'를 필수조건으로 만족시킨 이후 고려해야 할 의사결정이며 이 둘 모두는 내부세계 및 외부현실의 자극들을 있는 그대로 경험할 수 있다는 의미라는 것이다. 간혹 '+' 반응에서 개인의 투사 내용이 의미 있게 반영될 경우가 있다. 이 경우는 형태 속성에 준해 충분히 섬세하고 구체적인 기술을 하는 과정에서 상당한 윤색 시도를 할 경우인데 충분히 눈여겨볼 필요가 있는 반응일 것이다. 'u'에는 두 가지 위치를 고려한 읽기 정보가 존재한다. 우선 'o'와 가까운 'u'인가와 '−'와 가까운 'u'인가를 구분하는 것이 필요하다. 'u'는 실재하는 현상들을 명백하게 지각하는 것이라기보다 주관적이고 임의적인 것이며 '−'라고 하기에는 실재 현상과 크게 동떨어진 지각은 아니다. 만약 'o'와 가까운 'u'일 경우에 충분히 있는 그대로 지각할 수는 있으나 보다 독창적이고 자발적이고 자신의 고유한 방식으로 세상을 경험하고 있을 가능성을 검토해 보는 것이 필요하다. 반면, '−'와 가까운 'u'일 경우에는 실재하는 내부세계와 외부현실의 자극들을 있는 그대로 지각하기 어려운 것으로, 다소 자폐적이고 실재하는 외부현실을 지각하는 과정에서 내부세계의 논리가 보다 많이 참조되고 있음을 의미할 수 있다. 그렇기 때문에 '−'와 가까운 'u'는 일상적인 관습적 상호작용 및 대인관계 방식에 적응하는 것이 다소 어려울 수 있다는 것을 지적한다. 어떤 위치에서라 하더라도 'u'는 실재하는 자극들을 명백하게 있는 그대로 지각하기보다 자신의 고유한 내부세계의 지각 방식을 선호하고 있음을 의미하는 것이다. 마지막으로 '−'는 실재하는 자극들이 개인의 경험을 촉발하는 것은 맞으나 그 자극들을 과도한 자신만의 내적 경험체계를 통해 지각하려고 하고 또는 입력해 버리는 것을 의미한다. 이러한 개인의 독자적인 체계를 참조한 경험 내용들은 실재하는 현상으로서의 자극과는 심히 동떨어져 있는 정보라 할 수 있다. 삶의 장면에 존재하는 많은 자극은 '−' 방식의 지각적 필터를 통해 입력될 경우 자신의 내부세계에서 경험하는 생각과 감정들을 적절히 알아차릴 수가 없고, 그에 따른 생각과 감정이 왜 경험되었는지에 대해서도 당위적이고 합리적인 설명이나 이해를 할 수가 없게 된다. 외부세계와의 경험에서도 마찬가지로 경험된 자극들은 상당히 임의적이고, 특히 대인관계 장면에서 상대의 생각과 감정 또는 그들이 자신에게 접근하는 의도를 분명히 알아차리는 것은 어려워질 것이다. 그렇기에 외부현실의 자극들과 접촉할 경우 보다 심각한 현실검증력의 저하를 의심할 수 있으며 이들의 지각 방식은 상당히 자폐적이고 부적절한 것으로 보일 가능성이 높아진다. 이에 더해 'none(n)'은 실재하는 내부세계 및 외부현실에서의 자극들을 하나의 현상으로, 즉 고유하고 독립적인 사상으로 조직화하여 지각할 수 없음을 의미한다. 그 이유인즉, 당면한 정보들을 독립된 사상으로 직시할 만한 인지적 능력이 저하되어 있는 상황일 수도 있으며 다양한 불안 요인으로 인해 스스로 삶의 경험들을 명료하게 조직화하려 하지 않고 회피하려는 시도일 수도 있을 것이다. 어떠한 이유에서든지 이들은 흐리멍덩하게 내부세계와 외부현실의 자극들이 입력되어 버리거나 접근하고 있음을 의미하는 것이다.

FQ의 의미를 정리해 보면 마치 깊은 바다 위에 떠 있는 밝고 맑은 달을 바라보고 있는 장면에 비유해 볼 수 있다. 어느 위치에 있건 달이라는 자극 또는 현상을 지각하는 것은 말 그대로 지각(perception)하는 것이다. 이 달은 누가 보더라도 하늘에 떠 있는 달로서의 달이어야 한다. 달이 아니고서야 다른 어떠한 것일 수가 없다. 달을 달이라 명백히 지각할 수 있는 것을 순수지각(pure perception)이라 한다.[23] 높은 파도가 일더라도 수면에 누워 달을 감상할 수도 있으며 한 척의 배 위에서 달을 보면서 달 속 토끼를 그리며 감상에 젖을 수도 있다. 이들 모두 달을 달이라 명백하게 지각이 가능한 것이며 배 위의 사람은 수면에 있는 것보다는 흔들림 없는 초점으로 달을 면밀히 관찰할 수도

---

23) 현상학적으로 pure의 의미는 지각 현상에서는 불가능한 것이다. 실재하는 것은 그 자체로서 존재하는 것이며 이를 정확히 지각하고 있음을 증명할 방법은 없다. 눈이 달린 모든 존재가 노란색의 달이라고 할 때 이를 부정할 수는 없으며 하얀색 달이라 할지라도 이견은 없을 것이다. 그렇기에 실재하는 것을 가감 없이 정확하게 그 존재를 지각한다는 것은 원론적으로 증명할 방법이 없다. 내가 보는 노란 색감이 다른 누군가에게도 동일한 노란 색감으로 지각되리란 보장은 없다. 하지만 어떤 노랑이든 하양이든 간에 그 달을 의심의 여지없이 달이라고 보는 것은 거의 정확히 일치되며 그 정도의 지각은 우리가 적응하는 데에 필수적이고 기초적인 기능이다. 모든 사람이 또는 대부분의 사람이 그 정도로 충분히 동일하고 일치한다고 할 수준에서 정확함을 직시할 때 순수 지각이라고 가정할 뿐이다.

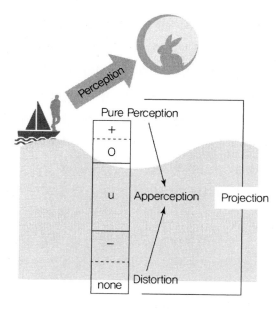

[그림 6-3] FQ의 구조와 양태

있다. 이는 'o'와 '+'와 관련이 된다. 하지만 'u'의 위치에서는 파고가 낮아질 경우 실재하는 달을 거의 명백하게 달로서 지각하겠지만 파고가 높아질 경우 물속에 비친 흐려진 달을 볼 수도 있다. 주위 환경에 따라 달의 선명도는 반복적으로 달라질 수 있다. 어떤 경우 그 달을 달로 보지 못하고 고기잡이배의 조명으로 또는 등대의 길잡이 불로 또는 다른 어떤 물체로 지각할 수도 있다. 하지만 그곳에 달 또는 그 유사한 어떠한 존재가 있음을 상황적 참조체계 내에서 지각이 가능한 것이다. 그런데 '-'의 경우에는 보다 깊은 바닷속에서 머물러 있기 때문에 무언가가 존재함은 어설프게나마 지각이 되긴 하겠지만 그것이 무엇인지 알 수가 없기에 달의 속성과 전혀 일치하지 않는 다른 무엇인가로 지각하게 된다. 귀신일 수도 있고 새일 수도 있고 사람일 수도 있고 날고 있는 물고기일 수도 있다. 실제로 그러한 것인지는 알 수도 없는 상황에서 무언가의 존재를 인식하게 된다면, 모호함을 분명히 해야 한다거나 스스로 하고자 하는 주위의 요구 및 내적 동기를 통해 경험된 현상을 조직화하게 된다. 그 결과 경험된 자극에 대한 정보는 다분히 개인의 내부세계에서 결정된 것으로 실재하는 현상과는 일치할 가능성이 낮아진다. 실재하는 현상과 그에 적합한 지각의 차이가 커지면서 결국 그 지각은 전혀 현실적이지 못한 지각경험이 되어 버리며, 이를 왜곡(distortion) 또는 왜곡된 지각이라고 한다. 이뿐만 아니라 왜곡된 지각의 극단의 측면에서 'n'은 실재하는 자극에 대한 경험이 어떠한 경험인지를 스스로도 분명한 상조차 형성시킬 수 없다. 오로지 느낌에 의존하게 된다. 일상적 의미에서 '감각적으로 움직인다'는 것처럼 육감적으로, 감각적으로, 느낌으로 지각하기를 요구받은 현상을 경험할 뿐이다. 그렇기 때문에 'n'은 '─'에 비해 더욱더 모호한 지각경험을 하고 있다고 볼 수 있다.

　그렇다면 순수지각 및 충분히 선명한 지각의 경험에서부터 왜곡된 지각경험까지의 연속선에서 지각현상은 어떤 의미를 갖고 있을까? 결국 이 과정에서 일어나는 지각경험은 필연적으로 실재하는 현상에 충분히 준하는 지각과 내부세계의 참조체계를 통해 지각되는 스펙트럼인 것이다. 파고의 변화에 따른 지각의 불명확성은 실제 삶 속에서 적응을 해치지 않은 정도의 수준이라면 수긍 가능한 정도이나 그 지각수준이 적응상의 문제를 발생시킬 정도일 경우라면 한 개인의 비기능적인 내부세계의 참조체계의 장해로 보게 되는 것이다. 좀 더 넓은 의미로서 연속선상에서의 지각은 실재 현상의 속성에 적합하지 않은 정도만큼 개인의 내부세계의 참조체계를 통한 지각의 결과라 볼 수 있고, 이 내부세계의 총체적 지각경험을 통각(apperception)[24]이라고 한다. 통각은 일반적인 지각(perception)에서 무언가가 더해진(α, a) 지각물의 전체로서의 총체적인 지각을 의미한다. 이러한 통각에서 내부세계의 참조체계로부터 발생한 지각내용은 개인의 성격의 구조적 역동적 측면을 반영하는 것이라 추정하는 것이다. 그렇기에 '─'와 'n' 수준의 반응들은 개인의 상당한 내부세계에 대한 내용을 탐색해 볼 수 있는 단서로 여겨지며 해당 반응의 주제심상을 통해 유용한 해석적 가정을 만들어 가는 데 사용되는 것이다.

　이러한 지각 경험들은 결국 RIM 과정에서 언어화된 실제적 반응으로 나타나게 되며 그 입력과 처리 그리고 반응의 처리 과정을 거친 결과물로 얻어진다. 이러한 지각의 전체 과정에서 이루어지는 심리적 현상들을 아울러 개념화한 개념이 바로 투사(projection)다. 결국 투사법을 활용한 검사들 또는 투사적 측정이라는 말은 바로 삶의 장면에서 개인이 지니고 있는 내부세계의 참조체계의 양상들을 측정한다는 의미이며 대표적으로 RIM은 로르샤하 잉크반점 자극을 통해 의도적으로 개인의 투사 내용 및 과

---

24) '통각(거느릴 統, 깨달을 覺)'은 대표적인 사전적 의미로서 개인이 형성한 지각적 상을 실재하는 사상에 녹여내어 통합적으로 깨닫게 됨을 일컫는 용어다. 하지만 '통각'이라는 단어와 지각양상에서 사용하는 'apperception'은 의미 전달상 의미의 방향성에 다소 차이가 있다. '통각'은 통각하는 주체의 지각현상에 중점을 두었다면 'apperception'은 '통각'의 재료가 되는 또는 대상이 되는 사상에 보다 중점을 둔 용어라 볼 수 있다. 이 책에서는 'apperception'의 개념에 중점을 두고 있으나 해당 지각과정을 개념화할 수 있는 '통각' 외의 보다 적합한 또 다른 단어로 개념화하는 것은 상당히 곤란한 작업이기에 '통각'으로 사용하고 있다.

정들을 측정하는 것이라 할 수 있다. 의도적이라는 의미는 명백히 떠 있는 달을 지각하게 하는 것이 아닌 기본적으로 흐리멍덩한, 즉 모호한 현상을 개인에게 제공하면서 보다 체계적이고 객관적으로 투사의 수준을 측정할 수 있도록 했다는 것을 의미한다. 이러한 속성으로 인해 RIM을 객관적이면서도 투사적인 또는 주관적인 방법이라고 할 수 있다.

(4) What set 변인의 읽기정보

What set에 포함되는 '반응 내용'과 평범반응, 'P'는 주로 세상에 존재하는 다양한 현상 중 자신의 주의를 끌고 흥미를 느끼고 선호하며 편안해하는 것과 그렇지 않은 현상들을 탐색해 볼 수 있는 변인들이라고 볼 수 있다. 그리고 이는 대부분의 사람이 일반적으로 경험하는 방식에 부합하는 방식으로 지각하고 있는가에 대한 정보를 담고 있다. 인간이 적응하기 위해서는 인간이기 때문에 기본적인 주의와 관심이 유지되어야만 하는 현상이 있는 반면에 상황에 따라 그 주의와 관심이 변하거나 특정한 현상에 더 몰두하게 되는 현상이 존재한다.[25] 특히 다양한 인간과 공유하는 삶의 영역은 벗어나지도 못하며, 벗어나는 것 또한 소위 인간다운 적응을 유지하기란 어렵다. 어쩌면 인간과의 관계 영역 밖에 자신을 두면서 존재의 가치를 느끼며 충분히 잘 생존하는 사람도 존재하긴 한다. 하지만 자기 자신부터가 한 인간이며 그러한 인간으로서 자신은 인간이기 때문에 경험하게 될 수밖에 없는 현상의 장에 던져져 있는 것은 사실이다. What set 중 반응내용에 포함된 26가지의 기호는 다양한 현상을 모두 완벽하게 구분 지은 것은 아니다. 그런 연유로 Id 기호에 26개의 항목에 묶을 수 없는 잡동사니의 내용들을 모두 넣어 두게 된다. 어떻든 간에 각 반응내용은 총체적인 연구를 바탕으로 수검자들이 보고한 반응내용의 빈도를 참조하고 있다. 당연히도 인간 존재로서 관심을 가진 현상은 인간과 관련된 현상들이고 이러한 인간과 관련된 반응내용이 가장 빈번히 나타난 반응 중 한 영역이기도 하다. 그래서 인간 관련 반응내용들은 기본적으로 인간에 대한 관심을 나타내는 변인으로 인정되고 있고 실제 수검자들에게서 다른 내용들보다 빈번하게

---

25) RIM이 한 개인에 대한 이해에 유용한 도구로서 기능한다는 의미는 기본적으로 인간 존재로서 살아가고 있는 개인과 인간의 삶 속에서 적응적으로 살아가는 것을 주요한 가치로 삼고 있는 듯하다. 이는 절대적 존재의 궁극적 가치가 아니라 인간 삶이라는 테두리 내에서 생존하고 잘 살 수 있는 것을 지향하고 있다. 이러한 관점에서 반응내용의 함의는 인간 관련 내용 반응을 보다 가치 있는 것으로 보고 이러한 인간 관련 내용 반응을 적응의 기본으로 삼고 있다고 볼 수 있다.

나타나곤 한다. 하지만 인간 관련 반응내용 빈도가 많다 하더라도 그 인간 관련 내용의 질에 따라 해석적 가정은 달라질 수 있다. 풍부한 가정을 기대할 수 있는 반응내용의 해석적 유용성은 다른 구조변인 세트들과의 계열적 양상을 검토하면서 이해할 수 있을 것이다.

우선 인간 관련 내용 반응들은 H, Hd, (H), (Hd), Hx이며 전체 반응의 양과 질을 함께 고려해 보게 된다. 양적 측면이 담고 있는 정보는 한 인간으로서 살아가는 장면이라면 인간에 대한 관심과 흥미를 갖고 있다는 것은 생존과 적응에 도움이 된다는 전제에서부터 이해할 수 있다. 실제 인간에 대한 관심이 부족한 사람들은 인간들과의 관계 외의 게임, 소설, 영화, 독특한 취미, 공상 등의 측면에 관심을 더 갖고 있을 수 있으며 진즉 인간과의 관계를 불편해할 수 있다는 것이다. 물론 인간들과의 관계에 불편하지 않은 수준에서 충분한 관심을 가진 뒤에 개인적인 영역에 관심을 가지는 것은 기본적인 적응에 해를 끼치지는 않는다. 그렇기 때문에 인간 관련 내용 반응들은 기본적인 수준을 유지하고 있는가를 검토하게 되는 것이고 높은 빈도의 인간 관련 내용 반응들로 나타날 것이다. 그 기준은 적어도 2개 이상일 경우 인간 대상들과 관계하는 것이 기본적인 수준이라 하며, 4개 이상일 경우에는 인간상에 대해 자율적 또는 요구받은 인간상에 대한 충분한 주의를 의미하는 것으로 알려져 있다. 이는 절대적 기준이 아니라 다분히 경험적 자료를 바탕으로 설정된 기준이며, 인간에 대한 관심 및 주의 동기에 대한 기본적인 가설을 설정하는 데에 참고할 수 있는 정보다. 하지만 이러한 기준이 미달할 경우에는 어떠한 경우에든 실제 삶에서 인간들과의 관계에 관심이 부족하다거나 누적된 시간 동안 적절한 인간관계의 부재를 의심해 볼 수 있다.

이러한 양적 기준과 함께 실재하는 인간 대상 여부와 부분적인 인간상 여부를 통해 실제적이고 관습적인 관계의 양상을 검토해 볼 수 있다. H와 Hd는 실제적인 인간 대상을 보고한 것이며 (H)와 (Hd)는 실제적이지 않은 인간 대상들을 아우르는 상징적인 인간상을 의미한다. H와 Hd는 현실적인 인간들과의 관계에 접촉 및 관심은 있다고 볼 수 있으며, 반면 (H)와 (Hd)는 실제적 대상들과의 관계보다 자신의 주관적이고 공상적이고 실제 인간상의 대용물과 유사한 인간상에 관심 및 접촉이 있는 것이다. 이는 실제 삶에서 자동적이고 비의식적 수준에서 인간 대상들과의 온전하고 편안한 관계가 되지 않거나, 또는 그 이유가 불편함인지 아닌지는 결정할 수 없지만 어떠한 이유에서건 자율적으로 실제적 인간관계를 철수한 경우까지 다양할 수 있다. 이와 더불어 H와 구분하여 나머지 세 가지 인간상은 온전하지 않거나 가상적인 양상의 인간상을 보고한 것이기에 온전하고 분별력 있는 실제 대인관계가 이루어지지 않고 있음을 시사한다. 부

가적으로 단일하게 Hx로만 반응내용이 채점되는 경향은, 실제 대상 자체에 대한 반응이 아닌 명백히 인간상으로 구조화하지 못하거나 하지 않은 결과이면서 인간의 감각과 감정 경험은 일어난 경우인 것이기 때문에 보다 비의식적인 인간관계 내에서 경험되는 추상적 관계 경험에 몰두 또는 압도된 것이라 볼 수 있다. 관계 장면에서 지금 이 순간 경험되는 현실적인 관계 경험보다 말로 무엇이라 할 수 없는 각 인간의 사적 경험에 주의를 두고 있는 것이라 할 수 있다.

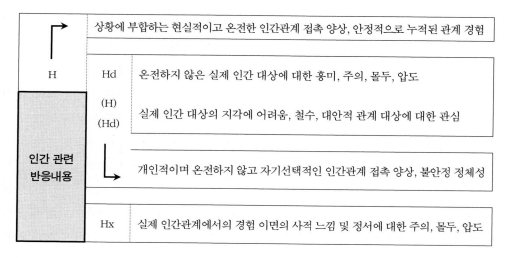

[그림 6-4] 인간 관련 반응내용에 대한 기본적 읽기정보

　　다음으로 동물 관련 내용 반응 A, (A), Ad, (Ad)는 인간 관련 내용 반응 다음으로 가장 빈번히 나타나는 반응내용이다. 동물 관련 내용 반응을 이해하기 위해서는 동물이 우리가 적응해야 하는 인간과의 삶에서 어떠한 환경으로 영향을 갖고 있는가에 대한 이해가 도움이 된다. 인간 대상과의 관계가 보다 적응적인 것이라 가정한다면, 동물 대상에 대한 관심과 주의 및 몰두는 단순히 동물을 좋아한다는 것은 아니다. 인간 대상과의 관계의 대안적 대상이 될 수도 있고 인간 대상과의 관계의 실패 및 결핍으로 보다 안전한(동물에게 버림당하지도, 통제당하지도, 원치 않은 부정적 생각과 감정을 요구받지도 않는다) 대상으로 회귀하고 철수한 결과일 수도 있다. 이러한 분석적 설명에 앞서, 사실 로르샤하 잉크반점들은 실제 삶의 장면에서 흔히 관찰 가능한 동물의 모습과 어느 정도의 자연스러운 유사한 속성을 갖는다. 그렇기 때문에 동물과 관련된 반응내용들의 빈도가 많다 하더라도 충분히 그럴 만한 근거가 있으며 무조건적으로 인간관계로부터 발

생한 부작용으로 받아들여서는 안 된다. 단, 반점의 속성으로 인한 동물 관련 내용 반응으로 충분히 설명되지 않거나 동물 관련 내용 반응들의 잦은 반복 경향성 또는 의미 있게 고려해 봄직한 투사적 주제들과 관련된 반응들이 하나의 패턴으로 확인될 경우 신중한 주의를 기울여야만 할 것이다.

반응내용 항목 중 인간 관련 그리고 동물 관련 내용 반응들이 가장 빈번하게 나타나는 내용이지만 유용한 읽기정보를 담고 있는 몇몇 반응내용이 존재한다. 기본적으로 특정 반응내용이 그와 상응하는 읽기 정보를 갖고 있을 경우, 대부분 그에 따른 주제심상을 추론함으로써 보다 유용한 해석적 가설을 세울 수 있다. 구체적으로 살펴보면, 각각의 반응내용은 단일 내용과 직결되는 읽기정보를 담고 있는 것도 있으며 유사한 내용 항목들을 꾸러미로 묶어 고유한 읽기 정보를 갖기도 한다. 우선, 고유한 읽기정보를 갖고 있는 단일 반응내용은 대표적으로 An과 Xy 그리고 Cg, Sx가 있으며 An과 Xy는 자신의 신체적 상태에 대한 주의, 몰두, 압도를 의미할 수 있다. 단, 신체의 해부학적 자료와 신체투사 촬영 자료를 다루는 생활에 속한 사람들에게서는 그들의 심리 역동적 정보가 투사된 것이기보다 지속적이고 빈번히 접촉한 환경적 자극에 의한 경험이 반영되었다고 보는 것이 바람직할 것이다. 이러한 경우가 아니라면 자신의 신체적 상에 대해 안정적이고 편안함을 갖기보다 불편한 생각과 느낌이 자극되는 강도가 높은 것이라 추정해 볼 수 있다. 이와 더불어 Sx는 성적 현상과 관련된 충동적 사고 및 느낌이 자극된 것이며 실제 삶에서도 이러한 충동을 억압 및 억제하는 사고 또는 감정 에너지가 쓰이고 있다는 것일 수도 있다. 전통적으로 Sx 반응은 종종 카드 III, VI, 더러는 카드 IV에서 나타나기도 하지만 이는 반점의 속성에 의해 당겨져 나왔을 가능성이 높은 것으로 보수적인 탐색을 해야 한다. Sx 반응을 유도하는 것이 반점의 속성이라면 해당 카드들에서 대부분의 사람에게도 Sx 반응을 자극하지만 역시나 대부분의 사람은 Sx 반응 과정에서 후차적인 순위로 미뤄 두는 방식으로 반응검열을 하게 된다. 그렇기 때문에 실제 반응으로 나타날 가능성은 낮다고 볼 수 있다. 앞서 언급한 카드 외의 다양한 카드에서 나타나거나 반복적인 양상으로 Sx가 나타날 경우에는 해석적 의미가 강해질 수 있지만 이는 보수적인 탐색이 되어야 할 것이다.

Cg는 자신과 외부 대상과의 경계를 구성하는 제2의 피부와 같다. 없어서는 안 될 것이지만 실제 삶에서 이와 관련된 스트레스 상황에 몰두되고 압도되는 경험이 반영된 것이라면 외부 대상과의 접촉에서 특별한 성격적 측면을 가정할 수 있을 것이다. 채점기준에서 살펴보았듯이 Cg는 자신의 경계를 공고히 하여 주위 대상으로부터 자기보호를 위한 기능으로 나타날 수 있고 또는 자신의 화려함과 꾸밈을 강조하면서 진정한 자기의 내부와의 직접적인 관계를 보호할 수 있기도 하다. 또는 기본적으로 자신만의 것인 자기 자신의 능력을 보완하려는 의미로 나타날 수도 있다. 첫 번째 경우의 예로는 일반적인 갑옷이나 보호용 가면 등의 내용으로, 두 번째는 드레스 등 해당 대상을 돋보이게 하는 의복 등의 내용으로, 세 번째는 날기 위해 사용하는 탈착 가능한 날개옷, 공격자의 공격을 꿋꿋이 막아 낼 수 있는 방탄복 또는 갑옷 등으로 나타나곤 한다. 공통적으로 이들은 모두 자신의 내부세계의 약함 또는 무너짐 등의 열등적인 부분을 방어하고 대처할 수 있도록 하는 기능을 의미할 수 있다.

이러한 개별적 반응내용과 관련된 읽기정보가 아닌 유사한 의미를 공유하는 2개 이상의 반응내용 중에서는 Ay와 Art 꾸러미 그리고 Bt, Cl, Ge, Ls, Na의 꾸러미가 있다. 먼저 Ay와 Art와 관련된 내용에 반응하기 위해서는 그 대상에 대한 지식을 갖추고 있어야만 한다. 역사적인 대상과 예술적인 대상은 사전 지식 습득의 경험이 필수적이며 그 경험으로부터 지식정보로 기억되어 있다는 것을 가정해야 한다. 이 두 가지 내용이 나타나는 프로토콜은 보통 윤색된 경우가 많은데 실제 자신이 반응하고자 한 대상에 참조된 정보, 즉 자신이 습득하고 있는 지식정보가 윤색된 것이다. 이는 자신의 반응을 윤색하기 위한 관념 활용을 의미하며, 그렇기에 Ay와 Art는 궁극적으로 주지화 방어의 재료라 보게 된다. 주지화 방어의 양상으로 인정하기 위해서는 해당 반응내용이 사회적 참조체계 내에서 흔히 다루어지고 경험 가능한 것인지, 자신의 개인적 학습 또는 경험의 역사로부터 참조되었는지를 검토해 볼 필요가 있다. 예를 들어, 카드 IX에서 2초의 반응시간이 소요된 후 '고려청자'라 반응한 것과 10초 이상의 반응시간 후 고려해야 할 수준의 윤색이 들어간 반응("이건…… 고려청자예요. 다른 시대의 자기와는 다르게 아주 짙지도 옅지도 않은 은은한 빛을 보이는데 고려청자의 특징을 담고 있지요.")을 한 것은 Ay로 동일하게 채점될 수 있겠지만 주지화의 수준은 달리 고려되어야 함이 마땅할 것이다. 이러한 반응들이 반복적으로 나타날 경우라면 그 의미는 더 강해진다. 추가적으로 이후 설명될 특수점수 AB와 함께 꾸러미 변인으로 검토할 경우 그 주지화 경향의 해석은 더 확실해질 수 있다.

반응내용들의 꾸러미로 검토할 수 있는 것 중 또 한 가지는 Bt, Cl, Ge, Ls, Na들의 꾸러미다. 이들 내용의 공통점은 좁은 의미에서 넓은 의미까지를 담고 있는 자연 관련 내용이라는 것이다. 식물, 구름, 지도, 지형 또는 지형물, 광범위한 자연현상과 그에 속한 소재들을 포함하며 이러한 내용들은 인간의 삶의 장면에서 벗어난 내용들이다. 그리고 필연적으로 인간의 삶의 영역에서는 감정적 교류가 이루어지게 된다는 속성을 갖고 있다. 구체적으로 살펴보면, Cl과 Na는 Bt와 Ge, Ls보다 특정한 형태적 속성을 포함할 가능성이 낮기 때문에 더욱더 인간의 삶의 장면과 거리를 두는 대상이라 할 수 있다. 그래서 Cl과 Na는 자연 관련 대상 변인들의 꾸러미 변인 중에서 보다 높은 가중치를 갖게 된다. 만약 전체 반응에서 이들의 비율이 높아지면 인간의 삶의 영역에서의 관심과 거리를 두거나 회피적인 태도 또는 인간의 삶에서 요구되는 적응에서 벗어난 관심, 몰두를 의미할 수 있다. 이 꾸러미의 비율들은 이에 상응하는 관심, 몰두, 회피 등의 경향성을 검토하는 데에 유용할 수 있지만 각 내용은 전반적인 프로토콜의 맥락에서 검토할 때 극적인 주제 심상을 반영하고 있을 가능성이 높다. 예를 들어, ISOL Index[26]가 .198로 나타난 결과에서 "잠자리가 날아가려고 하는데 아래쪽에…… 꼬리부분이 잡혀 있어서 날아가지 못해요.…… 여기 밑은 얼음판인데 점점 얼어서 죽을 것 같아요…….”라는 반응은 얼음에 대해 Na로 채점할 수 있다. 최종적으로 ISOL Index만 고려한다면 인간의 삶의 장면으로부터의 회피 성향을 반영한다고 가설을 세우기에는 약하지만, 이 반응을 살펴본다면 이 얼음이 어떠한 역할을 하는가에 대해 연상을 고려해 볼 때 내담자에 대한 핵심적인 정보를 도출해 낼 수 있게 된다. 여기서 얼음은 분명히 알 수 없는 그리고 현실적 근거라 하기 어려운 권위적 자연현상(자연은 항상 인간을 권위적으로 통제한다는 의미다)에 압도되어 어찌할 바를 모르고 결국 점차적으로 손상되어 버리는 자기상을 의미할 가능성이 있다. 주제심상에 대한 맹목적 연상의 도출은 수검자를 적합하게 이해하는 데에 상당히 위협적인 절차가 될 수 있으나 프로토콜을 통해 연상을 형성하는 데에 숙련된 평가자는 이러한 Na에서 내담자의 내적 불안을 적합하게 도출해 낼 수 있을 것이다. 이에 더해 다른 반응내용들도 마찬가지이지만 자연 관련 내용 반응들이 나타난 계열을 검토함으로써 특정 자연 관련 내용 반응들에 수반된 자극이 무엇인가를 추정하는 것이 유용하다. 해당 반응 내에서 Where set와 How set의 관계 그리고 동일 카드 내에서 앞서 나타난 반응이 무엇인가 등이 단서가 될 수 있음을 고려하는 것이 도움이 될 것이다.

(5) Z score의 읽기정보

Z score는 당면한 상황에 존재하는 다양한 자극에 대해 사고하거나 정서적 경험을 하면서 그 자극들을 해결하고자 하는, '시도'를 얼마나 하고 있는가에 대한 정보를 제공한다. 이러한 인지적 과정을 조직화(organization)라고 부를 수 있다. 어원을 살펴보면, 'org'는 일

---

26) Isolation Index=(Bt+Ls+Ge+2Cl+2Na)/R, 전체 반응에서 자연 관련 내용 반응들의 비율

또는 에너지를 의미하고 'an'은 인간을 그리고 'ze'는 무엇인가를 '되도록 한다'는 의미를 갖고 있다. 이렇듯 Z score는 자신의 내부세계와 외부현실에서 자극받은 내용들을 적응을 위해 의미 있는 정보로 인식하고 그 정보들을 활용하여 적응 및 생존을 위해 노력하는 것을 의미한다. 조직화의 효율성은 삶에서 요구되고 자발적으로 원하고 있는 자극들을 자신이 가진 인지적 능력에 맞게 처리할 수 있을 때 가장 높아진다. 이를 위해 최대한 높은 처리능력을 지니고 있다면 삶의 요구와 자신의 욕구를 편안하게 해결하고 채워 갈 수가 있다. 만약 개인의 처리능력이 부족한 경우 다양한 자극에 압도당하고 감당할 수 없는 상황이 벌어지거나 생존에 필요한 기본적 자극 처리 의무를 회피할 수도 있다. 이는 어느 정도 지적능력이 수반되어야 하기 때문에 지능과 높은 상관이 있다. 하지만 지적능력이 있다 하더라도 다양한 자극을 처리하기 위한 언어적 표현 능력이 부족할 경우 처리 효율성이 낮은 것으로 측정되기도 한다. 예를 들면, 우울 등의 정신과적 증상으로 인해 언어화에 필요한 에너지가 저하되었을 경우가 있다. RIM으로 측정된 반응들은 대부분이 수검자가 수행한 언어화의 결과이기 때문이다. 어떤 이유에서건 조직화의 효율성은 주관적이며 개인의 능력에 따라 상대적인 처리능력을 반영하는 것이기 때문에 주위의 평가와 불일치하게 나타날 수도 있다. 타인들이 관찰할 때는 상당히 효율적이지 못하게 비칠 수도 있으나 자신은 상당히 안정적이고 자연스럽다고 경험될 수 있는 것이다. 물론 그 역에서도 불일치를 보일 수도 있다.

　일반적인 타인들과 수검자 개인의 조직화 능력의 차이를 비교해 볼 수 있는 이유는 전체 반응에서 조직화 점수가 채점된 횟수인 Zf(frequency)와 모든 반응에서 채점된 조직화 점수들의 합인 ZSum을 활용하여 일반적으로 추정 가능한 규준 점수인 Zest(estimated)와 비교할 수 있기 때문이다. Zest는 특정한 Zf에서 기대되는 Z score의 합이라 볼 수 있으며 이후 실제 측정된 수검자의 Zsum 값과 비교하여 Zd를 얻는 과정을 거치게 된다. 만약 Zd가 ㅣ3.0ㅣ을 초과하는 값으로 나타날 경우 수검자가 시도된 조직화 활동의 횟수보다 유의하게 부족하거나 과도한 조직화 시도를 했다는 것으로 해석할 수 있다. 만약 조직화의 횟수에 비해 부족한 조직화 시도를 한 것으로 나타날 경우 이를 과소통합적(under incorporated) 조직화 노력, 즉 기대치보다 낮은 조직화 노력이라 하며 반대로 횟수에 비해 과도한 조직화 노력을 한 경우에는 과다통합적(over incorporated) 조직화 노력이라 할 수 있다.

〈표 6-11〉 Zd 값 범위에 따른 읽기정보

Zd값 범위	읽기정보
>3.5 over incorporated	• 경험된 자극들을 처리하기 위한 과도한 조직화 노력 • 충분한 조직화 노력으로부터 얻게 된 결과에서도 불만족감이 지속 • 내부세계 및 외부현실의 수많은 자극에 압도된 상황에서 비생산적이고 자동적이고 반응적인 인지적 처리 양상 • 치료적 개입에 합목적적이고 방향성 있는 통합이 어려움
>+3.0 over incorporated	• 경험된 자극들을 처리하는 데에 필요 이상의 조직화 노력 • 주관적 참조체계에 따른 경직된 문제해결 양상 • 모호함으로부터의 불안을 해결하기 위한 인지적 조직화 노력
+3.0~-3.0	• 경험된 자극들을 처리하기 위한 충분히 효율적인 인지적 노력 • R, L 그리고 Zf를 함께 고려하여 인지적 노력의 보류 여부를 검토
<-3.0 under incorporated	• 경험된 자극들을 처리하는 데에 충분하지 못한 정도의 조직화 노력 • 처리되지 못한 자극들을 의식하게 될 경우 무기력과 도움 요청 태도 • 당면한 스트레스를 처리하고자 하는 노력을 철수하거나 체념한 태도 • 치료적 개입에 적극적

　구체적으로 과소통합적 경향이 있는 이들은 내생적이건 외생적이건 지각된 자극들을 충분히 처리해 내는 것이 어렵기 때문에 결과적으로 처리되지 않은 정보들에 대해 답답함 또는 불편감을 가지고 있을 가능성이 높다. 모순적으로 이들은 남겨진 정보들을 대수롭게 생각하지 않으려 하며 사고와 정서를 통해 처리한 정보들에 한해 만족감 또는 안정감을 갖기도 한다. 반면, 과다통합적 경향이 있는 이들은 자신의 내부세계와 외부현실에서 지각된 내용들에 만족하고 안정감을 갖기 어렵다. 항상 부족감을 경험하며 이를 채우고 명백히 하기 위한 시도를 하고자 한다. 현실적으로 충분한 처리가 되었음에도 새로운 자극들을 추구하고자 하며 새로운 자극이 실재하지 않더라도 무엇인지 알 수 없는 그리고 앞으로 예상되는 잠정적 자극들을 처리하기 위해 지속적으로 조직화하기 위한 노력을 기울이는 것이다. 마치 실제 제품 주문이 없더라도 혹시나 하는 불안에 또는 성공에 대한 간절함 등등으로 24시간 생산 공장의 기계를 작동시키는 것에 비유해 볼 수 있다. 결국 과잉 생산된 제품들은 재고로 남게 될 것이지만 말이다. 이들은 또한 스스로 처리한 정보들만으로는 항상 부족하다고 느끼기 때문에 불량 점검을 위해 과도한 노력을 기울일 수도 있다. 그래서 적절하고 그 정도면 충분히 괜찮은 자극들이라 할지라도 더 완벽한 것을 기대하여 효율적이지 못한 에너지를 사용하게 되곤 한다. 치료 장면에서는 자연스러우면서도 적합하고 명쾌한 해석을 제공할지라도 그 밖

의 어떠한 의미가 있을지를 검토하는 데에 과도한 노력을 들이기도 한다.

(6) 특수점수들의 읽기정보

특수점수 항목은 수검자의 사고 양상 및 내용 그리고 삶의 장을 지각하는 방식 그리고 자신이 사고하고 지각한 내용에 대한 근거의 합리성, 즉 논리성을 반영하는 부분과 그 외의 반응 주제와 양상을 반영하는 부분으로 양분할 수 있다. 우선 사고, 지각, 논리성을 반영하고 있는 영역을 '여섯 가지 결정적 특수점수'라고 하며 그 외 특징적인 특수 내용 반응, 보속 반응, 인간 표상 반응, 개인화된 반응, 색채 투사 반응 총 다섯 가지 항목이 포함되어 있다.

인간의 사고는 특정한 존재를 언어화하면서 그에 상응하는 개념으로 형성된다. RIM을 통한 반응들은 외적으로 발화된 언어화로부터 확인 가능하며 이들의 언어화된 방식을 재료로 그들의 사고를 추정할 수 있다. 이에 언어화되는 방식과 그 언어화로부터 형성된 내용들은 DV, DR로 기호화하게 되는데, 우선 DV는 자신이 경험한 현상들을 개념으로 만들 수 있는 능력 자체를 의미한다. 만약 복잡 다양한 현상들을 그에 상응하는 언어로 표현할 수 없다면 의사소통 과정에서 자신의 의도를 적절히 전달하지 못할 것이고 청자의 입장에서도 그들이 전달하고자 하는 개념을 쉽게 알아차리기 어렵다. 이때 대안적인 전략으로서 이미 자신이 보유한 언어 범주를 바탕으로 자신의 참조체계를 활용하여 현재 경험하는 사고와 감정을 표현하게 된다. 만약 사용된 언어가 너무 주관적이거나 일반적이지 않고 지엽적인 방식의 개념이라면 상대로 하여금 이질감과 괴리감이 들게 할 수도 있으며, 얕게는 창의적인 표현으로 받아들일 수도 있을 것이다. 예를 들어, '가면엄마'는 실생활에서 흔히 사용하는 언어 조합은 아니며 그 단어를 통해 무엇을 전달하고자 하는지 쉽고 빠르게 알아차리기란 쉬운 일이 아니다. 그에 대한 추가 설명에서 "가면인데 여자들이 쓰는 가면인 것 같아서 가면엄마예요."라고 하였다면 이는 DV로 채점할 수 있을 것이다(프로토콜 맥락상 심한 의사소통의 저하 및 기괴하고 일상적 표현에서 많이 벗어난 것으로 결정된다면 DV2로 채점하는 것이 바람직하다). 만약 한 개인의 프로토콜에서 DV의 경향이 두드러진다면 이들의 사고방식을 추론하는 것은 상당히 주관적이고 임의적인 탓에 자연스러운 의사소통을 방해하게 될 것으로 추정할 수 있다. 이와 더불어 고려해야 할 점은 수검자의 언어 표현 능력 수준이며 이 경우 이들의 사고방식의 문제라고 속단하기는 어렵다. 하지만 어떤 이유에서건 이들은 실제 의사소통 과정에서 여타의 문제를 경험할 가능성을 배제할 수 없다. DV는 또한 자신이 속한 SES(social economic status) 및 학업 수준에 기대할 수 있는 언어표현에 준하지 못한 언어를 사용할 경우에 채점이 가능하다. 이는 사고의 미숙성을 반영하는 것이라 볼 수 있으며 이 역시 의사소통의 장해 요소로 작용하게 된다. 실제적 DV의 함의는 일차적인 개념화와 관련 있기 때문에 의사소통 시 자신의 내부세계 또는 외부현실에서의 경험에 대한 부적절한 표현이 이루어지고 있음을 지적하는 것이다. 이와 마찬가지로 DV의 채점 기준 중 하나인 불필요한 상황에서의 중복적인 단어 사용 또한 일맥상통하는 것이라 볼 수 있다. 경험된 현상에 대해 자신이 표현하고자 하는 개념을 적합하게 만들 수 없는 상황에서 다양한 유사 개념을 나열할 뿐인 것이다.

DR은 사고의 흐름에서 나타나는 부적절한 연상과 관련된다. DV는 경험한 현상을 그에 상응하는 하나의 개념으로 만드는 자체에서의 장해라고 한다면 DR은 사고가 진행되는 과정에서 검사가 요구하는 목표사고에서 이탈하거나 합목적적이지 않은 연상의 침습으로 인한 장해다. 흔히 사고 과정에서 의도하지 않은 사고가 촉발되어 반응 중에 또 다른 주제의 사고가 개입하는 경우가 있는데, 이는 일상적 장면에서도 나타나는 사고 양상이다. 다음은 누군가가 화장품 가게에서 친구와 나눈 대화 상황이다. "나는 분(粉) 냄새가 좋더라."라는 친구의 말을 받아, "나도 똥(糞) 냄새가 좋아~"라고 답하였다. 여기서 아무개는 맥락상 친구가 이야기한 분의 개념을 응당 알고 있지만 과거 인상 깊게 본 드라마에서 나온 '똥덩어리'가 순간적으로 사고에 침습하였다. 이렇게 연상된 사고가 입 밖으로 표현된 것이다. 물론 이러한 상황은 아무개가 의도된 개그로 말한 상황이란 것으로 충분히 인정될 수 있다. 중요한 점은 해당 장면에서 합목적적인 사고를 저해하는 결과가 나타났다는 것이며 이러한 사고 연상의 측면이 DR로 채점될 수 있다는 것이다. 만약 이러한 침습적인 사고 연상으로 인한 반응이 빈번히 출현하게 된다면 적응상의 문제를 낳게 된다. 한편, 사고 양상이 종잡을 수 없이 너무나 이탈되어 이탈된 사고 내용에 중점을 두게 된다면 이는 우회적 사고, 우원증, 사고비약 등으로 나타나게 된다. 다음은 카드 III에서 나타난 반응이다. "두 사람이 서로 마음을 나누고 있어요. 사랑하는 것 같아요. 저하고 우리 남편하고 이렇게 서로 사랑을 나누는 게 생각이 났어요. 그런데 이건 또 분노나 그런 마음 같아요. 남편과 처음 만나서 서로 사랑하고 지금도 사랑하고 있고 갈등도 있었는데…… 사람이 다 그런 거 아니에요? 사랑한다면 같이 뭔가를 함께하면서 행복하게 지내는 게 당연하잖아요. 심장이 서로 연결되어 있는 것만 봐도 알 수 있잖아요. 나는 남편을 참 잘 만난 거 같아요. 그렇네요." 여기에서 나타난 사고는 무엇으로 보이는지 그리고 어떻게 그렇게 보게 되었는지를 개념화하여야 하는 목적에서 상당히 이탈된 사고로 흘러가고 있음을 보여 준다. 이 반응 후 다시 주어진 과제로 사고가 복귀할 수 있다 하더라도 이미 사고과정의 문제를 보였기 때문에 DR 로 채점될 수 있는 것이다.

지각 과정 또한 언어화된 것에 한해서 관찰 및 추정이 가능한 것이며 지각 방식들은 혼탁되지 않은 선에서 이루어질 때 적응적이라고 할 수 있다. 하지만 적응적이지 않은 방식으로 지각된다는 것은 세상에 존재하는 대상들을 깨끗하게 '그것은 그것이다'라고 보지 못한다는 것이며 자신만의 주관적인 관점을 반영하는 것이다. 이는 INCOM, FABCOM, CONTAM으로 기호화하며 구체적으로 INCOM은 지각된 대상이 있는 모습 그대로 편하게 경험되지 못하고 이질적인 속성이 들러붙어 지각되거나 자신을 불편하게 하는 면면들이 함께 지각된 것이다. 그로 인해 엉뚱한 사고가 만들어지기도 하고 불편한 정서를 경험할 수도 있으며 나아가 주위 대상과 관계를 하는 것이 어려워지기도 한다. 예를 들어, 친구들과 관계하는 장면에서 친구들을 편안하게 느끼고 관계하기보다 해당 친구의 특정한 지엽적 면면들, 즉 그 친구의 신체 부분, 일반적이지 않은 성격적 부분, 그 친구의 사적 경험 또는 행동 중 자신을 불편하게 하는 부분이 항상 마음에 걸려 마냥 편안하게 관계하기 어려울 수도 있다. 이는 상당히 비의식적이고 자동적으로 처리되는 지각을 반영하기 때문에 매 순간 불편함 자체로 경험될 수 있다. FABCOM은 지각 과정에서 보다 높은 사고기능이 요구되는 경우라 볼 수 있으며[27] 현실적이지 않은 자신의 환상 및 공상적 지각, 사고체계를 반영한다. FABCOM으로 채점되는 경우라 할지라도 수준에 따라 또는 주제에 따라 수긍 가능한 우화적 조합인지, 수긍하기 어려울 수준의 조합인지를 검토해야 한다. 예를 들어, 카드 Ⅲ에서 "두 마리 토끼가 소꿉놀이를 하고 있어요. 여기 토끼, 그리고 여기도 토끼, 여기는 소꿉놀이하는 장난감이에요……."라는 반응과 "사람이…… 아니, 사람은 아닌 것 같고…… 동물 같은 것이 사냥한 무언가의 심장을 칼로 도려내어 나누어 먹으려고 하는데요……."라는 반응은 모두 FABCOM이지만 수준은 각각 다르다. 만약 앞선 반응의 경우 수준1로 특정할 수 있는데, 그렇다 하더라도 이와 유사한 반응들이 반복적으로 나타나는가를 추가적으로 검토해야 할 필요가 있다. 이에 더해, FABCOM이 실시 상황에서 자연스럽고 밝은 표정 등의 행동 자료가 수집되었고 주제가 그럴듯한 만화적인 방식으로 나타났다면 채점은 되어야 하나 해석 시 과한 해석은 조심해야 할 것이다. 물론 어떤 해석적 가설을 형성한다 하더라도 그 과정에서 FABCOM을 포함한 다른 특수점수들의 패턴을 함께 고려함으로써

---

27) FABCOM으로 채점되는 반응들은 필연적으로 DQ가 +로 채점된다. 이는 INCOM은 DQ+일 수도 있으나 DQo인 경우가 흔하다. INCOM이 나타난 반응에서 FABCOM의 의미를 함께 고려하여 이에 따른 반응의 주요한 DQ 패턴이 나타나는가를 검토하는 것도 유용하다.

FABCOM의 보다 세부적인 의미를 만들 수 있을 것이다. 마지막으로 CONTAM은 두 대상 이상의 깨끗하지 않은 경계를 보이고 있는 것이며 지각 상황에서 전경과 배경을 명확히 구분할 수 없는 것을 의미한다. 이러한 지각 처리는 의도하지 않은 것이며 자동적인 처리가 일어나는 것이고, 수검자 스스로도 당혹스러움을 말이나 행동으로 표현할 경우가 종종 있다. 만약 당혹스러움 없이 진지한 모습이 관찰된다면 특정 수검자의 지각 상황에 한해서는 보다 심각한 경계 설정의 어려움으로 볼 수도 있다. 이러한 경계의 중첩 상황에서는 실제 생활에서 다양한 대상에 대해 분별력 있는 판단이 어려우며 판단을 요구받을 시 상당한 불안을 경험하고 우발적인 결론을 내릴 가능성이 높을 것이다. 주의해야 할 점은 CONTAM 반응 시 행동관찰 자료들을 함께 고려하면서 수검자의 지각적 장해에 대한 심도를 유추해야 한다는 것이다. 어떤 양상이건 간에 CONTAM은 조합 관련 특수점수 중 가장 심한 지각적 장해를 의심해 볼 수 있는 반응이며, 이는 외부현실 및 내부세계에서 경험되는 다양한 경험을 분명히 알아차리고 분별하며 정확히 표현하는 것에 어려움을 시사하는 것으로 이해할 수 있을 것이다.

　세 번째 항목은 ALOG이며 수검자가 최종적으로 선택한 반응에 대해 합리적 근거를 제시할 수 있는가를 알 수 있다. ALOG는 최종적으로 보고한 반응이 충분히 현실적이고 수용될 만한 반응이라 할지라도 해당 반응에 대한 근거를 합리적으로 제시하지 못하고 임의적이고 개인적이며 일반적이지 않은 부적절한 방식으로 제시하고 있는지를 살펴봐야 한다. 수검자가 반응한 모든 내용은 내적 추론 과정을 거치게 되며 그렇기 때문에 결과적으로 나타난 반응 자체보다 그러한 반응이 일어나게 된 주관적 참조체계의 현실적 수준을 보고자 한다. 카드 V에서 두 사람이 모두 "나비"라고 반응하였다면 모두 형태질이 'o'로 채점되겠지만, 명료화 과정에서 "앞의 것들과는 다르게 이건 기분이 덜 나쁘네요. 그래서 나비는 좋은 이미지이니까 나비라 해 두죠."라고 하였다면 이는 상당히 임의적이고 주관적인 추론이라 할 수 있다. 단, 명료화 과정에서 "무엇 때문에 그렇게 보셨나요?" 등으로 꼼꼼하게 탐색하기 위한 질문을 한 후의 언급이라면 이러한 사고는 비록 부적절한 주관적 참조체계를 갖고 있다 할지라도 이를 억제하고 있을 수 있는 내성을 갖고 있을 수 있으며 검사자의 추가적인 요구로 촉발된 반응이라 봐야 할 것이다. 실제 생활에서 발현되는 ALOG와 관련된 양상은 내부세계 및 외부현실에 존재하는 현상들이 경험된 후 그러한 자신의 경험을 꼼꼼하고 정확하게 탐색할 수 없으며 주위 사람에게 전달하고자 한 자신의 의도 및 의미를 이해시키기 어려울 수가 있다. 그뿐만 아니라 타인들이 자신에게 전달하려는 의도 및 의미를 정확하게 파악하는 것 또한 어려울 수 있음을 시사한다.

지금까지 여섯 가지 결정적 특수점수에 해당하는 특수점수들을 세 가지 항목으로 구분하여 살펴보았다. 여기에 포함되지 않은 특수점수 항목들은 주제심상의 특징 및 보고된 내용들의 양상과 관련이 있는 것들이다. 이에 각각 특징적인 내용 반응, 보속 반응, 인간 표상 반응, 개인화된 반응, 색채 투사 반응이 포함되어 있으며, 특징적인 내용 반응은 AB, AG, COP, MOR, 보속 반응은 PSV, 인간 표상 반응은 HPR(GHR/PHR), 개인화된 반응은 PER, 색채 투사 반응은 CP다.

첫 번째로 특징적인 내용 반응 중 AB는 전체적인 경험들을 상징적이고 요약된 추상적인 개념으로 만들고 있음을 반영한다. 이는 출판된 대부분의 연구 논문에서 초록의 기능과 유사하다. 구체적이고 광범위한 연구 방법들과 결과들을 단 몇 문장만으로 전반적인 연구 과정 및 내용들을 파악할 수 있도록 요약하는 것이 초록이다. 이처럼 AB 반응은 복잡 미묘한 자신의 경험을 특정 단어와 기술로 함축하여 전달하고자 하는 시도이며 이는 적극적인 태도일 수도 있고 세심한 표현의 어려움으로 도매금으로 함축시켜 버리는 태도일 수도 있다. 어떤 의도에서건 간에 추상적으로 요약하려는 시도는 관념적인 방식으로 자신의 경험을 개념화하고 있다는 것을 의미한다. 실생활에서 경험되는 내부세계 및 외부현실의 일반적인 경험에서도 구체적이고 분명히 전달하기보다 자신만의 언어를 사용하여 함축된 표현을 하기 때문에 상대는 이들이 전달하고자 하는 것이 무엇인지 생생하게 파악하는 것이 어려울 수도 있다. 하지만 자신은 그러한 함축의 의미를 실제로 경험한 주체로서 답답함을 느끼지 못할 수도 있으며 오히려 이를 이해하지 못하는 상대를 답답하다고 느낄 수도 있다. AG는 공격성과 관련된 넓은 범위를 아우른다. '노려보는 눈빛'에서부터 '난도질을 하고 있는 것'까지 다양한 방식이 존재한다. 하지만 이 모든 공격성과 관련된 반응내용들은 수준이 구별되지 않는 AG로 동일하게 채점된다. '노려본다' '조종하고 있다' '무시하고 있다' 등의 AG가 의심의 여지없이 실제 삶에서 발현되는 수검자의 공격적 성향 및 행동이라 보는 것은 위험하다. 그렇다고 '때리고 있다' '싸우고 있다' '사냥하고 있다' 등으로 반응했을 경우 실제 공격적 행동이 외부로 표출될 것이라 직접적으로 단정하는 것도 어렵다. 또한 AG는 항상 운동 반응 결정인과 함께 채점되며, 이는 수검자의 사고체계 내에서 발현되는 공격성으로 가설을 세우는 것이 우선되어야 할 것이다. 그렇기에 이러한 공격성과 관련된 사고가 외부로 표출된다는 것은 반드시 생활사적 정보와 함께 고려되어야만 한다. 반면, AG는 자신이 원하고, 무언가를 하고자 하는 욕구들 그리고 원치 않지만 해야만 하는 요구들에 대해 수행하는 건강한 에너지에서부터 실제 손상을 주는 공격적인 에너지까지 넓은 의미를 담고 있다. 구체적으로 AG는 세 가지 운동 반응 결정인과 함께 계열적 양상을 검토하면서 구분해 볼 수도 있고 주제심상과 함께 검토하면서 AG의 구체적 의미를 다듬어 갈 수도 있을 것이다. 공통적인 것은 AG가 담고 있는 공격성이 실제 외부로 표현되는가에 대해서는 수검자가 살아가고 있는 실제 환경에 따라 달라진다는 것이다. 이는 AG의 공격성과 관련된 사고체계는 언제든지 외부로 표출될 만한 촉발 자극의 존재 여부에 민감하기 때문이라 추정해 볼 수 있다. COP는 적어도 두 대상이 포함되는 반응에서 나타나는 주제들이다. 결국 자신과 타인의 관계 속에서 이루어지는 관계양상을 의미하며 긍정과 부정의 방향성이 없는 중립적인 공동 작업에 대한 관심과 선호를 의미한다. 적어도 인간들의 사회적 장면 내에서 함께하고자 하는 의도와 시도는 여타 다른 경우보다 합리적인 결과를 얻을 가능성이 높다. 그 목적이 긍정과 부정 어느 경우든 간에 말이다. 그래서 COP가 의미하는 '함께하고자 함'은 주위 대상과 관계를 호의적으로 형성·유지할 수 있는 사회적 기술과 인상을 의미하기도 한다. 하지만 함께하고자 하는 목표가 자신과 주위 상황을 해롭게 만들 수도 있다. 만약 의식적이건 비의식적이건 간에 자신의 경직된 방식으로 함께하길 원한다면 관계하는 대상들은 마냥 호의적으로 수용해 주진 못할 것이다. 그 예로 COP와 FQ−의 조합 또는 AG와 COP의 조합들은 COP의 긍정적 상호작용 및 그러한 태도에 반하는 양상으로 이해할 수도 있다. MOR은 다양한 특수점수와 함께 조합될 수 있다. 즉, 분류되어 있는 거의 모든 반응내용에서 MOR이 채점될 수 있으며 각 대상이 원래의 온전한 상태라 여겨지는 모습에서 결핍 또는 훼손되고 기능의 상실 및 장해가 있는 것으로 보고된다는 것이다. 원래의 온전한 상태라는 것은 물리적 그리고 기능적으로 온전한 상태를 의미하며 이는 인간의 감정 경험에서도 적용할 수 있는데, 인간의 감정의 원래 상태라는 것은 불쾌함이 없는 상태를 기준으로 삼고 이러한 감정 상태가 불쾌함의 속성을 띠었을 경우도 MOR의 채점 기준이 될 수 있다. 불쾌한 감정 상태라는 것은 울적하고 불만스럽고 무기력하고 비관적인 감정 따위다. 이렇게 채점되는 MOR은 기본적으로 자신이 생각하는 자신의 상과 자신이 생각하는 주요 타인의 상으로부터 투사된 것으로 볼 수 있다. 많은 경우에 인간 관련 내용, 동물 관련 내용, 자연 관련 대상 반응 꾸러미에서 주로 MOR이 발견된다. 이는 인간관계 내에서 직간접적으로 경험되는 자기손상적인 불쾌감을 반영한다고 볼 수 있다. 특별히 검토해 봐야 할 사항으로 MOR이 채점될 경우 주제심상적 내용에 보다 주의를 기울여야 하는데, 손상되어 있는 대상에 대해 어떤 태도를 갖고 있는가를 검토해야 한다. 그 대상이 안쓰럽다거나 마치 자신을 동일시하여 스스로를 하자가 있는 것으로 인지한다거나 AG 반응과 함께 나타나 해당 손상에 대한 외압의 작용에 분개 또는 공포를 느낀다거나 할 수도 있다. 결국 MOR 해석의 유의한 확장은 자신의 존재감에 대한 불확실성과 당면 상황 내에서 무력한 자기효능감의 상실을 의미하게 된다. 이 경우 삶의 의욕이 저하되면서 기본적인 스트레스를 견디기 위한 노력 및 내성이 저하되어 있음을 시사할 수도 있다.

두 번째, 보속반응 PSV는 세 가지 조건이 있음을 앞서 설명하였다. 실제 상담 및 심리치료 장면에서 만나게 되는 내담자들의 결과에서 신경학적 문제로 인한 보속증은 매운 드문 경우이며 카드 내 보속이나 카드 간 보속이 가끔 나타난다. 이는 반응을 요구받은 상황에서 수동적 또는 방어적인 태도로 새로운 자극 속성을 찾으려는 노력을 보류하고 비교적 손쉽게 자극을 지각하려는 시도의 결과일 수 있다. 또는 앞서 경험한 자극들이 온전히 처리되지 않고 이후 유사 자극이 촉발되었을 때 배경에 존재하던 미해결 과제가 통제되지 않게 상기되어 지금 반응 상황에서 사고의 경계가 흔들려 버린 결과일 수도 있다. 이 경우 앞서 보고된 대상의 상태와 새롭게 보고된 반응에서 해당 대상이 어떠한 상태로 변하였는가를 검토하는 것으로부터 앞서 자극받은 다른 카드들의 잉크반점들에 대한 영향을 알아볼 수도 있을 것이다. 하지만 카드 간의 내용 보속은 너무나 다양한 변수가 존재하기 때문에 직접적으로 해석할 수는 없으며, 일반적으로 새롭게 경험되는 자극들로부터 이전의 사고가 전이되어 사고의 경계를 분명히 구분짓지 못하는 것으로 우선 이해하는 것이 안전할 것이다. 다만 특정 수검자에게서는 주제심상의 내용이 어떠한가를 따져 보면서 보다 취약한 실제적 경험 내용이 무엇인가를 구체적으로 확인할 수 있을 것이다.

세 번째로 개인화된 반응 PER은 자신의 반응에 대해 개인적 참조체계의 정보를 활용하여 윤색을 하는 것으로 나타난다. 자신의 반응에 대한 자기확신 또는 합리화일 수도 있으며 검사자의 반복되는 명료화 요구에 충분히 그리고 기꺼이 설득을 하고자 한 의도일 수도 있고 자신의 사적인 세계를 개방하여 자신의 모습을 피력하려는 시도일 수도 있다. 보통은 자기확신과 검사자에게 자신의 반응을 이해시키기 위한 근거를 제공하며, 이러한 태도는 지금 여기에서의 근거에 확신을 가지지 못하고 잉크반점이 아닌 자신의 지식 내용 등 주관적 참조체계에서 반응에 대한 근거를 찾고자 한 시도일 수 있다. 이러한 면은 일상생활에서 자신의 경험에 대해 표현하는 것을 스스로 신뢰하기 어려워하거나 주위 사람들의 요구에 부합하려는 수동적 태도와도 관련될 수 있다.

네 번째 항목으로 GHR 또는 PHR로 채점되는 인간 표상 반응 HPR이다. 이는 채점 기준에 대한 충분한 이해가 선행되어야만 주제심상의 내용만으로 채점하게 되는 실수를 막을 수가 있다. 분명 HPR은 인간 관련 반응내용들을 반응하는 과정에서의 적절한 지각과 합리적인 사고가 기준이 되어 GHR과 PHR이 구분되어야만 한다. GHR이 많다는 것은 그 자체로는 특별한 의미를 가지지 않는데, 일반적으로 그 정도면 충분할 정도의 괜찮은 적응 수준을 갖추고 있으면 적응상 문제를 고려하지 않기 때문이다. 하지만 PHR 자체가 많다거나 GHR보다 많은 PHR을 보이는 경우에는 해석적 의미가 커진다. PHR로 채점이 되었다는 것은 궁극적으로 보고된 대상을 지각하는 과정이 현실적이지 못하고 합리적인 근거를 갖고 있지 않음을 의미하며 애초에 핵심적이고 통합적으로 보지 못하고 있음을 지적하는 것이다. 그렇기에 이에 따라 해석적 가설을 설정해야만 하는 것이며, 높은 빈도의 PHR은 수검자가 인간에 대한 상 또는 실제 인간관계 내에서 관계를 형성하고 유지하는 방식이 상당히 임의적이고 주관적이고 현실성이 저하된 상태로 무분별하게 관계가 이루어지고 있음을 의미하는 것이다. RIM에서는 GHR과 PHR의 비율을 고려하여 해석적 가설을 설정하고 있지만 이와 더불어 절대적인 PHR의 빈도 및 비율을 검토하는 것이 유용할 것으로 보인다. 인간의 적응 장면에서 관계 형성 초반에 부정적인 방식의 접근이 이루어질 경우 극적인 관계상의 문제를 발생시킬 수 있으며 더 이상 관계 진전은 어려울 것이다. 특히 대인관계의 문제로 진행되는 심리치료에서는 이러한 정보를 통해 수검자의 대인관계 형성 단계에서의 문제점들을 검토하면서 치료 목표를 만들어 가는 데에 참고해 볼 수 있을 것이다.

마지막으로 색채 투사 반응 CP는 무채색 자극, 즉 정서적 톤을 가라앉히는 자극들에서 유채색 경험, 즉 정서적 톤을 활성화하는 역전된 감정을 만들어 내는 것을 의미한다. 대부분의 사람들은 적당히 가라앉은 정서를 상황에 적절한 수준에서 감당하고 인내하며 내부세계에 담아 둘 능력이 있다. 하지만 CP로 채점되는 반응들은 당면한 부정적 정서를 적당히 처리하지 못한 채 정서가를 과도하게 긍정적으로 왜곡하여 경험하고자 하는 것이다. CP는 심리치료 개업 장면에서는 거의 나타나지 않으며 특별한 경우에 간혹 나타나기 하는데, 이는 당면한 현실적 경험들이 자신의 정서적 자극을 처리할 수 있는 능력을 넘어선 압도적인 또는 지속적인 환경에 처한 경우일 때다. 이들의 생활사적 정보를 탐색해 보면 자신이 어쩔 수 없는, 통제 불가능한 환경에서 벗어나고자 하는 에너지가 관찰되기도 하며 보통은 현실적이지 않은 방식으로 생활하고 있곤 한다. 예를 들면, 정서적으로 아주 친밀하고 융합된 대상의 상실 경험 이후 이를 받아들이는 것이 너무나 위협적인 나머지 여전히 함께하고 있다고 생각하거나 즐거운 여행을 다니며 해리된 양상과 비슷하게 상실 사건을 지각하지 않으려는 시도와 유사하다. 노래 속의 주인공처럼 사랑하는 연인의 상실 경험 후 '오늘 밤은 삐딱하게~'라며 즐거운 시간을 보내기로 마음먹은 것처럼 CP는 부정적 사건을 잊기 위해 비의식적인 방식으로 현실감을 상실시키고 긍정적 감정으로 빈틈을 채우려는 시도를 반영한다.

〈표 6-12〉 특수점수 관련 읽기정보

결정적 특수점수	
DV	이탈된 단어 사용, 일차적 개념화의 장해
DR	이탈된 언어화 방식, 사고의 흐름에서의 장해
INC	이질적 속성의 추가적 조합
FAB	우화적인 방식의 상호작용
CONT	개별적 대상 간의 경계의 중첩과 지각에서 전경과 배경의 분리 어려움
ALOG	지각 내용에 대한 주관적 참조
기타 특수점수	
AB	복잡한 현상에 대한 주관적 요약
AG	주장 표현에서부터 실제적인 공격적 행동의 표출
COP	공동 목표로 이루어지는 상호작용 (+AG) 공격성에 대한 당위적인 책임 나눔
MOR	온전한 상태의 훼손 및 결손
PER	반응에 대한 당위성 부여 또는 사적 정보 제공
PSV	회피적 태도, 신경학적 보속 또는 사고에서 전경과 배경의 분리 어려움
HPR(GHR/PHR)	인간관계에서 현실적이고 합리적인 또는 무분별하고 지엽적인 접근 방식 양상
CP	신경학적 장해 또는 부정적 정서적 자극에 대한 강력한 부정과 극단적 긍정화

(7) 구조변인과 관련된 읽기정보

종합체계에서 다루고 있는 구조변인은 이상의 기호화 항목들에 포함된 개별 기호 자체와 함께 각 기호들의 빈도치들을 통해 계산한 평균, 비율, 백분율 수치가 포함되어 있다. 각 기호에 대한 읽기 정보는 앞서 설명이 되었고, 지금부터 그 외의 구조변인들에 대해 설명하고자 한다. 종합체계에서는 관련성 있는 각 수치들을 군집화하여 특정 구조변인들의 영역으로 구분해 놓았다. 각 영역은 핵심 영역(core), 중재 영역(mediation), 처리 영역(processing), 관념 영역(ideation), 정서 영역(affection), 자기지각 영역(self perception), 대인관계 영역(interpersonal)으로 총 7개가 존재하며 각 영역에 10개가량의 구조변인이 포함되어 있다. 지금부터는 각 영역 내에서 보다 중요한 변인들을 중심으로 읽기 정보를 알아볼 것이다.

첫째, 핵심 영역에는 R, L, EA, EB, EBPer, es, eb, adj es, D, adj D가 포함된다. R은 전체 반응 수로서 요구된 자극에 반응한 양이다. 이는 실제 삶에서 다양한 사건을 경험하려 했거나 경험된 최종적 생산물의 총량이라 할 수 있다. 인간의 일상적인 삶에서 문제해결을 위한 요구는 필연적으로 존재하며 R이 14개 미만일 경우 내부세계 및 외부현실의 자극을 충분히 접촉하려 하지 않는 태도와 관련되어 있다. 이러한 태도가 반영된 것이라면 회피적이거나 방어적인 양상으로 볼 수 있겠으나, 무엇을 그리고 왜 회피하고 방어하는가에 대해서는 알려 주지 못한다. 태도와의 관련성을 배제한다면, 자극에 대한 둔감성 및 문제해결에 필요한 심리적 에너지의 부족 또는 언어 표현 능력을 포함한 인지적 능력의 부족으로도 볼 수 있다. 어떤 이유에서건 R이 낮은 경우라면 수검자의 심리적 내용에 대한 정보가 RIM 과정에서 충분히 반영되지 않았음을 염두에 두어야 할 것이다. 반면, 많은 R의 경우 수검자의 태도를 기본적으로 검토해 봐야 하나, 수검 태도를 배제한다면 스스로 통제되지 않은 경험들에 쉽게 자극받고 이를 조절하지 못하거나 하지 않은 채로 현상들과 접촉이 일어났거나 최종적 생산물을 만들어 낸 것이라 볼 수 있을 것이다.

L은 R에서처럼 주위 자극들에 대한 태도를 반영하며, R이 절대적인 경험의 양을 조절하는 방식을 반영한다면 L은 경험된 자극들에 대해 데면데면하거나 스스럼없는 태도를 담고 있다. L의 의미는 결정인 F의 의미를 분명히 이해하는 것으로부터 시작해야 한다. F는 잉크반점에 응당 존재하고 있는 속성이며 필연적으로 존재하는 형태 속성을 지각한 것이다. 이는 눈이 달려 있는 존재라면 누구나 그 형태 속성을 쉽고 빠르게 지각할 수 있는 형태 정보다. 이러한 정보를 감각 및 지각하기 위해서는 높은 수준의 부가적인 심리적 노력이 필요한 것은 아니다. 그렇기 때문에 전체 반응에서 F 빈도가 많아지면 수검자의 '자신의 것인 정보'보다 외생적이고 반응적으로 나타난 반응들을 보게 된다. 그래서 F가 높은 비율로 나타났을 경우 수검자의 독특하고 고유한 성격적 측면이 충분히 반영되지 못했다고 인정되기 때문에 해당 결과가 내담자의 온전한 내면의 모습을 담았다고 보기 어렵게 된다. 반면, F가 낮은 경우라면 자발적인지 자동적인지는 알 수 없으나 내부 및 외부의 자극을 스스럼없이 수용하거나 자율적으로 통제되지 못한 상황에서 자신의 것이 드러나게 된 결과라 볼 수 있다.

EA(Experience Actual)는 주체적으로 주위 자극들을 경험할 수 있는 실제적 수행 능력 또는 에너지라 할 수 있다. 한 개인이 내부세계 및 외부현실에 존재하는 다양한 자극을 경험하는 과정에서 실제 동원했거나 동원된 총체적인 능력이다. 만약 이러한 능력이 충분히 발휘되었다면 이들은 경험된 자극들을 처리하는 데에 생산적인 수행을 했을 가능성이 높으며 부정적인 상황에 맞닥뜨릴지라도 충분히 해결해 낼 수 있고 해냈을 것이라 예상해 볼 수 있다. 결국 높은 EA는 당면한 스트레스를 견뎌 낼 만한 기본적인 심리적 힘이 강한 것이며, 반면 낮은 EA는 당면한 상황에서의 자극들을 주체적으로 그리고 충분히 수집 또는 수용해 내기 어려운 정도의 부족한 심리적 힘으로 볼 수 있다.

EB(Erlebnistypus)style은 경험된 자극들이 어떠한 방식으로 입력되고 또는 그 자극들에 대해 개입하고 있는가를 의미하는 경험 양식이라 할 수 있다. 이는 M과 WSumC의 비율 정보이며, EB를 통해 주위 환경의 정보를 수집하고 자극 처리를 위해 노력하는 과정에서 수검자가 선호하고 편안해하는 방식이 무엇인지를 확인할 수 있으며 또한 어떠한 방식이 가장 효율적으로 운영되는가에 대한 정보를 알 수 있다. 만약 M과 관련된 양식이 선호된다면 내적 사고를 활용하여 자신의 경험을 수집하고 자극처리를 위해 사고능력을 발휘하는 것이 보다 효율적이라 인식하고 있다는 것이다. 이러한 양식을 가진 사람들을 내향적인 양식을 가진 사람이라 하며 '내향형'으로 개념화한다. 반면, WSumC의 양식이 선호된다면 경험된 자극들이 정서가를 활성화하는 방식으로 수집되고 자극 처리를 위해 정서 능력을 발휘하고 있음을 의미한다. 정서능력을 발휘한다는 것은 다양한 자극과 접촉하는 과정에서 정서적인 내용들을 쉬이 경험한다는 것이고, 이렇게 경험된 정서가들을 편안하게 외부현실로 표현하고 있다는 것을 의미한다. 이러한 양식을 가진 사람들을 외향적인 사람이라 하며 '외향형'으로 개념화한다. 나아가 EB의 양식을 보다 구체적으로 검토하기 위해 EBPer를 활용하게 되는데, EBPer는 EB에서 확인할 수 있는 두 가지 양식을 보다 분명한 기준을 통해 구체화한 정보이다. EBPer로부터 두 가지 경험 양식 중 어느 쪽의 양식으로 얼마만큼 균형이 기울어져 있는가를 알 수 있다. 어느 방향이건 EBPer의 점수가 계산되었다면 경험 양식의 불균형을 의심하게 되며, 한쪽 양식이 다른 한쪽의 양식보다 2배(EA가 4 이상에서 10 이하일 경우) 또는 2.5배(EA가 10 초과일 경우) 초과하여 넘어서는 경우 'EBPer 내향형' 또는 'EBPer 외향형'으로 개념화하게 된다. 1.5배 이상에서 2배 미만에 해당하는 경우(EA가 10 초과일 경우에는 2배 초과에서 2.5배 이하)에는 안정적인 일관성을 갖추고 있다는 의미이다. 이 경우에 한해 '내향형' 그리고 '외향형'이라 개념화한다. 만약 이러한 구분 중 어느 유형에도 해당하지 않는 경우에는 '양향형 또는 양가형'이라고 한다. 이에 더해, L이 1.00을 넘을 경우에는 수검자의 충분한 내적 경험 정보가 부족한 것으로 인정하여 어떠한 양식에서도

포함되지 않은 양식이기 때문에 '회피형'으로 개념화하게 된다.[28]

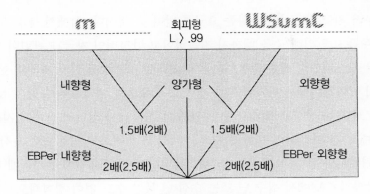

[그림 6-5] EB Style의 위치

es(experienced stimulation)는 자율적이지 않고 통제되지 않은 상태에서 경험되어 버리는 자극들을 의미한다. es 역시 자극의 속성에 따라 EB와 마찬가지로 사고 경로와 관련된 자극과 정서 경로와 관련된 자극들로 구성된다. 이러한 자극들은 어떠한 양상의 자극들이라 할지라도 그 강도가 강해질 경우 내적 안정을 흩어 놓게 되며, 이에 대해 현재 경험의 주체로서 개인은 필연적으로 자극을 해결해야 할 요구를 받게 된다. es는 자신의 심리적 안정을 위해 해결할 의무를 가진 자극들의 총량이라고 할 수 있다. 아무리 불편하고 고통스러운 의무라 하더라도 기본적으로 인간의 삶 속에는 항상 존재하는 의무들이며, 존재하는 대상이라면 의무를 지지 않는 절대적인 안정감을 갖기란 어려운 일이다. 모든 인간은 각기 감당할 수 있는 의무의 무게가 다르기 때문에 개인이 경험하는 상대적인 자극의 양이 중요하다. 만약 자신이 짊어질 수 있는 능력에 비해 과도한 의무를 지게 될 경우 결국 효율적이고 생산적인 문제 해결은 어려울 것이며, 한편 충분히 해결할 수 있을 정도의 의무를 지게 될 경우에는 내적 안정감을 유지하기가 쉬울 것이다. 결국, 이러한 해결이 요구되는 자극들을 무시하고 외면하지 않으면서도 과도한 해결 요구로 인해 심리적 안정감이 저하되지 않도록 하는 것이 중요하다.

Adj es(Adjusted-experienced Stimulation)는 es가 의미하는 총체적으로 경험된 자극

---

28) 종합체계에서 EB Style을 구분하는 개념은 기본적으로 내향형, 외향형, 양향형으로 구분하고 있으며 전반적으로 기울어진 EBPer를 갖는 내향형과 내향형으로 추가 기술을 하고 있다. 이 책에서는 편의상 내향형, 외향형, EBPer 내향형(전반적으로 균형이 기울어진 EBPer 점수를 보이는 내향형), EBPer 외향형(전반적으로 균형이 기울어진 EBPer 점수를 보이는 외향형)으로 구분하여 명명한 것이다.

들에서 상황적 요구에 쉽게 영향을 받는 자극들을 배제하고 비교적 안정적으로 경험되는 자극들을 구분해 보고자 고안된 구조변인이다. 사람은 어머니의 자궁에서 수정이 되는 순간부터 지금까지 살아야 하는 요구를 받아 온 것이다. 삶에서 특정 요구들은 원초적인 생존 유지를 위해 죽을 때까지 지속적이고 안정적인 자극과 관련이 되어 있다. 이러한 자극들은 개인이 생존해야 한다는 절대적인 방향성이 있기 때문에 삶의 장면에서의 환경이 어떠하냐에 상관없이 꾸준히 안고 가야만 할 자극들이라 할 수 있다. 한편, 인간 존재로서 모든 상황을 통제할 수도 없고 매 상황에서 심리적 만족이 지속될 수 없기 때문에 매 순간 자신이 당면한 환경적 자극들을 최적화된 방식으로 수시로 해결하기 위해 노력해야만 한다. 비유하자면 '허기짐'이라는 것은 개인이 존재하게 된 시작 순간부터 지금까지 수년에서 십수 년 또는 수십 년 동안 수도 없이 경험해오고 있는 자극이다. 대부분 사람에게 허기짐은 하루에도 몇 번씩이나 경험하게 되는 것이며 이를 채우기 위해 부단히 노력해야만 한다. 우리는 자동적으로 허기짐에서 벗어나기 위해 기꺼이 시간과 비용과 귀찮음을 투자하며 살아간다. 만약 일상생활에서 허기짐으로부터 벗어나기 어려운 상황, 즉 아침을 먹지 않고 참석한 10시간이 소요되는 공식 발표석상에서 아무런 음식조차 제공되지 않는 상태로 견뎌야 하는 상황에 처했을 때, 누군가의 허기짐은 아사에 대한 두려움까지 경험하게 할 만한 자극이 될 수 있다. 눈이 풀리고, 말을 할 수가 없고, 멍해지는 상태는 더욱더 심각해질 것이다(다행히도 이러한 상황은 벌어질 일이 없다). 이렇게 지금 이 순간 존재하는 개인들은 상황적 여건에 따라 엄청난 자극에 영향을 받아 잘 기능해 온 사고와 감정을 다루는 능력을 발휘할 수 없는 일이 발생하기도 한다. Adj es는 이렇게 상황에 의해 쉽게 영향을 받는 자극을 제외한 근원적 허기짐과 같은 비교적 안정적인 자극들의 총량을 의미한다. 이러한 자극은 의도하거나 자율적으로 개입하는 자극들이 아닌 대부분 비의식적이고 통제되지 않은 상태에서 경험되어 버리는 자극들이다.

eb(experience base)는 삶의 기저에 존재하는 의무적으로 해결해야 할 자극들, 즉 es의 두 축을 의미한다. es가 담고 있는 자극들은 크게 '골치를 아프게 하는' 관념적인 자극과 정서적으로 힘들게 하며 '주눅 들게 하는' 자극을 모두 포함하는 총체적인 자극들이다. eb는 이 두 가지 양상의 자극을 구분해 놓은 비율 정보다. 이상 자극들은 인간의 존재가 된 순간부터 지금 매 순간까지 경험되고 있는 자극들이기 때문에 말끔히 없앤다는 것은 불가능에 가까우며 이 두 가지 자극들의 균형은 앞으로 어떤 방식으로 해결하는 것이 적절한지를 가늠하게 해 준다. 어느 한쪽이 없다손 치거나 또는 압도적으로 많은 양을 경험하게 된다면 온전히 내부세계의 요구를 성찰하지 못할 가능성이 높다. 하지만 이러한 자극들의 존재를 인식하고 적극적으로 해결하고 비워 내고자 하는 의도를 갖고 있다면, 충분히 해결할 가능성은 높아지고 주관적인 안정감을 취할 수 있게 된다. 한편, 두 가지 자극을 모두 억압 및 차단하고 살아갈 경우가 있는데 이 경우 생산적인 수행이라 보기엔 어렵지만 적어도 주관적으로는 현실의 적응 요구를 해결해야 할 의무에서 자유로워진 것이라고 생각할 수도 있을 것이다.

D(stable indicator)는 안정성 지표로서 주관적인 내부세계의 안정성을 반영하고 있다. D는 로르샤하의 구조변인 중 개인의 적응 수준을 가장 광범위하고 통합적으로 검토할 수 있는 대표지수다. D 점수를 산출하는 과정에서 How set의 결정인 중 가장 핵심적인 결정인 정보를 모두 활용하게 된다─결정인 중 FD, (2), rF/Fr을 제외한 모든 결정인이 포함된 점수다. 우선 D는 주위 자극들에 비교적 자율적이고 의식적으로 개입하고 해결하려는 생산적인 기능(EA)과 스스로 의도하지 않았고 통제되지 않은 방식으로 경험되어 버린 자극들(es)을 비교한 차이 점수다. 만약 세상을 경험하는 방식이 충분히 통제되고 있고 적절히 발휘되면서, 삶으로부터 문제 해결을 요구받은 자극들을 최소화할 수 있다면 현재 내부세계의 평화는 유지되고 있는 것이라 볼 수 있다. 내부세계 및 외부세계에서 자극받은, 해결해야만 할 자극들이 엄청난 강도로 경험될 경우라 할지라도 자신의 가진 능력으로 충분히 해결할 수 있다면 내부세계의 평화는 유지될 수 있으나, 그렇지 못할 경우 경험된 스트레스에 쉽게 압도당하게 되어 내부세계의 평화는 고사하고 실제 현실에서의 적응력 또한 쉽게 손상될 가능성이 높아진다. 구체적으로는 두 가지 방향으로 D 점수를 검토해 볼 수 있는데 정적(positive) 방향(+)의 점수를 보일 경우와 부적(negative) 방향(−)의 점수를 보일 경우다. (+) 방향의 D 점수는 문제해결을 요구받고 있는 자극들의 양이 자신이 지닌 문제 해결 능력보다 적거나 해결 요구를 받은 자극을 해결하기 위한 자신의 능력이 더 많다는 것을 의미하고, (−) 방향의 D 점수는 요구받은 과제를 해결할 만한 충분한 기능이 발휘되지 않고 있거나 자신이 지닌 문제해결 능력을 넘어선 스트레스 자극이 더 많다는 것을 의미한다. D 점수를 산출할 때 EA와 es의 차이값을 규준 범위에 맞추어 표준점수로 변환하게 되는데 이로부터 개인이 저마다 가지고 있는 해결 능력 및 스트레스 수준을 고정된 점수로 확인할 수 있게 된다. 이 표준화 과정을 거치면서 수검자가 주관적으로 경험하고 있는 내부세계의 안정성에 대한 정보를 얻을 수 있게 되는 것이다. Adj D는 EA에서 Adj es를 뺀 값으로 현재 처한 환경에 쉽게 영향을 받게 된 자극들을 배제한 후의 안정성을 확인할 수 있는 구조변인이다. 만약 D가 Adj D보다 낮은 점수로 나타난다면 이는 현재 처한 환경으로부터 경험된 자극과 일반적이고 지속적으로 경험된 자극들의 총량의 영향이라고 볼 수 있고, 만

약 현재 당면한 환경으로 영향을 받은 자극을 상쇄할 수 있다면 괜찮은 안정성을 가지게 될 것이라는 것을 의미한다. 다시 말해, 지금 이 순간에는 수검자가 당면한 환경 내에서 영향을 받은 경험들이 자신의 안정성, 즉 내부세계의 평화와 적응력을 저하시켰을 것이라 볼 수 있다는 것이다. 주의할 점은 D와 Adj D가 모두 0점이거나 (+) 방향을 보이면서 D〈Adj D로 나타날 때는 이상의 해석을 할 수 없다는 것이다. 이 경우는 충분히 안정적이라는 것이지 스트레스의 양상을 구별하는 것은 무의미할 것이다. 드물게 나타나는 경우긴 하지만 EA와 es가 모두 높은 점수를 보이면서 D와 Adj D가 0점 이상일 경우에는 추가적인 검토가 되어야 할 것이다.

〈표 6-13〉 핵심 영역 구조변인들의 읽기정보

핵심 영역	
R(Response)	주위 환경에서 접촉되는 자극들의 양, 자극들을 대하는 태도 및 조절 능력
L(Lambda)	현재 당면한 자극들을 경험하고 처리하고자 하는 시도 및 정도 현재 당면한 자극들에 대해 경험되고 처리되어 버리는 정도
EA(Experience Actual)	자극을 처리하고 개입하려는 또는 작동된 심리적 힘
EB(Erlebnistypus)	자극 처리 및 자극에 개입할 경우 선호되는 양식
EBPer(EB Pervasive)	자극 처리 및 자극에 개입할 경우 선호되는 양식의 균형
es(Experienced Stimulation)	비의식적이고 통제되지 않은 상태에서 경험된 자극의 양, 스트레스
Adj es(Adjusted es)	당면한 상황으로부터 비교적 쉽게 경험되는 자극을 배제한 자극의 양
eb(Experience Base)	해결 요구를 받은 자극 및 스트레스들의 출처 및 균형
D(Stable indicate)	총체적 스트레스와 스트레스 해결 능력 사이에 위치한 주관적 안정성
Adj D(Adjusted D)	지속적, 안정적으로 경험되고 있는 스트레스들과 관련된 주관적 안정성

두 번째 구조변인 영역인 중재 영역은 내부세계 및 외부현실로부터 발생한 자극들을 수용하고 인지하는 과정에서 나타나는 실재와 수용된 결과로서의 상의 적합성을 의미한다. 즉, 실재하는 현상을 개인이 어느 정도 적합하게 지각하고 있는가에 대한 정보들을 담고 있다. 만약 내부세계와 외부현실로부터 발생한 현실적인 자극들과 그것을 인지한 결과가 충분히 적합한 것으로 나타났다면 현실적인 중재가 잘 이루어진 것으로 볼 수 있는 것이다. 만약 경험된 자극의 현실적 속성과 동떨어진 것으로 지각된 것이라면, 경험된 실제 자극들의 정보와 적합성이 떨어졌다는 것이며 왜곡된 지각을 했다는 것을 의미한다. 이러한 중재 양상을 알아보기 위해 FQ 수준을 고려하게 된다. X-의 비율이 높다는 것은 실재하는 현실적 정보와 개인이 지각한 결과적인 정보가 불일치된

양상을 보이고 있으며, 즉 왜곡된 중재가 일어났다는 것이며 일반적으로 .20 이상으로 나타날 경우 이는 전반적인 중재 능력의 손상으로 볼 수 있다. XA%의 비율은 대부분의 경우 X−%를 제외한 FQ들의 비율이기 때문에 두 변인의 합은 1.00이 된다. 예외적으로 FQ의 'n' 비율이 높을 경우에는 XA%와 X−%의 합이 1.00이 되지 않고 X−%의 비율이 과소 측정되기 때문에 XA%의 비율을 참조하는 것이 바람직할 것이다. WDA%의 비율은 대부분 사람이 쉽고 편하고 자연스럽게 경험하는 현상의 장에 한하여 왜곡의 정도를 파악할 수 있기 때문에 삶에서 심사숙고하게 되거나 한 가지 이슈에 심층적으로 몰두하고 지엽적인 부분에 주의가 휩쓸리지 않는 상황에서의 적합한 중재 양상을 검토할 수 있다. Xu%는 실재하는 자극들을 심하게 왜곡한 지각이 아닌 일반적이지 않은 독특한 방식의 중재 양상을 의미한다. 이는 스스로의 의도하에 중재된 것일 수도 있고 의도하지 않은 방식으로 중재되었을 수도 있다. 만약 의도된 중재의 결과라면 일반적으로 평범하게 자극을 경험하는 것은 고리타분한 것이라 여겨지기 때문에, 정확한 현실 지각을 담보한 상태라면 이는 새롭고 다양하고 독특한 방식을 추구하고자 하는 경향이 반영되었을 것이다. 반면, 의도치 않은 방식으로 일반적인 지각을 벗어날 경우 습관화되고 안정화된 지각적 왜곡을 의미하기도 한다. 이 경우 대부분 사람은 이들과 생각과 마음을 공유하기 어렵다고 느끼는 경우가 많다. 예를 들어, "난 고기를 먹지 않아요. 언제부터인가 그 동물들이 스트레스를 받고 대량 사육을 통해 우리가 먹는 고기가 되는 것이 좀 그렇고…… 이런 말을 하면 원치 않게도 논쟁 같은 상황이 벌어지니까 그냥 고기를 못 먹는다고 해 버리는 일이 많아요. 그리고 그 뒤부터는 고기를 썹는 식감도 좀 이상하게 느껴지고, 이 고기도 심장이 뛰던 소이고 돼지이고 닭이었는데……."라는 말은 심하게 왜곡된 관점이라기보다 특징적인 삶의 이슈에 대해 자신만의 독특한 경험 체계를 갖고 여타의 이견 없이 자연스럽게 자신의 사고를 유지하고 있는 것이다. 하지만 실제 채식주의자들도 존재하고 음식의 선호 역시 누구나 존재하기 마련이며 대부분 사람들이 가지고 있는 관점과 동떨어질 뿐이기에 Xu%와 관련된 중재는 수용 가능한 정도로 나타날 가능성이 높다. 그렇다 하더라도 이러한 관점이 삶의 다양한 주제에 걸쳐 만연해 있다면 인간의 삶에서 경험되는 다양한 장면에서 불편감을 느낄 수 있고 주위 사람들은 이들을 뭔가 다른 차원의 사람이라 느낄 수도 있게 된다.

〈표 6-14〉 중재 영역 구조변인들의 읽기정보

중재 영역	
X−%(Distorted Form)	주위 현상들을 경험하는 과정에서 해당 현상에 대한 지각
XA%(Form Appropriate Extended)	의 정확성 및 적합성
WDA%(Form Appropriate−WD location)	일상적인 장면에서의 자극과 경험된 자극의 적합성
X+%(Conventional Form use)	개인적 지각 경험을 배제한 현실적 지각 경험의 분명히 확장된 중재
Xu%(Unusual Form)	개인의 경험체계에 따른 실제 자극에 대한 지각 : 안정화된 양상에 따른 차별적 해석이 필요

　　세 번째 구조변인 영역은 처리 영역이다. 처리 능력은 개인이 경험한 현상들이 얼마나 많고 적은지는 그리고 그 정보가 얼마나 적합한지와는 관련 없이 개인이 최종적으로 경험된 내용들을 어떤 양상으로 활용하고 있는지를 의미한다. 이는 다분히 고차적인 인지적 과정과 관련되어 있으며 처리된 자극들은 이후 개인이 적응하기 위한 관념적, 감정적 재료들로 만들어 가게 된다. 일단 그 자극들이 입력 또는 수집되면 하나의 적응을 위한 의미 있는 정보로 가치를 갖게 된다. 입력되고 수집된 정보들은 수검자가 처리하고자 하는 태도에 따라 달라지기도 하며 정보의 양에 따라 처리 효율성이 달라지기도 한다. 이러한 처리 시도는 의식적, 비의식적 모든 경로로 이루어지게 되며 최종적으로 처리하고자 한 양은 Zf를 고려하여 검토해 볼 수 있다. 종합체계에서 알려진 바로는 Zf의 평균은 EB 양식에 따라 다소 차이가 있지만 비환자, 내향형, 외향형, 양가형 모두 11.29~12.80 범위에서 나타났다(SD; 2.31~2.98). 단, 회피형의 경우에만 9.62로 나타났다(HVI 항목에 카운트되는 Zf의 기준은 13개 이상이다). 만약 Zf가 이상의 기준보다 적거나 많은 경우 반드시 R 및 L과 함께 고려하여 수검자의 정보 처리 시도 및 노력을 가늠해 볼 수 있다. 만약 평균보다 많은 Zf를 보인다면 경험된 정보를 적극적으로 처리하기 위한 노력을 하고 있거나 원치 않지만 처리해야 한다는 신경증적 의무감으로 처리를 하고 있음을 반영한다. 처리 시도의 양적 측면을 갖고 있는 Zf와 더불어 이에 준하는 실제적 처리 수준을 검토해 볼 수 있는데, 해당 수검자의 처리 수행을 해당 Zf 수준에서 일반적으로 예상해 볼 수 있는 처리 수행과 비교하면서 가능해진다. 만약 해당 Zf에 따른 일반적으로 기대되는 처리 수행보다 수검자가 더 많거나 적은 처리 수행을 하였다면 자신이 획득한 정보를 얼마나 효율적으로 처리하고 있는가를 알 수 있게 된다. 이는 Zd 점수가 반영하고 있으며, Zd가 양의 방향을 가진다면 수검자는 경험된 자

극들을 처리하기 위해 많은 노력을 하고 있다는 것이고 음의 방향을 가진다면 부족한 노력을 하고 있음을 의미한다. Zd의 점수가 각 방향으로 멀어질수록 과대통합 및 과소통합 경향을 띠며 문제 해결 상황에서 신경증적인 양상이 나타날 가능성이 높다. R과 L의 부적응성을 배제할 수 있는 상황에서 과대통합에 해당하는 사람들은 경험된 자극들이 부족하다고 느낄 수 있으며 그 부족감을 채우기 위해 부단한 정보 탐색 등의 인지적 노력을 할 것이다. 이러한 시도가 주체적이고 자율적이지 않은 양상을 띨 때는 상황에 적합하지 않은 경직성을 보일 수도 있고, 주위로부터 현실적으로 추가되는 이로운 자극들조차 깨끗이 받아들이기 어려울 수도 있다. 결국 변화 가능성이 낮아지는 결과를 낳게 되는 것이다. 반면, R과 L의 부적응성을 배제할 수 있는 상황에서 과소통합에 해당하는 사람들은 최종적으로 경험된 자극들을 충분하게 처리 또는 활용하지 못하고 있는 것이라 할 수 있다. 만약 처리하고자 하는 태도는 있다 하더라도 인지적인 능력의 부재로 체념하고 있을 수도 있으며, 자신이 선택적으로 처리 시도를 철수한 결과일 수도 있을 것이다. 어떠한 경우라도 이들은 경험되었으나 처리되지 못한 잉여의 정보들로 인해 의식적인 또는 비의식적인 부적절감을 경험할 가능성이 높을 것이다. 비의식적인 부적절감은 주위 환경을 받아들이는 데 대해서 적극적이지 못하고 전반적인 환경으로부터 철수되어 있는, 주눅이 든 모습으로 나타나기도 한다.

Economic Index는 W와 D 그리고 Dd의 비율을 의미한다. 대부분 반응에서 W와 D 영역을 선택하게 되는데, 카드속성의 필연적 이유가 있기 때문에 이는 너무나 당연한 이끌림에 의한 반응 영역의 선택이다. 만약 Dd의 빈도가 높게 나타난다면 카드속성에 이끌리지 않게 된 두 가지 양상을 고려할 수 있게 된다. 한 가지는 자신도 모른 채 잉크반점의 끌어당김에 저항하여 불편감 없이 자발적으로 Dd 영역을 지각하게 된 경우, 다른 한 가지는 자신의 내부세계의 투사 내용에 추동되어 거부할 수 없이 Dd 영역에 주의를 빼앗겨 버린 경우일 수 있다. 어떤 이유에서건 Dd 반응의 증가는 현실 장면에서는 부적응적으로 나타날 가능성이 높다. 한편, W는 역시나 두 가지 양상을 갖고 있다. 이는 DQ와 함께 고려할 수 있으며 대표적으로 W_o와 W_+의 차이를 기준으로 카드속성의 끌어당김에 의한 반응의 질적 수준을 검토해 볼 수 있다. 만약 대부분의 W가 DQo와 조합되었다면 이는 높은 인지적 처리 수행의 결과라 보기 어려울 것이며 오히려 카드속성에 의한 단순화된 반응이라고 보는 것이 바람직할 것이다. 반면, W가 DQ+와 조합된 경우에는 높거나 상당 수준의 인지적 처리 수행이 이루어진 것이라 볼 수 있다. 종합해 보면, W의 양상이 카드속성에 의해 이끌려 반응하게 된 경우라면 Wo의 비율이 높은 것으로 나타날 것이며 W_+의 비율이 높다는 것은 경험된 자극들을 처리하기 위한 높은 인지적 노력을 반영하는 것이라 할 수 있다. 부연하자면, Economic Index의 의미는 처리 수행과 더불어 자극들을 경험하는 관습적 방식의 정보를 함축하고 있다. 앞서 설명한 카드속성에 저항 없이 이끌려 나온 반응은 결국 자신의 투사적 추동에 의한 반응이라기보다 현실 장면에서 다양한 자극의 현출적인(salient) 정보를 쉽고 빠르게 처리함을 의미하기 때문이다.

〈표 6-15〉 처리 영역 구조변인들의 읽기정보

처리 영역	
Zf	경험 자극들을 처리하고자 하는 의식적 시도 및 비의식적 처리 요구에 대한 반응
Zd	경험된 자극들에 대한 처리 수행의 결과로 발현된 처리 수행의 효율성
Economic Index	주관적으로 현상된 자극들을 입력하는 과정에서 운영되는 인지적 처리 수행 양상

네 번째 영역으로 관념 영역의 구조변인들은 경험된 정보들을 얼마나 잘 그리고 어떤 방식으로 개념화하고 있는가에 대한 정보를 담고 있다. 우선, 관념이라는 것은 경험된 정보들과 그와 연결된 사상들을 개념화한 것이라 할 수 있다. 이러한 개념화는 삶의 장면에서의 모호함을 분명함으로 이해할 수 있게 해 주며 적응에 실제적으로 사용할 수 있는 사고의 재료로 만들어 내는 것을 의미한다. 이러한 관념적 기능이 저하되거나 비기능적으로 운영될 경우 내적 경험들은 통합되지 못한 모호한 사상 자체로 경험되어 있기 때문에 내부세계와 외부현실 사이에서 소통의 어려움을 발생시킨다. 우선, WSum6는 경험되고 처리된 정보들이 충분히 개념화되지 못하였거나 합리적이고 합목적적이지 않은 방식으로, 즉 비기능적인 양상으로 개념화가 이루어졌음을 의미하는 구조변인이다. 자신의 사고를 적절한 언어를 통해 개념화하거나 표현할 수 없고 자신의 사고 흐름을 통제할 수도 없고 원치 않는 방식으로 사상들이 연합되고 이러한 자신의 사고에 대한 현실적 근거를 명백히 찾을 수도 없다는 것을 반영한다. 이러한 관념의 양상은 외부현실에서 압도적으로 스트레스가 주어질 경우 사고가 더욱더 혼란스러워질 수도 있고 또는 내부세계에서 발현된 다양한 사상에 의해 현실감을 저하시킨 결과일 수도 있다. 어떠한 경우든지 이들의 사고는 외부현실과의 소통에서 상당한 장해 요인이 되곤 한다.

운동반응의 양태, 즉 사고의 방향성은 운동반응 결정인에 부여되는 a와 p 정보를 활용하게 되는데 이는 주제적 특성에 따라 그리고 연합된 다른 구조변인들의 계열에 따라 상이한 해석적 가정이 설정될 수도 있다. 그렇기 때문에 직접적으로 '어느 한쪽이 다른 한쪽보다 2배 이상의 차이'라는 이탈 정보만을 활용하여 직접적 해석을 하는 것을 지양해야 하며 주제심상과 함께 계열을 따져 보는 것을 권장한다. 우선, a:p는 운동 반응 결정인들의 방향성을 담고 있는 변인이며 관념의 방향과 관련되어 있다. 만약 관념의 방향성이 어느 한쪽으로 균형이 과도하게 편향되어 있다면 다양한 관점을 고려할 수 있는 융통성 또한 부족할 것이라 예상해 볼 수 있다. 그런데 a:p의 정보를 확장하여 해석적 가설을 설정할 경우에는 세 가지 운동반응 결정인들의 통합된 사고양상을 반영하고 있기에 각각의 운동반응 결정인들의 계열과 함께 고려하는 것이 유용할 경우가 있다. 예를 들어, 주체적인 사고방식의 선호로 볼 것인지(M) 잠입적이고 통제되지 않은 사고내용에 대한 경직성을 고려해야 할 것인지(FM, m)를 구분해 볼 수 있다는 것이다.

$M^a{:}M^p$는 경험된 자극들로부터 발생한 날것의(naiveness) 개념들이 온전한 실제적 개념으로 형성 또는 구성되는가를 반영하고 있는 구조변인이다. 대부분 경험은 기본적으로 특정한 사상을 갖고 있으며 이러한 사상들은 실제성 있는 방식으로 다듬어지게 되었을 때 현실적인 개념으로 발달한다고 할 수 있다. 하지만 사상 그 자체에서 분명한 개념화가 이루어지지 않은 채 한낱 공상과 환상으로 남아 흘러가 버리는 상념으로 흩어지기도 한다. M^a의 실제적 함의는 경험된 정보들을 구체화된 사고로 개념화할 수 있다는 것이다. 반면, M^p는 구체성이 부족한 상태로 머물러 있거나 흘러가는 관념들을 반영한다. 하지만 그 사상들의 질적 수준은 여전히 알 수 없으며 반드시 FQ의 수준 등을 함께 고려하여 이해해야 한다. 마지막으로 INTELL Index는 AB, Ay, Art의 조합점수라 설명하였고 이들은 모두 자신의 사적인 경험과 사고의 활성화를 의미한다. 이상 기호들은 이와 관련된 행동관찰 정보와 함께 고려하여 점수의 일관적인 양상이 나타날 경우 주지화 방어의 특징을 반영한다고 할 수 있으나, 일반적이고 상황적이고 우연적인 반응으로 인한 점수의 상승은 방어의 특징으로 단정 짓기는 어려울 것이다. 만약 일관적인 주지화 방어의 양상으로 인정될 경우, 이는 양적으로 상당 수준의 관념 기능이 작동되고 있음을 의미하며 이는 신경증적인 방어 양상으로 발현되고 있음을 방증하는 것이다.

〈표 6-16〉 관념 영역 구조변인들의 읽기정보

관념 영역	
WSum6	부적절한 언어적 개념화 통제되지 않은 사고 내용과 과정 임의적 사고추론
a:p	개념 형성의 방향성, 다른 관점의 수용과 관련된 유연한 사고방식 : 연합된 구조변인과 주제심상을 함께 고려
$M^a:M^p$	경험된 정보를 실제적이고 현실적인 사고로의 개념화 : FQ와 주제심상을 함께 고려
INTELL Index	주지화를 근간으로 한 신경증적 양상으로 발현되는 방어적 사고

다섯 번째로 정서 영역의 구조변인들은 내부세계에서 정서가 발생할 시 해당 정서가를 얼마나, 또 어떤 방식으로 경험하고 표현하는지를 반영한다. 정서는 정서적 자극과 접촉할 시 거의 자동적으로 발생되는 것이다. 자극으로부터 발생한 정서를 경험하는 것이 너무나 자연스럽고 자동적으로 이루어지기 때문에 정서가 발생하는 현상과 정서를 경험한다는 것을 동일한 것으로 인식될 수도 있으나, 이를 구분하여 이해하는 것이 정서 조절 기능을 이해하는 데에 보다 유용할 수 있다. 원초적으로 정서의 발생은 현재 상황이 변할 것이라는 의심으로부터 생리적 반응과 함께 불안으로 경험되곤 한다. 하지만 인간은 이러한 자동적으로 발생한 정서를 선택적으로 또는 의도적으로 조절하여 해당 정서를 경험할 수 있다. 예를 들어, 특정 자극으로부터 정서가가 발생한 후 이를 받아들일 것인가 말 것인가, 받아들인다면 어느 정도로 받아들일 것인가를 의식적으로 또는 비의식적으로 결정하게 된다. RIM에서는 카드속성에 의해 정서가를 부여하게 되며, 이러한 정서적 상황에서 이를 어떻게 그리고 어느 정도로 경험할 것인지를 조절한 이후의 결과를 얻을 수 있다. 정서가를 발생시키는 카드속성은 크게 무채색 쇼크, 유채색 쇼크로 구분할 수 있으며 이 중 유채색 쇼크에 대한 논의가 중요하게 이루어져 왔다. 무채색은 전반적으로 음울하고 가라앉게 만드는 정서가를 발생시키기 때문에 이를 경험하고 어떻게 조절하여 표현하는가를 확인해 볼 수 있는 것이다. 하지만 대부분의 사람은 기본적으로 유쾌하지 않은 정서들은 억제하려고 하는 경향이 있기 때문에 실제로 무채색 쇼크에 당혹해하는 경우는 드물며, 혹여 무채색으로 인한 정서가를 조절하지 못하는 경우에는 이에 상응하는 해석적 가정을 세울 수 있다. 반면, 유채색 쇼크에서 발생하는 정서가는 일반적으로 유쾌한 정서가를 포함하고 있다고 가정하며, 그렇기 때문에 굳이 억제하는 것이 권장되는 것은 아니다. 오히려 해당 정서적 상황에 맞게 적절

히 경험하고 표현하는 것이 적응에 도움이 된다. 우선, Afr은 카드 자체가 지니고 있는 속성으로 발생한 유채색 쇼크에 대처하는 방식을 반영하는 구조변인이며 점수 산정을 위해 온전히 유채색으로 구성된 카드와 그렇지 않은 카드에서 반응의 비율을 확인하게 된다. 일반적으로 유채색 쇼크 상황에서 대부분의 사람은 좀 더 느려지는 반응 속도를 보이며 이는 정서가가 발생한 순간 이를 처리하기 위한 추가적인 노력이 필요했음을 시사한다. 그렇기에 반응 속도가 앞선 카드에서의 반응 속도에 비해 현저히 느려지거나 빨라지는 경향을 보인다면 정서가를 경험하는 것에 대한 부담 또는 민감성을 갖고 있다는 것으로 예상해 볼 수 있다. 그뿐만 아니라 앞선 카드들과 비교하여 카드 Ⅷ, Ⅸ, Ⅹ에서 반응 수의 차이는 정서적 상황에서 조절을 위한 수행 능력을 의미하는 것이다. 만약 정서적 상황에서 철수하고 회피하며 과도하게 조심스러워하게 된다면 카드 Ⅷ, Ⅸ, Ⅹ에서 수행이 저하될 것이며 이는 의미 있게 적은 반응을 하게 될 것이다. 한편, 반응 수가 의미 있게 많이 나타난다면 정서적 상황을 편안하게 경험할 것이라 추정하거나 정서적 상황에서 정서가를 처리하고 조절하는 능력이 무너져 자신도 통제할 수 없이 정서적 상황에 휘둘리는 모습이 나타나고 있음을 의미할 수도 있다. 이는 프로토콜의 길이 그리고 DQ 수준과 관련된 텍스트의 응집성, 결정인의 양상을 함께 고려하면서 구체적으로 이해해야 할 것이다.

　SumC′와 WSumC의 비율은 정서가를 상황에 맞게 해결하고 조절할 수 있는 적절한 정도의 정서경험과 정서표현을 말한다. 누군가는 정서적 자극들을 너무 강하게 경험하거나 과도하게 억제하는 한편, 누군가는 경험된 정서를 과도하게 표현하거나 표현 자체를 전반적으로 억제하며 정서적 자극을 처리할 수 있다. 만약 애초에 정서적 경험을 과도하게 억제하거나 적절히 경험하였음에도 과도하게 경험하고 표현하게 될 경우 적절하게 처리되지 못한 정서적 내용들로부터 불편감을 느끼게 된다. 어떤 경우에는 상황에 적합하지 않을 정도로 정서가에 예민하게 반응하고, 합리적이지 못하고 충동적으로 표현을 해 버릴 수도 있다. 무채색 자극들은 유쾌한 정서가보다 음울하고 음침하고 울적한 정서가에 더 민감하도록 하며, 무채색 자극들이 경험됨으로써 주위 환경에서 요구되는 다양한 정서를 충분히 경험하지 못하고 결국 부정적 정서성이 머물게 되어 여타의 정서를 표현하는 것을 어려워지게 한다. 하지만 누구든지 삶에서 요구되는 적응 수준에 부합하며 해결해 나가야 할 의무를 부여받고 있기 때문에 모든 정서가를 완벽히 경험하고 겸험된 정서를 표현할 수가 없으며, 혹여 그렇게 한다 하더라도 상황의 요구에 적절한 선은 지켜야만 한다. 다시 말해, 정서를 경험하고 표현하는 것은 상황의 요구에 적합한 수준에서 적당히 억제되어야 할 필요가 있다. 이와 관련하여 종합체계에서는 SumC′ 3점 이상을 이탈 기준으로 삼고 있으며 2점 정도는 평균적인 것이라 인정되고 있다. 한편, 정서 경험 및 표현을 반영하는 WSumC는 C 계열 결정인들의 점수에 가중치를 부여한 총합이며 이에 C, CF 그리고 FC가 포함되어 있다. 각 기호의 의미를 구별하여 이해하는 것이 필수이지만 우선적으로 각 변인에 가중치를 부여하는 과정을 거치면서 총체적인 정서 경험과 표현의 능력치를 살펴보게 된다. 만약 높은 점수의 WSumC가 나타난다면 정서가가 자극되는 장면에서 정서 경험을 충분히 할 수 있으며 이를 표현하는 것에서도 적절한 모습을 보일 수 있다고 예상해 볼 수 있다. 종합해 보면 SumC′가 WSumC보다 높은 점수를 받게 된다는 것은 정서적 상황에 당면할 시 경험되고 표현한 양보다 유쾌하지 않은 방식으로 정서를 경험하려는 경향과 정서 표현을 억제하고 있는 경향을 의미한다. 하지만 이는 정서 경험 및 표현과 억제하려는 경향에 대한 총량을 비교한 것이기 때문에 추가적인 설명이 필요하다. 이는 C, CF와 FC의 비율로써 탐색이 가능해진다. 채점 과정에서 설명되었듯이 C는 정서적 장면에서 충분히 근거를 탐색하고 심사숙고하는 과정이 부족하거나 고려되지 않은 방식으로 경험되고 표현된다는 것을 의미하며, CF는 정서가를 비교적 자동적으로 그리고 우선 경험하게 된 후 그에 대한 근거를 탐색하려는 경향성을 의미한다. 반면, FC는 정서적 상황에서 경험이 이미 되었다 하더라도 현실적인 카드 속성, 즉 정서 경험의 근거가 실제적 자극 내에서 안전하게 그리고 조심스럽게 탐색이 우선 이루어지고 있음을 의미하는 것이다. 그렇기 때문에 C 계열의 결정인이 모두 정서적 자극으로부터 정서 경험이 이루어지고 있다고 볼 수 있으며, 다만 정서 표현의 방식에서의 차이를 보이는 것이라 할 수 있다. 구체적으로 C+CF가 높은 사람들은 자신의 정서적 경험에 적극적으로 대처하기보다 거리낌 없이 자연스럽게 정서 표현이 이루어지고 있음을 말하며, FC가 높은 사람들은 자신의 정서적 경험을 따져 보고 조심스럽게 표현하려는 경향을 보이는 것이다. C+CF와 FC는 인간의 성장과 발달의 연속선에서 점차적으로 상승하게 되고, FC와 관련된 심사숙고된 정서 표현은 성인일 경우에는 더욱더 권장되는 것으로 인정되곤 한다. 반면, 어린 아동들에게는 오히려 C+CF의 경향이 우세할 시 자기다운 자연스러운 모습이라 할 수 있다.

SumShd는 통제되지 않고 자동적이며 기저에 깔려 있는 유쾌하지 못한 정서가들에 대한 경험을 담고 있는 구조변인이다. 여기서 Shading의 표기는 유쾌하지 못한 정서 경험에 대한 의미상 표기로 기술하고 있으며 이에 포함된 기호들은 C′, T, V, Y 네 가지다. 이들은 정서 표현의 여부보다 정서의 경험에 대한 것에 중점을 두고 있다. C′는 정서경험을 부정적 정서 톤으로 변질되게 하며 일반적인 정서 표현을 억제하는 기능을 가지고 있다. T는 인간으로서 근원적으로 지니고 있는 주요 대상과의 친밀한 관계 내에서 관계를 통해 안정감을 충족하고자 하는 욕구가 채워지지 않을 시의 결핍감을 반영한다. V는 자신에 대한 나약하고 열등하고 모자란 모습에 몰두되어 자신을 부정적으로 보려는 데서 기인한 유쾌하지 못한 정서감을 반영하며, Y는 모호하고 충분히 이해될 수 없는 정서적 상황에서 정돈되지 않은 정서 경험을 반영한다. 이러한 SumShd은 은근히 미해결된 감정의 재료들이며 정서 표현의 부족으로 내부세계의 안정감을 저해하는 요인들로 작용한다. 만약 유채색 반응 결정인과 함께 나타나는 Col-Shd의 조합은 정서 경험 및 표현과 함께 동시적으로 발생하는 유쾌하지 못한 감정들의 존재를 시사한다. 이들의 삶에서 요구되는 다양한 현실적인 감정 경험과 표현들은 항상 부적합하고 불쾌한 감정을 동반하기 때문에 온전하고 깨끗한 감정을 경험하고 표현할 수 없을 것이다. 하지만 SumShd보다 FM+m이 활성화되어 있다면 이상의 불쾌한 감정들은 사고기능을 통해 그 순간의 감정과 직면하지 않을 수 있도록 하여 그 감정들에 마음 아파하기보다 자신을 골치 아프게 하는 생각들 때문에 힘들다고 인식하게 된다. 결국에는 불쾌한 정서로를 차단하게 됨으로써 나타나는 부적응은 문제해결을 위한 생산적인 수행을 불가능하게 하고 신경증적인 사고 양상으로 전이되어 버릴 수도 있다. 이들에게 이러한 정서 처리 방식은 불쾌한 감정에 직면하는 것보다 골치 아픈 것들로 받아들이는 것이 낫다고 여겨지는 것이다. 즉, 힘겨운 정서가를 비의식적으로 잘 통제했지만 의식적으로 혼란스러운 결과를 발생시키는 전략을 사용한 것이다.

CP 반응의 기제는 주체적으로 부정적 정서 경험을 처리할 수 없는 상황에서 나타나는 정서의 차단과 이에 따른 극단적이고 왜곡된 긍정화라고 할 수 있다. 기본적으로 정서 경험을 견딜 능력이 취약한 경우일 수도 있으며 자신이 지닌 정서 조절의 능력을 넘어선 압도적인 불쾌한 정서적 상황과의 대면에서 정서 경험 자체를 왜곡하고 있는 것이다. 이러한 불쾌한 정서가의 왜곡을 통해 그 빈틈을 긍정적 정서로 채우게 되면서 적절한 현실감 유지를 포기해 버리는 것이다. S는 해당 반응의 질적 수준을 반드시 고려해야만 하며 이를 분노 또는 적개심과 직접적으로 해석하는 것은 상당히 조심해야만 한다. 현재 자신이 속한 상황적 적응성 및 병리성을 충분히 고려한 다음에야 분노나 적개심의 반영인 것인지 아니면 병리적 환경의 요구에 반하여 주체적으로 살아가고자 하는 개인적 동기 및 의지를 반영하는 것인지를 검토해 봐야만 한다. 만약 병리적 장면 내에서 적응해야 할 의무를 부여받았다면 이 상황에서 S는 일반적인 사회적 참조체계에서는 건강한 자율성과 용기로 인정될 수 있을 것이다. 하지만 삶의 과정에서 응당 거쳐야 하고 의무를 다해야 하는 상황에서 이에 반하여 순응 및 적응하기 어려워한다면 현실적으로 주어진 자신의 상황에 대한 화 또는 이탈하고자 하는 욕구, 극단적으로는 분노감과 연결될 수도 있다.

이러한 정서 영역의 구조변인들은 정서가에 대한 태도와 당면 상황에서의 건전한 수행 능력 그리고 정서 경험과 표현의 적절성, 당면 상황에 대한 정서적 안정성의 유지 등의 정보를 확인할 수 있었다.

〈표 6-17〉 정서 영역 구조변인들의 읽기정보

정서 영역	
SumC′ : WSumC	발생한 정서가에 대한 경험과 표현의 양의 적절성
C+CF : FC	정서 경험의 방식과 경험 이후의 표현의 경향성
Afr(Affect ratio)	정서적 장면에서 편안하게 정서를 처리하고 조절할 수 있는 수행 능력의 수준
Col−Shd(Shading) Blends	요구된 정서 경험과 표현에 동반되는 불쾌한 감정 경험
FM+m : SumShd(eb)	불쾌한 감정 경험 차단 후 보상적인 방식의 사고 기능의 활성화 수준
CP	불쾌한 정서적 상황에 대한 기본적인 취약성 및 차단에 따른 왜곡된 긍정화
S	주어진 환경의 요구에 반하는 자율적 동기 및 분노, 적개심 관련 정서 경험 및 표현

여섯 번째와 일곱 번째 영역은 자기지각 영역과 대인관계 영역이며 이 두 영역의 해석적 정보 중 상당 부분을 공유하고 개인이 가진 여타의 성격 구조들의 한 측면들과도 직접적인 관련성을 갖고 있다. 하지만 해당 영역의 정보들은 개인의 성격적 측면을 신뢰할 만하게 반영하고 있다고 직접적으로 받아들이기에는 여전히 부족한 것이며 직접적인 정보로 활용하는 것은 위험할 수 있다. 우선, Egocentricity Index는 (2)과 Sumr이 전체 반응에서 차지하는 비율을 의미한다. 이 두 가지는 인간으로서 다른 사람과의 관계 내에서 자신을 바라보는 태도이며 각각 (2)은 자신 외의 다른 존재의 인식을 하고 있으나 독립된 객체로서 존재감을 부여하기보다 자신의 주위에 자신을 확인할 만한 대상들이 존재하고 있음에 관심을 가지고 있음을 의미하며, r은 오로지 자신의 분신으로서 또 다른 자신의 존재를 확장시키고 있음을 의미한다. r은 또 다른 대상과 관계하는 상황에서 그들을 인정하기보다 온전히 자신의 상에 몰두해 있기 때문에 보다 자기중심적인 관점을 갖고 있을 가능성이 높음을 시사한다. 하지만 이와 동반된 반응내용을 검토하면서 인간상의 확장인지 보다 은밀한 내부세계의 투사, 전치된 자기상의 확장인지를

구별하는 것은 세부 반응내용이 어떠한가를 검토함으로써 가능해질 수도 있다. 예를 들어, 특정 인간 대상이 거울을 보거나 어떤 사물에 비추어진 것은 보다 직접적인 자기상의 확장으로 이해할 수 있으며, 주로 카드 VI에서 물에 비친 배를 보고하는 등 특정 사물이 반사된 상은 자기상의 확장으로서 배로 상징화된 자기상의 반영으로 가정해 볼 수 있다. 물론 주제심상을 구체적, 해석적 가정으로 세우기 위해서는 수검자에 따라 조심스럽게 접근해야만 한다. 어떤 경우든 간에 Egocentricity Index의 상승은 자신의 존재감을 유지하는 데에 몰두하고 있는 태도를 확인할 수 있다. 모순적으로 Sumr이 0인 상황에서 (2)의 잦은 빈도로 인한 Egocentricity Index의 상승은 자신을 높이 평가하는 경향 때문에 나타나는 자기 확장이라기보다 내세울 만한 자기상이 부족한 상황에서 이를 보상하기 위한 자기몰두 태도로 이해하는 것이 적합할 것이다. 또 다른 경우로 전반적으로 낮은 점수의 Egocentricity Index는 자신을 바라보고 당면 상황에서 자신의 역할 및 존재를 등한시하는 태도를 시사한다. 대인관계에서 철수되어 있는 경우라면 선택적으로 자신의 상을 특별히 고려할 필요가 없기 때문에 낮은 자기중심성은 수검자 자신에게는 안정적으로 경험될 것이며, 대인관계에 몰두하며 관심이 높은 경우라면 타인들과의 비교를 통해 항상 자신을 나약하고 열등한 모습으로 경험하고 있을 것이다. 후자의 경우라면 대인관계를 원하면서도 다가가기 어렵거나 다가가면서도 수동적이고 피동적인 태도로 대인관계를 형성 또는 유지할 가능성이 높을 것이다.

　SumV는 앞서 유쾌하지 못한 정서들과 연결되어 있는 변인으로서 자기의심 및 비하를 반영하고 있다. 누구나 자신만의 시간에 자신의 모습에 대해 돌이켜보며 성찰 및 사색을 하게 된다면 기본적으로 자신 및 인간에 대한 한계에 대한 고찰로 흘러갈 가능성이 높을 것이다. 이는 존재함으로써 필연적으로 벗어날 수 없는 자신에 대한 고찰이며 인간으로서의 한계와 마주하는 시간이 될 가능성이 높다. 하지만 대부분 사람은 비교적 쉽게 이러한 한계에 힘들어하지 않고 현실에서 살아갈 의미를 찾아내고 실제 삶 속에서 자신의 한계를 부정하며 열정을 가지고 살아가는 방향으로 감정을 전환할 수 있다. V가 나타나는 경우라면 자신에 대한 부적절감이나 자신의 한계에 대한 좌절감 등의 자기반성의 연속선에서 자기비난까지 확장될 가능성이 높다는 것을 의미한다. 종합체계에서 제시된 V의 평균 빈도는 1개 미만이며, 1개라도 나타날 경우 그 순간 자신에 대한 성찰과 한계에 당면할 시의 자책과 후회를 의심해 볼 수 있다. SumV와 함께 고려해야 하는 것은 기본적으로 자신에 대한 안정적인 자존감이 잘 유지되어 왔는가에 대한 검토이며, 만약 안정적이고 긍정적인 자기상이 유지되어 온 사람일 경우에는 최근 경험 내에서 자신이 어쩔 수 없는 한계에 직면하고 있다는 것을 반영할 수도 있다. 이와 더불어 MOR은 특정 대상의 온전한 상태가 손상되고 취약해진 방식으로 윤색이 되어 있기 때문에 무언가 알 수 없는 자기상의 훼손 및 희생과 관련된 손상을 의미한다. MOR은 비교적 안정적인 변인으로 치료 장면에서 만난 내담자들은 장기간 주요 타인들로부터 부정적인 처우를 받은 경험 또는 비교를 통해 무시를 당한 경험 등을 종종 보고한다. 이는 자기 존재에 대한 손상을 직면하기보다 안전하게(주관적으로는 안전하다) 보상하기 위한 대안으로 자신의 신체에 대한 불만족을 해소하기 위해 몰두되어 있는 경우도 있다.

자기지각에 포함된 또 한 가지 변인은 FD이며 이는 V와 유사하게 차원을 보고하긴 하나, 자신에 대한 부정적 정서감에 몰두하기보다 현실적 형태 속성에 준해, 즉 현실적 근거를 바탕으로 삶을 바라보려는 것이다. 이는 필연적으로 자신의 눈을 통해 세상을 바라보는 것이며 자신의 관점을 통해 내부세계와 외부현실의 자극을 아울러 보고자 하는 태도를 반영하게 된다. 이들의 관점은 세상 속에 자신의 관점을 설정해 두고 모든 상황을 객관적으로 인식하고자 하기 때문에 자신이 몸담고 있는 장면에서 항상 자신의 경험들을 돌이켜보려는 시도를 한다. 이로부터 얻을 수 있는 장점은 세상 속에서 자신이 어떻게 영향을 미치고 있는가를 파악할 수 있고, 세상이 자신에게 어떠한 영향을 미치고 있는가를 점검할 수 있도록 도와준다는 것이다. 하지만 단점으로 나타난다면 상황에 적합하지 않은 수준만큼 과도하게 자신과 상황을 모니터링하려고 하거나 그 반대로 그 순간 경험하고 있는 자신의 상태를 융통성이나 대안 없이 자기점검하는 데 몰두된 듯한 경직된 모습을 보일 수 있다.

마지막으로, H와 (H)+Hd+(Hd)의 비율로 실재하는 온전한 인간 대상과의 상호작용을 통한 동일시 양상을 검토해 볼 수 있다. 동일시라는 것은 모델이 되는 대상의 존재를 전제하며 생애 초기에서부터 연속적으로 이루어지는 발달적 과정의 한 부분이다. 만약 생애 초기부터 일관적이지도 않고 안정감을 주지도 않으며 조건적인 관계가 두드러진 상황에서 적응해 왔다면 이들은 대인관계에서 부정적인 관계 특성은 분리해 버리고 안전한 대상의 모습만 관계하려는 양상을 띠게 될 것이다. 또는 현실에 존재하는 살아 있는 대상이 아닌 이상적인 세상에 존재하는 대상과의 선택적이고 가상적인 관계에 몰두할 수도 있다. 실제적이고 온전한 인간관계를 통한 동일시가 이루어지지 못할 경우 H는 2개 이하의 이탈 기준을 적용하며, 또한 H보다 가상적이고 부분적인 인간 대상 내용 반응이 많을 경우 해당 의미가 커질 것이다. 일반적으로 책 속의 인물을 쫓거나 아이돌 및 배우 캐릭터에 매료되어 그들의 특징적인 면을 추종하게 될 수도 있다. 사실 이러한 관계 양상은 어느 정도 청소년기에 인정될 수 있는 것이며 발달적으로 자신의 성격을 형성해 나가는 정상적인 과정으로 이해될 수도 있다. 하지만 이러한 면면이 지속되고 성인기에도 유지된다면 대인관계에서 적응상 문제를 야기할 가능성이 높아진다.

대인관계 영역에서는 한 개인이 다른 인간들과의 관계 속에서 적응할 능력, 즉 인간에 대한 관심, 친밀감, 효율적이고 건강하게 대인관계를 맺고 유지할 수 있는 필수적인 능력을 반영하는 구조변인들을 포함하고 있다. 다른 사람들과 어울린다는 것은 한 개인이 가진 한계를 극복할 수 있게 해 줄 수도 있으며 자신의 존재감을 확인할 수 있게도 해 준다. SumH는 세상의 다양한 자극 중에서도 인간에 대한 기본적인 관심과 흥미를 반영하는 구조변인이며 이러한 측면은 잉크반점 내에서 인간상에 대한 지각으로 나타난다. 대부분 사람은 하루를 보내면서 의식하지 못할 만큼 자연스럽게 다른 사람들과의 관계에서 다양한 이슈를 경험하고 있으며 이를 합리적이고 효율적으로 해결하기 위해 노력하고 있다. 이러한 인간관계에서의 이슈는 개인의 내부세계에서 주요한 내용으로 자리 잡고 있기 때문에 이는 모호한 잉크반점 내에서 투사가 일어나기 쉽다고 볼 수 있다. 만약 H의 빈도가 높다면 인간관계와 관련된 이슈에 관심과 흥미가 높다는 것을 의미하며 이러한 관심과 흥미는 부정적인 것과 긍정적인 것 모두를 포함한다. 이러한 차이는 FQ나 특수점수 등과 연합되어 있는 구조변인들의 양상을 함께 살펴보는 것으로 구체화할 수 있을 것이다. 반면, 인간에 대한 흥미와 관심이 부족하다거나 비의식적으로 적극적으로 인간과의 관계를 불편해하고 회피하며 흥미를 거두어들이는 방식으로 대처하고 있다면 H의 빈도가 낮으면서 소위 인간들이 살아가는 장면에서 벗어나고자 하는 태도 및 동기를 가질 수도 있을 것이다. 이는 ISOL Index에서 반영되고 있으며 식물, 자연적 지형 또는 지형물, 어딘가 떠날 수 있는 정보가 담긴 지도, 바람처럼 구름처럼 깊은 자연 속 어디론가 떠나고자 하는 안빈낙도의 마음을 가질 수도 있다. ISOL Index는 Bt, Ls, Ge, Cl, Na의 반응내용이 전체 반응에서 점하고 있는 비율이며 인간의 삶 속에서의 적응에 철수했거나 철수하고자 하는 태도를 확인할 수 있다. 대부분의 사람은 주어진 삶 속에서 다양한 갈등을 경험할 경우 혼자만의 시간이 필요하고 적당한 시기에 삶 속에서의 적응을 뒤로한 채 약속된 휴가를 떠나기도 한다. 하지만 ISOL Index가 높은 사람들은 다른 사람들과의 관계 장면에서 매 순간 힘겨움을 경험하고 있을 것이며 이를 효율적으로 극복하기보다 외면하고 회피하고 철수하는 것을 '선택'한 사람들일 수 있다. SumT는 기본적인 감정 관련 스트레스와 관련이 있는 변인이었다. T와 관련된 부정적 감정은 대인관계에서 주관적으로 충족되지 못한 상태에서 발생하는 불만족감 등의 감정이다. 모든 이는 세상에 태어난 순간 다른 이들과 따뜻한 관계를 맺고 친밀해지고자 하는 욕구를 갖고 있고 그런 욕구를 가져야만 생존에 유리할 수 있다. 하지만 생애 초기부터 다른 사람들로부터 관계 및 친밀함의 욕구가 채워지지 못하게 되었을 때 관계 자체에 심취하여 무분별한 관계를 맺으려고 하거나 애초에 스스로 그러한 욕구를 갖고 있지 않은 것으로 마음을 닫아 버리는 경우도 발생한다. 이러한 경우 T의 빈도가 전혀 없거나 의미 있는 수준 이상의 높은 빈도를 보이게 된다. 단, 안정적으로 유지되던 관계의 상실 경험이 있은 후에는 안정적인 성격적 결함 및 결핍으로 보기보다 해당 순간에 경험한 관계의 단절로 인한 친밀함에 대한 허기짐으로 이해하는 것이 적절할 것이다. 특징적인 사례에서는 반점의 형태 윤곽을 바탕으로 재질에 대한 설명이 지속적이고 자주 나타나기도 하는데 이 경우 T가 아니라 단일 F로 채점되며 좀 더 복잡한 해석적 정보를 갖게 된다. 관계에 대한 바람 및 욕구들이 부정적인 정서와 동반되는 것이 아니라 부정적인 정서가 어느 정도는 잘 관리가 되고 있음을 의미할 때가 있다. 이러한 음영이 배제된 재질 반응이 담고 있는 복잡한 해석적 가설을 또 다른 구조변인, 함께 실시한 검사 결과, 면담 정도 등을 통해 구체적으로 이해해야 할 것이다.

HPR은 지각 및 사고의 양상을 우선시하여 GHR과 PHR로 구분된다고 하였다. 만약 PHR의 빈도가 GHR의 빈도보다 높은 것으로 나타난다면 인간 및 인간상과 관계를 형성하는 순간의 지각이 통합적이지 못하거나 합당하지 않은 방식으로 이루어질 수도 있으며 건강한 인간상과 건강하지 못한 인간상을 분별할 능력이 부족하다는 것을 지적하는 것이다. 하지만 상대적인 빈도를 비교하는 것뿐만 아니라 독립적으로 PHR의 빈도를 고려하여 관계 형성 및 유지의 질적 측면을 검토하는 것이 유용할 경우가 있다. COP는 다른 사람들과 상호작용하려는 욕구 및 시도 그리고 상호작용을 가능케 하는 능력을 의미한다. COP가 채점되기 위해서는 필수적으로 두 대상 이상이 보고되어야 하며 이들은 동일한 목적으로 상정된 행위가 이루어지고 있는 반응이어야만 한다. 이러한 작업은 실제 삶에서 다른 이들과 함께하고자 하는 것을 편안해하고 함께할 수 있는 다양한 사회적 기술을 갖추고 있을 가능성이 높다고 볼 수 있다. 하지만 FM과 연합된 COP는 실제 수행으로 반영되지 않은 욕구를 의미할 수 있을 것이다. 더불어, FQ가 '−'이거나 결정적 특수점수들과 함께 연합될 경우 긍정적 의미는 희석될 수 있다. 그리고 카드 속성이 COP 반응을 이끌어 낼 수도 있는데, 특히 카드 Ⅲ에서의 COP 반응보다 여타 다른 카드들에서 나타난 COP의 해석적 가정은 달라질 수 있다. 모든 경우에 일반적인 적용은 어려우나 기본적으로 요구되는 상황에서 적절히 상호작용이 가능한가에 대한 것과 다양한 상황에서 자발적으로 상호작용의 의미를 부여한 반응인가를 구분할 수 있다. AG는 일상생활에서 실제적인 공격성이 발현되는가를 의미하는 것이라기보다 자신의 주장을 적절히 펼칠 수 있는지에 대한 능력과 태도를 기본적으로 반영하고 있는 것으로 보는 것이 적절하다. 자기주장의 극단에서 실제적인 공격적 행동이 나타날 수도 있겠지만 이는 생활사적 정보가 고려되어야만 한다. 가끔 COP와 AG가 함께 채점되는 경우가 있는데, 이는 다른 이들과 상호작용을 하는 과정에서 자신의 주장을 편하게 펼칠 수 있는 수준의 대담함에서부터 자신의 공격성이 표출되고 이를 받아 줄 수 있는 다른 사람을 설정해야 할 필요성에 의해 나타날 수도 있을 것이다. a:p는 앞서 이들의 사고 기능의 방향성의 균형에 따라 사고의 융통성을 의미하기도 하지만 대인관계에서 다양하고 폭넓은 사고는 효율적인 대인관계를 유지하는 데에 중요한 요인이 된다. 만약 대부분의 사고가 위축되고 수동적이고 양해를 얻어야 할 입장을 취하는 모습으로 $a < p$ 균형이 기울게 된다면, 이들은 원치 않은 대인관계 갈등을 경험할 가능성이 높을 것이며 이러한 갈등은 표출되지 못한 채로 누적되어 갈 것이다. 마지막으로 HVI는 삶의 장면에서 전반적인 불안경험을 하면서도 절절한 해결 기술이 부족함을 의미하는데 특히, 대인관계 장면에서의 불안을 지적한다. 대인관계로부터 경험되는 불안을 해결하려고 하기보다 해당 장면에서 회피하고 싶은 태도를 갖게 한다. 당면상황에서 적절한 사고와 정서조절이 되지 않고 있다는 것이다. 추가적으로 검토해야 할 사항으로 HVI의 한 측면은 대인관계에서 자신을 보호하고자 하는 경계 및 방어적 태도가 드러나기도 하는데 이는 Cg를 검토해 봄으로써 분명해질 수 있다. Cg는 크게 세 가지의 양상으로 보고된다. 첫째, 자신을 포장하고 주위 자극들에 자신을 긍정적으로 드러내고자 하는 시도이며, 둘째, 외부의 위협으로부터 보호망을 구축하려는 태도, 그리고 셋째, 특징적인 투사적 내용 없이 카드 속성에 의해 이끌려 지각된 반응이다. 첫째의 경우에는 주위 사람들로부터 수동적으로 주의를 추구하려는 시도와 관련되며 둘째의 경우에는 실제적으로 경험된 불안을 적극적으로(물론 주관적인 의미에서) 해소하는 방식으로 대처함을 의미할 수 있다. 이와 더불어 Sc는 HVI의 항목에 포함되는 것은 아니나 무기나 장비 등이 보고된 것으로, 또 하나의 다른 대상을 공격 또는 그들의 잠재적 공격에 대해 방어하고자 하는 기능을 하는 등의 경우에는 Cg의 의미가 더욱더 강해질 수도 있다.

⟨표 6-18⟩ 자기지각 및 대인관계 영역 구조변인들의 읽기정보

자기지각 영역	
Egocentricity Index	적절한 자존감에서부터 자기우선 양상을 띠는 신경증적 자기에게로의 몰두
Fr+rF	확장된 자기상 및 나약한 자기상을 보상하기 위한 전략으로서의 자기애적 몰두
SumV	자신과 관련된 비관적인 정보에 취약하며 부정적 정보를 선택적으로 취합함으로써 경험되는 자기부족감 및 부적절감
MOR	온전한 기능 수행의 부담, 자기 결핍 및 결함이 반영된 자기손상감의 전치
FD	당면 상황에서 자신의 영향에 대한 지속적인 검토 및 성찰 시도
H : (H)+Hd+(Hd)	주요 대상과의 관계 경험의 양상, 모델링 대상과의 일관적이고 통합적인 관계 경험 발달 과정에서의 수용 가능한 관계의 질을 함께 고려
대인관계 영역	
SumH	인간으로서 기본적 적응을 위해 지니고 있는 인간상에 대한 관심 및 흥미
ISOL Index	인간과의 관계 장면에서 기본적인 수준의 적응 시도 및 이에 대한 부담감
GHR : PHR	인간상에 대한 분별력 있고 적절한 지각과 사고를 통한 관계 형성 및 유지 방식
SumT	요구하고 요구받은 대인관계에서의 친밀함 충족 또는 관계의 철수 및 무관심
HVI	대인관계 형성 및 유지에 필요한 사고 및 정서 기능의 손상, 과도한 불안 및 경계
COP	다른 사람들과 상호작용하는 것에 대한 관심, 몰두와 가능한 대인관계 기술
AG	상황에 적합한 수준의 자기주장에서부터 공격 행동 발현의 연속선
a : p	대인관계에서 자신의 사고를 표현·유지하고자 하는 태도 및 억압 또는 수동성

(8) 특수지표와 관련된 읽기정보

특수지표는 constellation을 번역한 용어이며 각 특수지표가 다양한 구조변인의 조합으로 하나의 공통적인 잠재적 의미변인을 형성하는 것이라는 의미를 담고 있다. 이들은 지금까지 다룬 다양한 구조변인이 가지고 있는 공통적 속성을 통합하여 새로운 대표점수로 변환된 것이다. 그렇기에 특수지표에서 유의한 신호들은 개별변인이 가진 설명력보다 포괄적이고 종합적인 설명 범위를 갖게 된다. 이에 포함된 특수지표는 S-CON(Suicide Constellation), PTI(Perceptual-Thinking Index), DEPI(Depression Index), CDI(Coping Deficit Index), OBS(Obsessive Style Index), HVI(Hypervigilance Index) 총 여섯 가지가 있다. 구체적으로 살펴보면, 첫째, S-CON은 ① V와 FD, ② color-shading blends, ③ Egocentricity Index, ④ MOR, ⑤ Zd, ⑥ es : EA, ⑦ C+CF>FC, ⑧ X-%, ⑨ S, ⑩ P, ⑪ H, ⑫ R 등 12가지 구조변인의 세트다. 이 변인들은 지각, 관념, 정서, 스

트레스 관리, 적절한 자기개념, 대인관계의 측면을 모두 고려하며 S-CON의 유의한 신호는 생활 전반에서 압도적인 스트레스를 어떠한 방식으로도 생산적으로 해결하기 어려운 상황임을 지적하는 것이다. 그렇기 때문에 이들의 적응상 취약성을 개인의 성격적 결함으로 인정하기 전에 이들이 어떠한 위험 환경에 기인한 것인지를 우선 검토하는 것이 필요하며, 궁극적으로 이들이 겪고 있는 문제에 대해 위기 개입이 필요한 상황으로 인식해야 할 것이다. 두 번째 특수지표는 PTI이며, ① XA% WDA%, ② X-%, ③ LVL2 FAB2, ④ R, WSum6, ⑤ M_, X-% 총 다섯 가지 구조변인의 세트다. 이들은 개인이 경험하고 있는 자극들을 얼마나 현실적으로 지각하고 지각된 내용들을 바탕으로 얼마나 합리적으로 현실적인 사고를 만들어 갈 수 있는지를 점검하고 있다. FQ와 관련된 구조변인들은 다소 엄격한 기준을 적용하기 때문에 이들에게서 PTI가 주요한 수준까지 카운트되었다면 심각히 왜곡된 지각을 지적하는 것이라 할 수 있다. 그리고 수준2에 해당하는 결정적 특수점수들과 FAB2가 조합된 기준은 지각적 손상과 더불어 임의적으로 윤색된 부적절한 사고를 포함한다. 또한 반응 수를 고려한 WSum6는 총제적인 사고, 지각, 논리성의 문제를 지적하는 것이다. 마지막으로 정확하지 못한 방식으로 지각한 자극들을 통해 형성된 사고를 의미하는 M_가 포함된다. 이러한 사고는 자신과 타인의 경험들의 근거를 정확하게 추론하고 의도를 파악하기 어려움을 반영한다.

세 번째 CDI는 총 다섯 가지의 구조변인들로 각각 ① EA, Adj D, ② COP, AG, ③ WSumC, Afr, ④ p〉a+1, Pure H, ⑤ T, ISOL Index, Fd를 포함한다. 이들을 크게 구분해 보면 전반적인 스트레스 관리를 위한 기능 수준과 현재 당면한 스트레스를 효율적으로 처리하고 있는지와 관련되어 있다. 그리고 정서적인 장면에서의 편안함과 그 상황에서의 충분한 문제 해결 능력 그리고 감정 경험 및 표현의 적절성을 확인하게 된다. 이 두 가지는 당면 상황에서 개인의 기능 수준을 검토하는 영역이라면 나머지는 대인관계 장면에서의 편안함과 관계 형성 및 유지 그리고 관계에 대한 욕구를 다루는 영역이다. 결국, 전반적인 스트레스 상황에서의 문제 해결 능력의 저하와 대인관계에 문제 해결 능력이 동반되었을 경우 또는 대인관계 영역에 한한 해결 능력의 저하가 나타날 경우 두 가지 조건에서 CDI의 상승을 검토하는 것이 중요하다.

〈표 6-19〉 S-CON, PTI, CDI 관련 읽기정보

S-CON	PTI
FV+VF+V+FD>2 자기상에 대한 몰두	XA%<.70 & WDA%<.75 경험된 자극에 대한 현실적 지각
C-S Blends>0 감정 조절의 어려움	X-%>.29 경험된 자극에 대한 현실적 지각
3r+(2)/R<.31 or >.44 자존감 유지 수준	LVL2>2 & FAB2>0 기괴하고 무작위적인 조합으로 이루어진 지각
MOR>3 자기손상적 자기상	R<17 & WSum6>12 or R>16 & WSum6>17 전반적으로 혼란한 사고, 지각 및 임의적 추론
Zd>+3.5 or Zd<-3.5 효율적 자극 처리 시도	M_>1 or X-%>.40 자신 및 타인의 경험에 대한 부적절한 의도 추론
es>EA 안정적 스트레스 관리 수준	
CF+C>FC 정서 표현의 적절성	**CDI**
X+%<.70 자극에 대한 현실적 지각	EA<6 or AdjD<0 당면 상황에서 스트레스 관리의 효율성
S>3 통제 상황에서 경험되는 반향적 감정	COP<2 & AG<2 대인관계 형성에서의 적극성 또는 자발적 태도
P<3 or P>8 일반적으로 기대되는 자극 경험 및 수행	WSumC<2.5 or Afr<.46 정서적 장면에서의 편안함과 정서 경험과 표현
Pure H<2 인간관계에 대한 흥미 및 불편감 또는 철수	p>a+1 or Pure H<2 대인관계 내에서 적극성 및 관계 형성의 관심
R<17 자극에 대해 편안한 경험과 다룰 수 있는 능력	T>1 or ISOL>.24 or Fd>0 친밀한 대인관계 형성의 욕구와 대안적 해결

네 번째는 DEPI 지표이며 크게 자신에 대한 부적합한 관점과 대인관계의 어려움 그리고 정서조절의 어려움을 지적하는 구조변인들이 포함되어 있다. 즉, ① SumV, FD, ② Col-Shd Blends, S, ③ Egocentricity Index, Sumr, ④ Afr, Blends, ⑤ Sum Shd>FM+m, C, ⑥ MOR, INTELL Index, ⑦ COP, Isol Index 등이다. 우선 V와 FD 그리고 Egocentricity Index와 Sum r, MOR은 부정적인 방식 및 높은 수준의 강도로 자신을 바라보는 양상을 의미하며 Col-Shd Blends, Afr, Blends, Sum Shd>Fm+m, INTELL Index는 정서가를 경험하는 것에 대한 불편감 및 정서적 상황에서 통제되지 않은 수행력 그리고 조절되지 않은 정서 표현 등을 의미한다. 이와 더불어 COP, Isol Index는 대

인관계에서의 불편감 및 관계 형성 기술을 의미한다. 결국 DEPI는 적절하게 정서를 경험하고 표현하며 정서적 상황에서 편안한 적응이 가능한가를 중심으로 검토하게 되며, 이와 동반되는 자기상의 부적절성과 대인관계의 어려움을 지적하는 특수지표라 할 수 있다. 다섯 번째 OBS는 ① Dd, ② Zf, ③ Zd, ④ P, ⑤ FQ+를 포함하며 통제되지 않거나 비일상적인 이슈에 몰두되어 버리는 양상을 반영하는 특수지표다. 특히 과도한 관념의 기능이 핵심으로 자리 잡고 있으며 이들의 사고는 적응적이지 않은 방식으로 발현되고 있음을 의미한다. 여섯 번째 HVI는 ① T, ② Zf, ③ Zd, ④ S, ⑤ H+(H)+Hd+(Hd), ⑥ (H)+(A)+ (Hd)+(Ad), ⑦ H+A : Hd+Ad, ⑧ Cg로 구성되어 있다. 기본적으로 T 반응이 없는 개인에게 한하여 주위 자극들에 대한 과도한 관념의 사용, 당면 상황에서 반향적인 정서경험 및 표현 그리고 부적절감, 다른 사람들과의 관계에 대한 과도한 몰두와 통합되지 않고 온전하지 않은 인간상과의 부적합한 관계 형성 및 유지, 당면 상황이 위협적으로 지각됨으로써 그에 방어하고자 하는 신경증적 시도를 의미한다.

〈표 6-20〉 DEPI 관련 읽기정보

DEPI
SumV>0 or FD>2 자신에 대한 부정적 지각과 과도한 몰두로 인한 부적절감
Col-Shd Blnds>0 or S>2 일반적인 감정 경험을 유지할 수 없는 통제되지 않은 부정적 감정 경험으로 인한 정서적 불안정성
(Egocentricity Index>.44 & Sumr=0) or Egocentricity Index<.33 자기상에 대한 과도한 신경증적 몰두 및 자신에 대한 평가절하 양상
Afr<.46 or Blends<4 현재 당면 상황에서의 심리적 혼란감 및 정서적 상황에서의 적응을 위한 수행의 어려움
Sum Shd>FM+m or C'>2 경험된 정서를 적절하게 표현하지 못함에 기인한 미해결 감정의 누적과 문제 해결적 접근의 장해
MOR>2 or INTELL>3 자기손상적 지각 및 사고패턴 그리고 부정적 정서성을 해결하기 위한 과도한 사고기능의 발현
COP<2 or Isol>.24 대인관계 기술의 부재 및 대인관계 장면에서의 불편감으로 인한 회피적 태도

〈표 6-21〉 OBS, HVI 관련 읽기정보

OBS	HVI
① Dd > 3 지엽적 자극들에 주의 이탈 및 몰두	반드시 해당 Sum T=0 주요 타인들에 대한 친밀감 욕구 및 체념, 회피
② Zf > 12 경험된 자극들을 처리하려는 인지적 부하	
③ Zd > +3.0 요구된 문제해결을 넘어선 정보 처리 수행	다음 조건 중 최소 4개 이상 해당
④ P > 7 심리적 경험에 대한 회피 및 단순화 시도	Zf > 12 경험된 자극들을 처리하려는 인지적 부하
⑤ FQ+ > 1 충분한 지각 이상의 부가적인 근거 탐색 시도	Zd > +3.5 신경증적 수준에서의 정보 처리 노력
다음 조건 중 한 가지 이상 해당 시 YES	S > 3 소속 장면 내에서 반향적인 태도 및 감정표현
①~⑤ 모두 해당	H+(H)+Hd+(Hd) > 6 대인관계 형성 및 유지에 대한 과도한 몰두
①~④ 중 2개 이상 해당 & FQ+ > 3	(H)+(A)+(Hd)+(Ad) > 3 주관적이고 임의적인 인간관계 형성 및 유지
①~⑤ 중 3개 이상 해당 & X+% > .89	H+A : Hd+Ad < 4 : 1 분별력이 저하된 방식의 대인관계 형성
FQ+ > 3 & X+% > .89	Cg > 3 외부현실의 대상에 대한 전반적인 방어 태도

지금까지 구조적 요약에 포함된 각 영역에 따라 해당 변인들의 읽기정보를 설명하였다. 당연하게도 이상의 읽기정보는 각 변인이 지닌 일차적인 정보들로 받아들여야 하며, 실제 평가를 위해서는 따라오는 해석 정보와 해당 내담자의 주요하면서도 폭넓은 배경 정보를 통해 맥락을 고려하여 진행되어야만 한다는 것을 잊지 말아야 할 것이다.

3. 가치평가 단계

RIM에서 측정된 자료들은 세 가지 방식으로 가치평가를 할 수 있다. 구조변인들에 대해서는 첫 번째 단일 방향, 양방향 그리고 두 가지 기준으로 세 가지 방향의 가치평가가 가능하다. 각 가치평가의 기준은 종합체계에서 마련된 경험적 증거에 따라 설정되어 있으며 일차적으로 이에 준해 이탈 기준 또는 편차 정보를 활용하여 가치평가를 해야 한다. 이후 검토된 이탈 기준에 따른 가치평가의 적절성은 주제심상 및 행동변인 그리고 생활사적 정보를 통해 재검증하는 기회를 가져야 하며, 최종적인 가치평가가 이루어지게 된다. 각각 구조변인에 해당하는 편차 정보는 이 책에서는 다루지 않기 때문에 로르샤하 종합체계에서 제공한 정보를 참고하여 학습하는 것을 권장한다.

제7장 로르샤하 잉크반점 검사에서 평가 본 단계: 해석 단계, 평가 단계

1. 해석 단계

모든 심리평가 과정에서 해석은 측정된 읽기정보들의 관련성을 설명적 틀을 활용하여 통합적으로 이해하는 것을 의미한다. 다양한 구조변인이 담고 있는 정보들은 실제 현상들을 약속된 기호로 변환하고 그에 상응시키는 구성 개념들의 정보 꾸러미라고 할 수 있다. 이러한 읽기정보들을 해석 단계를 통해 평가자가 참조하는 해석적 틀에 맞게 이해하고 설명하고자 한다. RIM으로 수집된 정보들은 현재 일반적으로 Exner의 해석 체계와 Weiner의 해석 체계를 바탕으로 하여 이해되고 설명된다. 이 두 가지 해석적 틀은 상반되는 것이 아니라 얻어진 정보를 해석하기 위해 탐색하는 방식의 차이가 있을 뿐이다. Exner의 해석적 방식은 다분히 다양한 구조변인을 통한 귀납적 접근이 강조된다고 볼 수 있으며, Weiner의 방식은 적응이라는 광범위한 틀을 통해 연역적으로 접근하고자 하는 경향이 강한 듯하다. 어떠한 방식이든 내담자의 고유한 성격적 측면을 통합적으로 설명할 수 있고, 어느 한 방식이 더 탁월한 방식이라고 단정 지을 수는 없다. 이 책에서 가정한 해석 단계는 '이론적 틀(설명의 틀)'을 필수적인 도구라 상정하였으며 다양한 방식으로 측정된 재료들을 하나의 요리로 만들기 위해 필요한 조리법이라 설명하였다. 기본적으로 Weiner가 적용한 인간행동에 대한 6차원 적응모형을 통해 해석적 틀을 상정하고, 그에 대한 근거들을 Exner의 종합체계를 통해 확인하고자 한 것이다. 다음에 인간행동에 대한 6차원 적응모형을 정리해 놓았다. 각 영역은 구조적 요약에서 구분해 놓은 영역들과 상당한 유사성을 갖고 있지만 구조변인들은 서로 유기적인 관련성을 갖고 있기 때문에 굳이 일대일의 직접적 비교를 하여 이해하려는 수고를 할 필요는 없을 것이다.

1) 인간으로서의 적응

해석에 앞서 각 차원이 인간으로서의 적응에 대해 무엇을 알려 줄 수 있는가를 이해해야만 한다. 제시된 용어들은 인간의 삶 속에서 관찰 가능한 특정한 현상을 전달하고자 표현된 말들이다. 다분히 일상 장면에서 또는 상식적인 의미로 이러한 단어가 사용되고 있지만 해석에서는 보다 광범위한 의미로 사용되며 심지어 일상적인 의미와 다른 현상들을 의미하기도 한다.

가장 먼저 숙고해야 할 것은 바로 '적응'의 의미다. '적응'은 비교적 일상 장면에서 널리 사용되는 용어다. 하지만 로르샤하 해석에서 다루는 '적응'의 의미는 좀 더 원초적이며 생존과 가까운 의미까지 포함한다. 과연 인간은 적응을 해야 하는가? 적응하지 못한다는 것과 하지 않는다는 것은 무슨 의미인가? 적응을 하고 있다면 어떤 방식으로 적응하고 있는가? 건강한 환경에서의 적응과 병리적 환경에서의 적응은 그 적응의 가치가 다른가? 우리가 적응을 하지 못한다는 것은 극단적으로는 죽게 되는 것이라 볼 수 있다. 생리학적인 측면에서 우리의 적응 능력은 상당히 자동적으로 작동되기 때문에 자연스럽게 숨 쉬며 살아갈 수는 있다. 하지만 출생 순간부터 인간 존재로서 인간들과 함께 살아가야 한다는 피투성(geworfenheit)은 거부할 수 없는 의무이자 존재의 근원적 속성이 되기도 한다. 결국 인간은 적응을 해야만 살아갈 수 있다는 것이다. 적응을 하고 있다면 생존하고 있다는 것이다. 만약 적응하지 못한다면 그것은 인간 존재로서 건강한 생존을 유지하는 데에 위협적인 상황에 당면했음을 의미할 수 있고, 적응하지 않고 있다는 것은 자신의 삶과 생존을 적극적으로 원했든 원치 않았든 거부하고 있다는 것이다. 적응을 하고 있다면 그 적응을 위해 개인의 특정 생존 전략이 충분히 작동되고 있음을 의미하며, 그 전략은 상당히 개별적인 개인의 독특성을 반영하고 있을 것이다. 그런데 마지막 질문에 대해서는 이견이 있을 수 있다. 생존을 위함이라는 가치의 틀로 바라볼 땐 상황적 맥락을 고려하지 않고 어떠한 전략도 모두 양해될 수 있지만, 적응을 건강성의 틀로 바라볼 때는 병리적인 전략이라 할 수 있다. 여러분이 만약 썩은 물에 빠져 헤어 나오지 못한다면 그 물속에서 적응하며 살아가는 길을 선택할까? 아니면 벗어나는 것이 거의 불가능에 가까운 지금 이 상황에서 수단과 방법을 불문하고 죽음을 무릅쓰고 그 물속에서 빠져나가기 위한 힘을 낼까? 이러한 상황에 처한 수많은 사람은 어떠한 선택을 하게 되더라도 엄청난 생존의 위협을 받게 되어 있으며 결국 썩은 물에서 적응하는 방향으로 선택하는 경우가 많다. 그 선택 후 인지부조화를 해결하려고 하고 합리화, 공격자와의 동일시 등으로 병리적 환경에 물들어 결국 스스로가 썩은 물로서 살아가게 되는 일도 벌어진다. 반면, 벗어나려는 시도를 하는 사람들은 물통 밖의 모호함에 주눅이 들어 배고픈 소크라테스를 자청하며 생존을 포기하기도 한다. 하지만 세 번째 옵션을 구상한 사람들도 있다. 바로 생존을 위해 썩은 물통에서 적응하지만 자신의 온전한 내적 세계와 존엄성을 유지해 나가며 물통에서 벗어날 기회를 벼르는 사람들이다. 기회는 스스로의 힘으로 만들 수는 없으나, 벗어나기 위한 태도를 가진 사람들은 순간의 기회가 찾아왔을 때 그 기회를 잡을 준비가 되어 있는 사람들이라 할 수 있다. 예를 들어, 상당히 희박한 가능성이지만 비가 와서 물통의 물이 외부세계로 넘쳐날 수 있으며 우연히 지나가는 행인의 발소리를 듣고 도움을 요청할 수도 있다. 이러한 비유들은 실제 장면에서도 흔히 벌어지는 삶과 다를 바 없다. 십수 년 이상의 가정폭력 또는 가정불화는 그 가족 구성원들의 입장에서는 썩은 물통에 빠진 것과 다름없다(물론 가정폭력과 가정불화의 피의자를 매도한다는 의미가 아니며 오로지 그 외의 가족 구성원의 입장에서 설명하고자 하는 것이다). 그 속에서 적응하는 구성원은 그러한 상황을 당연시하며 더 큰일이 없도록 자신의 존엄성을 묻어 둔 채 상황에 적응하고 있을 수 있다. 이에 따른 부작용은 자신도 모르는 사이에 가정폭력의 패턴에 익숙해져 그 환경에 물들어 가 버릴 수 있다는 것이다. 자신이 소속되어 있는 장면이 병리적인 집단일 경우 먹고 살아야 한다는, 또는 그 이상의 이상점을 위해 서서히 자신의 병리적인 생존을 선택할 수도 있다. 마치 마녀사냥을 주도한 사람들처럼 이후 그 행위가 부적절함을 알면서도 생존을 위해 그 경험의 가치를 부정하며 살아가게 되곤 한다. 주어진 환경을 개인이 바꾸기란 계란으로 바위 치기인 경우가 대부분이기에 불편함을 무릅쓰고 생존을 지키고자 하는 선택을 비난할 수도 없다. 그렇다면 인간으로서의 진정한 적응은 무엇인가를 고민해 봐야 하는데, 자신의 생존을 지키는 수준에서 누구도 침범할 수 없는 자율적·실존적 존엄성을 잊지 않고 보다 건강한 삶을 추구하고자 하는 마음가짐을 유지하는 것이라 할 수 있다. 건강하지 못하게 구정물 속을 뒹굴었을지라도 구정물에서 벗어났을 때 수치심과 죄책감을 수용하고 책임질 수 있는 자신에 대한 진정한 성찰을 통해 건강한 적응을 위한 삶을 재구성할 수 있어야 하는 것이다. 엄청난 고뇌에 빠지게 될지라도 자기비난에 빠지지 않으면서 충분한 성찰과 반성을 할 수 있어야 하며, 구정물 속 자신의 경험을 부정하지도 억압하지도 않으면서 내적 평화를 유지할 수 있어야 한다. 이러기 위해서는 개인의 엄청난 적응 능력과 강인함을 필요로 하기도 한다. 특정한 국가에 대한 역사적 부적절함을 부정하고 잘못된 과거에서 벗어나지 않으려 하거나 병리적 관계를 만든 자신의 수행을 부정하고 더욱더 자기합리화에 빠져 있지 않도록 건강한 성장을 추구해야 하는 것이다.

RIM으로 측정된 결과를 통해 적응에 대해 한 개인이 주어진 상황에서 적응을 하고 있는가와 적응을 한다면 어떠한 방식으로 적응을 하는지 그리고 적응하지 못한 상황이라면 적응이 되지 않은 결과인지 자율적으로 적응하려 하지 않는 태도를 가진 것인지를 검토해 볼 수 있다. 궁극적으로 적응과 관련한 접근으로써 개인이 당면한 상황적 정보를 고려하여 그 적응의 수준과 양상의 가치를 평가할 수 있게 되며, 이후 현재의 상황에서 적응을 도모하는 것이 바람직한지 아니면 인간으로서의 이상적 적응으로 안내하고 이끌어 가야 할지를 선택하는 데에 도움을 줄 수도 있을 것이다.

2) 인간행동에 관한 6차원 적응모형의 함의

적응모형을 통해 인간의 적응을 다차원적으로 설명하고 이해하고자 한다면 각 차원이 담고 있는 실제적 의미를 이해하는 것이 선행되어야만 한다.

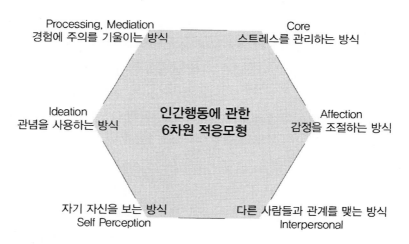

[그림 7-1] 인간행동에 대한 6차원 적응모형과 구조적 요약 영역들의 관계

첫째, 경험에 대한 주의(attending to and perceiving surroundings)는 '경험'과 '주의'가 핵심적인 의미를 담고 있는 차원이다. 경험은 무엇인가? 인생의 땀과 피가 만들어 낸 고상한 지혜의 원천인가? 아니면 체험한 내용들을 의미하는가? 일상 장면에서 "예전에 경험해 본 거야."라고 한다면 자신의 과거 시점의 체험을 전달하고자 '경험'이라는 단어를 사용했을 가능성이 높다. 하지만 이 차원에서 경험은 현상하는 자극을 의미하는 폭넓은 개념이며 이러한 자극들은 의식적인 자신을 제외한 자신과 접촉하는 모든 주위의

것이다. 자신을 제외한 것들은 크게 이른바 외부현실에 존재하는 것과 자신의 내부세계로부터 발생되는 자극들을 포함한다. 이들은 모두 자극값을 가지고 있으며 인간의 삶에서는 거부할 수도 없고 자연스럽게 존재하는 것들이다. 신체적인 배고픔과 같은 불편함에서부터 원치 않은 시험 준비와 특정 발달상 당면하게 되는 다양한 상황까지 아우르는 자극 따위다. 적응을 위해서라면 해결의 의무를 가진 자극들은 기꺼이 경험해야 할 것이며, 불필요하고 과도한 자극들은 내부세계의 평화를 해치지 않는 선에서 경계를 두어야 할 필요가 있다. 만약 해결의 의무와 관련된 자극들(배고픔이나 학교생활, 직장생활 등등)을 알아차리지 못하거나 알아차리려 하지 않는다면 기본적인 적응을 방해받게 되는 것이며 과도한 자극들을 적절한 수준으로 조절해 낼 수 없다면 이 역시 적응을 방해하는 자극들로 내부세계의 평화를 흔들어 놓게 될 것이다. 결국 경험에 대한 주의라는 것은 온전한 자신과 접촉이 이루어지는 다양한 자극에 적절한 관심을 기울이는 것을 의미하며 그러한 자극들을 알아차리고 받아들이는 양상을 의미한다. 경험의 양적 측면과 더불어 질적 측면들을 고려해 본다면, 그 자극들의 내용들이 해결만 된다면 해결의 결과는 적응을 도와주고 발전적인 변화를 가져오는 것일 수도 있고 적응을 해치는 종류의 자극일 수도 있다. 즉, 경험에 대한 주의를 통해 자신의 주위에 존재하는 자극들을 얼마나 적당히 그리고 적절히 알아차리고 받아들이는가를 검토할 수 있다는 것이다.

둘째, 스트레스 관리(managing stress)는 저마다의 경로를 통해 경험된 자극 중에서 적응을 위해 요구된 자극들을 자신의 해결 도구들로 충분하고 적절하게 잘 해결하고 있는가를 의미한다. 여기서 스트레스란 여러 자극 중 적응 요구의 가치를 가진 자극들로 반드시 관리되어야만 할 것들이다. 어떠한 자극은 우리의 사고를 통해 체계적으로 정리정돈하여 해결해야 할 것이며, 또 다른 자극은 감정을 경험하고 표현함으로써 해결할 수 있는 것이다. 이 두 가지 양상의 어떠한 자극이라 할지라도 이는 적응을 위해 회피하거나 묻어 둔다고 해서 해결될 것들은 아니며 알아차리지 않고자 적극적으로 외면하면서 적응적 평화를 유지한다고 해서 근원적인 해결이 되는 것도 아니다. 만약 외면과 회피를 통해 요구된 스트레스들을 다루고 있다면 내부세계의 평화 또는 생존에 도움이 되겠지만 실제적 문제해결과 자기실현을 위한 노력 및 변화를 얻기는 어려울 것이다. 결국 적응요구와 관련된 자극들을 경험한다는 것은 자연스럽고 어떤 경우에는 권장되기까지 하며, 다만 이를 해결할 방법과 힘을 갖추고 있는 한 적응하는 데에 큰 부담이 되진 않을 것이다. 이에 더해, 자신의 적응 및 문제 해결 능력이 잘 유지되고 있는 한 이상적인 적응을 이루기 위한 스트레스들은 삶의 에너지로 작용하기도 하기 때문에 자신의 가용 능력에 비해 과도하게 넘치는 부정적인 스트레스들이 아닌 한 스트레스를 거부하지 않는 것이 문제 해결 및 자기 성장과 발전에 도움이 될 수 있다.

셋째, 관념의 사용(forming concept and idea)이다. 경험된 재료들의 대부분은 인간종의 특성상 자동적으로 언어화된 양상으로 처리된다. 관념의 사용 차원은 이러한 경험을 처리하는 양상 중 관념적 방식으로 처리되는 양과 질적 수준을 이해할 수 있는 차원이라 할 수 있다. 모든 자극은 해당 현상된 양상에 따라 고유한 개념과 사상들로 변환되며 이 과정에서 적당한 수준을 넘어서거나 부족할 경우 또는 적절하지 못한 방식으로 처리될 경우 문제 해결이 어려워질 수 있고 결국 적응상 문제를 발생시킬 가능성이 높아진다. 매 순간 우리는 남은 삶에서 가장 처음으로 경험하는 자극들에 빠져 있다. 지금 이 순간 경험하고 있는 자극들은 지금까지의 삶에서 최초의 경험이 되며 매 순간이 새로운 자극들이다. 그만큼 자극들의 모호함 속에서 살아가고 있고 이로부터 발생하는 불안이 항상 존재하게 된다. 하지만 다행하게도 새로운 자극들을 경험하는 것은 사실이겠지만 인간의 삶 속의 자극들은 다양한 패턴을 갖고 있고 이러한 패턴을 자연스럽게 파악하고 자동적으로 모호함을 최대한 줄이며 살아가는 것이다. 누적된 경험들은 익숙하고 유용한 해결 전략을 학습할 수 있는 초석이 되고, 다가올 자극들을 유능하게 처리할 수 있도록 도와준다. 다양한 전략 중 당면 자극들을 조직화하고 구조화하여 개념을 만들고 짜임새 있는 사고를 만들 수 있는 전략이 바로 관념의 기능이다. 여러 자극을 짜임새 있게 개념화하는 기본적인 능력이 부족하다면 자신의 경험을 정확하게 직시하지 못했기 때문일 수도 있고, 자신이 경험한 자극들에 대해 혼란스러워하기 때문일 수도 있다. 그뿐만 아니라 누구에게도 자신의 경험을 이해시킬 수 없거나 상당히 어려워지게 된다. 심지어 다분히 개인적이고 지엽적이며 폐쇄적인 방식으로 개념화한 현상들을 스스로가 자연스럽고 어색하지 않게 받아들이기도 하는데 그 자극들이 아무리 괜찮은 삶의 자극이라 하더라도 결과적으로는 적응적이지 못할 수 있다. 오히려 주위 사람 또는 다양한 환경을 변화시키려고 하거나 부적응적인 자신의 사고를 견고하게 지키기 위한 노력을 할 가능성이 높아진다. 한편, 누군가는 자신이 의도하지 않고 통제되지 않은 관념의 작동으로 자율성을 상실하게 되기도 하며, 이를 해결하기 위해 생산적이지 못한 부가적인 노력을 해야만 하는 상황에 처할 수도 있다. 결국 자신이 경험한 자극들을 정확하고 적절하게 개념화할 수 있고 체계적인 사고를 만들어 갈 수 있어야만 경험된 자극들에 휘둘리지 않고 다양한 인간 삶 속의 자극들을 잘 처리하며 외부현실과 적응적인 상호작용을 할 수 있을 것이다.

넷째, 감정 조절(experiencing and expressing feelings)은 어떤 상황이건 간에 발생한

정서가들을 경험하고 표현하는 것이 얼마나 충분하고 적절한지를 알아볼 수 있는 차원이다. 정서 발생은 거의 자동적인 것이며 의지를 갖고 정서를 만들어 내는 것도, 거부하는 것도 불가능에 가깝다. 슬픈 영화를 보며 슬픔을 느끼는 것을 의도하여 경험한다고 생각할 수도 있으나, 사실 이는 정서가를 스스로 직접적으로 발생시킨다기보다 해당 정서가가 어떤 자극에 수반되는가를 알기 때문에 자극을 통제하는 간접적 방식으로 정서가가 발생하도록 유도할 뿐인 것이다. 슬픔을 느끼고 싶은 날은 슬퍼지는 음악을 직접 재생할 수 있지만, 슬픔은 자극으로서의 슬픈 음악으로 인한 결과이기 때문이다. 이유야 어떠하건 간에 원하든 원하지 않든 정서의 발생은 거의 자동적인 것이라 볼 수 있으나, 이러한 정서를 주체적인 개인이 경험하고 표현하는 것은 스스로 선택하고 조절할 수 있는 전략에 따라 달라질 수 있다. 발생된 정서는 관념과 마찬가지로 적응요구에 따라 해결해야 할 정서로 경험되며, 경험된 정서는 적절한 수준으로 표현되는 것으로 해결된다고 가정한다. 만약 요구된 정서경험을 거부하거나 회피할 경우, 이는 적응요구에 부합하지 않으려는 태도이며, 극단적으로는 정서경험 자체를 억압·분리하여 발생된 정서의 존재를 인식하지 못할 수도 있다. 이는 내부세계의 평화를 깨트리지 않는 방식이긴 하나 적응요구에 대해 현실적으로 적절한 대처 및 해결을 하지 않게 됨으로써 적응력을 저하시키는 요인으로 작용하기도 한다. 한편, 요구된 것 이상으로 정서경험이 되어 버리거나 경험하려고 하였을 경우 정서적 자극을 해결하기 위한 과도한 노력을 기울여야 하는 대가를 치러야 한다. 적응요구를 받은 실제 정서자극에 따라 적절하지 못한 경험을 한다고 하더라도 표현의 양과 질을 조절함으로써 실제 정서자극으로부터 얻게 된 부담감은 감소시킬 수 있다. 정서표현은 상황을 고려하여 적재적소에서 이루어져야 하며 적절하게 표현된 정서는 주위 환경에서 수용될 가능성이 높아지고 주관적인 내적 긴장감 및 부담감 또한 안정감 있게 해결될 수 있을 것이다. 가장 좋지 못한 경우는 원치 않은 정서적 자극들에 압도되어 있으면서 표현할 힘도 부족하며 표현의 양상 또한 현실에서 수용되기 어려운 방식으로 발현되었을 때다. 결국 경험된 정서적 자극들을 적당히 그리고 적절히 경험하고 표현하는 것이 적응적이라는 것이고, 이는 감정 조절 차원의 정보를 확인해 봄으로써 정서와 관련된 상황 및 개인의 성격적 특징을 가늠해 볼 수 있다는 것이다.

다섯째, 자신에 대한 견해(viewing oneself)는 자기상을 어떤 관점으로 바라보는가를 알 수 있는 차원이다. 대부분의 사람은 객관적인 자기상과 주관적인 자기상에 대해 인식의 차이를 갖고 있다. 이러한 두 가지 자기상을 인식하는 균형이 잡혀 있어야 하며, 적응에 필요한 정도는 자신을 '살만한 사람' 등의 괜찮은 사람으로 인식하고 있어야 안정적인 적응이 가능해진다. 만약 주위 사람들로부터 괜찮은 사람이라 인정을 받는 사람이 스스로에 대해 부정적이고 비관적인 인식을 하고 있다면 외부에서 요구되는 긍정적 자기상을 지키고 유지하고자 부가적인 신경증적 노력이 나타날 수도 있다. 반대로 자신에 대해 긍정적인 인식을 하고 있으나 주위로부터 부정적인, 극단적으로 해로운 대상이라 인식되는 경우라면 외부로부터의 시선에 무감각해지거나 자신의 긍정적 측면에 과도하게 집착하게 되기도 한다. 이렇듯 자신을 비난하지 않으면서도 주위의 현실적인 시선에 건강하게 반응하고 그것을 수용할 수 있는 자신에 대한 인식이 되었을 때 괜찮은 적응이 가능한 것이다. 또한 생애 초기부터 관계해 온 대상들은 개인의 성격 형성에 지대한 영향을 미치기 때문에 그 대상들과의 관계 양상을 추정해 보는 것이 현재 자신에 대한 상을 이해하는 데에 유용할 수 있다. 기본적으로 실재하는 현실적인 대상과 적절한 관계가 이루어진 경우라면 이후 발달 과정에서 자신에 대한 정체성이 안정적으로 자리 잡게 될 것이며, 관계한 대상들이 신경증적으로 특정한 방식을 고수하며 양육 또는 관계 양상을 조성하였다면 이후의 관계 양상 또한 비일관적이고 분별력이 저하된 방식으로 관계를 형성하고 유지할 가능성이 높아진다. 더불어 관계 속에서 이루어지는 상호작용의 강도와 질이 적절한 수준이었다면 그에 상응하는 모델링과 상호작용 기술을 학습할 수 있었을 것이다. 다른 인간들과 관계하는 것이 상당한 부담으로 경험될 경우 관계 자체를 회피할 수도 있고, 채워지지 못한 관계 욕구들로 만성적으로 친밀함에 대한 허기짐을 느끼게 될 수 있다. 어떤 이유에서든 인간으로서 인간에 대한 기본적인 흥미가 있고, 실재하는 인간들과 관계가 가능하고 이와 더불어 상호작용을 위한 기본적 기술을 가지면서 적절하게 관계를 형성하고 유지할 수 있을 때 인간 세상에서 적응하기가 쉬워질 것이다.

여섯 째, 다른 사람들과의 관계(relating to others)는 자신에 대한 상을 형성시키는 원천이기도 하면서 현재 삶에서의 관계 방식을 포함하는 적응 차원이다. 이 차원은 필연적으로 자신에 대한 견해 차원과 관련을 맺고 있으며 적응 요구에 준하는 인간에 대한 관심의 정도를 우선적으로 검토할 수 있다. 인간 세계에서 적응하려면 기본적으로 인간과 관계하고자 하는 관심이 유지되어야 하며, 그 관심이 관계 내에서 적절하게 채워진다면 편안한 인간관계를 맺을 수 있을 것이다. 하지만 인간에 관심이 있다고 하더라도 현실적인 방식으로 신중하게 인간관계를 맺지 못한다면 건강한 관계가 형성될 가능성이 낮아질 것이고 결과적으로 관계상 문제는 반복될 가능성이 높아질 것이다. 관계의 양식이 생애 초기부터 지금까지의 누적된 관계 양식의 결과이기 때문에 가장 자연스럽고 자동적으로 접근하게 되어, 설령 그 관계가 병리적이고 건강하지 못하다 할지라도 그렇다는 것을 자각하는 것은 무척이나 어렵다. 한편, 대인관계의 문제는 개인의 사고 경향성과 정서경험 및 표현의 곤란함으로 발생할 수도 있다. 세상에는 존재하는 인간의 숫자만큼 다양한 관점이 존재하며 이러한 다양성을 이해하고 관점을 공유할 수 있을 때 편안한 관계가 유지될 수 있다. 하지만 자신만의 사고방식이 경직되어 있다면 다른 사람들과의 소통에서 갈등이 발생하며, 결국 관계의 질이 나빠진다. 이에 더해, 인간관계 내에서 발생하는 정서가들은 적절히 경험하고 상대의 수용능력 등에 따라 그에 준하는 만큼 표현되어야 관계의 발전이 가능해진다. 마냥 인간관계에서 발생한 정서가를 묻어 두거나 과도하게 표현한다면 건강한 관계 유지는 어려워지며 적응상 문제를 발생시킬 가능성이 높아진다.

지금까지 살펴본 인간행동에 대한 여섯 가지 적응 차원은 RIM 과정에서 얻게 된 구조변인들과 주제심상 자료 그리고 행동관찰 자료를 수렴하여 통합적으로 적용하는 것이 필요하다. 또한 여섯 가지 차원을 순차적이고 귀납적으로 점검하는 것이 아니라 각 차원을 통합적으로 이해해야 할 것이다. 구체적으로 단순히 구조변인들의 관계만 검토하는 것이 아니라 기호화되지 않은 수검자의 반응들과의 유기적인 관계를 검토하며 통합적으로 계열분석을 함으로써 좀 더 분명히 이해할 수 있게 되고 해당 수검자에 적합한 개별특수적인 해석이 가능해진다. 각 자료를 활용하는 방식을 습득하는 것이 우선시되어야 함에는 이견이 없지만, 실제 평가 상황에서 이루어지는 해석 방식을 전달하고자 각 방식에 대한 별도의 맥락 정보는 따로 제시하지 않았다. 이러한 인간행동에 대한 6차원 적응모형에 대한 도식은 다음 [그림 7-2]와 같다.

외부현실

자신에 대한 견해 viewing oneself	경험에 대한 주의 attending to and perceiving surroundings	다른 사람과의 관계 relating to others
관념의 사용 forming concepts and idea	스트레스 관리 managing stress	감정 조절 experiencing and expressing feelings

[그림 7-2] 인간행동에 대한 6차원 적응모형

3) 경험에 대한 주의 차원

모든 존재는 자신의 내부세계와 외부현실의 웅덩이 속에서 한 점으로 생존하고 있다. 주위에 존재하는 것들은 우리에게 삶의 의미를 부여하기도 하고 생존을 저해하는 요인으로 작용하기도 한다. RIM에서는 10가지의 카드를 통해 수검자의 실제 삶을 대변하게 될 10가지 상황을 제시하고 검사 과정에서 나타난 반응으로 삶에서의 적응 방식을 횡단적으로 추정하게 된다. 그렇기 때문에 RIM을 통해 제시된 환경들을 수검자가 접하고 있는 환경이라 가정하는 것이다. 만약 이 가정을 충족하지 못하는 방식으로 RIM을 활용하게 된다면 수검자로부터 측정된 것들은 검사자가 만들어 낸 가상적인 존재, 가공적인 존재의 결과가 될 것이다. 적절하게 측정되었다면 제시한 환경에서 수검자가 세상을 어떻게 받아들이는가에 대한 정보를 비교적 신뢰할 만하게 측정할 수 있을 것이다. 경험에 대한 주의를 해석하는 과정에서 첫 번째는 RIM이 제시한 환경, 즉 수검자가 살아가고 있는 세상에서 얼마나 적당하고 적절하게 접근하고 삶을 살아가고 있는가를 확인하는 것이다. 이는 우선 R을 통해 검토할 수 있으며 R이 많은지 적은지에 따라 수검자가 세상과 얼마나 접촉하고 있고 하려고 하는가를 추정해 볼 수 있다. 만약 R이 기대치보다 적다면 이들은 어떤 이유에서인지는 모르나 내부와 외부를 아우르는 주위 환경에 소극적이고 방어적으로 접근하고 조심스럽게 삶의 자극들과 접촉하고 있음을 반영하는 것이다. 주위 환경에 접촉하는 것을 생존에 저해되는 것으로 인식하고 적극적으로 생존해야 할 이유를 갖지 못하고 있다면 이들의 삶의 접촉량으로서의 R은 감소할 것으로 예상해 볼 수 있다. 예를 들어, 원치 않은(이러한 상황이라면 검사를 하지 않는 것이 권장된다) 상황에서 검사가 진행되었다면 이들은 검사 수행에 적극적인 태도로 힘을 쏟지 않을 가능성이 높을 것이다. 또는 주위 환경에 압도되어 과도한 부정적 스트레스를 받고 있는 중이라면 애써 주위 환경을 차단하는 방식으로 안정감을 유지하려고 할 수도 있을 것이다. 이 경우 R이 적어지며 반응 프로토콜 자체에서도 빈약한 양상을 보일 것이다. 그렇기에 수검자만의 고유한 정보들이 충분히 담겨 있지 않은 결과를 얻게 된다고 볼 수 있다. 반면, 기대치 이상의 R을 보인다면 이들은 삶의 장면에 존재하는 현상들에 접근하고자 하는 수행이 많다고 볼 수 있고, 접근한 주위 환경에서 자신의 생존 수행이 풍성하게 이루어지고 있음을 의미할 것이다. 예외적으로 적은 R과 풍성한 반응 프로토콜의 양상이 나타나기도 하는데, 이는 접촉하고 있는 주위 환경에 조심스럽게 다가가려는 자발적인 시도이며 이미 접촉한 주위 환경에 대해서만큼은 충분히 수행이 가능한 능력 또는 생존 수행의 의미를 갖고 있다는 것을 방증한다. 이를 자신의 수행, 즉 RIM에서 반응을 보류하고 참아 버린 결과라 볼 수 있다. 한 사례로 23세의 대학생이 총 42개를 반응한 경우가 있었는데 이는 일반적으로 기대되는 수준의 R을 넘어선 정도였다. 이는 의도했든 의도하지 않았든 주위 환경에 대해 접촉하고 그 상황에서 생존을 위한 수행을 과도하게 하고 있음을 반영하는 것이다.

　R을 검토했다면 접촉하고 수행한 정도가 자신의 고유한 면면이 풍성하게 반영된 것인지 아니면 주위 환경의 속성에 한정하여 단순히 생존하려는 시도를 한 결과였는지를 확인해 볼 수 있다. 이때 L을 고려하게 되는데 주위 환경에 존재하는 자극들의 속성에 한해서 살아가고 또는 살아가고자 할 경우 L의 값은 상승한다. RIM에서 측정된 구조변인들의 특성은 F의 비율에 따라 민감하게 변하게 되어 있다. RIM 자료 구조 자체가 F를 제외한 구조변인들로부터 내담자의 다양한 적응과 관련된 정보를 확인할 수 있기 때문에 F의 비율이 너무 많다면 상대적으로 이들의 적응 양상을 확인하는 것은 상당히 어려워지며 불가능한 경우도 발생한다. 그렇기에 L의 상승은 내담자로부터 얻은 내담자의 고유한 정보들의 절대적 양이 부족하다는 뜻이며 내담자를 이해하고 설명할 수 있는 재료가 부족한 상황이 생기는 것이다. 만약 L의 상승 자체가 다분히 수검자의 성격적 특징을 반영하는 것이라 인정된다면 이 자체만으로도 의미 있는 내담자에 대한 이해와 설명이 가능하다. 하지만 RIM과 관련이 없는 상황, 예를 들어 수검자의 정신없던 하루, 검사자의 노련하지 못함 또는 안정적이지 못한 검사 상황으로부터 발생한 결과라면, 어떠한 해석도 내담자를 이해하는 데에 적절한 도움이 되지 않을 것이다. 반면, F가 아닌 결정인들의 비율이 높은 경우라면, 아직은 그 정보들이 어떠한 내용인지는 모르겠지만 자신이 접촉한 내부세계와 외부현실의 주위 환경들에 내부적 작동이 이루어지고 이루어져 버렸다는 것을 의미하게 된다. 그 작동의 양상은 생존에 도움이 되고 자율적이고 충분히 기능적인 것일 수도 있는 반면, 의도치 않는 통제할 수 없는 혼란감일 수도 있을 것이다. 어떤 경우이든 적응요구에 대한 반응인 것인지 자율적인 생존의 의미를 쟁취하고자 한 건설적 시도인지를 다른 적응 차원들의 양상과 함께 다듬어 가게 될 것이다.

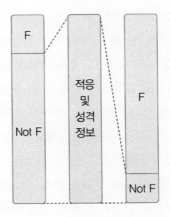

[그림 7-3] L의 구조에 따른 해석적 함의

구체적인 L의 의미는 주위 환경의 양상과 함께 고려하면서 분명해질 수 있다. 우선, L이 낮은 수준에 머물러 있다면 주위 환경 중에서 그 자극들이 내부세계의 것인지 외부현실의 것인지를 구분해 봐야 한다. 수검자가 현재 당면한 삶의 상황, 즉 외부현실에서 특징적이고 두드러진 적응요구를 받은 상황일 경우 두 가지 해석적 가정을 만들어 볼 수 있다. 한 가지는 이를 해결하기 위한 적극적 시도를 하고 있음을 반영하기도 하고 또 한 가지는 적절하고 충분하고 생산적이지 못한 수행력을 보이면서 심리적 혼란감이 확장된 결과일 수도 있을 것이다. 한편, 실제 외부현실에서의 실재하는 적응요구가 일상적인 수준인데도 L이 낮다면 내부세계의 욕구, 오랜 시간 누적된 심리적 불편감, 존재의 의미를 찾기 위한 투쟁 등의 개인적인 성격적 역동을 의미할 수 있다. 물론 이러한 수행과 반응들의 실제적 가치는 이 또한 다른 적응 차원들에서 구체화되어야 한다.

L의 높은 수준의 의미는 생존의 측면에서 나타난 결과인지 과도한 방어적 태도로 인한 것인지를 구별하는 것이 필요하다. 생존 전략으로서 주위 환경을 차단하여 구체적 삶을 유지하려는 시도는 때때로 생존에 큰 도움을 준다. 예를 들어, 당면한 스트레스 상황에서 자신이 어떻게 할 수 있는 방도도 없고 피할 수도 없을 경우 주위 환경을 차단하는 것은 온전히 자신을 지키는 최선의 방안이 될 것이다. 부모님들의 이혼이 이슈로 떠오른 경우 아동·청소년은 자신이 그들의 이혼을 막을 수도 없으며 원천적으로 그 상황을 분명히 이해하는 것 또한 상당히 어려운 상황이다. 이 경우 부모의 상황과 접촉되어 있지만 이를 입력하지 많고 주의를 기울이지 않으면서 개인적 생활 반경에 한해, 즉 밥을 먹고 학교에 가고 공부를 하고 친구를 만나고 잠을 자고 등의 일상적 수행을 하며 스스로의 안정을 도모하기도 한다. 이렇듯 높은 L은 응당 불쾌하고 불쾌한 주위 환경을 견디고자 하는 시도이며 다소 미숙하지만(문제 해결을 위한 적극적 시도가 아니라는 의미에서) 강력한 스트레스 상황에서 자신을 지킬 능력을 방증하기도 한다. 또 다른 의미에서 높은 L은 삶 속에서 얻게 된 자신만의 지혜나 삶의 철학 등을 고수하는 것으로 충분한 적응이 가능하다는 것을 의미하기도 한다. 예를 들어, 우리 곁에 함께 살아가고 있는 삶의 장인들은 삶의 의미 및 철학을 드럼통을 굴리는 기술에서, 타이어를 높이 쌓는 기술에서, 초밥을 맛있게 만드는 기술에서, 만두를 정확하게 빚는 기술에서, 도색을 하는 기술에서, 감자탕의 맛을 내는 기술에서도 발견하고 있는 사람들이며, 다양한 사람의 관점들까지도 자신의 삶의 철학으로 이해할 수 있는 사람들이라 할 수 있다. 이들은 굳이 적응을 위해 다른 관점의 삶의 철학을 가질 필요성을 느끼지 못할 수 있다. 하지만 실제 삶의 장면은 그들이 속한 정비소에서, 공장에서, 주방에서만 이루어지는 것이 아니기 때문에 새로운 장면에 뛰어들거나 던져졌을 경우 자신의 관점을 통해 당면

한 상황을 동화시키려는 시도를 할 가능성이 높으며, 심지어 주위 환경을 바꾸려는 신경증적인 태도를 보여 대인관계를 포함하는 전반적인 적응력이 떨어질 가능성이 높아진다. 결국 이들은 자신의 삶의 영역 내에서 경계를 지키며 적응하는 양상을 보이는 것이다. 그렇기에 이러한 해석적 가정은 반드시 직업, 연령, 개인력 등의 정보와 현재 수검자가 살고 있는 실제 삶 속의 모습을 고려하여야만 한다.

다음으로 주위 환경과 접촉하고 실제적 수행을 보이며 적응요구 및 삶의 의미 추구 노력으로부터 접수된 자극들은 하나의 정보로 활용된다. 경험된 자극들은 내담자가 가진 삶의 짐이며 또한 삶 속에서 에너지의 원천이기도 하다. 이 경험의 재료 및 자극들은 어떻게든 해결해야 할 의무, 즉 적응요구를 받게 된다. 이러한 적응요구를 어느 정도로 적절히 해결하려고 하는가 또는 해결하는가는 Zd로부터 확인할 수 있다. Zd가 의미하는 결과적인 노력 수준은 Zf에 따라 조절되는데, 대부분의 사람은 평균적으로 약 12개, 1표준편차 내에서 9~15개의 범위를 보인다. 이는 L의 양상에 따라 차이가 나긴 하지만 단순하게 Zf를 통해 대부분 사람과의 상대적 위치를 알 수 있다. 만약 Zf가 낮다면 획득된 정보들에 대해 면밀히 그리고 적극적으로 해결하려는 인지적 노력이 부족함을 의미하며, 높은 수준이라면 보다 적극적으로 해결하려는 노력을 기울인 것으로 볼 수 있다. 단, 조직화 활동이 일어난 반응의 조직화 난이성을 함께 고려해야만 한다. 이는 읽기 정보에서 설명한 것처럼 Where set의 양상을 고려한 후 구체적인 가설을 설정할 수 있을 것이다. 결과적으로 수행의 질적 측면은 Zd의 방향에 따라 결정되는데 일반적인 범위, |3.0|을 벗어나는 수준이라면 어떤 방향에서건 경험된 정보들을 효율적으로 해결하지 못하고 있음을 의미한다.

Zd가 높은 경우는 자신이 원했건 원하지 않았건 경험된 정보들을 어떤 방법으로든 해결하고자 하기 때문에 허투루 정보를 넘기는 일이 없으며 대부분 사람들이 간과할 만한 정보들에 대해서도 의무감을 가지고 적극적으로 해결하려는 시도를 하곤 한다. 만약 상황이 이러한 노력을 권장하고 인정될 수 있는 것이라면 또는 그 시도로부터 성공적인 결과를 얻게 된다면 성취감 및 자존감을 유지하고 향상시키는 데에 도움이 될 수 있다. 하지만 안타깝게도 이들은 대부분의 경우 자신의 노력에 준하는 만족감을 느끼지 못하며 매 순간 자신의 주위 환경에 포진해 있는 정보들을 탐색하고 또 해결하려는 노력을 아끼지 않는다. 이들은 또한 주위 사람들로부터 '세상 고민 혼자서 다한다.' '사서 고생한다.' 등의 피드백을 받을 가능성이 높다. 한편, 의도치도 않았고 스스로 해결할 수 있는 방안도 없는 양상으로 주위 환경으로부터 높은 적응요구가 있는 상황이라면, 통제되지 않고 생산적이지 못한 신경증적인 방식으로 정보 처리 노력을 기울이

고 있을 가능성이 높다. 이 경우 자신의 한계를 설정하지 못하기 때문에 맨몸으로 주위 환경의 자극들을 대면하면서도 해결할 수 없는 높은 인지적 부하를 경험하는 것이다. 반면, Zd가 낮은 경우는 L의 양상을 배제하고서라도 결과적으로 얻어진 정보들을 활용하여 해당 정보를 탐색하고 의미를 찾으려는 노력을 하지 않거나 하지 못하고 있음을 반영한다. 이들은 전반적으로 침체된 수행 능력을 보이거나 사고력의 저하 또는 압도된 자극의 양에 의해 적응요구에 수동적이고 체념적인 태도를 보일 가능성이 높다. 만약 L이 높은 수준에서 낮은 Zd라면 주위 환경으로부터의 전반적인 위축을 의미할 수도 있으며, L이 낮은 수준에서 낮은 Zd라면 앞도적인 정보들로 인해 심리적 혼란감을 동반한 문제해결 능력의 저하로 추정해 볼 수 있을 것이다. 모든 경우를 아울러 주위 환경으로부터의 받아들인 최종적인 정보들에 의해 요구되는 수행을 적당히, 효율적으로 운영하고 있는가를 알려 주는 것이다. 상황의 불안정에도 불구하고 괜찮은 Zd, 즉 |3.0|의 수준에 들어 있는 경우라면 그 노력의 질적 수준은 구체적으로 알 수는 없지만 안정적인 문제해결 수행이 이루어지고 있음을 지적하는 것이다. 정리해 보면, Zd와 함께 고려해 볼 만한 계열들은 L의 양상, Zf의 양, where set와 관련한 Z score 채점 양상, 카드에 따른 Zf 및 Z score 획득 양상, 조합된 결정인 양상, Z score 채점 시 특징적인 주제심상 및 프로토콜의 질, RIM 수행 시의 행동 에너지 수준 등이다.

　R, L 그리고 Zd는 주위 환경의 자극들의 양과 이를 해결하려는 수행을 반영하는 것이라면 지각된 내용의 질적 측면을 알아보기 위해서는 접촉된 자극들이 얼마나 현실적인 재료들인지 또는 관습적 자료들인지를 검토해 볼 수 있다. 우선 현실적인 정보라 함은 궁극적으로 경험된 정보가 삶의 장면에서 일반적으로 경험될 수 있는 정보이고, 그 정보에 가치를 둘 만하고 처리할 만한 정보라 볼 수 있다. 정보의 가치는 반드시 일반적인 사회적 참조체계에 따라 결정되어야 하며 그 참조체계는 인간의 삶에서 소위 적응적이라 할 수 있는 기준이어야 한다. 우선 현실적 정보임을 확인하기 위해 절대적인 X-%를 점검해 볼 수 있다. FQ-의 읽기 정보에서 언급했듯이 이는 경험된 자극들이 현실적인 근거가 없거나 부족한 상태로 지각되어 버리거나 자율적으로 지각한 결과라 볼 수 있다. 원해서건 원치 않아서건 어떤 이유든 간에 X-%의 상승은 삶의 장면에서 적응력을 저하시키는 요인이 되며, 생존에 필수적이지도 않고 해당 환경에서 요구되는 자극을 적절히 경험하지 못함을 의미한다. 단, FQ-가 나타난 장면이 사고가 작동되는 장면인지 감정이 작동되는 장면인지 또는 인간간과 관련된 장면인지에 따라 그에 한정하여 적응 수준을 고려해 볼 수 있기 때문에 전반적인 적응력 손상의 의미는 다소 희석될 수 있으며 특정 영역에서의 적응력 손상으로 이해할 수 있다. 그렇기 때문에 조합된

결정인과 반응내용의 계열을 함께 고려하여야만 한다.

더불어 반응 영역을 고려한 X-%의 해석적 함의는 XA%와 WDA%를 함께 살펴봄으로써 확인이 가능하다. 반응 영역은 그 자체로 현실적 자극의 요구에 준하는지 아닌지를 가늠할 수 있는 정보를 담고 있을 뿐만 아니라 X-%가 담지 못하는 정보를 추가적으로 알 수 있게 해 준다. 잉크반점의 속성에 의해 기본적으로 W와 D 영역을 활용한 빈도가 많아진다는 것은 이미 알고 있기 때문에 이들은 일상적인 삶의 장면에서 요구받은 자극들을 취할 수 있다는 의미를 갖는다. 하지만 Dd는 자신이 자발적으로 탐색하여 경험한 자극들이라 볼 수 있으며 통제되지 않은 상황에서 어쩔 수 없이 세부적인 자극들에 이끌려 버렸을지도 모른다. 결국 WA%는 X-%와 유사한 해석적 의미를 갖게 되며 FQn이 없는 이상 두 값의 합은 1이 된다. 이렇듯 FQn의 빈도는 환경에서 주어진 자극들을 분명하고 명백하게 지각할 수 없는 것이기에 현실적이지 못한 지각의 증거로 이해해야만 하는 것이다. 그렇기 때문에 X-%의 절대적 값으로 검증이 되지 않는다면 XA%를 기준으로 설정하여 현실적 지각의 해석적 가설을 세워야 할 것이다. WDA%는 X-%와 WDA%의 의미를 좀 더 세부적으로 구분할 수 있는 구조변인으로서 자극의 출처의 현실성과 출처마다에서 지각되는 양상을 알아볼 수 있다. W와 D 영역에서의 괜찮은 FQ는 일반적이고 실생활에서 충분히 경험될 만한 상황에서 괜찮은 지각이 유지되고 있는가를 의미하기 때문에 장면 한정적으로 현실적 지각의 저하가 나타나는지를 검토할 수 있게 된다. Dd 영역에서는 필연적으로 현실적인 지각이 어려운 속성을 갖고 있기 때문에 Dd에 한해 FQ-가 출현했다면 전반적인 현실적 지각의 저하라 보기 어렵다. 현실적 지각을 이해하기 위해서는 FQ와 조합된 결정인 반응내용, 반응 영역의 계열을 함께 고려해야만 할 것이다.

마지막으로 경험된 자극 내용의 관습적 지각은 현실적 지각이 문제가 되지 않는 상황에서 주요한 정보를 얻을 수 있다. 만약 현실적 지각에서 적응상 문제가 시사된다면 관습적 지각을 의미하는 구조변인들이 적합한 수준에 있다 하더라도 적응적이라는 해석적 의미는 희석되어 버린다. 관습적이라는 것은 당면 상황에서 요구되는 적응 수행을 일반적으로 기대되는 방식으로 편안하게 할 수 있는가를 의미한다. 관습적이지 못한 지각은 경험된 자극의 정보가 응당 경험하는 것이 맞다고 여겨지는, 이상하다고 볼 만한 근거가 없는 자극들을 개인적으로 경험한 것이나 그 자극을 처리하는 방식이 주관적이고 지엽적이고 임의적인 것임을 의미한다. 예를 들어, "새해 복 많이 받으세요."라는 인사에도 "어떻게 받으라는 거냐? 복이라도 주고 그런 말을 하렴."이라고 역정을 낸다면 새해 안부 인사임을 인식하고 있으나 이를 처리하는 방식에서는 일상적이지 않게 인사 속 깊은 의미에 반응하여 대화의 질을 떨어뜨리고, 이러한 양상이 반복될 경우 대인관계에서의 심각한 문제를 낳기도 한다. 하지만 실제 삶 속에서는 관습성이 필요치 않은 영역이 존재하기도 하며 친밀하고 자유로운 소통이 필요할 때도 있다. 직장에서 고정적이고 빈틈없는 업무를 마치고 집으로 돌아가 가족들에게조차 빈틈없는 생활 수칙을 강요하게 된다면 적응상 문제가 발생하게 된다. 그렇기 때문에 관습성이라는 것은 특정한 장면에서의 적응요구에 따라 융통성이 있는 문제 해결 전략을 구사할 수 있을 정도는 유지할 수 있어야 할 것이다. 이러한 관습성과 관련된 내용들은 Xu%와 반응 영역의 비율인 Economic Index를 통해 확인할 수 있다. 앞서 설명한 것처럼 이들 변인은 적당한 범위에서 유지되는 것이 적응적이기 때문에 극단적인 방향으로 균형이 깨질 경우 해석적 의미가 강해질 수 있다. 이들 변인과 함께 고려해야 할 계열 정보들은 FQu 반응의 질적인 수준이며 FQu가 'o'에 가까운 'u'인지 '―'에 가까운 'u'인지를 확인해 볼 수 있다. 이는 종합체계에서 구분할 만한 기준은 마련되지 않았지만 채점 과정에서 비교적 쉽게 이들의 구분이 가능할 것이다. 이와 더불어 Economic Index는 where set의 양상, 독특한 반응을 하려는 행동경향성 등을 함께 고려하는 것이 도움이 될 것이다.

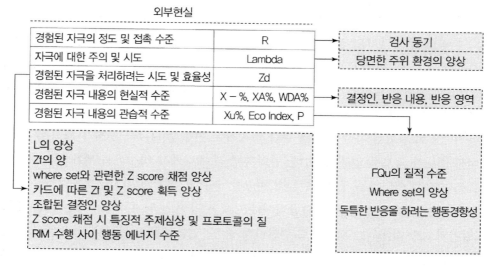

[그림 7-4] 경험에 대한 주의 차원의 구조

4) 스트레스 관리 차원

스트레스를 잘 관리한다는 것은 다분히 개인적 차원에서의 문제해결 노력의 결과이며 타인의 노력과 비교할 수 있는 것이 아니다. 앞서 스트레스는 우리가 경험하는 자극들로서 해결해야 할 의무적 속성과 보다 나은 삶을 위해 해결하고자 하는 욕구로부터 경험되는 속성을 함께 갖고 있다고 하였다. 배가 고플 때는 무조건적으로 허기를 채워야 하며 그 후에야 자신의 꿈을 위해 노력할 수 있는 것이다. 배고픔도 스트레스이며 꿈을 위한 노력 또한 스트레스인 것은 동일하다. 이처럼 스트레스를 경험하지 않는다는 것은 생존하고 있는 한 기본적으로 불가능에 가까운 것이며, 혹여 스트레스를 경험하지 않는다고 한다면 그 자극들을 잘 처리해 내거나 스트레스 자체를 받지 않고 있다고 느끼고 있음을 방증하는 것이다. 개인이 경험하는 자극들은 삶의 장면에서 존재하는 내부적 그리고 외부적 자극들을 얼마나 받아들이고 있는가에 따라 달라질 수 있으며 경험된 자극들을 처리해 내는 개인의 능력과 그 처리 방법들이 갖고 있는 전략에 따라 성공적일 수도, 실패적일 수도 있다.

스트레스 관리 차원에서는 크게 자신이 가진 해결 전략과 적응요구를 받은 해결해야 할 자극들, 즉 스트레스의 양과 양상을 구분하고 있다. 적응모형에서는 모든 개인이 생존을 위해 두 가지 방식의 전략과 이에 상응하는 활용 도구가 있다고 가정한다. 이 도구들은 주위 환경에 존재하는 자극들을 취하려는 방식이기도 하며 자극들이 접수되는 통로가 되기도 한다. 저마다 특정 도구 사용의 선호도와 더 잘 기능해 온 습득된 익숙한 방식에 따라 두 가지 도구의 균형은 달라질 수도 있다. 이 중 한 가지는 바로 관념적 방식으로 주위 환경의 자극을 취하고 받아들이는 것이며 또 한 가지는 감정적인 방식으로 운영되는 것이다. 이 두 가지 종류의 도구는 실제 삶에서 발현되고 있는 절대적인 전력의 총체라기보다 군비 확장을 통해 마련된 든든하게 보유하고 있는 것까지 포함한 전력의 총체로 보는 것이 더 적합할 것이다. 만약 각 통로의 기능이 마비되거나 결핍 또는 부족이 발생하거나 했다면 주위 환경의 적응 요구에 대해 충분한 해결이 어려워질 것이며, 자신의 선호 방향이 너무나 경직될 만큼 분명할 경우 다양한 주위 환경에 효율적으로 대처하고 해결하는 것 또한 어려울 수 있다.

구체적으로 살펴보면, 주위 자극들이 관념 통로로 입력되고 관념적 도구로 그 자극들을 취하였다면 이는 인간운동 반응, M으로 반응했다는 것을 의미한다. 2차원 공간에서 주어진 자극들에 3차원적 운동성을 부여했다는 것은 추가적인 사고 노력이 있었다는 것으로 인정하게 되며 자신의 내면에서 주도적인 사고가 반영되었을 가능성이 높을 것이다. 한편, 감정적 통로로 입력되고 감정 조절의 도구로 자극을 취했다면 자신이 예상치 못한 정서적 상황에 당면했을 시(수검자들은 온전한 유채색 카드를 예상치 못한 상황에서 마주하게 된다)에 어떻게 정서가를 경험하게 되며 이를 해결해야 하는 적응요구에 얼마나 잘 부합하는 수행이 되고 있는지를 확인해 볼 수 있는 것이다. 감정 통로의 도구와 양상은 WSumC에 반영이 되며, 원천적으로 스스로 감정을 발생시키는 것이 아니기 때문에 발생한 감정을 조절하는 능력에 대해 검토하게 된다. 이상의 두 가지 통로로 경험된 자극들은 해당 자극의 속성에 맞게 그에 상응하는 도구가 적절히 사용되어야 적응적인 문제해결이 가능하다고 볼 수 있다. 두 가지 중 한 가지 도구가 월등히 높은 기능을 하고 있을 경우에는 효율적이지 못할 수도 있겠지만, 삶 속에서 당면할 스트레스를 자신의 방식대로 해결하려는 시도를 하기 때문에 전반적인 적응력은 유지될 수도 있다. 이 두 가지 통로의 균형은 EB style을 통해 가늠해 볼 수 있으며 적응성을 저하시킬 만큼 깨졌거나 전반적으로 치중되어 있는지를 검토해 보기 위해 EBPer 점수를 활용한다. 결과적으로 관념 사용의 도구와 감정 조절의 도구의 총체적 기능은 현재 경험하고 있는 스트레스를 적절히 해결할 수 있는 힘 또는 잠재력으로 이해할 수 있으며 이 두 가지 도구의 합을 의미하는 EA를 확인해 보면 된다. 만약 기대 수준에 부합하는 EA가 확인된다면 일상적인 적응요구에 준하는 기본적 해결 능력을 갖고 있는 것이라 예상해 볼 수 있다.

한편, 경험된 자극들은 어떤 방식으로건 적응요구와 관련되어 있는 자극들이기 때문에 이들을 억압하지 않는 방식으로 최소화하면서도 충분히 견딜 수 있는 정도의 스트레스는 경험되어야 한다(삶이 원래 그런 것이니까). 이러한 스트레스들 또한 관념적 통로로 지각된 것들과 감정 통로로 지각된 것들로 구분할 수 있다. 관념적 방식으로 입력되고 적극적으로 받아 버린 스트레스들은 자신의 욕구를 가짐으로써 이로 인한 상대적 부족감을 경험할 수도 있고(지금은 채워지지 않았다는 것을 받아들여야 하기 때문에) 자신은 의도치 않은 상황에서 적응요구의 의무를 지게 된 스트레스 자극들일 수도 있다. 이 중 지속적으로 욕구를 채우기 위해 바라고 있지만 채워지지 못한 상황에서 경험되는 스트레스들은 FM을 통해 나타나며, 상황에 쉽게 흔들리고 영향을 받게 되면서 적응요구의 중압감을 주는 스트레스들은 m을 통해 반영된다. 이 두 가지 모두는 소위 '골치 아프다'거나 머릿속이 맑지가 않다고 하며 복잡하고 신경 쓰인다는 호소를 하게 되는 스트레스다. 어쨌건 이러한 경험들은 개운치 않은 컨디션으로 신체적인 신경증과 관련된 증상 경험으로 나타날 수도 있다. 한편, 또 다른 경로로 경험된 스트레스들은 감정적인 자극들과 관련이 된 것으로 C′, T, V, Y를 통해 드러나게 된다. 이들과 관련된 경험의 총체는 강력한 정서적 불편감, 불쾌감, 불만족감, 통제되지 않은 감정적 혼란 등을 의미한다. C'은 감정 조절을 직접적으로 방해하는 부정적 정서성을 의미하며 T는 인간관계 내에서 친밀해지고자 하는 욕구의 불충족으로부터 발생하는 정서적 허기짐을, V는 자신을 열등하고 부정적이고 무능하게 바라보는 태도에 의해 무기력해지는 정서를 그리고 Y는 당면 상황에서 경험된 정서적 자극들이 어떠한 연유로 발생한 것인지도 알 수 없고 경험된 정서를 분명히 느낄 수도 없는 무기력감을 반영한다. 이 모든 불편하게 경험된 감정적 자극들은 적당한 표현을 통해 어느 정도 해결이 되곤 하지만 표현능력의 부족으로 만성적으로 누적되거나 이 자극들이 애초에 존재하지 않은 것으로 억압 및 부정을 하게 되는 경우도 있다. 어떤 경우든지 간에 이후 관념적 도구가 보상적역할을 하게 되면서 관념 사용의 도구가 비대해져 엄청난 부하를 받기도 하며 실제 삶의 장면에서 당면하게 될 정서적 상황에서 전반적인 회피 등의 부적응이 나타날 수도 있게 된다. 이러한 스트레스의 불균형적 양상을 확인하기 위해 eb를 살펴보게 되는 것이다. 결과적으로 두 가지 통로로부터 경험되는 총체적인 스트레스는 es를 통해 드러나게 된다. 또한 m과 Y가 공통적으로 가진 속성으로서 특히 상황에 취약한 또는 특정상황에서 쉽게 변하고 흔들리는 스트레스라는 점은 당면한 자극적 환경이 사라질 시에는 보다 쉽게 안정적인 적응이 가능함을 시사한다.

이와 같은 두 가지 방식의 스트레스들은 개인이 가진 도구의 힘과 기능적인 운영에 따라 보다 쉽게 해결되기도 하며 더욱더 취약해지기도 한다. 가용한 도구들과 스트레스의 상대적 양이 어떠한가를 비교함으로써 개인의 전반적인 적응 능력을 살펴볼 수 있으며 이는 전체적인 해결 능력 및 가용한 도구의 합인 EA와 전체적인 스트레스의 합인 es의 차이로 확인할 수 있다. 두 값의 차이가 없거나 근소한 차이가 나타날 경우에는 경험된 스트레스와 이를 해결할 능력의 균형이 잡혀 있다고 볼 수 있고 |3.0| 이상의 차이가 나타날 경우 특정 방향으로 균형이 깨져 있음을 의미한다. 만약 가용한 해결 도구의 힘이 해결해야 할 스트레스보다 강할 경우 그 스트레스의 절대적 양이 어떠하든지 간에 최선의 노력을 하며 고군분투하는 모습으로 살아가고 있을 가능성이 높다. 주위 사람들의 시선에서는 그 모습이 적응적이지 않다고 하더라도 최소한 자신은 안정적으로 적응하고 있고 적응할 수 있다는 안정감을 갖고 있음을 의미한다. 반면, 경험된 그리고 적응요구를 받은 스트레스의 양이 더 많을 경우 그 절대적 양을 따지지 않더라도 스스로는 상당히 불안정한 심리적 상태에 빠져 있다고 느끼고 스트레스에 압도되어 어떻게 할 방도를 찾을 수 없는 상황일 가능성이 높다. 이러한 의미들은 D로써 검증이 되며 값의 방향이 '+'라면 가용한 해결 도구의 힘이 보다 강한 것이고 '−'라면 상대적

인 스트레스 자극들의 양이 더 많은 것을 의미한다. 단, 상황에 취약한 스트레스 자극들의 양적 우세로 지금 이 순간의 불안정성이 발생한 경우라면 개인의 만성화된 성격적 취약성으로 보기에는 어려울 수 있다. 이는 주위 상황이 변하게 된다면 충분히 쉽고 빠르게 안정감을 되찾을 수 있을 것이다. 이 경우 Adj D 값으로 검증할 수 있으며 D의 방향성과 동일하게 해석될 수 있다.

종합해 보면, 스트레스 관리의 양상은 D와 Adj D를 통해 먼저 확인을 한 후 위계적으로 D값에 포함된 각개 변인들, EA와 es의 양상, EB 및 EBPer 그리고 eb, 최종적으로 M 및 WSumC 그리고 FM과 m 및 C′, T, V, Y를 세부적으로 확인해 나가는 방식이 유용할 것이다. 이로부터 개인에게 적합한 해석을 할 수 있으며 개인의 스트레스 관리 방식과 적응 상태 및 방식을 구체적으로 이해할 수 있을 것이다. 이와 더불어 M과 WSumC 각각과 조합된 FQ의 수준, 온전한 유채색 카드에서의 M의 활용 능력 및 양상, 운동성과 동반된 능동 및 수동의 양상, C 계열 결정인 각각의 비율, M과 WSsumC와 함께 조합된 결정인의 양상, 조합된 DQ 양상 등의 계열과 함께 고려하여 스트레스 관리의 질적 수준을 종합적으로 검토하는 것이 필요하다.

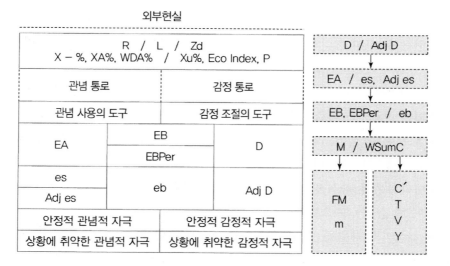

[그림 7-5] 경험에 대한 주의와 스트레스 관리 차원의 구조

5) 관념의 사용 차원

적응과 관련된 관념의 사용은 경험된 자극들에 대해 개인이 특정한 개념을 부여하고 적절한 사고 과정을 거쳐 의미 있는 관념을 만들어 가는가를 이해하는 것이다. 인간 존재로서 경험하는 모든 자극은 해당 현상에 대해 분명히 이해될 수 있는 개념의 모습을 갖추어야 하며 형성된 개념들은 적절하고 적합한 사고를 통해 관념으로 구성되는 것이다. 내부세계와 외부현실, 즉 주위 환경에 존재하는 자극들은 기본적인 적응에 필요한 자극들과 보다 나은 삶을 위해 적극적이고 자율적으로 탐색하여 경험하게 되는 자극들로 구분할 수 있다고 하였다. 만약 적응요구에 따른 자극들이 관념의 통로로 경험이 된 것이라면 개인이 가진 사고의 능력을 동원하여 해결하는 것이 자연스럽다. 주위 환경에서 자극들은 기본적으로 아직은 모호하고 특정한 개념으로 형성되지 않은 현상들이기 때문에 자극을 인식하고 처리하기 위해서는 생산적인 사고 과정을 거쳐야만 한다. 마트에 가더라도 무엇을 사야 할지에 대한 개념이 없다면 그 많은 물건은 단지 존재하는 그 자체일 뿐이다. 일단 눈앞에 있는 것이 무엇인지에 대한 개념을 갖고 있어야 하고 다음으로 적응 요구에 의해서건 적극적 탐색 노력에 의해서건 사고의 양상 및 과정 그리고 그러한 사고를 하게 된 적합하고 현실적인 근거를 갖고 있을 때만이 현상과 자신의 개념이 일치될 수 있으며 이로부터 현실적인 관념이 형성될 수가 있다. 현실적인 관념의 특징은 근거가 있는 사고, 즉 논리 있는 사고 그리고 응집력이 있는 사고, 즉 조리 있는 사고가 된다는 것이며 이는 WSum6를 통해 확인할 수 있다. WSum6의 읽기정보에서 설명되었듯이 이 점수에는 사고, 지각, 논리성의 정보가 포함되어 있으며 사고의 과정은 DV와 DR에, 지각 과정에서 연합된 사고 양태는 INC, FAB, CONT에 그리고 사고의 논리성은 ALOG에 반영되어 있다. DV와 DR의 빈도가 높은 사람들은 주위 환경에 존재하는 자극들이 무엇인지에 대한 깨끗한 개념 형성이 어려울 것이며, 분명하지 못한 개념을 활용하게 되면서 일상적인 의사소통 장면에서 합목적적이고 일관된 소통이 어려워 이들은 상대에게 부가적인 의도 탐색을 해야 할 부담을 갖게 한다. 특정 의사소통의 경우에서는 다양한 주제가 이슈로 언급되기 때문에 적재적소에 정확히 일치되는 개념을 만든다는 것은 상당히 어려운 작업이긴 하다. 다양한 개념이 개인의 기존 지식체계 내에 존재한다면 삶에 대한 다양한 자극을 경험하게 되었을 때 보다 쉽게 개념화가 이루어질 수 있겠으나 가끔은 경험된 자극과 자신이 가진 개념들이 딱 맞아떨어지지 않을 수도 있다. 이는 양해 가능한 수준의 개념의 불일치 또는 실수로 인정될 수 있다. 이러한 경우는 수준1에 준하는 양상이라 볼 수 있을 것이다. 하지만 수준1에 해당한다 하더라도 잦은 빈도로 채점이 될 경우에는 합목적적 사고가 어려울 수도 있다. 개념화의 실수 및 불일치뿐만 아니라 그 정도면 충분하다고 여길 정도의 개념화가 있은 후에 개념화한 내용들로 합목적적인 사고 과정을 거쳐 사고의 응집성을 갖출 수 있다. 만약 만들어진 개념들을 잘 연결하여 적절한 관념을 형성할 수 있다면 스스로도 자신의 관념을 명확히 이해하고 타인들에게 전달할 수 있을 것이다. 하지만 얻게 된 개념들을 일관되고 명료히 관념화하지 못한다면 자신의 관념에 대해서도 혼란감을 느끼게 될 것이며 타인들에게도 물론 자신의 관념을 적절히 전달하기란 어려울 것이다. INC, FAB 역시 수준1에 해당하는 경우라면 자신만의 주관적인 개념화라 할 수 있지만 적응을 해칠 정도의 심각한 관념의 문제라 보긴 어렵다. 이러한 경우보다 더 일반적으로 생각하기 어렵거나 고려해 보지 않은 방식으로 해당 상황을 연결 짓고 기괴한 방식으로 개념들을 조합하거나 임의적이고 주관적인 방식으로 새로운 관념을 형성하고 있을 경우 적응상 문제가 두드러질 것이다. 특히 CONT의 경우에는 이차적인 개념화 자체의 문제라기보다 개념들의 혼선으로 인한 선명하지 못한 개념의 충돌로서 이해할 수 있으며 이를 통해 형성된 사고는 대부분의 경우 현실적이지 못할 가능성이 높아진다. ALOG는 자신이 형성한 관념들에 대해 현실적 정보들을 참조하여 근거를 제시하기 어려우며 자신이 형성한 개념 및 관념들은 다분히 주관적이고 임의적인 근거를 바탕에 두고 있음을 의미한다. 이러한 세 가지 방식의 문제로부터 발생한 개념 및 사고 과정의 문제는 전혀 논리적이지도 조리 있지도 않기 때문에 결국 이들이 어떠한 생각으로 살아가고 있는지 분명하게 이해될 수가 없고 이들 또한 자신의 사고를 적절히 타인들에게 전달하는 것도 어려워질 수밖에 없을 것이다. 이렇듯 수검자의 관념을 구체적으로 이해하기 위해서 개념화, 일반적인 그리고 지각과 관련된 사고의 양상, 자신의 개념화에 대한 논리적이지 못한 근거 제시 등 전반적인 영역에서 문제가 나타나는지 아니면 특징적인 항목에서 독특하게 두드러지는 문제인지를 검토하는 과정이 필요하다. 이후 특수점수의 수준에 따라 그리고 각 특수점수가 가지고 있는 가중치의 정도에 따라 특징적인 양상이 나타나는지를 면밀히 검토하는 것이 권장된다.

다음으로 사고의 방향성이 융통적인지 또는 특정 방향으로 경직되어 있는지를 a:p를 통해 확인해 볼 수 있다. 만약 어느 한쪽 방향으로 의미 있게(2배) 균형이 기울어져 있을 경우 반대 또는 대안적 사고와 관점을 갖기 어려울 것이라 본다. 균형을 보기에 앞서 사고의 양을 먼저 고려해야 하는데, 그렇기 때문에 최소 4개 이상의 운동 반응이 있은 후에야 균형의 방향이 의미가 있는 것으로 인정할 수 있다. 이상 조건에 부합한다면 a:p의 균형은 사고의 방향이 습관적인 특징을 반영함으로써 다소 안정적이거나 경직된 특성으로 이해할 수 있다. 사고의 방향성의 정보는 사고의 내용 및 질적 특징을 반영하지 않기 때문에 사고의 방향성 자체로 질적 가치를 부여할 수는 없으며 이후 M, FM, m에 따른 a:p의 비율과 각 운동 반응에서 나타난 FQ의 수준과 주제심상을 함께 고려하여 통합적인 탐색이 필요하다. 이 중 M의 특성은 습관적이고 다소 자율적인 방식의 사고로서 M^a:M^p를 살펴보게 되면 구체적이고 실제적인 그리고 생산적인 관념 형성이 가능한지를 알아볼 수 있다. M^a는 운영된 사고가 현실적이고 구체성 있는 방식으로 실제적 관념을 다듬어 가고 있음을 반영한다. 경험되었거나 경험 의지를 가진 개념들을 물 흘러가듯이 실어 보내는 것이 아니라 해당 실제 가용한 관념으로 만들어 가고자 하는 태도가 반영되어 있다. 미래에 멋지고 편안한 집에서 행복하게 살고 싶다고 개념화가 일어날 경우 M^a와 관련된 방식은 그 미래를 위해 자금을 모으고 부지를 선택하고 결정에 대한 가치를 적극적으로 탐색하고자 하는 사고 과정을 보이겠지만, M^p는 저 푸른 초원 위에 그림 같은 집을 짓고 사랑하는 님과 함께 살고 있는 미래를 그리며 흐뭇해하는 모습과 유사하다. 즉, 이러한 개념들을 적절한 사고를 통해 관념으로 다듬어 갈 수 있다는 것을 의미하며 이를 건설적 사고라 부른다. 건설적 사고를 검토하는 데 필수적인 것은 그 사고 내용이 얼마나 그럴듯한 명분과 근거가 있는가를 따져 봐야 한다는 것이다. 특히 M과 연합된 FQ, 특수점수, 윤색 내용 및 양상 등의 정보를 함께 고려하면서 분명해질 수 있다.

마지막으로 개념의 적절성, 사고의 내용 및 양상 그리고 사고 과정과 더불어 결과적으로 운영된 사고의 양이 현실 장면에서 적절한 수준으로 나타나는가를 검토해 보게 된다. 만약 매사 사고의 양이 너무 많거나 실제 수행 또는 정서적 문제를 등한시하는 등 관념의 도구가 과도하게 운영된다면 적절한 문제 해결에 방해가 된다고 할 수 있다. 이러한 부적절한 과도한 사고의 양은 INTELL Index에 반영되며 이것이 적응상 문제를 발생시킬 경우 주지화 방어기제의 작동을 함의하는 것으로 볼 수 있다. 기본적으로 주지화는 정서의 고립과 동반될 가능성이 높으며 상황에 적합하지 않게 만연된 사고 기능의 작동이 이루어지고 있음을 반영한다. INTELL Index에 포함되는 기호는 Art, Ay, AB인데 채점과정에서 상당한 조심성이 요구되는 변인 중에서도 대표적인 변인들이다. 그렇기 때문에 INTELL Index의 이탈점수가 나타날 경우에는 특히나, 각 기호가 적합하게 채점이 되었는가를 다시 한 번 검토하는 것이 권장되며 주제심상 자료를 충분히 고려하여 의사결정을 해야 한다. 예를 들어, 카드 III에서 D3 영역을 '리본'이라고 반응했을 경우 아무런 고민 없이 Cg로 채점하는 일이 종종 발생하는데, 주제 심상을 검토하게 되면 Cg 채점에 대해 의심해 봐야만 한다. "여기 리본이에요. 예쁘네요. 여기 중앙에 매듭이 아주 탄탄하게 잘 매어져 있고…… 양쪽 날개에는 풍성하게 보기 좋게 모양이 잡혔네요……. 그리고 가운데 주름을 보면 바짝 당겨져 있는 것 같은데, 누군지 참 잘 묶어 놓았네요. 하하." 이 반응에서 Cg는 자신의 표현 의도나 상황에 대한 자기보호적 시도 등의 연상을 형성하기엔 어려울 것이다. 오히려 리본에 대한 구체적 속성을 검토하면서 지각된 정보를 미적 요소를 부가하여 알뜰하게 사용하고 있음을 알 수 있을 것이다. 이 경우 Cg보다 Art가 적합한 채점이 될 수 있다. 의복은 당연히 Cg, 예술 작품은 당연히 Art로 채점하는 습관을 경계해야만 해당 상황에서 INTELL Index의 점수가 바람직하게 해석될 수 있을 것이다. 이와 더불어 주지화의 건정성 및 기능적 수준을 검토하는 방법 중 하나는 Art, Ay, AB와 조합된 결정인 그리고 FQ와 특수점수들의 계열을 충분히 살펴보는 것이다.

				외부현실		
				R / L / Zd X-%, XA%, WDA% / Xu%, Eco Index, P		
논리 있고 조리 있는 사고		Level 1 / Level 2	= WSumC	M	WSumC	
사고	DV INC	융통적 사고	a : p	EA	EB	D
지각	DR FAB	건설적 사고	M^a : M^p EBPer		EBPer	
논리성	CON ALOG	적절한 사고	FM + m INTELL Index	es Adj es	eb	Adj D
				FM	C´ / T / V	
현실적 사고	M_	주지화 양상	Art / Ay / AB	m	Y	

[그림 7-6] 경험에 대한 주의, 스트레스 관리, 관념의 사용 차원의 구조

6) 감정 조절 차원

적응을 위한 감정 조절 도구는 관념적 도구보다 훨씬 복잡한 작동 방식을 갖고 있다. 감정의 발생이 다분히 자동적인 현상이기 때문에 발생된 감정에 대해 직접 관찰하는 것은 어려우며, 감정 발생 이후 이를 조절하는 기제 및 방식을 간접적으로 확인해야 한다. 감정 조절의 기제를 구체적으로 살펴보면 감정의 발생, 해당 감정에 대한 경험, 경험된 감정을 표현하는 것까지 어느 정도의 연속적 과정임을 알 수 있을 것이다. 감정

발생이 없이 경험할 감정 재료를 얻기는 어렵고 감정을 경험하지 않으면 감정을 표현할 재료가 없기 때문에 역시 표현할 수가 없는 것이다. 누군가는 스스로 감정을 경험하기 위해 슬픈 영화를 보고 즐거운 취미를 즐긴다고 하나 이는 감정을 직접적으로 발생시키는 것이라기보다 감정이 어떤 환경적 자극에 반응하는지를 학습한 결과로 감정 발생에 수반된 자극을 스스로 통제하는 행위라 할 수 있다. 정서가 발생되는 것은 앞선 예처럼 특별한 상황을 제외하면 인간의 삶 속에서 자신이 원한다고 해서 또는 원하지 않는다고 해서 조절할 수 있는 것은 아니다. 삶 속에서 정서가를 지닌 상황은 어느 곳에서건 만연해 있으며, 이러한 정서적 자극의 홍수에서 개인이 할 수 있는 것은 경험과 표현의 수준을 조절하는 것이 최선이다. 이차적으로 일반적인 정서적 장면에서 적응하는 데에 충분한 조절 능력이 발휘된다는 것은 해결이 필요한 정서적 자극을 충분히 경험할 수 있다는 것을 의미한다. 어떠한 이유에서건 발생한 정서를 충분히 경험하지 못한다는 것은 정서적 자극에 압도되어 버리거나 무감각해지고, 또는 생존을 위해 전반적으로 억압되어 버릴 가능성이 높아질 것이다.

　정서적 자극을 견딜 수 있는 개인적 정서경험의 역치에 따라 차이가 있을 수 있으며 정서의 강도가 자신의 정서경험 능력의 역치를 넘어서 버리는 순간 해당 장면에서의 적응력이 떨어지게 된다. 만약 정서적 자극에 압도되어 버리게 된다면 원치 않은 상태에서 정서경험이 과도하게 되어 버린다는 것이며, 경험된 정서가 어떠한 정서인지에 대해서도 분명히 이해되지 않을 수 있다. 반면, 과도한 정서경험을 본능적으로 억제 또는 억압하며 정서적 자극에 무감각해지게 되기도 하고 불안을 해소하기 위해 보상적으로 관념적 도구를 과도하게 사용하게 될 수도 있다. 발생한 정서를 충분히 경험하고 있는가는 SumC'와 WSumC의 비율을 통해 검토할 수 있으며, WSumC가 적어도 2.5 이상일 경우에는 적응요구에 준할 정도의 최소한의 정서경험은 이루어지고 있음을 반영한다. 하지만 WSumC가 2.5점을 넘어선다 하더라도 SumC'이 WSumC보다 높은 빈도를 보일 경우에는 절대적인 정서경험의 수준을 떠나 경험된 정서를 억제 또는 억압함으로써 현실적인 정서경험을 차단하고 있다는 것을 의미한다. C'은 부정적인 정서적 자극이 민감하게 경험되는 것을 반영하고 있기 때문에 부정적인 정서가 현실적인 정서적 경험을 차단 또는 억제하는 역할을 하게 된다. 결국 충분한 정서경험이 된다는 것은 WSumC가 2.5 이상이 되면서 SumC'보다 높은 점수를 보일 경우를 말한다. 이와 더불어 WSumC는 정서표현과도 관련되어 있으며 전체적인 표현의 강도와 함께 표현의 양상을 살펴볼 수 있다. 표현의 강도는 WSumC의 총점이 의미하는 바와 같으며 C와 CF 그리고 FC의 비율을 통해 표현의 양상을 구분하게 된다. C와 CF는 정서적 자극을 경험할 시 자연스럽고 익숙하게 표현을 할 수 있다는 것이며 정서적 상황을 더 편안해하고 즐기는 경우가 많다. 한편, FC는 경험된 정서를 조심스럽고 신중한 표현을 반영하는 것으로 정서적 상황을 적극적으로 즐기려 하지 않고 자신의 감정에 대해서도 확신하기까지 충분한 증거가 마련되어야 한다. 어떤 방식이든지 간에 이들은 모두 자신의 성격 양식과 관련이 있기 때문에 자신의 정서경험에 대한 표현 방식을 불편해하는 경우는 드물다. 하지만 Afr을 통해 자율적인 방식의 정서경험과 표현인지 아니면 정서적 자극에 쉽게 휘둘리는 정서적 취약성을 반영하는지를 검토하는 것이 필요하다.

Afr은 정서적 상황에서 편안함을 느끼고 그에 적당한 적응수행의 정도를 알려 준다. 만약 Afr이 기준보다 낮은 수준을 보인다면 정서적 상황에서 부여받은 적응요구에 대해 충분한 수행이 어렵다는 것이며 해결 능력의 부족 또는 적응요구와 관련된 정서적 자극을 처리하려는 것을 차단하고 있는 것이라 볼 수 있다. Afr과 WSumC가 함께 낮은 사람들은 전반적으로 정서적 상황을 불편해하고 그 속에서 정서적 경험을 차단하며 무감각해지기 쉬운 사람들이며 Afr은 높은 수준이지만 WSumC가 낮은 사람들은 정서적 상황을 편안해하진 않지만 필연적으로 당면하게 되는 정서적 상황에서 적응요구에 필요한 정도의 정서 경험과 표현이 가능한 사람들일 수도 있다. 물론 이 경우 카드 Ⅷ, Ⅸ, Ⅹ에서 C 계열과 조합된 모든 구조변인의 계열을 함께 고려하여 결정해야 할 것이다. 단편적인 예로 낮은 Afr와 적당한 WSumC의 조합에서 카드 Ⅷ, Ⅸ, Ⅹ에서 대부분 반응의 DQ가 '+'이며 적절한 FQ 비중이 많고 충분한 양의 반응 프로토콜과 함께 검사 상황 시 불편감을 지적할 만한 특별한 행동 양상이 없었다면, 이들에 대해 정서적 상황에서 충분한 수행을 하지 못한다거나 적응상 문제가 의심된다는 해석은 보류해야 할 것이다. 다만, 정서적 상황에서 조심스럽게 접근하려는 경향을 보이며 정서적 상황에 당면하게 될 시에는 적절한 정서경험 및 표현이 가능할 것이라 보는 것이 바람직할 것이다. 또 다른 경우를 살펴보면, Afr이 높은 수준을 보이며 WSumC가 충분하지 못할 정도로 낮은 수준을 보였을 때 이들은 정서를 경험하고 표현할 충분한 도구가 부족한 상황에서 정서적 장면에 노출 또는 접촉함으로써 쉽게 휘둘리고 일관적이지 못한 방식의 수행을 나타낼 가능성이 높을 것이다. 이 경우 M이 조합되는 패턴이 확실하게 나타난다면 정서적 상황에서의 불편감을 정서 조절의 도구로 해소하기보다 관념적 도구를 통해 보상적으로 해결하고자 하는 신경증적 양상이 존재하지 않는지를 세심히 검토해 봐야 할 것이다.

정서경험과 표현이 충분히 운영된다 하더라도 내부세계에 불쾌한 정서가 만연하다면 기본적으로 이들을 관리해야 할 부담이 커진다. 항상 적절하게 감정을 조절해야 할 의무에 상당한 에너지가 소모되며 이로 인해 외부현실에서 주어지는 정서적 자극들을 현실적으로 민감하게 검토할 수 있는 자원이 부족하게 됨으로써 삶에서의 적응 요구를 적절히 해결할 수 없게 될 가능성이 높아진다. 내면에 만연한 정서적 스트레스들은 출생과 동시에 경험되기도 하지만 생존하기 위해 적응과정에서 경험되기도 한다. 이러한 자극들은 Sum Shd으로써 확인이 가능하며 Sum Shd에 포함된 정서적 자극마다 고유한 특징을 갖고 있고 이들의 총합은 내부세계에서 경험되는 불쾌한 정서경험을 반영하고 있는 것으로 본다. 높은 Sum Shd 점수를 받은 사람들은 혼란하고 복잡한 감정 상태에 빠져 있는 사람들로서 외부현실의 정서적 자극들이 유쾌하고 불쾌하냐와 관계없이 일관적으로 불쾌한 방식으로 정서를 경험하고 있는 사람들이라 할 수 있다. 만약 Sum shd이 높다 하더라도 WSumC가 충분하면서 Sum Shd의 점수보다 많다면 당면한 감정적 적응요구에 충분히 해결을 하고 있는 것으로 볼 수 있다. 하지만 주관적인 감정적 불편함은 상쇄되지 않기 때문에 항상 긴장되고 복잡한 감정 상태가 유지되고 있을 것이다. C'는 다양한 정서가 중에서 음울함과 관련된 자극들이 쉽게 경험되는 특성을 말하며 이는 일상적인 감정 경험까지 음울한 정서적 톤으로 경험되게 한다. 이뿐만 아니라 경험된 감정들을 표현하고자 하는 시도를 억제하는 역할을 하고 있다. T는 대인관계를 통해 채우고자 하는 친밀감 및 소속의 욕구가 결핍 또는 상실되었을 경우 정서적 허기짐과 관련 있는 부정적 감정들이다. 단, 이는 관계 속에서 정서적 안정감을 바라지 않을 경우 이러한 정서에 대한 경험 자체를 억압해 놓은 것일 수도 있다. 그렇기에 생애 초기의 친밀감 형성 및 유지에서 결핍 경험이 있었는가를 탐색해야 하며, 그렇지 않다면 최근 삶 속에서 친밀한 대상의 상실 경험이 있었는지를 탐색함으로써 T의 의미를 구체화할 수 있을 것이다. V는 대상과의 관계가 아닌 자기 자신에 대한 불신 또는 자기경멸 등과 관련된 부정적 정서가들이며 최근 성취 좌절이나 자신의 능력의 한계를 경험한 사건이 없을 경우에는 안정적인 자기상의 부적절감을 반영하는 것으로 이해할 수 있을 것이다. Y는 대인관계에서의 친밀함의 상실이나 자신에 대한 부적절감으로 귀인할 수 없는, 깨끗하지 않은 채 경험되는 혼란된 감정을 반영하고 있다. 이들은 일상 장면에서 무슨 이유에서 불편한 감정을 경험하게 되었는지 이해할 수 없고 이미 경험된 불쾌한 감정들이 분명하게 어떠한 종류의 감정인지 이해할 수 없는 혼란된 감정들인 것이다. 이와 더불어 S는 소속 장면 내에서 요구받은 적응요구에 대해 반항적인 독립되고자 하고 자율성을 갖고자 하는 태도로 볼 수 있으며 해당 장면의 건강성을 우선 확인해야만 한다. S는 채점상 실수가 빈번히 발생하곤 하는데 S 영역을 보고할 경우 행동 관찰 시 잉크반점을 보고하는 것을 불편해하며 새로운 영역 탐색의 시도로 추정된다면 S의 해석이 강조될 수 있을 것이다. 이와 더불어 S와 조합된 C 계열의 결정인이 주요한 특징으로 나타나는가? Dd와 조합되어 나타난 것인가? 조합된 FQ의 양상은 어떠한가? 카드 Ⅷ, Ⅸ, Ⅹ에 한정되어 있는가? 등을 탐색하면서 S의 해석적 가설을 구체적으로 세워 볼 수 있을 것이다. 또한 카드 속성에 따라 S 반응이 비교적 자주 출현하는 카드, 즉 카드 Ⅰ, Ⅱ, Ⅶ에서 각각 1개씩 반응을 할 경우 총 3개가량이 나타날 수도 있기 때문에 이 밖의 카드들에서 나타난 S인지를 비교하는 것이 도움이 될 때가 있다. 만약 드물게 S가 나타나는 카드들에서 S 반응 경향이 있다면 S의 해석이 보다 강해질 수 있을 것이다. 최종적으로 3개를 초과하는 S의 출현은 현재 자신이 속한 영역에서 무엇인가 분명하지 못하지만 수용되거나 불만족스러운 정서적 상황에 처해 있다고 추정할 수 있는 것이다. 이러한 불만족스러운 감정들이 표현되는 양상은 자신의 억울함에 대한 주장이나 현재 상황의 건강하지 못함에 대한 요구에서부터 충동적인 이탈 행동 및 과도하고 강력한 불만의 표출 또는 공격적이고 폭발적인 행동까지 아우르고 있다. 그렇기 때문에 S의 상승에 대해 분노와 적개심에 대한 충동적인 정서표현으로 직접적인 해석을 하는 것을 조심해야만 하는 것이다.

마지막으로 관념 도구의 과도한 활용처럼 감정 조절의 도구 역시 과도하게 운영될 시 부작용은 발생하게 되며 이러한 부작용은 EBPer, FC:CF+C, CP에 반영되어 있다. 우선 EBPer가 어떤 방향으로든 경직된 수준으로 나타날 경우 모두 문제가 될 수 있으며, 특히 M의 평균적 수준과 함께 WSumC의 과도한 상승은 다분히 경직된 양상으로 감정적 도구를 활용하고 있음을 말하는 것이다. 스스로는 자신의 감정 경험과 표현에 대해 아무런 거리낌이 없으며, 이러한 자신의 특성을 지적받게 되는 상황을 오히려 주위 상황의 매정함으로 인식하여 주위 상황을 바꾸고자 시도하게 된다. 더해 M이 없거나 2개 이하를 가지면서 EBPer가 상승했다면 보다 미숙한 방식의 감정 조절 능력을 보일 가능성이 높아진다. 외향형 EBPer 유형을 보인다면 다음 단계로 FC:CF+C를 참고하여 적절한 감정 조절의 양상을 검토해 볼 수 있다. CF+C가 FC보다 3점가량 높을 경우 정서적 자극을 쉽고 편하게 또는 예민하게 경험하고 표현하는 경향을 보일 것이며 주위 사람들은 이들이 문제 상황에서 충분히 심사숙고하지 않고 충동적으로 의사결정을 내린다거나 너무 감정적인 방식으로 문제를 해결하려는 경향이 있는 것으로 인식할 수 있다. 결국 당면한 상황과 주어진 적응 요구에 적합하지 않은 문제 해결을 하게 될 가능성이 높아지는 것이다. 반면, FC가 CF+C보다 4점 이상 높은 경우에서는 감정 경험과 표현을 상당히 조심스러워하며 이들의 감정적 상태를 이해하기 위해 오랜 시간이 걸릴 수 있다. 이 두 가지 정서경험의 차이는 주어진 환경에 존재하는 속성들에 근거하여 자신의 정서적 경험이 적절한지를 비추어 보고자 하는 시도의 차이로부터 나타나는 것이며 성인의 경우 일반적으로 FC가 CF+C보다 높은 빈도를 보이며 실제 삶에서 자신의 감정을 신중히 탐색하고 표현하는 것이 권장되는 것이기도 하다. 하지만 아동의 경우 FC보다 CF+C가 보다 높을 것으로 기대되어지며 만약 FC가 더 높다면 아동이 처한 상황에서 발생된 정서가 상당히 불쾌하고 불안함과 관련이 된 정서가들일 가능성이 높으며 이를 경험하는 것 자체가 아동들에게는 위협적일 수도 있기 때문에 자동적으로 정서적 자극에 신중하게 접근하려는 태도를 갖게 되었을 것으로 보인다. 더불어 경험된 정서들을 표현하는 것 또한 자신의 표현이 주위 상황에서 수용되지 않는 어쩔 수 없는 상황이라면, 즉 정서표현으로부터 얻게 되는 이득이 주어지지 않는다면 정서표현 자체를 무의미한 것으로 받아들이게 되고 정서경험과 표현을 전반적으로 체념해 버리는 결과로 나타날 수 있다. 그렇기 때문에 주위 사람들에게 해당 아동들이 어른스럽다거나 장하게 또는 안쓰럽게 보일 수 있는 것이다.

CP는 아주 드물게 나타나는 반응이며 부정적 정서를 부정하고 분리와 반동 형성을 통해 과도하고 극단적인 긍정화로 감정의 공간을 채우는 방식으로 부정적 정서를 다룬다. CP가 한 개라도 나타난다면 이들의 생활상에서 현실감이 저하될 정도의 부정적 정서가를 가진 사건이 존재하는가를 우선 검토하는 것이 필요하다. 최종적으로 감정 조절 차원을 구체적으로 이해하기 위해서는 해당 구조변인들과 조합된 반응시간 및 프로토콜의 길이와 보고된 내용의 질, 반응 시 행동패턴, 복합 결정인 패턴, 카드 속성에 따른 빈도, DQ와 FQ의 양상 등을 종합적으로 고려해야 할 것이다.

		외부현실				
		R / L / Zd X-%, XA%, WDA% / Xu%, Eco Index, P			충분한 감정 경험 및 표현	SumC´ : WsumC
Level 1 / Level 2 = WSum6		M		WSumC		Afr
DV	a : p				정서적 상황에서의 편안함 및 문제해결 수행 능력	Card Ⅷ, Ⅸ, Ⅹ + DQ+ Card Ⅷ, Ⅸ, Ⅹ + FQ-
INC	Ma : Mp	EA	EB	D		
DR	EBPer		EBPer			Col-Shd Blends / Sum Shd
FAB	FM + m	es	eb	Adj D	혼란되고 불편한 감정적 자극	C´ / T / V / Y
CON	INTELL. Index	Adj es				S + Dd / FQ - / Card Ⅷ Ⅸ Ⅹ
ALOG		FM	C´ / T / V		과도한 감정경험 및 표현	EBPer / FC : CF + C / CP
M_	Art / Ay / AB	m	Y			

[그림 7–7] 경험에 대한 주의, 스트레스 관리, 관념의 사용, 감정 조절 차원의 구조

7) 자신을 바라보는 관점 및 대인관계 차원

자신을 바라보는 관점과 대인관계의 양상은 서로 유기적인 관계에 있는 차원들이다. 인간으로서 존재가 시작될 당시 자신에 대한 인식이 있기 전부터 주위 대상들과의 관계는 거의 동시에 진행되고 그 관계 속에서 누적되는 경험들이 자신을 인식하는 초석이 되는 것이다. 이후 안정적인 자신에 대한 관점이 형성되고 그에 따라 대인관계의 방식이 달라지며 더욱더 안정적이고 견고한 자신만의 대인관계 양상이 드러나게 된다. 인간 삶에서 기본적으로 다른 인간 대상들에 대한 관심이 있고 편안해하며 함께 상호작용하면서 편안하게 자신의 생각과 감정을 표현할 수 있다면 적응에 도움이 된다. 우선 자신에 대해 호의적이고 살만한 존재임을 느낄 수 있다면 외부환경, 즉 다른 사람들과의 관계에서 수동적으로 휩쓸리지 않을 수 있고 자율적인 관계를 유지할 수 있을 것이다. 자신이 아닌 함께할 누군가를 염두에 두고 자신도 그와 동등한 존재로서 자존감을 유지할 수 있다는 것은 자신을 타인에 비해 못난 존재라고 업신여기지 않으면서도 자신만을 우선시하려는 고집스러움도 없다는 것을 의미한다. 이는 Egocentricity Index와 Sumr에 반영되어 있는데 r이 없이 Egocentricity Index가 적정 수준을 유지할 경우를 말하는 것이다. 하지만 자신의 존재에 대해 과도하게 긍정적으로 고양감을 갖고 있다면 주위 대상들을 고려하고 타인의 입장을 생각할 여유는 부족하게 된다. r이 출현하는 평균 빈도는 0이며, 1 이상이 나타날 경우 과도한 자기존재감에 대한 몰두로 볼 수 있다. 이와 함께 (2)가 함께 상승한 상황이라면 자신에 대한 몰두가 자신이 자신을 인식하는 모습과 같이 그들 또한 자신을 그렇게 봐 주기를 요구하는 등의 모습으로 나타날 가능성이 높아진다. 하지만 r이 0인 조건에서 (2)의 과도한 상승은 스스로에게 과도한 긍정적 인식이 있다는 것은 아니고 모순적으로 타인들의 존재에 대해 신경을 많이 쓰고 있으면서 빈약한 자존감을 메우기 위해 자신의 긍정적 이미지를 갖추고자 하는 보상적 태도를 갖고 있다는 것을 의미한다. 대부분의 사람은 대인관계 내에서 기본적인 자존감을 유지하고 있기 때문에 적절한 수준에서 자신을 좋게 바라볼 수 있고 현실적으로 부족한 부분에 대해서는 스스로 인정할 수도 있지만 자신을 좋게 바라봐 주길 기대하는 마음이 과하면 스스로 부족하다고 생각하는 자신의 부분을 만회하기 위한 부가적인 에너지를 더 투여하게 된다. r이 나타났을 경우에는 해당 반응내용 그리고 주제심상의 대상 및 질, 특수점수의 양상 등을 고려해서 해석해야 한다.

자신에 대한 적절한 관심과 몰두는 자신답게 살아 갈 수 있는 기본적이고 안정된 자존감을 유지할 수 있게 하며 이와 함께 그러한 관심과 몰두의 질이 긍정적일 경우에는 부정적인 감정을 없애기 위한 부가적인 노력이 필요하지 않을 것이다. 하지만 적절하지 못한 자기몰두와 함께 자신을 부정적으로 인식하려는 경향이 있다면 매사 자신에 대해 비관적인 태도로 인해 자신에 대한 부적절감을 갖게 될 것이고 이를 만회하기 위해 더욱더 과도하게 타인으로부터 괜찮은 사람으로 인식되고자 하는 신경증적 노력에 심취할 가능성이 높아질 것이다. 부적합하거나 부정적으로 자신을 바라보려는 태도는 V와 MOR에 반영되어 있으며, 이들의 빈도가 높아질 경우 자신에 대한 사고방식과 감정적 태도는 항상 불쾌한 경험들로 느껴질 것이다. V는 굳이 고려하지 않아도 될 자신의 부정적 특징에 주의가 가게 되고 꼬리에 꼬리를 물어 결국 자기비하로 연결되는 감정 처리 양상을 의미하고 있다. MOR 역시 굳이 그렇게 생각할 필요가 없지만 괜찮은 자신의 모습 및 상황에서도 결과적으로 항상 부정적인 모습으로 귀착되는 사고방식을 의미하고 있다. V의 해석적 가정을 설정할 때 항상 최근 상황에서 실패 경험 또는 자신의 무능력을 직면하게 된 경험 여부를 검토해야 하며 일시적인 자기반성 및 성찰로 인한 무력감인지 아니면 안정적인 자기상에 대한 부정적 정서성인지를 구분해야 한다. 그리고 MOR은 이탈 기준에서 4개 이상을 의미 있게 보고 있지만 단 한 개의 반응이라도 운동 반응과 FQ− 그리고 인간 관련 반응내용과 부정적인 특수점수와의 조합을 검토할 경우 부정적 자기상에 대한 유의한 가설을 설정할 수도 있다. 다음으로 FD는 실재하는 자극들인 현실적 근거를 바탕으로 통합적인 관점을 갖고 있음을 의미하는데 자신의 삶의 장면에서 경험하는 자극들이 주어진 맥락 내에서 어떠한 의미가 있는지를 탐색하고자하는 인지적 시도라고 볼 수 있다. 이러한 사람들은 자신과 관련된 사건마다 자신이 어떻게 영향을 받게 되고 어떠한 영향을 미치고 있는가를 검토하려고 하기 때문에 순간의 경험에 충동적으로 몰두되고 빠져들지 않을 수 있으며, 자신의 경험과 함께 주위 대상들이 경험하고 있을 것이라 예상되는 부분까지 함께 고려하고자 할 것이다. 하지만 삶의 대부분의 장면에서는 굳이 매 순간을 돌이켜보면서 세심한 관계를 맺지 않아도 되며 어떤 경우에는 그러한 접근으로 인해 타인에게 진정성을 의심받게 되기도 하는 등 적응에 방해 요인으로 작용할 수 있다. 적응을 위해서는 자신과 자신이 경험하는 순간에 휩쓸리지 않을 정도의 경계를 가져야 하며 편안함을 해칠 정도로 자신과 자신의 경험의 경계를 너무 과도하게 하려는 태도는 없어야 할 것이다. 자신에 대한 견해 차원의 마지막 항목으로 안정적 정체감은 인간 발달 과정의 맥락에서 이해해야 할 부분이다. 누구나 자신의 정체감을 갖기 위해서는 자신을 돌이켜볼 만한 삶의 이력들을 통합할 수 있어야 한다. 기본적으로 정체감을 가질 수 있는 충분한 경험의 양이 필요하며 이후 경험된 내용들이 자기의 것으로 수렴되었을 때 안정적인 정체감을 가질 수 있는 것이다. 어린 아동들은 자신을 돌이켜볼 만한 삶의 경험이 절대적으로 부족하기 때문에 자신의 정체감을 형성시키는 것도 어려우며 얼마 되지 않은 경험들을 바탕으로 자기감을 형성했다 하더라도 새로운 자극들을 지속적으로 경험할 것이기 때문에 쉽게 변해 가게 된다. 하지만 자기에 대한 이해는 적응을 위해 필연적으로 진행되는 발달적 과정이기 때문에 다른 사람들과의 관계로부터 자기를 반영받을 만한 경험이 이루어져야 하며, 그러한 경험을 추구하고자 하는 동인이 있어야 한다. 정체감이라는 것은 타인과의 관계를 통해 그 재료들이 마련되는 것이며 이는 인간에 대한 흥미 정도를 반영하는 H를 통해 추정하게 된다. 아동이건 성인이건 H가 2개 이상이 될 경우 기본적으로 온전한 인간 대상과의 관계 경험이 있어 왔다고 보며 부분적이거나 가상적인 인간상에 대한 관심이 보다 많을 경우 실재하는 대상들과의 관계 경험보다 자신이 의미를 부여한 특별한 대상이나 두드러지는 속성에 한정된 부분적 인간상에 보다 더 많은 관심과 관계 경험이 있었을 것으로 추정하는 것이다. 아동 및 청소년 시기에서는 발표를 잘하는 친구를 반장으로 추천하게 된다거나 낙서를 잘 하는 친구를 보고 화가가 될 수 있을 것이라고 하는 등, 구체적(concrete)이고 두드러진 대상의 특징을 보고 상대의 전체적인 상으로 확장하여 지각하게 되는 것이다. 또는 위인전을 보면서 주인공의 삶을 이상향으로 설정하고 그러한 상과 유사하다 생각되는 주위 대상에게 몰입하게 되거나 믿어 의심치 않는 신뢰를 갖게 되기도 한다. 이는 실제적 대상과의 관계의 양이 부족하기 때문에 자연스러운 현상이라 인정될 수 있다. 우리나라 문화에서 청소년기까지의 생활에서는 가족, 가끔 만나는 특정한 친척, 학교에서의 친구 그리고 선생님 정도에 머무는 경우가 일반적이기 때문이다. 하지만 성인이 되면 대학생활이 시작되고 다양한 고유성을 가진 인간들과의 관계가 가능해지면서 관계 경험의 엄청난 양적 확장이 일어난다. 이 경우 다양성을 편하게 받아들이고 자신의 모습과 다른 사람들의 모습을 비교해 가며 자신만의 고유성을 다져 갈 수 있어야 안정적인 자신의 정체성을 갖출 수 있다. 그렇기 때문에 성인의 경우 H의 수가 적고 다른 인간 관련 내용 반응들이 보다 많을 경우에는 대인관계 경험으로부터 자신의 고유성을 현실적으로 검증하는 과정이 부족했을 수도 있고 실재하는 대상과의 관계보다 어떤 이유에선지는 모르지만 자신이 안전하게 또는 편안하게 느끼는 특별한 모습을 가진 대상을 추구하며 살아왔을 수도 있다. H의 빈도가 높다 하더라도 예외의 경우는 H와 조합된 FQ에서 '−'가 대부분이라면 이는 안정적인 정체감 또는 실제 대상과의 관계가 적절히 이루어지고 있다고 보기에는 어려울 것이다.

마지막으로 대인관계 차원은 항상 자기지각의 양상과 함께 고려해야 하며 자기에 대한 관점이 대인관계 양상에 영향을 미치고 있고 대인관계의 양상은 자신을 바라보는 관점을 공고히 하게 만들기도 한다는 것을 염두에 둬야 한다. 생애 초기에 주요 대상들과 일관적이고 온전한 관계 경험이 이루어졌다면 그 관계로부터 타인들과 다른 자신만의 고유한 상을 형성할 수 있다. 이후 자신의 안정적인 정체감으로부터 새롭게 만나게 되는 여러 주위 사람과의 관계를 편안하고 독립적으로 형성·유지해 나갈 수 있다. 이러한 다양한 대상과 관계를 맺고자 하는 태도는 자연스럽게 나타나게 되며 이는 H의 빈도를 높이게 된다. 아동보다 성인의 경우 상대적으로 다양한 사람과의 관계 경험이 많기 때문에 관계로부터 자신의 모습을 돌이켜볼 기회가 많으며 결국 타인들과의 관계를 맺는 것에 대해 자연스럽게 관여하게 된다. H의 빈도가 6개 이상이 될 경우 다른 사람들과 관계하는 경험에 대해 기본적인 흥미가 유지되고 있음을 지적하는 것이다. H의 절대적인 빈도와 함께 가상적이고 부분적인 인간상에 대한 반응의 증가는 인간관계에 대한 몰두가 있음을 의미하긴 하지만 관계하는 대상의 단편적인 특성에 이끌려 관계 형성이 섣부르거나 분별력이 떨어진 양상으로 이루어질 가능성이 높아진다. 이들은 쉽고 빠르게 관계를 형성하거나 회피하는 모습을 보일 수도 있으며 관계 형성이 된 후에서도 합리적인 근거 없이 쉽고 빠르게 관계가 해체되거나 단절이 일어날 가능성이 높을 것이다. 또한 대인관계를 맺고자 하는 자신의 욕구가 무의미한 것이라고 이른 시기에 자각하게 될 경우 기본적인 대인관계를 맺는 것 자체를 불안한 것으로 경험하게 되며, 인간 대상과 관계하는 삶의 영역 자체를 회피하는 결과를 낳을 수도 있다. 이는 Isolation Index에 반영되며, 실제 삶 속에서 관계해야 하는 적응 요구를 외면하고 오롯이 개인적인 삶의 영역으로 퇴행 및 철수하고자 하는 의도된 인간들과의 삶의 장면으로부터의 고립을 '선택'하였을 수도 있다. 누구나 자신만의 시간과 공간을 갖고자 하는 안식과 휴식의 욕구를 가지고 있을 수는 있다. 하지만 이러한 경향이 경직되고 만연해 버리면 반응적인 고립의 양상에서 스스로 당연하고 편안한 것으로 인식되어 버리는 만성적인 삶의 방식으로 자리 잡기도 한다. 이러한 특징은 Isolation Index가 .25 이상 빈도로 나타날 시 적응을 위해 요구되는 인간과의 관계를 불편해하고 자신만의 영역으로 회귀하려는 태도를 반영하게 된다. 특별한 상황인 경우가 있는데 IsoL Index에 포함된 내용들이 특정 카드, 특정 결정인, 특정 반응내용과 함께 조합되었을 때다. 이 경우 실제 삶에서 전반적으로 인간관계 장면을 회피하는 것이 아닌 조합된 변인들이 가진 속성이 자극되었을 경우에 한해 특히 관계의 철수 및 불편감이 나타날 수 있을 수 있다는 것이다.

관계 형성에 대한 흥미와 관여, 편안함과 더불어 대인관계를 맺을 시 현실적이고 합리적이며 분명한 방식의 접근은 건강한 관계 형성에 필수적인 능력이라 볼 수 있다. 이는 GHR과 PHR을 통해 검토하게 되는데 PHR의 절대적 비율과 GHR과의 상대적 비율을 검토하여야 한다. GHR의 충분한 빈도와 함께 PHR보다 높은 빈도를 보인다면 병리적 관계를 시사할 근거는 없다고 보며, 반대의 경우에는 관계 형성 과정에서 임의적이고 현실적이지 못한 자신의 주관적이고 편향적인 기준을 바탕으로 관계를 맺고 있을 가능성이 높다. 대부분 사람들은 특정 인물에 대해 호감을 가질 만한 면면을 보지 못하겠지만 이들은 그 인물의 지엽적인 특성에 호감을 느낄 수도 있을 것이다. 비유를 하자면, 공부를 많이 한 사람이 좋다거나 결손가정이 아닌 사람을 원한다거나 등의 고상한 자신의 이상향의 기준을 만족시키면 다른 것은 크게 고려하지 않는 관계 방식과 유사하다. 하지만 이들의 기준은 이상의 예보다 더 일반적이지도, 현실적으로 그 근거에 대해 이해되지도 않을 수 있으며 적응의 관점에서 분별력이 떨어진 방식으로 대인관계를 형성하고 있을 수 있다. 혹여 이들의 개인적이고 지엽적인 기준에 의해 관계가 형성된다 하더라도 상대의 온전한 면면을 통합하여 상대를 이해하고 수용하기보다 비의식적으로 자신의 기준에 적합한 모습이 유지되도록 강요 및 조종을 할 수도 있으며 만약 변화가 (건강한 변화인데도 불구하고) 생길 시 관계 유지에 불만을 갖게 되며 결국 관계의 단절이 일어날 가능성이 높아진다.

다음으로, 대인관계에서 흥미나 편안함을 느끼지 못하거나 또는 느끼려 하지 않은 태도를 갖고 있다면 대인관계를 맺고자 하는 욕구 자체를 개인이 어떻게 다루는가를 알아보는 것이 도움이 된다. 누군가와 함께하고 친밀한 관계를 갖고 사랑과 돌봄 그리고 관심받고자 하는 욕구는 인간으로서 가지고 있는 기본적 욕구이며, 기본적인 욕구가 아니라 하더라도 이러한 욕구는 인간 존재들과 함께하는 삶의 영역에서 적응하는 데에 필요한 욕구라 할 수 있다. 그런데 인간과의 관계에서 친밀함을 추구하고자 하는 욕구가 없거나 부족하다는 것은 어떤 경우에서건 적응하는 데에 장해가 되며, 그럼에도 불구하고 누군가는 이러한 자신의 욕구를 무시하고 체념하고 없다손 쳐 버리는 방식으로 욕구를 처리하기도 한다. 만약 관계에서 친밀한 욕구를 비워 버리는 것으로 결정되었다면 T의 빈도는 0으로 나타날 것으로 기대되며, 이는 원하더라도 채워질 것이 아니라는 것을 너무나 잘 알고 있다고 생각하기 때문에 애초에 그 욕구를 포기 또는 체념한 것으로 볼 수 있다. 하지만 엄격한 편차 기준으로 T가 3개 이상의 빈도를 보일 경우 채워지지 못한 관계에서의 친밀함 욕구가 상당한 수준으로 확장되어 있음을 반영다. 이는 현재 삶에서 친밀함을 채워 줄 수 있던 대상과의 관계 양상 및 상실 경험 여부에 따라 만성적인 특성인지 상황에 따른 반응적인 특성인지를 구분하기도 한다. 어떤 경우에서건 이들의 불충분한 친밀한 관계의 결핍감은 부정적인 감정 상태의 핵심으로 작용할 수 있다. 그뿐만 아니라 관계 내에서 친밀함이 채워지지 못함에서 비롯된 문제들은 이차적으로 사고 기능의 활성화를 통해 과도하게 방어할 수도 있고 적응에 문제를 발생시킬 정도로 인간관계에 집착하거나 몰두하는 모습으로 나타날 수도 있다. 모순적으로 욕구가 강한 만큼 대인관계를 위협적으로 경험하게 되어 자신을 보호하려는 경직된 노력을 하기도 한다. 이러한 모순적인 모습들은 이들의 친밀함에 대한 욕구는 상당하지만 그들 자신의 바람이 실제 관계로부터 채워지지 못할 경우에 직면하게 될 슬픔 및 두려움이 강해서 이를 겪지 않고자 그 욕구를 등한시하고 체념하였다 하더라도 인간관계 내에서 이루어지는 친밀함에 대해 비의식적으로 예민해져 있기 때문인 것으로 예상해 볼 수 있다. 이러한 관계상 문제들은 HVI에 반영되어 있으며 경험 자극들을 인지적·정서적 방식으로 적절히 처리해 낼 수 없거나 대인관계에서의 편안함이나 안정적인 관계 형성 및 유지가 불가능한 정도에 달할 때 HVI에서 유의한 신호가 나타난다.

자연스럽고 편안한 태도로 인간 대상과 관계를 맺길 원하고 이에 적당하고 적절한 방식으로 관계 형성 및 유지가 가능하다면 실제 대인관계 장면에서 합목적적이고 생산적인 상호작용을 할 가능성은 높아질 것이다. 누군가와 함께 공동 목표를 공유하고 문제를 해결하기 위해 서로의 힘을 모으게 된다면 당면한 관계상 문제들을 보다 쉽게 해결 할 수도 있다. 이러한 측면은 COP에 반영되어 있다. 직장 동료나 친구들과 함께 동일한 목적을 위해 힘을 모을 수 있기 위해서는 우선 그들에게 긍정적이고 호의적인 태도로 접근할 수 있는 기술이 필요할 것이다. COP가 높은 빈도는 이러한 호의적인 사회적 관계 형성의 기술을 의미하기도 하며 상대하는 타인들과 동일한 목적을 위해 의도를 맞춰갈 수 있는 개방적 관념을 가진 사람들로 볼 수 있다. 하지만 아무리 타인들과 함께 공동 목표를 협의하고 협동적인 문제 해결 수행을 한다 할지라도 자신의 관념을 일방적으로 과하게 표현하고 자신의 관점을 강요하게 된다면 상호작용의 질은 떨어진다. 만약 COP와 함께 높은 AG의 절대적으로 높은 빈도 또는 이 둘의 조합이 많은 경우라면 이는 건강하고 효율적인 상호작용이라기보다 일방적이고 독단적인 방식으로 상대를 강요하거나 자신의 의도만을 고집하려는 경향이 나타날 수도 있다. 단, AG가 채점된 반응의 주제심상 및 생활사적 정보 등을 검토하면서 현실적인 주장성인지, 독단적인 관점의 강요인지, 실제 공격적 행동의 발현을 시사하는지, 건전한 리더십인지를 살펴보아야 한다. 또한 상호작용의 양상은 a와 p의 비율을 참고할 수 있는데, 실제적인 관념형성의 방향성 정보를 담고 있는 것으로 대인관계 장면에서는 자신의 사고방향성 및 자신의 의도를 타인에게 확신시킬 수 있어야 주위 사람들의 관점 및 상황에 휩쓸리지 않고 적극적인 상호작용이 이루어질 수 있기 때문이다. 이는 a가 p보다 많을 경우에 해당한다. p의 빈도가 더 많을 경우에는 자신의 의견과 생각들을 자연스럽게 표현하는 것이 어렵기 때문에 자신의 의도와는 다르게 주위 사람들에게 원치 않게 이끌려 가게 되거나 표현되지 못한 사고 내용들이 내적 관념체계에 누적되어 상호작용 과정에서 불만족감을 경험하게 될 가능성은 높아진다.

마지막으로 대인관계의 형성 및 유지는 기본적으로 자신의 경험이 구조화된 사고 내용을 주고받는 의사소통으로 이루어진다. 만약 자신이 형성한 사고 발생의 근거가 너무 임의적이고 주관적인 것이라면 이들의 사고를 듣게 되는 상대는 이들이 전달하고자 하는 의도를 자연스럽고 손쉽게 알아차리기 어렵게 되며 또한 현실적으로 소통하고자 하는 주위 사람들의 의도 또한 자신의 임의적인 정보를 활용하여 오해하여 받아들일 가능성이 높다. 이러한 측면은 의식적인 사고 노력이 현실에 존재하는 일반적 근거가 아닌 지엽적이고 임의적인 근거를 통해 이루어지고 있음을 의미하는 것이다. 이는 M_- 또는 M_n에 반영된다.

적절한 자존감 Egocentric Index / Sum r					흥미, 관여, 편안함 SumH / H : Hd + (H) + (Hd) ISOL / GHR : PHR	
자기관여	V / MOR				친밀성과 안전	SumT / HVI
자기의식	FD		외부현실		협력−경쟁	COP / AG / a:p
안정적 정체감 H:(H)+Hd+(Hd)	H + FQ−	R / L / Zd X−%, XA%, WDA% / Xu%, Eco Index, P			대인관계적 공감	$M_{-(n)}$
Level 1 / Level 2 = WSum6		M		WSumC	SumC′ : WsumC	
DV					AFr	
INC	a : p	EA	EB	D	Card VIII IX X + DQ+ Card VIII IX X + FQ−	
DR	M^a : M^p		EBPer			
FAB	EBPer				Col−Shd Blends / Sum Shd	
CON	FM + m	es	eb	Adj D	C′ / T / V / Y	
ALOG	INTELL Index	Adj es			S + Dd / FQ−/Card VIII IX X	
M_	Art / Ay / AB	FM	C′ / T / V		EBPer / FC : CF + C / CP	
		m	Y			

[그림 7−8] 인간행동에 대한 6차원 적응모형 구조

8) 특수지표

　인간행동에 관한 6차원 적응 모형은 개별적인 구조들이 아니라 서로 유기적인 관련을 맺으며 각 차원의 관계 양상을 검토하면서 개인의 적응에 대해 고유한 원인론적 설명을 제공하고 총체적인 적응 양상을 설명, 이해할 수 있다. 특히 발현된 개인의 적응행동의 최종적인 부적응의 신호는 특수지표들을 통해 확인할 수 있고 각 특수지표는 해당 지표가 저마다의 부적응 영역을 반영하고 있다. 구체적인 영역을 알아보기 전에 특수지표를 어떻게 이해하고 활용해야 할지에 대해 분명히 이해해야만 한다. 번역된 용어인 '특수지표'는 자동적으로 특수한 영역을 알 수 있는 지표로 받아들여지지만 특수지표가 어떤 의도로 번역된 것인지에 대해서 Constellation의 의미를 먼저 이해하는 것이 도움이 된다. Constellation은 별자리(星座)라는 뜻으로 임의적이고 개별적인 각 별의 구성 양태를 의미한다. 밤하늘의 별들은 각각 자신의 위치에서 독립적으로 존재할 뿐이지만 몇 개에서 십수 개의 별들을 함께 묶어 '별자리'라는 특별한 의미를 부여해 놓은 것이다. 특수지표들은 이러한 별자리를 지정한 것처럼 각각의 적응 차원에서 유독 반짝이는 개별 변인들을 모아 놓아 그 별들이 유의하게 빛을 발할 때 특별한 의미가 있는 별자리로 나타나는 것이라 본다. 북두칠성을 이루는 별들 중 몇몇 별들이 존재하지 않는다면 실제 북두칠성이 아니며 그 어떠한 별자리라 칭하기도 어려운 것이다. 그렇듯 특수지표들에서 의미 있는 지표가 되기 위해서는 필수적으로 반짝여야 하는 조건들이 존재한다. 별자리와 마찬가지로 각 특수지표는 수 개에서 십수 개의 변인을 포함하고 있으며 이 변인 중 특수한 의미를 부여받기 위해서는 적어도 몇 개 이상이 의미 있는 반짝임을 보여야 하는 것이다. 하지만 날씨가 흐려 밤하늘이 흐려졌거나 하필 우연히도 구름이 해당 별자리를 스쳐 지나가 제대로 보이지 않는다거나 다른 별들의 군락을 북두칠성으로 오해하게 될 수도 있다. 그렇기 때문에 특수지표의 명확한 양상을 파악하여 판단해야 하면서도 명확하지 않을 경우 어떠한 환경적 영향이 존재하는지를 면밀히 검토하는 것 또한 필요하다. 특수지표에는 S-CON, PTI, DEPI, CDI, HVI, OBS 총 여섯 가지가 있다.

　이 중 여섯 가지 적응 차원의 부적응을 광범위하게 지적하는 변인들을 고루 담고 있는 지표는 S-CON(Suicide potential-Constellation)이다. 총 12개의 조건 중에서 8개의 조건을 만족시킬 시 의미 있는 지표가 될 수 있다. 자기지각 및 대인관계, 감정 조절, 현실적 지각, 관습적 지각, 스트레스 관리의 부적응을 직접적으로 고려하게 된다. 자신에 대해 과도하게 몰두하거나 부정적으로 인식하려는 태도는 V와 FD, MOR,

Egocentricity index에서 대인관계는 Pure H, 과도한 감정 경험과 표현 그리고 혼란스럽고 부정적인 감정 경험은 Col-Shd blends, C+CF:FC, S에서 과도한 정보 처리 노력은 Zd, 스트레스 관리는 es:EA, 당면한 현실에 충분한 접촉 시도는 R, 현실적 지각은 X+%, 관습적 지각은 P에서 점검하게 된다. 결국 다양한 적응 차원에서의 광범위한 문제가 시사될 경우 S-CON이 의미 있는 지표가 될 것이며 이러한 특징은 자살과 관련된 신호와 유사하기 때문에 자살 위험에 대한 면밀한 검토가 이루어져야 할 것이다. PTI(perceptual-Thinking Index)는 사고와 지각의 부적응을 직접적으로 측정하는 대표적인 다섯 가지 변인으로 구성되어 있으며 4개 이상의 조건에 해당할 경우 사고와 지각의 문제가 존재하고 있음을 지적한다. XA%, WDA%, X-%, 수준2에 해당하는 특수점수, 반응 수를 고려한 WSum6, M-와 X-%이며 이들은 현실적 지각의 문제와 함께 사고 내용, 과정, 양태의 부적응을 광범위하게 점검할 수 있는 변인들이라 할 수 있다. DEPI(Depression Index)는 우울증을 시사하는 변인들의 조합이며 S-CON과 동일한 변인을 포함하면서 대인관계 및 관념 기능의 부적응을 추가적으로 고려하고 있는 지표다. V와 FD, r을 고려한 Egocentricity index로 자신에 대한 부정적인 태도를 점검하고 Col-Shd blends와 S 그리고 Afr과 Blends, FM+m 대비 SumShd으로 감정 조절의 어려움을, 그리고 MOR과 INTELL Index로 자신에 대한 부정적 사고 양상과 주지화 경향을, 마지막으로 COP와 ISOL Index를 통해 대인관계상의 어려움을 점검하고 있다. 이상 7개의 항목 중 5개 이상에 해당할 시 우울지표 별자리가 형성된다. CDI(Coping Deficit Index)는 총 5개의 항목을 갖고 있으며 스트레스 관리 차원에 EA와 Adj D, 감정 조절에서 WSumC와 Afr, 그리고 대인관계에서 COP와 AG, a:p와 pure H, T와 ISOL Index, Fd를 포함한다. 총 4개의 유의미 기준점 중 3개가 대인관계와 관련되어 있기 때문에 CDI의 의미가 나타날 시 이들의 대인관계상 적응 능력의 부재 여부를 검토해 볼 수 있으며, 그리고 상황적 스트레스의 양이 문제인지 적응자원의 문제인지 아니면 감정 조절 능력의 부족 또는 정서적 상황에 대한 부담감이 문제인지를 살펴볼 수 있을 것이다. HVI (Hypervigilance Index)는 두 단계에 걸쳐 유의성을 검증하게 되며 필수적 기준은 T 반응이 없을 경우에 한해 결정하게 된다. T는 인간으로서 기본적으로 친밀한 관계를 원하는 동기를 의미하기 때문에 T가 없다는 것은 그러한 욕구를 내적으로 체념하고 외면하고 있음을 가정하는 것이다. 이후 발생하는 다양한 관계상의 문제는 사고 또는 감정을 통해 과도하거나 부적절하게 드러나게 되는 것으로 볼 수 있다. 사고 및 인지적 문제는 Zf, Zd로, 조절되지 않은 방식의 감정 표출 또는 표출 의도는 S로 검증하고, 인간 관련 반응내용들의 양적 및 질적 측면을 고려하여 대인관계의 불편함 그리고 분별력이 저하된 방식의 관계 형성 및 유지 양상을 검증하게 된다. 추가적으로 Cg를 통해 대인관계 장면에서의 방어적 태도를 검증하게 되는데 만약 HVI가 4점으로 유의미 수준에 해당하면서 Cg가 포함되어 있을 경우 Cg가 나타난 프로토콜 내에서 주제심상을 고려하여 HVI의 의미를 구체적으로 점검할 수 있을 것이다. 앞서 HVI의 유의미 기준을 넘어선 경우에도 인간 관련 내용 반응에서는 단 하나도 해당하지 않으면서 인지 및 감정 조절의 문제에 해당하는 항목 3개와 함께 Cg가 해당할 경우에는 대인관계적 측면에서의 경계 태도로 해석하기에 앞서 수검자의 생활사적 정보를 고려한 추가 검토가 필요할 것이다. OBS(Obsessive Style Index)는 의도치 않고 통제되지 않은 관념 기능의 작동과 과도하게 일반적 속성에 집착하려는 사고기능을 점검하며 총 5개의 항목을 포함한다. 기본적으로 세부적인 영역에 대한 몰두 및 과도한 조직화 시도 및 두드러지는 현상에 대한 신경증적인 집착을 반영하는 Dd, Zf, Zd, P의 높은 빈도와 충분히 인정되는 수준을 넘어선 세부적인 경험에 대한 완벽성을 추구한 인지적 노력을 반영하는 FQ+ 또는 이와 조합된 X+%에 따라 기준점을 두고 있다. 이상의 기준 중 발달 과정상 양해되는 정도를 고려하여 연령 교정이 필요한 변인들이 존재하는데 이는 Afr과 WSum6 그리고 Egocentricity index다. 나머지 변인들은 특수점수의 유의한 변인들로 인정되기 위해 각각의 적응 6차원에서 언급한 이탈 점수보다 엄격한 기준을 넘어서야 한다. 각 특수지표의 유의미 기준점에 미달될 시에는 특별한 해석적 의미를 부여하는 것은 상당히 조심해야 하며 특수지표마다 유의미 기준점에서 한 항목가량이 미달될 시에는 해당하지 않은 기타 변인의 빈도 차원에서 일차적인 검토를 한 후 전반적인 변화 가능성을 예상해 보는 것이 도움이 된다.

지금까지의 인간행동에 관한 6차원 적응 모형을 기초로 새롭게 구성한 구조적 요약 방식을 제시하였다. 이상에서 제시한 모형 구조는 저자가 엑셀을 활용하여 구조적 요약이 가능하도록 구현해 놓았으며 본 구조적 요약 방식(Rorschach Structural Summary-6Dimension; RSS-6D)은 인간행동에 관한 6차원 적응모형을 한눈에 확인이 가능하도록 한 것이다. RSS-6D에서 기본적인 구조변인들과 함께 계열 분석에 필요한 몇몇 구조변인 정보들을 함께 검토할 수 있도록 제시하였다. 현재 본 계산 프로그램은 지속적으로 업데이트를 해 나가고 있으며 RIM을 통해 심리평가 수행을 하는 전문가들과 학습 과정에 있는 수련생들에게 무상 제공하고 있다.

Egocentric Index / Sum r		외부현실		SumH / H : Hd + (H) + (Hd) ISOL / GHR : PHR	
V / MOR	FD	R / L / Zd		SumT / HVI	SumT / HVI
H : (H)+Hd+(Hd)	H + FQ−	X−%, XA%, WDA% / Xu%, Eco Index, P		COP / AG / a:p	M−(n)
Level 1 / Level 2 = WSum6		M	WSumC	SumC´ : WsumC	
DV	a : p	EA	EB	Afr	
INC	Ma : Mp		EBPer	D	Card VIII IX X + DQ+ Card VIII IX X + FQ−
DR	EBPer	es	eb	Adj D	Col-Shd Blends / Sum Shd
FAB	FM + m	Adj es			C´ / T / V / Y
CONT	INTELL Index	FM	C´ / T / V		S + Dd / FQ−/Card VIII IX X
ALOG		m	Y	EBPer / FC : CF + C / CP	
M_	Art / Ay / AB				

S−CON	PTI	DEPI	CDI	HVI	OBS

[그림 7−9] 인간행동에 대한 적응 모형 6차원 적응구조에서 특수지표들의 확장

2. 평가 단계

지금까지 인간행동에 관한 6차원 적응모형에 따라 차원별 해석적 가설들을 살펴보았다. 이러한 해석적 정보들을 가지고 해당 내담자가 당면한 실생활에서 적응 방식과 관련된 맥락 정보와 통합하여 실제 그들에 대한 개별적인 평가를 해야 한다. 앞선 장에서 인간행동에 영향을 미친 요인들은 자신의 것과 주위환경의 상호작용의 결과물이라고 하였다. RIM으로 얻어진 결과들은 수검자가 직접 반응한 정보들로 자신의 것이라고 한다면 주위환경에 대한 정보로서 면담과 행동관찰을 통해 얻어진 맥락 정보를 함께 고려하여 통합적으로 평가하게 된다. 측정된 검사 자료들은 그에 상응하는 읽기정보를 담고 있으며 이러한 정보들은 적응의 관점에서 가치평가를 하고 다양한 설명 틀을 활용하여 이해해야 한다. 하지만 최종적으로 설명되고 이해한 내용들은 다분히 이론적 틀 내에서 온전한 설명력을 갖고 있는 것이며 평가자와 대면하고 있는, 실제 살아가고 있는 내담자를 설명할 경우 적합하지 못할 가능성은 항상 존재한다. 그렇기 때문에 얻어진 정보들이 실제 수검자가 처한 상황들로부터 어떠한 영향을 주고받고 있는가를 설명해야 하며 이것이 궁극적인 평가 수행이라 할 수 있다.

예를 들어, R이 12개인 결과에서 읽기정보는 적은 반응 수를 의미하며 자신과 맞닿아 있는 자극들을 경험하고 그러한 자극들과의 접촉 양이 적다는 것으로 읽게 된다. 이

는 다양한 해석적 가설을 설정할 수가 있는데 과도한 자극들로부터 압도적인 스트레스를 경험하여 적응 요구에 대해 철수된 태도, 검사자와의 충분치 못한 유대감으로 인한 태도, 자신이 까발려지는 것에 대한 방어적 태도, 모든 것이 귀찮은 상태에서 적응의 무가치감 및 우울감으로 인한 정신운동성의 저하 등등을 고려해 볼 수 있다. 여기까지 가능성 높은 해석적 가설이 설정되었다면 실제 내담자가 실제 삶에서 어떠한 장면에 처해 있는가 또는 검사 당시 어떠한 태도로 임하였는가 등의 환경적 정보들을 고려하여 앞서의 가설 중 하나 또는 그 이상의 가장 적합한 것에 집중하여 평가를 할 수 있다. 또 다른 예로, D가 +1, Adj D가 +2일 경우 읽기정보는 경험된 스트레스 및 적응요구를 충분히 해결해 낼 수 있는 안정적인 수행 능력이 발휘되고 있음을 의미하며, 이에 따른 해석적 가설은 일상적이고 전형적인 수준의 스트레스 및 적응 요구를 적절히 해결할 수 있는 능력의 보유, 압도적인 스트레스 상황에서도 고군분투하여 해결해 내고자 하는 높은 수준의 노력, 스트레스 경험을 차단하는 것으로 안정감을 유지하고자 하는 시도 등으로 다양하게 세워 볼 수 있다. 이와 더불어 수검자는 객관적 또는 주관적인 보고를 통해 심각한 수준의 스트레스 상황인데도 D와 Adj D가 '+'의 값을 보이는 불일치 양상을 보일 수 있다. 이에 검사 결과와 실제 수검자가 당면한 상황 및 자기보고의 불일치의 원인을 탐색하여 새로운 가설을 탐색하는 과정을 거쳐야 한다. 정리하면 결국 평가 단계는 새로운 무엇인가를 창조하는 단계가 아니라 기존 얻어진 해석적 가설 중 가장 적합한 것과 그렇지 않은 것을 가려 내고 해석적 가설과 생활사적 정보의 불일치에 대한 가능한 이유를 탐색해 나가는 과정이라 할 수 있다. 지금부터 실제 사례를 통해 평가 단계의 수행을 살펴볼 것이다.

1) 사례 5: 18세 고등학교 3학년생 A 씨(남)

(1) 맥락 정보

- 1남 2녀 중 막내. 늦둥이.
- 고3 수험생.
- 아버지 직업은 경찰. 어머니 직업은 식당 점원.
- 사람들과의 관계에서 의미 없이 습관적으로 웃게 된다고 함.
- 지금 가장 원하는 것은 빨리 대학에 가서 마음 놓고 술을 마시는 것이라고 함.
- 부모님께는 학교에서 자율학습을 하도록 요구받았으나 독서실에서 혼자 공부한다고 함.

- 어머니는 아버지에게 신경증적으로 눈치를 보고 모든 면에서 아버지에게 맞춤.
- 부모님 모두 집에서 거의 매일 거실에서 각각 자리를 잡고 소통 없이 개별적으로 음주.
- 가정에서는 부모님이 각각 A 씨를 대할 때만 유일하게 웃는 모습을 보인다고 함.
- A 씨는 소소한 일상이든 진로 등 인생에 대해서 이야기를 나눌 대상이 없음.
- 사람들이 요청하는 것을 불편감 없이 웬만하면 다 들어준다고 함.
- 마땅히 생각하지 않은 주위의 요구가 있을 때 요구를 들어주고서 나중에 누나에게 그 상황에 대해 불평하는 일이 많다고 함.
- 친구 및 가족 관계에서 누구도 자신의 개인적 고민 등의 중요한 주제에 대해 언급하는 경우는 없다고 함.
- 부모님의 이혼 위기 상황이며 이에 대해 가족 간에 직접적으로 언급하거나 갈등이 공론화되지는 않고 아버지는 어머니를 일관적으로 무시하면서 수동적으로 통제하고 있고 A 씨에 대해서는 과도한 관심과 통제를 하고 있는 상황임. 예를 들어, 학원 등록 여부나 학교 자율학습의 강요, 등하교 시간 점검 등.

[자료 7-1] A 씨의 반응기록지

Cd	R	R.T.	Po	Response	Inquiry
I	①	1		나방? WSo Fo A 3.5	(나방이라고 했구나?) 전체적인 모습이 나방 같아서…… 양쪽에 날개랑. 몸통 쪽에 문양 같은 게 있어서…… (문양 같은 게 있어서?) 흰색으로 네 개. 세로로 되어 있는 거. 하하.
	채점 tip			'흰색으로 네 개'에서 C′ 채점을 고려하겠지만 흰색이 문양으로 보이게 된 속성이 아닌 검사자에게 문양에 해당하는 부분을 가리키는 의도로 흰색 부분을 직시한 것이다.	
	행동변인			조심스럽게 카드를 건네받음. 빠른 초발 반응. 살짝 당혹스러워하고 머쓱한 표정으로 미소를 유지함. 명료화 단계에서 단순하게 그리고 빠르게 설명하고 마무리지으려는 경향	
	②			나비 W₀ F₀ A P 1.0	(나비도 봤구나?) 나방이랑 비슷한데…… 음…… 나방이랑 나비하고 비슷해서…… 날개 달려 가지고……
	채점 tip			Where, How, What 영역이 채점하는 데에 충분히 명료해진 경우 짧은 프로토콜일지라도 추가적 질문을 하지 말아야 한다. 추가 질문은 검사자의 채점 불안에서 나타날 가능성이 높다.	
	③		V	비행기 W₀ F– Sc 1.0	(그리고…… 비행기?) 돌려보니까 앞에가 뾰족하고 날개 달린 비행기 같아요…… (어디에서 본 거니?) 전체요…… 앞부분이 뾰족하고, 뒤에 날개로 되어 있어 가지고…… 엔진도 달려 있고…… (엔진이라고?) 날아갈 것 같아 가지고…… 그래서 비행기라 생각했어요.

채점 tip			'날아 갈 것 같아 가지고…….'에서 m 채점을 고려하겠지만 명료화가 되는 과정에서 엔진으로부터 연상된 주제라 볼 수 있다. 그뿐만 아니라 현재 움직임 속성에 대한 투사가 이루어진 것이 아니라 추측 및 예상의 표현으로 보는 것이 적절할 것이다. 만약 연상 과정 여부를 떠나 궁극적으로 움직임 속성에 대한 투사가 분명하다면 m 채점은 가능한 것이다. 이러한 뉘앙스의 구분은 검사 상황에서 검사자의 임상적 민감성에 의해 보다 세밀해질 수 있을 것이다. 검사자의 주관적 판단에 의한 잘못된 구분은 아니어야 한다.	

행동변인	두 개의 반응 후 바로 카드를 수거하지 않고 있음을 알아차린 후 카드 회전을 하였고 세 번째 반응을 하고 오랜 시간 물끄러미 카드를 응시하다가 눈치를 보면서 말 없이 카드를 천천히 검사자에게 건네주려는 자세를 취했음. 정방향으로 추가적인 반응이 어려운 상황에서 검사자의 태도에 맞추어 수동적으로 추가적 반응을 하려는 시도로 추정됨.

II	④	12	(골똘히 주시함) 두 명의 사람? (자신 없는 낮은 목소리) Dd, M^{a-p}– H (2) 5.5 PHR	(두 명의 사람?) 반 나눴을 때 두 사람이 손뼉치고 있는 거 같아서. 위에 머리 있고, 아래 부분은 가만히 그냥 구부려서 앉아 있는 거예요……

채점 tip	'사람이 손뼉치고'는 a, '구부려서 앉아……'는 p로 채점이 가능하다. 물론 '구부려 앉아 있는'은 어느 정도 a를 고려할 수도 있겠지만 수검 당시 수검자의 위축된 발화 방식과 태도를 함께 고려하여 p로 결정할 수가 있다. 최종적으로 a−p로 채점될 수 있다. 어떤 경우에서는 p에 해당하는 설명을 하면서도 a 방식으로 강조한 설명을 할 경우 a만 채점되는 경우도 있으나 수검자로부터 발생한 실제 현상을 모두 담아 기호화하는 것이 바람직할 것으로 보인다.

행동변인	카드를 받은 순간 변함없는 자세에서 목만 앞으로 천천히 내밀면서 미간을 찌푸리는 모습을 보였음.

	⑤		∧^{o}	(보통…… 많은 사람이 두 개 이상을 보곤 하더라고요~ 시간은 충분하니까 천천히 편히 봐도 돼~) 음…… 골목길? DdS$_o$, FD– Ls	(골목길을 봤구나) 안쪽에 …… 이게. 가운데 쪽에 길이 있는 거 같아 가지고…… (안쪽이라고?) 여기 길처럼 생겨서…… 안쪽으로 들어가는 길처럼 생겨서…… 점점 좁아지면서 길처럼 되어 있어 가지고……

채점 tip	차원 반응이 나타나면 명료화가 더욱더 중요해진다. 이 반응에서 '안쪽'은 바깥과 안의 상대적 위치를 반영하기 때문에 차원 지각에 대해 유심히 명료화를 해야 한다. 이 과정에서 음영의 차이로 인한 차원일 경우에만 V로 채점이 되어야 한다. 형태 속성으로 인해 차원이 보고되고 있기 때문에 여기에서는 FD로 채점하는 것이 바람직하다. 차원이 보고될 경우 의심 없이 V로 채점하는 일은 없어야 한다. 그리고 공백 반응이라 할지라도 실재하는 반점 영역을 통합한 영역이 아니라면 조직화 점수를 채점하는 것은 적절하지 않다. 이는 실제로 조직화 수행을 하지 않은 것이며 독립된 공백 영역 자체에 대한 반응일 뿐이다.

행동변인	앞선 반응 후 카드를 건네주려는 행동을 보였고 보통 두 개 이상의 반응을 한다는 검사 지시에 따라 15초 정도의 시간 동안 탐색을 한 후에 반응을 하였음.

III	⑥	5	어떤 걸 말해야 해요? (무엇이든 괜찮아. 무엇으로 보이는지 알려주면 돼.) 상태를 말하는 거예요? (어떻게든지 괜찮아. 너 원하는 대로 보면 돼.) 리본. D$_o$ F$_o$ Cg	(리본?) 한가운데 리본처럼 생겨서.

채점 tip		대부분의 질문들에서 적절한 대답은 '원하는 대로, 편한 대로, 보이는 대로, 무엇이든지' 등으로 답을 할 수 있다. 이상 반응에서처럼 명료화 단계에서 설명이 짧다고 해서 답변의 부족감을 느껴 추가적인 질문을 더 할 경우 오히려 검사자로부터 유도된 수검자의 것이 나타날 가능성이 높아진다. 그렇기에 명료하게 채점이 가능한 설명이라면 아무리 짧은 설명이라 할지라도 충분한 것이다. 혹 최종적으로 보고한 반응이 잠재적으로 여타 결정인에 의한 반응일 수도 있겠으나 최종적으로 보고한 것은 자신이 선택한 것이다.		
행동변인		7초 동안 반점을 주시한 후 질문이 있었으며 답을 들은 후 즉각적으로 '리본' 반응을 하였음.		
	⑦		무언가를 들고 있는 사람들. D+ M+, H,Id (2) P 3.0 COP.GHR	(뭔가를 들고 있는 사람들이라고 했네?) 여기 이렇게 사람이 있는데…… 여기 손이어서…… 뭔가 같이 드는 것처럼…… 생겨서…… (뭔가! 드는 것 같다고?) 네. 뭔지는 모르겠지만……
채점 tip		'무언가를'이라는 언급에서 중립적으로 반응 반복을 할 수 있으나 집요하게 추궁해서는 안 된다. 최종적으로 명확한 대상이 보고되지 않을 경우 Id로 채점하는 것이 바람직하다. 그리고 (2) 이라 짐작하고서 직접적으로 "두 명이니?" 등으로 직접적으로 확인하는 질문은 피해야 한다. 수검자가 설명하는 과정에서 반응 영역을 손으로 여기 여기라고 하면서 양쪽을 가리키는 것만으로도 (2) 반응을 채점하는 데 충분하다.		
채점 tip		'무언가를'이라는 언급에서 중립적으로 반응 반복을 할 수 있으나 집요하게 추궁해서는 안 된다. 최종적으로 명확한 대상이 보고되지 않을 경우 Id로 채점하는 것이 바람직하다. 그리고 (2) 이라 짐작하고서 직접적으로 "두 명이니?" 등으로 직접적으로 확인하는 질문은 피해야 한다. 수검자가 설명하는 과정에서 반응 영역을 손으로 여기 여기라고 하면서 양쪽을 가리키는 것만으로도 (2) 반응을 채점하는 데 충분하다.		
	⑧		파리 Dd₀ F– A DV1	(그리고…… 파리?) 아랫부분에…… 이게 파리 머리고…… 팔 이렇게 생겨 가지고……
채점 tip		DV1은 파리 '다리'를 '팔'이라고 언급하였기 때문이다. 이는 충분히 양해 가능한 표현상 실수로 볼 수 있으며 개념화의 문제를 반영한다고 보기엔 어렵다. 이러한 반응 경향은 단어 선택이 '안성맞춤'에서 다소 벗어났지만 하지만 소통의 장해를 가져올 만큼 부적절하지는 않은 단어 사용으로 볼 수 있다. 이후 특수점수의 양상을 함께 고려하여 해석적 의미를 분명히 할 수 있을 것이다. 만약 파리에게 실제 인간의 것으로 여겨지는 팔이 달린 것으로 지각했다면 INCOM 채점이 되어야 한다. 그렇다고 명료화를 하면서 "팔이 어떤 팔이니?"라고 질문을 하는 것은 바람직하지 않다. 대부분 경우 수검자가 보고하는 상황에서 보인 행동과 인지 과정을 민감하게 관찰하면서 비교적 쉽게 구분을 할 수 있을 것이다.		
IV	⑨	4	거인. 딴 거는 안 보여요 D₀ F₀ (H) P GHR	(거인?) 여기 이렇게. (어디라고? 가리켜 줄 수 있어?) 전체 모습이 얼굴이 팔이고 다리 있고 거인처럼 생겨 가지고……
채점 tip		말로 반응 영역을 언급하면서는 전체 모습이라고 하였지만 대충 손으로 반응영역을 가리키는 과정에서 D1 영역을 제외하는 듯한 손짓을 보였기 때문에 이를 명료히 하기 위해 카드에 다시 한 번 영역을 가리켜 달라는 질문을 한 것이다. 보통 본 카드에서 FD 반응이 기대되지만 수검자는 차원에 대한 직접적인 묘사는 없었기 때문에 FD로 채점할 수 없으며 이에 더해 "밑에서 위로 본 거니?"라는 등의 질문을 해서 FD를 유도하는 것도 적절하지 못하다. 그리고 한 개의 반응만 하였다고 하여 추가 반응을 독려하는 것은 좋지 않다. 검사 방법에 대한 소개가 이미 되어 있고 카드 II에서 한 차례 지시가 된 상황임에도 자율적인 태도로 반응을 멈추었다는 것이 수검자의 특징을 더 잘 설명할 수 있기 때문이다. 또한 구조변인 해석에 지장이 될 정도의 적은 반응 수가 예상되지 않는다면 기본적 지시 외에서는 반응 독려를 하는 것은 바람직하지 않다.		

행동변인			거인이라고 반응한 후 즉각적으로 "딴 거는 안 보여요"라고 언급하고 카드를 건네주려고 하였음. 명료화 과정에서도 말을 흐리고 설명을 급히 마무리하려는 등의 행동을 보였음. 특정 경우에서 "이건 빼고요." "이건 아니고요" "이 부분을 제외하면" "여기만"이라는 언급이 반복적으로 나타날 경우 이는 수검자의 주관적인 경험의 한정을 의미하기에 주의 깊게 봐야 한다.		
V	⑩	3	(한숨) 나비 Wₒ Fₒ A P 1.0	(자… 이건 나비?) 전체적인 모습이 얼굴 몸통 있고…… 양쪽에 날개 있고…… 뒤에 꼬리 있고……	
행동변인			카드 IV를 건네주고 카드 V를 받는 과정에서 큰 한숨을 쉬고 카드 V에 다시 집중하는 모습을 보였음. 이는 부담스러운 상황을 벗어난 후의 심적 환기를 의미할 수 있다.		
	⑪		날개 달린 사람 Wₒ Fᵤ (H) 1.0 INC1	(날개 달린 사람……?) 이게 얼굴 있고…… 등 쪽에 날개 있고…… 뻗쳐 있고…… (뻗쳐 있다고?) 날개 이렇게 이렇게 ……	
채점 tip			날개 달린 사람은 '날개를 가진 사람' 한 대상으로 지각한 것이다. 만약 사람이 있고 날개옷 또는 날개 장치가 장착이 된 것으로 지각했다면 DQ는 '+'로 채점되어야 하고 반응내용은 Cg 또는 Sc, 그리고 INCOM은 채점하지 말아야 한다. '뻗쳐 있고'에서 분명한 운동성이 포함되지 않았으며 뻗쳐져 있는 반점 상태적 특징에 한해 보고된 것이기에 운동반응으로 채점되지 않는다.		
VI	⑫	3	V⁰	부채 Wₒ Fₒ Hh 2.5	(부채를 봤구나?) 아래 손잡이 있고…… 부채 살이 펴져 있어 가지고…… (펴져 있다고?) 전체적인 모습이. 부챗살…… 넓게 펴져 있어서. 이렇게. 이렇게. (어떤 점이 펴져 있는 것처럼 볼 수 있게 한 거야?) 넓어지면서 이렇게. 펴져 있는 거죠.
채점 tip			부챗살을 보게 된 원인과 펴져 있는 것으로 보게 된 원인에 대한 명료화가 필요한 반응이다. 두 반응은 음영 속성으로 인한 것인지 아닌지를 구분해야 하며 명료화 과정에서 부챗살은 실제 부챗살 자체를 지각한 것이 아닌 것으로 밝혀졌고 펴져 있다는 것은 단지 반점의 크기로 인한 반응임이 밝혀진 것이다. 부채 반응내용에서 Art, Hh, Sc 중 무엇인지 고민할 필요는 없다. 주의할 것은 Art로 채점되기 위해서는 반드시 예술품의 가치가 명백한 대상이거나 직접적인 미적 묘사로서의 설명이라 인정될 만한 반응이어야 한다. 이에 더해, Sc를 채점하기에도, 의미 있는 주제심상을 형성하기에는 정보가 낮은 반응이다.		
	⑬		∧⁰	(회전) 골똘히 봄. 그냥 벌레 같은데요.(회전) Dₒ Fᵤ A	(이건 벌레 같다고?) 여기 앞에 부분에…… 다리 많고…… 몸통 긴 게…… 벌레처럼 생겨서……
VII	⑭	3		소녀 Dₒ Fₒ H (2) P PER,GHR	(이건…… 소녀로 봤네?) 어…… 왼쪽에 한 명하고 오른쪽에 한 명하고 여자 얼굴이 보여 가지고…… (여자 얼굴이라고?) 이게 눈코입, 머리 이렇게 되어 있는 거 같아서 아래 몸통 있고…… 사람 옆모습 그리면 이렇게 되어 있으니까.
채점 tip			"왼쪽에 한 명하고 오른쪽에 한명하고"라고 해서 DQ+로 채점을 하는 경우가 있는데 이는 관련성 조건이 충족되지 않기 때문에 DQo로 채점된다.		
	⑮		V⁰	(회전) 거…… (회전) 거미? Wₒ F₋ A 2.5	(거미는?) 이게 다리 있고…… 거꾸로 돌렸을 때…… 다리 있고…… 얼굴 있고…… 전체적으로 거미처럼 생겼어요……
채점 tip			거미 등의 곤충의 머리를 직시할 때 흔히 얼굴이라고 반응하는 경향이 있다. 이 경우 엄격하게는 DV1의 조건에 해당하기 때문에 채점할 수도 있겠으나 반복적으로 곤충의 얼굴이라고 하지 않을 경우 반드시 채점을 할 필요는 없다. 이에 더해, 한국어를 사용하는 경우 관습적으로 동물의 머리와 얼굴을 자연스럽게 혼용하고 있다. 만약 동물의 머리가 해당 동물의 생김새와 다르게 사람의 얼굴처럼 눈코입의 생김새로 집중하여 선택적으로 묘사를 하는 경우에는 INCOM의 조건에 부합하기도 한다.		

	⑯		춤추는 사람들 W, M^a, H,Hx (2) P 3.0 COP. GHR	(춤추는 사람이라고?) 여기 팔 있고…… 서로 마주 보면서…… 신나 가지고. 이렇게 춤추는…… 흐하흐하흐……
VIII	⑰	3	부분 부분 보이는 대로 해도 돼요? (원하는 대로~) 표범. D$_o$ F$_o$ A (2) P	(표범?) 여기 옆에 빨갛게…… (빨갛게?) 네…… 여기 여기요. 다리 네 개 달려 가지고…… 얼굴이 이렇게 있고……
	채점 tip		빨갛다는 보고가 있었지만 수검자의 이해를 위해 빨간 부분을 직시한 것으로, 빨간색 속성이 표범을 지각한 데에 직접적인 원인이라 인정되지 않는다. 이 경우 유채색 결정인으로 채점하는 것은 바람직하지 않다. 이 구분은 검사 상황에서 수검자의 행동에 대한 민감성 있는 관찰로 쉽게 파악할 수 있을 것이다.	
	행동변인		해당 반응에서 일관적으로 W 반응을 해야만 한다는 지시가 없었음에도 새삼스럽게 본 카드에서 반응 방식에 대해 질문을 하고 있다. 이는 color shock에 대한 감정 조절 방식을 반영하는 것으로 볼 수 있음.	
	⑱	15	(회전) 산불? D, C.m^{ol}.FM^a$_u$ Fi,A P 3.0 PSV	(산불이라고?) 아래 빨갛게 되어 있어 가지고. 불인데…… 불타오르는 것 같았어요…… 이렇게 타오르는 거처럼. (골똘히 봄) 음…… 그리고…… 그래 가지고 표범이 위로 올라가는 것 같아요…… (표범이?) 네. 그래서 표범이 올라가는 거지요. 산불이 위로 점점 퍼지는 것 같아요…….
	채점 tip		자유반응에서 표범이라 반응한 것과 독립적인 반응으로서 산불을 반응한 것이었으나 명료화 과정에서 연상에 의한 반응 연합이 일어난 것으로 볼 수 있다. 어떤 경우에서는 앞선 '표범' 반응과 하나의 반응으로 결합하는 것이 유용하기도 하지만 각각의 반응으로 채점을 하고 수검자의 지각과 연상의 독특성을 반영하는 것으로 보는 것 또한 유용한 정보가 된다.	
	행동변인		말의 속도가 빨라짐. 이에 반해 골똘히 반점을 주시하는 시간이 수 초간 지속되었음. color shock 후에 억제된 감정 경험이 적절히 조절되지 않은 방식으로 표현되고 있으며 표현된 모호한 불편감을 앞선 반응에서 경험한 표범을 추가하는 것으로 자신의 정서 경험에 대한 근거를 참조하고자 하는 시도로 볼 수 있음.	
	⑲		등산? W, M^a.CF$_u$ H,Ls 4.5 GHR	(등산?) 어…… 등산 같기고 하고 암벽등반 같기도 한데…… 꼭대기 부분에 사람들이 뭐 찾으려고 사람들이 위로 올라가는 것 같아 가지고. 뭐 찾으려고…… (사람은 어디에서 본 거니?) 여기. 여기 이렇게 사람이 있고…… (아랫부분 영역을 주시하면서 안구 운동이 빠르고 반복적으로 나타남. pause break) 그리고…… 약간 초록색이나 파란색 우거진 산 있고…… 암벽처럼 색깔이 되어 있어서…… 암벽이랑 사람이랑 같이 달라붙어 있어서…… 사람이 타고 올라가는 것 같아가지고요…… (그런데…… 산이 우거져 있다고?) 네. 이렇게 이렇게.
	채점 tip		암벽, 사람, 산 세 가지 대상에 반응했으며 각 반응 영역은 암벽—Dd, 사람—Dd(임의적인 윤곽 설정),산—D이다. 하지만 각 대상을 모두 통합하였기 때문에 W로 채점되어야 한다. 이러한 Dd 영역을 포함한 W, 반응은 W$_o$ 반응의 해석적 의미와 구별될 수 있기 때문에 이러한 반응이 지속적으로 나타나는 양상인가를 점검하는 것이 유용하다. 그리고 암벽은 '붙어 있는 사람' 영역에서 약간의 가장자리만 제외한다면 D 영역에 포함될 수 있으며 이에 해당하는 형태질은 'o'이다. 그리고 가장자리를 제외한다 하더라도 충분히 쉽고 빠르게 암벽의 형태 속성을 지각할 수 있을 정도의 형태질을 갖고 있다. 그리고 '산'에 해당하는 반응 영역은 형태질이 'u'다. 결과적으로 세 대상은 심각한 왜곡이라 할 수는 없으면서 아주 정확한 지각이라 보기도 어렵기에 최종적으로 형태질 'u'로 결정할 수 있다. '우거진' 반응에서 음영 속성의 지각이 의심되어 재질 문을 하였으나 단순 형태 속성에 한정 지어 설명을 한 것으로 결정되었다.	

| 채점 tip | 암벽, 사람, 산 세 가지 대상에 반응했으며 각 반응 영역은 암벽—Dd, 사람—Dd(임의적인 윤곽 설정),산—D이다. 하지만 각 대상을 모두 통합하였기 때문에 W로 채점되어야 한다. 이러한 Dd 영역을 포함한 W+ 반응은 W₀ 반응의 해석적 의미와 구별될 수 있기 때문에 이러한 반응이 지속적으로 나타나는 양상인가를 점검하는 것이 유용하다. 그리고 암벽은 '붙어 있는 사람' 영역에서 약간의 가장자리만 제외한다면 D 영역에 포함될 수 있으며 이에 해당하는 형태질은 'o'이다. 그리고 가장자리를 제외한다 하더라도 충분히 쉽고 빠르게 암벽의 형태 속성을 지각할 수 있을 정도의 형태질을 갖고 있다. 그리고 '산'에 해당하는 반응 영역은 형태질이 'u'다. 결과적으로 세 대상은 심각한 왜곡이라 할 수는 없으면서 아주 정확한 지각이라 보기도 어렵기에 최종적으로 형태질 'u'로 결정할 수 있다. '우거진' 반응에서 음영 속성의 지각이 의심되어 재질문을 하였으나 단순 형태 속성에 한정 지어 설명을 한 것으로 결정되었다. |

| 행동변인 | 사람의 반점 영역에 대한 질문에 답을 한 후 pause break가 있었으며 산에 대한 설명이 추가적으로 이루어지는 양상을 보였음. 그리고 산에 대한 설명이 빠르게 이루어진 후 바로 암벽과 사람에 대한 명료화로 자발적으로 회귀하는 양상을 보였음. |

| IX | ⑳ | 19 | V | (회전) 가면

W₊ F₋ (Hd) 5.5 PHR | (이건…… 가면이라고?) 전체적인 모습이…… 쓸 수 있는 가면처럼 생겨 가지고. 눈 있고. 코 있고…… 입 있고…… 얼굴 모양처럼 가면처럼 생겨 가지고…… |

| | ㉑ | | V⁰ | (잦은 회전) 밟혀 죽은 곤충?

W₊ CF₋ Ad,Bl 5.5 AG.MOR | (밟혀 죽은 곤충?) 여기 빨개 가지고 피 같아서…… 생각했어요…… 몸통 있고 누가 밟았어요. 밟은 것 같이 퍼져 있어가지고…… (퍼져 있다고?) 이렇게 넓게…… 다 이렇게 되어 있는데 누가 밟은 거처럼…… |

| 채점 tip | 곤충과 피를 함께 지각했기에 발달질이 '+'가 되며 퍼져 있다는 반응에서 음영 속성으로 인한 지각인지를 구분하기 위해 재질문을 하였으나 형태 속성에 의한 반응으로 결정되었다. 누가 밟은 것 같다는 반응을 할 때 손으로 누르는 흉내를 내는 등의 강한 표현이 이루어짐을 고려하여 MOR과 함께 AG가 채점되었다. |

| 행동변인 | 가면 반응 후 비체계적—회피적 회전 양상을 보였음. 반응을 하는 동안 쉽게 관찰될 정도로 말의 속도가 느려지고 말끝을 흐리며 목소리 강도도 약해짐. |

| | ㉒ | | V | (회전) 갑옷?

W₀ Fᵤ Cg 5.5 | (갑옷이라고 했구나?) 어…… 여기…… 어…… 여기 어깨 부분이고요…… 전체적으로 얼굴 부분 막아 주고…… 여기 아래 부분도 막아 주고요…… 전신 갑옷 같았어요…… |

| 채점 tip | 갑옷 반응에서 Cg와 Sc가 구분되어야 하며 갑옷의 형태적 지각과 함께 방어적 주제를 함의하고 있는 것으로 볼 수 있기 때문에 Cg가 보다 적절한 채점이 될 수 있을 것이다. Sc로 채점을 하였다면 주제심상을 고려하여 HVI 점수의 변화가 있는지를 검토해 볼 수 있다. |

| X | ㉓ | 2 | | 파티

W₊ C.Mᵃ₀ H,Cg 5.5 COP.GHR | (이건 파티라고?) 그냥…… 색이 다채롭고…… 음…… 사람들이 막…… 손잡고 춤추는 것 같았어요…… 옷 빨간 옷 입고…… 주위 색깔에 맞게 다채로워 가지고…… (빨간 옷이라고?) 빨간 옷…… 빨간색이고. |

| 채점 tip | 옷을 입고 있는 사람이라는 것만으로는 발달질이 '+'가 될 수는 없는 반응이다. 옷이 사람과 구별되는 고유한 대상으로 반점 영역을 갖고 있지 않기 때문이다. '사람들'로 반응한 것으로 인해 두 대상 이상이 지각되면서 서로 관련을 짓고 있기 때문에 발달질이 '+'가 될 수 있는 것이다. 발달질이 '+'이긴 하지만 형태 속성들을 괜찮은 수준으로 충분히 활용하여 통합한 것은 아니다. 색깔이 우선 지각이 되어 파티를 연상한 것이며 이후 사람들이 춤추는 것을 설명하고 있기 때문에 C가 일차 채점이 되고 M이 이차 채점이 될 수 있다. Cg는 전형적인 Cg의 해석에 적합한 반응이라 보기 어렵지만 옷을 지각하였기 때문에 채점은 되나 주제심상적 의미는 다소 약한 수준이라 볼 수 있다. |

행동변인		18번 반응과 유사한 양상을 보임.	
㉔	V	(회전) 설교 W+ M^{a-p}– H,Hx 5.5 PHR	(설교라고 했구나?) 여기서…… 어떤 사람이 서 있는데…… 이게 다 사람들이에요…… 여기 앞에서 손 들면서 설교를 하는 거죠. 사람들한테…… 그런 느낌이 들었어요…… (사람은 어디에서 본 거니?) 여기. 여기요…… 사람이 서서 팔 들고…… 연설자가…… (다른 사람들은?) 뒤에는 어…… 쫌…… 시끄러운 사람들…… 정돈되지 않고…… 그냥…… 대충 서 있는, 잘 안 듣고…… 지겨워하면서…… 그런 사람들…… 그런 사람들로 느껴졌어요…… 설교 안 듣고 자기들끼리 이야기하고 대충…… 그냥 대충 듣고 있는 사람……
채점 tip		'설교하는' 그리고 '시끄러운'은 active에 해당하는 운동성이며 '대충 서 있는'과 '지겨워하면서'는 passive에 해당하는 운동성으로 볼 수 있기에 a–p로 채점이 된 것이다. 그리고 '지겨워한다'는 인간 경험에 대해 Hx로 채점이 되었다.	
행동변인		설교를 듣는 사람들에 대한 명료화가 지속될수록 윤색이 많아지는 경향을 보임. M, FQ–, 윤색 세 가지 조건을 모두 갖춘 반응이다.	
㉕	∧⊃	(회전) 봄 Wv/+ Cn Na 5.5	(그리고 봄?) 노란색이 빨간색이나 초록색이나 싱그러운 봄 같고…… 꽃이나 풀이랑 그런 것들이 피어 있는 것 같은 느낌…… (꽃이나 풀? 어디에서 본거니?) 여기 빨간색이나 초록색 부분들, 노랗고 이런 거 전부 다요.
채점 tip		꽃과 풀이 지각되었으나 이는 형태 속성에 의한 지각이라 보기 어려우며 온전히 유채색에 의한 지각이라 볼 수 있기에 C로 채점이 되었다. 그리고 형태 속성에 의한 반응이 아니기 때문에 당연히 형태질을 채점할 수 없다(none). 그리고 AB 채점을 고려할 수도 있지만 분명한 개념 형성을 위한 시도라 보기 어렵고 표현하고자 하는 상징에 집중되거나 명백한 특징을 갖고 있다고 하기에 다소 부족한 반응이다.	
행동변인		비체계적–회피적 회전 양상을 보임. 앞선 반응 후 약 10초가량 반점 탐색을 하였음.	
㉖	∧⊃	(회전) 물장난? D+ C,M^{a}o H,Na 4.0 COP,GHR,PSV	(물장난?) 색깔이 파란색이어가지고…… 아! 그리고 이걸로 막 친구들이 막…… 아까 사람이라 했잖아요…… 그 사람들이 물 가지고 장난치는 것 같아 가지고.
채점 tip		23번 반응에서 사람으로 지각한 대상이 다시 언급되고 있으며 PSV 채점이 가능하다. 그리고 본 반응에서 물이 우선시 지각된 후 사람이 추가가 된 것으로 보는 것이 적절하다. 사람이 물장난하는 장면에서 물이 부수적인 속성으로 지각된 것이 아니라 일차적으로 온전히 파란색으로 인한 반응이기 때문에 CF가 아니라 C로 채점하는 것이 적합할 것이며 이차로 M 채점이 되는 것이다. 앞선 반응에서 C 채점으로 반응하게 된 경험이 본 반응에서도 영향을 주고 있을 가능성이 높다고 볼 수 있다. 하지만 이후 WSumC의 점수를 해석할 때에 CF와 C의 빈도에 따른 점수 차이를 고려하여 본 반응의 C의 의미를 분명히 할 필요가 있다.	

(2) 주제심상 변인

앞서의 반응에서 주요한 투사적 내용을 담고 있는 반응은 24번 반응이다. 24번 반응은 M, FQ– 그리고 윤색 반응으로 3가지 조건을 모두 갖추고 있는 반응이며 수검자의 투사적 정보를 가장 많이 담고 있는 대표적 반응이라 할 수 있다. 구체적으로 해당 반응은 외압으로부터 불편감(지겨워하는 사람들)을 경험하는 대상의 존재와 동일시되고 있다고 볼 수 있다. 그리고 공격적 측면이 '설교하는 것'로 윤색되어 공격성을 유화시키면서 이러한 외압들에 대해 행동화 등 적극적으로 대처하기보다 지겨워하고 다른 사람들과 떠드는 방식으로 다소 수동적인 대처를 하고 있음을 반영하는 것으로 볼 수 있다. 또 한 가지 주요한 주제심상은 COP 반응을 포함하는 7, 16, 23, 26 반응들의 공통점에서 찾아볼 수 있다. COP 반응을 이끄는 카드 III의 속성을 고려하여 7번 반응을 제외하면 카드 VII과 카드 X에서 나타난 반응인데 세 반응 모두 대상들 사이에서 유쾌한 방식으로 관련을 맺고 있음을 확인할 수 있다. 특징적인 것은 이 반응들의 프로토콜은 구체적인 묘사가 부족한 특징을 보이고 반응을 빨리 마무리지으려는 태도를 보였다는 것이다. 이로부터 타인들과의 관계를 적극적이고 편하게 경험하기보다 다소 피상적인 양상으로 유쾌한 상태를 유지하고자 하는 특징을 고려해 볼 수 있을 것이다.

③ 구조변인

Scoring Sequence Table

RN	RT	CN	RL	S	DQ	결정인	FMa	FMp	ma	mp	MaMp	FQ	반응내용	(2)	PR	Z	특수
1	I		W	S	o	F						o	A			3.5	
2	I		W		o	F						o	A		P	1.0	
3	I		W		o	F						u	Sc			1.0	
4	II	12	Dd		+	M			a		p		-	H				PHR
5	II		Dd	S	o	FD						u	H Ls			5.5	PHR
6	III		D		o	F						o	Cg				
7	III	5	D		+	M					a		o	H	2		3.0	COP GHR
8	III		Dd		o	F						-	(H)				DV1 GHR
9	IV	3	D		o	F						o	A				GHR
10	V		W		o	F						o	(H)				
11	V	3	W		o	F						u	Sc			1.0	INC1
12	VI		D		o	F						o	A			1.0	
13	VI	3	D		o	F						u	H			2.5	
14	VII		W		o	F					a		-	A	2		2.5	PER GHR
15	VII		W		+	M						o	H Hx				
16	VII	3	D		o	M					a		o	A	2		3.0	COP GHR
17	VIII		D		o	F						o	A	2			
18	VIII	15	W		+	C m FM		a				u	Fi A		P	3.0	PSV GHR
19	VIII		W		+	M CF						u	H Ls			4.5	GHR
20	IX	19	W		o	F						-	(Hd)			5.5	PHR
21	IX		W		+	CF						-	Ad Bl			5.5	AG MOR
22	IX		W		o	F					a		u	Cg			5.5	PHR
23	X		W		+	C M					a		o	H Cg			5.5	COP GHR
24	X	2	W		+	M			a		p		-	H Hx			5.5	PHR
25	X		W		v/+	C						n	Na			5.5	
26	X		D		+	C						o	H			5.5	
27	X		D			C M					a		o	H Na			4.0	COP PSV GHR

Rorschach Structural Summary-6 Dimension

제작 : 우성우 사용 : 우성우

Relating to Others

Sum H	H : Hd+(H)+(Hd)	ISOL	GHR : PHR
8	8 : 3	0.231	7 : 3

SumT	HVI	Hcnts(HVI)	Pure H + FQ-	MQx-
0	NO	1(4)		1
	Cg = 3	Sc = 2	PER = 1	
	COP = 4	AG = 1	a : p = 9 : 2	

Viewing Oneself

Egocentricity Index = 0.192 rf+Fr = 0

V	0	FD	An	Xy	Sx
MOR	1	1	0	0	3
+AG	1	H + FQ-	(H)+(Hd)+(A)+(Ad)		
+H Conts	0	1	II, III, VII, VIII + (2) : R(2) = 5 : 5		
H : Hd+(H)+(Hd)		8 : 3	H+A : Hd+Ad 16 : 1		

Forming Concepts and Ideas

	Lvl 1(2개)	Lvl 2(0개)	↓	WSum6	3
DV	1	0		PER	1
INC	2	0	Fma : FMp	a : p	9 : 2
DR	0	0		Ma : Mp	7 : 2
FAB	0	0	1 : 0	EBPer	0.000
ALOG	0		Sum6	FM+m	2
CONT	0	2	ma : mp	INTELL	0
			1 : 0		

DQ.w/+ = 10 (W)DQ.w/+ = 6

	MQx		Art	0
+	0	u	2	Ay	0
o	4	-	1	AB	0

External Reality

R = 26

L = 1.364	Zd(Zf) 5.5(19)
XA% = 0.692	Xu% = 0.231
WDA% = 0.739	Eco Index = 15 : 8 : 3
x-% = 0.269	P = 7

Attending to and Perceiving Surroundings

Experiencing and Expressing Feelings

M	WSumC
7	8

EA = 15	EBPer = 0.000	D = 5
EB = 7 : 8		
es = 2	Adj es = 2	Adj D = 5
eb = 2 : 0		

		C'	0
FM	1	T	0
		V	0
m	1	Y	0

SumC : WSumC	0 : 8			
Afr	0.625	Total DQ+	VIII IX X DQ+	VIII IX X + FQ-
		9	6/(10)	3/(10)
Col-Shd	0	Col+T	Col+V	Col+Y
		0	0	0
eb	2 : 0			
Sum Shd		Blends%	m+Y bl%	
		15%	0%	
Space		S+FQ-	S+Col	S+VIII IX X
2	1	0	0	0
EBPer	0.000			
FC : CF+C	0 : 6	C	CF	FC
CP	0	0	4	2	0

CONSTELLATION INDECES

PTI = 1(4)	DEPI = 1(5)	CDI = 0(4-5)	OBS = NO	HVI = NO	S-CON = 4(8)

PTI

XA%<.70 & WDA%<.75	1
X-%>.29	0
LVL2>2 & FAB2>0	0
R>17&WSUM6>12 / R>16&WSUM6>17	0
M->1 / X-%>.40	0

DEPI

Sum V>0 / FD>2	0
C-S Blends>0 / S>2	0
Ego cent>.44 & Sum r=0 / Ego cent<.33	1
Afr<.46 / Blends<4	0
Sum Shd>FM+m / C'>2	0
MOR>2 / INTELL>3	0
COP<2 / Isol>.24	0

OBS

Dd > 3	0
Zf > 12	1
Zd > +3.0	1
P > 7	0
FQ+ > 1	0

한 가지 이상 해당 시 YES

(1)-(5) 모두 해당	0
(1)-(4) 중 2개 이상 해당 & FQ+>3	0
(1)-(5) 중 3개 이상 해당 & X+%>.89	0

CDI

EA<6 / AdjD<0	0
COP<2 & AG<2	0
WSumc<2.5 / Afr<.46	0
p>a+1 / Pure H<2	0
T>1 / Isol>.24 / Fd>0	0

HVI

번들 시 해당

최소 4개 이상 해당

Sum T=0	1
Zf > 12	1
Zd > +3.5	1
S > 3	0
H+(H)+Hd+(Hd) > 6	1
(H)+(A)+(Hd)+(Ad) > 3	0
H+A : Hd+Ad < 4 : 1	0
Cg > 3	0

S-CON

FV+VF+V+FD > 2	0
C-S Blends > 0	0
3r+(2)/R <.31 / >.44	1
MOR > 3	0
Zd > +3.5 / Zd < -3.5	1
es > EA	0
CF+C > FC	1
X+% < .70	1
S > 3	0
P < 3 / P > 8	0
Pure H < 2	0
R < 17	0

(4) 6차원 적응모형을 기초로 한 평가

① 주위 환경에 주의를 기울이고 자극들을 입력하는 방식
(attending to and pereciving surrounding)

A 씨는 자신이 경험하는 내외적 환경에 적절한 수준으로 접촉을 하고 있다(R=26, 규준적인 프로토콜 길이). 아직은 그 경험들이 A 씨의 적응력에 이롭거나 해로운 경험들인지 결정내리기엔 어렵다. 이하 다루어지는 결과들을 탐색하는 과정에서 경험되고 있는 정보들의 가치가 어떠한지 다듬어 지게 된다. A는 주위 환경들(내외적 자극들을 모두 포함)과 적절한 수준의 접촉 시도 및 수준을 보이지만 자신의 자발적인 의도 또는 의지를 통한 접촉 시도라 보기엔 어렵다(L=1.364). 자신이 속한 상황에서 접촉은 이루어지고 있으나 전반적으로 분명한 주위 자극들이 요구하는 반응에 제한된 반응을 하고 있을 수도 있고 주위 자극들을 충분히 받아들이지 않고 거리를 두려는 태도를 갖고 있을 수도 있다. 이러한 가설들 중 A는 주위 환경들을 접촉하는 과정에서 부정적으로 경험될 수 있는 자극들은 차단되거나 차단하고 있을 가능성이 있을 것이다(es=2. 규준에서 벗어난 수준). 최종적으로 경험된 자극들을 해결하기 위해 상당 수준의 인지적 처리 노력을 하고 있다(Zd=5.5). 특히 대인관계와 관련된 장면이나 정서적 장면에서의 경험들에 당면할 시 인지적 처리 수행이 활성화되고 있음을 알 수 있다(DQ+의 계열에서 H 그리고 전체 유채색 카드들의 의미 있는 패턴을 보인다).

현재 A 씨는 학업적·사회적 역할에 과도한 수행을 보이거나 철수되어 있지 않고 충분한 수행력을 보이고 있는 상황이다. 다만, 현재 고등학교 3학년 학생의 위치에서 학업에 집중을 해야 할 때이며 가족 구성원들의 갈등, 즉 부모의 이혼 위기 그리고 형제관계 내에서 고민을 나눌 수 있는 상황의 부재 또는 부족으로 심리적 불편감을 온전히 받아들이기에 상당히 힘든 상황에 처해 있다. 이러한 상황을 해결하기 위해 막내의 위치 그리고 수험생이라는 입장에서 현실적으로 자신이 할 수 있는 방법을 찾기엔 어려우며 심리적 차단을 통해 적응하는 것이 오히려 안전할 수 있다. 하지만 이러한 전략을 지속적으로 운영하는 것은 상당한 내성이 필요하며 예상치 못한 상황에서 부모님의 갈등 장면을 직면할 시 성공적으로 적응하기엔 무리가 있을 것이다. 이러한 면은 경험에 대한 개방성을 좁히면서도 인지적 조직화 활동 수준을 높이는 방식으로 나타나고 있다는 것과 관련된다.

이와 같은 양상으로 경험되고 처리된 정보들의 질적 수준은, 즉 경험된 정보들의 현실성은 상당 수준 부족한 것으로 측정되었다(X−%=.269, XA%=.692, WDA%=.739). 하지만 FQ-의 양상을 고려해 볼 때 카드 Ⅰ에서 3번 반응의 FQ- 반응은 당시 보인 행동에서 알 수 있듯이 외부상황이 자신에게 반응을 요구하는 것으로 인식되는 상황에서 그 요구에 순응적으로 따른 결과로 추정해 볼 수 있다. 또한 카드 Ⅱ의 5번 반응은 3번 반응과 유사한 패턴에서 외부 요구에 대처하는 방식으로 인한 FQ-로 생각해 볼 수 있는 반응이다. 이상 두 반응의 FQ- 반응 양상을 고려하여 형태질 수준이 향상될 경우를 가정해 보면, X-%는 .20 미만으로 수정될 수 있다. 그렇다고 해서 전반적인 현실적 지각 능력이 적절하다고 받아들이는 것은 바람직하지 않다. 실제 생활에서도 충분히 나타날 수 있는 현실적 지각의 저하를 가정해야 한다. 다만, 특정 주위 환경의 요구에 따라 보다 쉽게 현실적 지각이 저하될 가능성이 높을 것이라는 가설을 세우는 것이 타당할 것이다. 정리하면, A 씨가 접촉하고 있는 주위 환경에서 처리된 정보들은 현실적이지 않은 내용들과 관련되어 있으나 환경적 요구를 받거나 정서적 자극을 처리해야 하는 상황에서 보다 쉽게 현실적 지각 능력이 저하될 가능성이 높을 것이라 평가할 수 있을 것이다.

한편, A 씨의 관습적 지각에서 규준적 범위를 크게 벗어나지 않은 것으로 볼 수 있다 (Xu%=.231, P=7). 단, Economic Index가 15:8:3으로 나타났는데 A 씨의 사례에서는 일반적인 W 비율의 상승이 담고 있는 해석적 의미가 다소 희석될 가능성이 높다. W와 함께 조합된 DQ는 '+, v/+'가 6개, 'o, v'가 9개다. 한편, W와 '+, v/+'의 조합은 특징적으로 16번 반응을 제외하고 모두 카드 Ⅷ, Ⅸ, Ⅹ에서 나타났다. 이는 정서적 상황에서 경험되는 자극들을 처리할 경우 보다 인지적 처리 활동이 활성화되고 있음을 방증하는 것이며 그렇기에 전반적인 생활 장면에 만연해 있다고 보기에는 어려울 것이다. 이 경우 특별히 정서적 상황에서 적절한 관습적 방식의 대처는 다소 어려움이 있을 것이라는 가설을 세우는 것이 타당할 것이다. 그리고 Dd로 채점된 반응은 3개이지만 앞서 현실적 지각에서 설명된 내용과 함께 세부적 장면에 몰두하려는 습관적이고 자동화된 패턴으로 보기엔 어려울 것이다. 최종적으로 A 씨의 관습적 지각능력은 생활 전반에서의 적응력을 위협할 수준은 아닐 것이나 정서적 상황에서는 일반적으로 기대는 방식의 관습적 지각이 저하될 가능성이 있는 것으로 볼 수 있다.

A 씨는 현재 상황에서 주위 사람들로 하여금 엉뚱하다거나 이상한 사람처럼 보인다는 피드백을 받거나 일상적, 학업적, 사회적 관계 내에서 부적응이 우려될 모습은 보이지 않는다. 구체적으로 정해진 학교생활, 개인적 학습 활동, 가정에서의 일상적인 관계 등에서는 특별한 문제점이 발견되지 않고 있다. 하지만 학원을 가야만 한다거나 학교 자율학습을 반드시 해야 한다는 등의 아버지의 통제가 강해지거나 부모님의 모호한 갈

등적 분위기가 확장될 경우 심리적 불편감에 대해 자신의 생각을 주장하는 등 주도적으로 해결하지 못하고 습관적으로 웃고만 있다거나 대화 주제를 돌리는 등의 방식으로 심적 부담을 줄이고 있는 것이다. 이러한 대처 방식은 결국 주위의 요구에 순응하는 것처럼 비칠 가능성이 높다.

② 스트레스를 관리하는 방식(managing stress)

A 씨가 현재 경험하고 있는 자극들―현재 상황에서의 적응 요구 및 문제해결의 의무―을 적극적이고 자율적으로 받아들이고 해결하려는 태도는 다소 부족할 것으로 보인다(L=1.364). 이러한 태도임에도 특정 상황에 처할 시에는 회피하거나 위축되지 않으며 오히려 생산적인 수행을 보일 가능성이 높을 것이다(L=1.364, EA=15). 구체적인 특정 상황은 정서경험이 일어나게 되는 상황으로 보이며 이러한 상황에서는 일반적인 상황과는 다르게 보다 복잡한 사고와 정서조절 기제가 작동되고 있다는 것을 의미한다[EA의 비율: Ⅰ~Ⅶ―3점, Ⅷ~Ⅹ―12점, 전체 Blensds에서 Ⅷ~Ⅹ Blends의 비율: 100%(4개), Afr=.625, Z score 계열, 행동변인]. 다시 말해, 어떤 경우라 하더라도 주위 자극들을 경험하는 시도와 경험된 자극들을 다루는 총체적인 노력과 수행력은 높은 수준을 보이고 있으니 정서적 상황에서 보다 높은 자극 처리 시도 및 수행이 나타날 것이며 이러한 상황에서 스트레스 관리 능력은 다소 비효율적인 양상을 띠고 있음을 시사한다. 일상적인 스트레스 장면에서는 부가적인 스트레스를 경험하지 않기 위한 억제적 경향을 띠면서 정서적 상황에서는 과도한 인지적 부하와 함께 통제되지 않은 정서적 표현이 나타날 가능성이 높을 것으로 보인다. 한편, 경험되는 스트레스에 대해서 주관적으로 인식하는 안정감은 높은 수준에서 유지되고 있을 것이다(D=5, Adj D=5). 하지만 이는 규준적인 적응요구를 받아들이고 적절히 해결하는 안정감이라기보다 적응요구를 가진 자극들, 특히 정서적 적응요구를 억압 또는 회피하는 태도를 가지면서 안정성을 유지하고 있는 양상으로 볼 수 있다(es=2, Adj es=2, 행동변인).

이뿐만 아니라 A 씨의 스트레스 대처 유형은 회피―양향형으로 일관적인 방식으로 나타나지 않고 있다(L=1.364, EBPer=.000). 이는 불편감을 일으키는 상황에서 기본적으로 사고능력이 발휘되는 것이 어렵고 또한 정서적 상황에서도 편안함을 유지하는 것이 어렵다는 것이다. 결국 스트레스 상황에서 막연한 압박감을 느끼면서 자율적으로 통제되지 못한 방식으로 사고가 작동되거나 정서적 표현을 하게 됨으로써 생산적인 문제해결을 어렵게 만들게 된다. 이러한 경향성은 새로운 적응 환경에서 더욱더 회피하는 방식으로 조건화가 될 가능성을 높이게 된다. 하지만 주관적으로는 매 상황에서 자신이 할 수 있는 최선―떠밀려 뛰어가게 되는 양상일지라도―을 다하고 있다고 느끼곤 한다. 만약 주위에서의 진지한 지적이나 평가가 있을 시 이러한 피드백을 고려하기엔 상당한 부담으로 경험되어 회피하게 된다. 그래서 주위 사람들의 조언을 심사숙고하는 것을 힘들어하는데 이는 이미 마무리된 일에 대해 다시 재경험을 해야 한다는 부담을 느끼게 되기 때문일 수 있다.

A 씨는 주위 사람들에게 '좋은 게 좋다'는 태도로 '성격 좋은 또는 착한 사람'으로 비치고 있으며 학교, 가정 등의 장면에서 자신으로부터 발생하는 갈등은 전혀 만들지 않고 있다. 이러한 면은 심리적 불편감을 적극적으로 명석하게 해결한 결과가 아닌 회피적인 방식으로 매 상황을 진지하게 다루지 않은 결과로 생각해 볼 수 있다. 특히, "뭐 먹을래?" "뭐 하고 싶어?" 등의 일상적인 주제에 대해 자신의 의견을 묻거나 요청이 있을 시에도 습관적으로 웃으며 "아무거나 다 좋아"라고 하거나 아무런 거리낌 없이 요청에 순응하는 등의 모습으로 있다. 하지만 지속되는 잔소리나 주위 사람들의 통제 수준이 높아지는 상황에서는 주위 사람의 보고에서처럼 마치 다른 사람인 것 같이 평상시와는 다르게 심하게 인상을 쓰고 짜증을 내는 행동을 보인다. 이러한 모습을 보인 후 생산적으로 대화를 통해 자신의 생각과 감정을 이해시키지 못하며 해당 상황에서 벗어나 버리는 것으로 대처하고 있다. 이러한 양상은 오랜 시간 반복적으로 누적되어 온 대처 방식으로 만성적인 특징을 보이고 있으며 갈등 상황이 지나간 후에는 아무 일도 없던 듯이 '착한 사람'으로 돌아오는 패턴을 보인다.

A 씨는 일상적 사건에 대해 스스로의 의견과 감정을 물어봐 주고 검토할 수 있도록 기회를 제공하면서 문제해결을 위한 자율성을 향상시킬 필요가 있다. 이와 더불어 현재 가족역동 내에서 A 씨는 '순한 늦둥이'로 역할을 지정받은 상황이기 때문에 가족 구성원들에 대한 교육을 병행하는 것이 권장된다. 안타깝게도 가족들은 현재 가족관계의 변화에 대한 고려를 하지 않는 상황이기 때문에 가족역동 변화를 위한 세련된 상담 계획을 세우는 데에 충분히 신경을 써야 할 것이다.

③ 정서 경험과 정서표현의 방식(experiencing and expressing feelings)

A 씨는 발생한 정서가에 대해 부정적인 양상으로 내면화되거나 억제되지 않고 충분히 경험하고 표현할 수 있는 것으로 나타났다(constriction ratio=0:8). 그리고 정서적 상황에 당면할 시 해당 상황을 불편해하거나 회피하려는 시도는 없겠으며 정서적 상황을 충분히 편안하게 경험하는 것으로 인식하고 있는 것으로 나타났다(Afr=.625). 하지만

이러한 결과는 다분히 주관적인 측면을 의미하는 것이며 정서를 경험하고 표현하는 방식은 발생한 정서가를 충분히 심사숙고하지 못한 채로 나타나기 때문에 주위로부터 자신의 정서경험을 이해받기에는 어려울 것이라 예상된다(C+CF:FC=6:0). 또한 정서적 경험들을 선호하거나 편안한 경험으로 느끼기보다 스스로 통제되지 않은 상태에서 정서경험 및 표현이 반응적으로 나타고 있을 가능성이 높다(프로토콜의 길이 및 묘사 수준, 행동변인, DQ+양상, C=4, CF=2, FC=0). 정서경험 및 표현이 이루어질 경우 이를 조절하는 과정에서 사고기제가 과도하게 활성화어 분별력 있고 편안하게 정서를 경험하고 표현하는 것은 어려울 것으로 보인다(유채색−운동 혼합 반응 그리고 유채색 결정인과 DQ+,v/+의 조합, 유채색 카드에서의 Blends 빈도, 반응을 명료화시켜 가는 양상). 이는 정서적 경험이 마냥 편안하게 이루어지는 것만이 아니며 이를 보상하기 위한 시도로서 사고 기능이 활성화되고 있음을 의미한다. 이러한 보상적 사고기능의 활성화의 현실적 수준은 다소 떨어져 있으며 적절하고 성공적인 정서조절이 어려울 가능성이 높을 것이다(ⅧⅨⅩⅩ+DQ+=6, 카드 Ⅷ, Ⅸ, Ⅹ에서 Z score 양상, 유채색−운동반응 복합 결정인 양상, Ⅷ Ⅸ Ⅹ Ⅹ+FQ−/n 양상, Ⅷ, Ⅸ, Ⅹ에서 반응 방식 및 유채색 반응을 할 시 명료화하는 방식, 카드 Ⅷ, Ⅸ, Ⅹ에서 나타난 행동변인). 이 과정에서 정서적 경험을 위협적으로 경험하거나 불편한 태도에서 회피하려는 시도 없이 직면하게 되고 경험되어 버린 정서를 관리하기 위해 과도하고 통제되지 않은 보상적 사고기능이 활성화되는 것이라 할 수 있다. 다행인 것은 보상적인 사고기제의 작동할 경우 결과적으로 괜찮은 지각을 하고 있다는 것이다. 이러한 특징은 당면한 정서가에 비해 다소 충동적이거나 과한 감정 표현일 수 있겠지만 주위 사람들로부터 A 씨의 정서표현이 그럴 만한 것이라 양해될 수 있을 것으로 보인다. 한편, 일상적인 상황에서 인정 가능한 정서적 불편감조차 경험하지 않거나 못하고 있는 상황이며 이는 정서적으로 불편해질 만한 현실적 자극들을 해결하려고 하기보다 회피하려는 경향이라 볼 수 있다[SumShd=0, CP=0, S=2(카드 Ⅰ, Ⅱ에서만 출현, 반응 시 행동 변인)]. 이러한 점은 편하지 않은 정서들을 억제 및 억압하려는 시도로 볼 수 있으며 동시에 정서경험 및 표현이 반응적으로 이루어지고 있다는 것을 의미하기 때문에 결국 안정적인 정서경험을 처리하는 것이라 인정하기 어려우며 정서적 자극을 처리함에 있어 자신의 정서경험을 깨끗이 인식하지 못하고 다소 신경증적인 방식으로 표현할 가능성이 높을 것이다(WSumC=8, SumShd=0).

A씨는 일상 상황에서 즐거움, 슬픔, 짜증 또는 화와 관련된 기분은 잘 느끼지 못하고 있다고 보고하고 있으며 특별히 마음이 불편하거나 힘들지 않다고 보고하고 있다. 이는 주관적으로 자신의 감정이 안정적인 상태를 잘 유지하는 것으로 느끼고 있다는 결

과와 일치하는 것이다. 하지만 다른 사람들과의 관계에서 좀 더 진지한 감정적 이야기를 나누는 분위기가 조성되면 가벼운 유머로 분위기를 희화화해 버리거나 대화 주제를 바꿔 버리는 등의 모습을 보이고 있다. 예를 들어, 누나들이 "아까 아빠가 독서실 가라고 할 때 어땠어?" "엄마가 너한테 찡얼대고 약한 소리 할 때 어때?" 등의 질문을 할 경우 "아. 몰라." "그게 뭐?" 등으로 대답을 회피하거나 "어? 좋은데? 뭐, 그럴 수 있지." "인생이 다 그렇지 뭐. 하하하." 등 심사숙고하여 정서적 경험을 처리하지 못하고 있는 상황이다. 한편, 자신의 감정을 경험하고 표현해야만 하는 상황에 당면할 경우 "아씨. 아빠 짜증나. 완전 꼰대 같아." 등의 표현을 하면서 짜증스러운 표정을 짓고 얼굴이 눈에 띄게 붉어지는 등 정화되지 않은 감정 표현이 나타나고 있다. 해당 장면이 정리가 되고 평정심을 되찾은 후가 되면 가벼운 수준에서 감정 경험과 표현을 하게 되는 것이다.

이에 가족들과의 안정적인 의사소통이 가능하다면 논리적이고 이성적인 갈등 해결이 될 수도 있겠으나 현재 경직되고 고집스러운 사고를 삶의 신념으로 가진 아버지와 남편과 아들 사이에서 눈치만 보고 있는 어머니의 특성이 A 씨의 변화에 장해 요인이 되고 있는 상황이다. 오랫동안 지속된 관계에서 보다 건강한 소통이 가능한 관계로 변화하는 것에 대해 심리적 부담을 느끼게 되면서 적절한 감정 표현 기술을 함양하기 어려웠을 것으로 예상된다.

④ 경험된 현상을 분명하고 적절한 개념과 사고로 형성시키는 방식
　(forming concepts and ideas)

A 씨는 현재 경험하고 있는 자극들과 이를 해결하기 위한 관념적 활동이 충분히 이루어지고 있는 것으로 나타났다(M=7). 이러한 관념적 활동의 현실성과 논리성을 저해하는 양상으로 나타나는 것은 아니겠으나 정서적인 장면에서 경험되는 자극들을 받아들이고 해결하는 데에 보다 높은 관념적 활동이 나타날 가능성이 높을 것으로 보인다(M=7, WSum6=3, Sum6=2(lvl1), 카드에 따른 M 반응의 계열, M과 DQ+의 조합). 그리고 경험 자극들을 개념화하는 양상은 일관적이고 분명한 사고 방향성을 갖고 있으나 이러한 개념화 양상은 다양한 대안적 사고를 하는 것을 방해하는 것으로 나타날 가능성이 높을 것을 예상해 볼 수 있다(a:p=9:2). 이러한 양상이 지니고 있는 함의는 주어진 환경에 대해 적극적으로 해결하려는 추진력에 의한 것이라기보다 당면한 자극 상황에서 자기보호의 목적으로 인한 경직된 사고 양상, 즉 고집스럽거나 소신을 지키고자 하는 경직성으로 볼 수 있을 것이다(a:p=9:2, 단일 p=0, Col—M blends). 한편, 개념화된 사고를 공고

히 하여 현실적으로 구체성을 띠는 사고로 형성할 수 있을 것으로 보이나 이상의 융통적이고 대안적 사고의 어려움을 보일 것이며 더욱더 자동적이고 고집스러운 양상을 띨 것으로 보인다(a:p=9:2, M^a:M^p=7:2, 단일 p=0). 관념적 활동은 과도한 수준은 아닌 것으로 나타났으나 적응 요구와 관련된 부정적 사고를 차단 및 억제되어 있으면서 특히 정서적 상황에서의 반응적인 관념 활동으로 보이며 일상적인 상황에서는 관념적 활동이 다소 낮은 수준으로 나타날 가능성을 높을 것으로 예상해 볼 수 있다(EB style=회피–양향형, FM+m=2, 카드에 따른 운동 반응 계열).

A 씨는 일상 장면에서는 스스로에 대해 "보통 별 생각 없는데요." "그냥 뭐 별 스트레스는 없는데요." "뭘 해도 상관없는데요." "지금은 그냥…… 대학 잘 갔으면 좋겠다." 등으로 보고하고 있으며 가족 및 친구 등에게도 특별히 튀는 사람이 아니라는 이야기를 듣고 있다. 이는 안정적인 일상 장면에서는 생산적이거나 목표 지향적인 사고는 나타나지 않고 있음을 방증한다. 그리고 시험 기간이나 자신의 미래에 대한 구체적인 대화를 요구받을 경우나 "넌 뭘 좋아하니?" "집에서 뭔가 마음에 안 들거나 가족이 너를 불편하게 하는 상황에서 무슨 생각을 하니?" 등의 질문에서는 "그냥 아……, '엄마는 그렇구나.' '누나는 그렇구나.'라고 생각하는데요." 등으로 해당 경험에 대해 구체성이 다소 부족한 모습을 보이고 있다. 하지만 주위 환경에서 요구 수준이 높아지는 상황에서는 자신이 경험한 것에 대해 상대방에게 이해가 가능하도록 설명해 주지 못하고 "아, 진짜! 아니라고요!" 등으로 불만을 호소하거나 자신의 방에 들어가 멍하게 시간을 보내는 등의 반응을 하게 된다. 만약 피할 수 없는 상황에 처할 경우에는 주위 사람의 의견을 수용하려는 태도보다 충분한 설명 없이 자신의 의견을 관철하려는 행동이 나타나고 있다. 이후 해당 순간이 지나고 나면 아무 일도 없던 듯 불편한 경험을 억제 또는 억압하며 안정적인 사고 양상을 보이는 것이다.

⑤ 자신을 바라보는 방식과 다른 사람과의 관계 양상(viewing oneself and relating to others)

A 씨는 규준적 범위에서 긍정적이고 편안한 자존감을 유지하는 것은 어려운 것으로 나타났다(Egocentricity index=.192, Sumr=0). 실제 A 씨가 보고한 자신의 자존감 수준과 맞지 않은 결과이며, 이러한 결과의 함의는 스스로 낮은 자존감으로 괴로워하고 있다는 것을 반영하기보다 자신의 모습에 관심을 덜 기울이는 태도로 인한 것이라 이해하는 것이 보다 적절할 것이다. 다만, 자신–잉크반점에 반응하기 위해 특정된 대상–과 자신이 아닌 대상–특정된 대상과 연합된 반응으로서의 확장된 대상–을 지각하도록

비교적 쉽게 유도되는 상황에서는 의도를 갖고 회피한다거나 불편감을 경험하기보다 자연스럽게 자신을 돌이켜보고 있을 것으로 예상해 볼 수 있다(II, III, VII, VIII+(2):Sum(2) =5:5, FQ와 (2)의 조합). 한편, 자기 손상적이거나 자신에 대한 부정적인 관점 그리고 부적절한 대상에 대한 지각에서는 문제시될 만한 점은 나타나지 않았다(FV=0, MOR=1, H와 FQ의 조합). 대인관계 양상을 살펴보면, 대인관계에서의 흥미, 관심은 적응적으로 잘 유지되고 있으며 모든 구조변인에서 대인관계상에서의 부적응을 시사할 만한 특이점은 나타나지 않고 있다. 다만, 타인의 강요나 통제 상황에서 문제 해결을 위해 현실적인 자기 의사 개진을 하지 못하고 수동적으로 받아들이는 경향이 있으며 이러한 수용은 의존적이거나 온정적인 수용이 아닌 거북한 상태로 남겨져 있을 것으로 보인다(24번 반응의 주제심상과 AG 반응의 가능성). 이와 더불어, 대인관계에서 자신의 주장을 현실적으로 선명하게 하지 못하면서 동시에 자신의 의견을 고수하려는 태도를 보이는 경향이 있다(a:p=9:2).

A 씨는 또래 및 가족을 포함 대인관계 장면에서 주관적으로 불편감이나 자기비하 또는 자기찬미 등의 부적절한 양상을 보이지 않고 있다. 그리고 "넌 어떤 성격이라 생각하니?" "친구나 가족들은 너 성격이 어떻다고 하던?" 등 자신에 관한 질문에서 얼굴이 붉어지고 어색한 표정을 짓는 등 "생각 안 해 봤는데……." "그냥 평범해요." "글쎄요……." 등으로 답을 하였다. 이는 자신을 바라보는 관점과 관련된 구조변인이 지적하듯 자신에 대한 신중하고 진지한 성찰을 어려워하고 있음을 방증하는 것이다. 그리고 혼자서 일상생활 활동을 하는 것보다 주위 사람들과 함께하는 것을 선호하며 주위 사람들의 관계 요구에 대해 편하게 받아들이고 기꺼이 즐거운 태도로 함께 활동을 하고자 한다. 한편, 동일한 주제를 예로 들어, 함께 TV 시청을 하면서 해당 주제에 대해 이야기를 나눌 때 다소 경직된 기준으로 결론을 내리고 대안적 결론에 대해서는 수용하지 않는 고집스러운 태도를 보이는 경향이 있다. 이로 인해 주위 사람들에게 "나이답지 않게 꼰대 같다."는 말을 듣는 일이 종종 있는 상황이다. 예를 들어, "저건 아니지. 왜 말 안 듣고 사표 내서 저 꼴을 당해." "인생 뭐 별거 있나? 공무원이 최고지." 등의 말을 하며 주위 사람들이 다른 의견을 제시하면 "아무튼 그래!"라고 대안적 의견은 들으려 하지 않으려는 모습을 보이는 것이다.

2) 사례 6: 26세 B 씨(여)

(1) 맥락 정보

• 검사 요청에 흔쾌히 수락하였음.

• 1남 2녀 중 둘째.

• 취업준비생. 직업훈련학교에 다님(상담 과정 중 취직을 하였음).

• 아버지 직업은 퇴직 은행원. 어머니 직업은 전업주부.

• 어릴 때부터 부모님의 남아 선호적 태도로 억울하게 남동생의 숙제를 대신하거나 동생 대신 관리를 못 했다는 이유로 혼나는 일이 자주 있었다고 함.

• 현재 언니와 둘이서 자취를 하고 있다고 함. 곧 본가로 다시 들어가게 됨.

• 언니는 자기중심적인 사람이라고 하며 자신의 것은 아무도 못 건드리게 하면서 동생들의 것은 대수롭지 않게 사용하고 당연시 한다고 함.

• 상황에 맞지 않게 자꾸 눈물이 흐른다고 함. 특히, 자신에 대한 질문을 받을 상황에서 눈물이 나며 슬픔이나 억울함 등의 감정은 느껴지지 않고 그냥 눈물이 흐른다고 함. 업무나 지식 등의 특정한 정보에 대한 질문을 요구받을 경우에는 편안하게 답을 할 수 있다고 함.

• 대학교 입학 후 다소 내성적으로 변했다고 함. 당시 의도치 않게 과 임원의 의무로 후배들에게 쓴소리를 하는 입장이 되었는데, 그 일로 후배들이 자신에게 욕을 하며 대들었고 그 후로 사람들과 관계하는 것이 조심스러워졌다고 함.

• 이전 직장에 취직한 이유는 지도교수님이 추천해 줬기 때문이라고 하며 자신이 원하는 업무 영역이 아니었지만 수락을 하였다고 함. 퇴직 이유는 자신이 원하는 업무를 하고 싶어서라고 하였음.

• 이전 직장에서 불합리한 지시를 하는 등 모두가 대하기 어려워하는 상사 밑에서 2년 가량 일을 했는데 다들 대단하다고 이야기를 했다고 함. 하지만 자신은 힘은 들었지만 못 견딜 정도로 힘들다 생각하지 않았고 그런가 보다 하고 일을 해 왔다고 함.

• 친구들에게 퇴사를 하고 재취업 준비를 하고 있는 자신의 상황을 알리지 않았다고 함. 그리고 친구들과 자신의 이야기를 편하게 할 수 없고, 한다 하더라도 깊은 공감이나 이해를 받지 못하여 애초에 말을 하지 않는다고 함.

• 현재 직업학교에서도 자신이 의도하지 않게 친하게 지낸 동기에게 오해를 받고 소원해진 상황이라고 함.

[자료 7-2] B 씨의 반응기록지

Cd	R	R.T.	Po	Response	Inquiry
I	①	17		(제시 후 잡지 않고 봄) 여우요…… W, F, Ad 1.0	(여우라고 하셨네요?) 이…… 여기 눈이고. 여기가 입이고. 여기가 귀. 그래서 여우……(끝말 흐림)
행동변인				회전이나 부가적 행동 없이 반점에 주의를 기울인 채로 초발 반응까지 17초가 소요되었다. 첫 카드를 제시한 후 스스로 잡고 보지 않을 경우 "들고 편하게 보세요." "잡고 보셔도 됩니다." "자~ 들고 보세요~." 등의 지시를 하여야 한다. 일단 카드를 잡고 난 뒤 다시 테이블에 내려놓고 볼 경우에는 재지시를 하지 않고 해당 행동을 그대로 기록을 해 놓도록 한다.			
	②	2		나방 같기도 한데…… 그것 말고는 안 보여요. W, F, A 1.0	(나방 같기도 하다고 하셨는데?) 나방은 머리 부분, 날개고요…… 이게 머리. 더듬이, 이렇게…… 몸통, 이렇게 해 가지고……
행동변인				반복적이고 자발적으로 나타난 "그것 말고는 안 보여요." 언급은 자극경험에 대한 심적 차단, 자극 탐색 시도의 차단, 인지적 수행력의 저하 등을 시사할 수 있음.			
II	③	12		토끼? 응…… 토끼 같아요. (15초가량 카드 주시) 다 봤어요……. 안 보여요……. (천천히 편안하게 보셔도 됩니다) 안 보여요……. D, F, A (2)	(그리고…… 토끼?) 두 마리인데요…… 여기 한 마리, 여기 한 마리. 여기가 귀고. 코고…… 손발…….
채점 tip				두 번째 카드까지는 하나의 반응만 할 경우 반응 독려를 하는 것이 필요하다. 만약 더 이상 추가 반응을 하지 못할 경우 반응을 강요하지 않도록 주의한다.			
III	④	114		이거 뭐로 보이는지 말하면 돼요? 사물인지도 상관없어요? (네, 편하신 대로 보면 돼요.) (고개를 갸웃. 골똘히 봄) 독수리? (69초가량 침묵과 카드 주시) 모르겠어요……. DdS, F, A	(이건…… 독수리?) 네. 여기 독수리. 여기가 날개…… 여기 날개구요……. 여기가 부리……, 여기가 깃처럼……, 꼬리 부분이고…… (어느 곳인지 여기서 가리켜 줄 수 있을까요?) 여기 이 부분요. 이렇게 보면 여기가 모양이 날개, 부리 쪽이고 이게 꼬리 같아요…….
채점 tip				반응 영역을 두루뭉술하게 설명할 경우 반점상에서 자신이 본 영역을 손으로 가리켜 보도록 요구할 수 있다. 단, 반응영역지를 제시하여 그 위에 볼펜으로 스스로 그리도록 하는 것은 바람직하지 않다. 불필요한 Dd로 채점될 가능성을 높일 수 있기 때문이다.			
행동변인				반응을 한 후 오랜 시간을 들여 추가 반응을 하려는 시도를 하지만 최종적으로 반응을 하지 않고 반응을 억제하거나 유보하려는 양상을 보이고 있음. 세 번째 카드에서도 하나의 반응만 하였으나 추가적인 반응 독려를 하지 않고 카드를 수거하게 됨. 이는 일상적인 장면에서 주위 대상들 또는 환경적 특징들로 인해 일반적인 독려 상황은 주어질 수 있으나 지속되고 빈번한 반응 독려는 일상 장면에서도 주위 대상들이 수검자에게 과도한 통제 및 권유를 하는 상황과 유사해지는 것이라 할 수 있음.			

IV	⑤	15	원숭이요. W$_o$ F$_o$ A 2.0	(원숭이를 보셨네요?) 여기가 머리고요……, 여기가 다리……, 발……, 이게 꼬리…….
	행동변인			카드 IV에서 자발적으로 4개의 반응이 나타났음. 유의할 정도의 표정 변화는 관찰되지 않았으나 앞선 카드에서 반응들과 쉽게 비교될 정도로 말의 속도가 빨라지고 목소리도 높아지는 모습을 보였음. 이는 카드 IV의 속성에 영향을 받은 후 적절한 처리를 하지 못한 채 반응적으로 나타난 억제력 감소의 결과일 수도 있음.
	⑥		꽃 같아 보인다고 하시고. D$_o$ F$_o$ A	(꽃 같아 보인다고 하셨는데……?) 걔는 딱히 뭘 보고 꽃 같다고 한 게 아니고. 그냥 전체적인 모양이. 그렇게 생겼어요……. 여기가 꽃이고 여기가 꽃대고. (어디라고요?) 여기가 꽃이고, 여기 이 부분이 꽃대.
	채점 tip			반응 영역의 탐색에서 처음 "전체적인 모양이"라고 하였으나 명료화 과정에서 손으로 가리키는 영역이 전체를 지시하지 못하였다. 전체 영역을 지각하였으나 특징적인 부분들만 언급을 하였을 경우에는 전체 반응으로 채점하긴 하나, 해당 반응에서처럼 두루뭉술하게 뻗어 내는 방식으로 "전체적인 모양이"라는 말을 하면서 반점을 가리킬 때 부분만을 지각하였음이 명백하다고 여겨진다면 부분 반응으로 채점되는 것이 바람직할 것이다.
	⑦		(골똘히 봄) 박쥐인 것 같기도 해요. Dd$_o$ F$-$ A	(그리고 박쥐?) 그거는 이렇게 봤을 때 (회전) 여기가 머리고……, 여기가 날개……, (손으로 가리켜 봐 주실 수 있겠어요?) 여기요……. 이렇게. 이렇게. 날개. 머리.
	행동변인			자유 반응 단계에서는 카드 회전이 없었으나 명료화 과정에서 회전을 하여 설명하였고 이는 자유반응 단계에서 소극적인 문제 접근 방식을 의미할 수 있으며 조심스럽고 신중한 수행을 보인 것이라 볼 수 있음.
	⑧		(골똘히 봄)절 벽 같기도 하고…… Dd$_+$ F$-$ Ls (2) 4.0	(절벽도 봤네요?) 그거는 요 부분……. 여기 양쪽에…… 이게 쫌 바위처럼 생겼고…… (어떤 점으로 바위처럼 보게 된 거죠?) 이게…… 그냥…… 좀 약간…… 풀. (약 9초간 침묵) 덩굴 같은 게 내려오는 절벽……? 같은 느낌이 있어서…… (풀이라고요?) 네. 풀…… 같은 거…… 늘어진 거……. 그런 거가 많은……. 여기는…… 돌이고……. (표현하는 것을 어려워하며 말이 끊기고 당황해함) (돌은 어떻게……?) 여기 이 부분이 돌처럼 생겼고……, 여기…… 밑으로 자라는 식물 같은 거 있는…… 절벽이요…….
	채점 tip			반응내용에서 바위, 풀, 절벽 세 가지 대상이 보고되었으며 이는 각각 Ls, Bt로 채점할 수 있는 것이다. 최종적으로 보다 높은 수준의 반응내용인 Ls만 채점하게 된다. 그리고 "넝쿨 같은 게 내려오는" "늘어진 거" 등의 반응은 운동성을 포함하는 반응으로 고려해 볼 수도 있지만 해당 반응은 긴장성이나 동적 상황을 설명하기보다 각 대상의 안정적인 위치를 지적하는 상태적 묘사에 준한 반응으로 볼 수 있다.
	행동변인			해당 반응을 할시 앞선 반응 종료와 간격이 4초가량이었으나 명료화하는 시간은 3분가량이 소요되었음. 그리고 명료화하는 과정에서 자신의 설명이 잘 되지 않는 것에 당황해하는 모습을 보였음. 이는 해당 반응에서 상당한 심리적 부담을 느끼고 있는 것이라 예상해 볼 수 있음.
V	⑨	11	새 W$_o$ F$_o$ A 1.0	(이건 새라고 하셨네요?) 여기는 새 몸통이고 새 날개…….

행동변인			해당 카드에서 대부분 사람들이 흔히 반응하는 반응을 하면서도 다소 긴 초발 반응시간을 보였음. 이는 일상적인 반응을 하는 상황에서조차 신중하고 조심스러운 반응을 하는 경향성을 의미할 수 있음.	
	⑩	14	나비(주의를 기울이며 꼴똘히 봄) W₀ F₀ A P 1.0 PSV	(나비도 보셨고요?) 나비는 여기 더듬이 같이 나온 거랑 ……. 꼬리 부분 갈라진 거 때문에…….
VI	⑪	4	기타? W₀ Fᵤ Sc 2.5	(이건 기타?) 네.. 이 부분이 기타 몸체고.. 이 부분이 기타 조율하는 것처럼 보여서 기타처럼…
채점 tip			기타, 바이올린, 첼로 등을 포함하는 악기를 보고할 경우 Art로 채점하는 경향이 있다. 하지만 Art로 채점되기 위해서는 자신의 지식체계 내의 정보를 활용하고자 한 적극적 의도가 반영되거나 지적 과시 의도 또는 예술적 묘사 시도 등으로 나타나야 한다. 이 밖의 경우 악기 자체를 단순한 모양 특성에 의해 설명할 경우 Sc가 적합하다.	
	⑫		엄청 큰 나뭇잎 같기도 하고.. (60초 이상 본 후) 끝. W₀ Fᵤ Bt 2.5 PER	(회전 행동 없이 거꾸로 봄) 이것도 거꾸로 봤을 때……. 이게 나뭇잎대고. 이게 나뭇잎 전체. (엄청 크다고 하셨는데?) 네. 이게, 얘가 생긴 게 나뭇잎처럼 이렇게 크게 생겨서……. 보통 이렇게 나뭇잎이 생긴 거처럼…….
채점 tip			PER은 자신이 체험한 과거 경험을 참조하여 설명할 경우와 자신이 체험이나 학습을 통해 습득된 정보를 참조하여 자신의 반응을 명료화할 경우 채점된다. 해당 반응은 자신이 알고 있는 나뭇잎의 개념을 추가적인 근거로 부연하고 있기 때문에 PER로 채점하는 것이 적합하다. 단, PER의 반응 양상을 검토해 볼 수 있는데 자발적인 설명 과정에서 나타난 PER과 추가 질문이 있은 후에 나타난 PER은 질적 차이가 있을 수 있다. 후자일 경우 PER의 기본적 해석의 의미는 약해질 것이다.	
행동변인			자유 반응 단계에서 회전 행동이 없이 심적 회전을 통해 거꾸로 지각을 한 것임. 7번 반응과 동일한 양상임.	
VII	⑬	6	여자 얼굴 같아요. D₊ F₀ Hd,Cg (2) 1.0 PHR	(이건 여자 얼굴이네요) 요 부분이요……. 여기가 눈, 코, 입이고 여자 얼굴 같았어요……. 모자 같은 거 쓴 여자 느낌이 들었어요……. 양쪽 똑같이 생긴 것 같은데. (모자는 어디에 있는 거죠?) 여기요, 이렇게.
	⑭		물 단지 같은 거……. DS₀ Fᵤ Hh	(물 단지 같은 거라고요?) 물 단지는 여기 하얀 부분 봤을 때. 입구가 넓은 물 담을 수 있는 부분 같아요.
채점 tip			DS로 채점이 되었지만 단일 공백 영역을 지각한 경우에는 조직화 점수를 채점하지 않는다.	
VIII	⑮	9	(흠……. 한숨) 곰 두 마리 D₀ F₊ A	(곰 두 마리?) 네, 여기 빨간 애. 여기 곰 다리고. 곰 머리가 이렇게 있고. 여기 살짝 나와 있는 부분이 곰 귀 같은 거……. 여기 뒷다리고…….
채점 tip			명료화 과정에서 "빨간 애"라는 설명은 빨간색으로부터 곰을 지각한 것이 아니라 '빨간 영역'의 반점을 수검자에게 알리고자 한 의도에서 나타난 반응이다. 만약 빨간색 반점 특징에 의해 해당 반응이 일어났다고 인정할 수 있다면 C 계열 채점을 고려해야 할 것이다. 그리고 해당 반응의 형태질은 'o'이며 명료화 과정에서 반응 대상의 형태 속성에 준해 세부적이고 구체적인 묘사를 하고 있기 때문에 '+'로 상향 채점을 하는 것이 적합할 것이다. 그뿐만 아니라 반응 과정에서 나타난 행동을 통해 세부적인 묘사를 위한 노력이라는 추가적 증거를 확인할 수 있을 것이다.	

행동변인			해당 반응부터 움직움직거리며 수시로 자세를 고치고 목의 움직임이 많아졌음. 그리고 얼굴이 이전과 비교 가능할 정도로 상기되는 모습을 보였음. 유채색 카드를 접하게 되면서 변화된 행동으로 볼 수 있음.	
	⑯		산? D_o FC_o Ls	(그리고…… 산?) 산은 여기 이 부분 보고…… 그냥 뾰족하게 솟아 있고. 색깔 때문에 그랬던 것 같기도 해요. 파랗게.
채점 tip			유채색 속성에 의해 해당 반응이 나타났으나 산의 형태적 속성이 우선시되고 푸른 색깔 속성이 부가적으로 첨가되었기 때문에 FC가 적절하다.	
행동변인			명료화를 하는 과정에서 다른 반응에서의 눈에 띌 정도로 목소리에 힘이 들어가며 말의 속도가 빨라지는 모습을 보였음. 하지만 자신의 반응에 대한 근거로 유채색 속성을 부여할 때 대수롭지 않고 가벼운 말투로 "……그랬던 것 같기도 해요."라고 하였음.	
	⑰		꽃인 거 같기도 해요. D_o F_u Bt PER	걔는 이렇게 뒤집었을 때 여기 부분이랑. 여기 초록색 부분까지……. (꽃처럼 보게 된 이유가 뭘까요?) 음……. 그냥 일반적인……. 보통 꽃처럼 생겨서…….
채점 tip			해당 카드는 완전히 유채색으로 구성된 카드이기 때문에 '꽃'과 같이 이러한 유채색 속성에 영향을 받았을 것이라고 예상되는 반응이 있을 경우에는 추가적 검토 없이 당연히 유채색 결정인이라 결정하는 실수를 범하기 쉽다. 해당 반응에서 '꽃'은 형태 속성에 의해 반응한 것이며 명료화 단계에서 "초록색 부분"이라 언급되었지만 추가적 명료화 요구 시 형태 속성에 한정하여 자신의 반응의 원인을 선택했기 때문에 F로 채점되어야 한다.	
행동변인			수검자는 유채색 속성에 이끌려 반응이 되었다 하더라도 최종적으로 자신의 반응의 근거를 형태 속성에 한정하려는 경향을 반영하는 것으로 보는 것이 더 적합할 것이다. 예상되는 정서 발생 상황에서 경험과 표현을 최소화한 것이라 볼 수 있다.	
IX	⑱	58	샹들리에? 위에 전등 같은 거 D_o FC_u Sc PER	(이건 샹들리에네요?) 여기에……. 가운데 선이랑. 가운데 분홍색 똥글똥글하게 보이는 것들……. (자세를 고쳐 앉음) 이게 등그런 조명같이 생겨서서……. 그리고……. 보통 조명은 이렇게 길게 내려오지 않는데……. 이렇게 높아서.(선이라고요?) 네, 여기 길게 달려 있는 선 같은 거.
채점 tip			일반적으로 '선' '끈' '줄'과 관련된 반응은 음영 속성에 의해 지각될 가능성이 매우 높은 반응이다. 그렇기에 주의 깊게 명료화를 해야 한다. 하지만 해당 반응은 선에 대한 독립적인 윤곽을 가진 반점 영역이 존재하였고 명확히 형태 자체를 직시하는 것이라 결정하여 'Y'로 채점을 하지 않은 것이다.	
행동변인			16번 반응에서처럼 유채색 속성을 보고하는 상황에서 간편하게 보고를 하면서 형태 속성에 대한 명료화로 빠르게 방향이 전환되는 모습을 보였음.	
	⑲		쥐요. 쥐. DS_o F_u Ad 5.0 PER	(쥐도 보셨네요?) 쥐는……. 여기가 눈이구요……. 여기가 코 여기가 귀……. 이렇게 좀……. 여기 앞다리. 약간 만화 캐릭터처럼 그려진 쥐같이 보였어요…….
X	⑳	5	사슴벌레……. D_+ $FM^a.FC_u$ A,Bt 4.0 PER	(자……. 이건 사슴벌레?) 여기 하늘색……. 이……. 뭐지……. 턱……. 사슴벌레 턱처럼 되어 있고……. 사슴벌레가 이렇게 생기지 않았나요? 음……. 이게 다리같이 보였어요……. 근데 이게 나뭇잎처럼 보여서……. 나뭇잎 물고 가는 사슴벌레처럼 보였어요……. (나뭇잎은 어떤 점 때문에 나뭇잎으로 볼 수 있었나요?) 그냥 색깔 때문에……. 이것도…….

	채점 tip		사슴벌레의 입 부분 또는 집게를 턱으로 표현하였다. 이는 실제 사슴벌레의 신체적 구조가 턱으로 명명된다. 이러한 경우 추가적 검토 없이 당연히 DV로 채점해 버리는 경우도 있는데 이는 잘못된 채점이다. 해당 반응에서 수검자가 '턱'이라는 단어를 사용하는 데에 자신이 없었고 추정하여 단어를 사용한 것이기 때문에 level1의 DV의 조건이 될 가능성도 검토해 보는 것이 필요하다. 해당 현상에 대한 정확한 개념을 가졌는지에 따라 DV 채점이 달라질 수 있다는 것이다. 최종적으로는 해당 반응에 대해서는 DV를 채점하지 않았으며 채점을 안 한다 하더라도 관련 특수점수들의 양상을 고려하여 의미를 점검해 볼 수 있을 것이다.	
	㉑		꽃밭 같기도 하고……. ---------- W₊ CFᵤ Ls 5.5 PER	(꽃밭도 보셨네요?) 그거는 그냥 전체적으로 봤을 때 여러 종류의 꽃들이 있는 것 같아서. 노란색, 빨간색 이런 거 다. 꽃무늬? 꽃이 모여 있는 모양 같아서.. (어떤 점 때문에 그렇게 볼 수 있었던 거죠?) 이것도 색깔 때문에 그래요. 요것들 같은 경우에는 꽃을 싸고 있는 것 같아서 더 꽃처럼 보인 것 같고.. 여기 가운데 빨간색 꽃술처럼 그릴 때 그렇게 그리잖아요. 그런 것 같아서.. 그렇게 보여요..

(2) 주제심상 변인

B 씨의 프로토콜에서 주요한 투사 내용을 시사하는 세 가지 기준으로 풍부한 주제심상을 가진 반응을 선별하는 것은 어렵다. 다만, 프로토콜 내에서 행동변인과 관련하여 반응 계열을 검토해 볼 경우 B 씨는 다양한 자극 상황에서 그에 따른 투사 반응을 조심스럽게 차단하는 경향을 예상해 볼 수 있을 것이다. 그리고 반점에 대한 경험들을 자연스럽고 편안하게 경험하는 것으로 비치지만 자신의 경험들을 표현하기 어려울 것이라는 가정을 해 볼 수 있다. 이러한 반응 방식을 고려하더라도 주제심상을 검토해 볼 만한 2가지가 있는데, 첫째, 카드 IV에서 8번 반응이다. 해당 반응은 Dd와 DQ+ 그리고 FQ−, 다른 반응들에 비해 비교적 높은 수준의 윤색과 주요한 행동 양상을 보이고 있다. 절벽과 절벽에 늘어져 있는 풀 덩굴과 관련된 연상을 살펴보면, 절벽은 현재 자신이 당면한 상황을 의미할 수 있으며 그에 늘어져 있는 풀 덩굴은 당면 상황에서 복잡하게 엉클어져 무력하게 생존만 유지하고 있는 자신의 모습이 투사되어 있다는 가정을 해 볼 수 있다. 둘째, 인간 대상 관련 내용 반응은 유일하게 카드 VII에서 Hd(여자 얼굴)가 나타났다는 점과 해당 카드의 속성으로 인해 일반적으로 인간얼굴을 빈번하게 지각할 수 있다는 점을 고려해 볼 때 B 씨는 실제 장면에서 인간 대상과의 관계에서의 불편감 또는 흥미의 부재를 짐작해 볼 수 있을 것이다. 그리고 Ls, Bt로 채점된 반응에서 다른 반응과 비교 가능할 정도의 강조된 설명 및 윤색 노력을 보이고 있으며 이는 인간 대상과의 관계 외의 상황에서 몰두되어 있고 보다 편안하게 집중하고 경험할 수 있는 경향이라 볼 수 있을 것이다.

(3) 구조 변인

Scoring Sequence Table

RN	RT	CN	RL	S	DQ	F	Ma	FMp	ma	mp	MaMp	FQ	반응내용	(2)	PR	Z	특수
1	17	I	W		o	F						o	Ad			1.0	
2	2	I	W		o	F						o	A	2		1.0	
3	12	II	D		o	F						u	A				
4	114	III	Dd	S	o	F						u	A				
5	15	IV	W		o	F						o	A			2.0	
6		IV	D		o	F						o	A	2			
7		IV	Dd		+	F						-	Ls				
8	11	IV	W		o	F						-	A			4.0	
9		V	W		o	F						o	A			1.0	PSV
10	14	V	W		o	F						o	A		P	1.0	
11	4	VI	W		o	F						u	Sc			2.5	PER
12		VI	W		o	F						u	Bt			2.5	PER
13	6	VII	D		o	F						o	Hd Cg			1.0	PHR
14		VII	D	S	o	F						u	Hh				
15	9	VIII	D		o	FC						+	A	2			
16		VIII	D		o	F						o	Ls				
17		VIII	D		o	FC						u	Bt				
18	58	IX	D		o	F						u	Sc				PER
19		IX	D	S	o	F						u	Ad				PER
20	5	X	D		+	FM FC			a			u	A Bt			5.0 4.0	PER
21		X	W		+	CF						u	Ls			5.5	PER

(2)   PR   Z   특수   6

Rorschach Structural Summary-6 Dimension

제작 : 우 상 우　　사용 : 우 상 우

Viewing Oneself

Egocentricity Index = 0.143	rF+Fr = 0			
V 0	FD 0	An 0	Xy 0	Sx 0
MOR 0	H + FQ- 0	(H)+(Hd)+(A)+(Ad) 0		
+AG 0	II, III, VII, VIII + (2) : R(2) = 2 : 3			
+H Conts 0	H+A : Hd+Ad = 10 : 3			
H : Hd+(H)+(Hd) = 0 : 1				

Relating to Others

Sum H	H : Hd+(H)+(Hd)	ISOL	GHR : PHR
0	0 : 1	0.286	0 : 1
SumT	HVI	Hents(HVI) Pure H + FQ-	MQx-
0	NO	1(4)　0	0
Cg = 1	Sc = 2	PER = 6	
COP = 0	AG = 0	a : p = 1 : 0	

External Reality

R = 21　　L = 0.905

XA% = 0.905	Zd(Zf) = -7.5(12)	Xu% = 0.476
WDA% = 1.000		Eco Index = 8 : 10 : 3
X-% = 0.095		P = 1

Attending to and Perceiving Surroundings

Forming Concepts and Ideas

	Lvl 1(0개)	Lvl 2(0개)		WSum6 0
DV	0	0		PER 6
INC	0	0	Fma : FMp 1 : 0	a : p 1 : 0
DR	0	0		Ma : Mp 0 : 0
FAB	0	0	ma : mp 0 : 0	EBPer 0.000
ALOG	0		Sum6 0	FM+m 1
CONT	0		(W)DQ+,v/+ = 1	INTELL. 0

DQ+,v/+ = 4

MQx				
+	0		Art	0
u	0		Ay	0
-	0		AB	0

Experiencing and Expressing Feelings

SumC' : WSumC	0 : 2.5		
Afr 0.500	Total DQ+ 4	VIII IX X DQ+	VIII IX X + FQ-
Col-Shd 0		Col+T	Col+V
eb 1:0		2/(T)	0/(T)
Sum Shd 0		Blends% | m+Y bl%	5%　0%
Space 3	S+Dd 1	S+FQ- 0	S+Col 0　S+VIII IX X 1
EBPer 0.000			
FC : CF+C 3:1	C 0	CF 1	FC 3

중앙 요약

EA = 2.5	EBPer = 0.000	D = 0
EB = 0 : 2.5		
es = 1	Adj es = 1	Adj D = 0
eb = 1 : 0		

	M	WSumC
	0	2.5
FM	1	C' 0
m	0	T 0
		V 0
		Y 0

CONSTELLATION INDECES

PTI = 0(4)　DEPI = 4(5)　CDI = 4(4-5)　OBS = NO　S-CON = 5(8)　HVI = NO

S-CON

FV+VF+V+FD > 2	0
C-S Blends > 0	0
3r+(2)/R <.31 / >.44	1
MOR > 3	0
Zd >+3.5 / Zd <-3.5	1
es > EA	0
CF+C > FC	0
X+% < .70	1
S > 3	0
Pure H < 2	1
R < 17	0

PTI

XA%<.70 & WDA%<.75	0
X-%>.29	0
LVL2>2 & FAB2>0	0
R<17&WSUM6>12 / R>16&WSUM6>17	0
M->1 / X-%>.40	0

DEPI

Sum V>0 / FD>2	0
C-S Blends>0 / S>2	1
Ego cent>.44 & Sum r=0 / Ego cent<.33	1
Afr<.46 / Blends<4	1
Sum Shd>FM+m / C'>2	0
MOR>2 / INTELL>3	0
COP<2 / (Isol)>.24	1

CDI

EA<6 / AdjD<0	1
COP<2 & AG<2	1
WSumC<2.5 / Afr<.46	0
p>a+1 / Pure H<2	1
T>1 / Isol>.24 / Fd>0	1

OBS

Dd > 3	0
Zf > 12	0
Zd > +3.0	0
P > 7	0
FQ+ > 1	0
(1)-(5) 중 2개 이상 해당 시 YES	0
(1)-(5) 모두 해당	0
(1)-(4) 중 2개 이상 해당 & FQ+>3	0
(1)-(5) 중 3개 이상 해당 & X+%>.89	0

HVI

반드시 해당	
Sum T=0	1
최소 4개 이상 해당	
Zf > 12	0
Zd > +3.5	0
S > 3	0
H+(H)+Hd+(Hd) > 6	0
(H)+(A)+(Hd)+(Ad) > 3	0
H+A : Hd+Ad < 4 : 1	1
Cg > 3	0

⑷ 6차원 적응모형을 기초로 한 평가

① 주위 환경에 주의를 기울이고 자극들을 입력하는 방식
    (attending to and perceiving surroundings)

B 씨는 현재 노출된 주위 환경에서 규준적 수준의 접촉은 가능한 것으로 나타났다(R=21). 하지만 접촉하는 주위 환경들로부터 경험된 자극들을 충분히 심사숙고하거나 정서적 경험을 하지 않거나 못하고 있는 것으로 보인다(L=4.250). 하지만, 경험된 자극들을 단순하고 원초적으로(naively) 차단하는 것이 아닌 자극을 처리할 수 있는 개인의 심리적 용량을 넘어선 수준의 자극을 최소화하는 것으로 보는 것이 적합할 것이다(늦은 초발 반응시간, 명료화 과정에서 편집(editing) 경향). 주위 자극들을 단순화하여 처리하려는 경향으로 인해 경험된 자극들은 분명하고 충분하게 해결되지 못하고 내면에 남겨져 산재해 있을 가능성이 높다(Zd=−7.5, W_o와 관련된 Z 점수, DQ+ 낮은 빈도).

현실적 지각과 관련하여서는 부적응을 시사할 만한 결과는 나타나지 않았다(XA%=.9.5, WDA%=1.00, X−%=.095). 이러한 결과는 주위 환경을 차단 또는 회피한 결과로 다소 신경증적으로 주위 환경의 자극들을 안전하고 단순하게 지각하려는 시도의 가능성을 의심해 볼 수 있다(L=4.250, 협조적이고 순응적인 수검 태도). 한편, 관습적 지각에서는 규준적 범위를 벗어나 있는 것으로 볼 수 있으나 이를 반영하는 구조변인들에서는 일관적이지 않은 결과가 나타났다(Xu%=.476, Economic Index=8:10:3, P=1). 구체적으로 살펴보면, DQu로 채점된 반응들은 자극을 주시하는 시간이 많이 소요되었고, 특히 유채색 카드에서만 전체 DQu의 50%(5/10)가 나타났다. 이에 더해, DQu의 반응들은 DQ−보다 DQo에 보다 가까운 수준에서 질적 수준을 보이고 있다. 이는 충분히 관습적인 지각이 가능하겠지만 반응의 요구, 압력 등 환경적 요구가 있을 시 보다 주관적인 기준에 따라 자극을 경험하려고 하고, 특히 정서적 상황에 당면할 시에는 이러한 면이 일관적인 양상으로 나타날 가능성이 높을 것이라 예상해 볼 수 있다.

반면, Economic Index는 규준에서 크게 벗어나지 않은 비율을 보이고 있으며 W_o의 비율이 높다는 점과 Dd 반응이 카드 III에서 긴 반응 탐색 시간을 소요한 후 나타났고 (114초) 카드 IV에서 역시 오랜 시간을 소요한 후 세 번째와 네 번째 반응에서 나타났다는 점을 고려해 볼 때, 일상적 상황에서는 기본적으로 관습적인 방식의 자극 경험이 가능하겠으나 환경으로부터 적응 요구의 압력이 있을 시 주관적이고 지엽적인 특성에 주의를 두려는 경향을 의미하는 것으로 볼 수 있을 것이다. 이와 함께 P는 가장 흔히 나타날 수 있는 카드 V에서만 1개가 나타났는데 이는 일반적 지각력의 손상이라고 보기보

다 일반적이고 일상적인 지각을 할 수 있는 편안한 자극 경험에 대한 불안정성을 의미하는 것으로 보는 것이 더 적합할 것이다.

B 씨는 어린 시절부터 남아 선호 등의 보수적인 분위기의 가정 내에서 둘째 딸로서 불합리한 처우를 받아 왔다고 하였고 고등학교 및 대학 시절 동안 부정적인 오해를 받아 대인관계 문제가 발생한 사건들이 있었다고 하였음. 또한 최근 가족 간의 스트레스를 회피하기 위한 목적으로 독립을 하게 되었고, 실직을 한 후 구직을 위한 준비를 하고 있는 등 명확하게 해결되지 못한 스트레스가 만연해 있는 상황이다. 이러한 생활 전반에 걸쳐 있는 스트레스는 B 씨에게 상당 수준의 적응 요구로 경험되며 개인적 노력을 통해 해결하는 것이 상당히 어려운 것이라 할 수 있다. 이러한 상황을 대처하는 방식으로 전반적인 심리적 스트레스 자극들을 차단하고 구직 활동에 몰두하면서 심리적 적응을 유지하는 전략을 선택했다고 볼 수 있다.

② 스트레스를 관리하는 방식(managing stress)

B 씨는 주위 환경으로부터의 적응 요구와 경험된 자극들을 적절히 받아들이고 해결할 수 있는 실제적 적응능력이 부족한 것으로 나타났다(EA=3, EB=0:3, es=1). 하지만 전반적으로 스트레스 자극들을 차단하고 회피하는 것으로 스트레스에 압도당하지 않고 심리적 안정을 유지하고 있을 것으로 보인다(L=4.25, D=0, AdjD=0, es=1). 이러한 안정감은 추가적인 삶의 스트레스 또는 통제되지 않은 채 발생하게 되는 내부세계의 자극에 더욱더 위축 또는 회피하려고 하거나 쉽게 압도당해 적응력의 급격한 저하를 일으킬 가능성을 높이게 된다(반응시간의 지연, 예상치 못한 상황에서 눈물이 남). 특히, 다른 사람들과 관계하는 상황에서 경험되는 불편감 및 갈등을 적절히 해결하는 것이 어려우며 이는 관계 기술의 부족의 결과로 볼 수 있을 것이다(CDI=4). 그리고 EB 유형은 M이 0인 회피-외향형으로서 자발적이고 주체적인 문제 해결 능력이 상당 수준 저하되어 있으며, 특히 당면 문제에 대해 심사숙고하고 순차적으로 이해하고 해결할 수 있는 관념 기능의 저하가 두드러질 것으로 나타났다. 이에 더해 정서적 상황에서 적절한 감정 조절이 되지 않은 채 자동적으로 감정을 경험하고 표현할 가능성이 높다고 볼 수 있다(EB= 0:3, C 계열 반응에서 낮은 명료화 양상). 이러한 면은 스트레스를 해결하기 위한 신중한 검토를 회피한 채 주위 상황에 더욱더 수동적인 태도로 접근하여 안정감을 유지하려는 양상으로 나타날 수도 있다.

B 씨는 기본적인 생활, 즉 학교 일정에 한해 반복적인 하루 일과를 보내고 있으며 가

족 및 친구들을 만나는 일도 거의 없다고 하였고 언니와 함께 살지만 공동 생활에 필요한 이야기만 일방적으로 간단히 하는 정도라고 하였다. 그리고 학교에서 요구하는 직업 훈련과 관련된 생각과 수행만 하며 자신에 대한 여타의 생각은 하고 있지 않다고 한다. 이러한 면은 원하지 않았지만 감당하고 해결 및 정리를 해야 할 다양한 사건에 대해 경계를 갖추는 등 회피적인 태도로 나타나고 있는 것으로 볼 수 있다. 실제로 요구받은 스트레스들은 현재 오롯이 자신의 노력으로만 해결할 수 없고 진로와 관련된 갈등 그리고 대인관계에서의 어려움 등의 주위 환경들이 자연스럽게 변하게 될 것이라는 기대조차 하기 어려운 상황이다. 이러한 현실을 직면하기란 상당히 힘든 상황이기 때문에 직업훈련 수행에 한정해 자극 경험의 범주를 좁히는 등 제한된 영역 안에서 적응하고 있을 것으로 보인다. 하지만 정서적으로 친밀한 친구나 모의 면접 과정 그리고 상담 상황 등에서 자신에 대해 생각해야 할 상황에 맞닥뜨릴 경우(대부분 사람에게서는 일반적인 수준일지라도) 자신도 예상치 못했고 원하지도 않게 반사적으로 눈물이 나오게 된다고 한다. 이는 전반적으로 차단되고 억제되어 있는, 해결되지 못한 스트레스의 압박에 압도되어 사고 및 감정 조절 기능이 적절히 작동되지 못한 결과로 나타난 것일 수도 있다. 이후 당면 상황이 지나가면 슬픈 감정이 경험된다고 하나 이유를 알 수 없다고 하며, 금세 이전의 안정적이던 상태로 회귀하는 모습이 보이고 있다.

③ 정서 경험과 정서 표현의 방식(experiencing and expressing feelings)

B 씨는 정서 관련 구조변인들에서 규준적 범위에 속하는 정서 조절 능력을 갖고 있는 것으로 나타났으며, 정서적 상황을 편안하게 경험하고, 해당 상황에서 적절한 정서 표현이 가능한 것으로 나타났다(WSumC:SumC'=2.5:0 Afr=.500). 하지만 B 씨의 실제 장면에서 정서조절을 위한 수행과 일치하는 결과라 보기 어려우며 이러한 불일치에 대해 추정해 봐야 한다. WSumC를 구분해 보면 C:CF:FC가 0:1:3이며, 카드 Ⅷ을 제시받은 이후 반응에서 일관적으로 당황해하는 등의 행동을 보였고, 특히 C 계열로 채점이 된 반응에서 유채색 속성에 의한 반응임을 설명할 경우 가볍게 명료화를 하는 양상을 보였다(명료화 양상, 해당 반응에서의 행동변인). 이러한 점을 고려해 볼 때 B 씨는 정서적 자극에 대해 편안하게 경험하는 것이 어려우며, 이에 더해 정서적 상황을 파악하고 이해하기 위한 보완적인 인지적 능력이 적절히 발휘되지 못할 가능성이 높다고 예상해 볼 수 있다. 한편, Afr(.500)이 지적하는 정서적 상황에서 편안함은 유채색 카드들의 반응 양상을 고려해 볼 때 정서적 상황을 가볍고 쉽게 다루려는 태도로 해석적 가정을 수

정할 필요가 있을 것이다(D₀ 반응의 빈도, 낮은 수준의 통합적 지각). 이에 더해, 17번 반응을 포함하여 이후 모든 반응에서 PER이 채점되었으며 이는 자신의 정서적 경험을 주체적으로 당당하게 표현하기보다 여타의 객관적이고 일반적 근거를 통해 자신의 정서반응의 근거를 표현하는 양상을 의미할 수 있다(PER=6, 유채색 카드에서 PER=5). 정리해 보면, B 씨는 정서적 자극을 편안히 경험하는 것이 어려울 것이며 이후 경험된 정서를 주위 사람들이 쉽게 이해할 수 있는 방식으로 표현하는 것 또한 어려울 것이다.

B 씨의 불쾌한 정서를 다루는 방식은 전반적인 억압을 근간으로 해당 정서적 상황을 회피하는 양상으로 나타날 것이다(Sumshd=0, S=3, 반점에 접근하는 방식). 구체적으로 살펴보면, 모든 카드에서 조심스럽고 경계적인 태도로 반응을 하고 있으며 이는 자극들, 즉 주어진 환경에 대한 불편감을 시사하고 있다고 볼 수 있다(행동변인). 이러한 태도를 갖고 있으나 모순적으로 최종적 반응은 단순한 형태 속성으로 나타나고 있다(L=4.250, 한정적인 C 계열, 복합결정인의 비율). 그리고 S가 3개로 나타났지만 이는 반응이 요구된 반점에 대한 불편함을 모면하기 위해 회피적으로 새로운 영역을 탐색한 결과로 보는 것이 적합할 것이다(카드별 S 반응의 계열, 행동변인, 명료화 양상).

B 씨는 초기 상담 및 평가 과정 동안 차분한 목소리와 태도를 보였고 자연스럽고 편안하게 자신의 일상에 대해 이야기를 할 수 있었다. 하지만 현재 자신이 경험하고 있는 힘든 상황과 관련된 주제를 다루게 될 경우, 전과 비교될 정도의 표정 및 목소리 등 예상 가능한 외현적인 변화가 나타나기보다 즉각적으로 눈물을 흘리는 모습을 보였다. 이러한 면은 평소 자신이 속한 조직에서 맡은 역할 및 수행과 관련된 장면에서 충분히 적응적인 모습을 보이지만 자신의 성격과 관련된 이야기나 정서적인 주제를 이야기해야 할 대인관계 장면에서는 불편함을 느끼고 불안함을 느끼기까지 하는 모습과 일치하는 것이다. 오랫동안 관계를 지속하고 있는 친구들과의 만남에서도 자신의 이야기를 편히 하는 경우는 없다고 하며 퇴사와 취업 준비 등의 현재 불확실하고 불안정한 자신의 생활을 터놓고 이야기할 수 없는 상황이라고 하였다. 그리고 이러한 모습은 조직 내에서 함께 생활하는 사람들에게 잘 적응하는 사람으로 비치고 있으며 '밝고 긍정적인 아이'의 이미지를 갖고 있다. 하지만 상담이 진행되면서 학교 장면이나 가정에서 과거 자신의 경험에 대한 이야기가 다루어졌고 처음에는 "왜 눈물이 나는지 모르겠어요 ……."라는 말만 하며 눈물을 흘렸고 충분한 공감과 격려가 주어진 후 자신이 슬프고 억울했던 기억들을 구체적으로 이야기를 할 수 있는 모습을 보였다.

앞서 B 씨는 평상시에 자신의 경험, 특히 부정적인 정서적 경험에 대해 명확히 인식하지 못하고 전반적으로 정서가 억압되어 있는 것으로 볼 수 있다. 하지만 주위 환경에서 정서적 경험과 관련된 적응 요구가 있을 경우 이를 수용하거나 직면하지 못하기 때문에 적절한 정서 조절이 어렵게 되고 과도한 심적 부담감이 눈물로 표면화되고 있는 것이라 할 수 있다. 만약 B 씨가 오랜 시간 동안 잔존해 있는 정서적 경험을 안전하게 인식할 수 있고 또한 이를 가능하게 할 수 있는 주위 환경을 제공해 준다면 충분히 정서적 경험을 할 수 있을 것으로 보인다. 이후 당면 상황에서 양해될 수 있는 적절한 정서 표현 방식을 습득할 수 있도록 도움을 주는 것이 유용할 것이다.

④ 경험된 현상을 분명하고 적절한 개념과 사고로 형성시키는 방식
(forming concepts and ideas)

B 씨는 주위 환경으로부터의 적응 요구를 충분히 해결할 수 있는 사고능력 및 노력은 나타나지 않는 것으로 나타났다(M=0). 이는 우선 경험되는 자극들을 전반적으로 회피하고 차단하는 양상으로 인해 사고기능을 가두어 놓은 것처럼 보일 수 있다. 다만 일상생활 및 취업 준비 상황 등 기본적인 적응에 필요한 정도에서 공식적인(formal) 수행에 그치고 있는 것이다. 이러한 양상들은 전반적인 관념 기능 수준을 저하시키면서 부정적인 관념적 자극을 통제하고 차단하는 이득을 얻을 수 있다. 구체적으로 이러한 양상은 문제 중심적이고 생산적인 사고기능을 발휘하지 못하게 하면서 동시에 부정적인 관념적 자극을 차단할 수 있게 되는 것이다. 부가적으로 이러한 부정적 관념 자극의 차단으로 얻게 된 이득은 사고의 논리성과 정확성 그리고 조리성에 문제가 드러나지 않게 할 가능성을 높일 수 있는 것이다(L=4.25, Zd=−7.5, M=0, a:p=1:0, Mᵃ:Mᵖ=0:0, FM+m=1, WSum6=0, 명료화 양상, 행동변인). 특히, 정서적 상황에서 적응 요구를 해결할 만한 정서 조절 능력이 부족하며 또한 이를 보상하기 위한 생산적이고 적응적인 관념적 기능이 발휘되지 못할 가능성이 높을 것이다(유채색 카드에서 C 계열, M 계열 결정인의 빈도).

B씨는 현재 일상생활 및 취업 준비와 관련된 주제에 관한 질문에 대해서는 충분하고 쉽게 이해 가능한 방식으로 분명하고 자세하게 이야기를 할 수 있었다. 하지만 과거 자신의 경험이나 가족 간의 상호작용, 이와 연합된 자신의 기분을 이야기하도록 요구하였을 경우에는 침묵이 길어지고 눈물을 흘리면서 "생각 안 해 봤는데……." "글쎄요……." "화도 나죠……." "외롭긴 했죠……." "슬프긴 한데……." 등의 표현을 하였고 이는 회피 그리고 정서의 고립(isolation of affect)의 양상으로 나타났다. 이렇듯 심리적인 주제를 생각하거나 이에 대해서 구체적으로 분명히 개념화를 하는 자체가 심리적 부담으로 경험되고 있기 때문에 대인관계를 포함하는 일상적인 장면에서는 다소 현실

적이고 피상적인 사고가 유지되는 것처럼 보일 수도 있을 것이다.

상담이 진행되면서 심리적 부담을 느끼는 주제에 대해 점차적으로 다루게 되면서 나타나는 사고의 양상을 주의 깊게 탐색해 보는 것이 필요하며, 그 과정에서 해당 주제를 사고하고 개념화하는 것을 안정적으로 받아들일 수 있는 환경을 제공해야 할 것이다. 이후 불편하던 주제에 대해 보다 현실적인 사고가 이루어지고 이를 생산적으로 개념화하는 방식을 점검하고 학습할 기회를 제공하는 것이 유용할 것으로 보인다.

⑤ 자신을 바라보는 방식과 다른 사람과의 관계 양상(viewing oneself and relating to others)

B 씨는 대부분의 관련 구조변인에서 자신에 대해 충분히 생각하고 바라보는 것이 어려우며 대인관계를 형성하고 유지하려는 노력 또한 부족한 것으로 나타났다(Egocentricity Index=.143, Sumr=0, FD=0, Human Contents=1). 또한 부정적으로 자신을 바라보려는 양상이나 자기손상적인 태도도 나타나지 않았다(MOR=0, V=0, An+Xy=0). 이러한 결과는 부정적 자기개념 및 몰두가 없을 것이라는 가정보다 전반적으로 자신에 대한 성찰 및 검토 시도의 불편함을 회피하고자 한 태도로부터 나타난 결과라 볼 수 있다(L=4.25).

다른 사람들과의 관계 양상을 살펴보면, 의도적이고 자발적인 관계를 통한 흥미 또는 욕구가 부족하며 관계를 통해 안정감을 얻고자 하는 동기도 부족한 것으로 나타났다(SumH=0, Human contents=1, SumT=0, HVI=0, M=0). 이뿐만 아니라 대인관계를 형성하기 위한 대인관계 기술을 발휘하는 것이 어려우며 대인관계 내에서 편안하게 자신의 생각과 감정을 표현할 능력이 부족할 것으로 보인다(COP=0, AG=0, a:p=1:0). 이러한 결과는 또한 다른 사람들과의 관계에 대한 불편감으로 인해 전반적인 회피 및 심리적 안정성(stability)을 유지하고자 하는 태도를 반영하는 것이라고 볼 수 있을 것이다(ISOL Index=.286).

B 씨는 평소 자신의 모습, 구체적으로 자신이 경험해 온 일들, 자신의 외모, 장단점 등을 생각하는 일은 거의 없다고 하며 다른 사람들이 자신을 어떻게 보는지에 대해서는 "잘 모르겠어요."라고 하는 등 자신에 대해 돌이켜보는 것을 불편해하고 있다. 주위 사람들로부터 자신에 대한 이야기를 하도록 요구받는 상황이 되거나 평가를 받게 되는 상황에서는 "아무런 생각이 안 들어요." "머릿속이 멍해져요." "어떻게 해야 할지 모르겠어요."라고 하며 혼란스럽다고 보고하였다. 이뿐만 아니라 실제 상황에서는 혼란스러움을 느끼기도 전에 눈물이 먼저 흐르게 된다고 하며, 이러한 자신에 대해 친한 친구 등의 주위 사람들에게 터 놓고 이야기하지 못하고 있고 말하는 방법을 모르겠다고 한

다. 한편, 스터디 모임이나 직장에서 주어진 업무를 할 경우에는 정해진 역할을 충분히 해낼 수 있으며 해당 작업과 관련하여 주위 도움이 필요한 사람이라 생각이 들면 그들을 위해 자리를 마련하여 희생하는 일이 많은 상황이다.

앞서 B 씨의 대인관계 양상은 정서적 관계를 형성하고 유지할 만한 정서 조절 능력과 대인관계 기술이 부족하여 타인과의 정서적 관계 상황에 처할 경우 상당한 불안감에 압도되고 있는 것으로 보인다. 이러한 면은 오랜 시간 동안 누적된 결과로 볼 수 있으며 현재 정서적 대인관계 장면에서는 반응적으로 회피적인 양상을 보이는 것이라 할 수 있다. 실제 학습 및 직장 장면에서 우수한 수행을 보이고 있다는 것을 고려해 본다면, 대인관계에서 경험하게 되는 문제들을 해결할 만한 능력은 갖추고 있으나 과도한 불편감 및 불안감으로 인해 이러한 능력들이 발휘가 되지 않고 차단 및 회피로 대처하고 있을 가능성이 높을 것으로 보인다. 또한 상담 장면에서 자신의 경험에 대해 점차적으로 구체적인 탐색 기회를 안내하고 제공하였을 경우 자신이 경험한 대인관계에서의 주제에 대해 현실적으로 이해하고 적절한 대처 방법을 구상할 수 있는 모습을 보였다. 이렇듯 오랜 시간 누적된 자신에 대한 심약한 관점과 대인관계에서의 불편감을 공감하고 지원군의 역할로서 함께 점검해 간다면 대인관계 상황에서의 대처 및 적응 방안을 찾아낼 수 있을 것이며 이러한 전략을 실제 장면에서 실험을 통해 긍정적 피드백을 받을 수 있도록 도와줄 수 있을 것이다.

제4부 ▶ 평가 후 단계

제8장   일반적인 평가 후 단계

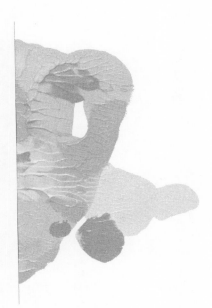

제8장 일반적인 평가 후 단계

평가 후 단계로서 피드백 과정은 앞서 언급했듯이 내담자에게 유용한 방식으로 가설 검증을 위한 단계가 되어야 한다. 이 과정에서 평가자는 평가 결과가 고정된 사실을 의미하는 것이 아님을 명심해야 하며 피드백 상황에서도 내담자의 다양한 정보가 수집되고 있다는 것을 알고 있어야 한다. 지금까지의 평가 내용이 가장 신뢰할 수 있는 정보이기도 하지만, 피드백 상황에서 얻게 된 정보가 주요한 정보라면 그 순간 평가 결과는 새로운 정보를 적용하여 각색되고 보완되어야만 내담자에게 보다 적합한 피드백이 가능해진다. 그렇기 때문에 피드백은 순발력과 예술적 감각이 필요하다고 볼 수 있다. 어떤 평가자는 이제까지 수고를 거쳐 설정한 가설을 새롭게 손봐야 하거나 완벽히 기각해야 하는 부담감을 해결하지 못하고 현실을 부정하거나 기존 가설을 고집스럽게 유지하려고 하면서 내담자에 대한 오해만 키워 갈 수도 있다. 모든 답은 현실에서 살아가고 있는 내담자에게 있다는 것을 명심해야만 한다.

피드백을 하게 되는 방식은 다양한 임상 장면만큼이나 다양하다. 주로 심리평가 피드백이 이루어지는 장면을 크게 두 가지로 나누어 보면 다음과 같다. 첫째, 병원 장면 등의 환자와 관계된 영역의 전문가와의 의사소통을 목적으로 제공되는 심리평가보고서를 통한 피드백 장면이다. 둘째, 평가자가 치료적 과정 내에서 평가보고서 작성 없이 평가 내용을 직접 활용하는 장면이다. 물론 치료적 장면에서도 필요시 심리평가보고서를 작성하지만, 보고서를 받게 될 대상이 누구인가에 따라 보고서 작성 방식은 달라져야 하는 것이 바람직할 것이다. 학교 교사, 부모, 본인 또는 내담자와 주요하게 관련된 비전문가인 주위 대상 등에 따라 그들이 충분히 이해할 수 있고 도움을 받을 수 있는 방식으로 평가 결과가 전달되어야만 한다. 보고서 작성과 관련하여서는 이 책의 범위를 넘어서기 때문에 구체적인 설명은 다루지 않는다.

치료 장면에서 일반적으로 평가 정보를 피드백하는 경우에는, 성인일 경우 본인과 그 배우자 등이 될 것이며 아동 및 청소년일 경우 보호자 또는 담당 교사 등이 될 것이다. 병원 장면에서 이루어지는 방식으로 치료 장면에서 피드백을 제공할 경우 그 결과로 인해 내담자들로부터 예상치 못한 엄청난 공격을 받아들여야만 하는 상황이 벌어지기도 한다. 그렇기 때문에 누가 어떠한 목적으로 이 보고서를 읽게 되는가를 고려한 후 내담자의 안녕에 도움이 되는 방향으로 작성되어야 할 것이다. 도움이 되어야 한다는 것은 내담자가 언짢아지는 방식이 아니어야 함이 아닌, 전문가로서의 태도에 준해 진정 그들의 안녕에 도움이 될 수 있는 방식이어야 함임을 의미한다는 것을 잊지 말아야 한다. 최종적으로 평가된 정보들은 지금까지는 가장 그럴듯한 가설적인 것이기 때문에 평가 정보가 마치 자신이 마주한 내담자의 실제 모습인 양 모든 정보를 나열하여 전달하는 것은 마땅치 않은 것이며 그들에게 도움을 주고자 하는 목적에 적합한 수행이라 볼 수 없을 것이다. 물론 어떤 내담자에게는 직접적인 정보 전달이 더욱더 효과적일 수는 있으나 이 역시 평가자의 전문적 수행이 가능한 선에서 이루어져야만 하는 것이다. 다시 강조하지만 피드백 단계에서는 내담자 또는 환자의 안녕에 도움이 되는 방향으로 모든 피드백이 이루어지도록 노력하는 것이 임상가의 책임이라 할 수 있다.

이와 같이 피드백에 적용할 수 있는 기법들은 심리치료 및 상담의 영역에서 흔히 다루는 기법들이라 할 수 있다. 다양한 치료적 접근법 또는 이론만큼이나 다양한 전달 기법이 있지만 평가 내용을 전달하는 상담에서 유용한 일반적인 기법에 익숙해질 필요가 있다. 유용한 기법 중 하나는 질문을 통한 피드백이다. 질문을 통해 피드백을 한다는 것은 중요한 함의를 지니는데, 평가 결과를 일방적으로 통보하는 상황에서 벗어나게 해 주며 실재하는 내담자의 존엄성을 인정해 주면서 자신의 모습이 안전한 협의를 통해 전달될 수 있도록 도와준다는 것이다. 평가자 입장에서는 평가자로서의 전능함 또는 부담감에 빠지지 않도록 하는 기술이기도 하다. 맥락에 따라 달리 적용해야 할 규칙이지만 "질문에 대해 질문으로 답하라."라는 말을 되새겨 볼 필요가 있다.

피드백 단계에서 질문은 여타 치료 과정에서 언급되는 방식과 크게 다르지 않다. 보통 질문 방식을 구분할 때 개방형 질문 그리고 폐쇄형 질문으로 구분하곤 한다. 이 중 개방형 질문은 평가된 정보들로부터 내담자 스스로가 주체적으로 그 내용을 이해하고 통찰할 기회를 열어 주는 것이라 할 수 있다. 자신이 주문한 음식이 차려지는 상황에서 그들 스스로가 만족스럽게 음식을 음미할 수 있도록 음식을 제공받을 순서와 먹는 방법을 결정할 여지를 주는 것이다. 모든 것을 내담자의 선택에 떠넘기라는 의미가 아니라, 내담자가 요청한 평가 의뢰 목적을 인지하고 있기 때문에 평가 전 단계에서 적절한 수행이 이루어졌다면 그 목적에 다가갈 수 있도록 기다려 줄 수 있는 안내자의 역할이 우선시된다는 것이다. 이때 개방형 질문은 평가된 주요 정보들과 관련된 내용을 점화시킬 수 있도록 그들을 준비시키는 과정이기도 하다.

예를 들어, 면담에서 주관적인 정서적 침울함을 호소한 반면, 행동관찰 정보에서는 주위에서 요구하는 역할에 대해 성공적으로 잘 해결할 수 있는 모습이 보였고 MMPI—2에서는 척도 2번이 상승한 결과를 보인 내담자를 보자. 면담과 행동관찰, 심리검사에서의 불일치를 보이고 있음을 발견할 수 있으며 이러한 불일치에 대해 맥락 정보와 이론을 종합하여 평가 정보가 만들어질 것이다. 이 종합적인 평가 정보를 피드백할 경우 검사 결과를 직접적으로 전달하는 것은 자신이 생각하는 불편감에 대해 확진을 받는 것으로 인식하면서 치료 작업을 어렵게 만드는 결과를 발생시킬 수도 있다. 이 경우 피드백에서 개방형 질문을 활용한다면 자신으로부터 측정된 면담에서 호소한 내용과 행동관찰에서 보인 내용 그리고 검사상의 결과가 불일치하게 나타났음을 전달하고 그들의 의견을 물어보는 것이 유용할 수 있다. 다음은 실제 피드백이 진행되는 예다.

> 평가자: ○○○ 씨의 결과를 보면 현재 상황에서 상당한 불편감을 경험하고 있는 것으로 나타났습니다. 그런데 이러한 수준이라면 대부분의 많은 사람은 일상적인 생활을 하는 것도 상당히 힘들어하는 모습을 보이곤 하는데 ○○○ 씨는 직장에서도, 가족, 친구들과의 관계에서도 너무나 잘 지내고 있는 것 같습니다. 어떻게 생각하시는지요?

> 내담자: (눈물을 글썽이며 침묵) 네……. 그렇게 해야만 하니까요…….(침묵)

> 평가자: 그렇게 해야만 한다고요?

> 내담자: 네……. 저까지 힘들어서 못하면 진짜 아무것도 안 될 텐데요…….

> 평가자: ○○○ 씨 역시 많이 힘든 상황이지만 마냥 힘들어만 할 수 없는 상황이라는 거군요…….

이러한 과정은 결과를 통보하는 것이 아니며 결과를 두고 평가자와 내담자가 함께 결과의 의미를 찾아가는 과정이라 할 수 있다. 이로부터 내담자가 힘든 상황에서도 어쩔 수 없이 적응을 위해 노력할 수밖에 없는 상황을 심층적으로 탐색할 기회를 얻게 된 것이다. 이후 다양한 이론 및 접근법에 따라 비합리적 신념을 다루거나 고정된 원가족과의 대상관계 패턴을 탐색할 수 있고 또한 부적응적 행동의 조건화 과정을 탐색해 볼수도 있다. 결국 평가의 자료는 고정적인 것이 아니라 치료 과정에서 활용되어야 할 자료로 다루어질 때 평가의 치료적 유용성이 드러날 것이다.

이 장에서는 피드백의 초기 과정에 한해 대략적인 설명을 하고 있으며 측정된 구체적인 결과들을 다루는 방식은 포함하지 않았다. 평가 단계를 거치면서 얻게 된 자료들은 방대하고 복합적인 내용이기 때문에 가장 적합한 가설을 세우는 것이 어려울 뿐만 아니라 내담자의 개인적 특성 그리고 개인을 둘러싼 환경 또한 다양하기 때문에 일반적인 피드백 공식을 상정하기란 곤란하기 때문이다. 하지만 피드백의 초기 과정은 평가된 결과들을 활용하여 향후 치료 과정을 보다 합리적으로 이끌어 갈 수 있고 심도 있게 진전시키고자 하는 목적으로 어느 정도 일반적인 방식을 적용할 수 있을 것이다.

모든 내담자가 지닌 독특성에 따라 피드백의 성격이 도출되어야 마땅하지만 피드백의 초기 단계에서는 일반적으로 적용할 수 있는 비교적 안전한 방식이 있다. 피드백 초기 단계에는 모든 내담자가 궁금해 한 의뢰 목적이 존재하기 때문에 구체적 피드백에 앞서 해당 의뢰 문제를 다시 한 번 점검하는 것이 좋다. 다음은 의뢰 문제를 재확인하는 과정에 대한 예들이다.

"○○○ 씨가 검사로부터 알고 싶어 하신 것은 자신에게 어떤 학습 방법이 더 효율적인가에 대한 것이었습니다. 기억하시나요?"

"○○○ 씨는 어머니와 관계하는 것이, 특히 매사 잔소리를 하는 것이 싫지만 결국 어머니가 하라는 대로 하게 되고 그런 자신이 답답하다고 하셨지요? 이런 상황이 벌어지는 것이 ○○○ 씨의 문제가 아닌가에 대해 알고 싶다고 하셨는데 맞나요?"

"○○○ 씨는 아버지가 사사건건 강요하고 감시하고 하는 상황이 너무 싫은데 해결할 방법이 없다고 하셨고 해결할 방법을 알고 싶다고 하셨네요?"

이렇게 평가 의뢰 목적에 대해 재확인을 함으로써 내담자가 자신의 궁금증을 해결할 검사 결과에 집중할 수 있게 하며 검사 결과를 가지고 협상 테이블에 진지하게 임할 수 있게 한다. 이후 필수적으로 거쳐야 할 것은 아니지만 스스로 예상하는 검사 결과에 대해 이야기를 나누는 것 또한 적극적인 태도를 갖추도록 하는 데에 도움이 되곤 한다. 이제 본격적인 협상이 진행되면 의뢰 목적과 직접적으로 관련된 결과를 먼저 제시하는 것이 안전하다. 지금부터 MMPI−2와 로르샤하 잉크반점 검사 각각으로 평가된 결과를 통해 피드백 초기 과정에서 적용할 수 있는 일반적인 방식에 대해 살펴보고자 한다.

1. MMPI-2를 통한 피드백 초기 과정

MMPI-2는 크게 두 가지 영역으로 구분하여 피드백을 진행할 수 있을 것이다. 첫째, 당면한 문제 상황 또는 경험하고 있는 부적응에 대해 어떻게 바라보고 있는가에 대한 것이다. 여기에는 내담자가 가지고 있는 문제에 대한 관점, 대인관계에 대한 관점, 인간관, 인생관 등등의 삶에 대한 관점 및 태도가 관련되어 있다. 이러한 정보는 타당도 척도들의 결과로부터 참조되며 반드시 맥락 정보들과 함께 고려되어야만 한다.

우선, F 계열 척도들의 상승이 나타난 결과는 내담자가 주관적으로 상당한 스트레스를 경험하고 있음을 반영하기 때문에 주위 환경[1]에 스트레스의 원인이 있다는 것을 지적하고, 이로부터 힘들어하고 있음을 전달할 수 있을 것이다. 이에 더해, 주위 사람들에게도 역시 자신의 힘든 모습이 관찰될 수 있다는 것도 전달하는 것이 좋다. 이러한 피드백을 제공하는 과정에서는 진정한 공감적인 태도를 가져야 한다.

다음으로 방어성 척도들의 수준에 따라 이러한 힘든 상황에 대해 극복 의지, 문제해결 노력 또는 수행 수준을 전달할 수 있을 것이다. 만약 F 계열 척도들의 상승과 방어성 척도들의 낮은 수준을 보이는 패턴이라면 '힘들어하면서 노력하지 않는 태도'를 기본 가설로 두고서 현실적인 스트레스 상황인지에 대한 검토를 하게 된다. 실제 스트레스를 받을 만한 상황이라면 구체적으로 스트레스 상황을 분석할 수 있겠으며, 반면 이렇다 할 만한 스트레스 상황이 아니라면 내담자의 기본적인 스트레스 대처 방식에 대해 추가적인 검토를 할 수 있을 것이다.

이와 반대의 경우로 F 계열의 낮은 수준과 방어성 척도들의 상승의 조합이 나타났다면, 역시 현실적인 문제 상황 여부를 따져서 적응적인 것인지, 문제 상황에 대한 현실감 저하 및 문제 회피 시도를 반영하는 것인지를 검토해 볼 수 있을 것이다. 결국 타당도 척도들의 패턴과 맥락 정보의 조합에 따라 현재 경험하고 있는 문제 또는 부적응에 대해 어떠한 태도를 갖고 있는가를 이해할 수 있는 것이다. 대부분의 내담자는 그들이 호소하는 문제나 궁금해하는 질문과 연결된 태도를 연결해 줄 때 보다 객관적으로 자신을 돌이켜볼 기회를 갖게 되며, 자신이 '문제아'로 취급받는다는 느낌을 떨쳐버리기 쉬워진다.

---

[1] 이제는 주위 환경의 개념을 외부현실과 동일한 것으로 생각하진 않을 것이다. 다시 한 번 강조하지만 주위 환경은 외부현실과 내부 세계에 존재하는 모든 자극이다.

○○○ 씨는 아주 오래전부터 가족들과 편하게 지내는 것도 어려웠고 최근 어머니와 다툼이 있었다고 했습니다. 이제까지는 그러려니 하며 지내 왔지만 올해 들어 참기 힘들어지고 최근 크게 싸우고서 집을 나와 독립을 하게 됐다고 하셨지요? (내담자 반응 확인) 하지만 충분히 심사숙고하기 어려울 정도로 급하게 결정을 내린 상황이었고 현재 복잡한 마음이 정리도 되지 않는 상황인 것 같습니다. (내담자 반응 확인) 이러한 상황에서 스스로 어찌해야 할지도 모르고 하루하루 답답한 마음이 더 커져만 가고 있다고 하셨습니다. 결과에서도 ○○○ 씨가 얼마나 힘들어하시는지 잘 나타나고 있는 것 같네요. 당시 힘들었던 상황에 대해 좀 더 살펴본다면 앞으로 어떤 도움을 드릴 수 있을지 이해하는 데 도움이 될 것 같습니다. 당시 상황에 대해 좀 더 이야기를 나눠 볼 수 있을까요? [F 계열 척도들 65 이상, 방어성 척도 45 이하]

○○○ 씨는 현실적으로 존재하는 스트레스 상황에 당면해 있으며 이 상황에서 현실감이 다소 저하되어 있을 것이라고 평가되었다. 그리고 자신이 겪고 있는 문제 상황을 바라보는 관점은 '내가 겪은 문제는 너무나 심각하다' '이 문제를 구체적으로 해결할 수 없을 것이다' '문제가 있다면 그 상황을 모면하는 것이 낫다' 등의 관점을 갖고 있음을 예상해 볼 수 있다. 자신이 겪은 최근 가족 간의 경험에서 충분한 심사숙고와 감정 조절이 이루어지지 않은 상황에서 회피 행동으로 대처를 한 것이기 때문에 보다 근접한 스트레스의 원인이 되는 상황에 대해 명백히 인식하지 못하는 상황인 것이다. 이후 현재 부적응을 촉발한 상황에 대해 현실적이고 구체적인 검토를 할 수 있도록 조력자 및 안내자의 태도로 조심스럽게 과거 스트레스 상황으로 함께 걸어가 주는 역할을 할 수 있을 것이다. 만약 ○○○ 씨에 대해 무기력, 대처력 저하, 책임 회피, 심하게 손상된 현실감 등으로 구조화한다거나 이러한 내용을 피드백하게 된다면 내담자에게 도움을 주기보다 평가로 인해 부가적인 상처를 줄 가능성이 높아질 것이다.

△△△ 씨는 아내로 인해 자녀 양육과 부부관계 등 가정에서 문제가 많다고 했으며 아내가 이를 너무 심하게 생각해서 지금 이혼 위기에 처했다고 했습니다. 하지만 가정을 지키기 위해 어쩔 수 없이 상담에 오신 것이고, 아내가 이해를 못 해 주는 상황이 답답하다고 하셨지요. 지난번 실시하신 검사 결과를 보면 말씀하신 대로 △△△ 씨에게서는 특징적인 문제나 어려움은 없는 것으로 나타났습니다. 그런데 지금 가정 상황은 큰 문제를 보이지 않고 있는 △△△ 씨의 결과와 달리 답답하게 느끼고 계시네요. 그것은 아내로 인한 것이라고 하셨고요. 그렇다면 아내는 어떤 점에서 △△△ 씨를 답답하게 하고 있나요? (내담자 반응 확인) 앞서 말씀하신 것처럼 아내는

△△△ 씨가 바람을 피웠다는 등 뭔가를 숨기고 있다고 의심하고 있고, 사실은 △△△ 씨가 숨기는 것이 없는 상황이라고 하셨습니다. 혹시 아내가 의심을 하게 된 계기가 있다면 생각나시는 게 있으신가요? (내담자 반응 확인) △△△ 씨의 결과처럼 스스로는 아무런 문제가 없는 것으로 나타났지만 사실 아내가 의심을 하게 된 당시부터 지금까지 사실은 아니어도 그와 관련된 상황이 벌어지면 몹시 답답하고 회피하고 싶어지게 된다고 할 수 있을까요? (내담자 반응 확인) 혹시 지금 △△△ 씨의 억울함에 대해 아내와 이야기를 나눠 본 적은 있으신가요? [F 계열 척도 50 이하, 방어성 척도 70 이상, 모든 임상척도에서 유의한 상승 없음]

　△△△ 씨의 피드백 과정에서 핵심은 내담자의 주관적 경험을 무조건적으로 믿고서 내담자의 말이 사실이라고 받아들여 버리거나, 반대로 내담자가 사실을 부정하는 태도에 대해 평가자가 의심을 한다거나 내담자의 말에 대해 부정하지 않고 있다는 것이다. △△△ 씨의 MMPI-2 결과에서 낮은 수준의 F 계열과 상승된 방어성 척도의 패턴은 건강하고 적응적인 심리적 상태를 반영하고 있다기보다 자신의 주관적 경험은 편하게 그리고 충분히 개방되어 있지 않음을 의미한다(실제 현실에서 문제 및 부적응이 존재하고 있는 것은 사실이다). 이 경우 실제 △△△ 씨에게 문제의 원인이 있다 하더라도 초기 치료 과정에서 이루어지는 심리평가 피드백은 내담자와 평가자가 점진적으로 문제에 접근하는 과정이기 때문에 섣불리 판단을 하는 것은 바람직하지 않다. △△△ 씨의 평가 결과와 유사한 사례들에서는 현재 발생된 문제에 대한 문제의식이 부족하고 주위 대상 등 환경으로의 투사의 특징이 발견된다. 이에 필요한 피드백 방향은 현재 문제에 대한 문제의식을 가질 수 있도록 유도하고 안내하는 역할이어야 함이 보다 중요하다고 볼 수 있다. 이후 내담자는 당면한 문제 상황에서 문제해결의 당사자로서 주체적인 역할을 할 수 있도록 해야 하는 것이다.

　앞의 예와 같이 타당도 척도들을 검토하면서 일차적으로 피드백이 되었다면, 둘째, 임상척도들을 통해 보다 구체적인 부적응의 양상을 검토하게 된다. 이 경우 앞서 타당도 척도로부터 파악한 문제 및 부적응을 바라보는 태도를 기초로 하여 임상척도에서 나타나는 부적응을 연결시키는 과정이라고도 할 수 있다. 앞의 ○○○ 씨의 임상척도 결과가 특정 임상척도의 상승과 함께 나타났다면 이상의 관점을 고수함으로써 발생한 문제로 연결시킬 수도 있다는 것이다. 타당도 척도에 대한 충분한 피드백이 있은 후 다음과 같은 질문으로 임상척도 해석을 시작할 수 있을 것이다.

척도 1번의 상승: "신체적 컨디션이 많이 무너져 있는 것 같은데 좀 어떠신가요?"

척도 2번의 상승: "요즘 기력도 없고 마음속이 항상 묵직하게 무거우실 것 같은데 어떠신가요?"

척도 3번의 상승: "지금 불편해하는 상황에 대해 털어 놓고 이야기해 본 사람은 있으신가요?"

척도 4번의 상승: "요즘 뭔가 답답한 게 많은 것 같은데, 그 마음을 알아주는 사람이 있으신가요?"

척도 5번의 상승: "지금 상황에서 이것저것 고민도 해 보고 스스로 뭐라도 해 보려고 하시는 것 같네요. 하지만 많이 지친 것 같은데 만족하고 있으신가요?"

척도 6번의 상승: "최근 집을 나올 당시 어머니는 ○○○ 씨에 대해 무슨 생각을 하셨을까요?"

척도 7번의 상승: "요즘 하루하루 생활하시면서 가장 많이 생각나는 건 어떤 거죠?"

척도 8번의 상승: "요즘 하루 일과가 어떻게 되나요?"

척도 9번의 상승: "요즘 열심히 하고 있는 일은 뭔가요?" "현재 하고 계신 일들은 잘 진행이 되시나요?"

척도 0번의 상승: "요즘 어떤 사람들을 주로 만나세요?" "지금 상황을 알고 있는 사람은 있으신지요?"

이와 같은 질문들은 단순히 직접적인 답을 듣고자 하는 의도를 넘어 (사실 답은 알고 있거나 충분히 예상 가능한 것이다) 현재 혼란스러운 경험들에서 한발 물러나 문제 중심적인 관점을 가질 수 있도록 유도해 나가는, 임상척도를 통한 피드백의 첫발이라 할 수 있다. 이 질문들은 하나의 고정적인 공식이나 정답을 말하는 것이 아니며 이후 치료적 개입으로 연결하는 과정에서 활용할 수 있는 질문의 일례들일 뿐이다. 이러한 공감적 접근을 통해 안전감을 전달하고 핵심적인 문제를 다룰 수 있도록 교량 역할을 하며 모호하게 경험하고 있는 상황을 보다 선명하게 바라볼 수 있도록 안내하기 위한 목적을 갖고 있는 것이다. 또 한 가지 중요한 점은 임상척도의 상승 및 패턴을 활용할 때 내담자의 주관적이고 개별적인 독특성을 고려하고 있다는 것이다. 동일한 문제를 가진 내담자도 다른 임상척도의 상승을 보일 수 있으며 각기 다른 문제를 가진 내담자들도 동일한 임상척도의 상승을 보일 수 있다는 것이다. 이뿐만 아니라 한 내담자에게서도 지금 이 순간에 해당 임상척도가 상승하고 있다는 것을 명심해야 한다. 결과를 보는 이러한 관점은 해당 임상척도의 상승에 일반적인 의미가 있음을 부정한다는 것이 아니라, 보

다 고유성을 지닌 개별적 내담자에게 적합할 수 있는 활용을 지향한다는 것으로 받아
들여야 한다.

2. 로르샤하 잉크반점 검사를 통한 피드백 초기 과정

많은 치료자가 로르샤하를 통해 얻게 된 결과를 바탕으로 피드백을 시작할 경우 어
떤 것부터 그리고 어떤 방식으로 전달해야 할지 곤란해하는 경우가 많다. 방대한 정보
를 평가하기 위한 방식은 어느 정도 체계를 갖고 있으나 (특수점수 기반, D 점수 기반, EB
style 기반 등등) 이에 비해 통합된 평가 정보를 실제 내담자에게 피드백하는 방식은 무
척이나 다양하고 방대하며 궁극적으로는 개별적 접근을 해야 하기 때문에 일반적인 피
드백 체계를 만들기란 쉽지가 않다. 이 책에서는 R을 우선으로 주위 환경과 개인으로
서 자신과의 접촉 수준 및 양상을 검토하는 것으로부터 피드백을 시작하는 방법을 제
안하고자 한다. 주위 환경은 자신이 인식하는 '나'와 '내가 아닌 것', 즉 나와 나를 둘러
싼 자극들이라 할 수 있고 이 둘 사이의 접촉 양상이 생존 및 적응의 기초라고 전제하기
때문이다.

종합체계에서 제시하는 R의 규준을 참조하여 내담자의 R 수준을 대략적으로 가늠해
볼 수 있으며 이와 함께 검사 상황에서 보인 행동으로부터 수검자가 경험한 자극경험
의 부담 및 수행 양상을 고려하는 것이 도움이 될 것이다. 예를 들어, R이 42인 결과는
평균적인 규준에서 벗어나는 결과이며 이렇게 많은 반응을 하는 과정에서 부담감, 호
기심 또는 흥미, 신경증적 패턴 등등의 수행 양상을 보이게 될 것이다. R이 규준적 이탈
수준을 보였다고 해서 '이상하다' '부적응이다'라고 판단하는 것은 섣부르고 잘못된 판
단이며, 어떤 이유로 많은 R을 보였고 이로 인해 여타의 변인에 어떠한 영향을 주고 있
는지를 면밀히 검토하는 과정을 거쳐야만 한다. 결국 R은 절대적인 부적응 유무로 단
정할 것이 아니라 내담자가 경험하는 세상에 얼마나 편히 그리고 충분히 접촉을 하고
있는가에 대한 정보로 구체화되어야 하는 것이다. 그 접촉 수준 및 양상으로 인해 내담
자의 실제 삶에 어떤 일들이 벌어지고 있는가 호기심을 가지는 것이 중요하다. 이후에
L과 Zd(Zf)를 추가적으로 검토하게 되며 R의 수준과 L, Zd(Zf)의 상호작용에 따라 원했
든 원치 않았든 접촉된 자극들 내에서 얼마나 많은 자극 처리 수행을 하고자 하였는지
를 전달할 수 있을 것이다. 만약 높은 수준의 R과 함께 높은 수준의 L과 낮은 수준의 Zd

의 조합이 나타났다면 상당 수준의 자극 접촉 시도를 하였으나 결과적으로는 적절한 자극 처리를 하지 못한 것이라 할 수 있을 것이다.

□ □ □ 씨는 요즘 직장생활을 하시면서 사람들과 어울리는 것이 많이 힘들다고 하셨지요. 교수님의 추천으로 갑작스럽게 첫 취업을 하게 되면서 업무가 적성에 맞지 않지만 어쩔 수 없이 1년 이상을 근무해 오셨습니다. 이제까지 그래도 잘 견뎌 오셨지만 최근 벌어진 일로 상당히 힘들어지셨고요. 자, 지난번에 함께한 검사 결과를 보시면 지금 생활하시는 데서 감당하기에 벅찰 만큼 많은 일들을 경험하고 계신 것 같습니다. 누군가는 많은 경험을 원하고, 또 사서 고생을 하는 등 찾아다니는 사람도 있겠지만, □ □ □ 씨는 그렇게 원하는 것이 아닌데도 많은 일을 경험하고 계신 것 같네요. 어떻게 생각하시는지요……? (내담자 반응 확인) 그런데 회사를 그만두고 싶지만 교수님 눈치도 보이고, 그만두지 못한 채 최근 부당한 대접을 받으면서 그 많은 부담스러운 일을 겪고 있으신 거네요? (내담자 반응 확인) 지금부터 다른 결과들을 보면서 이런 상황에서 □ □ □ 씨가 어느 정도 그리고 어떻게 적응하시는지에 대해서 살펴볼 수 있을 것 같네요. [R=35, L=2.546, Zd=−6.5, 검사 소요 시간: 75분, 전반적 반응시간이 느림 등을 포함한 행동변인]

□ □ □ 씨는 현재 직장 장면에서 상당 수준의 적응 요구를 받고 있다. 실제 □ □ □ 씨는 주위의 눈치를 많이 보면서 자신의 결점을 직면하지 않을 수 있었으며 타인의 요구에 순응적으로 대처하는 것으로 갈등을 회피할 수 있었던 것으로 평가되었다. 취직 후 1년 동안은 이러한 대처 방식이 주어진 적응 요구를 충족하는 데 큰 문제를 발생시키지 않았으나, 최근 새로 부임한 상사로부터 부당한 대우를 받으며 기존 대처 방식이 적합하지 않게 된 것이다. 피할 수도, 해결할 수도 없는 실제 스트레스와 순응적이고 회피적인 □ □ □ 씨의 특성으로 전반적인 적응 능력이 저하된 상황이다. 이러한 특징은 높은 수준의 R과 상반되는 양상이라 생각할 수도 있겠지만 자극 경험의 조절 및 분별력의 어려움을 반영할 수도 있다. 현재 당면한 스트레스 상황들에 대해 적절히 경계 설정과 입력과 차단을 하지 못한 채 거의 무방비 상태로 자극의 홍수에 빠져 있는 모습이라 할 수 있다. 이미 접촉된 자극들은 적절히 소화할 능력이 있다면 보호 요인이 될 수 있겠지만, □ □ □ 씨는 L=2.546으로 대부분의 자극을 회피하는 방식으로 대처하고 있을 가능성이 높을 것이다. 초기 피드백 단계에서는 자신이 처한 이러한 상황을 객관적으로 인식할 수 있도록 구체적이고 기술적으로 현재 상황을 정리해 주는 것이 현실

감을 갖도록 해 주는 데에 도움이 될 수 있다. 이후 관념 기능과 정서 기능을 탐색하면
서 자신의 적응 방식의 기능적 또는 비기능적 특징에 대해 체계적으로 피드백을 하게
된다.

심리평가는 결코 한 개인의 모든 것을 말해 줄 수 없다. 그리고 내담자가 호소하는 어려움에 대해 정확한 답을 제시해 주지도 못한다. 혹여 내담자에 대해 모든 것을 그리고 정확하게 이해한 것이라 말한다면, 그것은 평가자의 관점에서 내담자의 일면을 바라보며 그것이 다른 면면에서 보는 것보다 내담자에게 더 의미 있는 도움이 될 수 있음을 알게 된 것일 뿐이라 생각한다. 인간이 세상을 인식하는 현상 중 운동시차(motion parallax)라는 것이 있다. 망막에 보다 가까이 존재하는 것들은 보다 멀리 존재하는 것들보다 빠르게 움직이는 것으로 상대적 속도 차이를 경험하게 된다. 이는 비유를 위한 설명이긴 하지만 심리평가자로서의 관점을 갖는 데에 탁월한 통찰거리를 던져 준다. 평가자는 고정된 한 지점에서 저 멀리 어느 지점에 존재하는 내담자를 보고 있다. 평가자와 내담자는 동시대를 살아가며 죽음의 순간을 향해 함께 움직이고 있는 것이다. 만약 평가자가 내담자를 직시하지 못하고 평가자와 내담자의 사이 또는 내담자 저 너머의 건너편에 있는 것들에 관심을 갖는다면, 평가자는 결코 내담자의 속도를 온전히 보지 못한 채 움직이는 것으로 보게 될 수밖에 없을 것이다. 평가자의 관심이 정확히, 아니 거의 정확하게 내담자에게 집중될 수 있을 때 온전한 내담자의 모습이 선명히 드러날 것임을 명심해야 한다.

지금까지 심리평가의 과정을 돌아보면서 일관되게 전달하고자 한 것은 내담자들의 정신건강을 향상시키기 위해 우리가 할 수 있는 다양한 방법 중 한 가지로 심리평가를 활용할 수 있다는 것이다. 심리평가가 막연하다거나 또는 마술적 힘을 가진 고정된 수행이 아니라는 것이다. 심리평가를 배우는 학생 및 수련생들이 심리평가의 매력에 혼미해져 진정한 매력을 발견하지 못하기도 하고, 감당하기 힘들 만큼 난해한 것으로 느껴 지레 겁을 먹고 포기하기도 하는 모습을 많이 지켜봐 왔다. 누군가는 심리평가를 심리진단 및 심리분류와 동일하게 생각하여 심리치료 장면에서 활용되는 심리평가의 진면목을 발견하지 못하기도 하였다. 이러한 모습들을 지켜보며 안타까움이 들면서도 직접 도움을 줄 마땅한 방법도 마련해 주지 못한 채 미안함까지 들었다. 이 책을 통해 전달한 이야기가 심리평가를 학습하는 과정에서 독자들의 마른 목을 조금이라도 적셔 주었기를 바란다. 다양한 심리평가 장면 중 심리치료 장면에서의 활용 목적으로 심리평가에 대한 이야기를 시작한 것에 불과하겠지만, 이러한 시도로부터 치료적 장면에서 심리평가에 대한 관심과 연구가 많이 이루어지게 된다면 더할 나위 없이 기쁠 것이다.

참고문헌

김영환(2008). 임상심리학 원론. 서울: 하나의학사.

김종우(2007). 구조주의와 그 이후. 경기: 살림.

송지영(2012). 정신병리학 입문. 서울: 집문당.

Abt, L. E., Bellak, L., & Frank, L. K. (2012). *Projective psychology: Clinical approaches to the total personality*. Whitefish, MT: Literary Licensing.

Amélie, N. (2003). 적의 화장법[*Cosmétique de l'Ennemi. Le Livre de Poche*]. 성귀수 역. 서울: 문학세계사. (원저는 2001년에 출판).

Aronow, E., Weiss, K. A., & Reznikoff, M. (2001). *A practical guide to the thematic apperception test: The T.A.T. in clinical practice*. Philadelphia, PA: Brunner− Routledge.

Bellak, L., & Abrams, D. M. (1996). *The T.A.T., the C.A.T., and the S.A.T. in clinical use* (6th edn.). Needham Heights, MA: Allyn & Bacon.

Exner, J. E. (2011). 로르샤하 종합체계[*The Rorschach: Basic foundations and principles of interpretation*]. 윤화영 역. 서울: 학지사. (원저는 2002년에 출판).

Finn, S. E. (2011). MMPI-2를 이용한 치료적 개입[*Manual for using the MMPI−2 as a therapeutic intervention*]. 홍창희, 정욱, 이민영 공역. 서울: 박학사. (원저는 1996년에 출판).

Frank, L. K. (1939). Projective methods for the study of personality. *The Journal of Psychology, 8*, 389−414.

Freud, A. (2013). 자아와 방어기제[*The ego and the mechanisms of defence*]. 김건종 역. 경기: 열린책들. (원저는 1946년에 출판).

Gabbard, G. O. (2016). 역동정신의학[*Psychodynamic psychiatry in clinical practice* (5th ed.)]. 이정태, 채영래 공역. 서울: 하나의학사. (원저는 2014년에 출판).

Groth-Marnat, G., & Jordan, W. A. (2016). *Handbook of psychological assessment*. New York: J. Wiley.

McWillianms, N. (2008). 정신분석적 진단: 성격 구조의 이해[*Psychoanalytic diagnosis:*

Understanding personality structure in the clinical process understanding personality structure in the clinical process. 정남운, 이기련 공역. 서울: 학지사. (원저는 1994년에 출판).

N. David S. (2012). MMPI-2 평가의 핵심[*Essentials of MMPI-2 assessment* (2nd ed.)]. 홍창희, 주영희, 민은정 공역. 서울: 박학사. (원저는 2011년에 출판).

Saussure, F. (2006). 일반언어학 강의[*Cours de Linguistique Generale*]. 최승언 역. 서울: 민음사. (원저는 1985년에 출판).

Weiner, I. B. (2005). 로르샤하 해석의 원리(2판)[*Principles of rorschach interpretation* (2nd ed.)]. 김영환, 김지혜, 홍상황 공역. 서울: 학지사. (원저는 2003년에 출판).

Weiner, I. B. (2011). *Handbook of personality assessment*. Hoboken, NJ: John Wiley & Sons.

Weiner, I. E. (2003). *Principles of Rorschach interpretation* (2nd ed.). Mahwah, NJ: Erlbaum.

찾아보기

● **저자 소개**

우상우(Woo, Sang Woo)

경북대학교 심리학과 대학원에서 임상심리 전공으로 박사학위를 취득하였다. 현재 임상심리전문가로서 서울 푸른숲심리상담센터 부설 임상심리연구소의 소장으로 재직하면서 국민대학교 교육대학원에서 겸임교수로 활동하고 있다. 그리고 상담 및 심리치료 장면에서 진행되는 심리평가에 대해 정기적인 워크샵 및 슈퍼비전을 진행하고 있다.

MMPI-2와 로르샤하 잉크반점을 활용한
심리치료 장면에서의 심리평가
Psychological assessment in psychotherapy setting
-Using the MMPI-2 & Rorschach inkblot-

2017년 3월 20일 1판 1쇄 발행
2023년 9월 20일 1판 3쇄 발행

지은이 • 우 상 우
펴낸이 • 김 진 환
펴낸곳 • (주) **학 지사**

　　　　04031 서울특별시 마포구 양화로 15길 20 마인드월드빌딩 5층

대표전화 • 02) 330-5114　　팩스 • 02) 324-2345

등록번호 • 제313-2006-000265호

홈페이지 • http://www.hakjisa.co.kr
인스타그램 • https://www.instagram.com/hakjisabook

ISBN 978-89-997-1190-9　93180

정가 20,000원

출판미디어기업 **학 지사**

간호보건의학출판 **학지사메디컬** www.hakjisamd.co.kr
심리검사연구소 **인싸이트** www.inpsyt.co.kr
학술논문서비스 **뉴논문** www.newnonmun.com
원격교육연수원 **카운피아** www.counpia.com